Porträts berühmter deutscher Männer

Das Buch

Mit diesem Buch unternimmt Christian Graf von Krockow einen erzählerischen Streifzug durch die letzten Jahrhunderte bis zur Gegenwart. Anhand der Porträts außergewöhnlicher Männer lässt er die deutsche Geschichte lebendig werden – Männer, die entweder wirkungsmächtig waren oder an denen exemplarisch ein Zeitalter, eine Gesellschaftsformation, eine Problemlage sichtbar wird. Dazu zählen so berühmte Persönlichkeiten wie Martin Luther, der mit seiner Reformation die christliche Gesellschaft entzweite, Immanuel Kant, der uns die Aufklärung näherbrachte und den Weg zum mündigen Weltbürger wies, Georg Elser, der mit seinem Anschlag auf Hitler den Krieg verhindern wollte, und auch Helmut Kohl, der Kanzler der deutschen Einheit.

Der Autor

Christian Graf von Krockow, geboren 1927 in Hinterpommern, wurde 1961 Professor für Politikwissenschaft. Seit 1969 war er als freier Wissenschaftler und Schriftsteller tätig. Er erhielt mehrere Auszeichnungen und gilt als einer der führenden Publizisten zur deutschen und preußischen Geschichte. Krockow starb im März 2002 im Alter von 74 Jahren.

In unserem Hause sind von Christian Graf von Krockow bereits erschienen:

Die Zukunft der Geschichte
Einspruch gegen den Zeitgeist
Hitler und seine Deutschen
Porträts berühmter deutscher Frauen
Über die Deutschen

Christian Graf von Krockow

Porträts berühmter deutscher Männer

Von Martin Luther bis zur Gegenwart

List Taschenbuch

Besuchen Sie uns im Internet:
www.list-taschenbuch.de

Umwelthinweis:
Dieses Buch wurde auf chlor- und
säurefreiem Papier gedruckt.

List Verlag
List ist ein Verlag der Ullstein Buchverlage GmbH, Berlin.
1. Auflage August 2004
2. Auflage 2004

Umschlagkonzept: HildenDesign, München – Stefan Hilden
Umschlaggestaltung: Hauptmann und Kampa Werbeagentur,
München – Zürich
Titelabbildungen: AKG (August Bebel, Walther Rathenau,
Friedrich August Ludwig v. d. Marwitz;
Rückseite: Friedrich Wilhelm I. v. Preußen),
Artothek (Martin Luther), SV Bilderdienst (Georg Elser)
Druck und Bindearbeiten: Clausen & Bosse, Leck
Printed in Germany
ISBN 3-548-60447-1

INHALT

Vorwort

Es ist schwer, sich in die deutsche Geschichte zurückzuversetzen und sie zu verstehen. Immerfort sperren Abgründe den Weg ins Vergangene. Ins 20. Jahrhundert gehörten im Westen vier, im Osten sogar fünf Staatsordnungen, und jede war ihres Vorgängers Feind. Was vor dem jeweils Geltenden lag, versank bald im Nebel. Aber auch im 19. Jahrhundert gab es mit Bismarcks Reichsgründung und zuvor schon in der napoleonischen Zeit tiefe Einschnitte.

Andere Völker haben es leichter. Wenn die Franzosen am 14. Juli ihren Nationalfeiertag begehen, im Gedenken an den Sturm auf die Bastille, dann wird hinter allen Umbrüchen eine Kontinuität seit 1789 sichtbar. Der Blick der Amerikaner reicht bis zur Unabhängigkeitserklärung von 1776. Für die Briten beginnt eine bruchlose Verfassungsentwicklung mit der glorreichen Revolution von 1688. In den Niederlanden verkörpert bis heute das Haus Oranien den Ursprung der Nation im Freiheitskampf gegen Habsburg-Spanien.

Für uns verliert sich die Anschauung der Geschichte hinter ihren Klüften und Nebelwänden. Darum behelfen wir uns mit Begriffen, zum Beispiel mit der Beschwörung der »Identität«, über die wir so hartnäckig reden, weil wir nicht wissen, worin sie besteht. Doch ohnehin bleiben die Begriffe, wie Kant gesagt hat, ohne Anschauung leer.

Dieses Buch will Anschauung vermitteln, indem es zehn Deutsche vorstellt, die entweder wirkungsmächtig waren oder in denen – exemplarisch – ein Zeitalter, eine Gesellschaftsformation, eine Problemlage sichtbar wird. Es sind:

Martin Luther. Aus seiner Reformation ist das protestantische

Deutschland und die Kirchenspaltung unseres Landes entstanden. Er predigte die gewissensschwere Freiheit eines Christenmenschen und den Untertanengehorsam. Auch ist es kaum übertrieben, wenn man sagt: Mit Bibelübersetzung und Gesangbuch hat er uns zur Sprache verholfen.

Friedlich Wilhelm I. Er war Preußens »größter innerer König«; er hat das moderne Beamtentum, die Armee, einen beispielhaften Staat geschaffen. Dieser vierschrötige »Soldatenkönig« war zugleich ein überragender und langfristig wirksamer Erzieher; was wir die preußisch-deutschen Tugenden (oder Laster) nennen, stammt von ihm her.

Immanuel Kant. Der himmelsstürmende Philosoph hat nicht nur dem Denken zu Radikalität und Tiefenschärfe verholfen. Er hat uns gesagt, was Aufklärung bedeutet und wie man mündig und zum Weltbürger wird. Im Übrigen erinnert er uns daran, dass das versunkene ostpreußische Königsberg einmal ein Zentrum deutschen Geistes war.

Friedrich August Ludwig von der Marwitz. Der ostelbische Adel hat in der preußischen und in der deutschen Geschichte bis ins 20. Jahrhundert hinein eine Schlüsselrolle gespielt – mit beispielhaften Leistungen wie mit seiner starrsinnigen Verriegelung gegen die Zukunft. Marwitz verkörpert beides in eindrucksvoll kantiger Form.

Heinrich von Treitschke. Das 19. Jahrhundert ist das Zeitalter des Bürgers. An Treitschke erkennt man den Zwiespalt und den Wandel der deutschen Bürgergesellschaft, der vom Kampf für Freiheit und Gleichheit schließlich zur Flucht in den Obrigkeitsstaat führt. Dabei war Treitschke zugleich der Lehrer einer ganzen Generation.

August Bebel. Die deutsche Arbeiterbewegung ist ohne ihn kaum zu denken; er wurde ihr unumstrittener Führer, ging aus Bismarcks Sozialistenverfolgung als Sieger hervor und rückte zum »Gegenkaiser« des Kaiserreichs auf. Aber er erzog seine Partei eher zu revolutionärer Heilserwartung als zu praktischer Politik.

Walther Rathenau. Er war vieles zugleich: Jude, Preuße und Patriot, Europäer, Intellektueller, Großkapitalist und Sozialist, ein Organisator der Kriegswirtschaft, der den Krieg verabscheute. Als Reichsaußenminister der Weimarer Republik wurde er ermordet. In seiner Person spiegeln sich die Größe und die Tragödie des deutschen Judentums.

Georg Elser. Seine Einsicht reichte weiter als die der Staatsmänner und Generale. Der unscheinbare Einzelgänger wollte Hitler töten, um den Krieg zu verhindern, und er kam sehr nahe ans Ziel. So bewundernswert wie unbequem widerlegt er die Behauptung, dass man angesichts der Gewaltherrschaft leider nichts tun konnte.

Reinhard Heydrich. Er hätte Hitlers Nachfolger sein können; in ihm fand der Nationalsozialismus zu sich selbst, gereinigt von allen Schlacken des weltanschaulichen Wahns. Und höchst beunruhigend nimmt er eine mögliche Zukunft der Technokraten vorweg, für die außer dem Erfolg nichts mehr zählt.

Helmut Kohl. Der Kanzler der Einheit und Europäer von Rang verkörpert mit dem »System Kohl« alle Vorzüge und Schwächen der Bonner Republik, die nicht vom preußisch-protestantischen, sondern vom rheinisch-katholischen Deutschland geprägt war. Nach ihm wird ein neues, noch unbekanntes Kapitel unserer Geschichte aufgeschlagen.

Natürlich kann man über die Auswahl streiten: Warum nicht Lessing statt Kant, Mommsen statt Treitschke oder Adenauer statt Kohl? Dafür fehlt die Rechtfertigung – außer der, die sich vielleicht aus der Darstellung, aus den zehn Porträts wie von selbst ergibt.

Und warum kommen neben den Männern keine Frauen vor? Die Antwort heißt: Es gehört zu den Kennzeichen der protestantischen, der preußischen und der neueren deutschen Geschichte, dass, nach einem Wort Treitschkes, Männer sie machen. Frauen haben in ihr nichts zu suchen; sie fehlen sogar als die Symbolfiguren, die man anderswo findet. Auch in der Bundesrepublik, deren Verfassung die Gleichheit der Geschlechter als Grundrecht verkündet, gab es bisher keinen weiblichen Bundespräsidenten oder Bundeskanzler, und erst im Jahre 2000 ist eine Frau zur Vorsitzenden einer Volkspartei gewählt worden.

Weil das so ist, braucht die Geschichte der Frauen einen anderen Ansatz als die der Männer; mit zwei oder drei Alibifiguren, die hier oder dort eingeschoben werden, ist es nicht getan. Diese Geschichte fordert ihr eigenes Buch.

Martin Luther

Martin Luther wollte die Kirche erneuern und hat Deutschland gespalten. Seit im Gefolge von Reformation und Gegenreformation die Konfessionsgrenzen erstarrten, lag der evangelische Schwerpunkt im Norden und Osten, der katholische im Westen und Süden, freilich mit vielen Einschüben hier wie dort, so des protestantischen Württemberg im Südwesten und katholischer Bevölkerungsteile in Schlesien. Für Jahrhunderte hat es dann scharfe Abgrenzungen gegeben, mit Vorurteilen, oft mit Bitterkeit, manchmal mit Hass beladen. Der Streit um den rechten oder unrechten Glauben gehört zu den Ursachen der deutschen Katastrophe im Dreißigjährigen Krieg, und noch Bismarcks Reichsgründung wurde weithin als ein protestantischer Triumph verstanden; gleich nach 1871 begann ein erbitterter antikatholischer Kulturkampf. Umgekehrt ist nach 1918 und erst recht nach 1945 gesagt worden, Luther habe den Krieg verloren.

Doch mehr als jeder andere hat Luther die Deutschen zugleich auch geeint. Denn er hat unsere Sprache nicht nur beinflusst, sondern verwandelt. Er hat sie wie mit einem Zauberstab berührt und so geformt, als sei sie ganz neu; dabei reichte sein Einfluss weit über die späteren Konfessionsgrenzen hinaus. Gewiss hatte die Entwicklung des Neuhochdeutschen längst schon begonnen. Aber was in sächsischen Kanzleien geschrieben und gelesen wurde, taugte so wenig fürs Volk wie das Latein der Kirche und der Gelehrten. Ja, Luther hat der deutschen Sprache zu Wohlklang, Musikalität, Reichtum und Tiefe verholfen, auch zum kraftvollen Ausdruck bis hin zum Schimpfen. Kaum zufällig stand im Mittelpunkt des von ihm begründeten Kirchenlebens nicht mehr die heilige Handlung, sondern mit Bibel, Gesangbuch und Predigt die Dreieinigkeit des geschriebenen, gesungenen und gesprochenen Worts, fast wie das Johannesevangelium es in seinem Auftakt verkündet: »Am Anfang war das Wort, und das Wort war bei Gott, und Gott war das Wort.«

Bei der Ausbreitung des Worts spielte natürlich der gerade erfundene Buchdruck eine Rolle; diese technische Revolution kam der geistigen zur Hilfe und war mindestens so bedeutsam wie die von Computer und Internet in unseren Tagen. Man kann Luther den ersten Bestsellerautor nennen. Von 1522 bis 1533 erschien sein Neues Testament in 85 Auflagen, und von der Gesamtbibel, die 1534 fertig gestellt wurde, soll allein der Wittenberger Buchdrucker Hans Lufft an die 100 000 Exemplare verkauft haben. Aber jeder konnte verlegen, was er wollte; es gab noch kein Copyright. Nach Wittenberg ist vor allem Magdeburg bedeutsam geworden als »des Herrgotts Kanzlei«; hier entstand die Masse der Bibeln, Gesangbücher, frommen oder streitbaren Traktate und Flugschriften, die das Land überschwemmte.

100 000 Exemplare: Wenn man bedenkt, dass es damals nur einen Bruchteil der heutigen Bevölkerung gab und dass davon nur drei oder allenfalls vier Prozent lesen konnten, ist das eine ungeheure Zahl. Und weil auf einmal das Lesen so wichtig war, richteten Städte und Landesherren Schulen ein. Neben vielem anderen, was die Reformation bewirkte, hat sie, von Luther angespornt, einen kaum hoch genug einzuschätzenden Beitrag zur Entwicklung des Bildungswesens geleistet.

Wer war dieser Luther? Er wurde am 10. November 1483 in Eisleben geboren, einer Kleinstadt im südöstlichen Vorland des Harzes. Ein Jahr später zog die Familie nach Mansfeld, dem Sitz der gleichnamigen Grafen, die ein winziges Stück aus dem großen Flickenteppich des Heiligen Römischen Reiches regierten. Die Reichsmatrikel von 1495 nennt mehr als 350 Fürstentümer, Bistümer, Abteien, Grafschaften, Reichsritterschaften, reichsfreie Städte und andere Herrschaftsgebilde, viele auf die kurioseste Weise ineinander verschachtelt. Die Grafen von Mansfeld hatten sich wiederum in zwei Linien geteilt und zerstritten, die man die »vorderortische« und die »hinterortische« nannte, nach den Teilen des Schlosses, das sie gemeinsam bewohnten; später kam noch der »mittelortische« Zweig hinzu. An seinem Lebensende hat man Luther dazu gerufen, den mansfeldischen Streit zu schlichten, und er ist darüber am 18. Februar 1546 gestorben.

Luthers Vorfahren waren Bauern, aber der Vater Hans Luder – man nahm es mit der Schreibweise noch nicht sehr genau – wurde Bergmann, weil das Hoferbe ihn ausschloss. Mit Fleiß und mit Sparsamkeit brachte er es zu einem bescheidenen Wohlstand, der es ihm ermöglichte, den begabten Sohn in die Lateinschule und später auf die Universität zu schicken. Die Schule begann bereits für den Fünfjährigen, und es wird erzählt, dass anfangs die Beine des kleinen Martin noch nicht weit genug trugen, sodass ein älterer Verwandter ihn auf seinen Schultern beförderte. Später ist Luther ein großer Fußwanderer geworden.

Die Schulbildung ermöglichen: Das war die Ausnahme von der Regel und bedeutete viel für Leute einfacher Herkunft, aber Luther hat wenig freundliche Jugenderinnerungen bewahrt. Der Vater, von dem der Sohn offenbar das Temperament erbte, geriet oft in Zorn und griff dann zum Stock. Von der Mansfelder Lateinschule hat der Reformator gesagt, sie sei »Eselsstall und Teufelsschule, Hölle und Fegfeuer« gewesen, mit den Lehrern als »Tyrannen und Stockmeistern«. Besser erging es dem Heranwachsenden auf den weiteren Schulstationen in Magdeburg und Eisenach. Im Zeitalter der Psychoanalyse sind aus der Prügelerziehung weitgehende Folgerungen abgeleitet worden, aber man sollte bedenken, dass das Schlagen einst allgemein üblich war und so selbstverständlich vollzogen wie hingenommen wurde; ob darum solche Seelenschäden entstanden sind, wie wir sie uns ausmalen, bleibt eine offene Frage.

Im Jahre 1501 bezog Luther die Universität in Erfurt. Das war damals eine bedeutende und wohlhabende Stadt, freilich nicht reichsfrei, also unabhängig wie etwa Nürnberg, sondern der Oberhoheit des Bistums Mainz unterworfen, was viele Konflikte erzeugte. Vielleicht hat der Student da schon Vorbehalte gegen kirchliche Herrschaftsansprüche aufgesogen. Die Universität hatte keinen herausragenden, aber doch einen soliden Ruf. Wir dürfen uns nur nicht vorstellen, dass Forschung im modernen Sinne eine Rolle spielte; es handelte sich um die Verwaltung und Weitergabe des ererbten Wissens, zu der sich manchmal der

Streit um Lehrmeinungen gesellte. Wie üblich durchlief Luther zunächst die allgemeine Sprach- und Disputierschule der »artistischen« Fakultät, um dann 1505, nach einem vorzüglich bestandenen Magisterexamen, mit dem juristischen Fachstudium zu beginnen, wie der Vater es wünschte.

Doch dazu kam es nicht. Auf dem Weg von Mansfeld nach Erfurt geriet der junge Mann am 2. Juli 1505 in ein schweres Gewitter. Todesangst überfiel ihn, und ihr entsprang das Gelübde: »Hilf, heilige Anna, ich will ein Mönch werden!« So jedenfalls hat Luther es selbst erzählt, und er hielt sein Versprechen: Schon am 17. Juli trat er in das Augustinerkloster von Erfurt ein und verpflichtete sich zu Gehorsam, Armut und Keuschheit.

Uns mag der Vorgang befremden. Aber zunächst sollten wir bedenken, dass das Mönchtum zu den uralten Einrichtungen der Menschheit gehört, im Abendland und in der Ostkirche ebenso wie in Asien, besonders im Buddhismus. Es gab viele Orden: die Benediktiner, die schon aus dem 6. Jahrhundert stammten, die Franziskaner, Kapuziner, Augustiner, Dominikaner, Karmeliter, Zisterzienser und andere. Oft waren mit ihrer Stiftung und Ausbreitung nicht nur Besinnung, Frömmigkeit und Heidenmission verbunden, sondern auch große Kulturleistungen der Gelehrsamkeit, der Kunst, des Urbarmachens von Wildnis und der landwirtschaftlichen Entwicklung, bis hin zur Fischzucht, zum Weinbau und zum Bierbrauen. Darüber sind in der Regel zwar nicht die Mönche, aber viele Klöster reich und mächtig geworden. Schenkungen weltlicher Herren und Herrinnen kamen hinzu und summierten sich im Lauf der Jahrhunderte; am Vorabend der Reformation gehörte fast ein Drittel Deutschlands der Kirche und ein nicht geringer Teil davon den Klöstern.

Und was sollen wir vom plötzlichen Entschluss des Bruders Martin halten? War er ein Angsthase, den der Gewittersturm zu Tode erschreckte? Oder ein Hysteriker? Nein, schwerlich. Allerdings dürfte in dem Studenten langsam, doch unaufhaltsam eine innere Unruhe gewachsen sein: Wozu taugte die Gelehrsamkeit, wohin sollte der weitere Weg führen? Bohrende Fragen, Sinnverlangen, Suche nach Geborgenheit, einem festen Halt, nach der Autorität, die dem Zweifel, in Luthers Sprache den Anfechtungen, ein Ende setzt: Zu allen Zeiten werden sensible junge Menschen davon bedrängt. So gesehen bildete das Gelübde vom Sommer 1505 nur den Schlusspunkt einer Entwicklung, und Luther wählte das Mönchtum, weil es sich als Lösung anbot. In seiner eigenen, einprägsamen Sprache: »Das Herz zitterte und zappelte, wie Gott mir gnädig würde.« Solch ein Zittern und Zappeln gibt es noch immer; davon kündet der Zulauf, den Meditationsbewegungen, Sekten oder Seelenärzte finden.

Der begabte und eifrige Novize machte im Kloster bald Karriere. Im Herbst 1506 oder im Frühjahr 1507 wurde er zum Priester geweiht, und in dem Generalvikar seines Ordens, Johann von Staupitz, fand er einen verständnisvollen Förderer. Im Oktober 1508 wurde er zum weiteren Theologiestudium nach Wittenberg versetzt. Mit Erfurt verglichen, war das ein armseliges und abgelegenes Nest am Ostufer der Elbe und beinahe am Rande der Zivilisation. Immerhin war es seit 1502 mit einer Universität versehen, zu der gerade einmal 22 Professoren, kaum 200 Studenten und keine nennenswerte Bibliothek gehörten. Friedrich der Weise, sächsischer Kurfürst von 1486 bis 1525, weniger schmeichelhaft auch »das fette Murmeltier« genannt, hatte diese Hochschule als Gegengewicht zu Leipzig gegründet, das leider dem feindlichen Vetter, dem Herzog von Sachsen, unterstand. (Die Leipziger Teilung von 1485 hatte das Fürstenhaus der Wettiner und damit Sachsen in die Linien der Ernestiner und Albertiner gespalten.)

Im November 1510 begann für Luther ein besonderes Erlebnis: seine Romreise; zusammen mit einem Mitbruder sollte er von den päpstlichen Behörden die Entscheidung in einem Ordensstreit erbitten. Für die Mönche handelte es sich natürlich nicht um eine Reise im modernen Sinne, auch nicht mit Pferd und Wagen, sondern um die Fußwanderung auf denkbar unsicheren Wegen. Die Überquerung der Alpen fand in der schlechtesten Jahreszeit statt. Aber das romantische Schwärmen für Naturschönheiten war noch nicht erfunden worden, und die Begeisterung für Denkmäler der Antike beschränkte sich bestenfalls auf einen auserlesenen Kreis von Künstlern und Humanisten. Luther sah wenig von Mailand oder Florenz, und zu den Kunstschätzen in Palästen, falls sie ihn denn interessiert hätten, fand der arme Mönch ohnehin keinen Zutritt. Für ihn handelte es sich vor allem um eine Pilgerreise, heute vielleicht nur noch mit der frommer Muslime nach Mekka vergleichbar.

Im Nachhinein haben evangelische Eiferer diese Romfahrt zu einem Schlüsselerlebnis des kommenden Reformators verklärt. Da »sah er mit eignen Augen die Verderbnis der Kirche und beschloß, dagegen zu kämpfen«. Nein, schwerlich. Er verrichtete seine Andachten in der Kirche Santa Maria del Popolo und besuchte die vorgeschriebenen Pilgerstationen. Den amtierenden Papst, Julius II. (1503–1513), bekam er gar nicht zu sehen, weil der, ein weltlicher Fürst ebenso wie der Heilige Vater, sich wieder einmal auf einem Kriegszug befand.

Übrigens darf man sich das damalige Rom kaum als besonders prunkvoll vorstellen, sondern eher als eine Mischung aus Ruinen oder Schutthalden und Baustellen; zu diesen gehörte der Petersdom. In engen Gassen hausten etwa 40 000 Menschen, nicht viel mehr als in Erfurt, wobei das Diebesgesindel den hohen Herren und niederen Bediensteten der Kirche ungefähr die Waage hielt. Es imponierte Luther sogar, dass der Papst durchgriff: »Der Bargell, der Hauptmann und Richter, reitet alle Nacht mit dreihundert Dienern in der Stadt umher und hält die Scharwache stark. Wen er auf der Gasse erwischt, der muß herhalten; hat er eine Wehr bei sich, so wird er entweder gehängt oder ertränkt und in den Tiber geworfen oder ihm eine Wippe gegeben.« Im Grunde bestanden die wichtigsten Bauten aus den Wehrtürmen des Adels, und auch zum Papsttum gehörte die Wehrhaftigkeit mit der Engelsburg als ihrem Herzstück.

Im Jahre 1511 wird Luther endgültig nach Wittenberg und von Staupitz zum Klosterprediger berufen. Nur wenig später, am 19. Oktober 1512, erfolgt die feierliche Promotion zum Doktor der Theologie. Staupitz ist es auch, der den Bruder Martin ins akademische Lehramt drängt; er übergibt ihm das eigene, das er selbst in der Fülle seiner Ordensgeschäfte nicht mehr wahrnehmen kann; in dem allerdings nur für unsere Begriffe jugendlichen Alter von dreißig Jahren wird Luther in einem Kollegium von fünf Theologen wohlbestallter Professor für die Bibellektüre, Lectura in Biblia. 1513 beginnt er – natürlich lateinisch – seine Vorlesungen, zunächst über die Psalmen des Alten Testaments.

Zwei Jahre später folgt der Brief des Apostels Paulus an die Römer, der ihn für anderthalb Jahre beschäftigt, obwohl der Text nur einen winzigen Bruchteil der Gesamtbibel umfasst, in einer modernen Ausgabe gerade einmal 17 von über 1200 Seiten. Aber was steht nicht darin, Sätze, die für Luther wie Glockenschläge erklingen, Sätze wie diese:

»Es ist kein Ansehen der Person vor Gott ... Denn es ist hier kein Unterschied; sie sind allzumal Sünder und mangeln des Ruhmes, den sie bei Gott haben sollten, und werden ohne Verdienst gerecht aus seiner Gnade durch die Erlösung, die durch Christus Jesus geschehen ist.«

»So halten wir nun dafür, daß der Mensch gerecht werde ohne des Gesetzes Werke, allein durch den Glauben.«

»Christus ist des Gesetzes Ende; wer an ihn glaubt, der ist gerecht.«

Sünde, durch Adam in die Welt gekommen, in der wir unrettbar verloren sind, aus der wir aber durch Christus erlöst werden, wenn wir an ihn glauben: Für uns ist das kaum noch verständlich. Wir sprechen leichthin von Steuer- und Umweltsünden oder von den Verkehrssündern, die dann in einer Kartei in Flensburg geführt werden, lauter Äußerlichkeiten; von den einschlägigen »Kavaliersdelikten« erlösen uns dann Bußgelder – fast wie einst der kirchliche Ablasshandel, von dem gleich zu reden sein wird. Aber für Luther und die Menschen seiner Zeit ging es um weitaus mehr, buchstäblich um Leben und Tod, sogar über den natürlichen Lebenskreis unendlich hinaus: um Verdammnis, Fegefeuer und Hölle oder das Heil, die Errettung zum ewigen Leben. Dafür, sagt der Römerbrief, taugen keine »Werke«, so lobenswert und so sichtbar sie sein mögen; das ist die Sache des Pharisäers, der in den Tempel tritt und betet: »Ich danke dir, Gott, daß ich nicht bin wie die andern Leute, Räuber, Ungerechte, Ehebrecher ... Ich faste zweimal in der Woche und gebe den Zehnten von allem, was ich einnehme.« Nein, das genügt und das hilft nicht; allein aus dem Glauben an den erlösenden Christus können wir Gottes Gnade gewinnen.

Etwas Ungeheures wird damit vollzogen und allem Äußerlichen, den Werken, auch den kirchlichen Werken und Einrichtungen samt Heiligen und Reliquien, Wallfahrten und Pilgerreisen,

Kardinalen und Päpsten wird im Grunde schon der Boden entzogen. Ähnliches gilt überall, bis hin zum Keuschheitsgelöbnis der Priester und Mönche; wenn sie es denn einhalten, opfern sie etwas, aber sinnlos: mit dem Leib und nicht im Glauben. So wird, wenn man den Apostel Paulus beim Wort nimmt, das Fundament des Bestehenden zerstört, und alles stürzt in sich zusammen, stürzt in das Innere des Menschen hinein als seine ganz persönliche, von niemandem sonst vertretbare Frage nach Sünde und Erlösung, nach dem Glauben und der Gnade. Eine ungeheure Gewissenslast wird dem Einzelnen aufgebürdet – und ein vorher nicht gekanntes Glück, eine Freiheit ihm geschenkt, wenn er seines Glaubens gewiss ist.

Natürlich hat Luther die Konsequenzen kaum übersehen und noch weniger gewollt, als er den ersten Schritt tat und am 31. Oktober 1517, später alljährlich als Reformationstag gefeiert, seine 95 Thesen an die Tür der Schlosskirche von Wittenberg nagelte – oder vielleicht nicht nagelte, da der historische Vorgang umstritten bleibt, aber jedenfalls in die Welt brachte. Von da an führte, teils durch fortschreitende Einsichten vermittelt, teils durch die Umstände und auch durch den Starrsinn erzwungen, ein folgerichtiger Weg zur schicksalsschweren Kirchenspaltung.

Den Anstoß zum Thesenanschlag lieferte Johannes Tetzel, ein Dominikaner, der als Ablassprediger durchs Land zog, um Geld für den Bau des Petersdomes in Rom einzuwerben. Im Prinzip war das nichts Neues, sondern eine seit langem geübte Praxis: Gegen die materielle Buße wurde eine Vergebung der Sünden, besonders die Vermeidung oder Abkürzung des Fegefeuers versprochen: Geld statt (Seelen-)Gefängnis, um es modern auszudrücken. Für die Kirche handelte es sich um ein wichtiges Mittel für die Finanzierung ihrer Vorhaben, sei es eines Kreuzzugs gegen die Ungläubigen oder eben eines Bauwerks in Rom. Heute sprechen wir von Anleihen; damals wurden Ablässe ausgeschrieben. Und wie heute die Deutsche oder die Dresdner Bank, so waren schon damals die entsprechenden Institute eingeschaltet, zum Beispiel das Haus der Fugger in Augsburg.

Dass auf verschlungenen Wegen manche, ja viele sich bereicherten und nur ein Teil der Einnahmen dem versprochenen Zweck zugeführt wurde, gehört eher ins zeitlose Bild der Korruption. Tetzel betrieb den Ablasshandel sozusagen als Subunternehmer, und als Werbefachmann von Rang schaute er dem Volk aufs Maul. Alle Werbung vereinfacht oder vergröbert, um möglichst viele Menschen und unter ihnen sogar die schlichtesten Gemüter zu erreichen. Darum ist es durchaus denkbar, dass Tetzel den Spruch tatsächlich gebraucht hat, der ihm zugeschrieben wurde: »Sobald das Geld im Kasten klingt, die Seele in den Himmel (oder: aus dem Fegfeuer) springt.«

Welch ein Anstoß und Ärgernis für den bibelkundigen, von der paulinischen Botschaft ergriffenen Luther! Drastischer als im Ablasshandel hätte die Werkgerichtigkeit, die Veräußerlichung des Glaubens sich wahrlich nicht darstellen können. Dabei kannte Luther seinen Widersacher nur vom Hörensagen, denn der Kurfürst von Sachsen hatte ihm Zutritt zu seinem Land verboten, um die eigenen Einnahmen nicht zu gefährden; der – bei entsprechender Zahlung – wundertätige Wert der Reliquien, die Friedrich der Weise in der Schlosskirche von Wittenberg zusammengetragen hatte, belief sich auf 127 800 Jahre Nachlass der Fegefeuerstrafen. Indessen vergröberte die Zuträgerei aus dem Hörensagen wohl noch, was Tetzel gesagt haben sollte, etwa dies: »Und wenn du die Mutter Gottes geschwängert hättest, ich habe solche Gnade vom Papst, daß dir vergeben wird, wenn du in den Kasten legst, was sich gebührt.« (Wie heute die progressive Einkommensteuer waren schon damals die Gebühren gestaffelt, von 25 Gulden für Fürsten bis zum Viertelgulden für arme Leute.)

Der angegriffene Tetzel hat unter Eid bestritten, dass er so etwas behauptet und versprochen habe. Doch was half das? Es ging ums Prinzip. »Der wahre Schatz der Kirche ist das hochheilige Evangelium der Ehre und Gnade Gottes«, verkündete Luther in der These 62 seines Schlosskirchenanschlags. Zwar handelte es sich der Form nach wirklich um Thesen und damit um die Aufforderung zum akademischen Streitgespräch, zur Disputation. Aber ein Feuer entflammte: Die Thesen wurden sofort abgeschrieben, gedruckt, als Flugschrift im ganzen Land verbreitet; sie fanden ein gewaltiges Echo. Und weil es ums Prinzip ging, um das Äußerliche oder das innere, unsichtbare Geschehen, um die Werkgerechtigkeit oder die Gnade aus dem Glauben allein, brach der ganze gotische Dombau, wenn nicht der überlieferten Kirchenlehre, dann der Kirchenpraxis, fast über Nacht zusammen, wenn man diesen einen Stein des Ablasshandels aus ihm entfernte.

In wenigen Jahren, vom Tag des Thesenanschlags am 31. Oktober 1517 bis etwa 1522, wurden alle wesentlichen Schritte getan, die zur Reformation und zur Kirchenspaltung führten. Deutschland veränderte sich wie niemals zuvor und selten seither; allenfalls der historische Einschnitt von 1945 lässt sich damit vergleichen. Es veränderte sich geistig, aber auch materiell. Der Ablasshandel war ruiniert, die Heiligen und die Heiligtümer, die man in Reliquien verehrte, verloren ihre Kraft wie die Wallfahrten, die man zu ihnen unternahm. Die Autorität von Kirchenoberen, Äbten, Bischöfen, Kardinalen geriet ins Wanken, der Papst sah sich als Antichrist entlarvt oder verleumdet, die Abkehr von den Klöstern und Mönchsgemeinschaften zeichnete sich ab und mündete bald in eine Sturzflut ihrer Auflösung, übrigens mit dem Problem verbunden, was aus den ehemaligen Mönchen werden sollte. Denn die Klöster waren ja auch Versorgungseinrichtungen gewesen. Noch schwerwiegender als die Mönche waren Nonnen betroffen, weil die Reformation Predigerstellen und Pfarrämter nur für Männer schuf. Nicht wenige der frommen Frauen sahen sich kurzerhand auf die Straße gesetzt; von einem Beispiel und von den Folgen wird noch zu reden sein.

Und so immer weiter. Die Bauern begannen sich zu fragen, was der Wandel für sie bedeutete: etwa die Freiheit nicht nur von Kirchenoberen und Klöstern, sondern auch von den Rittern, Baronen und Grafen, die sie bedrückten? Berufene und Unberufene predigten die neue Lehre und manche auch dies. Was sonst sollte die Freiheit eines Christenmenschen bedeuten, von der jetzt die Rede war? Wie immer in Zeiten des Umbruchs traten zudem Wirrköpfe auf – und Schwarmgeister, die an den Weltuntergang glaubten und von ihm kündeten.

Andere rechneten nüchtern, vorab die Städte, aber bald auch die Landgrafen oder Herzöge, nach und nach immer mehr Fürsten. Sie erkannten, was für eine Beute zu machen war, wenn man sich den gewissermaßen herrenlos werdenden Kirchen- und

Klosterbesitz aneignete; es ging um eine Bodenreform im großen Stil. (Hier oder dort sind ihre Restbestände noch heute erkennbar, zum Beispiel im Hannoverschen Klosterfonds, den die niedersächsische Klosterkammer als staatliche Einrichtung mit einem Grundbesitz von etwa 40 000 Hektar verwaltet.)

Noch wichtiger war die politische Frage, die sich abzeichnete: Wer eigentlich sollte zum Schirmherrn der Kirche werden, wer ihre Ordnung garantieren, wenn die alte, unvordenklich begründete Hierarchie nichts mehr galt und das Papsttum seine Macht verlor? Nach Lage der Dinge konnten das nur die jeweiligen Landesherrn sein, so wie umgekehrt die Kirche ihren Schutz brauchte. Im Ergebnis sind Landeskirchen entstanden und die Einzelstaaten wesentlich gestärkt worden, in die das Reich ohnehin zerfiel. Und die Landesherrn wuchsen in die halb weltliche, halb geistliche, teils fürstliche und teils bischöfliche Rolle einer von Gott gesetzten Obrigkeit hinein.

Charakteristisch verhielt sich Luthers eigener Landesherr, Kurfürst Friedrich III. So weise, wie es sein Beiname besagt, hielt er sich erst einmal zurück und zumindest der Form nach an den alten Glauben. Und dennoch fiel er Luther nicht in den Arm, sondern schützte ihn – heimlich – in kritischer Stunde und beließ ihn trotz Kirchenbann und Reichsacht im akademischen Lehramt. Wahrscheinlich schmerzte es ihn, dass seine Reliquiensammlung, an die er so viel Mühe gewandt hatte, entwertet wurde. Dafür gewann die Wittenberger Universität. Sie wurde zum geistigen Zentrum der Reformation; von weither, bald sogar aus Skandinavien, strömten die Besucher und die Studenten herbei, die Luther sehen und von ihm lernen wollten.

Kühner ging der Landgraf von Hessen, Philipp der Großmütige, vor. 1526/27 führte er die Reformation in seinem Lande ein, samt Aufteilung des Kirchenguts. Im Konflikt mit dem Kaiser wurde er zum politischen Führer und schmiedete eine protestantische Union, den Schmalkaldischen Bund. Dafür büßte er allerdings nach der verlorenen Schlacht bei Mühlberg, 1547, mit mehrjähriger Haft.

Der Herzog Georg von Sachsen aus der albertinischen Linie verweigerte sich schon aus Gründen des familiären Konflikts mit dem ernestischen Vetter Friedrich der Reformation. Aber nach seinem Tod, 1539, wurde sie eingeführt und damit ganz Sachsen zum Hort der neuen Lehre. Etwas später hat sich Herzog Moritz zunächst zwar mit Kaiser Karl V. verbündet, ihm zu seinem militärischen Triumph verholfen und damit den Kurfürstenhut an sich gebracht. Doch dann wechselte er die Front und verstellte dem Kaiser den Weg. So hat er den Sieg der Gegenreformation verhindert. Vielleicht kann man sagen, dass er mehr, als uns bekannt ist, den Verlauf unserer Geschichte beinflusst hat; womöglich ist es ihm zu danken – oder als Schuld anzurechnen –, dass aus Deutschland kein zweites Polen oder nordländisches Spanien geworden ist. Für Sachsen hat sich der Frontwechsel auf jeden Fall bezahlt gemacht; 1559 wurden die evangelisch gewordenen Bistümer Meißen, Merseburg und Naumburg dem Kurstaat einverleibt.

Wenn sich mit dem neuen Glauben nach Gottes Ratschluss der eigene Nutzen verbinden ließ: umso besser. In Brandenburg führte Joachim II. (seit 1535) die Reformation nach kursächsischem Vorbild durch, wobei er den Hauptteil der Klostergüter als kurfürstlichen Domänenbesitz an sich brachte. Sein Sohn Johann Georg zog die Bistümer Brandenburg, Havelberg und Lebus ein.

Im Ordensland Preußen benutzte der letzte Hochmeister, Albrecht der Ältere aus dem Hause Hohenzollern, die Reformation, um 1525 ein weltliches Herzogtum zu schaffen und sich selbst als den Erbherrscher einzusetzen. (Durch Erbschaft ist das Herzogtum Preußen dann an die brandenburgischen Verwandten gekommen und hat schließlich dem Königreich Preußen den Namen gegeben.)

In Pommern beschloss 1534 der Landtag zu Treptow die Einführung der Reformation. Johannes Bugenhagen, 1485 in Pommern geboren, und daher mit dem Beinamen »Pomeranus«, wurde zum engen Mitarbeiter Martin Luthers und nicht nur in Pommern zum überragenden Organisator des neuen Kirchenwesens.

Die Bewegung griff bald auf Skandinavien über. In Schweden entstand schon seit 1527 eine lutherische Nationalkirche, allerdings mit ausgeprägter Eigenart. Mit Schweden verbunden, folgte Finnland; ein Schüler Luthers, Michael Agricola, führte dort die Reformation durch und schuf mit seiner Übersetzung der Psalmen und des Neuen Testaments eine Grundlage für die finnische Schriftsprache. In Dänemark erhob der Reichstag von 1536 das Luthertum zur Staatsreligion, und mit Dänemark war wiederum Norwegen verbunden. Das schwedische Luthertum hat mit dem Eingreifen des Königs Gustav Adolf in den Dreißigjährigen Krieg auch für Deutschland schicksalhafte Bedeutung gewonnen.

Wir sind weit vorausgeeilt und kehren zum Urheber all der Umwälzungen zurück. Im April 1518 erhielt Luther Gelegenheit, vor einer Versammlung seines Ordens in Heidelberg seine Thesen vorzutragen; dabei stellte er der kirchlichen »Glorientheologie« die eigene »Theologie des Kreuzes« mit Schärfe entgegen.

Wichtiger war ein halbes Jahr später, am Rande des Augsburger Reichstags, das Verhör durch den Kardinal Cajetan. Hohe Politik spielte bereits eine Rolle: Der Kurfürst von Sachsen hatte dieses Verhör angeregt, auch zum Schutz seiner Wittenberger Universität und ihres Professors vor einer Einbestellung nach Rom. Der römischen Kurie wiederum lag am Wohlwollen des Kurfürsten, an seiner Stimme bei der bevorstehenden Kaiserwahl. Denn der Tod Kaiser Maximilians I. war abzusehen; er starb am 12. Januar 1519, und am 28. Mai 1519 wurde der 19-jährige Karl V. gegen die Kandidatur Franz I. von Frankreich zum Nachfolger gewählt. Die Kurie hielt solche politischen Rücksichten für wichtiger als das Zetern eines mönchischen Wirrkopfes: eine Fehleinschätzung von historischer Tragweite. Denn damit wurde die Zeit versäumt, in der es vielleicht noch möglich gewesen wäre, den von Luther verursachten Flächenbrand auszutreten.

Cajetan forderte einen Widerruf der Irrlehren. Als Luther fragte, welche das denn seien – er fühle sich als treuer Sohn der Kirche, der nur Missstände beheben wolle –, geriet man an die Einzelheiten. Der Kardinal, ein Gelehrter von Rang, war gut vorbereitet und hatte gelesen, was der Wittenberger Mönch lateinisch oder ins Lateinische übersetzt verkündete. Für manches bewies er sogar Verständnis. Doch am Ende ging man ohne Einigung auseinander. Cajetan sprach von den Sakramenten, die die Kirche verwaltete, Luther vom persönlichen Glauben als Voraussetzung für die Heilswirkung. Vorrang der Kirche als objektiver Institution oder Vorrang des Einzelmenschen in seinem Verhältnis »unmittelbar zu Gott«? Das war in der Tat die Kernfrage des Streits und in diesem Entweder-Oder eine Vermittlung unmöglich.

Es folgte im Juli 1519 die Leipziger Disputtion mit Johann Eck, Professor der Theologie in Ingolstadt. Luthers scharfsinnigstem Gegner. Eck erzielte, sportlich ausgedrückt, einen Punktsieg, aber keinen Niederschlag. Anschließend reiste er nach Rom und wirkte bei der Verurteilung des Ketzers mit.

Sie kam erst 1520 in Gang. Mit der Bulle »Exsurge Domine« wurde der Kirchenbann angedroht. Insgesamt wurden 41 Sätze aufgeführt, die als »ketzerisch, ärgerniserregend, irrig, für fromme Ohren anstößig, für einfache Gemüter verführerisch und der katholischen Lehre widersprechend« anzusehen seien. Für den Widerruf wurde eine Frist von 60 Tagen gesetzt. Aber Luther widerrief nicht, im Gegenteil: Öffentlich, vor dem Elstertor von Wittenberg, verbrannte er die Bulle, päpstliche Anordnungen und andere Werke; die Rede vom Antichrist kam auf, der in Rom regierte. Die feierliche Exkommunikation des abtrünnigen Mönches wurde dann in der Bulle »Decet Romanum Pontificem« vom 3. Januar 1521 ausgesprochen.

Viel zu spät! Schon im Jahre 1520 hatte Luther drei Texte verfasst und veröffentlicht, die man wegen ihrer Bedeutung die »reformatorischen Hauptschriften« genannt hat: »An den christlichen Adel deutscher Nation von des christlichen Standes Besserung«, »De Captivitate Babylonica Ecclesiae Praeludium« und »Von der Freiheit eines Christenmenschen«.

Der Titel der ersten Schrift führt in die Irre; weniger die Ritterschaft ist gemeint, die Masse des niederen Adels, sondern die Obrigkeit, die Fürsten und der Kaiser. Der Autor gibt sich zunächst einmal bescheiden, denn es mag als vermessen erscheinen, wenn ein armer Mönch die hohen Herren anredet, »als wäre sonst niemand in der Welt als Doktor Luther, daß er sich des christlichen Standes annähme«. Aber: »Ich bin vielleicht meinem Gott und der Welt eine Torheit schuldig, die habe ich mir jetzt vorgenommen.« Dann bricht der Sturm los – und zwar der Sturm gegen das Papsttum. Zunächst geht es um den »erfundenen« Unterschied zwischen weltlichem und geistlichem Stand: hier die Fürsten, Bürger und Bauern, dort Papst, Priester und Mönche. Man darf sich durch diese Unterscheidung nicht einschüchtern lassen, denn »alle Christen sind wahrhaftig geistlichen Standes und ist unter ihnen kein Unterschied«. Bereits durch die Taufe ist jeder zum Hüter des Glaubens berufen. Wie also darf der Papst behaupten, dass er etwas Besonderes sei?

Oder wie darf, zweitens, der Papst, »er sei böse oder fromm«, behaupten, dass er nicht irren kann? Die Bibel sagt das nicht, da steht geschrieben: »Wir haben alle einen Geist des Glaubens.« Darum dürfen wir uns »nicht mit erdichteten Worten des Papstes abschrecken lassen«, sondern wir sollen »frisch hindurch« alles »nach unserm gläubigen Verstand der Schrift richten«.

Drittens darf der Papst nicht behaupten, dass nur er ein Konzil einberufen könne, um Notstände zu beseitigen und Reformen durchzuführen. Das wäre, als ob ein Feuer ausbräche und alle stillhalten sollten, nur weil vom Bürgermeister noch kein Befehl zum Löschen gekommen sei.

Aber was geht das die hohen weltlichen Herren an, was den Kaiser und die Fürsten? Sehr viel, alles, denn wo sie als Obrigkeit regieren, tragen sie Verantwortung für die christlichen oder unchristlichen Zustände, in denen die ihnen anvertrauten Menschen leben. Übrigens sei die Behauptung unwahr und durch Betrug erschlichen, dass der Papst über dem Kaiser stehe.

Es folgen praktische Besserungsvorschläge. Nicht nur der Papst muss sich bescheiden, sondern auch das Kardinalskollegium ist zu reformieren, und die andauernden Zahlungen nach Rom, diese »Dieberei und Räuberei«, sind einzustellen. Das Gerichtswesen muss neu geordnet, das Bettelunwesen durch die Armenfürsorge ersetzt werden. Das Zölibat soll fallen, das ohnehin kaum eingehalten wird. Denn »es kann nicht jeder Pfarrer ein Weib entbehren, nicht allein der Gebrechlichkeit halber, sondern vielmehr des Haushaltens halber. Soll er denn ein Weib haben.« Das, und nicht die verordnete Ehelosigkeit, entspricht Gottes Gebot. Weiter sollen die allzu vielen Festtage – an die hundert pro Jahr – vermindert werden, ebenso die Wallfahrten zu stets »neuen Heiligen«, die zu Jahrmarktstreiben entartet sind, dem »Zusammenlaufen und Geldeinbringen« dienen und die Hurerei vermehren. Luxus und Trunksucht müssen bekämpft werden wie der Zinswucher. »Hier muß man wahrlich auch den Fuggern und dergleichen Gesellschaften« – von Juden ist noch nicht die Rede –

»einen Zaum ins Maul legen. Wie ists möglich, daß bei eines Menschen Leben sollten auf einen Haufen so große königliche Güter gebracht werden? Ich weiß die Rechnung nicht.«

Die Streitschrift sprach fast alles an, was die Zeit bewegte. Darum war die erste Auflage von 4000 Exemplaren binnen Wochen vergriffen, und viele Nachdrucke folgten. Freunden, die sich vor den Folgen ängstigten, sagte Luther, dass man mit starken Worten fechten müsse. »Ich sehe nämlich, daß diejenigen, die in unserer Zeit ruhige Traktate schreiben, sehr bald vergessen werden; niemand kümmert sich um sie.« Und das, wahrlich, sollte ihm nicht geschehen. Dabei kündigte die »Wittenbergisch Nachtigall, die man jetzt höret überall« – wie der Nürnberger Schuhmacher und Volksdichter Hans Sachs rühmte –, am Ende gleich noch eine Fortsetzung an, im leichtesten Ton und doch drohend genug: »Wohlan, ich weiß noch ein Liedlein von Rom und von ihnen, juckt sie das Ohr, ich wills ihnen auch singen und die Noten auf höchste stimmen, verstehst mich wohl, liebes Rom, was ich meine.«

Im Rückblick jedenfalls lässt sich sagen, dass Luther mit seiner Wendung an den »Adel« den Weg zum Bündnis mit der landherrlichen Obrigkeit eingeschlagen hat – und das heißt: zur Bindung an diese Obrigkeit, wenn nicht gar zu einer Untertänigkeit ihr gegenüber, die für Jahrhunderte den deutschen Glaubenscharakter geprägt hat.

»Von der babylonischen Gefangenschaft der Kirche« sprach die zweite Hauptschrift des Jahres 1520, und es sollte sich um ein »Vorspiel« handeln. Dass das auch für das eigene Werk gelten könnte, hat der Reformator sich gewiss nicht vorgestellt. Aber zu geschichtlichen Umbrüchen gehört eine eigene Art von Ironie oder Dialektik; nur zu leicht gerät man im frohgemuten Aufbruch aus der einen Gefangenschaft in die andere, noch unbekannte hinein.

Diese zweite Schrift war lateinisch geschrieben, das heißt sie wandte sich ans theologische und gelehrte Fachpublikum. Ohnehin muss man immer bedenken, dass Luther ein zweisprachig gebildeter Mensch war. Seit seiner Kindheit ist er ins Lateinische hineingewachsen, und er ist darin geblieben vom Studenten über den Mönch bis zum akademischen Lehrer. Noch die späteren, meist entspannt dahergeplauderten Tischgespräche, die seine Zuhörer aufzeichneten, bilden eine Gemengelage aus dem Deutschen und dem Lateinischen. Der Wortgewalt des Reformators hat die Zweisprachigkeit schwerlich geschadet. Im Gegenteil, es hat sie gekräftigt und geschärft, weil sie im gedanklichen Hinüber und Herüber bewusst machte, wovon die Rede sein sollte.

Wie einst die Juden in Babylon, so befanden sich nach Luthers Meinung die Christen in der römischen Gefangenschaft, und um sie zu befreien, musste man nicht nur die äußeren Mauern des Papsttums erstürmen, wie im Aufruf an den Adel deutscher Nation, sondern auch im Inneren Sprengladungen zünden. Die römische Kirche verwaltete, als ihr Monopol, die Gnadengaben der Sakramente; aus ihnen hatte sie die Ketten geschmiedet, mit denen sie die Christenheit fesselte. Aber was sagt die Bibel? Das wahre und einzige Sakrament, das Luther in ihr findet, ist das Wort Gottes, und allenfalls von heiligen Zeichen ist noch die Rede. Dazu gehören Taufe, Buße und Abendmahl. Die weiteren vier – Kommunion, Ehe, Priesterweihe und letzte Ölung – hatte die Kirche eigenmächtig hinzugefügt. Sie sind nichtig, weil die Bibel als Wort Gottes zu ihnen schweigt. Letztlich kommt es allein auf den Glauben an, auch oder gerade bei Taufe, Buße und Abendmahl. Mit den falschen Sakramenten fällt dann anderes, zum Beispiel mit der Priesterweihe das Messopfer. Mit einem Schlag wird vernichtet, was die Entwicklung von Jahrhunderten als Kirchenritual geschaffen hatte. Dabei will Luther kein Revolutionär sein, sondern das wahrhaft Gültige wiederherstellen. »Zurück zu den Ursprüngen!«, heißt seine Parole, nicht: »Vorwärts zu Neuem!«

Es versteht sich, dass Luthers Schrift ein theologisches Erdbeben auslöste. Das Entweder-Oder war endgültig gefordert; wer nicht mit dem Reformator ging, musste fortan wider ihn sein. Die Erregung griff sogar auf gelehrte Laien über. Kein Geringerer als König Heinrich VIII. von England verfasste eine Schmähschrift gegen Luther – was der dem »Bruder Heinz« mit noch mehr Grobheit vergalt. Der Papst verlieh Seiner Britannischen Majestät den Ehrentitel »Defensor Fidei«, Verteidiger des Glaubens, was seither das englische Königtum beibehalten hat, obwohl dann Heinrich VIII. – wegen seiner Scheidungsfrage – sich von Rom losriss und eine eigene Anglikanische Kirche gründete.

Die dritte Schrift des Jahrs 1520, »Von der Freiheit eines Christenmenschen«, schlägt einen anderen, eher besinnlichen Predigerton an. Das kennzeichnet Luther; die Kammermusik gehört zu seinem Sprachorchester wie die Orgel und der Paukenschlag. Merkwürdigerweise ist die Schrift dem Papst, Leo X., gewidmet und mit einem entsprechenden Begleitbrief versehen worden. Glaubte Luther, den Antichrist in Rom bekehren zu können? Vielleicht wollte er Rücksicht nehmen auf Karl von Militz, einen päpstlichen Kammerherrn aus verarmtem Adel, der halb im Auftrag, halb aus eigenem Antrieb Vermittlungversuche unternahm und daran scheiterte. Den formell endgültigen Bruch hat dann die Bannbulle vom Januar 1521 bewirkt.

Zwei Kernsätze stehen nebeneinander: »Ein Christenmensch ist ein freier Herr über alle Dinge und niemand Untertan.« Und: »Ein Christenmensch ist ein dienstbarer Knecht aller Dinge und jedermann untertan.« Das sollte kein Widerspruch sein, sondern den Spannungsbogen bezeichnen, der zum Leben im Glauben gehört. Wir werden in anderem Zusammenhang darauf zurückkommen.

Luther stammte aus kleinen und engen Verhältnissen. Vom großen Weltgetriebe und der hohen Politik wusste er wenig. Von ein paar kurzen Ausflügen, wie denen nach Heidelberg, Augsburg oder Leipzig und der Reise nach Rom abgesehen, war er über Teile Thüringens und Kursachsens nicht hinausgekommen. Er wusste auch wenig von der Weltgeschichte; sie gehörte nicht zum Lehrstoff des Lateinschülers, des Studenten oder des Mönches. Mit Einschränkungen kannte er sich in der Geschichte der Kirche, der Kirchenväter und Kirchenkonzile, in ihren Lehrmeinungen und den damit verbundenen philosophischen Lehrgebäuden aus. Nicht selten hat er geradezu damit kokettiert, nur der arme und unwissende Bruder Martin zu sein. Aber unvermeidbar rissen ihn die Konsequenzen seines eigenen Werkes mit sich fort, in die Weiten und in die Gefahren hinaus; im Jahre 1521 wurde er nach Worms vor den Reichstag und den Kaiser geladen.

Der Kaiser, der Erbe Karls des Großen! Das war eine beinahe mythische Figur, ein Herr der Welten. Jetzt allerdings handelte es sich um einen jungen Mann von 21 Jahren. Karl V. wurde am 24.

Februar 1500 in Gent geboren und als Burgunder in den Niederlanden erzogen. Seine Muttersprache war das Französische, dem sich das Spanische anschloss. Deutsch sprach und verstand er kaum. 1506 erbte er von seinem Vater, Philipp dem Schönen, Burgund und die Niederlande, zehn Jahre später vom Großvater, Ferdinand dem Katholischen, Spanien, das gerade dabei war, ein Reich zu erobern, in dem die Sonne nicht unterging. Wieder drei Jahre später wurde er zum Kaiser gewählt.

Karl war trotz seiner Jugend ein schwerblütiger Mann, von der Würde und Verantwortung seiner Ämter durchdrungen, dennoch von Selbstzweifeln geplagt. Das Weltreich, dank der Heiratspolitik der Habsburger in seiner Person zusammengebracht, legte ihm unerhörte Lasten auf. Gegen seinen Erzrivalen im Kampf um die europäische Vormacht, König Franz I. von Frankreich, führte er vier Kriege, einen gegen die Türken, die 1529 erstmals Wien belagerten. Zwei Feldzüge nach Nordafrika, gegen Tunis und Algier, kamen hinzu, und auch mit den Päpsten geriet er mehr als einmal in handfesten Konflikt. Dass es dabei 1527 zum »Sacco die Roma«, einer barbarischen Plünderung der heiligen Stadt kam, hatte nicht nur damit zu tun, dass der Kriegsherr Karl sich wie fast immer in Geldnöten befand und mit den Soldzahlungen an die Soldaten in Rückstand geriet, sondern vielleicht auch damit, dass die deutschen Landsknechte schon von der lutherischen Ketzerei infiziert waren und sich ein Vergnügen daraus machten, nun gerade über die römischen Schätze des Papstes und der Kirche herzufallen.

Für die deutschen Angelegenheiten interessierte sich der vielbeschäftigte Kaiser allenfalls nebenher und überließ sie weitgehend seinem Bruder Ferdinand. Nur selten hielt Karl sich in dem Land auf, das ihn frösteln machte; nach dem Reichstag zu Worms kehrte er Deutschland schleunigst den Rücken und ließ bis zur Rückkehr neun Jahre vergehen.

Zur Vorladung Luthers nach Worms gehörte die Zusicherung freien Geleits. Doch die Zweifel waren weit verbreitet; alle kannten den finsteren Präzedenzfall: Beim Konzil von Konstanz war ein Jahrhundert zuvor, 1415, der tschechische Reformator Jan Hus trotz der Zusicherung freien Geleits auf dem Scheiterhaufen verbrannt worden. Im Gefolge dieses Wortbruchs kam es zu den für Deutschland verheerenden Hussitenkriegen. Der »Vater der Landsknechte«, Georg von Frundsberg, soll zu Luther gesagt haben: »Mönchlein, Mönchlein, du tust einen schweren Gang.« Indessen erwies sich Karl V. als ein Mann von Ehre und hielt das gegebene Kaiserwort.

Worms war überfüllt von Menschen, darunter auch Geschäftemacher, Gaukler, Taschendiebe und Huren. Zum Hof des Kaisers gehörten vor allem Burgunder und Spanier. Zu ihnen gesellten sich Fürsten und Bischöfe, Abgesandte des Papstes und der Reichsstände, aber auch aus Venedig, Savoyen, Ungarn, Dänemark. Statt von einem deutschen Reichstag sollte man eher von einer internationalen Gipfelkonferenz sprechen; im Vergleich mit der Gegenwart fehlte nur das Heer der Journalisten. Die Themenliste war verworren und lang; der englische Gesandte trug ein Heirats- und Bündnisangebot in der Tasche, der französische die Kriegserklärung seines Königs. Man sprach Französisch, Spanisch, Lateinisch. Bei alledem wurden die deutschen Angelegenheiten eher an den Rand gedrängt, sodass ein erboster Beobachter schrieb: »Es ist ein so elend erbärmliches Wesen um den Hof, daß keiner es glaubt, der es nicht gesehen hat. Der Kaiser ist ein Kind, handelt selbst nichts, es regieren ihn einige Niederländer, die uns Deutschen weder Ehre noch Gutes gönnen. Und wenn die deutschen Sachen vorkommen, werden alle an die Kommissare verwiesen; da kann niemand weder Antwort noch Bescheid erlangen ... Ist alles Buberei.«

Ein Kind war der Kaiser durchaus nicht, sondern ein Schweiger und Zauderer von Format, der nichts leicht nahm, nicht einmal die Liebe. Am 17. April 1521 stand Luther in einem überfüllten Saal vor ihm. Er wurde verhört und sollte seine Irrlehren widerrufen. Dafür wurde eine Frist bis zum folgenden Tag gesetzt.

Der späte Nachmittag des 18. April war der entscheidende Termin. Luther hielt eine Verteidigungsrede, nach der deutschen Fassung Lateinisch wiederholt, mit Entschuldigungen eingeleitet: »Nicht bei Hofe, sondern in der Mönchszelle habe ich mein Leben zugebracht.« Doch kein Widerruf schloss sich an, sondern unter anderem dies: »Alle Welt ist Zeuge, daß die Papstgesetze und die von Menschen geschaffenen Lehren das Gewissen der Gläubigen aufs jammervollste verstricken, peinigen und martern.« Außerdem verschlinge die römische Tyrannei das deutsche Hab und Gut. Zum Ende hin hieß es: »Bringt Zeugnis, überführt mich des Irrtums, aus den Propheten und Evangelien! Wenn man mich daraus besser belehrt, will ich gerne widerrufen und als erster meine Schriften ins Feuer werfen.« Solange das aber nicht geschehen sei, müsse man um die Wahrheit streiten. »Hat Christus doch gesagt: Ich bin nicht gekommen, Frieden zu bringen, sondern das Schwert, ich bin gekommen, den Sohn zu erregen gegen seinen Vater ... Und damit befehle ich mich Eurer geheiligten Majestät und Euren Herrlichkeiten und bitte in Demut, mich nicht wegen der Umtriebe meiner Widersacher in Ungnade fallen zu lassen.«

Im Saal herrschte große Unruhe; man hörte Rufe der Empörung, aber auch Zustimmung. Die hohen Herren standen auf und zogen sich zur Beratung zurück. Der Kaiser hatte gewiss nicht alles verstanden, was man ihm dolmetschend zuflüsterte, doch genug, um sich ein Urteil zu bilden. Nach der Wiederaufnahme der Sitzung forderte sein Sprecher den Widerruf ohne Wenn und Aber. Sonst würden »Vernichtung und ewiges Vergessen« folgen. Luthers Antwort hieß:

»Wenn ich nicht durch Zeugnisse der Heiligen Schrift und klare Vernunftgründe überzeugt werde – denn weder dem Papst noch dem Konzil allein kann ich glauben, die offenkundig geirrt und sich widersprochen haben –, so bin ich an mein Gewissen und das Wort Gottes gebunden. Ich kann und will daher nichts widerrufen, weil gegen das Gewissen etwas zu tun weder sicher noch heilsam ist. Gott helfe mir.«

Die wirkungsvollere Schlusswendung ist zum geflügelten Wort deutscher Prinzipienfestigkeit geworden: »Hier stehe ich! Ich kann nicht anders. Gott helfe mir! Amen.« Und im Prinzip entspricht das durchaus dem Sinn der Rede. Nur, leider, ist es so offenbar nicht gesagt, sondern nachträglich hinzuerfunden worden.

Als Luther in sein Quartier zurückkehrte, entlud sich seine Anspannung in dem Ruf: »Ich bin hindurch, ich bin hindurch!« Aber war er das wirklich? Am nächsten Morgen sprach Karl V. vor den versammelten Reichsfürsten feierlich von seinen Vorfahren, den deutschen Kaisern, spanischen Königen, Erzherzögen von Österreich und Herzögen von Burgund: »Sie alle waren bis in den Tod treue Söhne der römischen Kirche, stets verteidigten sie den christlichen Glauben, die geheiligten Zeremonien, die Dekrete, Verordnungen und heiligen Bräuche.« Das stimmte zwar nicht: Immer wieder und oft blutig hatten Kaiser und Könige mit den Päpsten um Dekrete, Verordnungen und Machtansprüche gekämpft; mit den Geschichtskenntnissen Seiner Majestät war es kaum besser bestellt als mit denen des Mönches in Wittenberg. Aber entschieden und beinahe redselig fuhr Karl fort: »Sie hinterließen uns als natürliches Erbe die Erfüllung der heiligen christlichen Pflichten, und in wahrer Nachfolge dieser Vorfahren haben wir mit Gottes Gnade bisher gelebt. Deshalb bin ich entschlossen, alles aufrecht zu erhalten, was meine Vorfahren bisher bewahrt haben.« Ausdrücklich und drohend erwähnte er das Konzil von Konstanz und schloss mit den Worten: »Nachdem ich die Antwort Luthers gehört habe, die er gestern in unser aller Anwesenheit gab, erkläre ich, daß ich bereue, das Vorgehen gegen Luther und seine falsche Lehre so lange aufgeschoben zu haben. Ich bin entschlossen, ihn nicht weiter anzuhören. Ich beabsichtige vielmehr, ihn unverzüglich zurückzusenden unter Wahrung des Geleits. Dabei ist jedoch Bedingung, daß er nicht predigt und das Volk mit seiner schlechten Lehre unterweist oder Aufruhr stiftet. Wie schon gesagt: Ich bin entschlossen, gegen ihn als offenkundigen Ketzer vorzugehen, und ich fordere euch auf, in dieser Sache euch als gute Christen zu beweisen, wie es eure Pflicht ist und ihr mir versprochen habt.«

Das war für die Fürsten eine höchst ungewohnte Sprache, so als rede ein Vorgesetzter mit seinen Untergebenen. Und versprochen war gar nichts. Untergründig kündigte sich hier schon der Konflikt an, der schließlich zum Schmalkaldischen Krieg führte. Es folgten die üblichen Winkelzüge, sogar ein weiteres und ergebnisloses Verhör Luthers, jedoch in Abwesenheit des Kaisers. Am 26. April 1521 reiste der Reformator aus Worms ab, und niemand schien zu wissen, wohin. Am 8. Mai erging mit allen Anschuldigungen, die man nur finden oder erfinden konnte, das Wormser Edikt: die Verhängung der Reichsacht, die den aufsässigen Mönch für vogelfrei erklärte.

Noch als alter Mann, als er der Kaiserwürde entsagt hatte und sich von Erinnerungen düster umgeben in seinem Ruhesitz beim spanischen Kloster San Geronimo de Yuste aufs Sterben vorbereitete, hat Karl V. bekannt: »Ich irrte, als ich Luther damals nicht umbrachte. Ich war nicht verpflichtet, mein Wort [die Zusicherung des freien Geleits] zu halten.« Aber weil Karl sein Kaiserwort hielt, »wuchs dieser Irrtum ins Ungeheure. Das hätte ich verhindern können.«

Das sollte man nicht leichthin als das Gerede eines alten Mannes abtun. Und schon gar nicht sollte man darauf setzen, dass Feuer und Schwert gegen Gedanken und den Glauben nichts ausrichten können. Die Geschichte hat gezeigt, dass das durchaus möglich ist. Von »oben« her, mit entschlossener Herrschaftsgewalt, sind im Zuge der Gegenreformation viele und wichtige Teile Deutschlands rekatholisiert worden. Darum ist kaum hoch genug einzuschätzen, was es bedeutete, dass Moritz von Sachsen dem im Schmalkaldischen Krieg siegreichen Kaiser durch seinen Frontwechsel den Weg verstellte. Übrigens verbündete sich Moritz dabei mit dem König von Frankreich; von nationalen Vorstellungen und Pflichten ließ sich damals noch niemand leiten.

Vielleicht sollte man hinzufügen, dass der Kaiser dem Reformator nach 1521 noch einmal begegnet ist und dass Karl V. sich bei dieser Gelegenheit so unantastbar nobel verhalten hat wie einst auf dem Reichstag zu Worms. Nach der Schlacht bei Mühlberg am 24. April 1547 zog er als Triumphator in Wittenberg ein, und man zeigte ihm Luthers Grab in der Schlosskirche. Die Eiferer unter seinen Begleitern schlugen vor, die Gebeine zu exhumieren und auf einem Scheiterhaufen zu verbrennen. Aber der Kaiser lehnte das ab: »Ich führe Krieg gegen die Lebenden, nicht gegen die Toten.« Auch die Ketzerstadt blieb verschont, anders als Magdeburg im Dreißigjährigen Krieg, das im Feuersturm und im Blutrausch der Sieger unterging, als die Soldaten des kaiserlichen Feldherrn Tilly es erstürmten.

Es kam die Stunde, in der »das schläfrige Murmeltier«, der sächsische Kurfürst Friedrich, seinem Beinamen »der Weise« Ehre machte: Er ließ Luther auf die Wartburg bei Eisenach entführen. Da lebte er dann, nur von einem kurzen und heimlichen Besuch in Wittenberg unterbrochen, für zehn Monate als der »Junker

Jörg«, entsprechend eingekleidet, und ließ sich die Haare und den Bart wachsen.

Die ungewohnte Ruhe und der Mangel an Bewegung machten dem Junker zu schaffen; sein Bauch begann sich zu runden, die Verdauung ließ zu wünschen übrig, er schlief schlecht. Wie die Legende weiß, suchte ihn der Teufel heim, gegen den er sein Tintenfass schleuderte. (Dabei besaß er wahrscheinlich gar kein Tintenfass, sondern tunkte, wie es damals üblich war, die Feder in ein Tintenhörnchen.)

Es ist anzunehmen, dass Luther den Kurzbesuch in Wittenberg auch dazu benutzte, einige Bücher mitzunehmen, darunter eine Ausgabe des Neuen Testaments im griechischen Urtext. Jedenfalls begann er bald darauf mit der Übersetzung ins Deutsche. Worüber er neben der lateinischen Vulgata sonst noch verfügte, ob überhaupt über Wörterbücher, Kommentare oder einen der bereits vorliegenden Übertragungsversuche, ist ungewiss. Wenig genug dürfte es gewesen sein; schließlich saß der Doktor der Theologie nicht im Lesesaal einer Universitätsbibliothek, sondern in seiner Burgstube. Übrigens verflogen, seit er sinnvoll beschäftigt war, die Beschwerden; nichts mehr von Verdauungsnöten und Teufelsspuk.

Das Ergebnis der Arbeit war ein Wunderwerk deutscher Sprachkunst. Das gilt auch für die spätere Gesamtbibel, obwohl sie mithilfe anderer zustande kam, besonders des sprachgelehrten Philipp Melanchthon. (Die Hilfe war schon deshalb notwendig, weil man beim Alten Testament auf das Hebräische zurückgreifen musste, in dem Luther sich kaum auskannte.) Ja, ein Wunderwerk, in knappen zehn Wochen vollbracht, und alle nachfolgenden Verbesserungen, zum Teil noch von Luther selbst vorgenommen, haben ebenso wie spätere Anpassungen an die neuere Sprachentwicklung ihm kaum etwas anhaben können.

Wie soll man es erklären? Luther redet, er hält Zwiesprache mit dem Leser, statt das Papier rascheln zu lassen; aller Aufwand an Gelehrsamkeit, die er an die Sache wandte, wird nicht vorgezeigt, sondern mit Sorgfalt verborgen. Und Luther hört zu; als ein musikalischer Mensch lauscht er in den Klang und den Rhythmus der Sprache hinein, um ihm Ausdruck zu geben. Wichtig war gewiss auch, dass er mit dem Herzen bei der Arbeit war. Er hatte seine Existenz, sein ganzes reformatorisches Werk auf die Bibeltexte gegründet.

Aber genügen das heiße Herz oder der gute Wille? Kunst ist bekanntlich das Gegenteil von gut gemeint. Am Ende bleibt bei allen Deutungsversuchen ein Restbestand des Unerklärbaren, mit Bewunderung hinzunehmen. Oder vielleicht bleibt uns nur, selbst das Neue Testament aufzuschlagen und zu lesen, was da in der Weihnachtsgeschichte des Lukas-Evangeliums von den Hirten auf dem Felde gesagt wird, die des Nachts ihre Herde hüteten: »Und siehe, des Herrn Engel trat zu ihnen, und die Klarheit des Herrn leuchtete um sie; und sie fürchteten sich sehr.« Diese Klarheit, so scheint es, hat auch um den Bibelübersetzer Martin Luther geleuchtet.

Man hat behauptet, verbreitet, nachgeredet, dass er keinen literarischen Ehrgeiz besessen habe. Aber das trifft allenfalls zu, wenn man die Zollstöcke moderner Romanschreiber oder Literaturkritiker anlegt. In Wahrheit brannte in ihm der Ehrgeiz gleich doppelt, jedenfalls bei seiner Bibelübersetzung: Einerseits wollte er das geheiligte Wort Gottes so genau wie nur möglich übertragen, als die Wahrheit und Botschaft, an der nichts beliebig oder belanglos ist. Andererseits kam es darauf an, die Botschaft so verständlich und anschaulich, so handgreiflich zu machen, dass jeder sie verstehen konnte. Auch damit verbot sich das Belieben; Luther wetterte gegen die »Herren Kanzlisten und Lumpenprediger und Puppenschreiber, die sich lassen dünken, sie hätten Macht, [die] deutsche Sprache zu ändern und uns täglich neue Wörter zu richten«.

Im »Sendbrief vom Dolmetschen« heißt es: »Man muß nicht die Buchstaben in der lateinischen Sprache fragen, wie man deutsch reden soll, wie diese Esel es tun, sondern man muß die Mutter im Hause, die Kinder auf den Gassen, den gemeinen Mann auf dem Markt darum fragen und denselbigen auf das Maul sehen, wie die reden, und danach dolmetschen. So verstehen sie es dann und merken, daß man deutsch mit ihnen redet.«

Aber wie leicht ist das gesagt und wie schwer getan, besonders bei der Übertragung des Alten Testaments, wenn man das Hebräische zu Rate ziehen muss! »Wir arbeiten jetzt an den Propheten«, schreibt Luther in einem Brief. »Ach Gott, wie ein groß und verdrießlich Werk ist es, die hebräischen Schreiber zu zwingen, deutsch zu reden. Wie sträuben sie sich und wollen ihre hebräische Art gar nicht verlassen und dem groben Deutschen nachfolgen; gleich als ob eine Nachtigall soll ihre liebliche Art verlassen und dem Kuckuck nachsingen.« Man könnte dieses Bild auch seitenverkehrt betrachten: Luther zwang den deutschen Kuckuck dazu, wie eine Nachtigall zu singen. Und manchmal seufzte er, wenn ihm das Wort Gottes sozusagen spanisch vorkam, so im Bericht über Salomos Tempelbau: »Wir werden mit dem heillosen Gebäude viel zu tun haben. Ich wollt gern sehen, wo 80- oder 70-tausend Zimmerleute mit ihren Äxten sollen hergekommen sein. Wenn nur das Land so viele Leute gehabt hätt!«

Von der Mühe, die ihm die Bibelübersetzung bereitete, hat Luther später gesagt: »Nun es verdeutscht und bereit ist, kanns ein jeder lesen und meistern, läuft einer jetzt mit den Augen durch drei, vier Blätter und stößt nicht einmal an. Wird aber nicht gewahr, welche Wacken und Klötze da gelegen sind, da er jetzt über hin geht wie ein gehobelt Brett ... Es ist gut pflügen, wenn der Acker gereinigt ist. Aber den Wald und die Stöcke ausroden und den Acker richten, da will niemand dran.« Und gegen die Besserwisser gerichtet, heißt es: »Sie sind Doktoren? Ich auch. Sie sind Theologen? Ich auch. Sie schreiben Bücher? Ich auch.« Aber »ich kann Psalmen und Propheten auslegen. Das können sie nicht. Ich kann dolmetschen. Das können sie nicht.« Nein, das konnte keiner so wie Luther; er ist der größte deutsche Übersetzer gewesen und bis heute geblieben.

Die erste Ausgabe des Neuen Testaments erschien im September 1522 in Wittenberg.

Im März 1522 verwandelte Junker Jörg sich wieder in den Reformator Martin Luther; gegen den dringenden Rat seines Kurfürsten kehrte er nach Wittenberg zurück. Für den mit höchster Reichsautorität Geächteten war das dem Anschein nach ein verwegener Schritt, doch niemand kümmerte sich mehr um das Wormser Edikt. Karl V. befand sich weitab in Spanien, die fürstlichen Landherren sorgten sich, wie stets, bloß um ihre eigenen Interessen, und dazu gehörte vieles, nur nicht, treue oder gar gehorsame Gefolgsleute des Kaisers zu sein.

Im Übrigen war Luthers Anwesenheit in Wittenberg dringend gefordert. In der kleinen Elbstadt ging es drunter und drüber, und die Studenten probten den Aufstand gegen jede hergebrachte Autorität, sozusagen im akademischen Wasserglas den Sturm, der bald ganz andere Ausmaße erreichen sollte. Im Grunde war das folgerichtig. Wo gab es noch Richtmaße für eine verbindende Ordnung, wenn jeder sich auf die persönliche Gewissensentscheidung verwiesen sah? Etwa im Wort Gottes, wie die Bibel es offenbarte? Das war ein großes und abgründiges Buch, aus dem sich vieles und Gegensätzliches herauslesen ließ, zum Beispiel neben dem Gebot, der Obrigkeit gehorsam zu sein, die Ankündigung Christi, auf die auch Luther in Worms sich berufen hatte: »Ich bin nicht gekommen, Frieden zu bringen, sondern das Schwert.« Wenn nun die überlieferte kirchliche Ordnung einstürzte, die das Leben mindestens so stark bestimmt hatte wie die weltliche Obrigkeit, dann schien auf einmal alles möglich zu sein.

Es war die Stärke der Reformationsbewegung, dass sie Wort und Gewissen ins Zentrum rückte – und ihre Schwäche zugleich. Die alte Kirche kannte den Alltagsmenschen; sie wusste, dass der nicht immerfort, auf sich selbst gestellt, nachdenken und sein Gewissen erforschen möchte, sondern dass er Anleitung, Formen, Regeln und Riten braucht. Luther dagegen hat kaum Sinn gehabt für diese Bedeutung der Formen, die Halt geben; die neue Kirchenordnung, die sich schließlich entwickelte, ist nicht seine Sache, sondern die des Johannes Bugenhagen gewesen.

Immerhin ist es Luther mit einer Serie von Predigten gelungen, jedenfalls in Wittenberg, die Ordnung wiederherzustellen. Er verfasste auch das Sendschreiben »Treue Vermahnung zu allen Christen, sich zu hüten vor Aufruhr und Empörung«. Andere Schriften folgten, so 1523 »Von weltlicher Obrigkeit« und »Von der Ordnung des Gottesdienstes in der Gemeinde«, 1524 »An die Ratsherren aller Städte deutschen Landes, dass sie christliche Schulen aufrichten und halten sollen«.

Im Grunde sehnte der Reformator sich nach Ruhe, um die Arbeit zu leisten, die ihm am wichstigsten war: die Übersetzung der ganzen Bibel, also jetzt des Alten Testaments. Das war kein Geniestreich, der in wenigen Wochen vollbracht werden konnte wie der auf der Wartburg; bis zur Vollendung verging ein volles Jahrzehnt. Dennoch schloss sich diese Leistung glanzvoll an. Immer wieder möchte man zitieren, was da geschrieben steht, mehr noch jedermann auffordern, selbst zu lesen, gleich ob im Glauben oder im Unglauben: das 1. Buch Mose, das Buch Hiob, die Psalmen. Ginge es nicht um das Wort Gottes, so würden wir sagen: Das, wahrlich, ist Weltliteratur. Und mit welch einer Sinnenfreude, unübertroffen, überrascht uns das Hohelied Salomos!

Luthers wichtigster Mitarbeiter war Philipp Melanchthon (1497–1560), ein humanistischer Gelehrter und Pädagoge von Rang. Schon im Alter von 21 Jahren wurde er als Professor für die griechische Sprache nach Wittenberg berufen und erregte Aufsehen mit seiner Antrittsvorlesung zur Lehrreform. Er war kein starkknochiger, sondern ein zarter Mann, und im Gegensatz zu Luthers Festigkeit und Schroffheit um des Friedens willen zur Vermittlung, zum Nachgeben bereit. Aber gerade aus den Gegensätzen wuchs die Zusammenarbeit des ungleichen Paares, die für die Reformationsgeschichte eine so große Bedeutung gewonnen hat.

Eine Sehnsucht nach Ruhe, die es nicht gab: Schon kündigte, mit den Schwerpunkten in Süd- und Mitteldeutschland, sich der Bauernkrieg an, der 1525 seinen Höhepunkt und blutigen Abschluss erreichte. Prediger zogen durchs Land, die den Bauern und Ackerbürgern verkündeten, dass mit der Freiheit des Evangeliums auch ihre Befreiung von bedrückender Herrschaft gekommen sei. Die Bewegung verlief überall nach einem ähnlichen Schema: örtlicher Aufruhr entbrannte, Burgen und Klöster wurden erstürmt, Schlösser gingen in Flammen auf. Die im März 1525 in Memmingen verabschiedeten »Zwölf Artikel« forderten unter anderem: freie Pfarrerwahl, freie Jagd-, Fischerei- und Waldnutzung, Ablösung der Leibeigenschaft, Lohndienste statt unbezahlter Fronarbeit.

Schnelle Anfangserfolge täuschten über die Schwächen hinweg: Es fehlte an Koordination, Führung, Disziplin, Kampferfahrung. So war die Niederlage abzusehen, als nach dem ersten Schrecken die Gegenkräfte sich sammelten und zurückschlugen. Das Heer des Schwäbischen Bundes unter dem Feldhauptmann Georg Truchseß von Waldburg, »Bauernjörg« genannt, besiegte die schwäbischen Bauern am 14. April und 12. Mai bei Wurzach und Böblingen, die fränkischen am 4. und 6. Juni bei Königshofen und Ingolstadt. Den thüringischen Aufstand bezwang Landgraf Philipp von Hessen am 15. Mai bei Frankenhausen.

Luther, auf den sich die Aufständischen immer wieder beriefen, hielt sich anfangs zurück; noch seine »Ermahnung zum Frieden auf die Zwölf Artikel der Bauern« vom April 1525 kann man als einen Versuch zur Vermittlung deuten. Doch dann folgte, am 5. Mai, »Wider die räuberischen und mörderischen Rotten der andern Bauern«, eine – man kann es nicht anders sagen – Aufforderung zum Totschlag. Man soll »zuschmeißen, würgen, und stechen«, denn »es ist des Schwerts und Zorns Zeit hie und nicht der Gnaden Zeit«. In dieser Tonlage ist die ganze Schrift gehalten. Die Sieger ließen sich das gerne gesagt sein; man schätzt die Zahl der Opfer des Bauernkrieges auf etwa 100 000 Menschen. Dabei handelte es sich ganz überwiegend um Bauern, oft mit Frauen und Kindern, und ganz überwiegend sind sie nicht im Kampf gefallen, sondern danach ermordet worden.

Das Verhalten Luthers lässt sich nur vielschichtig erklären. Zunächst: Im Grunde seines Wesens war er ein konservativer Charakter. Das mag merkwürdig klingen, da der doch eine unerhörte Umwälzung in Gang setzte. Aber dem Anspruch nach wollte er ja nichts Neues schaffen, sondern Entartungen beseitigen und zum Ursprung, zur Wahrheit in Gottes Wort zurückführen. In den weltlichen Dingen sollte ohnehin jeder in Demut bei dem von Gott verordneten Stande bleiben. Davon zeugt – »nach Luther« – das »Gebet eines Dienstboten«, das noch gegen Ende des 19. Jahrhunderts in einem Kirchengesangbuch abgedruckt wurde:

»Lieber Herr Gott, ich danke dir, daß du mich in diesen Stand, Handwerk und Dienst geordnet hast, darin ich weiß, daß ich dir besser gefalle als in jedem selbst gewählten Gottesdienst. Denn ich habe deinen Befehl vom vierten Gebot, daß ich Vater und Mutter ehren, Herren, Frauen und Meistern mit allem treuen Fleiß dienen, arbeiten und zu der Haushaltung helfen soll, will deshalb meinem Beruf mit Lust und Liebe nachkommen. Ich will gern tun, was ich tun soll, meinem Herren, meiner Frau und meinem Meister zu Gefallen sein und lassen, was sie wollen. Ob ich gleich zuweilen gescholten werde, was schadets, sintemal ich das fürwahr weiß, daß mein Stand dir ein Dienst und wohlgefällig Leben ist. Darum will ich solchem Stande zu Ehren und zu Dienste auch gern etwas tun und leiden, allein gib du mir die Gnade und Geduld dazu. Amen.«

Zweitens war und blieb Luthers theologisches Fundament immer der Brief des Apostels Paulus an die Römer, und da steht am Anfang des 13. Kapitels geschrieben: »Jedermann sei Untertan der Obrigkeit, die Gewalt über ihn hat. Denn es ist keine Obrigkeit ohne von Gott; wo aber Obrigkeit ist, ist sie von Gott verordnet. Wer sich nun der Obrigkeit widersetzt, der widerstrebt Gottes Ordnung; die aber widerstreben, werden ein Urteil über sich empfangen.« Dieser Ausgangspunkt hat das Luthertum und die evangelischen Landeskirchen in Deutschland für Jahrhunderte bestimmt; noch in den fünfziger Jahren des 20. Jahrhunderts hat die Obrigkeitsschrift des Bischofs Otto Dibelius eine stürmische Debatte ausgelöst, weithin allerdings schon vom Widerspruch geprägt.

Drittens: Luther mochte vom politischen Getriebe nicht viel verstehen. Doch dass es nicht nur um Glaubensdinge, sondern auch um Machtfragen ging, hatten ihm der Reichstag zu Worms, die Begegnung mit dem Kaiser, die Reichsacht und die Schutzhaft auf der Wartburg eindringlich vor Augen geführt. Und nur zu deutlich zeichnete sich ab, dass auch in der Zukunft einzig die Obrigkeit in Gestalt der Landesfürsten ihn und die durch ihn erneuerte Kirche schützen konnten. Auf diesen Schutz, dieses Schicksalsbündnis setzte er nun.

Viertens war aus dem unbekannten Bruder Martin fast über Nacht der in Deutschland, in Europa berühmte oder berüchtigte Doktor Luther geworden, der Päpsten und Kaisern die Stirn bot. Entsprechend und verständlich genug wuchs sein Selbstbewusstsein, aber auch sein Misstrauen gegenüber möglichen Rivalen. Vor allem wuchs das Bewusstsein des Reformators, dass er, nur er allein, die Bibel so auslegte, wie es der Wahrheit entsprach. (In seiner Nachfolge ist eine lutherische Orthodoxie entstanden, die ihm tatsächlich ein Monopol zuerkannte.) Fast möchte man sagen: Indem es um das Wort Gottes ging, geriet, psychologisch betrachtet, der irrende Mensch Luther in eine gottähnliche Stellung hinein, als ein Gesetzgeber wie Jahwe oder Jehova, der dem unwissenden Volk Israel durch Moses sagen lässt: »Du sollst keine anderen Götter neben mir haben.«

Im Zusammenhang mit der Bauernerhebung gab es Rivalen, vor allem Thomas Münzer (oder Müntzer): einen Mann, der sich durchaus in der Bibel auskannte und zum Prediger des Aufruhrs wurde. In seiner Streitschrift gegen Luther erreichte die Schimpfgewalt des 16. Jahrhunderts einen Höhepunkt. Münzer nannte den Reformator einen Lügner, Stocknarren, tückischen Kolkraben, gottlosen Schelm, Vater Leisetritt, Erzheiden, den unverschämten Mönch, dem er zurief: »Schlaf sanft, liebes Fleisch. Ich röche dich lieber gebraten durch Gottes Grimm.« Luther ließ sich nicht lumpen und zahlte mit entsprechender Münze zurück. Und gewiss zu seiner Genugtuung wurde Münzer nach der Niederlage der Bauern bei Frankenhausen gefangen, gefoltert und enthauptet.

Als Nebenbemerkung: In der Deutschen Demokratischen Republik ist die Bauernerhebung zu einem Vorspiel des Klassenkampfes und der am Ende siegreichen Arbeiter- und Bauernmacht stilisiert worden. Damit rückte Münzer zu einem geistigen Ahnherrn auf, und die Forschung der DDR hat durchaus dazu beigetragen, ihn gerechter zu würdigen, als das vorher geschehen war. Luther erschien dagegen als der Herrenknecht und Bauernschlächter. Erst in der Spätzeit trat ein gewisser Wandel ein; 1983 übernahm der Staatsratsvorsitzende Erich Honecker die Schirmherrschaft über das Lutherjahr. (Damals hat der Verfasser dem Bundespräsidenten Karl Carstens eine ironisch-dialektische Pointe vorgeschlagen: die Schirmherrschaft über Karl Marx in seinem hundertsten Todesjahr. Leider fand dieser Vorschlag keine Gegenliebe.) Indessen kann man noch heute auf einem Berg bei Frankenhausen den von Werner Tübke ausgemalten Rundbau besichtigen, inzwischen nicht nur als das Denkmal der zunächst siegreichen, dann geschlagenen Bauern, sondern auch der trotz oder wegen Karl Marx gescheiterten DDR.

Am 13. Juni 1525 heiratete Luther. Der Vorgang hat Aufsehen erregt und Zustimmung gefunden, aber mehr noch Empörung ausgelöst. Gewiss, das Zölibat war bereits verworfen, und Gott hatte verordnet, dass Mann und Frau »ein Fleisch« sein sollten. Aber war dies denn der richtige Zeitpunkt? »Noch rauchen überall die zerstörten Dörfer, Tausende von Bauern werden in Ketten abgeführt, die Flüsse sind rot vom vergossenen Blut«, hieß es in einer Flugschrift. Oder, schlimmer: Durfte der Reformator überhaupt heiraten? Brachte er nicht sein eigenes Werk in Verruf? Hatte er etwa darum die Mönchsregeln gebrochen, um ungestraft den Sinneslüsten frönen zu können?

Wie auch immer: Die auserwählte Katharina von Bora – oder Käthe, wie sie dann von ihrem Gatten genannt wurde – war eine Nonne, die aus dem ohnehin sich auflösenden Klosterleben ausbrach und in Wittenberg Zuflucht suchte, zusammen mit einigen Mitschwestern sozusagen als herrenlos gewordenes Treibgut. Luther bemühte sich zunächst, sie anderweitig zu verheiraten, und nahm sie dann, als das scheiterte, selbst zur Frau. Um den Funkenflug einer Liebesheirat handelte es sich also kaum, sondern um eine Vernunftehe. Ein paar Tage nach der Hochzeit schrieb Luther an seinen Universitätskollegen Nikolaus Amsdorf: »Ich bin nicht leidenschaftlich verliebt, aber ich habe mein Weib lieb und wert.« Dabei ist es geblieben; man kann von einer glücklichen Ehe sprechen. Übrigens waren die Partner, als sie sich das Jawort gaben, nach den Maßstäben der Zeit schon sehr alt: er zählte 42, sie 24 Jahre. Indessen wurden dem Paar nach und nach sechs Kinder geboren, von denen zwei – nur zwei – früh verstarben.

Luther hätte keine bessere Wahl treffen können. Katharina oder Käthe erwies sich als eine handfeste tüchtige Frau und brachte zunächst einmal Sauberkeit in sein Junggesellenleben, angefangen beim Ehebett. »Ehe ich heiratete«, bekannte der berühmte Mann, »hat mir ein ganzes Jahr hindurch niemand das Bett zurechtgemacht, in dem das Stroh von meinem Schweiß faulte. Ich war müde und arbeitete mich den Tag ab und fiel so ins Bett, wußte nichts darum.« Frau Käthe sorgte sogar dafür, dass im Hause – dem ehemaligen, vom Kurfürsten übereigneten und nach und nach umgebauten Augustinerkloster – eine Badestube eingerichtet wurde.

Käthe war durchweg schon um vier Uhr früh auf den Beinen und tat noch viel mehr, wie Richard Friedenthal anschaulich erzählt hat: »Sie herrschte über das Haus, ihren Mann, was von diesem mit Ergebenheit hingenommen wurde, denn Luther war völlig unfähig, auch nur den kleinsten Haushalt zu organisieren.

Sie brachte Ordnung in sein Leben, und zuweilen seufzte er darüber. Sein Augustinerkloster wurde eine Pension, eine Herberge, in der auch Fürstlichkeiten abstiegen, ein großer Wirtschaftsbetrieb mit Viehzucht, Pachtland, später einem kleinen Gut, mit zwanzig, dreißig Personen an Gästen, Scholaren, Gesinde, Kindern, auch Kindern von Verwandten, mit eignem Brauhaus, eigner Viehzucht, Vorratsräumen, Keller, Schuppen, Garten. Die juristisch ziemlich rechtlose Hausfrau war, nicht nur im Falle der Frau Käthe, zu jener Zeit eine Unternehmerin, die Leiterin eines ›Betriebes‹, der sich selbst zu versorgen hatte. Von ihrer Tüchtigkeit hing das Leben der kleinen Gemeinschaft ab; eine gute Frau war ein Segen, eine schlechte ein furchtbares Unglück.«

Als ein Segen erwies sich Frau Käthe oder die Frau Doktorin, wie sie respektvoll genannt wurde, nicht zuletzt darum, weil sie im Gegensatz zu ihrem Mann auch mit Geld umgehen konnte. »Ich mag nimmer rechnen, es macht einen gar verdrossen«, hat er gestöhnt. Nein, der Umgang mit Geld blieb ihm fremd; nie hat er für seine Schriften ein Honorar verlangt und erhalten. Nur sein Buchdrucker und Verleger Hans Lufft ist an ihm zum reichen Mann geworden, zum reichsten in Wittenberg neben Lucas Cranach, der das Geschäft der Reformation als Kunstunternehmer betrieb. In einem Punkt allerdings brachte Frau Käthe ihrem Martin kein Glück: indem sie ihn zu gut versorgte. Der in seinen jüngeren Jahren hagere Mann wurde zunehmend schwer- und übergewichtig, und das reichliche Essen und Trinken beförderte die Angina pectoris, an der er schließlich starb.

Im Rückblick hat man Luther zum Begründer des gemütvoll intimen, um nicht zu sagen idyllischen deutschen Familienlebens stilisiert. In der Tat war Luther ein liebevoller Gatte und Vater, kein prügelwütiger Haustyrann. Aber sonst taugt die Behauptung wenig. Wie von Friedenthal geschildert, handelte es sich bei seinem Haushalt um einen vielköpfigen Betrieb, der nicht vor der Öffentlichkeit abgeschirmt war. Davon zeugen »Luthers Tischgespräche«; niemandem konnte entgehen, dass sie von den Tischgenossen aufgezeichnet wurden, um sie in die Welt zu tragen. Der Ruhm bringt nun einmal seine eigene Last mit sich: Nichts, was sich im Hause Luther ereignete, entging den Beobachtern.

Mit weit mehr Recht wäre dagegen von einer Begründung des Pfarrhauses zu sprechen, dessen Einfluss kaum hoch genug eingeschätzt werden kann. Um es mit dem Pastorensohn Martin Greiffenhagen zu sagen: »Fünf Jahrhunderte lang hat das evangelische Pfarrhaus auf die deutsche Kultur bedeutenden Einfluß gehabt. Pfarrerskinder waren es zum großen Teil, welche die spezifische Variante deutschen Geisteslebens, eine Kultur des Wortes und seiner Auslegung, geprägt haben. Was Friedrich Nietzsche und Gottfried Benn, Hermann Hesse, C. G. Jung und Albert Schweitzer verbindet, ist das väterliche Thema: Protestantismus als Beruf.« Noch viele Namen wären zu nennen, durch die Jahrhunderte hindurch, und an ihrem Anfang steht Martin Luther.

Dabei handelt es sich nicht nur um das gesprochene Wort und seine Auslegung, um Bibel, Predigt, den Katechismus oder das Tischgebet, sondern ebenso um das Singen. Immer hat es ein Herzstück nicht nur des kirchlichen Gottesdienstes, sondern auch der Hausandachten gebildet, und für lange Zeit ist das evangelische Kirchenlied sogar ein Herzstück deutscher Dichtung gewesen. Man denke an Paul Gerhardt. Aber die Anfänge verweisen zurück auf Luther. Und nichts bringt sein Bekenntnis, seinen Glauben so genau zum Ausdruck wie das Trutzlied, das darum hier unverkürzt zitiert werden soll:

»Ein feste Burg ist unser Gott,
ein gute Wehr und Waffen,
er hilft uns frei aus aller Not,
die uns jetzt hat betroffen.
Der alt böse Feind
mit Ernst ers jetzt meint,
groß Macht und viel List
sein grausam Rüstung ist,
auf Erd ist nichts seins gleichen.

Mit unserer Macht ist nichts getan,
wir sind gar bald verloren;
es streit für uns der rechte Mann,
den Gott hat selbst erkoren.
Fragst du, wer der ist?

Er heißt Jesus Christ,
der Herr Zebaoth,
und ist kein andrer Gott,
das Feld muß er behalten.

Und wenn die Welt vor Teufel wär
und wollt uns gar verschlingen,
so fürchten wir uns nicht so sehr,
es soll uns doch gelingen.
Der Fürst dieser Welt,
wie saur er sich stellt,
tut er uns doch nichts;
das macht, er ist gericht:
ein Wörtlein kann ihn fällen.

Das Wort sie sollen lassen stahn
und keinen Dank dazu haben;
er ist bei uns wollen auf dem Plan
Mit seinem Geist und Gaben.
Nehmen sie den Leib,
Gut, Ehr, Kind und Weib:
laß fahren dahin;
sie habens kein Gewinn,
das Reich muß uns doch bleiben.«

Das Wort, das Wort: Für den gläubigen Christenmenschen begründet es das wahre Reich aus der Gnade Gottes. Was also soll man fürchten? Das Lied stärkt die Zuversicht, wenn Ängste heranbranden, und es bezeichnet eine Einstellung, die Schule gemacht hat über Jahrhunderte hinweg. Im Sturm der Revolution von 1848, als zunächst so viele sich wegduckten, hat der pommersche Pietist Adolf von Thadden gesagt, was man im schlimmsten Fall zu erwarten hat, wenn man Widerstand leistet: »einen ehrlichen Galgen und eine fröhliche Auferstehung«.

Luther blieb tätig bis zu seinem Tod im Jahre 1546. Er arbeitete an der Bibelübersetzung, hielt Vorlesungen vor den Studenten – das akademische Lehramt war und blieb seine wichtigste Einnahmequelle –, predigte der Wittenberger Gemeinde, disputierte, beantwortete Briefe, verfasste Sendschreiben, empfing mehr oder weniger wichtige Gäste, erteilte den Rat, um den er in geistlichen, aber auch in weltlichen Dingen immer zunehmend gebeten wurde. Eigentlich kann man nur darüber staunen, was er leistete, obwohl er nicht mehr gesund war und oft unter Schlaflosigkeit und Schmerzen litt. Einige Ereignisse sollen hier noch knapp skizziert werden.

Im Jahre 1524 erschien die Schrift des Erasmus von Rotterdam, »De libero arbitrio«, über den freien Willen. Erasmus (1466 oder 1469 bis 1536) war der ungekrönte König der Humanisten, berühmt in ganz Europa und in England, Frankreich und den Niederlanden ebenso zu Hause wie in Basel oder in Freiburg im Breisgau. Luther antwortete im Dezember 1525 mit seiner Gegenschrift, »De servo arbitrio«, über den unfreien Willen. Es ging um die in der Kirchenlehre und Philosophiegeschichte immer wieder erörterte Frage der menschlichen Willensfreiheit. Stets geriet man in Widersprüche, und im Grunde waren sie unlösbar. Denn, einerseits: Wie kann es Verantwortung, Schuld, Sünde geben ohne die Freiheit? So Erasmus, sehr vereinfacht, im Kern seiner These. Doch wie andererseits kann es eine Schöpferallmacht geben, wenn Gott seinen Geschöpfen nicht schon vorbestimmt hat, was ihnen geschieht und was sie zu tun haben? Wiederum vereinfacht erklärte Luther: Die Sünde ist eine Grundtatsache des Menschseins, seit dem Sündenfall in die Welt gekommen. Nicht mit eigener Kraft können wir uns aus ihr befreien, sondern wir brauchen die Erlösung durch Christus. Das Heilsgeschehen ist größer als wir, und es wird uns nicht aus eigenem Verdienst, sondern als Gnade zuteil.

Indessen bildete der Streit um die Willensfreiheit im Grunde nur einen Anlass zur Scheidung der Geister. Die Humanisten waren in erster Linie Gelehrte und nicht Parteigänger, und auch darin erwies Erasmus sich als ihr Vorbild: Er nahm seinen angemessenen Platz zwischen den Stühlen ein. Als der Reformator Ulrich Zwingli ihm das Bürgerrecht von Zürich antrug, lehnte er höflich, doch bestimmt ab: »Ich danke Dir für Deine und Deiner Stadt liebenswürdige Gesinnung mir gegenüber. [Aber] ich wünsche Weltbürger zu sein und allen zu gehören – oder besser noch

Nichtbürger bei allen zu sein.« Und so verhielt er sich in sämtlichen Dingen, auch oder erst recht im Religionsstreit; Erasmus wollte frei bleiben, differenzieren, abwägen, statt sich in Lagermauern einschließen zu lassen; die Ironie war seine Hauptwaffe und Skepsis für ihn eine Tugend. Luthers Temperament drängte dagegen zum Entweder-Oder, vom Zweifel zur Gewissheit. Und in der Offenbarung des Johannes stand geschrieben: »Ich weiß deine Werke, dass du weder kalt noch warm bist. Ach, dass kalt oder warm wärst! Weil du aber lau bist und weder warm noch kalt, werde ich dich ausspeien aus meinem Munde.«

Dem Konflikt sozusagen zwischen den Staatsoberhäuptern des Humanismus und der Reformation kam exemplarische Bedeutung zu. Ein Bruch wurde vollzogen, der sich niemals mehr heilen ließ. Er war nicht vollständig; Melanchthon zum Beispiel ist trotz mancher Vorbehalte immer im Bannkreis des übermächtigen Luther geblieben. Aber es gab diesen Bruch. Oder vielleicht sollte man sagen: Im Epochenkampf von Reformation und Gegenreformation blieb für Zwischenpositionen und für die Vermittlungsversuche gelehrter Bedenkenträger immer weniger Raum, und wo der Kampf besonders heftig tobte, wie in Deutschland, da wurde der Humanismus unerbittlich zerrieben.

Im Jahre 1525 begann auch der Abendmahlstreit zwischen Zwingli und Luther, der sich mehr und mehr zuspitzte, für uns kaum noch nachvollziehbar. *Bedeuten* Brot und Wein den Leib und das Blut Jesu Christ – so Zwingli – oder *sind* sie es – so Luther – als »Realpräsenz«? Im Marburger Religionsgespräch vom 1. bis 4. Oktober 1529 suchte Landgraf Philipp von Hessen zu vermitteln, vergeblich. Trotz einiger Annäherung blieb der Durchbruch zur Einigung aus. Das hatte sogar politische Folgen; das große antikatholische Bündnis, das der Landgraf gegen den Kaiser schmieden wollte, kam nicht zustande.

Karl V. kehrte nach neunjähriger Abwesenheit zurück und lud zum Reichstag nach Augsburg, einer weit größeren und reicheren Stadt als Worms, Sitz von Großunternehmungen wie den Fuggern und den Welsern. Diesmal standen die Religionsfragen nicht nur am Rande, sondern sie rückten in den Mittelpunkt. Luther sah sich als Geächteter an der Teilnahme gehindert; er bezog, um ohne Gefährdung so nahe wie möglich zu sein, einen Beobachtungsposten auf der Veste Coburg, dem südlichsten Besitz des Kurfürsten von Sachsen. Die Hauptlast der Verhandlungen trug Melanchthon. Der zarte Gelehrte entwarf die »Augsburgische Konfession«, die grundlegende Bekenntnisschrift der lutherischen Kirche, die mehrfach überarbeitet wurde. So weit wie möglich kam er dem katholischen Lager entgegen; kein welterfahrener Diplomat hätte mehr leisten können. Aber natürlich wurden damit weder der Papst noch der Kaiser wirklich zufrieden gestellt – und Luther auch nur mit Murren und Knurren. Es zeichnete sich ab, dass früher oder später die Kanonen statt der Bekenntnisse ihr Machtwort sprechen würden. Gegen diese Gefahr richtete sich der Schmalkaldische Bund der evangelischen Reichsstände, der 1531 auf Betreiben des Landgrafen von Hessen geschlossen wurde.

Wie schon das Trutzlied »Ein feste Burg« zeigt, setzt Luther gegen den »Fürsten dieser Welt« zunächst einmal auf das uneinnehmbare »Wort«, gegen äußere Macht auf die innere Freiheit, das heißt auf den passiven Widerstand und, wenn nötig, auf das Märtyrertum. Aber wer denn ist dazu berufen? Realistisch kann man diese Auffassung schwerlich nennen. In der Praxis ist die evangelische Sache ja auch nicht durch unerschütterliche Glaubensstärke gerettet worden, sondern durch den diplomatischen und militärischen Frontwechsel des Herzogs Moritz von Sachsen, wenn man so will, durch den Verrat an Kaiser und Reich.

Nur teilweise und nur unwillig ist Luther von seiner ursprünglichen Auffassung abgerückt, trotz aller drohenden Hinweise auf die Kriegsvorbereitungen Karls V. – und auch nur in dem Sinne, dass man ihm und er sich selbst eine Brücke baute: Die fürstlichen Landherren gehörten ebenso zu der mit Machtbefugnissen und mit einem Kriegsrecht ausgestatteten Obrigkeit wie der Kaiser; sie durften daher auch aktiven Widerstand leisten. Denn das war und das blieb die Grundlage: »Jedermann sei Untertan der Obrigkeit, die Gewalt über ihn hat.« Die Katastrophe des Schmalkaldischen Krieges (1546/47) hat Luther dann nicht mehr erlebt.

Seine letzten Lebensjahre sind von zunehmender Schroffheit geprägt. Wie Bernhard Lohse feststellt, hat die Polemik gegen das Papsttum »eine unüberbietbare Zuspitzung erfahren. Seine Attacken waren nun schlechterdings maßlos.« Ähnliches gilt für die Schrift »Von den Juden und ihren Lügen« aus dem Jahre 1543. Zwanzig Jahre früher, in der Schrift »Daß Jesus Christus ein geborener Jude sei«, hatte es noch ganz anders geklungen. Der Umschlag ist vielleicht aus enttäuschter Zuneigung zu erklären: Die Juden waren zu loben, weil sie nicht den Irrlehren der Papstkirche verfielen; sie bewahrten wenn schon nicht die Heilsbotschaft des Neuen Testaments, dann doch das Wort Gottes, wie es aus dem Alten Testament herüberklingt. Aber sie waren verdammt, wenn sie sich auch gegenüber dem gereinigten, zur Wahrheit zurückgeführten Glauben als spröde erwiesen. Fortan erschienen sie als die Mörder Christi, und in ihren Synagogen huldigten sie einem teuflischen Götzendienst.

Natürlich argumentierte Luther nicht rassistisch, sondern religiös. Gleichwohl handelt es sich um einen durch die Jahrhunderte fortwirkenden Antisemitismus; nach 1933 haben sich die »Deutschen Christen«, deren eigentlicher Heiland Hitler hieß, auf den Reformator berufen.

Der Rückblick auf Luther wirft viele Fragen auf. Eine der beliebtesten heißt: War er ein Mann des ausgehenden Mittelalters oder der beginnenden Neuzeit? Doch es gibt keine einfache Antwort. Zur Geschichte gehören stets die gleitenden Übergänge und vieldeutigen Mischungsverhältnisse; das gilt für die Zeitalter wie für die Menschen, die in ihnen leben.

Luther glaubte an die Macht des Teufels, und er nahm beim Wort, was er in der Bibel las. Dort aber gibt es kein »modernes« Weltbild. Darum ist nach der Auffassung neuerer Theologen, etwa Rudolf Bultmanns (1884–1976), eine »Entmythologisierung« nötig. Die Brockhaus-Enzyklopädie sagt dazu: »Die neutestamentliche Botschaft ist für den heutigen Menschen vielfach dadurch unzugänglich geworden, daß sie unter der Voraussetzung eines mythischen Weltbildes überliefert ist, in dem etwa Himmel, Erde und Unterwelt wie drei Stockwerke erscheinen, der Mensch von überweltlichen Mächten umgeben ist und das Heilsgeschehen wie ein antiker Mythos berichtet wird. Dieses Weltbild ist nach Bultmann unwiederbringlich vergangen.« Doch mit solch einem Weltbild hat Martin Luther gelebt, und so gesehen war er ein Mensch des Mittelalters. Um es deutlich zu sagen: Je genauer man sich mit ihm beschäftigt, desto mehr wächst die Fremdheit.

Gleichzeitig hat Luther das Selbstverständnis des Menschen revolutioniert. »Der Mensch wird geistiges Individuum und erkennt sich als solches«: So hat Jacob Burckhardt den zentralen Vorgang der Renaissance in Italien bezeichnet. Aber das gilt erst recht und weitaus radikaler für die Reformation. Der Einzelne wird aus seiner Verankerung in vorgegebenen, übergeordneten Institutionen losgerissen; er ist unmittelbar mit Gott konfrontiert und soll sich auf Ungnade und Gnade auf seinen persönlichen Glauben, das eigene Gewissen stellen.

Das Ergebnis bleibt natürlich stets hinter der Forderung zurück. Ohne Ordnung und Anleitung geht es nicht. Darum entwickelt sich einerseits das landesherrliche Kirchenregiment, andererseits die lutherische Orthodoxie, die auf des Meisters Worte schwört, beinahe als sei der Reformator ein neuer und in allen Glaubensfragen unfehlbarer Papst.

Aber niemals mehr ließ sich ganz einbinden oder gar auslöschen, was mit Luther anfing. Für den Protestanten beginnt ein Weg in die Vereinsamung und mit ihr die Sehnsucht nach dem verlorenen Miteinander und nach der Geborgenheit in ihr; es entsteht eine Neigung zum Grübeln, zur Gedankenschwermut, zur immer neuen und nicht selten selbstquälerischen Gewissenserforschung – und damit zugleich ein unstillbares Gewissheits-, Heils- und Gemeinschaftsverlangen, das sehr verschiedene Formen annehmen kann.

Zur einen gehören die Erweckungsbewegungen des Pietismus, die vom 17. bis zum 19. Jahrhundert in immer neuen Schüben auftreten: fort aus der kirchlichen Erstarrung, hin zu Bruderschaften der wahrhaft Frommen, die sich zum Bibellesen, zum Gebet, zur tätigen Nächstenliebe, zur Jugendunterweisung zusammenfinden! Die historische Glaubenslandkarte Deutschlands ist pietistisch durchwirkt; Württemberg, der Niederrhein, Pommern, die Universitätsgründung und die Francke'schen Stiftungen in Halle sind auf ihr ebenso verzeichnet wie in der Lausitz die vom Grafen Zinzendorf geschaffene Herrnhuter Brüdergemeinde, deren Nachkommen uns und die Welt noch heute mit ihren jährlichen »Losungen« erbauen, im Jahre 2000 in der 270. Auflage. Man hat die Pietisten oft als »die Stillen Lande« verspottet, weil sie sich so ruhig verhielten. Aber von der Wirtschaftsentwicklung bis zur Volksbildung haben sie Bedeutendes geleistet und manchmal sogar politischen Einfluss gewonnen. Die Verbindung mit August Hermann Francke (1663–1727) ist für den preußischen Soldatenkönig Friedrich Wilhelm I. wichtig geworden, und der Beraterkreis Friedrich Wilhelms IV. war weithin pietistisch geprägt.

Andererseits drängen die von Luther geweckten geistigen Energien aus der landeskirchlichen Enge und orthodoxen Erstarrung des späteren Luthertums in die Welt hinaus, hin zu einem Dichten und Denken, das den Menschen, die Natur, etwas später auch die Geschichte und die Nation umarmt, so als sei darin das Göttliche zu entdecken. Weltfrömmigkeit als entlaufenes Luthertum, um den Sachverhalt auf eine Formel zu bringen: Ohne sie ist die Entfaltung der deutschen Literatur von Klopstock über Goethe bis zur Romantik so wenig vorstellbar wie die philosophische Bewegung seit Immanuel Kant. Johann Gottlieb Fichte, ein ehemaliger Theologiestudent, konstruiert in seinen Vorlesungen über »Die Grundzüge des gegenwärtigen Zeitalters«, 1804 bis 1805 in Berlin gehalten, fünf Stadien der Geschichte. Sie führen vom »Stand der Unschuld« über den »Stand der vollendeten Sündhaftigkeit« – die Gegenwart – zum Endstand der »vollendeten Rechtfertigung und Heiligung«. Offenkundig geht es um das christliche Erbe, das göttliche Geschehen von der Schöpfung und der Austreibung des Menschen aus dem Paradiesgarten über den Kreuzestod Christi bis zur Auferstehung und dem ewigen Leben, doch nun eben zum innerweltlichen Unheils- und Heilsgeschehen verwandelt, an dessen Ende nicht mehr die göttliche Erlösung, sondern die Selbsterlösung des Menschen steht. Anders und wiederum ähnlich entwirft Georg Wilhelm Friedrich Hegel – Zögling des Tübinger Stifts, der württembergischen Pflanzstätte für Theologen – die Weltgeschichte als das Zu-sich-Kommen des Geistes.

Heinrich Heine hat gesagt: »Die deutsche Philosophie ist eine wichtige, das ganze Menschengeschlecht betreffende Angelegenheit, und erst die spätesten Enkel werden darüber entscheiden können, ob wir dafür zu tadeln oder zu loben sind, daß wir erst unsere Philosophie und hernach unsere Revolution ausarbeiteten. Mich dünkt, ein methodisches Volk wie wir mußte mit der Reformation beginnen, konnte erst hierauf sich mit der Philosophie beschäftigen und durfte nur nach deren Vollendung zur politischen Revolution übergehen.«

Diese Revolution missriet freilich immer wieder. Um Karl Marx, den Schüler Hegels, zu zitieren: »Wie deutsche Ideologen melden, hat Deutschland in den letzten Jahren eine Umwälzung ohnegleichen durchgemacht. Der Verwesungsprozeß des Hegelschen Systems ... hat sich zu einer Weltgärung entwickelt, in welche alle ›Mächte der Vergangenheit‹ hineingerissen sind. In dem allgemeinen Chaos haben sich gewaltige Reiche gebildet, um alsbald wieder unterzugehen, sind Heroen momentan aufgetaucht, um von kühneren und mächtigeren Nebenbuhlern wieder in die Finsternis zurückgeschleudert zu werden. Es war eine Revolution, wogegen die französische ein Kinderspiel ist, ein Weltkampf, vor dem die Kämpfe der Diadochen kleinlich erscheinen. Die Prinzipien verdrängten, die Gedankenhelden überstürzten einander mit unerhörter Hast, und in den wenigen Jahren 1842–1845 wurde in Deutschland mehr aufgeräumt als sonst in drei Jahrhunderten. – Alles dies soll sich im reinen Gedanken zugetragen haben.«

Wenn man fragt, woran das lag, führt einer der Wege und wahrscheinlich der wichtigste wieder zu Luther zurück. Der Reformator hat eine »Zwei-Reiche«-Lehre entworfen. Sie ist kompliziert wie die Ordnung oder Unordnung, auf die sie sich bezieht; mit dem mittelalterlichen Spannungsverhältnis von Papsttum und Kaisertum hat sie nur noch von ferne zu tun. Doch im Kern und vor allem in ihrer Wirkung läuft sie auf den Dualismus hinaus: hier die Freiheit eines Christenmenschen, sein Weltreich des Geistes und des Glaubens, in der festen Burg der Innerlichkeit verschanzt, dort das äußere Weltgetriebe, in dem es für den Untertanen geboten ist, der Obrigkeit gehorsam zu sein. Diese Zweiteilung, wenn man so will diese deutsche Bewusstseinsspaltung, ist durch die Umstände, die der Reformation folgten, noch verstärkt und befestigt worden, zum Beispiel durch die Katastrophe des Dreißigjährigen Krieges. In ihm sind die Macht und das

Selbstbewusstsein des Bürgertums langfristig zerbrochen worden, und was für die Zukunft blieb, war neben dem »rein Geistigen« einzig der Obrigkeitsstaat. Wenn er sich als organisationstüchtig erwies – wie in Brandenburg-Preußen –, gab es zu ihm keine Alternative im eigenen Handeln, sondern eben nur die Radikalität des Geistes, der von der politischen Praxis abgeschnitten ist und darum unbehindert seine Utopien entwirft. Man kann davon noch etwas in der Geschichte der deutschen Arbeiterbewegung erkennen, von der im Kapitel über August Bebel die Rede sein wird. Besonders handfest geriet der Nationalismus, und auch er lud sich, zu seinem Verhängnis, mit ehemals lutherischer Weltfrömmigkeit auf.

Noch etwas gehört zur Sache: Wie der Mönch Luther sich gegen die Papstkirche erhob, so haben folgerichtig die geistigen Energien, die dem Luthertum entstammten und entliefen, sich gegen den eigenen Ursprung gewandt. Der Selbsthass ist ein deutsches Thema, und nirgendwo hat die Bibelkritik und kritische Leben-Jesu-Forschung sich so früh und so durchdringend entwickelt, nirgendwo sonst ist sie so entschieden zur umfassenden Religionskritik vorangetrieben worden wie im evangelischen Deutschland. Man denke an Namen wie Ludwig Feuerbach (1804–1872), Bruno Bauer (1809–1882), David Friedrich Strauß (1808–1874). Die Religionskritik auf der einen und die Schicksalsverbindung von Kirche und Obrigkeitsstaat auf der anderen Seite haben dazu geführt, dass weite Teile erst des Bürgertums, dann der Arbeiterbewegung sich dem Glauben entfremdeten. Wo aber sein Feld leer geräumt ist, da schießen umso üppiger die Sehnsüchte nach neuer Sinngebung, nach »Weltanschauung« ins Kraut, am Ende mit fatalen Folgen.

Um den Missverständnissen vorzubeugen: Es führt kein gerader Weg von Luther zu Hitler. Und wenn es nach 1933 die »Deutschen Christen« gab, dann auch die Bekennende Kirche. Für sie hat Karl Barth – wie Luther am Römerbrief des Apostels Paulus geschult – mit reformatorischem Pathos die Theologische Erklärung der Barmer Synode vom 29. bis 31. Mai 1934 formuliert, in der es heißt:

»Wir verwerfen die falsche Lehre, als könne und müsse die Kirche als Quelle ihrer Verkündigung außer und neben dem einen Wort Gottes auch noch andere Ereignisse und Mächte, Gestalten und Wahrheiten als Offenbarung Gottes anerkennen. – Wir verwerfen die falsche Lehre, als gebe es Bereiche unseres Lebens, in der wir nicht Jesus Christus, sondern anderen Herren zu eigen wären, Bereiche, in denen wir der Rechtfertigung durch ihn nicht bedürfen. – Wir verwerfen die falsche Lehre, als dürfe die Kirche die Gestalt ihrer Botschaft und ihrer Ordnung ihrem Belieben oder dem Wechsel der jeweils herrschenden und politischen Überzeugungen überlassen. – Wir verwerfen die falsche Lehre, als könne und dürfe sich die Kirche abseits von ihrem Dienst besondere, mit Herrschaftsbefugnissen ausgestattete Führer geben oder geben lassen. – Wir verwerfen die falsche Lehre, als solle und könne sich die Kirche über ihren besonderen Auftrag hinaus staatliche Art, staatliche Aufgaben und staatliche Würde aneignen und damit selbst zu einem Organ des Staates werden. – Wir verwerfen die falsche Lehre, als könne die Kirche in menschlicher Selbstherrlichkeit das Wort und das Werk des Herrn in den Dienst irgendwelcher eigenmächtig gewählter Wünsche, Zwecke und Pläne stellen.«

Das, wahrlich, stammt aus dem Geist der Reformation; in solchem Geist hat Martin Luther einst seine Thesen an die Schlosskirche zu Wittenberg genagelt und vor dem Reichstag zu Worms sein »Gott helfe mir!« gesprochen, aus solchem Geist sein Lied zum Mutmachen gegen eine Welt von Teufeln und den Fürsten dieser Welt verfasst.

FRIEDRICH WILHELM I.

Des Heiligen Römischen Reiches Streusandbüchse« hat man die Mark Brandenburg genannt, und viel mehr war auch das Kurfürstentum im Nordosten Deutschlands am Ende des 17. Jahrhunderts nicht: Sand und Sumpf, beinahe Wüstenei und Wildnis, von den Zerstörungen des Dreißigjährigen Krieges kaum erholt, ein Land bitterarmer, mühselig ihr Leben fristender, meist unfreier und fronpflichtiger Bauern. Aber die Bürger, die Handwerker und Krämer in den dumpfen Kleinstädten sind mit wenigen Ausnahmen kaum minder arm.

Den einzig mächtigen Stand bildet mit seinem ausgedehnten Güterbesitz der Adel, der an nichts weiter denkt als an die Erhaltung alter Vorrechte. Mit den Kurfürsten handelt er Verträge, die so genannten Rezesse aus. So werden zum Beispiel beim brandenburgischen Rezess von 1653 Gelder bewilligt, um Beamte und Soldaten zu bezahlen. »Andererseits regelte der Rezeß definitiv die Stellung des märkischen Adels, dem nicht nur seine alten Rechte wieder zugestanden, sondern ... auch eine ganze Reihe neuer Zugeständnisse gemacht wurden. Es wird bestimmt, daß Rittergüter nur im Besitz des märkischen Adels sein dürfen; das Konnubium mit dem Bürgertum wird verpönt, der Adlige, der eine Bürgerliche heiratet, mit Vermögensverlust bedroht. Die Gutsherrlichkeit des Adels erhält ihren rechtlichen Abschluß.«

Viel Staat war mit dem Kurfürstentum ohnehin nicht zu machen, denn es handelte sich um ein zerrissenes Land: Zwischen Hinterpommern und Ostpreußen – damals das Herzogtum Preußen – schob sich das »Preußen Königlich Polnischen Anteils«, das spätere Westpreußen. Noch weiter entfernt lag der Streubesitz am Niederrhein, und in jedem Teilgebiet galten andere, eigene Regeln und Rechte. Wohl niemand wäre darum auf den Gedanken gekommen, diesem Brandenburg-Preußen einen Aufstieg zur europäischen Großmacht vorauszusagen; weit eher hätte man auf Sachsen gesetzt, das Schicksalsland der Reformation und inzwischen weit wohlhabender als der Nachbar im Norden. Zudem trug der Kurfürst von Sachsen, August der Starke, seit 1697 auch noch die Königskrone von Polen. Nein, der Aufstieg vollzog sich gegen alle Wahrscheinlichkeit, als Willensanspannung weit mehr denn durch die Gunst der Umstände, und sie war das sehr persönliche Werk zweier großer Könige: Friedrich Wilhelms I. und seines Sohnes, Friedrichs II., den die Welt dann den Großen nannte.

Seit 1688 regierte in Brandenburg der Kurfürst Friedrich III., vielmehr er ließ durch Minister regieren, die mehr oder minder in die eigene Tasche wirtschafteten. Er selbst war ein verwachsener Mann, mit einem Buckel geschlagen – und umso größer, unwiderstehlicher sein Drang, den Makel durch Prachtentfaltung, Schlossbauten, kostspielige Feste zu kompensieren. Allerdings zählte seine Hauptstadt Berlin im Jahre 1712, gegen Ende seiner Regierungszeit, knapp 60 000 Einwohner, den Hofstaat, die Beamten und Soldaten schon eingerechnet. Zu den Bewohnern gehörten 5000 Hugenotten, die Glaubensflüchtlinge aus Frankreich, die dem Ruf des Großen Kurfürsten gefolgt waren, und 1000 Juden. Doch was konnte Berlin schon bieten, wenn man es mit der wirtschaftlichen Bedeutung der Messemetropole Leipzig und vor allem mit Dresden verglich, das eben dazu ansetzte, sich in ein Elb-Florenz zu verwandeln?

Ein selbstbewusstes Großbürgertum, ein Patriziat, gab es hier ohnehin nicht. Wenn man vom Hof, den Beamten und der Garnison absieht, war Berlin eine Stadt der kleinen Leute. Halbwegs stattliche Häuser gehörten durchweg dem Adel. Besucher mussten sich mit höchst dürftigen Gasthöfen abfinden: kein »Adlon« weit und breit. Dafür sah man ländliche Bilder: die Scheunen, das Vieh und die Dunghaufen der Ackerbürger. Noch Jahrzehnte später, als Friedrich der Große den französischen Gesandten, den Marquis de Valory, einmal fragte, ob Berlin in seiner Größe nicht mit Paris zu vergleichen sei, lautete die ironische, für den König bittere Antwort: »Gewiss, nur dass wir in Paris weder säen noch ernten.«

Der Lebenstraum des Kurfüsten Friedrich war es, sich wie August der Starke zum König zu krönen: Welch ein Glanz würde dann auf das Haus Hohenzollern fallen! Über diesen Traum wurde lange vergeblich mit dem Kaiser in Wien verhandelt. Doch am 16. November 1700 starb der spanische König Karl III. Es entbrannte der Spanische Erbfolgekrieg, mit dem Hause Habsburg, England und den Niederlanden auf der einen Seite, Frankreich im Gegenlager; der Kaiser brauchte jetzt dringend brandenburgische Hilfstruppen, und so kam der ersehnte Vertrag zustande. Der Kurfürst durfte sich am 18. Januar 1701, nunmehr als Friedrich I., die Krone aufsetzen, freilich nicht in Berlin, sondern im ostpreußischen Königsberg, weil das außerhalb der alten Reichsgrenzen lag, als »König *in* Preußen«.

Genau genommen galt der Titel in der brandenburgischen Residenz also nicht. Aber die europäische Anerkennung ließ nicht lange auf sich warten; nur der Papst protestierte. Die Menschen wie die Diplomaten gewöhnten sich daran, von Preußen zu sprechen. Nachträgliche Schönredner haben in der Königskrönung staatsmännische Weitsicht erkennen wollen, doch was liegt an Titeln ohne Inhalt? Oder an Würden ohne Tradition? Tatsächlich drängt es sich auf, über einen Triumph der Eitelkeit zu spotten. Jedenfalls kosteten zunächst einmal die Hilfstruppen für den Kaiser, die Krönung und das Auftreten als König viel Geld, weit mehr, als eigentlich vorhanden war; als Friedrich I. am 25. Februar 1713 starb, hinterließ er seinem Thronerben den für die damaligen Verhältnisse gewaltigen und für das arme Land kaum tragbaren Schuldenberg von 20 Millionen Talern.

Der Thronerbe wurde am 14. August 1688 geboren und nach dem wenige Monate zuvor verstorbenen Großvater, dem Großen Kurfürsten, Friedrich Wilhelm genannt. Die Freude der Eltern und bei Hofe war groß, denn zuvor hatten zwei ältere Brüder das Kindbett nicht überlebt. Friedrich Wilhelm aber erwies sich als gesund, überstand die üblichen Kinderkrankheiten ohne Schwierigkeiten und wuchs bald zu einem kräftigen, um nicht zu sagen vierschrötigen Jungen heran.

Der Vater, mit dem Repräsentieren beschäftigt, kümmert sich kaum um seine Erziehung. Die Mutter, Sophie Charlotte aus dem

Hause Hannover, eine hochgebildete Frau, residiert meist in dem für sie erbauten Schloss Charlottenburg und möchte nicht gestört werden. Sie widmet sich der Kunst und den Wissenschaften; ihrem Einfluss ist es wesentlich zu verdanken, dass 1694 die Universität von Halle und in Berlin 1696 die Akademie der Künste sowie 1701 auf Anregung von Leibniz die Gesellschaft der Wissenschaften gegründet wird.

Frau von Montbail, eine Hugenottin, die nur Französisch spricht, ist die erste Erzieherin, aber sie kann den wilden Jungen bald nicht mehr bändigen. Sein Deutsch lernt er teils von Dienern, Kutschern oder Soldaten, bei denen er sich mit Vorliebe herumtreibt, teils – da er schon früh zur Frömmigkeit neigt – aus Bibel, Katechismus, Gesangbuch und Predigt. Lebenslang wird er ein grobianisches Deutsch reden, in das sich kunterbunt französische Brocken mischen. Sonst lernt er wenig; sein höchst eigenwilliger Kopf sperrt sich undurchdringlich gegen das, was ihn nicht interessiert, vorab gegen das Lateinische und überhaupt gegen alles, was sich nicht als handgreiflich nutzbringend erweist. Etwas untilgbar Rustikales haftet an ihm, und im Gegensatz zu seiner Mutter ist er zum Liebhaber und Förderer der Künste oder der Wissenschaften wahrlich nicht geschaffen. (Vielleicht kommt auch hinzu, dass er – vorbewusst – mit Künsten und Wissenschaften das Andenken an eine Mutter verbindet, die für ihr Kind keine Zeit hat.)

Noch größer ist der Gegensatz zum Vater. Dessen aufwendige Prachtentfaltung und das ganze umständliche Hofzeremoniell bedeuten ihm nichts, es sei denn etwas abstoßend Gekünsteltes, die pure Geld- und Zeitverschwendung. Und während er die Verwandten in Hannover besucht, macht er sich einen Spaß daraus, seinen um fünf Jahre älteren welfischen Vetter, den späteren englischen König Georg II., zu verprügeln; der wird ihn dann immer verächtlich »meinen Bruder, den Korporal« nennen. Dagegen geht für den Zehnjährigen ein Traum in Erfüllung, als der Vater ihm Wusterhausen schenkt, ein schlichtes, beinahe finsteres Schloss südwestlich von Berlin. Da kann sich seine Jagdleidenschaft entwickeln – und seine Knauserei, eine unbezähmbare Neigung zum sparsamen Wirtschaften. Der Junge erstellt sich selbst eine »Rechnung über meine Dukaten« und daraus einen

»Jahrabschlussbericht«. Sein Glück ist vollkommen, als er auch noch eine Kadettenkompanie kommandieren und exerzieren darf.

Benimmt sich so ein Thronerbe, der künftige König? Seine Mutter jedenfalls ist entsetzt und schüttet einer Freundin ihr Herz aus: »Der junge Mann, den ich lediglich für lebhaft und heftig hielt, hat Beweise einer Härte an den Tag gelegt, die nur in einem sehr bösen Herzen ihren Ursprung haben kann. Nein, sagt die Bülow [die Oberhofmeisterin], das kommt vom Geize. Mein Gott, desto schlimmer! Können Mitgefühl und Mitleid Raum in einem Herzen finden, das von Eigennutz, vom Geist der Ökonomie beherrscht wird?«

Vom Eigennutz sollte man nur mit Vorbehalt sprechen, denn Friedrich Wilhelm spart zunächst und vor allem bei sich selbst, aber vom Geiz oder vom Geist der Ökonomie umso mehr. Dabei fällt der Kontrast zur Verschwendungssucht des Vaters ins Auge; es liegt nahe, eine innere Auflehnung des Sohnes, einen bis in die Abgründe der Seele reichenden Konflikt zu vermuten. Kostspielig prunkender Müßiggang erschien Friedrich Wilhelm lebenslang als Inbegriff des Lasters, und wenn ihn später am eigenen Sohn etwas besonders erschreckte, dann der Eindruck, dass er nach dem Großvater geraten könnte. Allerdings tritt der Konflikt niemals zutage; schon der Junge weiß und beherzigt, was im Kleinen Katechismus geschrieben steht: »Du sollst deinen Vater und deine Mutter ehren, auf daß dir's wohl gehe und du lange lebest auf Erden ... Wir sollen Gott fürchten und lieben, daß wir unsere Eltern und Herren nicht verachten, noch erzürnen, sondern sie in Ehren halten, ihnen dienen, gehorchen, sie lieb und wert haben.« Das war und das blieb für Friedrich Wilhelm ein striktes Gebot; stets hat er darum seine Neigungen gezügelt und sich in die Regierung des Vaters niemals eingemischt. Aber gerade die mit so viel Anstrengung unterdrückte Auflehnung gegen den Vater wuchs nach innen und fraß sich in der Seele fest; umso bitterer, mitten ins Herz seiner Frömmigkeit, traf ihn dann der Ungehorsam seines Erben.

Zwei Bildungsreisen führen den Heranwachsenden im Herbst 1700 und im Winter 1704/05 in die Niederlande. Das Ziel bot sich an; zwischen den Häusern Oranien und Hohenzollern bestand schon konfessionell eine enge Verbindung, seit der brandenburgische Kurfürst Johann Sigismund im Jahre 1613 zum reformierten Bekenntnis übergetreten war, um für seine Besitzansprüche am Niederrhein die Unterstützung der Oranier und damit der Niederlande zu gewinnen. Und wenn man nach Vorbildern unter den Ahnen sucht, stößt man auf die Großmutter, Luise Henriette von Oranien, die eine ebenso fürsorgliche Landesmutter wie eine fromme Frau gewesen war. Vor dem Schloss von Oranienburg findet man noch heute das Denkmal, das die dankbare Bürgerschaft ihr gewidmet hat – und im Gesangbuch das Kirchenlied »Jesus, meine Zuversicht«, das ihr zugeschrieben wird.

Doch vor allem lernt Friedrich Wilhelm in Holland ein von den calvinistischen Bürgertugenden geformtes und blühendes, im Vergleich zu dem armselig rückständigen Preußen beinahe unvorstellbar reiches Land kennen. Dieses Bildungserlebnis hat den jungen Mann unverlierbar geprägt; als König hat er nicht nur niederländisch gebaut, sondern alles daran gesetzt, um Tugenden wie Sauberkeit, Ordnungssinn, Sparsamkeit, Fleiß, Leistungsbereitschaft zu den preußischen zu machen.

Als König Friedrich I. 1713 stirbt, lässt der Sohn ihn mit all dem Prunk bestatten, den der Vater sich gewünscht hätte. Doch dann kehrt er aus einer Klausur in Wusterhausen als rabiater Sparkommissar zurück, dem der ganze Aufwand barocker Hofhaltung und galanten Lebens zum Opfer fällt. Alles Überflüssige wird verkauft, Tafelsilber eingeschmolzen, der Stellenplan von den Kutschern und Kutschpferden bis zu den Köchen, Zofen, Kammerdienern, Kammerherren und Zeremonienmeistern erbarmungslos zusammengestrichen. Insgesamt bleiben von 600 000 Talern, die die Hofhaltung im Jahre 1712 kostete, nur 150 000, die Reisespesen eingeschlossen. Man stelle sich so etwas heute vor, etwa aufs Bundeskanzleramt bezogen! Natürlich verweist man auf die vielfältigen Dienstleistungen, die zu erbringen sind. Die Frage ist nur, ob das die einstigen Hofangestellten anders gesehen haben. Um es ironisch zu sagen: Der letzte Preuße, der Friedrich Wilhelm gefallen hätte, war ein Bayer, Fritz Schäffer, Bundesfinanzminister von 1949 bis 1957, der, statt Schulden zu machen, Überschüsse erwirtschaftete.

Aber wird wirklich schon genug getan, kann man nicht noch mehr sparen? In einer Anweisung des Königs heißt es: »Obschon im Etat für jeden Tag 93 Taler bestimmt sind, so müssen diese nicht draufgehen. Sondern wenn ich in Potsdam oder in Wusterhausen bin, die Königin aber in Berlin, dann müssen es nicht mehr als 70 oder 72 Taler sein. Wenn die Königin sich aber bei mir befindet, dann darf es täglich nur 55 Taler kosten.« Man soll zwar mit reichlich Fleisch deftig essen – Seine Majestät selbst schlingt wie ein Wolf –, aber nicht so kostspielig wie bisher. Höchstselbst prüft er die Marktpreise und vergleicht sie mit den ausgestellten Rechnungen. »Ich will auch, daß künftig von Hamburg oder anderen fremden Orten nichts verschrieben werden soll, ohne daß ich vorher gefragt worden bin und es genehmigt habe.« Denn mit den Einkäufen in Hamburg geht Geld aus dem Lande und kommt hanseatischen Pfeffersäcken statt den eigenen Untertanen zugute. Hingegen »soll das Hofmarschallamt die Veranstaltung treffen, daß jederzeit gut Rindfleisch, gute fette Hühner und dergleichen vorhanden und konsumiert werden.« Da hilft kein Klagen: »Wer besser essen will, muß zu Grumbkow gehen.« Das ist der leitende, gut bezahlte (und bestechliche) Minister – und daher lädt sich auch der Herr Sparkommissar oft und gern bei ihm zu Gast.

Es versteht sich, dass ein allgemeines Klagen anhebt, nicht nur bei den entlassenen Höflingen, sondern in ganz Berlin. Denn zu einem wichtigen Teil hatte die Stadt bisher von den Lieferanten, Handwerkern und Künstlern gelebt, die der Hof beschäftigte. Den König kümmert das nicht. Ohnehin bevorzugt er das übersichtliche Potsdam: Indem er Kirchen, Kasernen und das Holländische Viertel erbauen lässt, erhebt er es zur zweiten, von ihm bevorzugten Residenz.

Am meisten klagt Ihre Majestät die Königin, Sophie Dorothea, wiederum eine Welfin aus dem Hause Hannover, die Friedrich Wilhelm im Jahre 1706 schon als Achtzehnjähriger standesgemäß geheiratet hatte. Sie sieht sich um die Erwartung geprellt, im Mittelpunkt einer glänzenden Hofhaltung zu stehen. Ist sie denn eine gewöhnliche Bürgerfrau, die ihr Gemahl so zärtlich wie plump als »mein Fiekchen« statt als »Madame« anredet und vor aller Augen um die Hüfte fasst? Oder bloß eine Gebärmaschine – mit insgesamt vierzehn Niederkünften? Keine Frivolität soll erlaubt sein, nicht einmal das Spiel um Geld; wenn der König naht, muss man es schleunigst verschwinden lassen und zum Anschein der Unschuld durch Kaffeebohnen ersetzen. Gewiss werden Fürstenehen mit diplomatischem Hintersinn statt aus Herzensneigung geschlossen, wie die der Bauern um Äcker und sonstige Mitgift. Darum ergibt es im höfischen Leben durchaus einen Sinn, wenn die erzwungene Zweisamkeit durch Liebhaber und Mätressen entlastet wird. Aber anders als zum Beispiel in Frankreich oder in Sachsen soll jetzt am preußischen Hof eine streng bürgerliche Moral regieren – und noch dazu ohne eine Kompensation durch Prunk, der sogar den Alltag ins Festliche erhebt. Dafür fehlt Sophie Dorothea jedes Verständnis. Kurzum: Eine Entfremdung der Eheleute setzt schon früh ein, die im Laufe der Zeit immer bitterer gerät.

Der Königin darf man das kaum zum Vorwurf machen. Sie vertritt die europäische Norm, wie sie vom Sonnenkönigtum Ludwigs XIV. ausstrahlt und der auch die deutschen Fürsten nacheifern, soweit das nur möglich ist. Ihr Gemahl dagegen probt revolutionär den Ausbruch und, modern ausgedrückt, ein beinahe schon bürgerliches Rollenverhalten, das nicht nur bei Sophie Dorothea, sondern überall unter den Standesgenossen auf Kopfschütteln und Unverständnis stößt.

Bei Friedrich Wilhelm wächst ebenfalls die Enttäuschung: Ist er nicht ein guter und treuer Ehemann, der seine Pflichten so vorbildlich erfüllt wie kaum einer seiner Standesgenossen? Warum kann Sophie Dorothea das nicht einsehen und sich dankbar zeigen? Aber so sind wohl die Frauen, nur der Eitelkeit ergeben, bloß zum Kinderkriegen zu gebrauchen.

Wenn man eine Anschauung von der Wesensart Friedrich Wilhelms gewinnen will, sollte man ihn am Rande von Potsdam-Babelsberg in seinem Jagdschloss Stern besuchen, dem einzigen Neubau für die eigenen Bedürfnisse, den der Pfennigfuchser sich gönnte. Es sagt über diesen preußischen König mindestens ebenso viel wie Sanssouci über Friedrich den Großen. Als Maßstab muss man sich dabei die großen zeitgenössischen Schloss- und Gartenanlagen des Barock vor Augen halten, von Versailles über Herrenhausen bei Hannover und den Dresdener Zwinger bis zum württembergischen Ludwigsburg.

Dieses Jagdschloss Stern, so benannt, weil von ihm aus sternförmig Schneisen in den umgebenden Wald führen, ist ein schlichtes niederländisches Bürgerhaus, das ohne aufzufallen ebenso gut in Leiden oder Amsterdam an einer Gracht stehen könnte. Hollands stolzen Handelsherren hätte es allerdings kaum genügt; im Grundriss misst es nur neun mal 16 Meter. Fast die Hälfte des Hauses nimmt bereits der Hauptraum oder Jagdsaal ein. Licht durchflutet ihn von drei Seiten aus hohen Schiebefenstern, die wiederum auf das niederländische Vorbild verweisen. An der Innenwand befindet sich ein Kamin, über dem fünf Gemälde Seine Majestät bei der Jagd zeigen.

Ein zweiter Hauptraum ist die Küche. Denn sie diente »zu der königlichen Herrschaft eigenen Gebrauch und Plaisir«; wie Friedrich Wilhelm einen Stuhl, der noch zu sehen ist, selbst gezimmert hat, so liebte er es, eigenhändig zwischen Töpfen und Pfannen zu wirtschaften, um seine Gäste mit deftiger Hausmannskost zu erfreuen. Es bleiben dann gerade noch Flur, Adjutantenzimmer und ein sehr schlichter Schlafraum; das Bett erinnert an eine Schiffskoje oder an die Schlafkästen in friesischen Seemanns- und Fischerkaten. Für die Reinlichkeit und die natürlichen Bedürfnisse brauchte man ein eigenes kleines Waschhaus mit Abtritt draußen auf der Wiese – wohlgemerkt auf der Wiese, denn kostspielige Garten- oder Parkanlagen erschienen schon wieder als Luxus, ebenso wie Wasserspiele, sofern sie bloß zum Prunk und nicht dem praktischen Zweck der Reinlichkeit dienten. Aufs Waschen allerdings legte Friedrich Wilhelm im Gegensatz zu den meisten Standesgenossen seiner Zeit großen Wert.

Das Jagdschloss Stern stellt keine Kuriosität dar, sondern es demonstriert, auf die Spitze getrieben, das preußische Prinzip, das in Berlin und in Potsdam ebenso gelten sollte. Ein Besucher fasste dieses Prinzip angemessen in Worte, als er staunend schrieb: »Ich sehe hier einen königlichen Hof, der nichts Glänzendes und nichts Prächtiges hat als seine Soldaten. Es ist also möglich, daß man ein großer König sein kann, ohne die Majestät in dem äußerlichen Pomp und in einem langen Schweif buntfarbiger, in Gold und Silber beschlagener Kreaturen zu suchen. Hier ist die Hohe Schule der Ordnung und der Haushaltskunst, wo

Große und Kleine sich nach dem Exempel ihres Oberhauptes mustern lernen.«

Bevor wir von dieser Schule reden, soll noch von einer charakteristischen Einrichtung die Rede sein: dem Tabakskollegium. Es trat beinahe täglich vom späten Nachmittag bis in den Abend zusammen und bestand hauptsächlich aus mehr oder minder hochrangigen Offizieren. Aber man machte es sich bequem, öffnete den Uniformrock, und der König bestand darauf, als Gleicher unter Gleichen behandelt zu werden; zum Beispiel sollte niemand aufstehen, wenn er den Raum betrat oder verließ. Man bediente sich von kalten Platten, trank Bier, rauchte aus langstieligen Tonpfeifen – daher der Name Tabakskollegium –, ließ sich aus einer Zeitung vorlesen, redete frei von der Leber weg, wenn nicht von Gott, dann doch von den großen Weltereignissen. Womöglich noch mehr Raum gehörte dem Klatsch und den Herrengeschichten, zum erdröhnenden Gelächter bis ins Derbe und Zweideutige hinein und hinunter. Wir gehen kaum fehl, wenn wir Honoratiorenstammtische von Bauern oder Bürgern in den Hinterstuben ihrer Gasthäuser zum Vergleich heranziehen. Und wie an den Stammtischen der guten alten Art sind auch im königlich preußischen Tabakskollegium die Männer unter sich und Frauen ausgeschlossen.

Freilich aß, trank und rauchte man eher unmäßig als mäßig. Das Bier floss in Strömen, und beim Wettrauchen mit einem Ehrengast, dem polnischen König Stanislaw Lezczyński, brachte Friedrich Wilhelm es an einem Abend auf 32 Pfeifenköpfe – um dennoch nur zweiter Sieger zu bleiben. Im Übrigen war die Gleichheit natürlich eine vordergründige Inszenierung; niemand konnte jemals vergessen, dass schon die Einladung zum Tabakskollegium von der Gnade oder Ungnade des Gastgebers abhing. Hinzu kam noch eine Abart des Hofnarren: Professor Jakob Paul Gundling, ein gelehrter Zivilist als Stichwortgeber, Vorleser, Erzähler, Possenreißer. Mit bösem Vorsatz machte man ihn immer wieder betrunken, trieb nicht bloß Späße auf seine Kosten, sondern demütigte ihn auf jede nur denkbare Weise, während er gleichzeitig – zum Spaß – in den Adelsstand erhoben, ausgezeichnet und befördert wurde. Als er einen Fluchtversuch unternahm, holte man ihn zurück. Er starb im Jahre 1731 als chronischer Alkoholiker und wurde in einem Weinfass begraben: keine launige, sondern eine rundum finstere Geschichte, die ihren Schatten auf den König wirft.

Der Geist der Ökonomie, die Hohe Schule der Ordnung und der Haushaltskunst: Nicht nur der Hofstaat, sondern das ganze Land, das Königreich Preußen sollte sparsam verwaltet und allem Schlendrian, jeder Form von Verschwendung ein Ende gemacht werden. Bereits im Jahre 1714 entstand sozusagen als Fortsetzung der »Rechnung über meine Dukaten« eine bisher unbekannte Prüfungsinstitution, die General-Rechen-Kammer, von der aus eine gerade Linie bis zum Bundesrechnungshof unserer Tage führt. Wo wurde unnütz Geld ausgegeben?, lautete, wie heute noch, die Frage; dem Drachengetier der Unfähigkeit und des Leichtsinns, der Geltungssucht und der Korruption wachsen immer neue Köpfe nach.

Mit Bewunderung spricht man im Rückblick von der vorbildlich sparsamen und unbestechlichen preußischen Verwaltung. Es hat sie tatsächlich einmal gegeben, und im 19. Jahrhundert hat sie ihre Höhe erreicht. Aber nichts davon fand Friedrich Wilhelm I. vor; in lebenslanger Arbeit musste er erst die Grundlagen schaffen. Überall herrschten Gleichgültigkeit, Ämterschacher und das korrupte Geben und Nehmen, überall die Verstocktheit: »Das machen wir doch schon immer so ...« Darum hagelte es Verordnungen; in einem Zug diktierte der König seine General-Instruktion für die Beamten: Dienst nach Vorschrift, in 35 Kapiteln mit 297 Paragraphen! Sogar die Herren Minister wurden nicht verschont; es wurde ihnen gesagt, wann sie zur Beratung zusammentreten sollten und wann eine Pause erlaubt war. Vieles mag uns inzwischen als kleinlich oder kurios erscheinen, aber wo noch nichts so ist, wie es sein soll, muss man alles erst eigenhändig herrichten. Im Übrigen ist zu bedenken, dass im Wandel der Zeiten der Stellenwert von Vorschriften sich ändert. Einst dienten sie als Peitsche, um den Schlendrian auszutreiben; inzwischen haben wir es so herrlich weit gebracht, dass der »Dienst nach Vorschrift« eine Sonderform des Streiks darstellt.

Zwar kann schließlich auch das Tüchtigsein zur Gewohnheit werden, aber gewiss nicht über Nacht. Was die preußische Unbestechlichkeit angeht, kann jedenfalls zur Zeit Friedrich Wilhelms von ihr noch nicht die Rede sein. Friedrich Heinrich von Seckendorff, der österreichische Gesandte in Berlin, gewann als trinkfester Soldat das Vertrauen des Königs, aber ringsum bestach er alle, die sich bestechen ließen, und wie sich zeigte, war das jeder: vom Minister Grumbkow über Reichenbach, den preußischen Gesandten in London, bis hin zu Schreibern, Kammerdienern und Zofen. Sogar der Thronerbe Friedrich erwies sich im bösen Spiel als ein würdiger Partner; vom englischen Gesandten ließ er sich seine Schulden bezahlen – und verdoppelte auf die Frage nach deren Höhe geistesgegenwärtig die Summe, um gleich fürs künftige Schuldenmachen gerüstet zu sein. Später hat er vor allem österreichisches Geld genommen. Wohlwollend ließe sich allenfalls sagen, dass er auf seine besondere Weise unbestechlich blieb, denn nie hat er sich dankbar gezeigt. Das Geld, das die fremden Mächte ihm zusteckten, erwies sich als glatte Fehlinvestition. Besonders die Österreicher hätten es besser in Soldaten angelegt, um gegen Friedrichs Überfall gerüstet zu sein.

Um es biblisch zu sagen: Der Geist ist vielleicht willig, aber das Fleisch ist schwach; den Preußengeist verkörpert einstweilen niemand außer dem König. Und wo Neues entstehen soll, regen sich entsprechend die Widerstände. Friedrich Wilhelm ahnt, weiß, dass man ihm schöne Worte macht, die der Wirklichkeit kaum entsprechen. Instinktiv erkennt er das Fassadenprinzip der »Potemkin'schen Dörfer«, die im Russland der Zarin Katharina sprichwörtlich geworden sind. Misstrauen, schon früh in seiner Seele angelegt und durch bittere Erfahrung immer tiefer eingebrannt, entwickelt sich zum Merkmal seines Regierens. Unermüdlich geht, reist er umher, um überall nach dem Rechten und Unrechten zu sehen, stellt bohrende Fragen: Warum ist der Prozess nicht ans Ende gebracht worden, die Scheune verfallen, der Abzugsgraben versumpft? An Ort und Stelle ordnet er an, was geschehen soll: cito, citissime – jetzt, sofort!

Übrigens betrafen seine Vorstellungen und Weisungen nicht bloß die Staatsdiener, sondern die Gesamtheit der Untertanen. Jeder sollte tätig sein, niemand dem Laster des Müßiggangs verfallen. Oder, genauer: Jeder soll diesem leider verbreiteten, beinahe allgemeinen Laster entrissen werden. Nur als Beispiel: An die Berliner Marktfrauen ergeht die Anordnung, dass sie, falls sie nicht gerade verkaufen, Strümpfe stricken statt schwatzen sollen. Aber wer eigentlich musste sich nicht davor fürchten, vor den Ansprüchen dieses Königs zu versagen? Die Leute duckten und versteckten sich, wenn sie ihn sahen. Als er einmal – mühsam in seiner gichtgeplagten Korpulenz – einen jüdischen Händler einholte und ihn fragte, warum er davonlaufe, lautete die Antwort, der Wahrheit gemäß: »Weil ich mich fercht.« Darauf Friedrich Wilhelm, außer sich vor Zorn und mit einem Hagel von Stockhieben: »Lieben sollt ihr mich, ihr Kanaillen, lieben!« Schließlich waren die Landeskinder im erweiterten Sinne seine Kinder, für die er sich aufrieb und für die das Gebot aus dem Katechismus galt, das ihm selbst heilig war. Man versteht, dass der Berliner Volksmund den Spruch erfand: »Preuße zu sein ist eine Ehre – aber kein Vergnügen.«

Zur positiven Kehrseite gehörte die Fürsorge, das Bemühen, durch Fleiß und Leistungsbereitschaft die Erträge zu heben und Unwissenheit in Kenntnisse, Armut in Wohlstand zu verwandeln. Wieder als Beispiel: Mit der Hilfe von niederländischen Wasserbaukünstlern wurde das Havelländische Luch – nordwestlich von Berlin und Potsdam – durch ein System von Gräben und Kanälen fruchtbar gemacht. In der Mitte des Luchs entstand das Dorf Königshorst, und dorthin berief der König im Jahre 1722 den holländischen Fachmann Heinrich Bröme, der die märkischen Bauern und Bäuerinnen in der Kunst der Milchbehandlung, der Butter- und Käsezubereitung unterrichten sollte. Denn nur mit einer höheren Qualität der Produkte ließ sich die Viehwirtschaft ertragreicher entwickeln. 1737 wurde sogar eine »Lehranstalt für Butter- und Käsebereitung« gegründet; jede Kuhmagd, die nach zweijähriger Ausbildung ihre Prüfung gut bestand, sollte zum Lohn einen ansehnlichen Brautschatz erhalten; dafür hatte der knauserige Friedrich Wilhelm sogar Geld übrig. Aber schlau genug machte er seine eigene Rechnung auf: Wohlhabende Leute kann man besteuern, armselige und unwissende Schlucker schwerlich; nur wenn die Erträge steigen, fällt auch für die Staatskasse etwas ab. Dieses Beispiel zeigt das Prinzip, nach dem der König regierte: Fürsorge und Vermittlung von

Fertigkeiten, um den Nutzen zu ernten. Wer will, mag von einem königlichen Staatssozialismus (oder vom Merkantilismus) reden. Auch für ihn fand sich der passende Spruch:

»Niemand wird Preuße, denn aus Not,
ist er's geworden, dankt er Gott.«

Der Drang, die Einnahmen zu steigern, bildet das Gegenstück zur Sparwut. Da in den Städten der Bürgersinn fast erloschen ist, werden sie staatlicher Verwaltung unterstellt. Und weil sich ein Unternehmergeist nirgendwo regt, entsteht schon im Jahr von Friedrich Wilhelms Thronbesteigung in Berlin eine Tuchmanufaktur, das »Königliche Lagerhaus«, das sich bald zum größten Betrieb seiner Art nicht nur in Preußen oder in Deutschland, sondern auf dem Kontinent entwickelt, bei freilich bequem garantiertem Massenabsatz für eine der größten Armeen Europas und im Schutz drastisch erhöhter Zollschranken. Denn möglichst alles, was man erwirtschaftet, soll im Lande produziert werden. Jede Einfuhr erscheint als Ärgernis, weil Geld fortwandert. Am liebsten hätte der König den ganzen Außenhandel seiner Kontrolle unterstellt und in ein königliches Monopol verwandelt. Tatsächlich gründete Friedrich der Große – ganz im Sinne des Vaters – im Jahre 1772 die preußische See-Handlungs-Gesellschaft, um mit einer eigenen Flotte und unter eigener Flagge Handel zu treiben. Das gelang nur sehr unvollkommen; die Zukunft des klassischen Preußen lag trotz einer beträchtlichen Küste immer auf dem Lande und nie auf dem Wasser. Erst im Jahre 1842 wurde das erste preußische Kriegsschiff, die Korvette »Amazone« erbaut – und von einem dänischen Kapitän kommandiert. Aus der Seehandlung ging 1820 die Preußische Staatsbank hervor, die für die Gewerbeförderung eine überragende Bedeutung gewann.

Vorläufig allerdings und noch für lange Zeit bleibt Preußen ein Agrarland; der Förderung der Landwirtschaft kommt darum eine überragende Bedeutung zu. Doch dafür lässt sich wenig tun, soweit es sich um den ritterlichen Gutsbesitz handelt, und der Adel pflegt zwar mit Nachdruck den Standesstolz, aber kaum den Erwerbssinn; von den Ausnahmen abgesehen, die die Regel bestätigen, hält er es für unter seiner Würde, Mühe ans gute oder gar verbesserte Wirtschaften zu wenden. Was ihm einfällt, ist nur selten mehr als auf die fronpflichtigen Bauern einzuprügeln, wenn sie sich wieder einmal als saumselig oder widerborstig erweisen.

Immerhin gab es den staatlichen Domänenbesitz, und Friedrich Wilhelm vermehrte ihn nach Kräften, indem er überschuldete Rittergüter aufkaufte. Am Ende seiner Regierungszeit gebot er fast über ein Drittel der Gesamtfläche seines Landes; wenn Friedrich der Große sich als den ersten Diener seines Staates bezeichnete, hätte der Vater sich mit Fug den ersten Gutsherrn nennen können. Ständig inspizierte er Gebäude, Viehbestände, Saatgut, Wegebau, die Entwässerung und vorweg die »Beamten«, wie sie genannt wurden, die – in der Regel bürgerlichen – Domänenpächter, ob sie sich auch als so tüchtig erwiesen, wie sie sein sollten. Dabei wurden die Pachtverträge verkürzt, um die untüchtigen Beamten schneller durch tüchtige ersetzen zu können. Übrigens wurde ihnen das Prügeln der Gutsleute verboten – bemerkenswert für einen Mann, der selbst so sehr von der Prügelgier befallen war. Je besser bei alledem die Domänen bewirtschaftet wurden, desto höher konnten auch die Pachterträge ausfallen. Sie stiegen von 1724 bis 1739 von knapp 2,9 auf 4,5 Millionen Taler pro Jahr und machten damit rund 60 Prozent der Staatseinnahmen aus.

Ein anderer Aspekt erscheint als noch wichtiger. »Menschen halte ich für den größten Reichtum«, hat Friedrich Wilhelm gesagt. Preußen aber war seit dem Dreißigjährigen Krieg ein menschenarmes Land, und in Ostpreußen raffte ein später Zug der Pest in den Jahren 1709 bis 1711 ein Drittel der Bevölkerung hinweg. Daher förderte der König nach Kräften die Einwanderung, sei es von Deutschen oder von Böhmen, Niederländern, Schweizern. Eine besondere Gelegenheit kam, als der Erzbischof von Salzburg in seinem Bistum mit der Verfolgung der lutherischen »Ketzer« begann. Am 2. Februar 1732 erließ der König ein Einwanderungspatent und lud die Verfolgten ins weit entfernte Ostpreußen ein. Er versprach ihnen materielle Hilfe: Land, Baumaterial, Steuerfreiheit, und er hielt sein Versprechen. Als der Zustrom einsetzte und kaum mehr aufhörte, warnten besorgte Minister vor einer Überforderung: die Flüchtlinge kosteten bloß

Geld und weckten mit fremdartigen Sitten den Widerstand der einheimischen Bevölkerung. (Die technischen Umbrüche ändern unsere Lebensverhältnisse rapide und radikal, und wir fügen uns ihrer Allgewalt. Aber unsere Vorurteile gegen Fremde bleiben so, wie sie immer schon waren.) Doch dieser preußische König wusste es besser, dachte an den künftigen Gewinn und schrieb an den Rand einer ängstlichen Eingabe: »Gottlob! Was tut doch Gott dem Hause Brandenburg für Gnade an.« Insgesamt stellt das »Retablissement«, die Wiederbesiedlung Ostpreußens, eine der denkwürdigen Leistungen Friedrich Wilhelms I. dar.

Dabei fügte sich die Gnade Gottes in eine brandenburg-preußische Tradition ein, die schon der Großvater, der Große Kurfürst, mit seiner Ansiedlung der Glaubensflüchtlinge aus Frankreich begründet hatte und die Friedrich der Große fortsetzte. Die persönlichen Motive mochten sehr verschieden sein; Friedrich Wilhelm I. handelte als frommer Christ, Friedrich als aufgeklärter Skeptiker. Aber an erster Stelle stand das Sachinteresse aller Regenten an der Landesentwicklung; es machte die Toleranz in Streitfragen des Glaubens zu einem in zwei Jahrhunderten stetig und zuverlässig befolgten Staatsprinzip. Dabei muss man bedenken, wie sehr das Zeitalter der Glaubenskämpfe in den Herzen der Menschen noch nachbebte. Mit Recht hat darum Sebastian Haffner gesagt: »Die religiöse Toleranz, die uns heute als ein Ruhmestitel Preußens erscheint, war für seine Untertanen im 17. Jahrhundert und noch lange Zeit, bis ins 18. Jahrhundert hinein, ein harter Zwang, härter und weniger begreiflich als Militarismus, Steuerdruck und Junkerherrschaft.«

In seinem »Politischen Testament« für den Thronfolger aus dem Jahre 1722 schrieb Friedrich Wilhelm: »An alle Konsistorien in eurem Lande müßt ihr einen Befehl ergehen lassen, daß die Reformierten und Lutheraner auf den Kanzeln keine Kontroversen traktieren ... Auch sonst sollen sie auf den Kanzeln nur das reine Wort Gottes predigen; sie dürfen sich nicht in weltliche Angelegenheiten einmischen, was sie gerne tun. Die Herren Geistlichen müssen kurzgehalten werden, denn sie wollen gern als Päpste in unserem Glauben regieren.«

Bei Friedrich hieß es: »Alle Religionen sind gleich und gut, wenn nur die Leute, so sie bekennen, ehrliche Leute sind. Und wenn Türken und Heiden kämen und wollten das Land bevölkern, so wollen wir ihnen Moscheen und Kirchen bauen. Ein jeder kann bei mir glauben was er will, wenn er nur ehrlich ist.« Vielleicht sollten wir in einem Zeitalter, in dem der Bevölkerungsschwund zum Problem wird, diesen Maßstab neu bedenken und uns an den großen preußischen Königen ein Beispiel nehmen. Es liegt nahe, hier mit Heinrich von Treitschke und seiner »Deutschen Geschichte« ein preußisches Loblied anzustimmen:

»Als Ludwig XIV. das Edikt von Nantes aufhebt, da tritt ihm der kleine brandenburgische Herr als Wortführer der protestantischen Welt kühn entgegen und bietet [1685] durch sein Potsdamer Edikt den Söhnen der Märtyrerkirche Schirm und Obdach, überall, wo noch die Flammen des alten Glaubenshasses aus dem deutschen Boden schlagen, schreiten die Hohenzollern ein, sichern den Protestanten Heidelbergs den Besitz ihrer Kirchen, sie bereiten den evangelischen Salzburgern in Ostpreußen eine neue Heimat ... Beim Tode Friedrichs II. bestand etwa ein Drittel der Bevölkerung des Staates aus den Nachkommen der Einwanderer, die seit den Tagen des Großen Kurfürsten zugezogen.« Von solch einem Anteil sind wir noch weit entfernt.

Um zu Friedrich Wilhelm I. zurückzukehren und das bisher Gesagte zusammenzufassen: Unter den Fürsten seines Zeitalters war er eine Ausnahmeerscheinung, um nicht zu sagen ein Sonderling. Denn überall sonst ging es um die Darstellung des Gottesgnadentums in der repräsentativen Prachtentfaltung. Auch Friedrich Wilhelm fühlte sich – und ernsthafter als die meisten seiner Standesgenossen – als ein »Amtmann Gottes«. Aber er leitete daraus den Auftrag, die Gewissenspflicht zum Tätigsein im Dienste des Staates und der ihm anvertrauten Menschen ab; er schuf so sein eigenes, preußisches Modell des Königtums; er war ein Revolutionär auf dem Thron. Der höfische Glanz dagegen bedeutete ihm nichts; an ihm hieß es zu sparen, was sich nur sparen ließ, um das Geld für die Landesentwicklung einzusetzen. Folgerichtig bekamen die Untertanen ihren König immer nur in der schlichten Uniform eines Obersten zu sehen, nicht eines Generals oder Feldmarschalls. Denn bis zu diesem Rang hatte ihn noch sein Vater befördert, und nach dessen Tod gab es niemanden mehr, der eine Weiterbeförderung hätte vornehmen können. Und schon gar nicht schien sie aus eigener Machtbefugnis erlaubt zu sein. Schließlich stand in der Bibel geschrieben: »Wer sich selbst erhöht, der wird erniedrigt, und wer sich selbst erniedrigt, der wird erhöht.«

Dass die weltliche Macht ihm und ihm allein gehörte, daran allerdings ließ er keinen Zweifel; wenn es jemals in der Epoche des Absolutismus einen absoluten Herrscher gab, der keinen Widerstand duldete, dann ihn. Dem unwilligen ostpreußischen Adel, der auf seine ererbten Vorrechte pochte, schrieb er in seinem französisch-deutschen Kauderwelsch ins Stammbuch: »Ich ruiniere die Junkers ihre Autorität; ich komme zu meinem Zweck und stabilisiere la souveraineté wie ein rocher von bronce.«

An den Freund und Exerziermeister seiner Armee, den Fürsten Leopold von Anhalt-Dessau, bekannt als der »Alte Dessauer«, schrieb der König in einem Brief vom 28. Juli 1721: »Parol' auf dieser Welt ist nichts als Müh' und Arbeit.« Man könnte das Friedrich Wilhelms preußisches Königsmotto nennen – sofern man es nicht als Klage missversteht. Denn natürlich handelt es sich um eine biblische Anspielung, ein Zitat aus dem gewissermaßen preußischen 90. Psalm, in dem von unserem Leben gesagt wird: »Wenn's köstlich gewesen ist, so ist es Mühe und Arbeit gewesen.«

Es kam Friedrich Wilhelm zugute, vielmehr es gehörte zum Grundbestand seiner Amtsauffassung, seiner persönlichen Lebensführung und seiner Lebensarbeit, dass er ein durch und durch frommer Mann war, ein Erbe Calvins ebenso wie Luthers, zudem noch mit einer Neigung zum Pietismus. Die Reformation aber, indem sie die Werksgerechtigkeit verwarf, die einst die Kirche für das Seelenheil verhieß, hat in allen ihren Gestalten die Hinwendung zur weltlichen Arbeit als gottgefällig gefördert und vertieft. In alten evangelischen Gesangbüchern findet man ein Gebet unter dem Titel »Wenn man an die Arbeit geht«; es sagt:

»Ewiger, barmherziger Gott, ich will nun wieder frisch an meine Arbeit gehen und die Werke meines ordentlichen Berufes, darin du mich als deinen Diener gesetzt hast, getrost angreifen und nach deiner Gabe richten, meinem Nächsten dadurch zu dienen und mein Brot zu erwerben. Darum bitte ich dich herzlich, du wollest mir dazu, deiner gnadenreichen Verheißung nach, Verstand und Geschick, auch Gesundheit verleihen, damit ichs nicht allein wohl anfangen, sondern auch durch deine väterliche Hilfe in deinem Namen nützlich vollführen und meinen Dienst jederzeit in deiner Furcht mit reinem Gewissen treulich verrichten möge. Dir befehle ich mein Werk; laß meine Anschläge fortgehen und mir gelingen, was ich mir in deinem Namen vornehme, daß das Licht auf meinen Wegen immer scheine, dir zu Lob und Preis, mir und den Meinigen, auch meinen Nächsten zur Wohlfahrt und Frommen, durch deinen lieben Sohn Jesum Christum, unsern Herrn. O Herr Jesu, in deinem Namen und auf dein Wort will ich mein Netz auswerfen. O Herr, hilf, o Herr, laß wohlgelingen. Amen.«

Wir wissen nicht, ob der König dieses Gebet gekannt hat, aber es hätte ihm aus dem Herzen gesprochen. In solchem Geist fühlte er sich als der »Amtmann Gottes«; in solchem Geist haben die protestantische und die preußische Erziehung zusammengewirkt und einander entscheidend verstärkt. So sind die Tugenden des Diensteifers und der Leistungsbereitschaft entstanden, die man seither als preußisch oder sogar, von Preußens deutscher Staatsgründung her, als »typisch deutsch« angesehen hat, jedenfalls bis weit ins 20. Jahrhundert hinein.

Friedrich Wilhelm I. führt zu Recht den Beinamen »der Soldatenkönig«. Wie das moderne Beamtentum ist die preußische Armee durch ihn geprägt und in ihrer besonderen Prägung eigentlich erst geschaffen worden. Den Hauptteil der Überschüsse, die er durch Sparsamkeit und Wirtschaftsförderung erzielte, hat er zum Unterhalt und zur Vergrößerung der Armee verwendet. Im Sommer 1739, gegen Ende seiner Regierungszeit, zählte sie 81 034, nach einer anderen Angabe sogar 83 458 Mann; sie war damit die viertgrößte Europas, obwohl Preußen nach seinem Gebiet erst an zehnter und nach seiner Bevölkerung sogar erst an dreizehnter oder vierzehnter Stelle stand. Der Anteil der Ausländer an den Soldaten schwankte um ein Drittel, der Anteil der Landeskinder um ein Prozent der Bevölkerung. Um heute auf eine vergleichbare Größe zu kommen, müsste die Bundeswehr vervierfacht werden. Zuletzt beliefen sich die gesamten Zivilausgaben auf 2,4 Millionen Taler jährlich, die Militärausgaben aufs Doppelte, 4,8 Millionen. Freilich wurde die Sollstärke nur in den drei Exerziermonaten April, Mai, Juni aufgeboten. Weiter reichte das Geld nicht; im übrigen Jahr befanden sich etwa die Hälfte der Landeskinder im unbezahlten Urlaub, um in der Landwirtschaft bei der Ernte zu helfen oder in einem Handwerk zu arbeiten.

Die Rekrutenwerbung erfolgte mit rauen, oft fragwürdigen Methoden. Soweit sie sich auf das Einfangen von Ausländern richtete, war der Ärger programmiert; nicht selten kam es in den betroffenen Nachbarstaaten zu wütenden Protesten und handfesten Reaktionen, denen manchmal sogar die Werber zum Opfer fielen. Allerhand lichtscheues Gesindel geriet unter die Fahnen – und desertierte wieder, sobald sich dazu eine Gelegenheit ergab. Dagegen bot man barbarische Strafen auf, die der Schweizer Ulrich Bräker in seiner Lebensbeschreibung »Der arme Mann im Tockenburg« geschildert hat: »Da mußten wir zusehen, wie man sie durch zweihundert Mann achtmal die lange Gasse auf und ab Spießruten laufen ließ, bis sie atemlos hinsanken, wie sie des folgenden Tags wieder dran mußten, die Kleider vom zerhackten Rücken herunter gerissen, und wie wieder frisch drauflos gehauen wurde, bis die Fetzen geronnenen Bluts ihnen über die Hosen hinabhingen.« Aber nicht einmal damit ließ sich das Desertieren aus der Welt schaffen.

Um die Schwierigkeiten zu mindern, führte der König 1733 das Kantonreglement ein, eine Vorform der Wehrpflicht: Jedem Truppenteil wurde seiner Größe entsprechend ein bestimmter Bezirk zugewiesen, in dem die Männer zum Dienst berufen wurden. Es gab freilich viele Ausnahmen, durchgehend ohnehin für die höheren Stände. In der Hauptsache handelte es sich daher um die jüngeren Söhne von Bauern und Gutsleuten.

Die Armee war nicht nur ungewöhnlich groß, sondern bald auch ungewöhnlich tüchtig, jedenfalls was die Infanterie betraf. Ihr Zuchtmeister, der »Alte Dessauer«, rüstete sie mit dem eisernen – statt bisher hölzernen – Ladestock aus und brachte ihr den Gleichschritt wie überhaupt den maschinengleichen Drill bei, mit dem schließlich jede Bewegung »wie im Schlaf« funktioniert. Diese Preußen konnten sich schneller zum Kampf formieren und schneller schießen als andere Armeen. Was das bedeutete, bewiesen sie bei ihrer Feuertaufe in Friedrichs Erstem Schlesischen Krieg, in der Schlacht bei Mollwitz am 10. April 1741, nachdem man sie zuvor als »Potsdamer Wachparade« verspottete, weil sie noch nie eine Kampfprobe bestanden hatten. Fasziniert notierte ein österreichischer Offizier: »Ich kann wohl sagen, mein Lebtag nichts Süperberes gesehen zu haben; sie marschierten mit der größten Contenance und so nach der Schnur, als ob es auf dem Exerzierplatz wäre. Das blanke Gewehr machte in der Sonne den schönsten Effekt, und ihr Feuer ging nicht anders als ein stetiges Donnergrollen.« So retteten die Grenadiere des »Soldatenkönigs« den Sieg, nachdem die Kavallerie (samt Friedrich) schon vom Feld gefegt worden war. Maria Theresia schrieb indessen nach bitteren Erfahrungen, dass die »militärische Regierungsform« Preußens zu einer Gefahr werden könne, weil sie Österreich und die anderen Mächte zu einer dauernden Hochrüstung zwinge, die »endlich ganz Europa zur unerträglichen Last fallen« würde.

Warum also diese Hochrüstung? Eine erste, durchaus plausible Antwort muss lauten, dass Brandenburg-Preußen, wie im Dreißigjährigen Krieg, mit seinen zerrissenen Territorien und langgestreckten, nirgendwo natürlich geschützten Grenzen ein Spielball der Mächte ringsum blieb, solange es sich nicht als wehrhaft erwies. Darum vermied Friedrich Wilhelm es geradezu hasenfüßig, sich in die europäischen Machtspiele einzumischen. In seiner Regierungszeit kam der Spruch auf: »So schnell schießen die Preußen nicht« – obwohl sie es tatsächlich besonders schnell konnten. Die einzige Beute, die der »Soldatenkönig« einbrachte, war im Nordischen Krieg Vorpommern mit Stettin bis zur Peene. In Stettin erinnert das »Berliner Tor« mit seiner gottlob lateinischen, daher für die meisten Betrachter unverständlichen Inschrift noch heute an diesen Vorgang. Aber trotz des Drängens seines Freundes, des Zaren Peter, griff Friedrich Wilhelm erst ein, als die schwedische Militärmacht König Karls XII. praktisch schon zusammengebrochen war. Und aus Vorsicht oder in seinem Gerechtigkeitssinn zahlte er an Schweden sogar noch eine Entschädigung. Im Übrigen scheute er als frommer Christ das Kriegsrisiko als ein frevelhaftes Glücksspiel und beschwor seinen

Erben, nur ja keinen ungerechten Eroberungskrieg anzufangen – was der dann umgehend, noch im Jahr seiner Thronbesteigung, missachtete.

Vielleicht sollte man von einem freilich nur durch die Person und nicht auf die Dauer garantierten *Friedensmilitarismus* reden. (Immerhin hat Preußen trotz Friedrich dem Großen und Bismarck weit weniger Kriege geführt als andere Großmächte.) Man kann auch sagen, dass dieser preußische König nicht zum Zynismus taugte. Sein gerader Sinn sagte ihm, dass er dem diplomatischen Ränkespiel nicht gewachsen war und den Kürzeren ziehen würde, wenn er sich darauf einließ. Darum zerschlug sich das Projekt einer preußisch-britischen Doppelhochzeit: Der Thronerbe Friedrich sollte die englische Prinzessin Amalie heiraten und seine Schwester Wilhelmine den Prinzen von Wales. Friedrich Wilhelm war hin und her gerissen zwischen dem Stolz, zum Partner einer wirklichen Großmacht aufzurücken, und der Furcht vor unabsehbaren politischen Verwicklungen. Am Ende siegte die Furcht. Außerdem bewahrte er sich noch eine sentimentale Anhänglichkeit an Kaiser und Reich. Am Ende wurde Friedrich mit Elisabeth Christine von Braunschweig-Bevern zwangsverheiratet. Wilhelmine mit dem Erbprinzen von Bayreuth. Davon war wenig zu erhoffen, doch gottlob erst recht nichts zu befürchten.

Was sich vernünftig oder moralisch begründen lässt, stellt indessen nur einen Teil der Antwort auf die Frage dar, was eigentlich Friedrich Wilhelm zum friedfertigen »Soldatenkönig« machte. Er war, mit Verlaub, ein Uniformfetischist; seine Soldaten liebte er und wollte wenn irgend möglich verhindern, dass sie auf dem Schlachtfeld starben oder verstümmelt wurden. Er wusste es und hat selbst bekannt: »Das schönste Mädchen, das man mir verschaffte, wäre mir gleichgültig. Aber Soldaten, das ist meine Schwäche, damit kann man mich soweit bringen, wie man will.« Und heimlich, als Freizeitmaler, porträtierte er seine Lieblinge.

Am meisten liebte der klein gewachsene Mann die Potsdamer Garde seiner »Langen Kerls«, für die der notorische Geizkragen Unsummen ausgab. Keine größere Freude konnte man ihm bereiten als mit dem Geschenk groß gewachsener Rekruten. Besonders Zar Peter sicherte sich die preußische Freundschaft, indem er russische Riesen in solcher Zahl lieferte, dass für sie ein eigener orthodoxer Gottesdienst eingerichtet werden musste.

Um noch einmal einen Schlossbesuch anzuregen: In Moritzburg, nahe bei Dresden, kann man die »Dragonervasen« besichtigen. Sie werden so genannt, weil sie aus einem Tauschhandel stammen. Friedrich Wilhelm schickte die Vasen und erhielt dafür – im Verhältnis von eins zu vier – die Dragoner. Vier Soldaten für eine Vase! Die Dragoner halfen dabei, die Militärmacht im Norden zu stärken, die dann der Nachbar im Süden sehr bitter zu spüren bekam. Die Vasen dagegen sind einfach nur schön. Und besser lässt sich der Kontrast zwischen dem Preußen des Soldatenkönigs und dem augusteischen Sachsen schwerlich zur Anschauung bringen.

Man hat später die preußisch-deutsche Armee eine »Schule der Nation« genannt und nach 1866 mit Stolz verkündet, dass der preußische Schulmeister die Schlacht bei Königgrätz gewonnen habe. Wahrscheinlich spielte das Zündnadelgewehr eine wichtigere Rolle. Doch was immer man von der Behauptung halten mag, es trifft zu, dass die Armee für Friedrich Wilhelm eine Institution der Erziehung zum Preußentum war, deren Wirkung man gar nicht hoch genug einschätzen kann. Dem Bauernjungen aus Brandenburg, Pommern oder Ostpreußen, der bisher über den Horizont seines Dorfes kaum hinausgeschaut hatte, wurde beigebracht, nötigenfalls eingeprügelt, dass es eine höhere Ordnung gab und was Befehl und Gehorsam, Manneszucht, Dienst, Disziplin und Leistung bedeuteten.

Den Feldgeistlichen war überdies anbefohlen, nicht nur das Wort Gottes zu predigen und den Katechismus zu lehren, sondern nach Möglichkeit auch das elementare Lesen, Schreiben und Rechnen zu verbreiten. Diese Feldgeistlichen bezog der Soldatenkönig gern aus der pietistischen Schule August Hermann Franckes in Halle; da war die Frömmigkeit ebenso garantiert wie der Bildungseifer. Und wenn die Feldgeistlichen dann nach einigen Jahren zivile Pfarrämter übernahmen, war ebenso garantiert, dass sie den Geist der Armee in ihre Gemeinden weitertrugen. Ähnlich wirkten ehemalige Unteroffiziere, die ihre Laufbahn als Dorfschullehrer beendeten. Kurz: Das Soldatische wuchs vielfältig und je länger desto prägender in die Gesellschaft hinein, nicht zuletzt auch durch die Tatsache, dass es sich um Teilzeitsoldaten handelte, die zwischen dem Dienst und dem Zivilleben pendelten.

Vielleicht kann man den Sachverhalt sogar in ein Bild fassen. Jeder Grenadier erhielt jährlich eine neue Uniform. Die alte wurde natürlich nicht weggeworfen, sondern verhökert oder an Wirtsleute, Brüder, Bekannte weitergegeben. So gelangte das Preußisch-Blau der preußischen Infanterie weit über die Armee hinaus zu Bürgern und Bauern; was das bedeutete, sagt der Lehrsatz: Kleider machen Leute.

Weitaus am wichtigsten war indessen die Formierung des Offizierkorps. Dafür bot sich der Adel an. Vielmehr: Der Soldatenkönig wandte alle seine Energie daran, den Adel zur Ehre des Dienens zu drängen, die zunächst durchaus nicht als selbstverständlich erschien. Kadettenanstalten wurden eingerichtet und mit Nachdruck, bisweilen fast mit Gewalt gefüllt – etwas unerhört Neues. Zwar waren Angehörige des Adels schon immer Soldaten geworden, aber nicht aus Pflichtgefühl, sondern aus Abenteuerlust und Ehrgeiz oder in der Hoffnung, Reichtümer zu gewinnen. Und fast beliebig zogen sie überall hin, wo gerade die Kriegstrommel sich rührte. Schnöde ausgedrückt stellten sie die vornehme Spielart von Landknechten dar.

Es kam also erstens darauf an, aus dem Belieben eine Pflicht zu machen und diese, zweitens, auf den preußischen König und den preußischen Staat auszurichten. Dafür war wie bei allem, was Friedrich Wilhelm I. begann, eine lange und mühsame Erziehungsarbeit zu leisten. Man muss bedenken, dass das Bündnis von Thron und Adel durchaus noch nicht so fest geschmiedet war, wie es seit Friedrich dem Großen sich darstellte, durch die unerhörten Verluste des Siebenjährigen Krieges mit Blut besiegelt. Nicht nur in Ostpreußen ging unter stolzen Standesherren der Spruch um: »Und der König absolut – wenn er uns den Willen tut.« Umgekehrt, wie schon angedeutet, war Friedrich Wilhelm damit beschäftigt, seinen Domänenbesitz auf Kosten der Rittergüter zu vergrößern und den Widerstand zu brechen, der ihm aus der Verteidigung alter Adelsrechte erwuchs.

Wenn das schicksalsträchtige Bündnis dennoch zustande kam, das bis ins 20. Jahrhundert hinein allen geschichtlichen Wandel überdauert hat, dann gab es dafür handfeste Gründe. In einem Satz: Der Adel entdeckte, dass der preußische Staats- und Offiziersdienst Möglichkeiten einer standesgemäßen Versorgung bot. Dabei lag der Nachdruck auf »standesgemäß« ebenso wie auf der Versorgung. Das Ansehen in des Königs Rock hob schon den jüngsten Fähnrich über den gewöhnlichen Bürger hinaus. Auch die Versorgung geriet durchaus nicht so karg, wie sie in nachträglicher Verklärung der preußischen Sparsamkeit sich darstellt. In den hohen Rängen der Beamtenschaft fiel sie hoch aus, weit höher, als man heute im Vergleich mit anderen Berufen für angemessen halten würde. Dazu noch war es möglich, durch Ämterhäufung und Amtspatronage beträchtliche Vermögen zu erwirtschaften; der leitende Minister des Soldatenkönigs, Friedrich Wilhelm von Grumbkow, liefert dafür nur ein Beispiel.

In einer besonderen Stellung befand sich der Offizier, sofern er es zum Kompaniechef gebracht hatte. Denn bis zum Zusammenbruch des alten Staates bei Jena und Auerstedt im Jahre 1806 wurden ihm die Mittel für den Unterhalt seiner Soldaten pauschal überwiesen. Daraus ergaben sich Möglichkeiten für ein einträgliches Wirtschaften – oder fürs Knausern, wie der Heeresreformer und »Vater der Landwehr«, Hermann von Boyen, es rückblickend beschrieben hat. »Anstatt daß ein solcher Vorgesetzter als der Vater seiner Soldaten erscheinen soll, bekam er hier die Stelle eines wuchernden Krämers.« Erst die Neuorganisation des Heeres nach 1807 brachte Abhilfe.

Um noch etwas anderes zu erwähnen: Der preußische Adel war zahlreich und in der Regel kinderreich, aber der Ertrag seiner Güter blieb durchweg bescheiden. Man konnte nach Belieben reiten und jagen, regierte Bauern und Gutsleute und war »ein König im Kleinen«, indem man in der Hauptsache als Selbstversorger lebte. Doch Geld kam kaum ins Haus. Marion Gräfin Dönhoff berichtet von einem Vorfahren am Anfang des 19. Jahrhunderts: »Man kann sich die Bescheidenheit, mit der damals der Eigentümer eines großen Besitzes lebte, kaum vorstellen. In seinen schmalen, langen Ausgabebüchern stand in der Rubrik ›Kleidung‹ über viele Jahre als einzige Aufwendung immer nur verzeichnet: Schuhe besohlen, Kragen wenden oder ausbessern und neues Futter für eine Jacke. Ähnlich spartanisch ging es in der

Spalte ›Vergnügungen‹ zu; ganz selten geht er einmal in Königsberg ins Theater, meist beschränken sich die Eintragungen auf ein Glas Bier, zu dem er irgend jemand eingeladen hat, nur selten versteigt er sich zu Wein. Als ihm angeboten wird, Generallandschaftsdirektor zu werden, lehnt er ab – er könne es sich nicht leisten, die Uniform, die dafür obligat sei, anzuschaffen.« Ein Jahrhundert zuvor, in der Regierungszeit Friedrich Wilhelms I., dürfte es kaum anders gewesen sein.

Und wie erst sollte man den Besitz erhalten, wenn es mehrere Söhne gab? Die Erbteilung hätte zu einer raschen Verarmung geführt, wie weithin in Polen, und den Ausweg in die Kirchenhierarchie hatte die Reformation verriegelt, weil der protestantische Pfarrer sich wie ein Untergebener des Gutsbesitzers ausnahm, der sein Patronatsherr war. So blieb tatsächlich nur der Staats- und Offiziersdienst. Wie beim König immer eine eigentümliche Mischung von Gewissensanruf, Ehrgefühl und Pflichtbewusstsein mit schlauer Nutzenberechnung im Spiel war, so auch beim Adel. Am Ende gewöhnten sich nicht nur die jüngeren, sondern auch die erstgeborenen Söhne ans Dienen. Wenn sie sich dann als Hauptleute, Majore oder Rittmeister außer Diensten auf ihre Landsitze zurückzogen, regierten sie die Bauern und Gutsleute in dem Geiste, zu dem sie selbst in den einprägsamen »schönsten Jahren ihres Lebens« geformt worden waren: eine wiederum höchst wirksame Ausbreitung der preußisch-soldatischen Tugenden in die Zivilgesellschaft hinein.

Übrigens musste man sich um den Bedarf keine Sorgen machen. Je weiter der Staat und die Armee sich entwickelten, desto größer wurde er, bis das Adelsreservoir kaum noch und schließlich gar nicht mehr ausreichte, um ihn zu decken, und man genötigt war, Aufsteiger aus dem Bürgertum wenn nicht willkommen zu heißen, dann doch zu dulden. Umso lieber nahm man Nichtpreußen in den preußischen Dienst auf, die Reihe der berühmten Beispiele reicht vom Exerziermeister des Soldatenkönigs, dem Fürsten Leopold von Anhalt-Dessau, über den Heeresreformer Scharnhorst bis zum Generalstabschef Helmuth von Moltke, dem Sieger bei Königgrätz und bei Sedan.

Wenn man das in der Zeit des Friedrich Wilhelms I. angebahnte und unter Friedrich dem Großen entscheidend vertiefte Bündnis von Thron und Adel noch einmal von der standesgemäßen Versorgung her betrachtet, dann gibt es kaum Rätsel auf. Es wirkt vielmehr folgerichtig, als hätte nie etwas anderes sich entwickeln können. Aber nur selten versteht sich in den Anfängen von selbst, was uns nachträglich so erscheint. Wie Friedrich Wilhelm ein Revolutionär »von oben« war, der das repräsentierende durch das tätige Königtum ersetzte und die protestantischen Bürgertugenden vorlebte, die er seinen Untertanen predigte und einbläute, so gehört zu seinen großen Erziehungsleistungen, aus einem träge dahinlebenden Adel die moderne und tüchtige Dienstelite des Staates zu formen.

Dass und wie es anders sein kann, zeigt das Beispiel Frankreichs. Dort hat der königliche Absolutismus den Adel mehr und mehr in eine Randexistenz abgedrängt. Dagegen, gegen längst funktionslos gewordene Vorrechte, richtete sich dann und mit unwiderstehlicher Gewalt die Revolution von 1789. Hinzuzufügen ist allerdings, dass das einmal geschmiedete preußische Bündnis, gerade weil es einst umstürzend modern und bewundernswert leistungsfähig war, seine Zeit hartnäckig überlebte und mehr und mehr zum Hemmschuh einer weiterführenden liberalen und demokratischen Entwicklung missriet, sodass es am Ende nur um den Preis historischer Katastrophen weggeräumt werden konnte.

Doch wer sollte davon im Jahre 1713 oder 1740 etwas wissen? Es gehört zwar zu unserer Bequemlichkeit, wenn wir untergründig weiterwirkende Weichenstellungen der Geschichte nicht zur Kenntnis nehmen. Aber erst recht, vielmehr zu Unrecht machen wir es uns allzu bequem, wenn wir uns auf historische Verhängnisse berufen und leichthin verurteilen, was einmal bahnbrechend war, ohne noch zu fragen, was die nachfolgenden Generationen getan oder versäumt haben.

Soweit unsere Kenntnisse reichen, war Friedrich Wilhelm I. körperlich wie geistig ein vollkommen gesunder, in jedem Sinne lebenstüchtiger junger Mann. Nur von einer Gelbsucht wird berichtet, die bald ausheilte. Schon früh allerdings neigte er zur Ungeduld, zum Jähzorn und zu Wutausbrüchen, und weder Vater noch Mutter noch sonst ein Erzieher kümmerte sich darum, diese Neigung zu dämpfen. Sie wurde vollends freigesetzt, als er den Thron bestieg. Seitdem gab es niemanden mehr, der ihm entgegentreten konnte; sein Wille war das Gesetz, und wehe dem, der sich widersetzte; man gerät in Versuchung, von einer Tyrannenkrankheit zu sprechen. Wenn ihn die Wut überfiel, prügelte er wild drauflos, mit all den Leibeskräften, über die er verfügte. Später, als er sich kaum noch bewegen konnte oder sogar an den Rollstuhl gefesselt war, vertauschte er den Stock mit Pistolen, die mit Salz geladen waren, um den »Kanaillen«, denen seine Wut galt, eine schmerzhafte Ladung aufzubrennen.

Auch in anderem erwies sich dieser König als unmäßig, besonders beim Essen und Trinken. Daraus entwickelte sich seine Korpulenz, und schließlich wurde er unförmig dick. Bereits mit 35 Jahren wog er zweieinhalb Zentner – bei einer Körpergröße von 165 Zentimetern. Aufs Pferd, zur Reitjagd, mussten ihm vier kräftige Männer helfen, und das Pferd selbst musste kräftig gebaut sein, um unterwegs nicht zusammenzubrechen. Als Folge des Jagens bei jedem Wetter und der überreichlichen, hauptsächlich fleischhaltigen Ernährung stellte sich ab 1726 die Gicht ein, die drei Jahre später chronisch wurde. Oft für Tage, nicht selten für Wochen konnte sich der Patient kaum noch bewegen. Atemnot, Herzprobleme, Wassersucht gesellten sich hinzu – 1734, als ein Mittvierziger, erkrankte Friedrich Wilhelm lebensgefährlich und war seitdem ein Todeskandidat.

Manchmal dachte er an Abdankung und daran, sein Leben als ein Bürger unter Bürgern, als ein »Mijnheer van Hoenslardyck« in den Niederlanden zu beschließen. Um sich abzulenken, malte er, porträtierte sehnsuchtsvoll seine »Langen Kerls«, wenn er sie schon nicht besuchen konnte. Es entstanden auch Selbstbildnisse, manchmal mit dem Zusatz versehen: »in tormentis pinxit« – in Schmerzen gemalt. Fontane hat zu den Bildern angemerkt: »Das Mildeste, was man von ihnen sagen kann, ist: Sie verleugnen die Stunde ihres Ursprungs nicht. Freilich haben auch sie ihre Verehrer gefunden. Einige unbedingte Friedrich-Wilhelm-Bewunderer haben die Frage nach dem künstlerischen Wert ersetzt durch die Frage nach der Energie und von diesem Standpunkte aus mit einem gewissen Rechte gesagt: ›So malte ein Mann, der nicht malen konnte. Und so malte er unter Schmerzen und – jeden Tag ein Bild.‹«

Dennoch: Es lohnt sich, zum Beispiel den »Mijnheern van Hoenslardyck« zu betrachten, der 1737 entstand. Da erfährt man weit mehr als bei schmeichelnden, glättenden Hofmalern. Gewiss sind Abhängigkeiten und Einflüsse spürbar, die Erinnerungen an Lucas Cranach den Älteren und seine Lutherbilder. Doch was man sieht, ist kein König in Glanz und Gloria, sondern ein Mensch – und zwar kein einfacher, sondern ein höchst komplizierter, eher unglücklicher als glücklicher Mensch. Trotz und Eigensinn, vielleicht Willensstärke oder Selbstbewusstsein und ganz gewiss das cholerische Temperament prägen das Gesicht. Zugleich wird etwas Weiches, beinahe Weinerliches erkennbar, Angst, Unruhe, Unsicherheit, die Plage des Selbstzweifels bis hin – modern ausgedrückt – zum Minderwertigkeitskomplex. Das Miteinander krass gegensätzlicher Eigenschaften, diese Zerrissenheit einer Seele wird vom seltsamen, durchaus »unrealistischen« Hell-Dunkel der Kleidung zusätzlich zum Ausdruck gebracht – oder zum Symbol erhoben, als sei Friedrich Wilhelm bei den Psychoanalytikern des letzten Jahrhunderts, bei Sigmund Freud in die Lehre gegangen.

Zerrissenheit: Gleich unter dem Herrscherbewusstsein, das sich im Hagelschlag der Verordnungen, in der alltäglichen Autorität des Auftretens und Regierens wie ein »rocher von bronce« darstellt, lauert tatsächlich der Selbstzweifel. »Gott weiß, wie geringe opinion ich von mir immer gehabt«, vertraut der König seinem Freund, dem Alten Dessauer an, als es zum Sterben geht und er eine Bilanz versucht. Und was bedeutet in psychologischer Perspektive eigentlich die Prügelsucht? Erliegt nicht derjenige ihr, der sie nötig hat, um die Stärke zu beweisen, an der es in Wahrheit gerade mangelt? Vom Jähzorn hat der König selbst bekannt: »Ja meine Krankheit kenne ich so wohl als einer, ich bin ein böser Mensch und wenn ich einen Tag gut bin, so bin ich doch hernach gleich wieder böse. Das weiß ich wohl und Ihr alle, aber ich kann nicht anders werden.«

Womöglich gab es in der vorbewussten Tiefe noch eine andere Zerrissenheit: Auf den ersten Blick stellt sich der vierschrötige Soldatenkönig als ein ganzer Mann dar; wie schon erwähnt, nötigte er seinem »Fiekchen« vierzehn Geburten auf. Aber gab es zugleich nicht auch eine sonderbare Fremdheit, um nicht zu sagen eine Angst vor den Frauen, von der die Entfremdung der Ehepartner nur einen Teil bildete? War es nicht so, dass Friedrich Wilhelm sich nur in ihrer Abwesenheit wirklich wohl fühlte, zum Beispiel in der reinen Männerrunde des Tabakskollegiums? Geriet ihm das Jagdschloss Stern vielleicht darum so klein, um zu demonstrieren, dass dort für Frauen kein Platz war? Und was eigentlich soll man vom Uniformfetischismus, von der Liebe zu den Langen Kerls halten? Was von ihrem heimlichen Porträtieren? Verbirgt sich im Begriff des »Soldatenkönigs« noch ein heimlicher Hintersinn, der bis ins Erotische, Homoerotische reicht? Fragen über Fragen.

Indessen stellte sich für den frommen »Amtmann Gottes« die innere Unruhe vor allem als Gewissensnot und Sündenbewusstsein dar, als tief empfundene Reue, die auf alles Wüten folgte und aus der er im Gebet nach dem Ausweg suchte. Der Glaube bot zwiespältig beides: Gottes Zorn und seine Gnade. Und er setzte im Letzten den Auftrag: »Wenn ich baue und verbessere das Land und mache keine Christen, so hilft mir alles nichts.«

Vom Drama zwischen Vater und Sohn ist oft erzählt worden. Doch wer es begreifen will, sollte vorweg bedenken, dass das Lebenswerk des Königs einen Schwachpunkt besaß. Wenn der Thronerbe nicht aufnahm und weiterführte, was der Vater begann, wenn er zur europäischen Norm der repräsentativen Prachtentfaltung zurückkehrte, war alle Mühe und Arbeit umsonst gewesen, das Lebenswerk dem Gespött preisgegeben. Die Neigung aller Väter, Söhne nach dem eigenen Bild zu formen, steigerte sich daher bei Friedrich Wilhelm zu einer Besessenheit, hinter der als Triebkraft die Angst um sein Preußen stand.

Natürlich verfügte der Vater über die väterliche Gewalt und traf seine Vorkehrungen. Schon dem Kind diktierte er einen Stunden-, vielmehr Minutenplan zu, der so begann: »Am Sonntag soll Er des Morgens um sieben Uhr aufstehen; sobald Er die Pantoffeln anhat, soll Er vor dem Bett auf die Knie niederfallen und zu Gott kurz beten, und zwar laut, daß alle, die im Zimmer sind, es hören können, wie folgt: ›Herr Gott, heiliger Vater! Ich danke dir von Herzen, daß du mich diese Nacht so gnädiglich bewahrt hast; mache mich geschickt zu deinem heiligen Willen, daß ich nichts möge heute, noch alle meine Lebtage tun, was mich von dir scheiden kann, um unseres Herrn Jesu, meines Seligmachers willen. Amen!‹ Und hierauf das Vaterunser. Dann soll Er sich geschwinde und hurtig anziehen und sich propre waschen, schwänzen und pudern, und muß das Anziehen, wie auch das Frühstück, Tee – welches einzunehmen ist, während der Kammerdiener schwänzt und pudert – in einer Viertelstunde fix und fertig sein, alsdann es ein Viertel vor acht ist.« So geht das ellenlang weiter, die strikt verplante Woche hindurch bis zum Samstagabend.

Aber der große Erzieher zum Preußentum scheitert am eigenen Sohn. Friedrich, 1712 geboren, erweist sich als ein Gegenbild seines Vaters, in seiner Zartheit schon körperlich. Zugleich ist er intellektuell hochbegabt, auch musisch veranlagt, hellwach und wissbegierig, empfindsam und selbstbewusst, ausgerüstet mit einem unglaublich zähen Willen, sich zu behaupten. Er biegt sich, aber er gibt nicht nach. Er lernt nur verachten, was dem Vater so viel bedeutet: die Uniform, die er einen »Sterbekittel« nennt, die Jagden in Wusterhausen, den Bierdunst und Pfeifenqualm, die groben Späße im Tabakskollegium, den Glauben, der ihm als hohle Frömmelei erscheint. Er lernt bewundern, was im Gegenentwurf als ferne Verheißung leuchtet: französische Zivilisation und Aufklärung. Nur zu bald wird Voltaire sein Lehrmeister. In seiner heimlichen Auflehnung findet Friedrich überdies die Verbündeten, die er braucht; zu ihnen gehören die Mutter Sophie Dorothea, die um drei Jahre ältere Schwester Wilhelmine und sogar der zum Erzieher und Lehrer bestellte Hugenotte Jacques Egide Duhan de Jandun. Der war dem König vor Jahren bei der Belagerung von Stralsund im Krieg gegen Schweden als ein tapferer Soldat aufgefallen: für einen preußischen Pädagogen wohl die ideale Voraussetzung. Aber Duhan ist zugleich ein gebildeter Mann und sucht seinem Schüler zu vermitteln, was dem König aufs Höchste missfällt, zum Beispiel lateinische Grundkenntnisse. Viel später, als reifer Mann, hat Friedrich die folgende, ihm unauslöschbar eingeprägte Geschichte erzählt:

»Ich war ein Kind und lernte ein wenig Latein; ich deklinierte mit meinem Lehrer ..., als plötzlich mein Vater ins Zimmer trat. ›Was machst du da?‹ ›Papa, ich dekliniere ...‹, sagte ich in kindlichem Ton, der ihn hätte rühren müssen. ›O du Schurke, Latein für meinen Sohn! Geh mir aus den Augen!‹, und er verabreichte meinem Lehrer eine Tracht Prügel und Fußtritte und beförderte ihn auf diese grausame Weise ins Nebenzimmer. Erschreckt durch diese Schläge und das wütende Aussehen meines Vaters verbarg ich mich, starr vor Furcht, unter dem Tische, wo ich in Sicherheit zu sein glaubte. Ich sehe meinen Vater nach vollbrachter Hinausbeförderung auf mich zukommen – ich zittere noch mehr; er packt mich bei den Haaren, zieht mich unter dem Tische hervor, schleppt mich so bis in die Mitte des Zimmers und versetzt mir endlich ein paar Ohrfeigen.«

Das Ergebnis solcher Auftritte kann nur eine Erziehung zur Heuchelei, zur Verstellung sein; man spielt dem Wüterich etwas vor und verbirgt umso sorgfältiger, was man wirklich denkt und tut. Schon sehr früh entwickelt sich Friedrich zu einem Meister der Maskierung. Aber auf seine Weise ist der misstrauische Vater ihm gewachsen. Er lässt sich nicht täuschen; er ahnt, er erkennt, was vorgeht, ohne doch zupacken zu können. Umso mehr und umso leichter gerät er in dumpfe Wut und beim geringsten Anlass aus der Fassung. Eine bezeichnende Szene: Er besucht mit Friedrich eine Tauffeier des Generals von Grumbkow, seines leitenden Ministers. Dabei tritt er auf den inzwischen Zwölfjährigen zu und sagt: »Ich möchte wohl wissen, was in diesem kleinen Kopfe vorgeht. Ich weiß, daß er nicht so denkt wie ich; es gibt Leute, die ihm andere Gesinnungen beibringen und ihn veranlassen, alles zu tadeln.« Dabei redet er sich in einen Anfall seines Jähzorns hinein; er versetzt dem Jungen erst leichte Kopfnüsse, dann schallende Ohrfeigen und zerschlägt schließlich das Tafelgeschirr. Grumbkow rettet die Situation nur halbwegs, indem er sich betrunken stellt, mit dem König um die Wette aufs eigene Geschirr einschlägt und so für Ablenkung sorgt. Unterdessen steht Friedrich kreidebleich im Kreis der verlegenen Festgäste.

Solche öffentlichen Auftritte häufen sich mit der Zeit immer mehr, und kein Schauspiel der Sohnesliebe, keinen Kniefall, kein Stiefelküssen oder sonst eine Demütigung kann den König beschwichtigen. Er fühlt, er weiß, dass dieser Erbe völlig verstockt ist und sein preußisches Lebenswerk bedroht.

Eine Tragikomödie stellt im Jahre 1728 der Besuch in Dresden dar, am kurfürstlichen und wahrhaft königlichen Hof Augusts des Starken, zu dem Friedrich Wilhelm sich von dem Sechzehnjährigen begleiten lässt. Eine andere Welt als die spartanisch preußische in Berlin, Potsdam oder Wusterhausen: Prachtentfaltung, rauschende Feste, schöne Frauen, Kunstliebe, Musik. Ballett, Theater, geistreiche Gespräche. An einem Abend führt August seine Gäste durch die Schlossgemächer, eine Tapetenwand fällt, und dahinter liegt hüllenlos nackt eine Mätresse, die Gräfin Formera. Geistesgegenwärtig reißt Friedrich Wilhelm seinen Hut vom Kopf und hält ihn dem Sohn vor die Augen. Zu spät? Friedrichs Schwester Wilhelmine hat später angedeutet, behauptet, dass die Formera Friedrich in die Liebe eingeführt habe. Aber man darf das bezweifeln wie so vieles an Wilhelmines Kolportagen, die zum Ruhme des Bruders und zur Verfinsterung des Vaterbildes geschrieben wurden.

Friedrich Wilhelm bewegt sich in Dresden wie ein täppischer Bär und wird zum Gespött; seine Ballhose platzt, und eine zweite hat er nicht mitgebracht. In einem Brief nach Berlin schreibt er: »Es ist gewiß kein christliches Leben hier. Aber Gott ist mein Zeuge, daß ich kein Vergnügen daran gefunden habe und noch so rein bin, wie ich von zu Hause hergekommen und mit Gottes Hilfe beharren werde bis an mein Ende.« Friedrich dagegen blüht förmlich auf. Er glänzt mit Flötenspiel und Konversation; einen glücklichen Brief an Wilhelmine unterzeichnet er mit mehr Eitelkeit denn Kunst der Rechtschreibung als »Frédéric le Pfilosophe«. Aber der Dresdner Traum verfliegt nur zu rasch, und die Heimkehr nach Berlin macht alles noch schlimmer als vorher. Der Halbwüchsige nimmt schließlich Zuflucht zu einem Brief und schreibt:

»Mein lieber Papa. Ich habe mich lange nicht unternehmen mögen, zu meinem lieben Papa zu kommen, teils weil es mir abgeraten, vornehmlich aber weil ich mich einen noch schlechteren Empfang als den ordinären, sollte vermuten sein; und aus Furcht, meinen lieben Papa mehr mit meinem gegenwärtigen Bitten zu verdrießen, habe es lieber schriftlich tun wollen. Ich bitte also meinen lieben Papa, mir gnädig zu sein, und kann hiebei versichern, daß nach langem Nachdenken mein Gewissen mir nicht das Mindeste gezeihet hat, worin ich mir etwas zu reprochieren [vorzuwerfen] haben sollte; hätte ich aber wider mein Wissen und Willen getan, das meinen lieben Papa verdrossen habe, so bitte ich hiermit untertänigst um Vergebung und hoffe, daß mein lieber Papa den grausamen Haß, den ich aus all seinem Tun genug habe wahrnehmen können, werde fahren lassen. Ich hoffe, daß mein lieber Papa dieses alles nachdenken und mir wieder gnädig sein wird; indessen versichere ich ihm, daß ich doch meiner Tage nicht im Willen fehlen werde ...«

Man muss das dreimal lesen: ein frühreif abgefeimtes Meisterstück der Diplomatie, das unter dem Mantel kindlichen Zutrauens dem Vater alle Schuld am Zerwürfnis zuschiebt. Aber der liebe Papa weiß es ohnehin besser; noch am gleichen Tag erteilt er höchst ungnädigen Bescheid: »Sein eigensinniger böser Kopf, der nicht seinen Vater liebt; denn wenn man seinen Vater liebt, so tut man, was er haben will, nicht wenn er dabei steht, sondern wenn er nicht alles sieht. Zum anderen weiß er wohl, daß ich keinen effeminierten Kerl leiden kann, der keine menschlichen [sprich: männlichen] Inklinationen hat, nicht reiten noch schießen kann, und dabei malpropre [unsauber] an seinem Leib, seine Haare wie ein Narr sich frisiert und nicht verschneidet, und ich alles dieses tausendmal reprimandiert [gerügt], aber alles umsonst und keine Besserung in nichts ist. Zum anderen hoffährtig, recht bauernstolz ist, mit keinem Menschen spricht und nicht populär und affable [freundlich] ist, und mit dem Gesicht Grimassen schneidet, als wenn er ein Narr wäre, und in nichts meinen Willen tut, als mit der Force angehalten; nichts aus Liebe, und er alles dazu nicht Lust hat, als seinem eigenen Kopf folgen, sonsten alles nichts nütze ist. Friedrich Wilhelm.«

Manches davon, bloß mit anderen Worten, mag im Streit der Generationen auch heute zu hören sein, angefangen bei der Haartracht, die sich so vortrefflich zum Symbol der Auflehnung eignet. Aber hier geht es ja um mehr, um die Fortsetzung oder den Abbruch eines Lebenswerkes. Und Abgründe tun sich auf, wenn ein Vater zur Demütigung des Sohnes noch den Hohn fügt: »Wenn mein Vater mich so behandelt hätte, so hätte ich mich längst umgebracht. Aber du hast keinen Mut und bist ein bloßer Schurke.« Verzweifelt berichtet Friedrich der Schwester: »Wir erleben hier alle Tage die abscheulichsten Auftritte; ich bin dessen so müde, daß ich lieber um mein Brot in der Fremde betteln möchte, als in diesem Zustand weiterzuleben.«

Damit deuten sich Fluchtpläne an; Freunde werden eingeweiht und zu Mitverschwörern gemacht, darunter Hans Hermann von Katte, 1704 geboren und inzwischen Offizier in einem in Berlin stationierten Regiment. Eine Reise nach Süddeutschland, die der König mit Friedrich im Jahre 1730 unternimmt, scheint sich die Gelegenheit zu bieten. Aber am 5. August misslingt der Fluchtversuch; und als man etwas später, rheinabwärts in Wesel, preußischen Boden erreicht, wird der Kronprinz verhaftet und als Gefangener nach Küstrin geschafft.

Der König beruft ein Kriegsgericht unter Vorsitz des greisen Grafen Schulenburg. Es erklärt sich im Falle Friedrichs für unzuständig und verurteilt Katte mit knapper Mehrheit »auf ewig« zur Festungshaft. Friedrich Wilhelm ist empört: Was bedeutet das schon nach dem abzusehenden Thronwechsel? Er stößt düstere Drohungen aus und fordert ein anderes Urteil. Das Gericht bleibt fest, und Schulenburg findet das passende Bibelwort: »Sehet zu, was ihr tut, denn ihr haltet das Gericht nicht den Menschen, sondern dem Herrn.« Der König, seinerseits biblisch gewappnet, fällt daraufhin selbst das Todesurteil, das – gnadenhalber – mit dem Schwert vollstreckt werden soll. An Katte lässt er ausrichten, dass es ihm Leid tue, »es wäre aber besser, daß er stürbe, als daß die Justiz aus der Welt käme«.

Doch im Grunde geht es gar nicht um Katte, sondern um eine Inszenierung des Vaters wider den Sohn; mit ihr, das begreift Friedrich Wilhelm nur zu gut, kann er Friedrich im Innersten, in seiner tiefen Gefühlsbindung an Katte treffen. Am Morgen des 6. November wird dem Achtzehnjährigen mitgeteilt, dass man den Freund vor seinen Augen hinrichten wird. Friedrich fleht um Aufschub; er will für Katte sein Thronrecht, ja das eigene Leben bieten. Vergeblich. Er wird ans Fenster geführt; als er den Freund erblickt, ruft er ihm zu: »Mein lieber Katte, ich bitte Sie tausendmal um Verzeihung.« Katte ruft zurück: »Nichts von Verzeihung. Ich sterbe mit tausend Freuden für Sie.« Noch bevor der Henker das Schwert hebt, fällt Friedrich in Ohnmacht.

Fontane hat von dem Namen Küstrin gesagt: »Etwas finster Unheimliches ist um ihn her, und in meiner Erinnerung sehe ich den Ort, der ihn trägt, unter einem ewigen Novemberhimmel.« Und vom 6. November 1730 heißt es etwas später, dass er ein großer Tag der preußischen Geschichte gewesen sei. »Denn er veranschaulicht in erschütternder Weise jene moralische Kraft, aus der dieses Land, dieses gleich sehr zu hassende und zu liebende Preußen, erwuchs.«

Etwas finster Unheimliches in der Tat, Größe und Verhängnis zugleich: Katte wird eben nicht geopfert, um der Gerechtigkeit Genüge zu tun, sondern als ein Mittel zum Zweck, um aus dem Thronerben Friedrich den Preußen zu machen. In der späteren borussisch-deutschen Geschichtsklitterung ist daraus eine platte Verherrlichung geworden, die den Preis des Menschlichen gar nicht mehr wog, je weiter entfernt, desto weniger. Immer war dann vom »Idealismus« der Opferbereitschaft die Rede; ständig wurde der Spruch Friedrichs des Großen zitiert, beschworen, als ein Inbegriff deutscher Wesensart gefeiert: »Es ist nicht nötig, daß ich lebe, wohl aber, daß ich meine Pflicht tue.« Am Ende erwuchs daraus die schiere Menschenverachtung, verdichtet zu dem Spruch: »Du bist nichts, dein Volk ist alles.« Und wehe erst recht dann denen, die aus der Gemeinschaft des Volkes ausgestoßen wurden, mit welcher Begründung auch immer!

Friedrich Wilhelm hat derart kalt allerdings weder gedacht noch gehandelt. Stets ist daran zu erinnern, dass in ihm die *Angst* um sein Preußen mächtig, übermächtig war. Und vielleicht kam etwas sehr Persönliches, gar nicht Bewusstes noch hinzu: Sein Königtum, all seine Müh' und Arbeit war eine Inszenierung wider den eigenen Vater, gegen den er zu Lebzeiten keine Auflehnung gewagt hatte. Aber nun schien es, als kehre in Friedrich, dem Sohn, dessen Großvater Friedrich zurück.

Küstrin erweist sich als Wendepunkt. Um des preußischen Erbes willen unterwarf sich Friedrich dem Willen des Vaters. Zum Beispiel schrieb er an den König, als der ihm die Prinzessin Elisabeth Christine von Braunschweig-Bevern als Braut zudiktierte: »Und ist es mir lieb, wenn mein allergnädigster Vater von der Prinzessin zufrieden ist. Sie mag sein wie sie will, so werde jederzeit meines allergnädigsten Vaters Befehle nachleben; und mir nichts Lieberes geschehen kann, als wenn ich Gelegenheit habe, meinem allergnädigsten Vater meinen blinden Gehorsam zu zeigen.« Nur noch darauf kam es tatsächlich an, nicht aufs persönliche Glück oder das Schicksal einer Frau, die Friedrich verabscheute und der dann bestimmt war, seit dem Thronwechsel von 1740 ein einsames Leben zu führen, für immer von ihrem Gemahl getrennt.

Vor allem schickte sich Friedrich ins Soldatsein. Das Regiment, das ihm zugewiesen wurde, exerzierte er mit solch einem Eifer, dass es bei Besichtigungen glänzend abschnitt und der Vater staunte: »Es steckt ja ein Friedrich Wilhelm in dir.«

Sogar die Sparwut des Vaters übernahm der Sohn. Während Friedrichs Freunde nach dem Thronwechsel erwarteten, dass es »Dukaten regnen« würde, hagelte es in Wahrheit Sparverordnungen, sodass ein Beobachter mit Verblüffung notierte: »Wenn das so weitergeht, wird der Vater im Vergleich zu dem Sohn für einen Verschwender und Liebling des Volkes gelten.«

Friedrich hat den Preis gekannt, den er zu zahlen hatte; davon zeugen viele Äußerungen. »Was heißt leben, wenn man sich all derer beraubt sieht, mit denen man am längsten gelebt hat, wenn der Tod uns die, welche wir liebten, für immer entreißt. Glücklich, glaube ich, kann auf Erden nur sein, wer niemand liebt.« Welch ein Todesurteil, schon im Schatten der Resignation! Was dann noch bleibt, ist einzig die Arbeit: »Man ist nur glücklich auf der Welt, wenn man sich beschäftigt ... Man muß lernen, sich selbst zu genügen und die Welt entbehren zu können. Das ist hart, aber anders wüßte ich mir mein Leben nicht erträglich zu machen.«

Der Vater, der große Erzieher zum Preußentum hat also doch gesiegt und durfte am Ende seiner Tage sagen: »Ich sterbe zufrieden, weil ich einen so würdigen Sohn und Nachfolger habe.« Ja, Friedrich hat das Lebenswerk fortgeführt, es mit Glanz umgeben und Preußen zur europäischen Großmacht emporgekämpft. Aber statt fader Verherrlichung, wie sie später die borussische Geschichtsschreibung betrieben hat, sollte man sich an das Opfer erinnern, das auf dem Altar der Größe zu erbringen war: das Opfer des Lebensglücks. Die Straße zum Ruhm war für Friedrich zugleich der Weg in die Vereinsamung, in die wachsende Herzensversteinerung, am Ende in die Menschenverachtung, der als Gefährten nur noch die Hunde blieben.

Vom Sterben Friedrich Wilhelms I. sind letzte Worte überliefert, vorab natürlich das fromme: »Herr Jesus, dir leb' ich; Herr Jesus, dir sterb' ich; Herr Jesus, du bist mein Gewinn.« Schmunzeln lässt, dass der König sich im Bett aufrichtete, die Faust ballte und, ins Berlinern verfallend, rief: »Tod, ick jraule mich nich vor dir!« Noch schöner ist die Geschichte vom uniformgläubigen Soldatenkönig, dem man das Lied von Paul Gerhardt vorsang: »Warum sollt ich mich denn grämen? Hab ich doch Christum noch ...« In der zweiten Strophe heißt es:

»Nackend lag ich auf dem Boden,
da ich kam, da ich nahm
meinen ersten Odem.
Nackend werd ich auch hinziehen ...«

Bei diesen Worten, so wird erzählt, protestierte Seine Majestät: »Was heißt nackend? Ich komme in Montur!«

Friedrich Wilhelm ist keine sehr anziehende Gestalt. Er ist es schon äußerlich nicht als ein kurzatmiger Dickwanst, der schwer auf seinen Stock gestützt daherkommt, sofern er mit ihm nicht herumfuchtelt. Erst recht war er ein durch und durch autoritärer Charakter, ein jähzorniger, prügelsüchtiger Uniformfetischist. Nur halbwegs versöhnt damit der »Amtmann Gottes« in seinen Gewissensnöten. Aber gerade diese Mischung aus Gewalt und Reue ist schwer zu ertragen. Auch verfügte er zwar über eine drastische Sprache, aber kaum über die funkelnden Formulierungen und schon gar nicht über den Glanz der Bosheit, in dem sich sein Sohn im Wettstreit mit Voltaire übte und es zur Meisterschaft brachte. Überhaupt hat dieser Sohn, modern ausgedrückt, seinem Vater sozusagen die Schau gestohlen, indem er dessen Ruhm überstrahlte und in einen Schatten rückte, aus dem es trotz mancher Bemühungen – wie in Jochen Kleppers Roman »Der Vater« – kein Entrinnen gab.

Und doch war Friedrich Wilhelm I. eine Figur von historischem Rang; ein einsichtiger und übrigens liberaler Mann wie der preußische Oberpräsident Theodor von Schön (1773–1856) hat ihn Preußens »größten inneren König« genannt. Das ist wahr: Alles, was später kam, ist undenkbar ohne ihn. Das gilt nicht nur für die Armee, die er schuf und mit der Friedrich seine Kriege führte. Es gilt ebenso für die wirtschaftliche Landesentwicklung, die Ansiedlung der Salzburger Protestanten und anderer, für die Verwaltung, das Beamtentum und das Entstehen einer modernen Dienstelite, für die Anfänge der Volksbildung und des Rechtsstaates.

Vor allem war Friedrich Wilhelm ein Charaktererzieher von fortwirkender Bedeutung. Er hat Bürgertugenden wie Ordnungssinn, Sparsamkeit, Fleiß und Leistungsbereitschaft zwar keineswegs erfunden, aber sie in den Niederlanden entdeckt und nach Preußen übertragen; von der preußischen Reichsgründung her sind die dann zu deutschen geworden und haben bis weit ins 20. Jahrhundert hinein ihre Rolle gespielt.

Bei dieser Übertragung haben sich die Tugenden freilich verwandelt. Hierzulande gab es seit dem Dreißigjährigen Krieg kein selbstbewusstes Bürgertum mehr, sondern den Obrigkeitsstaat und seine Untertanen. Daher musste jede zukunftweisende Tatkraft vom Staat ausgehen – und alles Selbstbewusstsein davon, ihm dienen zu dürfen. So ist nicht, wie in den Niederlanden, eine staunenswerte Bürgergesellschaft entstanden, sondern der beispielhafte Staat. Zwangsläufig entwickelten sich damit, um nicht zu sagen wuchsen oder wucherten im Tugendgefüge, Gewichtsverlagerungen; zum Beispiel gewannen Opferbereitschaft und Gehorsam ein Gewicht, das ihnen ursprünglich nicht zukam.

An höchster Stelle stand die Pflichterfüllung. Darum hat Sebastian Haffner geschrieben: »Pflichterfüllung war in Preußen das erste und oberste Gebot und zugleich die ganze Rechtfertigungslehre: Wer seine Pflicht tat, sündigte nicht, mochte er tun, was er wollte. Ein zweites Gebot war, gefälligst nicht wehleidig zu sein; und ein drittes, schon schwächeres, sich gegen seine Mitmenschen – vielleicht nicht geradezu gut, das wäre übertrieben, aber: anständig zu verhalten. Die Pflicht gegen den Staat kam zuerst. Mit diesem Religionsersatz ließ sich leben, und sogar ordentlich und anständig leben – solange der Staat, dem man diente, ordentlich und anständig blieb. Die Grenzen und Gefahren der preußischen Pflichtreligion haben sich erst unter Hitler gezeigt.«

Der Schlusssatz weist auf ein Kernproblem hin. Es handelt sich um so genannte Sekundärtugenden, die schweigen, wenn man sie danach befragt, wofür sie eingesetzt werden sollen. Leistungen und Opfer lassen sich im Dienste der Menschlichkeit wie für die Unmenschlichkeit erbringen, und die Pflichterfüllung sagt nicht, ob sie dem König von Preußen dient oder Adolf Hitler. Werden überdies die Sekundärtugenden von vorgeordneten Sinnzielen abgekoppelt und zum Selbstzweck erhoben, so geraten sie in einen verheerenden Leerlauf, der am Ende womöglich die Zerstörung zum Ziel macht.

Gleichwohl sollte noch einmal ein Rückblick auf diese preußischen Tugenden erlaubt sein. Bleiben sie als Mittel zum höheren Zweck nicht unverzichtbar? Wozu taugen »Grundwerte«, was Menschenwürde, Freiheit, Frieden, soziale Gerechtigkeit und alles Übrige, wenn niemand sich davon in die Pflicht nehmen lässt? Kann man sich nicht auch an einen fatalen Gegenpol verirren, in die vollmundige Selbstgerechtigkeit des Guten, die zum bloßen Gerede entartet? Womöglich machen wir es uns zu einfach, wenn wir nur verurteilen, was einmal war, und darüber unsere eigenen Fehler und Gefährdungen aus dem Blick verlieren. Vielleicht sollten wir mit Friedrich Wilhelm I. wieder einmal die Bibel aufschlagen und lesen, was da geschrieben steht:

»Was siehst du aber den Splitter in deines Bruders Auge und wirst nicht gewahr den Balken in deinem Auge? Oder wie darfst du sagen zu deinem Bruder: Halt, ich will dir den Splitter aus deinem Auge ziehen? Und siehe, ein Balken ist in deinem Auge. Du Heuchler, zieh zuerst den Balken aus deinem Auge; danach sieh zu, wie du den Splitter aus deines Bruders Auge ziehst.«

Natürlich gibt es ein durch und durch problematisches Erbe des Preußentums, das in seinem Ursprung einmal mehr auf Friedrich Wilhelm I. verweist. Es entstand, aus Staatsräson und persönlichen Neigungen seltsam gemischt, durch die Kriege und Siege Friedrichs des Großen, durch seine opferreichen Schlachten und sein Ausharren in eigentlich aussichtsloser Lage zusätzlich beglaubigt, eine extreme und sehr einseitige Hochschätzung des männlichen und soldatischen Wesens. Um mit dem französischen Spottvogel und Revolutionär Mirabeau zu reden: »Preußen ist in einer Kanonenkugel ausgebrütet worden.« Oder, wiederum Mirabeau zugeschrieben: »Preußen ist kein Land, das eine

Armee hat, sondern eine Armee, die ein Land hat, in welchem sie gleichsam nur einquartiert steht.«

Im Gegenzug verfiel alles Zähmende und Zärtliche, Weiche und Weibliche der Geringschätzung, wenn nicht gar der Verachtung. Man blättere zurück zu dem Brief, den der Soldatenkönig an seinen Sohn schrieb und in dem er ihm vorwarf, dass er »effiminiert« sei und keine »menschlichen Inklinationen« habe, also: dass er, statt zu reiten und zu schießen und überhaupt männliche Neigungen zu entwickeln, sich weibisch verhalte. Und wenn umgekehrt Maria Theresia etwas später vor dem »bösen Mann in Berlin« schauderte, dann meinte sie den zum soldatischen Wesen bekehrten König ebenso wie das von ihm und seinem Vater geprägte Preußen. In der Tat: Die landesmütterlichen und überhaupt die weiblichen Züge, die die Kaiserin verkörpert, hat es hier niemals gegeben.

In der neueren Geschichte ist die Armee dann mehr und mehr zum Bollwerk gegen eine mündige Zivilgesellschaft und die ihr entsprechenden politischen Ordnungen geworden. »Gegen Demokraten helfen nur Soldaten«, hieß es im Revolutionsjahr 1848. Albrecht von Roon, der Kriegsminister der Bismarckzeit, schrieb damals: »Das Heer, das ist jetzt unser Vaterland, denn hier allein sind die unreinen, gärenden Elemente noch nicht eingedrungen.« Das Heer aber »wird und will bei dem Entwicklungsprozesse, in dem wir uns befinden, eine Rolle spielen, es hat ein Recht darauf.« Aber woher eigentlich?

Im Jahre 1852 verkündete der Vorkämpfer der Konservativen, Ernst Ludwig von Gerlach: »Ohne das Institut des Leutnants – so spottete neulich eine revolutionäre Zeitung – könnte nach Meinung der Kreuzzeitungspartei der Preußische Staat nicht bestehen. Wir bekennen uns freudig zu dieser verspotteten Meinung. Die Leutnants sind fundamentaler als die [parlamentarischen] Kammern. Ohne die Leutnants, die bei kurzem Solde und geringem Avancement nichts weiter fordern als das in ihren Familien seit vielen Generationen einheimische Vorrecht, sich, sobald ein Krieg ausbricht, in Massen totschießen zu lassen, ohne solche Leutnants ... kann die preußische Armee nicht bestehen. Sie muß eben, um preußisch und um Armee zu bleiben, das Brot des Königs von Preußen essen und nicht das Brot der 2. Kammer.«

Die Leutnants sind fundamentaler als die Kammern: »Ja, meine Herren«, hat der erzkonservative Oldenburg-Januschau am Vorabend des Ersten Weltkriegs im Reichstag gesagt, »das ist auch eine alte preußische Tradition, und daß Ihnen diese Tradition nicht paßt, das glaube ich sehr gern. Der König von Preußen und deutsche Kaiser muß jeden Moment imstande sein, zu einem Leutnant zu sagen: ›Nehmen Sie zehn Mann und schließen Sie den Reichstag!‹«

Gottlob, mag man erleichtert feststellen, das ist vorüber. Um den bitteren Preis von zwei verlorenen Weltkriegen mit allen ihren Schrecken und Folgen haben die Uniformen ihren Glanz verloren. Und der Vorrang des Soldaten vor dem gewöhnlichen Bürger ist hoffentlich für immer dahin, wie der des männlichen Wesens vor dem weiblichen. Aber einmal mehr ließe sich womöglich die Frage stellen, ob man nicht vom einen Extrem ins andere geraten kann, wenn man zum Beispiel die Wehleidigkeit über die Selbstbeherrschung triumphieren lässt.

Doch wie immer man das beurteilen mag, es stellt sich am Ende dieses Kapitels vor allem die Frage: Sollen wir über Preußens größten inneren König kurzerhand und ganz ungeschichtlich den Stab brechen? Vielleicht wäre es angemessener, wenn wir das Entweder-Oder verabschieden und uns weiterhin an Fontane halten. Er jedenfalls hat nicht die Schwarz-Weiß-Malerei gepflegt, sondern mit Bedacht vom Zugleich sehr zu hassenden *und* zu liebenden Preußen gesprochen.

IMMANUEL KANT

Er war nicht nur der berühmteste, sondern auch der treueste Sohn seiner Vaterstadt: Immanuel Kant wurde am 24. April 1724 im ostpreußischen Königsberg geboren und starb dort am 12. Februar 1804. In den achtzig Jahren, die zwischen Geburt und Tod lagen, blieb er wenn irgend möglich zu Hause. Falls zum modernen Leben das ruhelose Schweifen, die Mobilität gehört, muss man ihn einen radikal unmodernen Menschen nennen. Über die Grenzen Ostpreußens ist er niemals hinausgekommen; dass er die nahe Ostsee mit eigenen Augen gesehen oder darin gar gebadet hat, gehört nicht zu den Geschichten, die von ihm erzählt werden. Allerdings musste er, um seinen Unterhalt zu bestreiten, sich zwischen dem Ende des Studiums und dem Beginn seiner akademischen Laufbahn für einige Jahre bei wohlhabenden Familien als Hauslehrer verdingen, und diese Familien lebten auf dem Lande, wenn auch gottlob bloß ein paar Meilen von Königsberg entfernt. Später, als etablierter Universitätsprofessor, hat Kant sich manchmal den Luxus von Sommerferien – jeweils kaum mehr als eine Woche – gegönnt. Dann fuhr er zum Oberförster Wobser nach Moditten. Das lag nur gut eine preußische Meile (gleich 10 000 Schritt oder 7532,5 Meter) vor dem Stadttor und ließ sich mit dem Wagen in einer Stunde bequem erreichen. Beinahe exzentrisch muss man dagegen einen Besuch beim General von Lossow in Goldap nennen; das befand sich schon nahe an der russischen Grenze.

Kant selbst hat gesagt: »Eine große Stadt, der Mittelpunkt eines Reichs, in welchem sich die Landeskollegia der Regierung desselben befinden, die eine Universität (zur Kultur der Wissenschaft) und dabei noch die Lage zum Seehandel hat, welche durch Flüsse aus dem Inneren des Landes sowohl, als auch mit angrenzenden entlegenen Ländern von verschiedenen Sprachen und Sitten einen Verkehr begünstigt – eine solche Stadt, wie etwa Königsberg am Pregelflusse, kann schon für einen schicklichen Platz zur Erweiterung sowohl der Menschenkenntnis als auch der Weltkenntnis genommen werden, wo diese, auch ohne zu reisen, erworben werden kann.«

Der Mittelpunkt eines Reiches? Der lag weitab in Berlin; in Königsberg gab es bloß eine Provinzialverwaltung. Aber zu den Nachteilen des leibhaftigen Reisens gehört, dass es den gewohnten Tagesablauf in Unordnung bringt, der Kant heilig und Grundbedingung seiner Arbeit, seines Lebens war. Als er einmal von einem adligen Herrn zur Spazierfahrt eingeladen, und zwar pünktlich abgeholt, aber entgegen der Absprache erst um zehn Uhr abends nach Hause gebracht wurde, kehrte er »voll Angst und Unzufriedenheit« zurück und beschloss, sich auf solch schreckensvolle Abenteuer niemals mehr einzulassen.

Nein, wozu denn? Die wahren Reisen finden im Kopf, in der Phantasie statt. Kant verschlang Reiseberichte geradezu, und seine erfolgreichsten, nicht nur von Studenten, sondern auch von Herren der Königsberger Gesellschaft und Offizieren der Garnison besuchten Vorlesungen handelten von der Anthropologie und der Geographie; wir würden von Völker- und Länderkunde sprechen und voraussetzen, dass der Vortragende selbst gesehen hat, worüber er spricht. Bei Kant genügte die Vorstellungskraft: »Er schilderte zum Beispiel eines Tages in Gegenwart eines gebornen Londoners die Westminsterbrücke nach ihrer Gestalt und Einrichtung, nach Länge, Breite und Höhe und den Maßbestimmungen aller einzelnen Teile so genau, daß der Engländer ihn fragte, wie viele Jahre er doch in London gelebt und ob er sich besonders der Architektur gewidmet habe, worauf ihm versichert wurde, daß Kant weder die Grenzen Preußens überschritten hätte, noch ein Architekt von Profession wäre. Ebenso detailliert soll er sich mit Brydone über Italien unterhalten haben, so daß dieser sich ebenfalls erkundigte, wie lange er sich in Italien aufgehalten hätte.«

Um unsere Vorstellungskraft zu beflügeln, soll zunächst etwas über Kants Heimatstadt gesagt werden. Als der Deutsche Orden das Land der Prußen (daher der Name Preußen) mit Kreuz und

Schwert – vor allem mit dem Schwert – eroberte, entstand im Jahre 1255 auf einem Hügel oberhalb des Pregel die Burg, die zu Ehren König Ottokars II. von Böhmen Königsberg genannt wurde. Im Schutz der Burg wurden drei Städte nach Culmischem Recht gegründet: 1286 die Altstadt, 1300 der Löbenicht, 1327 der Kneiphof. Daran schloss sich dann im Laufe der Zeit ein Kranz von Vororten an. Übrigens sind die drei Ursprungsstädte erst im Jahre 1724 von Friedrich Wilhelm I. zu einer Verwaltungseinheit verschmolzen worden; so gesehen wurde das neuere Königsberg im selben Jahr geboren wie Immanuel Kant.

Im Jahre 1454 erhob sich der »Preußische Bund« unter der Führung mächtiger Städte wie Danzig und Thorn gegen den Orden und schloss ein Bündnis mit dem König von Polen, Kasimir IV. Auch Königsberg erhob sich; man begann mit dem Abriss der Ordensburg und huldigte der polnischen Majestät. Aber am 24. März 1455 begann ein Aufstand der Ordensanhänger; er siegte in der Altstadt und im Löbenicht. Vergeblich riefen die Bürger des Kneiphof Kasimir um Hilfe an; sie wurden belagert und schließlich zur Kapitulation gezwungen. (Bis 1945 blieb dies die einzige Belagerung, die die Stadtgeschichte verzeichnet.) »Wir hätten nicht gedacht, daß der Herr König uns so jämmerlich sollte verlassen haben«, schrieben die enttäuschten Kneiphöfer an den Danziger Rat. Doch der Herr König hatte Wichtigeres zu tun; er belagerte die Marienburg, den Sitz des Ordenshochmeisters. Am Ende erwies sich der 8. Juni 1457 als ein doppelt denkwürdiger Tag: Der siegreiche Kasimir zog in der Marienburg und der geschlagene Ordenshochmeister Ludwig von Erlichshausen in Königsberg ein.

Eine Anmerkung dürfte hier angebracht sein. Bei einem Misslingen des Aufstands der Ordensanhänger in Königsberg wäre wohl das gesamte Ordensland an die polnische Krone gefallen, und eine eigenständige ostpreußische Geschichte hätte es dann nicht mehr gegeben. Aber noch niemand dachte damals »national«; die überwiegend deutschen Anhänger des »Preußischen Bundes« huldigten dem König von Polen, weil sie sich von ihm – mit Recht – eine bessere Wahrung ihrer ständischen Freiheiten und Vorrechte versprachen als unter der straffen Ordensherrschaft. Erst eine spätere Geschichtsklitterung hat zum Existenzkampf zwischen Deutschen und Polen stilisiert, was es nicht war.

Das Ordensland Preußen verwandelte sich 1525 unter Albrecht dem Älteren von Brandenburg-Ansbach zum Herzogtum Preußen. Die Reformation wurde eingeführt und 1544 die Universität, die Albertina, gegründet, die Burg in immer neuen Anläufen zum Schloss umgebaut, was niemals zum Abschluss gelangte. Eine einheitliche Stilgestalt hat die Königsberger Residenz darum nicht gewonnen, doch umso eindrucksvoller fügte sie bis zu ihrem Untergang die Jahrhunderte zur Einheit zusammen.

Zur Königsberger Alltagsgeschichte gehörte das Unheil, das fast alle Stadtchroniken verzeichnen. Mehr als einmal wütete die Pest, besonders von 1709 bis 1711, als jeder vierte Einwohner starb. Ebenso gab es die Cholera und bei plötzlicher Schneeschmelze im Frühjahr mit unschöner Regelmäßigkeit Überschwemmungen der niedrig gelegenen Stadtteile. Zu Kants Zeit gehören besonders die Feuersbrünste:

»Ein Brand, der am 11. November 1764 bei heftigem Westwind auf der altstädtischen Lastadie ausbrach, sprang auf den Löbenicht über und legte ihn und den Sackheim in Asche. Vier Kirchen mit ihren Schulen, das löbenichtsche Rathaus, das Große Hospital, 49 Speicher und 369 Häuser wurden ein Raub der Flammen, dazu das auf den Pregelwiesen lagernde Holz. Der Wiederaufbau war noch im Gange, als eine zweite Feuersbrunst am 25. Mai 1769 alle Häuser und Anlagen der Vorstadt auf dem linken Pregelufer vernichtete, darunter 143 gefüllte Speicher.« Nicht einmal die Reorganisation der Feuerwehr half, die Friedrich der Große verordnete: »Ein Feuer, das am 10. Mai 1775 im kneiphöfschen Pesthaus ausbrach, vernichtete den ganzen Süden der Stadt zwischen dem Friedländer und dem Brandenburger Tor.«

Doch neben oder vor dem Unheil standen die glücklichen Fügungen. Der Dreißigjährige Krieg, der Deutschland verwüstete und seine Städte ruinierte, berührte das abgelegene Ostpreußen kaum. In Königsberg erblühte die Universität als eine Fluchtburg des Geistes. Ein »Königsberger Dichterkreis« entstand; sein bedeutendstes Mitglied war Simon Dach (1605–1669), der 1639 eine Professur für Poesie übernahm. Ihm zur Seite stand Heinrich Albert (1604–1651), zugleich ein Komponist und seit 1630 der Domorganist. Nicht von Dach, aber aus seinem Kreis stammt das »Ännchen von Tharau«; ihm selbst verdanken wir das schöne »Lied der Freundschaft«, das mit den Zeilen beginnt:

»Der Mensch hat nichts so eigen,
so wohl steht ihm nicht an,
als daß er Treu' erzeigen
und Freundschaft halten kann.«

Im Jahre 1701, als sich der brandenburgische Kurfürst Friedrich in der Schlosskirche zum »König in Preußen« krönte und im »Moskowitersaal« – mit 83 Metern Länge und 18 Metern Breite der größte in Deutschland – das Königsmahl stattfand, zählte Königsberg etwa 40 000 Einwohner, noch etwas mehr als Berlin. Der Fernhandel gedieh, und die Stadt am Pregel schickte sich an, Danzig den Rang abzulaufen. Wichtige Exportgüter waren das Holz, das auf dem Pregel geflößt, und Getreide, das in flachen Kähnen, den Wittinnen, herbeigeschafft wurde.

Eine wirklich reiche Stadt ist Königsberg freilich nicht geworden; den Seeverkehr hielten ohnehin die Niederländer in ihren Händen, denen etwas später die Briten Konkurrenz machten. Aber es gedieh doch ein behaglicher Wohlstand und vor allem eine beinahe kosmopolitische oder wie wir sagen würden eine multikulturelle Bevölkerung. Zu den Deutschen gesellten sich Juden, Polen, Litauer, Niederländer, Emigranten aus Schottland; man traf durchreisende Balten und Russen und in ihren Kontoren die Engländer. Alle redeten früher oder später in einer Sprache, die schon mit ihrer Dehnung ins Breite kundtut, dass man Zeit füreinander hat. Jungen und Mädchen zum Jungchen und Marjellschen verschönert und »dreist«, wenn »unbedingt« oder »ohne Zweifel« gemeint ist. (Ach, bald wird es niemanden mehr geben, der so spricht.) Kant irrte, als er an seine schottische Abstammung glaubte, aber nicht, wenn er meinte, dass Königsberg ein schicklicher Platz zur Erweiterung der Menschen- und Weltkenntnis sei.

Immanuel Kant war das vierte von elf Kindern des aus Memel zugezogenen Riemermeisters Johann Georg Cant und seiner Frau Anna Regina, geborene Reuter. Neben Immanuel erreichten nur der Bruder Johann Heinrich, später Pfarrer in Kurland, und drei Schwestern ein höheres Alter. Der Vater, der sich streng an die vergebenen Zunftschranken hielt, ernährte die Familie, konnte sonst aber wenig für die Kinder tun. Die Mutter dagegen eignete sich eine pietistisch geprägte Bildung an und setzte durch, dass ihr Sohn in das Collegium Fridericianum aufgenommen wurde, das der Prediger, Konsistorialrat und bald auch Professor für Theologie Franz Albert Schultz leitete, eine Schlüsselfigur für Kants Ausbildung und Aufstieg. Wie so viele Hochbegabte hat sich Kant freilich mit »Schrecken und Bangigkeit« an die Schulzeit erinnert und von einer »Jugendsklaverei« gesprochen. Besonders seufzte er über das Joch der Frömmelei; jede Schulstunde wurde mit einem Gebet eingeleitet und abgeschlossen, und das Erziehungsziel war, aus jedem Schüler einen zum Glauben Erweckten statt nur einen Lateinkundigen zu machen. Wer will, mag in dieser Jugendsklaverei Motive der späteren Religionskritik entdecken.

Kant war stets sehr mager und nur mit einem Minimum an Fleisch ausgestattet, ein schmächtiger Junge und ein zarter Mann, um es gelinde zu sagen. Bei seinem Zeitgenossen und Biographen Jachmann heißt es: »Kants Körper war gewiß nicht zu einer achtzigjährigen Lebensdauer bestimmt. Er hat der Natur das Leben abgezwungen. Das ganze Gebäude seines Körpers war so schwach, daß nur ein Kant es so viele Jahre unterstützen und erhalten konnte. Es scheint, als hätte die Natur bei der Bildung dieses seltenen Erdenbürgers alles auf seinen geistigen Teil verwandt; ja als hätte sie ihm die schwache Hülle zu mehrerer Stärkung seines Geistes mitgegeben. Sein Körper war kaum fünf Fuß [etwa 157 Zentimer] hoch; der Kopf im Verhältnis zum übrigen Körper sehr groß; die Brust sehr flach und beinahe eingebogen; der rechte Schulterknochen hinterwärts etwas herausgedehnt. Die übrigen Teile des Körpers hatten untereinander ein gehöriges Ebenmaß. Sein Knochenbau war äußerst schwach, schwächer aber noch seine Muskelkraft. Der ganze Körper war mit so wenigem Fleisch bedeckt, daß er seine Kleider nur durch künstliche Mittel halten konnte.«

Leider ist das Gewicht nicht bekannt; es muss spatzenhaft gewesen sein. Dabei war Kant bis ins Alter niemals krank und hat in Jahrzehnten keine Vorlesung oder Verabredung wegen Unpässlichkeit versäumt. Aus dem Bewusstsein der eigenen Schwäche wuchs die Selbstkontrolle: »Es hat vielleicht nie ein Mensch gelebt, der eine genauere Aufmerksamkeit auf seinen Körper und alles, was diesen betrifft, angewandt hat als Kant; aber höchst merkwürdig ist es, daß zu dieser genauen Aufmerksamkeit ihn nicht hypochondrische Grillen, sondern vernünftige Gründe bewogen. Ihn interessierte die Erreichung eines hohen Alters; er hatte eine ganze Liste von alt gewordenen Menschen im Gedächtnis, er führte die noch älteren Menschen aus den höheren Ständen in Königsberg an und freute sich, daß er nach und nach avancierte und nicht mehr viel Ältere vor sich habe; er ließ sich viele Jahre hindurch von dem Königsbergschen Polizeidirektorio die monatlichen Sterbelisten einreichen, um danach die Wahrscheinlichkeit seiner Lebensdauer zu berechnen ... In der festen Hoffnung, immer noch ein neues Lebensjahr zu erreichen, trug er selbst zur Erreichung desselben durch vernünftige Aufmerksamkeit auf seinen Körper bei, ohne doch durch ängstliche Besorgnisse über die Schwächlichkeit desselben diesem Zweck geradezu entgegenzuarbeiten; denn so schwach und empfindlich sein Körper war, so stark und unerschütterlich war auch seine Seele.«

Kants Abneigung gegen das Reisen hing mit dieser Sorge ums eigene Wohlbefinden zusammen: Auf den präzise geregelten Tageslauf kam es an. »Fünf Minuten vor fünf Uhr morgens, es mochte Sommer oder Winter sein, trat sein Diener Lampe in die Stube mit dem ernsten militärischen Zuruf: *Es ist Zeit!* Unter keiner Bedingung, auch in dem seltenen Fall einer schlaflosen Nacht, zögerte Kant nur einen Augenblick, dem strengen Kommando den schnellsten Gehorsam zu leisten. Oft tat er bei Tische mit einer Art von Stolz an seinen Diener die Frage: *Lampe, hat er mich in dreißig Jahren nur an einem Morgen zweimal wecken dürfen?* ›Nein, hochedler Herr Professor‹, war die bestimmte Antwort des ehemaligen Kriegers. Mit dem Schlage fünf saß Kant an seinem Teetisch, trank, wie er es nannte, *eine* Tasse Tee, die er aber in Gedanken und um sie warm zu erhalten, so oft nachfüllte, dass wenigstens zwei, wo nicht mehrere, aus ihr wurden. Dabei rauchte er die einzige Pfeife für den ganzen Tag, mit einem zu diesem Behufe längst gebrauchten Hut auf dem Kopf ... Bei dieser Pfeife überdachte er abermals, wie abends vorher am Ofen, seine Dispositionen, und ging gewöhnlich um sieben Uhr zu seinen Vorlesungen und von diesen an seinen Schreibtisch. Um Viertel auf eins stand er auf, rief der Köchin zu: *Es ist dreiviertel!*« – und wartete dann ungeduldig auf seine Tischgäste, die zu ein Uhr geladen waren. Denn das Mittagessen war seine einzige Mahlzeit.

Das Essen und vor allem die Tischgespräche dauerten drei oder vier Stunden. Am späteren Nachmittag folgte ein Spaziergang, immer zur gleichen Zeit und auf demselben Weg; Kant war einer der ersten, der das Spazierengehen als deutsche Bürgergewohnheit einführte.

Der Tag endete um zehn Uhr abends, wieder genau geregelt: »Eine Viertelstunde vor dem Schlafengehen entschlug er sich so viel als möglich allen scharfen Nachdenkens, und jeder auch nur kleine Anstrengung erfordernden Kopfarbeit, um nicht durch sie aufgestört und zu munter zu werden, denn die kürzeste Verzögerung des Einschlafens war ihm höchst unangenehm. Zum Glück begegnete sie ihm selten. Ohne seinen Bedienten kleidete er sich in seinem Schlafzimmer ganz allein aus, doch immer nur in der Art, daß er in jedem Augenblicke, ohne verlegen zu werden, oder bei seinem Aufstehen andere verlegen zu machen, erscheinen konnte.« Mit anderen Worten: Von einem gänzlichen Entkleiden kann nicht die Rede sein. »Dann legte er sich auf seine Matratze und hüllte sich in eine Decke ein; im Sommer in eine baumwollene, im Herbst in eine wollene; beim Eintritt des Winters bediente er sich beider zusammen, und in der strengsten Kälte nahm er eine Federdecke von Eiderdaunen ... Durch vieljährige Gewohnheit hatte er eine besondere Fertigkeit erlangt, sich in die Decken einzuhüllen. Beim Schlafengehen setzte er sich erst auf das Bett, schwang sich mit Leichtigkeit hinein, zog den einen Zipfel der Decke über die eine Schulter unter dem Rücken durch bis zur anderen und durch eine besondere Geschicklichkeit auch den anderen unter sich, und dann weiter bis auf den Leib. So emballiert und gleichsam wie ein Kokon eingesponnen erwartete er den

Schlaf. Oft pflegte er zu seinen Tischgenossen zu sagen: *Wenn ich mich so ins Bett gelegt habe, so frage ich mich selbst: ›Kann ein Mensch gesunder sein als ich?‹* Seine Gesundheit war nicht bloß eine gänzliche Abwesenheit allen Schmerzes; sie war die wirkliche Empfindung und der wahre Genuss des höchsten Wohlbefindens; er schlief daher auch sogleich ein. Keine Leidenschaft machte ihn munter, kein Kummer hielt seinen Schlaf auf, kein Schmerz weckte ihn.«

Der Königsberger Kriminalrat und Bürgermeister Theodor Gottlieb von Hippel (1741–1796) hat ein Lustspiel geschrieben, das mit großem Erfolg aufgeführt wurde, weil jeder die Anspielung verstand: »Der Mann nach der Uhr.« Eigentlich hätte es »Die beiden Männer nach der Uhr« heißen müssen. Denn es gab noch einen zweiten, Kants Freund, den englischen Geschäftsmann Joseph Green, der den preußischen Professor noch übertraf, wie eine Geschichte belegt: »Kant hatte eines Abends dem Green versprochen, ihn am folgenden Morgen um acht Uhr auf einer Spazierfahrt zu begleiten. Green, der bei solcher Gelegenheit schon um dreiviertel in der Stube herumging, mit der fünfzigsten Minute seinen Hut aufsetzte und mit dem ersten Glockenschlag den Wagen öffnete, fuhr fort und sah unterwegs Kant, der sich etwa zwei Minuten verspätet hatte, ihm entgegenkommen – hielt aber nicht an, weil dies gegen seine Abrede und gegen seine Regel war.«

Pünktlichkeit und Ordnung nicht als das halbe, sondern beinahe als das ganze Leben: Bei seinen Vorlesungen fasste Kant »gewöhnlich einen nahe vor ihm sitzenden Zuhörer ins Auge und las gleichsam aus dessen Gesicht, ob er verstanden wäre. Dann konnte ihn aber auch die geringste Kleinigkeit stören, besonders wenn dadurch eine natürliche oder angenommene Ordnung unterbrochen wurde, die dann gleichfalls die Ordnung seiner Ideen unterbrach. In einer Stunde fiel mir seine Zerstreutheit ganz besonders auf. Am Mittage versichert mir Kant, er wäre immer in seinen Gedanken unterbrochen worden, weil einem dicht vor ihm sitzenden Zuhörer ein Knopf am Rock gefehlt habe. Unwillkürlich wären seine Augen und seine Gedanken auf diese Lücke hingezogen worden und dies habe ihn so zerstreut.«

Man geriete freilich auf Abwege, wenn man sich Kant als einen schrulligen Sonderling, als einen in seinen Decken- und Gedankenkokon eingesponnenen Einzelgänger oder gar Menschenfeind vorstellen wollte. Er kleidete sich nicht gerade als Dandy, doch sorgfältig nach der Mode, liebte die Unterhaltung, sprühte vor Witz und war in der Königsberger Gesellschaft ein gern gesehener Gast. Im Vordergrund stand seine eigene Gastlichkeit; zum täglichen Mittagstisch waren meist zwei bis drei, höchstens fünf Partner geladen – niemals mehr, um das Gespräch nicht in Untergruppen zerflattern zu lassen. (Praktisch genug besaß er nur sechs Gedecke.) »Saß er nun einmal an der Suppe und fand er das Suppenfleisch recht mürbe, so war ihm ungemein wohl (wo nicht, so schalt er, und war etwas verdrüßlich), und dann sagte er: ›Nun, meine Herren und Freunde! Lassen Sie uns auch etwas sprechen! Was gibt's guts Neues?‹« Die Herren – niemals Frauen – wurden sorgfältig aus verschiedenen Berufen gewählt, um die Fachsimpelei zu vermeiden, und das Neue betraf auch den Wandel der Ansichten in der Abfolge der Generationen; mit Vorliebe lud Kant darum junge Leute ein.

In einer seiner Schriften hat Kant von der »ungeselligen Geselligkeit« des Menschen gesprochen; er selbst aber gehörte entschieden auf die gesellige Seite. Das kam auch auf eine für Gelehrte eher ungewöhnliche Weise zum Ausdruck: »Bis zum Entzücken liebenswürdig erschien der große Mann noch in seinem Greisenalter durch sein liebreiches Betragen gegen ganz junge Kinder.« Doch um auf die Tischgespräche zurückzukommen: Man redete von Gott und der Welt, aber nach Möglichkeit nicht von Kants philosophischen Entwürfen. Nur zweierlei wurde auf keinen Fall geduldet: herabsetzende Bemerkungen auf Kosten anderer und schlüpfrige Anspielungen.

Unwillkürlich drängt sich einem der Vergleich mit der anderen zeitgenössischen und erst recht berühmten Tafelrunde auf, zu der nur Männer geladen waren: der von Friedrich dem Großen in Sanssouci. Voltaire hat sie im Glanz seiner Spottlust geschildert: »Soupiert wurde in einem kleinen Saal, wo als kuriosester Schmuck ein Bild hing, zu dem er seinem Maler Pesne – einem unserer besten Koloristen – den Vorwurf gegeben hatte. Es war eine prächtige Priapee [unzüchtige Darstellung]. Junge Männer,

Frauen umarmend, waren darauf abgebildet, Nymphen unter Satyrn, Amouretten im Spiel der Enkolpe und Gitone, ein paar Figuren, denen beim Anblick dieser Liebesspiele die Sinne schwinden, schnäbelnde Turteltauben, Böcke und Widder, Ziegen und Schafe bespringend. Die Mahlzeiten verliefen meist nicht weniger philosophisch. Wäre jemand plötzlich eingetreten, hätte dieses Bild gesehen und uns zugehört, er hätte geglaubt, die sieben Weisen Griechenlands unterhielten sich im Bordell.« Die Bosheit kam noch hinzu, die Voltaire Friedrich später vorgehalten hat: »Sie haben einen gehässigen Fehler. Sie erfreuen sich an der Herabsetzung ihrer Mitmenschen.«

Nein, da ging es bei Kant anders zu, nicht nur einfacher, sondern auch entspannter, gemütvoller, herzlicher. Was dieser Gastgeber sich wünschte, war das gute Gespräch, das klüger macht und Freundschaften stiftet. Darum hätte man, vor die Wahl gestellt, doch wohl lieber in der Königsberger Tafelrunde als in der von Sanssouci gesessen.

Als historische Anmerkung: Das 18. und 19. Jahrhundert bis hin zu Bismarck leuchten als eine Epoche der Korrespondenzen; die Gebildeten Deutschlands und Europas gewannen und hielten Verbindung, indem sie einander schrieben. Kant bildet eine Ausnahme. Er war ein notorisch schlechter und saumseliger Briefschreiber; er brauchte das persönliche Gespräch. Dabei war er zur Freundschaft begabt, so wie Simon Dach es in seinem »Lied der Freundschaft« gesagt hat:

»Was kann die Freude machen,
die Einsamkeit verhehlt?
Das gibt ein doppelt Lachen,
was Freunden wird erzählt;
der kann sein Leid vergessen,
der es von Herzen sagt;
der muß sich selbst auffressen,
der in geheim sich nagt.«

Zur Sache gehörte die Fähigkeit, diskret zu sein und Distanz zu wahren, statt Freundschaft mit plumper Zudringlichkeit zu verwechseln. Kant mochte das »Du« nicht und blieb stets beim

»Sie«. Dem einstigen Mitschüler, bei dem sich das »Du« nicht vermeiden ließ, ist er nach Möglichkeit aus dem Weg gegangen, ebenso den Familienangehörigen (was materielle Zuwendungen keineswegs ausschloss). Erst im hohen Alter, als er kaum noch er selbst war, hat ihn eine seiner Schwestern gepflegt. Am schönsten stellt sich die Freundschaft mit Green dar, die Jachmann geschildert hat:

»Zur Zeit des englisch-nordamerikanischen Krieges ging Kant eines Nachmittags in dem Dänhofschen Garten spazieren und blieb vor einer Laube stehen, in welcher er einen seiner Bekannten in Gesellschaft einiger ihm unbekannter Männer entdeckte. Er ließ sich mit diesem in ein Gespräch ein, an welchem auch die übrigen Männer teilnahmen. Kant nahm sich der Amerikaner an, verfocht mit Wärme ihre gerechte Sache und ließ sich mit einiger Bitterkeit über das Benehmen der Engländer aus. Auf einmal springt ganz voll Wut ein Mann aus der Gesellschaft, tritt vor Kant hin, sagt, daß er ein Engländer sei, erklärt seine ganze Nation und sich selbst für beleidigt und verlangt in der größten Hitze eine Genugtuung im Zweikampf. Kant ließ sich durch den Zorn dieses Mannes nicht im geringsten aus der Fassung bringen, sondern setzte sein Gespräch fort und fing an, seine politischen Grundsätze und Meinungen und den Gesichtspunkt, aus welchem jeder Mensch als Weltbürger, seinem Patriotismus unbeschadet, dergleichen Weltbegebenheiten beurteilen müsse, mit einer solchen hinreißenden Beredsamkeit zu schildern, daß Green – dies war der Engländer – ihm ganz voll Erstaunen freundschaftlich die Hand reichte, den hohen Idealen Kants beipflichtete, ihn wegen seiner Hitze um Verzeihung bat, ihn am Abend bis zu seiner Wohnung begleitete und ihn zu einem freundschaftlichen Besuch einlud. Der nun auch schon verstorbene Motherby, ein Associé von Green, war Augenzeuge dieses Vorfalls gewesen und hat mir oft versichert, daß Kant ihm und allen Anwesenden wie von einer himmlischen Kraft begeistert erschienen wäre und ihr Herz auf immer gefesselt hätte.

Kant und Greeen schlossen nun wirklich eine vertraute Freundschaft ... In der Gesellschaft dieses geistreichen, edelgesinnten und sonderbaren Mannes fand Kant so viel Nahrung für seinen Geist und sein Herz, daß er sein täglicher Gesellschafter wurde und viele Jahre hindurch mehrere Stunden des Tages bei ihm zubrachte. Kant ging jeden Nachmittag hin, fand Green in einem Lehnstuhl schlafend, setzte sich neben ihn und schlief auch ein; dann kam gewöhnlich Bancodirektor Ruffmann und tat ein gleiches; bis endlich Motherby zu einer bestimmten Zeit ins Zimmer trat und die Gesellschaft weckte, die sich dann bis sieben Uhr mit den interessantesten Gesprächen unterhielt. Diese Gesellschaft ging so pünktlich um sieben Uhr auseinander, daß ich öfters die Bewohner der Straße sagen hörte: es könne noch nicht sieben sein, weil Herr Professor Kant noch nicht vorbeigegangen wäre ...

Greens Tod [im Jahre 1787] veränderte auch Kants Lebensweise so sehr, daß er seit dieser Zeit nie mehr eine Abendgesellschaft besuchte und dem Abendessen gänzlich entsagte. Es schien, als wenn er diese Zeit, die einst der vertrautesten Freundschaft geheiligt war, zum Opfer für den abgeschiedenen Busenfreund bis an sein Lebensende in stiller Einsamkeit verbringen wollte.«

Wie am Anfang schon angedeutet, hat Kant nach dem Abschluss des Studiums einige Jahre – fast neun von 1746 bis 1755 – seinen Lebensunterhalt als Hauslehrer verdient. Das war kaum ein glückliches Schicksal, nur mit heimlichem Seufzen ertragen, aber das gewöhnliche von mittellosen Akademikern, bevor sie – vielleicht – ein Lehr- oder Pfarramt, einen Bibliothekarsposten oder sonst eine Versorgung fanden. Man denke an Friedrich Hölderlin oder Johann Gottlieb Fichte (der unter anderem bei den Grafen Krockow in Krockow tätig war und vergeblich versuchte, Kant im Namen der Hausherrin dorthin einzuladen – man denke: an einen Ort noch jenseits von Danzig!). Kant hat später gesagt, dass es kaum jemals einen schlechteren Hauslehrer oder Hofmeister mit besseren Grundsätzen gegeben habe. Doch bewahrten ihm seine Zöglinge durchweg eine lebenslange Achtung, und als Gewinn schlug zu Buche, dass der Sohn eines Handwerkers es lernte, sich in gehobenen Kreisen zu bewegen.

1747 erschien die erste Veröffentlichung: »Gedanken von der wahren Einschätzung der lebendigen Kräfte«. Der Auseinandersetzung mit Leibniz und anderen, um die es dabei ging, war der Autor freilich noch kaum gewachsen, sodass Lessing sein Urteil in den Zeilen zusammenfasste:

»Kant unternimmt ein schwer Geschäfte,
der Welt zum Unterricht,
er schätzet die lebend'gen Kräfte,
nur seine schätzt er nicht.«

Es folgten 1755 und 1756 weitere Veröffentlichungen, die längst vergessen wären, wenn sie nicht von dem später weltberühmten Philosophen stammten. Kant musste erst zur vollen Reife gelangen; er war kein Jugend-, sondern ein Altersgenie. Immerhin erfüllten diese Schriften ihren praktischen Zweck: Kant habilitierte sich als Magister der Philosophie, das heißt er erwarb das Recht, als unbezahlter Privatdozent an der Universität Vorlesungen zu halten. Sein einziges Einkommen bestand in den Gebühren, die seine Hörer entrichteten – einer der Gründe dafür, dass er populärwissenschaftlich sich der Völker- und Länderkunde widmete und bis zu 20 Stunden pro Woche las. Erst 1765 ergab sich eine feste Besoldung in der Stellung eines Unterbibliothekars der Königlichen Schlossbibliothek, mit 62 Talern nicht etwa im Monat, sondern im Jahr bescheiden genug. Nur mit sparsamster Haushaltsführung fand Kant sein Auskommen.

Es begann das Hoffen und Harren auf einen Lehrstuhl, das auch nicht unterbrochen wurde, als es im Siebenjährigen Krieg von 1758 bis 1762 eine russische Besatzungsmacht gab. Königsberg und die ostpreußischen Stände huldigten ohne Skrupel der Zarin Elisabeth, zwar zum Ärger Friedrichs des Großen, aber zu ihrem eigenen Heil. Eingriffe in den gewohnten Gang der Dinge gab es kaum; anders als im 20. Jahrhundert lebte man noch in zivilisierten Zeiten. Man kann sogar sagen, dass es Ostpreußen weitaus besser erging als Schlesien, Sachsen oder Teilen der Mark Brandenburg, wo der Krieg tobte. Unter den Hörern von Kants Vorlesungen sah man nun statt der preußischen die russischen, meist deutsch-baltischen Offiziere.

Im Jahre 1758 wurde an der Albertina eine Professur für Logik und Metaphysik frei, für Kant wie geschaffen. Er bewarb sich.

Die Entscheidung lag in den Händen der Besatzungsmacht, das heißt des wiederum baltischen und deutschstämmigen Generalleutnants Nikolaus von Korff. Doch der zog einen anderen Bewerber vor, weder aus politischen noch aus wissenschaftlichen Gründen, sondern weil es sich um den dienstälteren Privatdozenten handelte.

1764, wieder unter preußischer Verwaltung, folgte ein Angebot, unglücklich genug auf den Lehrstuhl für Dichtkunst, der einst Simon Dach gehörte, und mit der Verpflichtung verbunden, aus jedem Anlass Gelegenheitsgedichte, um nicht zu sagen Jubelhymnen zu verfassen. Schweren Herzens lehnte Kant ab. 1769 erhielt er eine Berufung ins weit entfernte Erlangen und gleich darauf eine nach Jena. In seiner Bedrängnis war er bereits im Begriff, in Erlangen zuzusagen, als sich in letzter Minute der rettende Ausweg eröffnete: Ein Lehrstuhl für Mathematik wurde frei, und den übernahm Professor Buck, der zwölf Jahre zuvor Kant vorgezogen worden war, als es um Logik und Metaphysik ging. Als Nachfolger Bucks fiel jetzt, endlich, Kant das Lehramt zu, nach dem er sich sehnte und für das er bestimmt war. Man schrieb das Jahr 1770; Kant war 46 Jahre alt und nach den Maßstäben der Zeit über die Höhe des Lebens schon weit hinaus. (Es wird erzählt, dass an seinem 50. Geburtstag der Festredner seine Ansprache mit den Worten begann: »Ehrwürdiger Greis!«)

»Halt, wenn Karriere geschlossen«, heißt ein alter akademischer Spruch, und er schien sich an Kant zu erfüllen. Er hielt seine Vorlesungen, wie es sich gehörte, aber er veröffentlichte nichts mehr. Doch elf Jahre später, 1781, erfuhr die Welt von dem Ideensturm, der sich in der Stille vorbereitet hatte: Bei Johann Friedrich Hartknoch in Riga erschien die »Kritik der reinen Vernunft«. Es handelte sich um ein dickleibiges Werk, das in der ersten Ausgabe, später mit »A« bezeichnet, 856 Seiten, in der zweiten, überarbeiteten von 1787 – »B« – 884 Seiten umfasste. Kant erwartete ein lebhaftes Echo, aber zunächst einmal folgte verblüfftes Schweigen. Die Gedankenführung war ganz und gar ungewohnt und die Sprache schwierig. »Diese Betrachtung ist etwas tief angelegt«, heißt es in der Vorrede zur ersten Auflage.

Es folgten Schlag auf Schlag die weiteren Hauptwerke: »Prolegomena zu einer jeden künftigen Metaphysik, die als Wissenschaft wird auftreten können« 1783, eine Art von Kommentar zur »Kritik der reinen Vernunft«, dann die »Grundlegung zur Metaphysik der Sitten« 1785 und in der zweiten verbesserten Auflage 1786 schließlich die »Kritik der praktischen Vernunft« 1788, und die »Kritik der Urteilskraft« 1790: ein Jahrzehnt der Philosophiegeschichte, nach dem kaum mehr etwas so wie vorher war, eine geistige Epochenwende oder Revolution wie in Politik und Gesellschaft die von 1789 in Frankreich. Die Leistungsexplosion macht staunen; 1784 begann auch noch eine Serie großer politischer Schriften. Daneben liefen die Vorlesungen weiter, und akademische Ehrenämter kamen hinzu: 1786 und 1788 wurde Kant für jeweils ein Jahr zum Rektor seiner Universität gewählt.

Es kann nicht unsere Aufgabe sein, eine Tiefe auszuloten, an der sich Generationen von Gelehrten mit höchst unterschiedlichen Ergebnissen abgemüht haben. In der »Kritik der reinen Vernunft« geht es zunächst einmal um die Grundlagen aller Erkenntnis: Was können wir wissen? Vermitteln die Sinneseindrücke uns eine Sicht der Dinge, wie sie wirklich oder »an sich« sind? Und gibt es darüber hinaus Erkenntnisse, die durch Spekulation, logische Abteilung oder wie auch immer gewonnen werden? Solche Fragen hatten die Philosophen seit Menschengedenken beschäftigt, aber in all ihrem Streit ließ sich von einem Fortkommen schwerlich reden.

Kant vergleicht die Lage der Philosophie mit der der Naturwissenschaften seit Galilei. Die Naturforscher begriffen, »daß die Vernunft nur das einsieht, was sie selbst nach ihrem Entwurfe hervorbringt, daß sie mit Prinzipien ihrer Urteile nach beständigen Gesetzen vorgehen und die Natur nötigen müssen auf ihre Fragen zu antworten, nicht aber sich von ihr allein gleichsam am Leitbande gängeln zu lassen; denn sonst hängen zufällige, nach keinem vorher entworfenen Plane gemachte Beobachtungen gar nicht in einem notwendigen Gesetze zusammen, welche doch die Vernunft sucht und bedarf. Die Vernunft muß mit ihren Prinzipien, nach denen allein übereinkommende Erscheinungen für Gesetze gelten können, in einer Hand, und mit dem Experiment, das sie nach jenen ausdachte, in den anderen, an die Natur gehen, zwar um von ihr belehrt zu werden, aber nicht in der Qualität eines Schülers, der sich alles vorsagen läßt, was der Lehrer will, sondern eines bestallten Richters, der die Zeugen nötigt, auf die Fragen zu antworten, die er ihnen vorlegt. Und so hat sogar die Physik die so vorteilhafte Revolution ihrer Denkart lediglich dem Einfalle zu verdanken, demjenigen, was die Vernunft selbst in die Natur hineinlegt, gemäß, dasjenige in ihr zu suchen (nicht ihr anzudichten), was sie von dieser lernen muß und wovon sie für sich selbst nichts wissen würde. Hierdurch ist die Naturwissenschaft allererst in den sicheren Gang einer Wissenschaft gebracht worden, da sie durch so viel Jahrhunderte hindurch nichts weiter als ein bloßes Herumtappen gewesen war.«

»Es ist hiermit ebenso«, heißt es an anderer Stelle, »als mit den ersten Gedanken des Kopernikus bewandt, der, nachdem es mit den Erklärungen der Himmelsbewegungen nicht gut fort wollte, wenn er annahm, das ganze Sternenheer drehe sich um den Zuschauer, versuchte, ob es nicht besser gelingen möchte, wenn er den Zuschauer sich drehen, und dagegen die Sterne in Ruhe ließ.« Man hat darum auch von Kants »kopernikanischer Wende« gesprochen.

Zu einem sicheren Gang möchte Kant nun der Philosophie verhelfen, indem er zunächst einmal nicht nach den Dingen »an sich« fragt, sondern nach dem Erkenntnisapparat, mit dem wir sie auffassen. Zu ihm gehören offenbar Anschauungsformen wie Raum und Zeit und ordnende Kategorien, zum Beispiel die der Kausalität, von Ursache und Wirkung (und vieles andere, was wir hier übergehen). Um eine lange und höchst komplizierte Sache sehr kurz zu fassen: Unsere Erkenntnis ist zusammengesetzt aus der Anschauung unserer Sinneserfahrungen und der vorgegebenen Begriffsapparatur, mit der wir Ordnung ins Chaos der Wahrnehmungen bringen. Wir müssen zwar annehmen, dass es »Dinge an sich« gibt, weil sie die Wahrnehmungen hervorrufen, aber wir können nicht wissen, wie sie »an sich« sind, weil erstens unsere Sinnesorgane und zweitens die Vernunft sie so formen, wie sie *für uns* dann erscheinen. So produzieren wir eine Naturerkenntnis, mit der wir umgehen können, obwohl oder weil sie im naiven Sinne gerade nicht Natur ist.

Wir leben im Zeitalter der Atomphysik, als die Erben von Albert Einsteins Relativitätstheorie und Werner Heisenbergs Unschärferelation. Und daher, mit dem Hochmut der Nachgeborenen gerüstet oder geschlagen, mögen wir für beinahe banal halten, was Kant formuliert. Aber für die Zeitgenossen war es revolutionär. Das Erregende lag in der Konsequenz der negativen Entdeckungen, die aus dem Ansatz folgten. Der Vergleich mit einer berühmten Entdeckungsfahrt liegt nahe, die kurz zuvor stattgefunden hatte:

Von 1772 bis 1775 unternahm James Cook die zweite seiner großen Entdeckungsreisen. Ihr entscheidender Ertrag lag im Negativen: im Nachweis, dass es den großen Südkontinent *nicht* gab, von dem seit der Antike und erst recht in der neueren Zeit die Gelehrten und die Träumer angenommen, ja als sicher unterstellt hatten, dass es ihn geben müsse, um die Erde als Gegengewicht gegen die Landmassen der nördlichen Halbkugel im Gleichgewicht zu halten.

Es ist wahrscheinlich, dass Kant das Buch des jungen Georg Forster gelesen hat, der zu den Mitreisenden gehörte und dessen Bericht 1777 in England und ein Jahr später in Deutschland erschien. Jedenfalls kann man als Anspielung verstehen, was in der »Kritik der reinen Vernunft« (A 235 f., B 294 f.) gesagt wird: »Wir haben jetzt das Land des reinen Verstandes nicht allein durchreist, und jeden Teil davon sorgfältig in Augenschein genommen, und jedem Dinge auf demselben seine Stelle bestimmt. Dieses Land aber ist eine Insel, und durch die Natur selbst in unveränderliche Grenzen eingeschlossen. Es ist das Land der Wahrheit (ein reizender Name), umgeben von einem weiten und stürmischen Ozeane, dem eigentlichen Sitz des Scheins, wo manche Nebelbank und manches bald wegschmelzende Eis neue Länder lügt, und indem es den auf Entdeckungen herumschwärmenden Seefahrer unaufhörlich mit leeren Hoffnungen täuscht, ihn in Abenteuer verflicht, von denen er niemals ablassen und sie doch auch niemals ans Ende bringen kann.«

Wie auf seine Weise Cook es getan hatte, räumt nun Kant mit den leeren Hoffnungen auf. Wenn nämlich alle Erkenntnisse einerseits von den Sinneseindrücken, andererseits von unserem vorgegebenen Vernunftapparat abhängen, dann fallen ganze Lehrgebäude der überkommenen Meta-Physik, unter anderem alle Gottesbeweise. Von einem höchsten Wesen gibt es weder

Sinneseindrücke noch Anschauungsformen oder Kategorien. Der berühmte »ontologische Gottesbeweis« des René Descartes (1596–1650), latinisiert Cartesius, ist unzulässige Spekulation. Dies war es, was die Zeitgenossen vor allem ergriff und erregte: Alles angebliche Wissen von Gott oder von der Unsterblichkeit der Seele ist bloß das Produkt unserer Einbildungskraft.

Heinrich Heine hat das so ausgedrückt: »Immanuel Kant ... hat den Himmel gestürmt, er hat die ganze Besatzung über die Klinge springen lassen, der Oberherr der Welten schwimmt unbewiesen in seinem Blute, es gibt jetzt keine Allbarmherzigkeit mehr, keine Vatergüte, keine jenseitige Belohnung für diesseitige Enthaltsamkeit, die Unsterblichkeit der Seele liegt in den letzten Zügen – das röchelt, das stöhnt ...«

Drastisch, aber keineswegs abwegig machen diese Zeilen anschaulich, welche Wirkungen von dem zarten Gelehrten in Königsberg ausgingen. Die radikale Religionskritik, die sich im Deutschland des 19. Jahrhunderts entfaltete, ist ohne Kant nicht zu denken. Und unschwer erkennt man zugleich den Erben der Reformation: Wie Martin Luther die Wendung vom objektiv Vergebenen der Kirche und ihrer Heilsverwaltung zum Glauben des Einzelnen unmittelbar zu Gott vollzog, so folgt Kant auf seine Weise, indem er das Wissen zerstört, um dem Glauben Raum zu schaffen.

Um wieder Heine das Wort zu geben und das begonnene Zitat fortzusetzen: »... – das röchelt, das stöhnt –, und der alte Lampe steht dabei mit seinem Regenschirm unter dem Arm, als betrübter Zuschauer, und Angstschweiß und Tränen rinnen ihm vom Gesichte. Da erbarmt sich Immanuel Kant und zeigt, daß er nicht bloß ein großer Philosoph, sondern auch ein guter Mensch ist, und er überlegt, und halb gutmütig und halb ironisch spricht er: ›Der alte Lampe muß einen Gott haben, sonst kann der arme Mensch nicht glücklich sein – das sagt die praktische Vernunft – meinetwegen – so mag auch die praktische Vernunft die Existenz Gottes verbürgen.‹«

Der langjährige Diener Martin Lampe war ein ehemaliger Soldat und verstand schwerlich etwas von dem, was sein Herr in die Welt oder aus ihr herausbrachte. Im Übrigen war er eine Schnapsnase, die schließlich wegen ihrer Alkoholprobleme entlassen werden musste. Doch diese Probleme sind gewiss nicht so entstanden, wie Heine es nahe legt. Auch ging es bei Kant weder um Gutmütigkeit noch um Ironie, sondern um eine strenge Konsequenz seines philosophischen Ansatzes. Aber es ließ sich kaum vermeiden, dass andere die Himmelstürmerei des Königsberger Professors ungefähr so verstanden, wie Heine es Lampe unterstellt, und dass Kant sich damit den orthodoxen Kirchenleuten verdächtig, ja verhasst machte. Zwar musste er im aufgeklärten Preußen Friedrichs des Großen wenig befürchten, und mit Bedacht hatte er die »Kritik der reinen Vernunft« dem zuständigen Minister, dem Freiherrn von Zedlitz, gewidmet.

Doch Friedrich starb 1786, und sein Nachfolger, Friedrich Wilhelm II., war ein Frömmler und Geisterseher, der sich mit gleichgesinnten Beratern umgab. Zedlitz musste 1788 als Minister für das Geistliche Departement – wir würden sagen: als Wissenschafts- und Kultusminister – zurücktreten. Sein Nachfolger Johann Christoph von Woellner erließ noch im selben Jahr ein Religionsedikt, das der preußischen Toleranz ein Ende bereitete und an ihre Stelle die Zensur setzte.

Kant indessen stürmte weiter. 1793 erschien sein Buch »Die Religion in den Grenzen der reinen Vernunft«, schon ein Jahr später in der zweiten Auflage. Sehr drastisch trat da zutage, was in der »Kritik der reinen Vernunft« und in der »Kritik der praktischen Vernunft« noch unter schwer verständlicher Gelehrsamkeit verborgen geblieben war. Man las nun Sätze wie diese: »Alles, was außer dem guten Lebenswandel der Mensch noch tun zu können vermeint, um Gott wohlgefällig zu werden, ist bloßer Religionswahn und Afterdienst.« Oder: »Die enge Pforte und der schmale Weg, der zum Leben führt, ist der des guten Lebenswandels, die weite Pforte und der breite Weg, den viele wandeln, ist der der Kirche.« Um die unerhörte Anspielung zu verstehen, muss man wissen, was Jesus in der Bergpredigt sagt: »Gehet ein durch die enge Pforte. Denn die Pforte ist weit, und der Weg ist breit, der zur Verdammnis führt, und ihrer sind viele, die darauf wandeln.«

Im Oktober 1774 erhielt Kant »auf Seiner Königlichen Majestät allergnädigsten Spezialbefehl« ein Schreiben Woellners, in dem es hieß: »Unsere höchste Person hat schon seit geraumer

Zeit mit großem Mißfallen ersehen, wie Ihr Eure Philosophie zu Entstellung und Herabwürdigung mancher Haupt- und Grundlehren der Heiligen Schrift und des Christentums mißbraucht, wie Ihr dies namentlich in Eurem Buch: *Religion innerhalb der Grenzen der bloßen Vernunft,* desgleichen in anderen kleinen Schriften getan habt. Wir haben Uns zu Euch eines Besseren versehen, da Ihr selbst einsehen müßt, wie unverantwortlich Ihr dadurch gegen Eure Pflicht als Lehrer der Jugend und gegen Unsere Euch sehr wohl bekannten landesväterlichen Absichten handelt. Wir verlangen des ehesten Eure gewissenhafte Verantwortung und gewärtigen Uns von Euch, bei Vermeidung Unserer höchsten Ungnade, daß ihr künftighin nichts dergleichen werdet zu Schulden kommen lassen, sondern vielmehr, Eurer Pflicht gemäß, Euer Ansehen und Eure Talente dazu anzuwenden, daß Unsere landesväterliche Intention mehr und mehr erreicht werde; widrigenfalls Ihr Euch für Eure Renitenz unfehlbar unangenehmer Verfügungen zu gewärtigen habt.«

Ein schwerwiegender Fall von Zensur gegenüber einem inzwischen allgemein anerkannten, ja berühmten Gelehrten. Aber man kann das Vorgehen des Königs und seines Ministers zumindest verstehen, falls man die Umstände in Rechnung stellt. Das Zeitalter einer preiswerten Toleranz war weniger mit dem Tode Friedrichs des Großen als mit der Französischen Revolution zu Ende gegangen. Sie stürmte gegen die Kirche und inthronisierte die »Göttin Vernunft«. Tat das nicht auch Kant auf seine, womöglich noch wirksamere Weise? Im Übrigen war König Ludwig XVI. 1793 hingerichtet worden, und die Schreckensherrschaft der Guillotine erreichte 1794 ihren Höhepunkt. Angst saß nicht nur in Preußen den Regierenden im Nacken.

Kant notierte: »Widerruf und Verleugnen seiner inneren Überzeugung ist niederträchtig, aber Schweigen in einem Falle wie der gegenwärtige ist Untertanenpflicht, und wenn alles, was man sagt, wahr sein muß, so ist es darum doch nicht Pflicht, alle Wahrheit öffentlich zu sagen.« An den König schrieb er: »Um auch dem mindesten Verdacht vorzubeugen, so halte ich es für das Sicherste, Eurer Königlichen Majestät feierlich zu erklären, daß ich mich fernerhin aller öffentlichen Vorträge, die Religion betreffend, die natürliche wie die geoffenbarte, sowohl in Vorlesungen wie in Schriften als Eurer Majestät getreuester Untertan gänzlich enthalten werde.«

Auch das ist zu verstehen und lässt sich wohl nur aus gefahrloser Ferne preiswert verurteilen. Kant war jetzt ein alter Mann von 70 Jahren; seine Kräfte begannen nachzulassen. Seit diesem Jahr 1794 beschränkte er darum seine Vorlesungen und stellte sie 1797 ganz ein. Auch hatte er 1787, endlich, ein eigenes Haus erworben und wollte nicht als Greis in die Fremde verstoßen werden. Nein, zum Märtyrer fühlte er sich nicht berufen. Er folgte Luthers Auffassung vom schuldigen Gehorsam des Untertanen gegenüber der Obrigkeit: »Wenn das Organ des Herrschers, der Regent, auch den Gesetzen zuwider verführe, zum Beispiel mit Auflagen, Rekrutierungen und dergleichen wider das Gesetz der Gleichheit der Verteilung der Staatslasten, so darf der Untertan dieser Ungerechtigkeit zwar Beschwerden (gravamina), aber keinen Widerstand entgegensetzen. Aufstand und Aufruhr sind niemals anders, als gesetzwidrig.« Wie bei so vielen Gebildeten in Deutschland schlug Kants anfängliche Begeisterung für die Französische Revolution, ihre Verheißung von Freiheit und Gleichheit, angesichts der Schreckensherrschaft in Entsetzen um; wie bei Luther sollte sich der Widerstand allein in der unangreifbaren Burg wenn schon nicht mehr Gottes, dann des »rein Geistigen« verschanzen. In solchem Sinne allerdings verbanden sich – wie bei Luther – Kants persönliche Ängste mit einem unerschütterlichen Selbstbewusstsein: Seine Gedanken waren in der Welt und würden sich von keiner Zensur mehr fortschaffen lassen.

In seinen politischen Schriften ist er ohnehin sehr weit gegangen. »Zum ewigen Frieden« hieß die von 1795. Darin sagte der Erste Definitivartikel: »Die bürgerliche Verfassung in jedem Staate soll republikanisch sein.« Zwar darf das nicht mit »demokratisch« verwechselt werden; aber es kommt darauf an, dass der Volkswille repräsentiert wird, und das immerhin kann auch ein König tun. »Alle Regierungsform nämlich, die nicht *repräsentativ* ist, ist eigentlich eine *Unform*.« Friedrich Wilhelm II., falls er das las, dürfte schwerlich erfreut gewesen sein. Denn er fühlte sich nicht, wie Friedrich der Große, als »erster Diener seines Staates«, sondern als Herrscher von Gottes Gnaden. In der Zensurangelegenheit ist noch hinzuzufügen, dass Kant sich sein Schlusswort nicht hat nehmen lassen: Die Vorrede zum »Streit der Fakultäten« von 1798 enthielt eine Anklage des inzwischen verstorbenen Königs und eine Rechtfertigung des eigenen Verhaltens.

Im Jahre 1788 erschien die »Kritik der praktischen Vernunft«. Sie zieht die Konsequenzen aus der vorausgegangenen Erkenntniskritik und entfaltet eine Sittenlehre. Kant zerstört die traditionellen Gottesbeweise, um für den Glauben Raum zu schaffen, und an drastischen Formulierungen herrschte dabei kein Mangel: »Es ist also an dem so berühmten ontologischen [Cartesianischen] Beweise, vom Dasein eines höchsten Wesens, aus Begriffen, alle Mühe und Arbeit verloren, und ein Mensch möchte ebensowenig aus bloßen Ideen an Einsichten reicher werden, als ein Kaufmann an Vermögen, wenn er, um seinen Zustand zu verbessern, seinem Kassenbestande einige Nullen anhängen wollte.«

Aber für welch einen Glauben soll der Freiraum geschaffen werden? Jetzt zeigt sich, dass von der christlichen Heilslehre kaum noch ein Stein auf dem anderen bleibt; kein Ketzer ist je radikaler vorgegangen als Kant. Im Grunde reduziert und konzentriert sich alles auf eine innerweltliche Ethik – und die wiederum auf einen einzigen Begriff, der nun mit solch einer Inbrunst und Ehrfurcht ausgesprochen wird wie der Name Gottes im Gebet der Frommen:

»*Pflicht!* du erhabener großer Name, der du nichts Beliebtes, was Einschmeichelung bei sich führt, in dir fassest, sondern Unterwerfung verlangst, doch auch nicht drohest, was natürliche Abneigung im Gemüte erregte und schreckte, um den Willen zu bewegen, sondern bloß ein Gesetz aufstellst, welches von selbst im Gemüte Eingang findet und doch sich selbst wider Willen Verehrung (wenngleich nicht immer Befolgung) erwirbt, vor dem alle Neigungen verstummen, wenn sie gleich insgeheim ihm entgegenwirken: welcher ist der deiner würdige Ursprung, und wo findet man die Wurzel deiner edlen Abkunft, welche alle Verwandtschaft mit Neigungen stolz ausschlägt, und von welcher Wurzel abzustammen die unerläßliche Bedingung desjenigen Werts ist, den sich Menschen allein selbst geben können?«

Man spürt die Ergriffenheit, fast einen Abglanz des Heiligen. Ein Martin Luther der Sprachmusik und des Bilderreichtums ist

Immanuel Kant freilich nicht. Nur sehr selten gelingen ihm Sätze wie dieser mit Recht berühmte: »Zwei Dinge erfüllen das Gemüt mit immer neuer und zunehmender Bewunderung und Ehrfurcht, je öfter und anhaltender sich das Nachdenken mit ihnen beschäftigt: der bestirnte Himmel über mir und das moralische Gesetz in mir.«

Was hat es mit diesem Pflichtbegriff auf sich? Warum nimmt er einen so hohen, den höchsten Rang ein? Wird mit ihm heimlich oder unheimlich ein politischer Lobgesang angestimmt? Es sei an die preußische Tugend der Pflichterfüllung erinnert, von der bereits im vorigen Kapitel die Rede war und die Sebastian Haffner als einen »Religionsersatz« geschildert hat. Generationen hindurch ist diese Tugend als eine Verkörperung preußisch-deutschen (und schließlich sogar: des nationalsozialistischen) Wesens in den Schulen gelehrt, von den Kanzeln gepredigt, als Ansporn zur vaterländischen Begeisterung verkündet worden, bis hin zur Pflichterfüllung im Selbstopfer, im Soldatentod. Und immer wieder ist dies auch mit der Berufung auf Kant geschehen. Das gelang umso leichter, weil Kants Pflichtbegriff »alle Verwandtschaft mit Neigungen stolz ausschlägt« – was dann umgekehrt heißen kann, dass die Abweisung von persönlichen Regungen, zum Beispiel des Mitgefühls, zum Probierstein gemacht wird. Je kälter, desto besser. Dann erscheint am Ende womöglich sogar ein Heinrich Himmler als Kantianer, wenn er 1943 in einer Geheimrede vor SS-Führern die Massenvernichtung der Juden als edle Form der idealistischen Pflichterfüllung hinstellt: »Dies durchgehalten zu haben, und dabei – abgesehen von Ausnahmen menschlicher Schwäche – anständig geblieben zu sein, das hat uns hart gemacht. Dies ist ein niemals geschriebenes und niemals zu schreibendes Ruhmesblatt unserer Geschichte.«

Wenn allerdings die Geheimhaltung zu den Voraussetzungen gehört, dann ist in Kants Sicht das Urteil schon gesprochen. In der Schrift »Zum ewigen Frieden« heißt es: »›Alle auf das Recht anderer Menschen bezogene Handlungen, deren Maxime sich nicht mit der Publizität verträgt, sind unrecht.‹ Dieses Prinzip ist nicht bloß als ethisch (zur Tugendlehre gehörig) sondern auch als juridisch (das Recht des Menschen angehend), zu betrachten. Denn eine Maxime, die sich nicht darf *laut* werden lassen, die durchaus *verheimlicht* werden muß und zu der ich mich nicht öffentlich *bekennen* kann, ohne daß dadurch unausbleiblich der Widerstand aller gegen meinen Vorsatz gereizt werde, kann diese notwendige und allgemeine, mithin a priori einzusehende, Gegenbearbeitung aller gegen mich nirgend wovon anders, als von der Ungerechtigkeit her haben, womit sie jedermann bedroht.«

Weitaus wichtiger noch, vielmehr entscheidend ist ein zweiter Gesichtspunkt. Kants »Grundgesetz der reinen praktischen Vernunft« oder kategorischer Imperativ, der seine Ethik in einem Kernsatz zusammenfasst, lautet: »Handle so, daß die Maxime deines Willens jederzeit zugleich als Prinzip einer allgemeinen Gesetzgebung gelten könne.« (Kritik der praktischen Vernunft, Paragraph 7; statt von der »Maxime« könnte man auch von Grundregel, Richtschnur, Zielrichtung sprechen.) Der Nachdruck liegt auf »Prinzip einer *allgemeinen* Gesetzgebung« und besagt: Was ich wollen soll, darf nicht von persönlichen und besonderen Neigungen und Interessen getrübt oder verdorben werden, sondern es muss allgemein menschlich, menschheitlich bestimmt sein. Was nur mir nützt, anderen aber schadet, sie ihrer Freiheit beraubt – oder gar: sie vernichtet –, ist unsittlich.

Der Gemeinnutz kennt keine Grenzen. Er darf nicht für *eine* Gruppe, Partei, Glaubensrichtung oder Weltanschauung eingesetzt, nicht für ein Volk gegen das andere in Stellung gebracht werden. Er ist universal. Ein Nationalismus oder Rassismus, der unübersteigbare Unterschiede setzt, ist darum verwerflich – und jede Opferbereitschaft, die man dafür erbringt oder einfordert, nicht Pflichterfüllung, sondern Pflichtvergessenheit. Um es mit den Worten unseres Grundgesetzes zu sagen: »Niemand darf wegen seines Geschlechtes, seiner Abstammung, seiner Rasse, seiner Sprache, seiner Heimat und Herkunft, seiner religiösen oder politischen Anschauungen benachteiligt oder bevorzugt werden.«

Viele Zeitgenossen Kants haben sich freilich an der schroffen Scheidung von Pflicht und Neigung gestoßen; tatsächlich gerät man hier auf ein ebenso nahes wie weites Feld der Missverständnisse. Friedrich Schiller zum Beispiel, eigentlich ein begeisterter Anhänger des Königsberger Philosophen, hat ironisch gefragt, ob ich mich meinem Freund erst entfremden müsse, bevor ich ihm helfe, weil ich sonst in Gefahr gerate, es aus Zuneigung zu tun. In seiner Schrift »Über Anmut und Würde« hat der Dichter versucht, die Gegensätze zu versöhnen. Nun wollte Kant keineswegs leugnen, dass Pflicht und Neigung sich berühren und im Einzelfall sogar Hand in Hand gehen können. Die Unterscheidung war dennoch wichtig, und sie bleibt es bis heute. Nur zu gern reden wir uns ein oder lassen uns einreden, dass wir – anders als unsere Gegner – keine Sonderinteressen, sondern das Gemeinwohl vertreten. Je blinder die Parteilichkeit und je härter die Ungerechtigkeit, desto lauter die Phrasen von der Überparteilichkeit und sozialen Gerechtigkeit. So gesehen enthält Kants Scheidung zunächst und vor allem ein heilsames und stets aktuelles Gebot zur kritischen Selbstprüfung.

Übrigens sei daran erinnert, dass Kant für die Freundschaft begabt war. Darum hat er von ihr auch gesprochen; in der »Metaphysik der Sitten« von 1785 nimmt sie einen wichtigen, beinahe zentralen Platz ein. Nur wird sie vom dumpfen und distanzlosen Drängen unterschieden. Freundschaft fordert Achtung und Achtung ein Mindestmaß von Abstand, das gerade in der Wertschätzung bewahrt wird. Denn es sollen »auch die besten Freunde sich untereinander nicht gemein machen«.

Noch aus einem anderen Grunde ist das ethische Richtmaß des kategorischen Imperativs bedeutsam: Es begründet die Freiheit und mit ihr die Würde des Menschen. Kant war kein Schwarmgeist; er glaubte nicht, dass man einen neuen und wesenhaft guten Menschen erschaffen könnte, mit welchen Mitteln auch immer. Auf seine Weise wiederholte er die christliche Lehre vom sündhaften »alten Adam«, der sich aus eigener Kraft nicht zu erlösen vermag, wenn er sagte: »Aus so krummem Holze, als woraus der Mensch gemacht ist, kann nichts ganz Gerades gezimmert werden.« Auf seine Weise hat er sogar den Egoismus gerechtfertigt:

»Ohne jene, an sich zwar eben nicht liebenswürdige, Eigenschaften der Ungeselligkeit, woraus der Widerstand entspringt, den jeder bei seinen selbstsüchtigen Anmaßungen notwendig antreffen muß, würden in einem arkadischen Schäferleben, bei vollkommener Eintracht, Genügsamkeit und Wechselliebe, alle Talente auf ewig in ihren Keimen verborgen bleiben: die Menschen, gutartig wie die Schafe, die sie weiden, würden ihrem Dasein kaum einen größeren Wert verschaffen, als dieses ihr Hausvieh hat; sie würden das Leere der Schöpfung in Ansehung ihres Zwecks, als vernünftige Natur, nicht ausfüllen. Dank sei also der Natur für die Unvertragsamkeit, für die mißgünstig eifernde Eitelkeit, für die nicht zu befriedigende Begierde zum Haben, oder auch zum Herrschen! Ohne sie würden alle vortrefflichen Naturanlagen in der Menschheit ewig unentwickelt schlummern. Der Mensch will Eintracht, aber die Natur weiß besser, was für seine Gattung gut ist: sie will Zwietracht. Er will gemächlich und vergnügt leben; die Natur will aber, er soll aus der Lässigkeit und untätigen Genügsamkeit hinaus, sich in Arbeit und Mühseligkeiten stürzen, um dagegen auch Mittel auszufinden, sich klüglich wiederum aus den letztern herauszuziehen. Die natürlichen Triebfedern dazu, die Quellen der Ungeselligkeit und des durchgängigen Widerstands, woraus so viele Übel entspringen, die aber doch auch wieder zur neuen Anspannung der Kräfte, mithin zu mehrerer Entwicklung der Naturanlagen antreiben, verraten also wohl die Anordnung eines weisen Schöpfers; und nicht etwa die Hand eines bösartigen Geistes, der in seine herrliche Anstalt gepfuscht oder sie neidischer Weise verderbt habe.« (Idee zu einer allgemeinen Geschichte in weltbürgerlicher Absicht, Vierter Satz.)

Umso wichtiger dann die Anspannung zum Pflichtprinzip hin! Solange der Mensch bloß an Triebe, Neigungen und Abneigungen, Interessen gefesselt ist – oder von anderen sich fesseln lässt –, bleibt er unfrei, ein Sklave in den Ketten seiner Leidenschaften. Erst wenn er sich zum Pflichtprinzip des kategorischen Imperativs erhebt, gewinnt er die Freiheit. Er begründet die Würde, die aus seiner Verantwortung folgt.

Wir übergehen Kants dritte Hauptschrift, die »Kritik der Urteilskraft« aus dem Jahre 1790. Sie ist bei weitem die schwächste. Es handelt sich hier nicht um ethische, sondern um ästhetische Prinzipien, um Geschmacksfragen, das Erhabene, die Schönheit oder Ähnliches, und Kant war keine Künstlernatur. Besonders die Musik – ein deutsches Urthema – tat er ungnädig ab und rechnete sie zu den untersten der Künste, »weil sie bloß mit Empfindungen spielt ... Außerdem hängt der Musik ein gewisser Mangel an Urbanität an, daß sie, vornehmlich nach Beschaffenheit ihrer Instrumente, ihren Einfluß weiter, als man ihn verlangt (auf die Nachbarschaft), ausbreitet und so sich gleichsam aufdringt, mithin der Freiheit anderer, außer der musikalischen Gesellschaft, Abbruch tut.« Frei nach Wilhelm Busch: »Musik wird störend oft empfunden, weil sie mit Geräusch verbunden.« Den Philosophen, mit seinen Gedanken beschäftigt, störten nun einmal Geräusche. Es gibt Anekdoten über das Hähnekrähen auf dem Nachbargrundstück, das ihn ebenso zur Verzweiflung trieb wie der Chorgesang von Häftlingen auf dem nahen Gefängnishof. Dem Krähen ließ sich durchs Aufkaufen und Verspeisen des Federviehs beikommen, dem Gesang leider nur nach Beschwerden und langwierigen Verhandlungen mit den zuständigen Behörden.

Um zur Freiheit und zur Würde zurückzukehren: Wie erreicht man sie? Die Antwort heißt: durch Aufklärung. Ihr hat Kant einen denkwürdigen Aufsatz gewidmet, der im Dezember 1784 in der »Berlinischen Monatsschrift« erschien: »Beantwortung der Frage: Was ist Aufklärung?« Er beginnt furios:

»*Aufklärung ist der Ausgang des Menschen aus seiner selbst verschuldeten Unmündigkeit. Unmündigkeit* ist das Unvermögen, sich seines Verstandes ohne Leitung eines anderen zu bedienen. *Selbstverschuldet* ist diese Unmündigkeit, wenn die Ursache derselben nicht am Mangel des Verstandes, sondern der Entschließung und des Mutes liegt, sich seiner ohne Leitung eines anderen zu bedienen. Sapere aude! Habe Mut, dich deines *eigenen* Verstandes zu bedienen! ist also der Wahlspruch der Aufklärung.«

Fünf knappe Sätze nur. Aber mit ihnen wird ein für alle Mal gültig gesagt, was Aufklärung meint. Diese Sätze genügen, um festzustellen: Deutschland – und Preußen – war nicht bloß das Land des Soldatenwahns, des Grübelns, der Romantik oder der Träume, die womöglich in Alpträume sich verkehren, sondern es hatte Anteil am großen europäischen Prozess der Aufklärung. Natürlich sind noch andere Namen zu nennen, zum Beispiel Gotthold Ephraim Lessing (1729–1781), Friedrich Nicolai (1733–1811) und Moses Mendelssohn (1729–1786). Doch Immanuel Kant nimmt einen vorderen und sozusagen exemplarischen Platz ein. Er fährt fort:

»Faulheit und Feigheit sind die Ursachen, warum ein so großer Teil der Menschen, nachdem sie die Natur längst von fremder Leitung freigesprochen (naturaliter maiorennes), dennoch gerne zeitlebens unmündig bleiben; und warum es anderen so leicht wird, sich zu deren Vormündern aufzuwerfen. Es ist so bequem, unmündig zu sein. Habe ich ein Buch, das für mich Verstand hat, einen Seelsorger, der für mich Gewissen hat, einen Arzt, der für mich die Diät beurteilt, usw.: so brauche ich mich ja nicht selbst zu bemühen. Ich habe nicht nötig zu denken, wenn ich nur bezahlen kann; andere werden das verdrießliche Geschäft schon für mich übernehmen. Daß der bei weitem größte Teil der Menschen (darunter das ganze schöne Geschlecht) den Schritt zur Mündigkeit, außer dem daß er beschwerlich ist, auch für sehr gefährlich halte: dafür sorgen schon jene Vormünder, die die Oberaufsicht über sie gütigst übernommen haben. Nachdem sie ihr Hausvieh zuerst dumm gemacht haben, und sorgfältig verhüteten, daß diese ruhigen Geschöpfe ja keinen Schritt außer dem Gängelwagen, darin sie sie einsperreten, wagen durften: so zeigen sie ihnen nachher die Gefahr, die ihnen drohet, wenn sie es versuchen, allein zu gehen. Nun ist diese Gefahr zwar eben so groß nicht, denn sie würden durch einigemal Fallen wohl endlich gehen lernen; allein ein Beispiel von der Art macht doch schüchtern, und schreckt gemeiniglich von allen ferneren Versuchen ab.«

Wenn man nur wenig verändert und zum Beispiel die Diät- und Gewissensverschreiber durch Werbeagenturen oder politische Propaganda ersetzt, dürfte der Text noch immer aktuell sein. Umso mehr drängt sich die Frage auf, was sich tun lässt, um zur Mündigkeit zu gelangen, obwohl doch Faulheit und Feigheit ihr im Weg sind. Oder man denke an die hartnäckige Herrschaft der Vorurteile, die sich »zuletzt an denen selbst rächen, die, oder deren Vorgänger, ihre Urheber gewesen sind«. Auch die Gewalt, die man gegen das Unrecht einsetzt, hilft nicht weiter: »Durch eine Revolution wird vielleicht wohl ein Abfall von persönlichem Despotism und gewinnsüchtiger oder herrschsüchtiger Bedrückung, aber niemals wahre Reform der Denkungsart zustande kommen; sondern neue Vorurteile werden, eben sowohl als die alten, zum Leitbande des gedankenlosen großen Haufens dienen.« Wohlgemerkt: Das wurde nicht angesichts der Schreckensherrschaft 1794, sondern illusionslos schon ein Jahrzehnt früher geschrieben.

Das Heilmittel heißt Freiheit zur Diskussion, zum öffentlichen Gespräch. Zu seinen Voraussetzungen gehört – wie zum menschheitlich Allgemeinen des kategorischen Imperativs –, dass keine Machtansprüche, wirtschaftlichen Sonderinteressen oder persönlichen Neigungen sich einmischen, beziehungsweise dass sie im klärenden Fortgang des Gesprächs ausgeschieden werden. (Es gibt Fortsetzungen dieser kantischen Gesprächsidee bis in die Gegenwart, zum Beispiel in der »Theorie des kommunikativen Handelns« von Jürgen Habermas.) Im niemals zu Ende kommenden Prozess von Rede und Gegenrede können die Zuhörer sich ein eigenes Urteil bilden. Daher hält Kant es für möglich, dass ein Publikum sich selbst aufklärt, »ja es ist, wenn man ihm nur die Freiheit läßt, beinahe unausbleiblich. Denn da werden sich immer einige Selbstdenkende, sogar unter den eingesetzten Vormündern des großen Haufens, finden, welche, nachdem sie das Joch der Unmündigkeit selbst abgeworfen haben, den Geist einer vernünftigen Schätzung des eigenen Werts und des Berufs jedes Menschen, selbst zu denken, um sich verbreiten werden.«

Überraschend schließt der Aufsatz mit einem Loblied auf Friedrich den Großen, der es »jedem frei ließ, sich in allem, was Gewissensangelegenheit ist, seiner eigenen Vernunft zu bedienen.« Damit allerdings hängt die Chance der Aufklärung nicht nur an der Person des Herrschers, sondern auch an anderen Bedingungen, wie Kant sehr genau erkennt: »Nur derjenige, der, selbst aufgeklärt, sich nicht vor Schatten fürchtet, zugleich aber ein wohldiszipliniertes zahlreiches Heer zum Bürger der öffentlichen Ruhe zur Hand hat, – kann das sagen, was ein Freistaat nicht wagen darf: *räsonniert, so viel ihr wollt, und worüber ihr wollt; nur gehorcht!*«

Die Furcht vor den Schatten begann schon wenig später, erst unter den Fanfarenklängen, dann unter den Schreckenstaten der Französischen Revolution; sie wuchs weiter in den Jahren, Jahrzehnten der Restauration seit 1815, wie später in deutschen Bürgerängsten vor der »roten Gefahr« der Arbeiterbewegung; in solchen Verfinsterungen gedieh die Aufklärung weit weniger, als ihr Königsberger Anwalt es erhofft hatte.

Als Universitätsprofessor verfügte Kant über ein gesichertes Einkommen. Allerdings gab es noch keine Pensionsregeln, denn man blieb im Amt bis zum Tod. Doch durch allerhöchste Ungnade konnte man alle Sicherungen wieder verlieren, und nahe genug war diese Gefahr an Kant herangetreten. Darum blieb er so sparsam, wie er es, notgedrungen, von Jugend an immer gewesen war. Als er starb, hinterließ er neben seinem Haus noch das beträchtliche Vermögen von 17 000 Talern.

»Aber Kants Grundsätze in Ansehung der Glücksgüter? – Nie«, so schreibt der zeitgenössische Biograph Ludwig Ernst Borowoski, »in frühern oder spätern Jahren ward es mir oder irgend einem bemerkbar, daß er dem Reichtum nachjage. Schuldenfrei seinen Gang durchs Leben zu machen, und dies, um von andern Menschen, hier in Hinsicht auf Geld, wie überhaupt in allen Beziehungen – unabhängig sein und bleiben zu können, dies war Maxime, die er für jeden Edeldenkenden ganz unentbehrlich hielt und uns in seinen Vorlesungen, auch sonst bei aller Gelegenheit dringend empfahl. Haushälterisch sollten wir alle sein – dies prägte er uns ein, und er war's im edelsten Sinne des Worts.« Tatsächlich kann man nicht vom Geiz sprechen; seit es ihm möglich wurde, hat Kant seine Verwandten unauffällig, aber nachhaltig unterstützt, und der Diener Lampe, obwohl er schließlich wegen seiner Trunksucht entlassen werden musste, erhielt eine großzügige Rente.

Übrigens wurde die Entlassung von Ehregott Andreas Christoph Wasianski vollzogen, einem Theologen und späteren Bischof, der die Geschäfte führte und für Kant sorgte, als der schon sehr alt war und sein Gedächtnis ihn zunehmend, am Ende fast völlig im Stich ließ. Statt Knoten ins Taschentuch zu machen, von denen man bald nicht mehr weiß, woran sie erinnern sollen, legte der Greis sich ein Heft an und notierte darin, woran er sich unbedingt erinnern wollte, darunter den wundersam philosophischen Satz: »Der Name Lampe muß nun völlig *vergessen* werden.«

Gewiss, »auch Kant hatte seine Schwachheitsschatten als

Mensch, die aber seinen lichten Seiten nichts von ihrer Klarheit und Sichtbarkeit nehmen können und werden. Die mehrsten waren nicht seine Schuld, sondern Folgen der menschlichen Natur, wenn sie ein hohes Alter erreicht, denen mithin weder seine Geistesgröße noch der hohe Grad der Kraft seiner Ausbildung, ja selbst seine Herzensgüte nicht den zwar langsamen, aber doch mächtigen Eintritt verwehren konnte. Er hatte 80 Jahre in seinem Lebenskreis gewandelt; was Wunder also, daß der Zirkel endlich an den Punkt zurückkam, von dem er ausgegangen war!« Dabei registrierte er durchaus noch, was vorging: »Meine Herren«, sagte er zu seinen Tischgästen, »ich bin alt und schwach, Sie müssen mich behandeln wie ein Kind.«

Kant starb am 12. Februar 1804. Vom Vortag berichtet Wasianski: »Sonnabend, den 11., lag er mit gebrochnem Auge, aber dem Anschein nach ruhig. Ich fragte ihn, ob er mich kenne? Er konnte nicht antworten, reichte mir aber den Mund zum Kusse. Tiefe Rührung durchschauderte mich, er reichte mir nochmals seine blassen Lippen. Fast darf ich die Vermutung wagen, er habe es auf einen Abschied von mir und Dank für vieljährige Freundschaft und Beihilfe angelegt. Mir ist nicht bekannt, daß er je einem seiner Freunde einen Kuß anbot ... Ich habe nie einen Kuß von ihm erhalten, außer wenige Wochen vor seinem Tod, als er mich und seine Schwester küßte. Doch schien er mir damals in seiner Schwäche nicht zu wissen, was er tat. Nach allen Umständen zu urteilen, bin ich in Versuchung, sein letztes Anerbieten für ein wirkliches Zeichen der Freundschaft, der durch den Tod nun bald geendigten Freundschaft zu halten.«

Kant hatte seit langem sehr zurückgezogen gelebt und keine Vorlesungen mehr gehalten. Sogar die Spaziergänge lagen weit zurück, und nur ein kleiner Kreis seiner Freunde bekam den alten Mann noch zu sehen. Wen also, außer ihnen, ging dieses Sterben, dieser Tod etwas an? Die überraschende Antwort hieß: offenbar jeden Bürger von Königsberg. Die Nachricht sprach sich wie ein Lauffeuer herum, als die Hartungsche Zeitung – mit ihrem vollen Titel: Königlich Preußische Staats-, Kriegs- und Friedenszeitungen – meldete: »Heute Mittag um 11 Uhr starb an völliger Entkräftung im 80sten Jahr seines Alters Immanuel Kant. Seine Verdienste um die Revision der spekulativen Philosophie kennt und ehrt die Welt. Was ihn sonst auszeichnete, Treue, Wohlwollen, Rechtschaffenheit, Umgänglichkeit – dieser Verlust kann nur an unserm Ort empfunden werden, wo also auch das Andenken des Verstorbenen am ehrenvollsten und dauerhaftesten sich erhalten wird.« Was folgte, hat Wasianski geschildert:

»Sein Leichnam wurde nun in seine ehemalige Eßstube, in ihr Sterbegewand gekleidet, hingelegt. Eine große Menge Menschen aus den höchsten und niedrigsten Ständen strömte hinzu, um die Hülle zu sehen, die einst Kants großen Geist umschloß. So sehr ich vorher auf Kants ausdrückliches Verlangen bemüht war, alles ungebührliche Zudrängen ihm oft unbekannter Leute, die bloße Neugierde hintrieb, zur Vermeidung aller ihm lästigen Störung seiner Ruhe zu verhindern, so hielt ich es doch jetzt für unbillig, den Anblick seiner Leiche irgend jemandem zu verweigern. Alles eilte hinzu, die letzte Gelegenheit zu benutzen, um einst sagen zu können: Ich habe Kant gesehen. Viele Tage lang wurde zu ihm gewallfahrtet, zu jeder Tageszeit. Vom Morgen bis Abend war das Zimmer bald mehr, bald weniger mit Besuchenden gefüllt.«

Da der Körper Kants fast bis zum Skelett ausgezehrt war und strenge Kälte herrschte, konnte man sich mit der Beerdigung Zeit lassen. Sie fand erst 16 Tage später, am 28. Februar statt. Weithin ruhte die Arbeit, alle Glocken der Stadt läuteten, Tausende folgten dem Trauerzug, und noch weit mehr Menschen säumten die Straßen. Ein solches Geleit hatte es in Königsberg noch niemals gegeben, es war – so sagten Beobachter –, als werde ein König zu Grabe getragen.

Wie soll man diese Anteilnahme verstehen? Gewiss nur wenige konnten sich unter der »Revision der spekulativen Philosophie« etwas vorstellen. Wie stets kam natürlich die Neugier ins Spiel; jeder wusste, dass es sich um einen berühmtem Mann handelte, der zu Königsberg gehörte wie kein zweiter. Aber reicht das zur Erklärung aus? Liest man die zeitgenössischen Berichte, so drängt sich der Eindruck auf, dass es sich um eine *Kundgebung* handelte, obwohl niemand sie geplant hatte. Es ging, so scheint es, eine Ahnung davon um, dass dieser Handwerkersohn aus einem schlichten Haus neben der Sattlerstraße das Recht des Menschen auf Mündigkeit gelehrt und vorgelebt hatte, ein Bürger- und Menschenrecht, wie es weitab in Amerika und in Frankreich erkämpft worden war. Mit anderen Worten: In einer Gesellschaft der Ständeschranken und in einem Staat, in dem nur die Obrigkeit etwas zu sagen hatte, entstand spontan eine Massendemonstration für die Freiheit, eingekleidet in die Verehrung für das Leben, von dem man Abschied nahm.

Die Probe auf das Gesagte kam wenig später. Im napoleonischen Sturm brach das alte Preußen zusammen; vor dem nachdrängenden Feind flohen König, Hofstaat und Regierung nach Königsberg und trafen hier im Dezember 1806 ein. Keine Hoffnung auf die Kriegswende half; am 19. Juni 1807 besetzte der französische Marschall Soult die Stadt. Diese Besetzung dauerte zwar nur 39 Tage, aber die Bürgerschaft musste die unerhörte Kriegskontribution von zwölf Millionen Francs leisten. Die Abzahlung der Schulden dauerte fast ein Jahrhundert, bis zum 1. Januar 1901.

Immerhin gab es ein Glück im Unglück. Für zwei Jahre, von 1807 bis 1809, war Königsberg der preußische Regierungssitz, weil die Franzosen Berlin besetzt hielten. Und damit schlug die politische Stunde Immanuel Kants. Statt auf die Berliner Ministerialbürokratie war man jetzt nämlich auf ostpreußische Beamte angewiesen, die in Kants Vorlesungen gesessen hatten oder doch in seinem Sinne vom Geist der Aufklärung geprägt worden waren. Bloß als Beispiel: Der Freiherr vom Stein wohnte als leitender Minister im Hause des Polizeidirektors Johann Gottfried Frey, der sein wichtigster Mitarbeiter wurde und den Entwurf zur Städtereform mit einem Satz einleitete, wie er kantischer kaum hätte formuliert werden können: »Zutrauen veredelt den Menschen, ewige Vormundschaft hemmt sein Reifen, Anteil an den öffentlichen Angelegenheiten gibt politische Wichtigkeit, und je mehr diese an Umfang gewinnt, wächst das Interesse für Gemeinwohl und der Reiz zur öffentlichen Tätigkeit, welche den Geist der Nation erhebt, zur Erwerbung gemeinnütziger Kenntnisse, ja selbst eines unbescholtenen Rufes anfeuert und dadurch den Egoismus und die Frivolität zügelt.«

Neben Frey sind andere Bürger von Königsberg oder Ostpreußen zu nennen: der Minister Friedrich Leopold Freiherr von Schrötter und sein Bruder Karl Wilhelm, Kanzler für Preußen und Oberlandesgerichtspräsident; Jakob von Auerswald, zunächst Oberpräsident der Provinz und später Landhofmeister von Preußen; Friedrich Brand, 1797 zum Justizkommissar von Königsberg und Syndikus der Universität berufen, dann Rat im Kriminalkollegium und Rechtsbeistand der Königsberger Großbürgerzünfte; Friedrich August Staegemann, als Geheimer Staatsrat wiederum ein enger Mitarbeiter Steins; Alexander Graf zu Dohna-Schlobitten, 1807 Kammerpräsident in Königsberg, 1808 als Steins Nachfolger Innenminister und ab 1810 Generallandschaftsdirektor; Theodor Schön, von dem gleich noch zu reden sein wird; August Wilhelm Heidemann, ab 1802 Rechtsprofessor und ab 1808 Bürgermeister von Königsberg; man könnte so fortfahren.

Nüchternheit bleibt freilich geboten: »Die praktische Wirkung der Reformpläne und der Reformen auf den politisch moralischen Zustand des preußischen Volkes ... muß um so geringer veranschlagt werden, als auf fast allen Gebieten, ausgenommen die Heeresreform, im Jahre 1812 der Stand der Entwicklung hinter die Ende des Jahres 1808 erreichte Linie zurückgedrängt worden war und die kaum geweckten Hoffnungen einer um so größeren Enttäuschung gewichen waren.« Das ist sehr zugespitzt formuliert; unter anderem folgten noch die Edikte zur Gewerbefreiheit und zur Judenemanzipation. Aber soweit es zutrifft, enthält das kritische Urteil unter der Hand ein Lob für den kantischen Geist von Königsberg: hier eben und nirgendwo sonst war die Reformlinie von 1808 erreicht worden.

Neben Kant gewann besonders sein Schüler, Freund und langjähriger Tischgast Christian Jakob Kraus wegweisenden Einfluss. Der Professor für Kameralwissenschaft lehrte, dass der Staat nicht selbst wirtschaften und den Bürgern ihr Tun und Lassen vorschreiben, sondern auch ökonomisch seine Vormundschaft aufgeben und Freiheit schaffen sollte. Gewerbefreiheit nach innen und Freihandel nach außen erschienen als Voraussetzungen dafür, Wohlstand zu schaffen. Urheber dieser Lehre war Adam Smith; mit seinem Hauptwerk »An Inquiry into the Nature and Causes of the Wealth of Nations« (1776, deutsch in drei Bänden 1794–96) schuf er eine Grundlage der modernen Wirtschaftswissenschaften, und Kraus importierte Smith nach Königsberg.

Dass der Schotte hier fruchtbaren Boden fand, hatte handfeste Gründe. Ostpreußen exportierte Holz und Getreide nach England, und nicht zufällig gab es in Königsberg britische Kaufleute wie die Freunde Kants, Joseph Green und Robert Motherby. Umso härter wurde das Land von der Kontinentalsperre getroffen, die Napoleon über das militärisch unangreifbare Inselreich verhängte. »Der gewohnte Absatz der landwirtschaftlichen Erzeugnisse, besonders von Getreide und Wolle nach England, schrumpfte; die Getreidepreise stürzten in Ostpreußen 1806–1810 um 60 bis 80 Prozent; in Memel verfaulten riesige Holzmengen, die für England bestimmt gewesen waren.«

Es hing gewiss nicht nur, aber doch auch mit diesen wirtschaftlichen Umständen zusammen, dass die ostpreußischen Stände am 5. Februar 1813 höchst eigenmächtig zusammentraten, nachdem General Yorck mit den Russen die Konvention von Tauroggen abgeschlossen hatte und am 8. Januar mit seinen Truppen in Königsberg eingerückt war. Schon am dritten Tag seiner Zusammenkunft, am 7. Februar, beschloss der Landtag, geleitet vom Grafen Dohna, die Aufstellung der Landwehr. Ohne jede Regierungsvollmacht lief das praktisch bereits auf die Kriegserklärung an Napoleon hinaus, zum Entsetzen Seiner Majestät des Königs, der in Berlin noch längst nicht wusste, was er tun sollte. Königsberg aber geriet in einen »Ozean stürmischer Bewegung«, wie Ernst Moritz Arndt als Augenzeuge notierte, und es nimmt dieser Bewegung nichts von ihrer Bedeutung, wenn man feststellt, dass zu den Hintergründen nicht nur patriotische Hochgefühle, sondern auch das erdennahe Interesse gehörte: die Hoffnung auf Handelsfreiheit, deren Früchte man endlich einbringen wollte. Eine bloß auf den ersten Blick abenteuerliche Rechnung ging glänzend auf, wie der Historiker Reinhart Koselleck gesagt hat: »Die preußische Beamtenschaft hat bewußt für Adam Smith gegen Napoleon optiert, um den einen durch den anderen zu vertreiben.« Vorab aber handelte es sich um die *ostpreußische* Beamtenschaft, die bei Kant und Kraus in die Schule gegangen war.

Der Begeisterung folgte die Enttäuschung fast auf dem Fuße. Das Verfassungsversprechen Friedrich Wilhelm III. vom 22. Mai 1815, das eine »Landesrepräsentation«, also eine parlamentarische Vertretung des Volkes ankündigte, und sei es mit noch so bescheidenen Rechten, blieb unerfüllt. Oder noch schlimmer: Im Zeichen der »Heiligen Allianz« schloss sich Preußen eng und ängstlich an die konservativen Hauptmächte Österreich und Russland an; es unterdrückte alle freiheitlichen Bewegungen, und die Zensur regierte weit härter als in den Zeiten des Woellner'schen Religionsedikts, mit dem es Kant zu tun bekommen hatte. Die Beamtenschaft mochte weiterhin von liberalem Geist erfüllt sein und auf den wirtschaftlichen Fortschritt setzen, zum Beispiel auf einen Zollverein deutscher Länder, aber politisch bewegte sich nichts mehr. Keine Staatsbürger waren erwünscht, sondern wie eh und je nur Untertanen. Heinrich Heine hat das scharfzüngig beschrieben:

»Es ist wahr, noch vor kurzem haben viele Freunde des Vaterlandes die Vergrößerung Preußens gewünscht und in seinen Königen die Oberherren eines vereinigten Deutschland zu sehen gehofft, und man hat die Vaterlandsliebe zu ködern gewußt, und es gab einen preußischen Liberalismus, und die Freunde der Freiheit blickten schon vertrauensvoll nach Berlin. Was mich betrifft, ich habe mich nie zu solchem Vertrauen verstehen wollen. Ich betrachtete vielmehr mit Besorgnis diesen preußischen Adler, und während andere rühmten, wie er kühn in die Sonne schaue, war ich desto aufmerksamer auf seine Krallen. Ich traute nicht diesem Preußen, diesem langen frömmelnden Gamaschenheld mit dem weiten Magen und dem großen Maule und mit dem Korporalstock, den er erst in Weihwasser taucht, ehe er damit zuschlägt. Mir mißfiel dieses philosophisch christliche Soldatentum, dieses Gemengsel von Weißbier, Lüge und Sand. Widerwärtig, tief widerwärtig war mir dieses Preußen, dieser Tartüffe unter den Staaten.«

Der Dichter urteilt freilich allzu pauschal. Es gab den Geist der Aufklärung und der Freiheit noch. Es gab ihn im Rheinland, hier vor allem als ein Erbe der Revolution und ihrer Errungenschaften, die die französischen Heere in ihrem Marschgepäck mit sich brachten, etwa als den Code Napoléon. Und es gab diesen Geist in Königsberg und darüber hinaus in Ostpreußen, wo Immanuel Kant ihn eingepflanzt hatte. Liberale Gesinnung herrschte an der Universität, in der tonangebenden Hartungschen Zeitung, bei den Beamten und Bürgern, besonders unter den Kaufleuten, ebenso bei den führenden Vertretern des Landadels. Kaum zufällig haben Rheinländer und Ostpreußen die Regierung geprägt, die nach der Märzrevolution von 1848 gebildet wurde. Als Vertreter des ostpreußischen Liberalismus seien zwei Männer exemplarisch genannt.

Theodor Schön (seit 1840: von Schön), 1773 in der Nähe von Tilsit geboren, war noch ein Schüler Kants und neben Frey ein enger Mitarbeiter des Freiherrn vom Stein gewesen. 1816 wurde er zum Oberpräsidenten von Westpreußen, 1824 auch von Ostpreußen ernannt. Als den wahren Landesvater, den »pater borussiae«, hat man ihn allgemein verehrt.

Mitkämpfer Schöns und sein Gegner zugleich war der Arzt Johann Jacoby. 1805 in Königsberg als Sohn eines jüdischen Kaufmanns geboren. Er vertrat einen radikalen, nicht bloß auf Mitbestimmung, sondern auf Demokratie zielenden Liberalismus; im Alter hat er sich der Sozialdemokratie angeschlossen. Das ist ihm nicht vergessen und vergeben worden, bis in die neueste Zeit nicht: einen »Fanatiker der demokratischen Bestrebungen« nennt ihn die Brockhaus-Enzyklopädie von 1970. Doch es spricht für den freiheitlichen Geist, der in Königsberg herrschte, dass Jacoby dort als Radikaler und als Jude eine politische Rolle spielen konnte – wie Juden überhaupt. Neben Jacoby standen seine Freunde Raphael Koch und Ferdinand Falkson. Auch an Eduard Simson ist zu erinnern, Mitglied und seit Dezember 1848 Präsident der Frankfurter Nationalversammlung.

Nach dem Thronwechsel von 1840 kam Friedrich Wilhelm IV. nach Königsberg, um die Huldigung der Stände entgegenzunehmen. Große Erwartungen verbanden sich mit diesem Thronwechsel. Der Landtag, den Schön am 5. September eröffnete, nahm mit überwältigender Mehrheit eine Entschließung an, in der er die Einlösung des Verfassungsversprechens von 1815 zwar nicht forderte, aber erbat. Doch der König entzog sich, kehrte rasch nach Berlin zurück und ließ aus sicherer Entfernung wissen, dass er keinesfalls zustimmen werde. Die Enttäuschung fand ihren Niederschlag in Schöns Denkschrift »Woher und wohin?«, die er an Freunde und auch an den König verschickte. Ohne sein Wissen wurde diese Schrift in Straßburg gedruckt und mit einem gehässigen antipreußischen Vorwort versehen. So wurde sie bekannt – und Schön bald darauf entlassen.

Jacoby erregte noch mehr Aufsehen mit seinen »Vier Fragen, beantwortet von einem Ostpreußen«. Die Fragen und die knapp gefassten Antworten lauteten:

»I. Was wünschen die Stände? Gesetzmäßige Teilnahme an den Angelegenheiten des Staates.

II. Was berechtigt die Stände zu solchem Verlangen? Das Bewußtsein ihrer Mündigkeit und ihre am 22. Mai 1815 faktisch und gesetzlich erfolgte Mündigsprechung.

III. Welcher Bescheid ward den Ständen? Anerkennung ihrer treuen Gesinnung, Abweisung der gestellten Anträge und tröstende Hindeutung auf einen künftigen unbestimmten Ersatz.

IV. Was bleibt der Ständeversammlung zu tun übrig? Das, was sie bisher als Gunst erbeten, nunmehr als erwiesenes Recht in Anspruch zu nehmen.«

Deutlich genug stammt der Anspruch auf Mündigkeit aus dem Geist der Aufklärung im Sinne Kants. Seine wagemutige Wendung ins Politische trug Jacoby indessen eine Anklage wegen Hochverrats und die Verurteilung zur Festungshaft ein; in zweiter Instanz wurde er jedoch freigesprochen. Ein Abschnitt aus seiner Schrift sei hier noch zitiert, weil sie sehr deutlich die preußischen Zustände umreißt:

»Man darf dreist behaupten, daß unser Vaterland an sittlicher und geistiger Bildung seiner Bewohner keinem Lande Europas nachsteht. Selbst von den eifrigsten Gegnern, von Franzosen und Engländern, wird Preußen mit seinen sieben Universitäten, 20 085 Schulen und seiner volksbildenden Militärverfassung als ein unerreichtes Vorbild gründlicher Volkserziehung gepriesen. Wo hat die deutsche Literatur eine reichlichere Quelle, wo einen einträglicheren Markt als in Preußen? Welche Nation hat im Unglück soviel sittliche Kraft, im Glück und mitten unter allgemeiner Volksgärung soviel Mäßigung offenbart, als die preußische? ... Und welchen Anteil an der Regierung hat dieses an Sitte und Intelligenz so hochstehende Volk? Errötend müssen wir gestehen: Kaum den allergeringsten.«

Dieser Text zeigt neben dem leidenschaftlichen Freiheitsverlangen auch den leidenschaftlichen Patriotismus eines preußischen Juden. Wäre im Übrigen Jacobys Schrift anonym geblieben, so hätte sie doch den östlichen, zumal den ostpreußischen Autor verraten. Denn wie schon einmal angedeutet, meint das »dreist« in der Landesfärbung keine Dreistigkeit, sondern die Bekräftigung, etwas wie »unbedingt« oder »ohne jeden Zweifel«.

Einen Höhepunkt der liberalen Bewegung bildete die große Volksversammlung in Pillau am 8. Juni 1845. Tausende kamen, und einstimmig wurde Jacobys Antrag angenommen, den König um eine Verfassung zu bitten, die Mitbestimmung gewährte. Dass dann die Revolution von 1848 in Königsberg ohne Widerstand siegte, versteht sich fast von selbst. Zwar bildete man zum Kampf gegen die Reaktion eine Bürger- und Studentenwehr, aber da der Feind sich nirgendwo blicken ließ, verlief sich diese Streitmacht bald wieder. Das beinahe wichtigste Ergebnis blieb, dass man sich musikalisch bewaffnete und eine Kapelle ins Leben rief, die an jedem zweiten Sonntag auf dem Paradeplatz vor der Neuen Universität die Bürger erfreute. An den anderen Sonntagen spielte das Musikkorps des königlichen Infanterieregiments Nr. 1.

Was hätte wohl Kant zu alledem gesagt? Wahrscheinlich hätte es ihm gefallen. Der Freiheitsgeist Königsbergs und Ostpreußens war von ihm geprägt worden, und die Bürger berherzigten offenbar, was er als Aufklärung meinte: Habe Mut, dich deines eigenen Verstandes zu bedienen. Sogar gegen die Platzkonzerte hätte er kaum protestiert. Zwar machte er sich im Allgemeinen nichts aus Musik, aber im Besonderen mochte er Märsche.

Leider ist noch ein Zusatz erforderlich. Das freiheitliche Erbe Kants hat den Wandel der Zeiten nicht überdauert. Wie im übrigen Deutschland verlor sich seit der Reichsgründung auch in Königsberg die liberale Bewegung unmerklich, aber stetig. Auch der Adel wandelte sich. »Großvater war ausgesprochen konservativ«, berichtet Alexander Fürst zu Dohna-Schlobitten in seinen »Erinnerungen eines alten Ostpreußen«. »Dies kam auch darin zum Ausdruck, daß er den Kupferstich des Königsberger Bürgermeisters [richtig: des Oberpräsidenten] von Schön als Konterfei eines unerfreulich liberalen Mannes aufs WC hing; sein Großonkel Alexander war noch mit Schön befreundet gewesen.« Am Anfang vom Ende stand dann die Reichstagswahl vom März 1933. Mit ihr erreichten die Nationalsozialisten in Ostpreußen eine Mehrheit wie nirgendwo sonst. Doch das ist schon eine andere Geschichte.

Die große Entwicklung der deutschen Literatur von Klopstock und Lessing über Goethe und Schiller bis zu Kleist, Eichendorff und Heine wäre kaum anders verlaufen, wenn es Kant nicht gegeben hätte. Er selbst hat sich für diese Entwicklung nie ernsthaft interessiert; er war eben weder ein musischer noch ein literarischer Mensch. Noch 1827 spürt man Goethes Kränkung in der Antwort auf Eckermanns Frage, ob er ein persönliches Verhältnis zu dem berühmten Philosophen gehabt habe: »Nein, Kant hat nie von mir Notiz genommen.« Andererseits ist auch die »Kritik der Urteilskraft« ohne nennenswerten Einfluss geblieben.

Ganz anders die philosophische Bewegung. Ohne Immanuel Kant kein Johann Gottlieb Fichte, kein Schelling und kein Georg Wilhelm Friedrich Hegel; ohne Hegel, in der zweiten Generation nach Kant, keine Religionskritik der Bruno Bauer, Ludwig Feuerbach, David Friedrich Strauß, kein Arthur Schopenhauer – und natürlich kein Karl Marx.

Kant hat das protestantische Erbe ins Innerweltliche übersetzt und aus Luthers Anruf des Gewissens die Pflicht im Sinne einer »allgemeinen Gesetzgebung« gemacht; seine »kopernikanische Wende« hat ein Feuerwerk des Geistes entzündet, eine Erregung, manchmal Verstiegenheit und immer Radikalität des Denkens entfacht, die ohne Beispiel ist. Und sein Erstürmen des Himmels hat das unstillbare Bedürfnis nach einem Ersatz, nach weltanschaulichen und weltgeschichtlichen Heilsentwürfen geweckt. Mit Recht hat Heinrich Heine gesagt: »Die deutsche Philosophie ist eine wichtige, das ganze Menschengeschlecht betreffende Angelegenheit, und erst die spätesten Enkel werden darüber entscheiden können, ob wir dafür zu loben oder zu tadeln sind, daß wir erst unsere Philosophie und hernach unsere Revolution ausarbeiteten.«

Inzwischen wollen wir es bequem haben und blicken wohl eher mit Unverständnis auf die einstigen Geistesflüge zurück. Um mit dem Hellseher Mephisto zu reden: »Die wird gewiß einmal bei deiner Gottähnlichkeit bange!« Dabei darf man den menschenfreundlichen, freiheitsliebenden und auf eine Annäherung an den ewigen Frieden hoffenden Kant gewiss nicht dafür haftbar machen, was nach ihm kam. Jede Generation trägt ihre eigene Verantwortung. Doch dass er sozusagen eine atomare Kettenreaktion ausgelöst hat, steht außer Zweifel. Für ihn genügte »das moralische Gesetz in mir«; für andere genügte es nicht. Oder sie machten daraus eine monströse Prinzipienreiterei. Je mehr seine Nachfolger dem christlichen Glauben abschworen, desto dringender verlangten sie nach der innerweltlichen Erlösung. Wohin man mit ihr am Ende gelangt, hat Heine prophetisch beschrieben:

»Die deutsche Revolution wird darum nicht milder und sanfter ausfallen, weil ihr die Kantsche Kritik, der Fichtesche Transzendentalidealismus oder gar die Naturphilosophie vorausging. Durch diese Doktrinen haben sich revolutionäre Kräfte entwickelt, die nur des Tages harren, wo sie hervorbrechen und die Welt mit Entsetzen und Bewunderung erfüllen können. Es werden Kantianer zum Vorschein kommen, die auch in der Erscheinungswelt von keiner Pietät etwas wissen wollen und erbarmungslos, mit Schwert und Beil, den Boden unseres europäischen Bodens durchwühlen, um auch die letzten Wurzeln der Vergangenheit auszurotten. Es werden bewaffnete Fichteaner auf den Schauplatz treten, die in ihrem Willensfanatismus weder durch Furcht noch durch Eigennutz zu bändigen sind; denn sie leben im Geist, sie trotzen der Materie, gleich den ersten Christen, die man ebenfalls weder durch leibliche Qualen noch durch leibliche Genüsse bezwingen konnte ... Doch noch schrecklicher als alles wären Naturphilosophen, die handelnd eingriffen in die deutsche Revolution und sich mit dem Zerstörungswerk selbst identifizieren würden. Denn wenn die Hand des Kantianers stark und sicher zuschlägt, weil sein Herz von keiner traditionellen Ehrfurcht bewegt wird, wenn der Fichteaner mutvoll jeder Gefahr trotzt, weil sie für ihn in der Realität gar nicht existiert: so wird der Naturphilosoph dadurch furchtbar sein, daß er mit den ursprünglichen Gewalten der Natur in Verbindung tritt, daß er die dämonischen Kräfte des altgermanischen Pantheismus beschwören kann und daß in ihm jene

Kampflust erwacht, die wir bei den alten Deutschen finden und die nicht kämpft, um zu zerstören noch um zu siegen, sondern bloß, um zu kämpfen. Das Christentum – und das ist sein schönstes Verdienst – hat jene brutale germanische Kampflust einigermaßen besänftigt, konnte sie jedoch nicht zerstören, und wenn einst der zähmende Talisman, das Kreuz, zerbricht, dann rasselt wieder empor die Wildheit der alten Kämpfer, die unsinnige Berserkerwut, wovon die nordischen Dichter soviel singen und sagen. Jener Talisman ist morsch, und kommen wird der Tag, wo er kläglich zusammenbricht. Die alten steinernen Götter erheben sich dann aus dem verschollenen Schutt und reiben sich den tausendjährigen Staub aus den Augen, und Thor mit dem Riesenhammer springt endlich empor und zerschlägt die gotischen Dome ... Lächelt nicht über den Phantasten, der im Reiche der Erscheinungen dieselbe Revolution erwartet, die im Gebiete des Geistes stattgefunden. Der Gedanke geht der Tat voraus wie der Blitz dem Donner. Der deutsche Donner ist zwar auch ein Deutscher und ist nicht sehr gelenkig und kommt etwas langsam herangerollt; aber kommen wird er, und wenn ihr es einst krachen hört, wie es noch niemals in der Weltgeschichte gekracht hat, so wißt: der deutsche Donner hat endlich sein Ziel erreicht. Bei diesem Geräusche werden die Adler aus der Luft tot niederfallen, und die Löwen in der fernsten Wüste Afrikas werden die Schwänze einkneifen und sich in ihren königlichen Höhlen verkriechen. Es wird ein Stück aufgeführt werden in Deutschland, wogegen die französische Revolution wie eine harmlose Idylle erscheinen möchte.«

Die deutsche Aufführung endete in der Katastrophe, und mit ihr ist Königsberg, Kants geliebte Heimatstadt, 1945 untergegangen, wohl so unwiderruflich wie Karthago im Sturm der Römer. An seine Stelle ist Kaliningrad getreten, unvergleichbar und nur geographisch am selben Ort. Doch sogar in Kaliningrad kann man Kant besuchen. Seit 1992 steht er – dank Marion Gräfin Dönhoff – wieder auf seinem angestammten Denkmalsockel am Rande des Paradeplatzes, den Dreispitz in der Hand, und schaut zur »neuen« Universität hinüber. Wandert man von dort zum Pregel hinunter und über die Honigbrücke zur Dominsel, so findet man an der Seite des Doms das Grabmal. »Immanuel Kant, 1724–1804«, steht da geschrieben. Und fast immer liegen Blumen auf dem Sarkophag.

Friedrich August Ludwig von der Marwitz

»Als Adam grub und Eva spann, wo war denn da der Edelmann?« Diese Frage stammt natürlich aus einer Zeit, in der man damit anfing, sich über ererbte Vorrechte zu ärgern und für die Gleichheit zu begeistern. Einen Markstein setzte um die Mitte des 18. Jahrhunderts Jean-Jacques Rousseau. »Über den Ursprung der Ungleichheit unter den Menschen«, heißt seine Schrift aus dem Jahre 1755, und darin liest man: »Der erste, der ein Stück Land eingezäumt hatte und frech behauptete: ›Das ist mein!‹ – und Leute fand, einfältig genug, ihm zu glauben, wurde zum wahren Begründer der bürgerlichen Gesellschaft. Wie viele Verbrechen, Kriege, Leiden und Schrecken würde der dem Menschengeschlecht erspart haben, der die Pfähle herausgerissen oder den Graben zugeschüttet und seinesgleichen zugerufen hätte: ›Hört nicht auf den Betrüger. Ihr seid verloren, wenn ihr vergeßt, daß die Früchte allen gehören und die Erde keinem!‹«

Richtiger hätte wohl vom Begründer der Adelsherrschaft die Rede sein sollen. Denn *ihr* typisches Kennzeichnen, nicht das der bürgerlichen Gesellschaft, ist die Verfügung über Grund und Boden – und über die Menschen, die den Boden bebauen. 1762 folgt Rousseaus politische Hauptschrift, »Du Contrat Social«, »Vom Gesellschaftsvertrag«, die nach kurzer Vorrede mit einem Fanfarenruf beginnt: »Der Mensch ist frei geboren, und überall liegt er in Ketten.«

Rousseau wirkte wie ein Erweckungsprediger; nicht bloß in Frankreich, sondern überall in Europa nahmen die Gebildeten mit Begeisterung auf, was er verkündete, sogar in Deutschland bis hin zu Immanuel Kant im fernen Königsberg. Erst recht ließen die Revolutionäre, als sie handfest mit dem Kettensprengen begannen, sich die Botschaft gerne gesagt sein. Und weil man zur Praxis den Propheten braucht, wurden nach 1789 Auszüge aus den Schriften Rousseaus in den Straßen von Paris verlesen, damit auch die Ungebildeten verstanden, worum es eigentlich ging. Konsequent genug richtete sich der erste Stoß der Revolution gegen die Adelsvorrechte und erst der zweite gegen die Monarchie. »Rette sich, wer kann«, hieß die Parole für die Angegriffenen; Frankreichs Nachbarländer, darunter die rheinischen Städte wie Mainz oder Koblenz, füllten sich mit halb verängstigten, halb rachedurstigen Adelsemigranten. Wer nicht floh, durfte wenig später – nun zusammen mit dem König – das Schafott besteigen.

Wie ein heimlicher Leitfaden begleitet seit 1789 der Kampf gegen den Adel die neuere europäische Geschichte bis zur russischen Revolution von 1917 und zum spanischen Bürgerkrieg, der 1936 begann. Zur deutschen Revolution von 1848 gehört das Hecker-Lied mit seinen denkwürdigen Zeilen:

»An dem Darm des Pfaffen
Hängt den Edelmann,
Laßt ihn dran erschlaffen,
Bis er nicht mehr kann.«

Doch da es hierzulande selbst bei einer Revolution ordentlich zugeht, blieb es bei der Verfassung, die die Nationalversammlung der Frankfurter Paulskirche am 28. März 1949 feierlich verabschiedete (und die niemals in Kraft trat). Darin hieß es im Paragraphen 137: »Alle Standesvorrechte sind abgeschafft. – Die Deutschen sind vor dem Gesetz gleich. – Alle Titel, soweit sie nicht mit einem Amte verbunden sind, sind aufgehoben und dürfen nie wieder eingeführt werden.« Mit der gehörigen Verspätung wurde die Gleichheit als ein unantastbares Grundrecht erst im Bonner Grundgesetz von 1949 verankert. Doch schon vorher, seit 1945, hat man die ostdeutschen Hochburgen des Adels leer geräumt: bis zu Oder und Neiße mit der Vertreibung, bis zu Elbe und Werra durch die Bodenreform. Sozusagen zum finsteren Vorspiel zählte der Hass, der sich in den Todesurteilen des nationalsozialistischen Volksgerichtshofs entlud und an den Galgen von Berlin-Plötzensee sein Ziel fand.

Zu den Ausnahmen von der europäischen Regel gehört Großbritannien. Dort bestimmt die Adelsverfassung, dass nur der älteste Sohn Titel und Besitz erbt; seine jüngeren Geschwister treten ins Bürgertum über. Andererseits werden ständig verdiente Bürger geadelt, ohne dass eine Titelinflation droht. Diese einzigartige Offenheit nach beiden Seiten hat die Gegensätze abgefangen oder jedenfalls entscheidend gemildert. Aber man darf sich nicht täuschen lassen: Die Entmachtung des »House of Lords« schreitet in Stufen voran, und neuerdings soll gerade der alte Erbadel ausgeschlossen werden, für den das Oberhaus ursprünglich doch bestimmt war. Eine noch wirksamere Auflösungsarbeit leistet die progressive Erbschaftssteuer. Von Generation zu Generation muss ein Teil des Grundbesitzes verkauft werden, und die Schlösser, sofern sie nicht als Museen oder Golfhotels überleben, fressen ihren Besitzern die Haare vom Kopf. Sogar die uralte Gewohnheit der Reitjagden stößt auf wachsenden Widerstand.

Heute mag uns das Grundrecht auf Gleichheit selbstverständlich sein, und wo seine Durchsetzung noch als unvollständig erscheint, da empört man sich und setzt zum Angriff an wie einst eine aufgebrachte Menge in Paris zum Sturm auf die Bastille. Wenn wir aber in die ältere Geschichte zurückschauen, dann erkennen wir nicht nur in Europa, sondern überall auf der Welt die Spielarten der Adelsherrschaft und ihre ehrwürdigen Traditionen, unter welcher Bezeichnung auch immer.

Auf die Frage nach dem Warum gibt es zwei Antworten. Erstens entsteht überall, wo Menschen miteinander leben, ein Bedürfnis nach Führung. Irgendwer muss entscheiden, wie man den Ernte- oder Jagdertrag verteilt und wie man sich rüsten soll, um einem Feind zu begegnen. Wo die Gefahr allgegenwärtig ist, beginnt fast naturwüchsig eine Form von Arbeitsteilung, in der schon die Scheidung der Stände angelegt ist: Jemand hält sich gerüstet und führt das Schwert, während andere den Boden bebauen und dafür den Schwertträger mit Abgaben versorgen.

Zweitens erscheint es eher als Vorteil denn als Nachteil, wenn die Führung sich verfestigt und erblich wird. Man muss nicht immer neu und womöglich blutig um Machtansprüche streiten, wenn Gott oder die Natur darüber schon vorweg entschieden haben. Überdies vererben sich Erfahrungen vom Vater auf den

Sohn; in der Kette der Generationen werden die jeweils geforderten Eigenschaften angezüchtet und die unnützen abdressiert.

Voraussetzung ist allerdings, dass die wesentlichen Lebensverhältnisse sich nicht oder nur unmerklich langsam verändern, denn nur unter dieser Bedingung bildet die Weitergabe von Erfahrungen eine zuverlässige Grundlage des angemessenen Verhaltens. In der vormodernen Agrargesellschaft ist das der Fall; die Sense vererbt sich in Bauernfamilien von Generation zu Generation wie der Hobel beim Tischler und unter Rittern das Schwert; die Enkel führen das eine oder das andere Gerät mit keinem anderen Schwung als die Großväter. Wichtig ist nicht, etwas Neues zu lernen, sondern das Überkommene zu achten, zu beherrschen, zu verteidigen. Diese bewahrende Einstellung durchdringt alle Bereiche bis hin zum Glauben und zur Gelehrsamkeit.

Die Voraussetzung wird brüchig, wenn der Wandel beginnt, wie in Europa seit Beginn der Neuzeit. Kanonen bringen Burgmauern zum Einsturz, Musketenkugeln durchschlagen die Ritterrüstungen. Das Zeitalter der Entdeckungen eröffnet unbekannte Horizonte. Der moderne Staat braucht Berufsbeamte und Berufssoldaten, die sich als zuverlässig erweisen, weil sie von der Bezahlung abhängig sind, nicht mehr adlige und eigenwillige Lehnsleute, die von Fall zu Fall Gefolgschaft leisten – oder sie verweigern. Und vor allem: Kapitaleinsatz und Konkurrenz entfesseln die Wirtschaftsentwicklung zu nie gekannter Dynamik; sie schaffen den Unternehmer als revolutionäre Leitfigur einer »schöpferischen Zerstörung«. Dabei kommt es auf Einfallsreichtum und Arbeitsbereitschaft an und nicht darauf, ob jemand der Sohn seines Vaters ist. Karl Marx hat das Wesentliche im »Kommunistischen Manifest« bezeichnet:

»Die Bourgeoisie hat enthüllt, wie die brutale Kraftäußerung, die die Reaktion so sehr am Mittelalter bewundert, in der trägsten Bärenhäuterei ihre passende Ergänzung fand. Erst sie hat bewiesen, was die Tätigkeit des Menschen zustande bringen kann. Sie hat ganz andere Wunderwerke vollbracht als ägyptische Pyramiden, römische Wasserleitungen und gotische Kathedralen, sie hat ganz andere Züge ausgeführt, als Völkerwanderungen und Kreuzzüge. – Die Bougeoisie kann nicht existieren, ohne die Produktionsinstrumente, also die Produktionsverhältnisse, also sämtliche gesellschaftlichen Verhältnisse fortwährend zu revolutionieren. Unveränderte Beibehaltung der alten Produktionsweise war dagegen die erste Existenzbedingung aller früheren industriellen [lies: wirtschaftlichen] Klassen. Die fortwährende Umwälzung der Produktion, die ununterbrochene Erschütterung aller gesellschaftlichen Zustände, die ewige Unsicherheit und Bewegung zeichnet die Bourgeoisieepoche vor allen anderen aus. Alle festen, eingerosteten Verhältnisse mit ihrem Gefolge von altehrwürdigen Vorstellungen und Anschauungen werden aufgelöst, alle neugebildeten veralten, ehe sie verknöchern können. Alles Ständische und Stehende verdampft, alles Heilige wird entweiht, und die Menschen sind endlich gezwungen, ihre Lebensstellung, ihre wechselseitigen Beziehungen mit nüchternen Augen anzusehen.«

Was zählen da noch die unvordenklich ererbten Vorrechte, es sei denn als Ärgernis? Sie werden unverständlich, gelten als anstößig und taugen zu nichts mehr. Sie erweisen sich als Bremsklötze und verhindern die Konkurrenz aller mit allen, die sich, als Freiheit zum Wettbewerb, einzig auf dem Boden formeller Gleichheit durchsetzen kann. Das alte Recht verkehrt sich zum Unrecht, zum Urfeind eines neuen und »natürlichen« Rechts, das dem Menschen als Menschen und dem Bürger gebührt. In solchem Sinne haben die Ideale von 1789, mit Fanfarenrufen verkündet und mit der Guillotine vollstreckt, die Zukunft für sich. Hinter ihnen stehen die wirtschaftlichen Erfordernisse des Kapitalismus oder der Marktwirtschaft seit dem Beginn der industriellen Revolution, und eben dies macht sie unwiderstehlich.

Das Bühnenbild ist aufgebaut, vor dessen Hintergrund die Lebensgeschichte eines Mannes erzählt werden soll – und vielleicht sogar gewürdigt werden kann –, der wie kein anderer die Verteidigung des preußisch-deutschen Adels gegen die Revolution verkörpert. Friedrich August Ludwig von der Marwitz wurde am 29. Mai 1777 in Berlin geboren und starb auf seinem ererbten Gutsbesitz Friedersdorf am 6. Dezember 1837. Das Kind hat noch Friedrich den Großen gesehen, dem Jungen wehte der Sturmwind aus Frankreich entgegen, der Mann erlebte den preußischen Zusammenbruch von 1806, kämpfte gegen Napoleons

Herrschaft wie gegen die preußischen Reformen seit 1807; er brachte es zum Staatsgefangenen des Reformkanzlers Hardenberg und zum hochdekorierten General. Nicht nur nebenher war er auch ein genauer Beobachter und Erzähler von Rang, mit der besonderen Gabe, prägnant zu sein, also das Wesentliche knapp und genau zu sagen.

Marwitz hat schon die Zeitgenossen beschäftigt. Er ist ihnen als ein Mann von scharfkantigem Eisen erschienen. Oder von glühendem Eisen; er wurde, wie er selbst einmal sagte, »von vielen geflohen als einer, in dessen Nähe man sich leicht verbrennen kann«. Später hat ihm Theodor Fontane in den »Wanderungen durch die Mark Brandenburg« und in seinem Roman »Vor dem Sturm« – in der Figur des Berndt von Vitzewitz – ein Denkmal gesetzt. Noch später ist auf ihre Weise die DDR dem Dichter gefolgt: In Marwitz fand sie ihr Urbild des Junkers, das den fortschrittlichen Gegenschlag herausfordert und rechtfertigt. Als man schließlich die fortschrittlichen Kräfte sogar in Preußen entdeckte, jedenfalls im Preußen der Reformzeit, mit Scharnhorst vorweg (in dessen Namen die Nationale Volksarmee einen Orden verlieh), und dazu eine Fernsehserie produzierte, wurde Marwitz als die finster reaktionäre Gegenfigur, als Verkörperung des Bösen dargestellt. In Friedersdorf hat man seinen Grabstein entfernt und sein Schloss gesprengt, obwohl es den Krieg nur mäßig beschädigt überdauert hatte und in der Form, die Carl Friedrich Schinkel ihm 1828 gegeben hatte, denkmalswürdig gewesen wäre. Weil es das Schloss nicht mehr gibt, müssen wir uns auf das verlassen, was Fontane gesehen und geschildert hat:

»Das Friedersdorfer Herrenhaus ist so recht das, was unsere Phantasie sich auszumalen liebt, wenn wir von ›alten Schlössern‹ hören. Die Frage nach dem Maß der Schönheit wird gar nicht laut; alles ist charaktervoll und pittoresk, und das genügt. Die Front- und Seitengiebel sind staffelförmig mit Türmchen besetzt, und die hohen und deshalb schmal erscheinenden Fenster mit ihren desto breiteren Pfeilern dazwischen steigern nur den Eindruck des Eigentümlichen und geben ein Ansehen von Halt und Festigkeit. Rosenbäume wachsen über die Glastür hinaus, die von der Halle her in Park und Garten führt; vor der Front des Hauses aber, inmitten eines von Kieswegen umzirkten und von mächtigen alten Kastanien überschatteten Grasplatzes, stehen ein paar gußeiserne Böller und mahnen an den kriegerischen Geist, der hier durch Generationen hin lebendig war.«

Das ist ein etwas zweideutiges Lob, das sich jedoch zum Eindeutigen wendet: »Wir betreten das Haus und verwundern uns über seine Raumfülle. Das macht, es stammt noch aus jener vornehmen Zeit her, wo man die vorhandene Gesamträumlichkeit in wenige imposante Gemächer teilte, statt sie wie jetzt in zahllosen Stuben und Stübchen hotelartig zu verzetteln. Die Baumeister waren damals noch bei keinen Hauswirten in die Schule gegangen und hatten noch nicht gelernt, der trivialsten Ökonomie die Schönheit und Stattlichkeit der Verhältnisse zu opfern.«

Die Marwitz gehören zu den alten brandenburgischen Adelsgeschlechtern – zuerst im Jahre 1259 urkundlich erwähnt und mit ihrem Stammhaus noch hinter der Oder bei Landsberg an der Warthe ansässig –, zu denen Fontane in seinem Roman »Der Stechlin« anmerkt, sie hätten »noch ganz das eigentümlich sympathisch berührende Selbstgefühl all derer, die ›schon vor den Hohenzollern da waren‹«. In der Dorfkirche von Friedersdorf erinnert eine Gedenktafel an Hans Georg von der Marwitz, »des St. Johanniter Ordens Ritter«, der 1704 starb. Er heiratete 1673 die Tochter des Generals von Görtzke. Durch diese Verbindung kam Friedersdorf in Marwitz'schen Besitz, als Görtzke 1682 starb. Damals waren die Verwüstungen des Dreißigjährigen Krieges noch längst nicht überwunden, und Hans Georg – so rühmt sein Nachkomme Friedrich August Ludwig – »machte den Acker und den anstoßenden Teil des Oderbruches urbar, erbaute den gegenwärtigen Rittersitz, die Kirche und den Turm, setzte wieder einen Prediger und Küster an und ordnete alle Verhältnisse, so daß er als der neue Begründer dieses Ortes angesehen werden muß«.

Nur nebenher, als Hilfe zur Orientierung: Es gibt mehrere Orte mit dem Namen Friedersdorf, in der Mark Brandenburg ebenso wie im angrenzenden Sachsen und sogar in Bayern. Das hier gemeinte Dorf liegt knapp zwei Kilometer südlich von Seelow am Rande des Oderbruchs, etwas nördlich von Frankfurt an der Oder und südwestlich von Küstrin.

Zu den denkwürdigen Marwitz zählte der Onkel von Friedrich August Ludwig, von dem der Neffe erzählt: »Johann Friedrich

Adolph war schon 1740 mit 17 Jahren in das Kürassierregiment Gendarmes eingetreten und hatte alle Kriege Friedrich des Großen mitgemacht. Er wurde 1758 bei Zorndorf Major und erhielt zugleich den Orden pour le mérite ... Er war ein sehr braver und und in großer Achtung stehender Soldat, ein feiner und sehr gebildeter Weltmann, ein großer Freund der Literatur und Kunst. Friedrich II. schätzte ihn sehr hoch, um so mehr, weil er das Regiment Gendarmes beinahe den ganzen Siebenjährigen Krieg hindurch, statt des eigentlichen Kommandeurs Oberst Graf Schwerin, mit dem größten Sukzeß geführt hatte ...

Wie nun bei der zweiten Okkupation von Berlin durch die Russen und Österreicher [1760] die bei diesen befindlichen Sachsen das Schloß Charlottenburg geplündert und die schöne Antikensammlung ... zerschlagen hatten, ließ der erzürnte König das Schloß des sächsischen Premierministers Grafen Brühl zu Pförten, als Repressalie, zerstören, das kurfürstliche Jagdschloß zu Hubertusburg aber, in dessen Nähe die Armee stand, schenkte er dem Obersten Johann Friedrich Adolph, mit dem Befehl, alles ausräumen zu lassen, was darin transportabel sei. Es waren Kostbarkeiten, Silberzeug und viele herrliche Möbel und Tapeten, ein Geschenk von vielen tausend Talern.

Nach einigen Tagen fragte der König ihn bei Tisch: ›ob er alles habe wegbringen lassen?‹ Der Oberst sagte: ›Nein.‹ Nach einigen anderen Tagen, wo der König recht gut wußte, daß noch alles unangerührt stehe, tat er dieselbe Frage, und als die nämliche Antwort erfolgte, fragte der König: ›Warum nicht?‹ – ›Weil dies sich allenfalls für Offiziere eines Freibataillons schicken würde, nicht aber für den Kommandeur Seiner Majestät Gendarmes!‹ war die Antwort. Der entrüstete König stand von der Tafel auf, schenkte dies Mobiliar dem Obersten Quintus Icilius, und der plünderte alles rein aus. Den Obersten von der Marwitz aber ließ der König seitdem seine Ungnade empfinden.«

Der Kommandeur von seiner Majestät Gardekürassieren reichte zweimal seinen Abschied ein, und als der abgelehnt wurde, trat er sozusagen in Streik: Für ein ganzes Jahr (inzwischen wieder im Frieden) blieb er demonstrativ dem Dienst fern. Der König wollte seinen Obersten behalten und versuchte einzulenken, aber nicht einmal das half, »weil«, wie Marwitz sagte, »was geschehen ist, der König nicht ungeschehen machen könne«. Das dritte Abschiedsgesuch wurde schließlich genehmigt.

Johann Friedrich Adolph von der Marwitz starb 1781 in Friedersdorf. Sein Grabstein war nach 1945 für Jahrzehnte halb hinter einem Mauerwerk verschwunden, das die im Krieg beschädigte Kirche abstützen sollte. Jetzt ist er wieder freigelegt, und man kann die Inschrift lesen:

»Er sah Friedrichs Heldenzeit
und kämpfte mit ihm
in allen seinen Kriegen
Wählte Ungnade
wo Gehorsam nicht Ehre brachte.«

In einer Gedenkrede zum Widerstand gegen Hitler am zehnten Jahrestag des 20. Juli 1944 hat der erste Bundespräsident, Theodor Heuss, gesagt: »So mag das Preußische als moralische Substanz begriffen werden. Und wenn irgendwo, dann steht Preußens Denkmal in einer Dorfkirche der Mark Brandenburg. In Friedersdorf.« Hinzuzufügen wäre noch, dass die Inschrift natürlich vom Neffen Friedrich August Ludwig von der Marwitz entworfen wurde, wie schon angedeutet, einem Meister der Prägnanz.

In seinen »Wanderungen durch die Mark Brandenburg« hat Fontane recht missgestimmt berichtet, was mit Johann Friedrich Adolph geschah, seit der König ihm seinen Abschied bewilligte:

»Er war damals sechsundvierzig Jahre alt. Das Ende seines Lebens entsprach nicht dem ruhmreichen Anfang. Aller regelnden Tätigkeit und jener wohltätigen Disziplin, die der ›Dienst‹ auf die Kräfte und Leidenschaften starker Natur ausübt, überhoben, verfiel er einem glänzenden Müßiggange, den er nunmehr mit der gleichen Konsequenz und Energie wie früher seine soldatischen Tugenden durchführte. Den größten Teil des Tages verbracht er beim Spiel. Kam er nach Friedersdorf, so war er sicher von einer ›Partie‹ begleitet. Unter der großen Linde, welche hinter dem Hause im Garten steht, hatte er sich eine Laube einrichten lassen. Dort saß er schon am Morgen und spielte. Dann wurde mit großem Aufwande getafelt, viel und gut und lange getrunken, bis der

Abend die Beschäftigung des Morgens wieder aufnahm. Er besaß eine höchst wertvolle Bibliothek, die sich jetzt noch im Friedersdorfer Schloß befindet. Alle diese Bücher hatte er, partienweise, dem Quintus Icilius im Spiel abgewonnen und sich dadurch nachträglich und auf dem Wege rechtens in den Besitz derselben Bibliothek gesetzt, deren Fortführung aus Schloß Hubertusburg er, als unwürdig eines Marwitz und Obersten der Gendarmes, verweigert hatte.«

Wir sollten diese Geschichte wohl eher von der heiteren Seite nehmen und uns mit dem verabschiedeten und seither müßiggängerischen Offizier darüber freuen, dass er »auf dem Wege rechtens« in seinen Besitz brachte, was ihm sein Ehrgefühl sogar gegen den Befehl des Königs verweigert hatte. Der brave Bürger Fontane reagierte wahrscheinlich nur darum so empfindsam, weil er sich an die fatale Spielleidenschaft seines eigenen Vaters erinnerte, die der Familie weder eine Bibliothek noch sonstige Schätze eintrug, sondern sie ins Unglück stürzte.

Über die Kindheit des Friedrich August Ludwig – oder abkürzend nur Ludwig, aber eine Mehrzahl gleichrangiger Vornamen war damals noch üblich, und wir folgen diesem alten Brauch – ist nicht viel zu sagen. Dramatische Auseinandersetzungen gab es im Elternhaus nicht; dass er Offizier werden würde, stand für den Jungen ebenso fest wie für den Vater, obwohl der kein Soldat, sondern königlicher Kammerherr war. Abwechselnd wohnt man im Sommerhalbjahr in Friedersdorf und im Winter in Berlin. Der Schul- oder vielmehr Hausunterricht blieb dürftig, jedenfalls nach dem heutigen Verständnis, das vom Auswendiglernen nichts mehr wissen will. Fontane hat davon ein so anschauliches Bild gezeichnet, dass wir ihm wieder das Wort geben:

»In seinem achten Jahr erhielt Marwitz einen Hofmeister. Er hieß Herr Rosa, war ein völliger Ignorant, aber ein rechtschaffener Mann. Die Unterrichtsmethode, nach der er verfuhr, erwies sich als die einfachste von der Welt, bewährte sich aber durchaus. Schröckhs allgemeine Weltgeschichte, um ein Beispiel für seine Methode zu geben, wurde vorgelesen, was ungefähr ein Jahr lang dauerte. Waren die letzten Seiten gelesen, so wurde mit der ersten wieder angefangen. Der Sonnabend gehörte der Repetition.

Nachdem Marwitz seinen Schröckh zweimal durch hatte, fingen diese Repetitionsstunden an, eine Redeübung zu werden. Marwitz, mit gutem Gedächtnis gerüstet, hatte den Inhalt des Buches beinahe wörtlich im Kopf und sah sich dadurch in den Stand gesetzt, jedes Kapitel wie eine Erzählung vorzutragen. Der Vorteil, der dadurch gewonnen wurde, war ein doppelter: die Dinge saßen fest fürs Leben und die Gewohnheit des Vortraghaltens gewann ihm die nicht hoch genug einzuschätzende Fähigkeit, aus dem Stegreif zusammenhängend reden zu können.«

Eine Rückkehr zu dieser vortrefflichen Methode wird uns wohl nicht mehr gelingen. Aber wenn irgend möglich sollten wir die »Weltgeschichte« des Johann Matthias Schröckh (1733–1808, erst Kirchenhistoriker, dann Professor der Geschichte zu Wittenberg) wieder einmal lesen. Oder das nachfolgende »Lehrbuch der Weltgeschichte« von Dr. Georg Weber (14. Auflage Leipzig 1870); die drastischen, anschauungsprallen und manchmal unfreiwillig komischen Formulierungen prägen sich unvergesslich ein.

Mit einem guten und durch Herrn Rosas Methode zusätzlich geschulten Gedächtnis ebenso wie mit Erzählfreude gerüstet, hat Marwitz farbige Erinnerungen hinterlassen, und zwei Beispiele von Begegnungen des Kindes mit Friedrich dem Großen seien hier angeführt. Die erste Geschichte spielt 1782 oder 1783 in Dolgelin, einem Ort nahe bei Friedersdorf, wo Friedrich während einer Besichtigungsreise Station machte:

»Der König kehrte am liebsten sowohl zu Mittag als zu Nacht auf dem Lande ein, und zwar allemal bei den Predigern, vermutlich, weil es dort ruhiger war als in den Städten. Für die Prediger war dies ein großes Glück, nicht nur, weil sie wohl bisweilen bessere Pfarren erhielten, wenn sie dem König gefielen, sondern auch, weil er allemal für den Mittag 50 und für das Nachtquartier 100 Taler ihnen auszahlen ließ ...

Der Wagen hielt, und der König sagte zu seinem Kutscher (dem berühmten Pfund): ›Ist das Dolgelin?‹ – ›Ja, Ihro Majestät.‹ – ›Hier will ich bleiben.‹ – ›Nein‹, sprach Pfund, ›die Sonne ist noch nicht unter. Wir kommen noch recht gut bis Müncheberg, und dann sind wir morgen viel früher in Potsdam.‹ – ›Na! – wenn es sein muß!‹

Und damit wurde umgespannt. Die Bauern, welche von weitem ganz still und mit ehrerbietig gezogenen Hüten standen, kamen sachte näher und schauten den König begierig an. Eine alte Semmelfrau aus Libbenichen nahm mich auf den Arm und hob mich gerade am Wagenfenster in die Höhe. Ich war nur höchstens eine Elle weit vom König entfernt, und es war mir, als ob ich den lieben Gott ansähe. Er sah ganz gerade vor sich hin, durch das Vorderfenster. Er hatte einen ganz alten dreieckigen Montierungshut auf, dessen hintere gerade Krempe hatte er vorn gesetzt und die Schnüre losgemacht, so daß diese Krempe vorn herunterhing und ihn vor der Sonne schützte. Die Hutkordons waren losgerissen und tanzten auf dieser heruntergelassenen Krempe umher; die weiße Generalsfeder im Hut war zerrissen und schmutzig; die einfache blaue Montierung mit roten Aufschlägen, Kragen und goldenem Achselband alt und bestaubt, die gelbe Weste voller Tabak; – dazu hatte er schwarze Samthosen an. Ich dachte immer, er würde mich anreden. Ich fürchtete mich gar nicht, hatte aber ein unbeschreibliches Gefühl von Ehrfurcht. Er tat es aber nicht, sondern sah immer geradeaus.«

Verständlich genug: Wer möchte schon so aus der Nähe angegafft werden – und sei es mit Ehrfurcht? Auch dem lieben Gott würde das wenig gefallen, und die Könige waren einst »von Gottes Gnaden«. Erst für die ganz und gar irdischen »Superstars« unserer Tage gehört das Beglotztwerden und Autogrammeschreiben zum Beruf. – Marwitz sagt weiter:

»Die alte Frau konnte mich nicht lange hochhalten und setzte mich wieder herunter. Da sah der König den Prediger, winkte ihn heran und fragte, wessen Kind das sei? ›Des Herrn von Marwitz in Friedersdorf.‹ – ›Ist das der General?‹ ›Nein, der Kammerherr.‹ Der König schwieg, denn er konnte die Kammerherrn nicht leiden, die er wie Müßiggänger betrachtete. Die Umspannung war geschehen, fort ging es. Die Bauern sprachen den ganzen Tag vom König, wie er dies und jenes in Ordnung bringen und all denen den Kopf waschen würde, die *ihnen* unangenehm waren.

Es zeigte sich später, daß alle Prediger die Gewohnheit hatten, dem Kutscher Pfund zehn Taler zu schenken, wenn der König bei ihnen übernachtete; auch der Vorfahr in Dolgelin hatte es getan, der neue Prediger aber, der davon nicht wußte, hatte ihm im vorigen Jahr nichts gegeben, – weswegen der Kerl denn schon den ganzen Tag so vorwärts getrieben hatte, daß er noch vor Sonnenuntergang Dolgelin passierte und sich zehn Taler in Müncheberg vom Bürgermeister Kramer erwarb.«

Nebenbei ist das eine hübsche Geschichte zur preußischen Unbestechlichkeit; am Ende aller Dienstfahrten mit dem Alten Fritz dürfte der für seine Grobheit berühmte Leibkutscher Pfund ein gemachter Mann gewesen sein. Den ganz alten Fritz hat der junge Marwitz dann 1785 in Berlin gesehen, kaum ein Jahr vor dem Tod des Königs:

»Er kam geritten auf einem großen weißen Pferd – ohne Zweifel der alte Condé, der nachher noch zwanzig Jahre das Gnadenbrot bekam ... Sein Anzug war derselbe wie früher auf der Reise, nur daß der Hut ein wenig besser konditioniert, ordentlich aufgeschlagen und mit der Spitze nach vorn, echt militärisch, aufgesetzt war. – Hinter ihm waren eine Menge Generale, dann die Adjutanten, endlich die Reitknechte.

Das ganze Rondell (jetzt Belle-Alliance-Platz) und die Wilhelmstraße waren gedrückt voll Menschen, alle Fenster voll, alle Häupter entblößt, überall das tiefste Schweigen und auf allen Gesichtern ein Ausdruck voll Ehrfurcht und Vertrauen, wie zu dem gerechten Lenker aller Schicksale. Der König ritt ganz allein vorn und grüßte, in dem er *fortwährend* den Hut abnahm. Er beobachtete dabei eine sehr merkwürdige Stufenfolge, je nachdem die aus den Fenstern sich verneigenden Zuschauer es zu verdienen schienen. Bald lüftete er den Hut nur ein wenig, bald nahm er ihn vom Haupte und hielt ihn eine Zeitlang neben demselben, bald senkte er ihn bis zur Höhe des Ellenbogen herab. Aber diese Bewegung dauerte fortwährend, und so wie er sich bedeckt hatte, sah er schon bald wieder andere Leute und nahm den Hut wieder ab. Er hat ihn vom Halleschen Tor bis zur Kochstraße gewiß zweihundertmal abgenommen.

Durch dieses ehrfurchtsvolle Schweigen tönte nur der Hufschlag der Pferde und das Geschrei der Berlinischen Gassenjungen, die vor ihm hertanzten, jauchzten, die Hüte in die Luft warfen oder neben ihm hersprangen und ihm den Staub von den Stiefeln abwischten. Ich und mein Hofmeister hatten soviel Platz gewonnen, daß wir mit den Gassenjungen, den Hut in der Hand, neben ihm herlaufen konnten ...

Bei dem Palais der Prinzessin Amalie angekommen [der Schwester Friedrichs], war die Menge noch dichter, denn sie erwarteten ihn da; der Vorhof war gedrängt voll, doch in der Mitte, ohne Anwesenheit irgendeiner Polizei, geräumiger Platz für ihn und seine Begleiter. Er lenkte in den Hof hinein, die Flügeltüren gingen auf, und die alte, lahme Prinzessin Amalie, auf zwei Damen gestützt, die Oberhofmeisterin hinter ihr, wankte die flachen Stiegen hinab, ihm entgegen. So wie er sie gewahr wurde, setzte er sich in Galopp, hielt, sprang rasch vom Pferde, zog den Hut (den er nun aber mit herabhängendem Arm ganz unten hielt), umarmte sie, bot ihr den Arm und führte sie die Treppe wieder hinauf. Die Flügeltüren gingen zu, alles war verschwunden, und noch stand die Menge, entblößten Hauptes, schweigend, alle Augen auf den Fleck gerichtet, wo er verschwunden war, und es dauerte eine Weile, bis jeder sich sammelte und seines Weges ging.

Und doch war nichts geschehen! keine Pracht, kein Feuerwerk, keine Kanonenschüsse, kein Trommeln und Pfeifen, keine Musik, kein vorangegangenes Ereignis! Nein, nur ein dreiundsiebzigjähriger Mann, schlecht gekleidet, staubbedeckt, kehrte von seinem mühsamen Tagewerk zurück. Aber jedermann wußte, daß dieser Alte auch für ihn arbeitete, daß er sein ganzes Leben an diese Arbeit gesetzt und sie seit fünfundvierzig Jahren nicht einen einzigen Tag versäumt hatte! – Jedermann sah auch die Früchte *seiner* Arbeiten, nah und fern, rund um sich her, und wenn man auf ihn blickte, so regten sich Ehrfurcht, Bewunderung, Stolz, Vertrauen, kurz alle edleren Gefühle des Menschen.«

Eine schöne Bilderfolge, und man sieht sie fast als sei man selber dabei gewesen. Freilich sieht man sie mit den Augen des jungen Marwitz und aus seiner Erinnerung. Als Friedrich ein Jahr später starb, haben viele aufgeatmet, weil eine Zeit der Erstarrung ans Ende zu kommen schien. Und die Prinzessin Amalie war eine verbitterte alte Frau, verbittert durch die Behandlung ihres Bruders.

Schon 1790, mit dreizehn Jahren, trat Marwitz als Fahnenjunker in die Armee ein, natürlich in das berühmte und hochvornehme Kürassierregiment Gendarmes, das sein Onkel im Siebenjährigen Krieg geführt hatte, und mit Leib und Seele wurde er Soldat – oder Krieger, um es altmodischer und angemessener zu sagen.

Noch in seinen späten Jahren, längst ins Zivilleben zurückgekehrt, hat er gesagt: »Zuvieles Lernen ertötet den Charakter. Im Kriege nur fallen all die Künste weg, welche den Schein an die Stelle des Verdienstes setzen. Diese Eigenheit des Krieges wird nicht genugsam erkannt. Blick und Urteil unter erschwerenden Umständen, Tapferkeit und Ausdauer können nirgend anders als im Krieg gezeigt und erprobt werden. Nur hier kann man mit Sicherheit auf den Charakter des Menschen schließen.«

Und mag diese Auffassung sehr fremd, im Grunde unverständlich geworden sein, umso stärker sprechen aus ihr einerseits uralte Adelstraditionen, andererseits die preußischen Prägungen, wie sie vom »Soldatenkönig« Friedrich Wilhelm I. angelegt und in den Schlachten Friedrichs des Großen – die vom Adel ganz unerhörte Blutopfer forderten – zu Glanz und Gloria geschmiedet worden waren.

Vielleicht sollte man auch die Wandlungen des Krieges bedenken. Im 17. Jahrhundert hatte er sich barbarisch gezeigt; zu seinen Opfern zählte in erster Linie die Zivilbevölkerung, und der Dreißigjährige Krieg bildete eine Urkatastrophe der neueren deutschen Geschichte. Im 18. Jahrhundert aber gelang eine weitgehende Einhegung des Krieges. Mit begrenzten Zielen kämpften die Fürsten beziehungsweise die Staaten und ihre Berufsarmeen, nicht Nationen, Gesellschaften oder Glaubenslehren. Daher fügten sich im Siebenjährigen Krieg die Bürger Ostpreußens ohne Bedenken und ohne nennenswerte Eingriffe in ihre Lebensverhältnisse der russischen Besatzungsmacht. Ebenso machte es für die Bewohner Schlesiens wenig aus, ob sie die Untertanen Maria Theresias blieben oder zu Preußen wurden. Diese Zivilisierung des Krieges, eine der staunenswertesten »Kulturleistungen« Europas, wurde auch im 19. Jahrhundert durchgehalten; erst im 20. Jahrhundert ist sie zerbrochen und die Barbarei zurückgekehrt. Wenn man, bloß als Beispiel, das Schicksal Ostpreußens von 1758 bis 1762 bedenkt und mit dem von 1945 vergleicht, wird der Unterschied sichtbar. Und sofern man ihn in Rechnung stellt und nicht nur im Nachbeben der eigenen Schreckenserfahrungen urteilt, könnten wir womöglich sogar die Auffassung eines Friedrich August Ludwig von der Marwitz wenn nicht billigen, dann doch halbwegs verstehen.

Der Fahnenjunker bekam es zunächst mit sehr persönlichen Problemen zu tun, von denen er selbst berichtet hat: »Ich war bis zu meinem vollendeten sechzehnten Jahr ganz unglaublich klein, wie ein Kind.« Das Regiment Gendarmes aber saß als schwere Reiterei auf ausgesucht großen Pferden, die dem schmächtigen Burschen hoffnungslos durchgingen. Doch er setzte alles daran, die Schwäche in Stärke zu verwandeln:

»Ich wurde wegen meines schlechten Reitens verspottet. Das erste Jahr konnte ich mit keinem Pferd fertig werden, ich legte mich aber mit so vielem Eifer auf dieses Fach, kam beinahe nicht vom Pferd, weder Vormittag noch Nachmittag, ritt ein Pferd nach dem anderen zuschanden, gab aufs genaueste bei denen acht, die den Leuten den besten Unterricht gaben, fragte, versuchte und quälte mich so lange, bis ich nach wenigen Jahren einer der besten Reiter im Regiment wurde, so daß ich nun derjenige war, der um Rat gefragt wurde ... Ich habe in meinem Leben sehr viel Zeit auf das Reiten verwendet und bin niemals zu Wagen gereist, als bis ich verheiratet war; ich habe einen guten Teil meiner Gesundheit dabei zugesetzt, denn ich kann es noch heute nicht vertragen, daß das Pferd einen eigenen Willen und eigene Gedanken unter mir habe, und fange gleich an zu Stallmeistern, wenn es mir wie ein Hammel unter dem Leibe geht.«

Ein Konversationslexikon aus dem späten 19. Jahrhundert rühmt an Marwitz, so als sei das sein Hauptverdienst: »Er schrieb eine klassische Abhandlung über »Die Zäumung des Pferdes« (Berlin 1852). Dabei ist statt der »Zäumung« wohl die »Zähmung« gemeint, und der Autor war schon 1837 verstorben.«

Die Entschlossenheit, um keinen Preis nachzugeben, sondern sich selbst und andere zu bezwingen, seien es Pferde oder Menschen, weist vom Jugendlichen schon voraus auf den Mann, der sich wenn nicht mit Gott, dann doch mit aller Welt anlegte, wenn er sich im Recht fühlte. Um noch eine kavalleristische Anekdote einzufügen: Beim Aufbruch in den Befreiungskrieg von 1813 fiel es Marwitz zu, eine Landwehrbrigade aufzustellen, zu der auch berittene Einheiten gehörten. »Die Landleute und Bauernknechte, die auf ihren kleinen, magern Gäulen vor ihm im Sattel saßen, konnten reiten, freilich schlecht genug; aber gut oder schlecht, er hielt es für das Beste, sie bei ihrer Reitart zu belassen. Er sagte sich sehr richtig, daß, wenn der Naturalist zur Reitkunst dressiert werden soll, er anfangs notwendig schlechter und ungeschickter reitet als vorher, weil er seine alten Gewohnheiten aufgeben soll und sich die neue nicht schnell genug zu eigen machen kann. So beließ er es denn beim alten, befahl die Pferde mit bloßer Trense [statt mit Kandare] zu zäumen, gab jedem Reiter einen Kantschu statt der Sporen und beschränkte seine ganze Forderung darauf, daß jedermann imstande sei, dahin zu reiten, wo er wolle.« Oder um statt Fontane Heinrich von Treitschke zu zitieren: »Marwitz ließ seine märkischen Bauernjungen ihre kleinen Klepper nur auf der Trense reiten ... und brachte diese naturwüchsige Kavallerie in kurzer Zeit so weit, daß er von ihr im Felddienste alles fordern konnte«, sogar einen Angriff auf kriegsgewohnte polnische Ulanen.

»Eine Paradetruppe waren seine Landwehrreiter freilich nicht«: Vor den Toren Wittenbergs bewiesen sie ihre Fähigkeiten im Gefecht, weniger auf dem Exerzierplatz vor den Toren Berlins. »Als während des Waffenstillstandes auf dem Tempelhofer Berge eine große Musterung vor dem König stattfand, ging das ganze Regiment, dessen kleine Klepper angesichts der Zuschauermenge scheu wurden, bis auf den letzten Mann durch ... Der König ritt an Marwitz heran und sagte lächelnd: ›Ein Glück, daß die Mauer so fest stand.‹«

Mit der Französischen Revolution begann ein Vierteljahrhundert der europäischen Erschütterungen und Kriege, das bis 1815 dauerte. Der junge Offizier nahm an den wenig ruhmreichen Feldzügen teil, die Preußen 1790 in Polen und von 1793 bis 1795 im Westen führte, und im Jahre 1802 reichte er seinen Abschied ein. Warum? Vieles kam wahrscheinlich zusammen, vom Überdruss an einem ereignislosen Garnisonsdienst über den Ärger über preußische Entschlusslosigkeit angesichts der von Frankreich her aufziehenden Gefahr bis zum wachsenden Zweifel an der Kriegstüchtigkeit der friderizianischen Armee, die, »auf ihren Lorbeeren eingeschlafen«, sich in Überheblichkeit und Blindheit gegen neue Erfordernisse verschloss. Persönliches trat hinzu und gab wohl den Ausschlag. Erstens war es üblich, dass der Gutsherr – Marwitz' Vater starb schon 1793 – sich nach einem Dutzend

Dienstjahren zurückzog, um fortan sei es recht oder schlecht auf dem ererbten Besitz zu leben und zu wirtschaften. Zweitens hatte Marwitz seine Liebe gefunden; er verlobte sich mit der schönen Gräfin Franziska Brühl und heiratete sie im Jahre 1803.

Das Glück dauerte nicht, die geliebte Frau starb nach kaum einem Jahr. Auf ihren Grabstein schrieb der trostlos Verlassene: »Hier ruh't mein Glück.« So jedenfalls berichtet es Theodor Fontane. Aber hier irrt der Dichter nicht nur, sondern hat, mit Verlaub, auch gepfuscht. Marwitz, wie schon gesagt, war ein Meister der Prägnanz. Es gibt den Grabstein in Friedersdorf noch; man kann ihn besuchen und lesen, was auf ihm wirklich geschrieben steht: »Hier *liegt* mein Glück.« Das ist die weitaus stärkere Formulierung, man sieht, man fühlt, was da unwiderruflich zerschmettert wurde. Das »Ruhen« dagegen birgt Beschwichtigung; irgendwann wird es beendet sein, und darum kehrt es auf gutbürgerlichen Grabsteinen immer wieder: »Hier ruht in Gott die Familie Biedermann.«

Im Jahre 1805 schien die Stunde der Bewährung gekommen; Preußen machte mobil, um im Bündnis mit Österreich und Russland den Entscheidungskampf gegen Napoleon auszufechten. Marwitz kehrte in die Armee zurück, im Range eines Rittmeisters und als Adjutant des greisen Fürsten Hohenlohe. (Die Überalterung der Heerführer bildete ein unheildrohendes Vorzeichen; Napoleon und seine Marschälle waren um dreißig oder noch mehr Jahre jünger.) Aber wieder einmal siegte die Entschlusslosigkeit; ohne preußische Beteiligung wurden die Österreicher und die Russen vom korsischen Kaiser in der Dezemberschlacht bei Austerlitz glorreich geschlagen.

Ein Jahr später kam dann doch der Krieg, ohne Verbündete, und am 14. Oktober 1806 die Katastrophe bei Jena und Auerstedt. Marwitz, wieder Adjutant Hohenlohes, tat, was er konnte, um wankende Regimenter in die Schlacht zurückzuführen. Sein Pferd wurde ihm unterm Leibe getötet, sein Hut von Kugeln durchlöchert. Nichts ließ sich retten. Zwei Wochen später kapitulierte das Hohenlohesche Korps bei Prenzlau. Ganz auf eigene Faust versuchte Marwitz dann noch, in Vorpommern einen Widerstand zu organisieren, »zur Befreiung des Vaterlandes«, wie er den wenigen ihm verbliebenen Leuten sagte – vergeblich. Das ruhmreiche Preußen, das im Siebenjährigen Krieg der großen Koalition aus Österreichern, Franzosen und Russen standgehalten hatte, brach schmählich zusammen. »Schon zwei Tage nach der Schlacht fiel Erfurt mit der Besatzung von 10 000 Mann und vielen Vorräten durch die übereilte Kapitulation des alten Feldmarschalls Möllendorff; am 24. und 25. Oktober wurden Spandau und Potsdam ohne Schwertstreich übergeben. Wenige Tage später kapitulierten die mit Mannschaft und Kriegsvorrat auf beste versehenen Festungen Stettin und Küstrin beim ersten Anblick einiger französischer Reiter; und am 10. November übergaben Kleist und Wartensleben an der Spitze von 19 Generalen die Festung Magdeburg, das Bollwerk des Reichs, mit einer Besatzung von 24 000 Mann, 7000 Pferden, 600 Stück Geschütz und Munition und Lebensmitteln im Überfluß.« Die hartnäckige Verteidigung von Kolberg durch Gneisenau und von Graudenz durch Courbière bildete die Ausnahme. Nur dreizehn Tage nach Jena, am 27. Oktober, zog Napoleon in Berlin ein, von den Behörden untertänig und von der Bevölkerung beinahe freudig empfangen. Die blutigen Schlachten in Ostpreußen, inzwischen im Bündnis mit Russland, konnten am Ausgang nichts mehr ändern; im Friedensschluss zu Tilsit, vom 7. bis 9. Juli 1807, musste Preußen sich den drückenden Bedingungen unterwerfen, die Napoleon diktierte.

Die Zeit der Reformen seit 1807, unterm Druck der Niederlage eingeleitet, gilt als eine große Epoche der preußischen Geschichte. Bereits am 9. Oktober 1807 erging das Edikt zur Bauernbefreiung, das denkwürdig verkündete: »Mit dem Martinitag eintausendachthundertzehn hört alle Gutsuntertänigkeit auf. Nach dem Martinitag 1810 gibt es nur noch freie Leute.« Der Tag des heiligen Martin am 11. November bildete darum das einschneidende Datum, weil mit ihm herkömmlich das landwirtschaftliche Arbeitsjahr endete, die Heimarbeit in den Spinnstuben begann und die Dienstboten gewechselt wurden.

Es folgte, nicht weniger wichtig, am 19. November 1808 die Städtereform, die den Bürgern zur Selbstverwaltung verhalf. Beide Edikte tragen die Handschrift des Freiherrn vom Stein. Nach seiner durch Napoleon erzwungenen Entlassung führte

Hardenberg die Reformen weiter. Er setzte die Gewerbefreiheit durch und erließ 1812 ein Edikt zur Judenemanzipation. Zu nennen ist nicht zuletzt auch die Gründung der Universität von Berlin durch Wilhelm von Humboldt. Angesichts der Finanznot des Staates erfolgte sie mit bescheidenen Mitteln, aber mit einer klugen Berufungspolitik und einer neuen Idee. Sie leitete ein Jahrhundert der Weltgeltung deutscher Wissenschaft ein; im nächsten Kapitel kommen wir darauf zurück.

Auf dem Gebiet der Heeresreform leistete Scharnhorst die entscheidende Arbeit, unterstützt von Männern wie Gneisenau und Hermann von Boyen, dem »Vater der Landwehr«. Das Edikt vom 6. August 1809 formulierte im Rückblick auf die friderizianische Standesarmee geradezu revolutionär: »Einen Anspruch auf Offiziersstellen sollen von nun an in Friedenszeiten nur Kenntnis und Bildung gewähren, in Kriegszeiten ausgezeichnete Tapferkeit und Überblick. Aus der ganzen Nation können daher alle Individuen, die diese Eigenschaften besitzen, auf die höchsten Ehrenstellen im Militär Anspruch machen. Aller bisher stattgehabter Vorzug des Standes hört beim Militär ganz auf, und jeder ohne Rücksicht auf seine Herkunft hat gleiche Pflichten und gleiche Rechte.«

Für uns mag dies alles fast als selbstverständlich erscheinen, aber das war es durchaus nicht. Wo Neues versucht wird, regen sich stets auch die Gegenkräfte, und die Bedenkenträger führen das Wort. Einzig der Druck der Niederlage verschaffte den Reformen – zeitweilig – ihre Durchschlagskraft. Als der Druck mit der Befreiung vom napoleonischen Joch gewichen war, wurde vieles wieder zurückgeschnitten. Zum Beispiel erwies sich die Offizierslaufbahn weithin wieder als Adelsmonopol und blieb es noch lange. Nein, nichts verstand sich von selbst. Über Steins zu Recht berühmte Städtereform hat Gerhard Ritter gesagt:

»Unzweifelhaft ist also durch die Reformtat Steins ein mächtiger Anstoß zur Belebung städtischer Selbstverwaltung in das ganze deutsche Staatsleben gekommen. Ihre Kühnheit wird erst dann recht sichtbar, wenn man sich im einzelnen anschaulich macht, wie völlig überrascht und hilflos das Bürgertum der ostelbischen Kleinstädte, aber selbst der wenigen großen Residenzen und Handelsstädte, der neu geschenkten, nicht erkämpften, ja nicht einmal erbetenen Freiheit gegenüberstand.«

Weitaus schlimmer ist es der Judenemanzipation ergangen. Sie war ein sehr persönliches Werk des Staatskanzlers Hardenberg und geriet mit dem Sieg der Reaktion ins Stocken; kleinliche Einschränkungen folgten. Die volle Rechtsgleichheit der Juden ist erst im Zuge von Bismarcks Reichsgründung durchgesetzt worden – und zum Teil auch nur theoretisch und nicht in der Praxis. In der Not und der Begeisterung von 1813 haben sich Juden wie andere Bürger zu den Waffen gemeldet, und zum Teil sind sie sogar zu Offizieren befördert worden. Aber danach? Anspruch auf die höchsten Ehrenstellen beim Militär für jeden ohne Rücksicht auf seine Herkunft, wie Scharnhorst es proklamiert hatte? Nein, das blieb Papier bis zuletzt und wurde niemals Wirklichkeit.

Dass die Juden kaum dorthin drängten, wo sie nicht willkommen waren, ist ihnen dann natürlich zum Vorwurf gemacht worden. Bei Treitschke liest man: »Die einzig vorhandene amtliche Liste der jüdischen Soldaten, welche die große Mehrheit der preußischen Regimenter umfaßt, weist für das Jahr 1813 nur 343 Juden im Heere nach; und im Jahre 1815, als das Heer seinen höchsten Stand erreichte, standen nach der höchsten Berechnung nicht mehr als 731 Juden unter den Fahnen, eine ganz unverhältnismäßig niedrige Ziffer. Nach dem Kriege sank ihre Zahl wieder auf 2–300 ... Inzwischen begann die Geldmacht einiger großer jüdischer Firmen in Wien, Frankfurt und Berlin schon fühlbar zu werden, und sie zeigte sich oft mit protzenhaftem Übermut ... Dann kamen die Hungerjahre; gräßliche Geschichten, wahre oder falsche, von der Grausamkeit jüdischer Wucherer liefen durchs Land. Der alte Judenhaß regte sich wieder.«

Zu den Feuerköpfen der Reaktion gehörte General Yorck, später Graf Yorck von Wartenburg und berühmt wegen seiner eigenmächtigen »Konvention von Tauroggen«, mit der er gegen den Willen des Königs die preußische Erhebung einleitete. Blanker Hass tritt zutage, wenn Yorck nach der Entlassung Steins Ende November 1808 hoffnungsvoll schreibt: »Unsere äußeren Verhältnisse fangen an günstiger zu werden; auch unsere inneren nehmen eine vernünftige Wendung. Ein unsinniger Kopf ist schon zertreten; das andere Natterngeschmeiß wird sich in seinem eigenen Gift selbst auflösen.«

Doch zum eigentlichen Führer der Opposition rückte sehr bald der nach Friedersdorf zurückgekehrte Marwitz auf, obwohl er im Jahre 1807 gerade einmal 30 Jahre alt war. Allenfalls ließ er Scharnhorst gelten, kaum mit persönlicher Sympathie, aber mit dem fachmännischen Respekt des Soldaten für den Heeresreformer, der das Instrument für den kommenden Befreiungskampf schuf. Bei Marwitz liest sich das so:

»Scharnhorst hatte durchaus nichts Militärisches in seinem Aussehen und Wesen, er sah vielmehr aus wie ein alter, nachdenklicher Schreiber ... Indessen war es doch ein wahres Glück für das Land, daß er um den König und ans Ruder der militärischen Angelegenheiten kam, denn alles Dauerhafte und Wesentliche, was zwischen 1807 und 1813 eingerichtet ist, rührt von ihm her. Er hatte ein eigenes Talent, mit dem König umzugehen und sich durch seine Brüskerien nicht abschrecken zu lassen. Wenn dieser eine Sache zurückwies, so schwieg er und brachte sie den anderen Tag wieder vor, und den dritten Tag wieder, und wenn der König sagte: ›Schon hundertmal gesagt, will's nicht haben‹, oder: ›Bleiben mir vom Halse! Gar nicht mehr von reden hören!‹ so schwieg er wieder und rückte nach vierzehn Tagen oder drei Wochen aufs neue damit hervor, bis der König, teils aus Ungeduld, teils in dem Gedanken, es möchte doch wohl gut sein, weil Scharnhorst so sehr darauf versessen sei, zuhörte und nachgab.«

Solch eine Skizze wiegt dickleibige Biographien auf – und ein Lehrbuch über Reformtaktik gleich noch dazu. »Die Politik bedeutet ein starkes langsames Bohren von harten Brettern mit Leidenschaft und Augenmaß zugleich«, hat Max Weber ein Jahrhundert später gesagt und hinzugefügt: »Nur wer sicher ist, daß er daran nicht zerbricht, wenn die Welt, von seinem Standpunkt aus gesehen, zu dumm oder zu gemein ist für das, was er ihr bieten will, daß er all dem gegenüber: ›dennoch!‹ zu sagen vermag, nur der hat den ›Beruf zur Politik‹. Um Scharnhorst zu aktualisieren, müsste man an die Stelle des Königs nur anderes setzen, etwa: Parlament, Partei, öffentliche Meinung, Bürgerbewegung, Ministerialbürokratie, Interessenverband.«

Marwitz' Skizzen sind selten von Bewunderung getrübt, von den Erinnerungen an Friedrich den Großen vielleicht abgesehen. Umso mehr gewinnen sie an kritischer Tiefenschärfe. Ein Beispiel liefert die Beschreibung der Königin Luise, der die Herzen zuflogen, seit sie als siebzehnjährige Prinzessin von Mecklenburg-Strelitz 1793 den preußischen Kronprinzen heiratete, der vier Jahre später als Friedrich Wilhelm III. den Thron bestieg.

»Von da ab«, heißt es bei Marwitz, »bis zu ihrem Tode zeigte sich an der Kronprinzessin der nie dagewesene Triumph der Schönheit und Anmut. Sie ward und blieb der Abgott des ganzen Volkes, ungeachtet sie nie in den Fall gekommen ist, die ihr eine so überschwengliche Liebe und Verehrung hätten zuwenden können, ja, indem sie durch das Leben, welches sie zu leben gezwungen war, eigentlich mit keinem Teile des Volkes jemals in Berührung gekommen ist, anders als durch ihren bloßen Anblick, und vielleicht durch einzelne Worte, die man von ihr hörte – und diese waren keineswegs geistreich, am wenigsten heroisch, wie man hat fabeln wollen. Es war die Güte, die aus ihren Augen strahlte, und die unbeschreibliche Huld und Anmut ihres ganzen Wesens, die ihr alle Herzen gewannen.« Der Zauber des Weiblichen und der vorgelebte Traum vom Familienglück: Das bedeutete viel im soldatisch-männlichen Preußen, freilich nicht im Sinne tatkräftiger Politik.

Seit der Katastrophe von 1806 kam hinzu, dass Luise im Gegensatz zu ihrem zaudernden und verzagenden Gemahl Courage bewies, bis dann ihr früher Tod im Jahre 1810 sie zur Legende erhob, so als sei sie die über der Schmach des Vaterlandes am gebrochenen Herzen statt an einer ganz gewöhnlichen Herzkrankheit gestorbene Patriotin. Bei Heinrich von Kleist liest man:

»Dein Haupt scheint wie von Strahlen mir umschimmert;
du bist der Stern, der voller Pracht erst flimmert,
wenn er durch finstre Wetterwolken bricht!«

Marwitz lässt sich nicht beeindrucken, sondern fügt weitere sehr bissige Bemerkungen an, bis schließlich, im Mantel der Huldigung an Luise, seine Kritik ein anderes und wichtigeres Ziel findet: »Bei allem dem stand die Königin doch wieder sehr hoch über ihrem Gemahl. Sie hatte ein wahres preußisches Herz und wahre Regentenehre. Alles, was groß und edel war, zog sie an. Ihn aber stieß es ab, alles, womit er ohne Widerwillen zu tun haben mochte, mußte etwas Mediokres an sich haben. Es fehlte ihm keineswegs am Gefühl seiner persönlichen Ehre – seiner Person hat er nie das mindeste bieten lassen; aber die wahren Regententugenden, das Gefühl dessen, was er als Landesherr tun oder meiden mußte, diese hat er nie gehabt.«

Um zurückzukehren: Der eigentliche Feind war für Marwitz der Staatskanzler Karl August Freiherr, seit 1814 Fürst von Hardenberg – und zu allem Übel von diesem Zeitpunkt an auch noch beinahe ein Schloss- und Gutsnachbar, dank königlicher Dotation der Herr im ostbrandenburgischen Quielitz, das dann ihm zu Ehren in Neu-Hardenberg umgetauft wurde. Mit kaum überbietbarer Schärfe heißt es: »Übrigens war Hardenberg von hellem Blick, einnehmendem Wesen, aber leichtsinnig, liederlich, und hatte die Art und die Unerfahrenheit eines Jünglings mit in sein graues Alter hinübergetragen, daher, wenngleich nicht faul, doch immer seinen Geschäften nicht gewachsen und jederzeit von augenblicklichen Eindrücken bestimmt ... So wie er sein lebelang mit den Weibern unredlich war, eine nach der anderen heiratete, entführte, sitzen ließ, und noch zehn andere neben ihr frequentierte, so war er auch als Minister, nach allem greifend, sich mit allem beschäftigend, aber nichts vollendend und behauptend.«

Das Urteil enthält Wahrheit und bleibt doch sehr ungerecht. Hardenberg war 1750 geboren, wie Scharnhorst übrigens nicht in Preußen, sondern in Hannover, und wie Talleyrand oder Metternich lebte er noch nach den weltmännisch heiteren (oder frivolen) Maßstäben des ancien régime statt nach denen einer bürgerlich (oder preußisch) verengten Prüderie. Doch wie Talleyrand und wie Metternich war er ein Diplomat von Rang, im Gegensatz zum oft unvorsichtig sich übereilenden Freiherrn vom Stein genau der Mann, der gebraucht wurde, um Preußen zu retten und durch die Stromschnellen der Zeit zur Wiederherstellung seiner Macht zu steuern. Überdies war er ein Erbe der Aufklärung, die er in liberale Prinzipien umsetzte und der preußischen Verwaltung einimpfte – vielleicht seine wichtigste Leistung. Für Standesvorrechte, bloß weil sie ehrwürdig alt waren, fehlte ihm jede Sympathie oder sogar das Verständnis; insofern war er persönlich zwar der Erbe einer früheren Zeit, aber politisch ein Mann der Zukunft. Auch sein Engagement für die Judenemanzipation entsprang nicht sentimentaler Menschenfreundlichkeit oder einem windigen Philosemitismus, sondern – weitaus zuverlässiger – seiner klar umrissenen Rechtsauffassung.

Zum friderizianischen Vermächtnis gehörte das Preußische Allgemeine Landrecht, das nach langer Vorarbeit am 1. Juni 1794 in Kraft gesetzt worden war. Es stellte eine große Leistung dar und machte aus Preußen einen Rechtsstaat von Rang. Aber es blieb ein Zwitterwesen, das Produkt einer Übergangszeit, nicht zu vergleichen mit dem um zehn Jahre jüngeren und revolutionären Code civil oder Code Napoléon, der auf der Spitze französischer Bajonette auch im westlichen Deutschland seinen Einzug hielt. Auf der einen Seite werden Rechtsprinzipien entwickelt, die unabhängig von der Französischen Revolution von einer neuen Epoche künden: Alle Menschen sind vor dem Gesetz gleich; auch ein Bauer kann gegen seinen Gutsherrn oder sogar gegen den König klagen, wenn sein Recht verletzt worden ist. Auf der anderen Seite muss doch dem traditionellen Ständewesen Rechnung getragen werden: Die Menschen sind ungleich. Dabei fügt sich die Gesellschaft den alten Einteilungen immer weniger. Wohin gehören zum Beispiel die Beamten? Sie bilden eine überaus wichtige Schicht; seit dem Tode Friedrichs des Großen wird Preußen im Grunde nicht mehr von Königen, sondern in ihrem Namen von einer Verwaltungselite regiert. Aber zu der gehören neben Adligen in ständig wachsendem Maße auch Aufsteiger aus dem Bürgertum. Oder wie überhaupt kann man das von hergebrachten Handwerkern und Kaufleuten bis zu Fabrikanten, Bankiers, Gelehrten und Schriftstellern, Journalisten und Juristen, Lehrern und Pastoren immer weiter auszweigende Bürgertum definieren? Wohin mit den Dienstboten oder den Arbeitern, die bald sich zum Proletariat formieren? Eher verlegen und nur negativ sagt das Allgemeine Landrecht: »Der Bürgerstand begreift alle Einwohner des Staates unter sich, welche, ihrer Geburt nach, weder zum Adel noch zum Bauernstande gerechnet werden können; und auch nachher keinem dieser Stände einverleibt sind.«

Übrigens bleibt auch bei Marwitz das Bild der bürgerlichen Gesellschaft verworren und weithin negativ bestimmt. Immer wieder hört man Klagen über die schnöde Gesinnung, die Sittenverderbnis, die aus der Herrschaft des Geldes entsteht. Und man spürt die Ängste vor einer Zukunft, in der nicht mehr der ererbte Grundbesitz über das wirtschaftliche Wohl oder Wehe entscheidet, sondern die Borsig, Haniel, Krupp, Thyssen und Stumm, wenn nicht gar und in Personen immer weniger erkennbar die Banken und Börsen. Dunkle Mächte scheinen da am Werk zu sein, die der märkische Edelmann kaum noch begreift und die er mit Abscheu ausmalt. Noch zu seinen Lebzeiten zeichnet sich diese Zukunft ab, die nicht mehr dem Adel, sondern dem Bürgertum, nicht dem Land, sondern der Stadt, nicht dem Agrarstaat, sondern der Industriegesellschaft gehört. Allerdings auch die Ängste haben eine Zukunft; aus ihnen speist sich seit dem letzten Drittel des 19. Jahrhunderts der deutsche Kulturpessimismus – und aus dem wieder der Zulauf, den konservative Bewegungen und der Antisemitismus finden.

Der Streit ums Recht ist vorprogrammiert, wenn man das Zwitterwesen von Ungleichheit und Gleichheit zur modernen Eindeutigkeit hin auflösen will, die nur noch Bürger oder – preußisch-deutsch – »Staats«-Bürger, aber keine Stände mehr kennt. Marwitz rebelliert gegen Hardenberg, weil der Staatskanzler nach seiner Auffassung eine Serie von Rechtsbrüchen begeht und mit dem Federstrich des Gesetzgebers beseitigt, was verbrieft und beschworen ist – letztlich die zwar nicht geschriebene, aber in Lehnseiden formulierte und durch uralte Traditionen geheiligte Verfassung, die auf dem Verhältnis zwischen dem Landesherrn und den Landständen, das heißt dem Adel beruht. Denn seit der Reformation spielt die Kirche, seit dem Dreißigjährigen Krieg das Städtewesen kaum noch eine Rolle; in den preußischen Landständen nimmt der Adel den wesentlichen Platz ein. Wehe, wenn die Willkür Schule macht, samt den Enteignungen von landständischem Besitz, die Hardenberg verfügt, um die Finanznot des Staates zu lindern! Dann wird alles möglich, am Ende sogar der Sturz der Monarchie, wie in Frankreich nach 1789. Die Revolution von »oben« macht auf die von »unten« Appetit: Nochmals und dreimal wehe, wenn Willkür und Gewalt erst einmal einreißen und die Menschen sich daran gewöhnen!

Genau betrachtet war Marwitz sogar im Recht. Es gab die Landstände, und es gab ihre politischen Organe, die Landtage, in Preußen freilich isoliert für Brandenburg, Pommern, Ostpreußen. (Ein »Vereinigter Landtag« für den Gesamtstaat ist nur kurzlebig im Jahre 1847 einberufen worden.) Aber die große Zeit der Landtage lag weit zurück; der letzte brandenburgische, der mit Nachdruck handelte, vielmehr einen zähen Tauschhandel betrieb, hatte im Jahre 1653 stattgefunden; im Kapitel über Friedrich Wilhelm I. war davon die Rede. Doch wer konnte oder wollte sich daran noch erinnern?

Der »Soldatenkönig« brach die Adelsmacht mit all seinem absolutistischen Nachdruck, kümmerte sich um keinen Protest und kaufte Rittergüter auf, wo immer sich dazu die Gelegenheit bot. Er war der Revolutionär auf dem Thron; so gesehen kam Marwitz' Protest um ein Jahrhundert zu spät. Friedrich der Große allerdings schlug einen eher konservativen Kurs ein und verbot diesen Ankauf auf Kosten adliger Grundbesitzer. »Denn«, so schrieb er, »ihre Söhne sind es, die das Land defendieren [verteidigen], davon die Race so gut ist, daß sie auf alle Weise meritieret [verdient], konserviert zu werden.«

Man gerät in Versuchung, wieder von einem Tauschhandel zu sprechen: Der Staat braucht die Offiziere und macht dafür Zugeständnisse. So prallte auch Friedrichs Versuch ab, an der Erbuntertänigkeit und Fronpflicht der Bauern etwas zu ändern. Sonst sei man nicht mehr in der Lage, die Söhne zur Verfügung zu stellen, bekam der König zu hören – und fügte sich. Überdies sorgte er dafür, dass die Armee eine Standeseinrichtung blieb; nach der Notlage des Siebenjährigen Krieges, die Ausnahmen erzwang, wurden bürgerliche Offiziere rigoros ausgeschieden, während Ausländer von Adel weiterhin Zutritt fanden. Diese konservative Politik hat nicht unwesentlich dazu beigetragen, dass Friedrich in den preußischen Gutshäusern verehrt wurde wie kein Landesherr vor ihm oder nach ihm – und je weiter im Abstand, desto mehr.

Doch man darf sich nicht täuschen: Eine Rückkehr zur Eigenmacht des Adels oder einstiger Landtage gab es nicht einmal in Ansätzen. Wie Friedrich dem Exerziermeister seines Vaters, Leopold von Anhalt-Dessau, erklärte, als der nach dem Thronwechsel fußfällig darum bat, ihm Ämter und Autorität zu belassen: »Ich werde Euer Liebden alle Ämter belassen. Was die Autorität angeht, so weiß ich nicht, was Euer Liebden damit meinen. Autorität halte in diesem Lande nur ich.« Der Adel sollte eine moderne und in ihrer Leistungstüchtigkeit hoch geschätzte Dienstelite sein, aber nichts außerdem.

War also Marwitz ein Don Quichotte, ein weltfremder Idealist oder ein Querkopf, ein Querulant, der die längst verlorenen Schlachten der Vergangenheit schlug? Es scheint beinahe so. Und wer wollte denn leugnen, dass der alte Staat und seine Standesarmee in der Sturmprobe der Zukunft, die aus Frankreich hereinbrach, kläglich versagt hatten? Ein Neubau von Grund auf bildete das Gebot der Stunde, und dafür musste geopfert werden, was von gestern und längst morsch war.

Aber man unterschätzt den Friedersdorfer Gutsherrn, wenn man ihm bloß eine bornierte Interessenvertretung unterstellt. In seinem preußischen Patriotismus ließ er sich von niemandem übertreffen, und erst recht nicht in seiner Opferbereitschaft. In ihrer Perspektive schien ihm der bald verklärte Aufbruch in den Befreiungskrieg eher verächtlich. Charakteristisch sein Ausbruch:

»Was schwatzt man vom edlen Enthusiasmus von 1813? Das war gar nicht edel. 1805 war es Zeit, edlen Enthusiasmus zu zeigen. Damals galt es, noch ehe man selbst etwas verloren, Schmach und Verderben vom Vaterlande abzuwenden ... Wie nachher zur gerechten Strafe ein jeder in seinem Hause geplagt und gepeinigt und ihm das liebe Geld aus der Tasche genommen war, und wie zum Überfluß Gott in seinem ungeheuren Strafgericht die französische Armee in Rußland vernichtet hatte, also die Gefahr weit geringer war, wie 1805, und eine Masse von materiellen Anreizungen hinzugetreten – da war es keine Kunst, Enthusiasmus zu haben. Es war eine Rache bei günstiger Gelegenheit und weiter nichts.«

Dem Sinne nach hat übrigens Bismarck im »Vereinigten Landtag« von 1847 hieran angeschlossen, einen Sturm der Entrüstung ausgelöst und darüber in einem Brief berichtet: »Die Erbitterung war groß, vielleicht gerade, weil ich die Wahrheit sagte, indem ich auf 1813 den Satz anwandte, daß jemand (das preußische Volk), der von einem andern (den Franzosen) solange geprügelt wird, bis er sich wehrt, sich daraus kein Verdienst gegen einen Dritten (unsern König) machen kann.«

Der Streit ging darum, ob der »edle Enthusiasmus«, die Opferbereitschaft von 1813 dem Volk – wie der König versprochen hatte und dann nicht einhielt – ein Anrecht auf parlamentarische Mitsprache eröffnete. Nochmals Bismarck: »Ich geriet mit der Opposition in Konflikt, als ich das erste Mal zu längrer Ausführung das Wort nahm, am 17. Mai 1847, indem ich die Legende bekämpfte, daß die Preußen 1813 in den Krieg gegangen wären, um eine Verfassung zu erlangen, und meiner naturwüchsigen Entrüstung darüber Ausdruck gab, daß die Fremdherrschaft an sich kein genügender Grund zum Kampfe gewesen sein sollte. Mir erschien es unwürdig, daß die Nation dafür, daß sie *sich selbst* befreit habe, dem König eine in Verfassungsparagraphen zahlbare Rechnung überreichen wolle.«

Das, wahrlich, war aus dem Geiste eines Friedrich August Ludwig von der Marwitz gesagt. Er jedenfalls wollte die Opferbereitschaft auf das Zusammenwirken des Landesherrn und der Landstände gegründet sehen, die man sträflich genug nicht gefragt hatte, als es dazu die Zeit war. Er definierte die Vorrechte des Adels geradezu aus der Opferbereitschaft von Gut und Blut. Und nicht darum geriet er mit Hardenberg in Konflikt, weil der sich an ständischem Besitz vergriff, sondern weil es sich um die einseitige Aufkündigung, den Bruch uralten und beschworenen Rechts handelte. Daraus stammten dann die empörten Eingaben an den König, die flammenden Anklagen gegen Hardenberg, bis der im Jahre 1811 reagierte, indem er Marwitz verhaften und auf die Festung Spandau bringen ließ.

Das allerdings erwies sich als ein taktischer Fehler; Marwitz triumphierte beinahe und gewann Ansehen als Symbolfigur einer zwar verlorenen, aber ehrenhaften Sache. Aus dem Echo auf die Verhaftung stammt sein Satz: »Ich genoß seitdem eine weit verbreitetere Achtung und ward von allen Erbärmlichen geflohen als einer, in dessen Nähe man sich leicht verbrennen kann.« Wie weit war es gekommen, wenn man sich gegen einen Patrioten und Mann von Charakter wie ihn nur noch mit dem Einsatz der Staatsgewalt zu wehren wusste! Darum wurde er sehr bald wieder entlassen. Doch an der abgründigen Feindschaft zwischen Hardenberg und ihm änderte das nichts.

Man versteht Marwitz besser, als es gemeinhin geschieht, wenn man ihn nicht als närrischen Don Quichotte, sondern als tragische Figur ansieht, mit allen seinen Stärken und Schwächen, mit seiner Klarsicht und seiner Blindheit als den exemplarischen Mann von Adel – zugespitzt als einen beinahe schon letzten und im Grunde sehr einsamen Mann von Adel. Oder als einen Heerführer ohne Armee: Die Masse seiner Standesgenossen war zwar durchaus bereit, Blutopfer zu erbringen, wie seit den Kriegen Friedrichs des Großen und von da an immer weiter bis in den Zweiten Weltkrieg hinein. Wenn man so will, ging es um einen Teil – den edelsten und unanfechtbarsten – des alten ständischen Tauschhandels: des Vorrechts zum Sterben gegen das Vorrecht auf Führung, das die standesgemäße Versorgung einschloss. In der modernen Perspektive mag das kalkulierte Blutopfer der Söhne als unbegreiflich, wenn nicht gar als barbarisch und als empörend erscheinen. Aber es entspricht den Existenzbedingungen wie dem Selbstverständnis einer Kriegerkaste, und es hat dies nicht nur in Preußen, sondern bei vielen Völkern, in allen Kulturen gegeben; bloß als Beispiel seien die japanischen Samurai genannt.

Doch materielle Opfer sind etwas ganz anderes, nicht heroisch, sondern höchst mühsam zu erbringen; dass die Landstände im Jahre 1805 oder 1806 zu ihnen bereit gewesen wären, darf bezweifelt werden. Das Edikt zur Bauernbefreiung vom Oktober 1807 löste ein allgemeines Wehegeschrei aus, so als sei wenn nicht das Weltende, dann doch der Untergang des großen Grundbesitzes gekommen. »Lieber noch drei verlorene Auerstedter Schlachten als ein Oktoberedikt«: Dieser Satz ist von schlesischen Gutbesitzern überliefert, und viele Herren der Mark Brandenburg oder in Pommern und Ostpreußen dürften ihm zugestimmt haben. Oder um nochmals ein Urteil Yorcks über den Freiherrn vom Stein zu zitieren, das fast schon gemäßigt klingt: »Der Mann ist zu unserm Unglück in England gewesen und hat von dort seine Staatsweisheit hergeholt; und nun sollen die in Jahrhunderten begründeten Institutionen des auf Seemacht, Handel und Fabrikwesen beruhenden reichen Großbritanniens unserm armen, ackerbautreibenden Preußen angewöhnt werden.«

Zäher Widerstand verschärfte in der Abfolge der Edikte von 1811, 1816 und 1821 Schritt um Schritt die Bedingungen zur Ablösung der Frondienste; die gesamte Gesetzgebung kam erst 1850 zum Abschluss. Im Ergebnis verloren die Bauern oft ein Drittel oder sogar die Hälfte ihres Bodens, während der Großgrundbesitz entsprechend zunahm, insgesamt seit 1816 um rund eine Million Hektar. Andere Bauern verschuldeten sich auf lange Zeit, und die Masse der Kleinbauern konnte die Ablösung überhaupt nicht leisten; aus ihr ging die neue Schicht besitzloser Landarbeiter hervor.

Mit alledem wurde durchaus kein Ruin der Rittergüter, sondern im Gegenteil ein Modernisierungsschub bewirkt; auf bereinigten Flächen wirtschaftete man rationeller als in der wirren Gemengelage von Guts- und Bauernland, die vorher die Regel bildete – und mit freien Arbeitskräften weitaus besser als mit durchweg unwilligen Bauern, die ihre Ärmel erst aufkrempelten, wenn sie auf ihr eigenes Land zurückkehrten. In einem Erfahrungsbericht über »Erfolge der Regulierungen in Pommern« aus dem Jahre 1820 hieß es: »Wir finden, daß da, wo ein Vorwerk sonst täglich 32 Bauernpferde zum Dienst gebrauchte, jetzt nur 10 Hofpferde nötig sind; wir finden, daß da, wo bisher 10 000 Menschentage nötig waren, jetzt die Hälfte ausreicht.« Als sich das abzeichnete und herumsprach, war von Protesten nichts mehr zu hören, und seither galten auch in ostelbischen Gutshäusern die preußischen Reformen als ein Zeichen staatsmännischer Größe.

Mit der Epochenwende von 1789 beginnt das Zeitalter der Gleichheit. Zu seinen Probiersteinen gehört die Behandlung der Juden, und es erscheint als folgerichtig, dass Hardenberg am 11. März 1812 sein Edikt zur Judenemanzipation erlässt. Aber es wird von schrillen Klagen darüber begleitet, dass »das ehrliche, brandenburgische Preußen ein neumodischer Judenstaat« werden solle. So heißt es in einer Eingabe des Lebus'schen, Storkow'schen und Beeskow'schen Kreises, mit anderen Worten in der Sprache des märkischen Adels und vorab in der Handschrift des Herrn von der Marwitz, der der Vertreter und Sprecher für Lebus war.

Was sollen wir davon halten? In unserem Rückblick von Auschwitz her liegt es nahe, von einem mörderischen Antisemitismus zu sprechen. Um den handelte es sich damals gewiss nicht, sondern um ein allerdings symbolträchtiges Teilstück des Kampfes gegen die verordnete Gleichheit. Pogrome mochten anderswo stattfinden; in Preußen wurden sie nicht geduldet. Im Übrigen stellte sich das Verhältnis zwischen dem Landadel und den Juden höchst kompliziert dar. Im Alltag bekam man es mit Pferde-, Vieh- und Getreidehändlern zu tun, bei denen man oft genug hoch in der Kreide stand; Fontane hat das im »Stechlin« berührt. Dabei mischten sich Achtung und Verachtung bis zum offensichtlichen Widerspruch. Die Juden wiederum lasen und liebten den märkischen Dichter, der ihnen von Preußen und vom Adel erzählte. Im Laufe des 19. Jahrhunderts wurde die jüdische Bankierstochter beinahe sprichwörtlich, die man heiratete, wenn man sich anders vor Schulden nicht mehr zu retten wusste. Als Offizier musste man dann seinen Abschied nehmen wie nach einem ehrenrührig verweigerten Duell. Aber an den Kindern aus solch einer Ehe haftete kaum noch ein Makel, und die Söhne traten wieder in die Regimenter ein, auf die ihre Tradition sie verwies.

Um die Vieldeutigkeit anschaulich zu machen, soll hier von Alexander von der Marwitz berichtet werden, dem jüngeren Bruder von Friedrich August Ludwig. Nach allem, was wir wissen, muss er eine strahlende Erscheinung gewesen sein, hochbegabt noch dazu. Der sonst stets spottlustige Heinrich Heine hat geschrieben:

»Blühend blieb mir im Gedächtnis
Diese schlanke Heldenblume;
Nie vergeß ich dieses schöne
Träumerische Jünglingsantlitz.«

Alexander wurde 1787 geboren und stand nach dem frühen Tod des Vaters, 1793, praktisch unter der Vormundschaft seines Bruders. Zu den Schulen, die er besuchte, gehörte das berühmte Gymnasium »Zum Grauen Kloster« in Berlin. Mit 17 Jahren begann er sein Studium, erst in Frankfurt an der Oder, dann in Halle. Er interessierte sich für Geschichte, fürs Rechts- und Staatswissenschaften, für Philosophie und für Literatur. Bald beherrschte er sieben Sprachen. Das Ziel blieb undeutlich und sein Leben zerrissen. Gegen die Gelehrsamkeit stand die ländliche und die soldatische Familientradition. Im Krieg von 1806/07 vertrat er den Bruder in der Sorge für Friedersdorf. »Mit der Kraft und raschen Übersicht, die ihm überall, damals wie später, zu Gebote stand, auch wo es die praktische Seite des Lebens galt, griff er in die Wirtschaftsführung ein, und ohne jemals vorher sich um landwirtschaftliche Dinge im geringsten gekümmert zu haben, übersah er die Verhältnisse sofort und setzte später den heimkehrenden Bruder durch die Ordnung, die dieser vorfand, in Erstaunen.«

Im Jahre 1809 begegnete Alexander von der Marwitz seinem weiblichen und jüdischen Gegenüber Rahel Levin, die in Berlin einen bekannten und vielbesuchten literarischen Salon führte. Eine leidenschaftliche Beziehung entstand fast über Nacht, obwohl Rahel um 16 Jahre älter war. »Ich habe Marwitz nur vierzehn Tage gekannt und mein ganzes Herz liebte ihn; seine Existenz ist ein Trost für mich«, schrieb Rahel an einen Freund. Und weiter: »Sie wissen, er ist mit Varnhagen hin nach dem Krieg.« Varnhagen von Ense war der Mann, den Rahel später – eher leidenschaftslos – heiratete, und der Krieg war Österreichs Erhebung gegen die Vorherrschaft Napoleons; preußische Patrioten traten 1809 in österreichische wie 1812 in russische Dienste.

Die Beziehung zwischen Rahel und Alexander blieb so unstet wie gefühlsstark; über dem Graben der Trennungen wölbte sich ein intensiver Briefwechsel. Im Jahre 1811 klagte sie: »Und wie treibens unsere Besten? Ruhm wollen sie, wollen zehren ohne beizutragen, und – nichts kriegen sie. Besseres noch, so denken sie, werden sie finden, und – nichts finden sie. Statt ihren wahren Freunden Freund zu sein, statt ihnen etwas zu leisten und sich des Glücks zu freuen, das sie durch Opfer und Guttat geschaffen, vergeuden sie ihre beste Kraft in der Beschäftigung mit ihren Plänen, im Kampf mit Phantomen. Marwitz hab' ich dies noch nie gesagt, weil ich ihn zu sehr liebe und es zu persönlich würde.«

Natürlich zog es Alexander von der Marwitz, wie seinen Bruder, in die Erhebung von 1813. Nach einem Gefecht geriet er verwundet in Gefangenschaft und rettete sich in einer abenteuerlichen Flucht nach Prag. Rahel war zur Stelle, um ihn zu pflegen. Sie berichtete: »Marwitz steht vor mir. Den Arm in einer Binde, ruppig, abgemagert, steht er da, einen zerrissenen Bauernkittel an und ein Stück Kommißbrot in ein grobes Schnupftuch eingewickelt, in der linken Hand. Welcher Jubel! Er lebt, er ist der Alte, ist gesund, hat aber acht Wunden ... Es ist einfach, gut, wahr, mild wie immer, ohne alles Vorurteil über irgend etwas, was vorgefallen ist.«

Er zog wieder in den Krieg, sobald seine Wunden ausgeheilt waren – und starb den Soldatentod. In Friedersdorf setzte ihm sein Bruder einen Gedenkstein mit ungewohnt wortreicher Inschrift: »Christian Gustav Alexander v. d. Marwitz, geb. den 4. Oktober 1787. Lebte für die Wissenschaften. Erstieg den Gipfel. Redete sieben Sprachen. Wahrete dieses Vatergutes 1806 und 1807, wie der Bruder zu Felde lag. Von Freiheitsliebe ergriffen, focht er 1809 in Österreich bei Wagram und Znaym. Diente 1813 dem Vaterlande. Schwer verwundet und gefangen, befreite er sich selbst. Wieder genesen focht er in Frankreich und fiel dort bei Montmirail den 11. Februar 1814. Sein Vater war Behrend Friedrich August v. d. Marwitz, seine Mutter Susanne Sophie Maria Luise von Dorville. Hier stand er hoch, dort höher. Seinem Andenken gesetzt von seinem Bruder.«

Klage über den »neumodischen Judenstaat« – und die Liebe zwischen dem Aristokraten und der Tochter eines jüdischen Kaufmanns: Solch seltsame Beziehungen, solch einen Spannungsbogen umfasst das Verhältnis zwischen Preußen und Juden. Er verbietet die Bequemlichkeit jeden einfachen Urteils.

Es verbietet sich auch ein einfaches Urteil über Friedrich August Ludwig von der Marwitz. Er war ein Mann der historischen Zeitenwende, und mit der Unbeugsamkeit oder Schroffheit, die zu seinem Wesen gehörte, hat er sich einseitig entschieden: dafür, in Ehre auf der Seite der Verlierer zu stehen.

Niemand hat den Epochenbruch, den die Jahreszahl 1789 markiert, so tiefgründig beschrieben wie der französische Aristokrat Alexis de Tocqueville, dessen Großvater aus der Emigration nach Paris zurückkehrte, um den König zu verteidigen, und dafür aufs Schafott geführt wurde. In seinem großen Werk »Über die Demokratie in Amerika«, das 1835 und 1840 in zwei Bänden erschien, hat Tocqueville die noch unbekannten Horizonte, die ganz neuen Möglichkeiten ausgemessen, die das Zeitalter der Gleichheit dem Menschen und der Menschheit eröffnet. Aber er hat auch die noch unbekannten und unerhörten Gefahren erkundet, die zugleich sich ergeben. In seinem Vorwort heißt es:

»Das vorliegende Buch ist unter dem Eindruck des religiösen Schauders geschrieben, den der Anblick dieser unwiderstehlichen Revolution [der Gleichheit] im Herzen des Verfassers hervorgerufen hat ... Eine völlig neue Welt bedarf einer neuen politischen Wissenschaft. Aber daran denken wir kaum: Mitten in einem reißenden Strom richten wir unsere Blicke hartnäckig auf einige Trümmer, die man noch am Ufer wahrnimmt, während die Flut uns mit sich reißt und rücklings dem Abgrund zutreibt.«

Auch Marwitz war von dem religiösen Schauder erfasst und beruhigte sich nicht, wie die Mehrzahl seiner Standesgenossen, als die materiellen Interessen gesichert schienen. Er erkannte in der reißenden Flut den dunklen Bodensatz von Willkür und Gewalt; dagegen wollte er die Deiche der überkommenen Ordnung und des Rechts setzen. Er erkannte nicht, dass es ein neues und vielleicht höheres Recht geben kann, das Menschen- und Bürgerrecht, das die Revolution verkündete, und das jedes alte und sei es noch so ehrwürdige Vorrecht ins Unrecht verkehrt. In diesem Sinne hat der »preußische Staatsphilosoph« Georg Wilhelm Friedrich Hegel von der Revolution gesagt: »Der Gedanke, der Begriff des Rechts macht sich mit *einem* Male geltend, und dagegen konnte das alte Gerüste des Unrechts keinen Widerstand leisten.«

Aber darf man darüber die Gefahren vergessen, zum Beispiel den Aufbruch ins totalitäre Denken, das statt des sündhaften »alten Adam« einen *neuen* Menschen schaffen möchte – und sei es mit der Guillotine? Ist es abwegig, sich davor zu fürchten, dass im hochgesinnten Einreißen alter Ordnungen womöglich nicht mehr das Recht, sondern die blanke Gewalt zur Herrschaft gelangt? Zu Marwitz' Erben gehörte Ernst Ludwig von Gerlach (1795–1877), der im Revolutionsjahr 1848 mit anderen die konservative Partei gründete. Gerlach förderte Bismarck, aber er brach mit ihm, als 1866 dessen Machtpolitik triumphierte und in den Länderraub mündete. Bitter notierte er die schäbigen Rechtfertigungen, die er von seinen bisherigen christlich-konservativen Freunden nach der Annexion von Hannover, Kurhessen, Nassau und Frankfurt am Main zu hören bekam: »Preußen hat immer genommen, wo es hat kriegen können.« – »Das sind die Traditionen des Großen Kurfürsten und des großen Königs, dabei muß es auch ferner bleiben.« – »Es ist uns ja auch immer gut bekommen, zum Beispiel die Wegnahme Schlesiens.« – »Die Machtverhältnisse müssen eben zum Austrag kommen.« – »Aufs Recht kommt es nicht an, sondern auf die Macht.«

Wie Marwitz in die Vereinsamung geriet, so beendete Gerlach nach der Reichsgründung seine polititische Laufbahn beinahe folgerichtig bei den »Reichsfeinden«, als Gast des Zentrums. Doch was er mit seiner christlichen Gewissenspolitik eigentlich meinte, wurde schon gar nicht mehr verstanden. Während des Kulturkampfes, des Konflikts zwischen dem Staat und der katholischen Kirche, warnte er in einer Rede im preußischen Abgeordnetenhaus davor, dass die Allmacht eines Staates ohne höhere Bindung zur Staatszerstörung führen müsse: »Die Staatsomnipotenz ist ein Leugnen Gottes, also auch des Eides. Damit fällt der Zeugeneid, der Fahneneid, der Amtseid, der Krönungseid.« Der stenographische Bericht verzeichnete daraufhin »stürmische Heiterkeit«. Aber wer, außer diesem preußischen Cato, hätte denn im Jahre 1873 an Verhältnisse denken wollen, wie sie sechs Jahrzehnte später – *nur* sechs Jahrzehnte später und ein Jahrhundert nach Marwitz – sich entwickeln sollten!

Nachdem dies gesagt ist, muss man, leider, noch zwei andere Rechnungen aufmachen. Erstens gehörte Marwitz ja nicht nur zu den Verteidigern vormoderner Rechte, sondern er verkörperte zugleich auch die moderne Dienstelite, speziell des Militärs, zu der die großen Könige des 18. Jahrhunderts den Adel erzogen hatten. Die nach der Niederlage bei Jena und Auerstedt neu begründete und in der Feuerprobe der Befreiungskriege glanzvoll bestätigte Diensttüchtigkeit förderte und verfestigte Machtansprüche, die je länger desto deutlicher im Gegensatz zur Entwicklung einer selbstbewussten und mündigen Zivilgesellschaft samt ihren parlamentarisch-demokratischen Institutionen standen. Wir haben darüber schon im Kapitel über den »Soldatenkönig«

Friedrich Wilhelm I. gesprochen und kommen darauf zurück, wenn wir uns mit Heinrich von Treitschke beschäftigen; es handelt sich um ein Hauptproblem der preußisch-deutschen Geschichte.

Zweitens ist dem Versuch, im Zeitalter der Gleichheit die Ungleichheit zu verteidigen oder wieder herzustellen, ein Verhängnis angelegt. Am Ende seines Buches »Über die Demokratie in Amerika« sagt Tocqueville: »Ich weiß wohl, daß einige meiner Zeitgenossen die Ansicht vertreten, die Völker seien auf Erden nie ihre eigenen Herren und gehorchten ich weiß nicht welcher unüberwindlichen und blinden Macht, die dem früheren Geschehen, der Rasse, dem Boden oder dem Klima entspringt. Das sind feige und falsche Lehren, die stets nur schwache Menschen und verzagte Völker hervorbringen können; die Vorsehung hat das Menschengeschlecht weder ganz frei noch vollkommen sklavisch geschaffen. Wohl zieht sie um jeden Menschen einen Schicksalskreis, den er nicht zu durchbrechen vermag; innerhalb dieser weiten Grenzen aber ist der Mensch mächtig und frei. Und so auch die Völker. Die Nationen unserer Tage können an der Gleichheit der gesellschaftlichen Bedingungen nichts mehr ändern. Doch von ihnen hängt es nun ab, ob die Gleichheit sie zur Knechtschaft oder in die Freiheit, zur Barbarei oder zur Bildung, zum Wohlstand oder ins Elend führt.«

In die Knechtschaft, in die Barbarei und ins Elend geraten die Völker oder Nationen, wenn sie versuchen, gegen die Ideale von 1789, gegen alle ihre Errungenschaften ebenso wie gegen die wirtschaftlichen Erfordernisse die Ungleichheit als Prinzip neu zu begründen. Denn dazu müssen sie auf die Gewalt setzen und im Widerspruch zur Grundströmung der modernen Geschichte auf eine Raserei der Gewalt, die in den Wahn und in die Vernichtung mündet. Davon kündet die deutsche Geschichte im 20. Jahrhundert: nicht von der Wiederherstellung des Edlen und Adligen, sondern vom Triumph der Mörderbanden.

Alles in allem: Friedrich August Ludwig von der Marwitz war ein Edel- und Ehrenmann im besten Sinne des Wortes. Untadelig kämpfte er auf verlorenem Posten. Aber zugleich leistete er, ohne es zu wollen, dem künftigen Unheil Vorschub. Theodor Fontane, der dem märkischen Adel in seinem Altersroman »Der Stechlin«

ein unvergängliches Denkmal setzte, hat dennoch gesagt: »Preußen – und mittelbar ganz Deutschland – krankt an unseren Ostelbiern, über unsren Adel muß hinweggegangen werden; man kann ihn besuchen wie das ägyptische Museum und sich vor Ramses und Amenophis verneigen, aber das Land ihm zu Liebe regieren, in dem Wahn: dieser Adel sei das Land, – das ist unser Unglück, und solange dieser Zustand fortbesteht, ist an eine Fortentwicklung deutscher Macht und deutschen Ansehens nach außen nicht zu denken. Worin unser Kaiser die Säule sieht, das sind nur tönerne Füße. Wir brauchen einen ganz andren Unterbau.«

Es versteht sich, dass Marwitz zur Stelle war, als sich mit der Vernichtung von Napoleons Großer Armee im russischen Winter die Möglichkeit der preußischen Befreiung ankündigte. Zwar hat er nicht den eigenmächtigen Angriff auf die französische Besatzung von Frankfurt gewagt, von dem Fontanes Roman »Vor dem Sturm« erzählt; dazu war er viel zu sehr der erfahrene und nüchtern rechnende Offizier, der sich vor puren Abenteuern hütet und die ihm anvertrauten Männer vor sinnlosen Verlusten bewahrt. Aber er hat etwas versucht, was für ihn womöglich noch schwieriger war: Er überwand sich dazu, seinen Erzfeind Hardenberg aufzusuchen, um den Staatskanzler zu raschem und entschlossenem Handeln zu drängen. In seinen Erinnerungen heißt es dazu:

»Ich kann nicht sagen, welchen Eindruck mein Eintritt bei ihm machte; Erinnerungen dessen, was er mir und anderen so oft versprochen und nicht gehalten hatte, Scham über sein Betragen gegen das Land und gegen mich, und das Bestreben, in diesem hochwichtigen Momente mir nicht abermals als nichtwürdig zu erscheinen brachte in seinem Betragen eine seltsame Mischung von Verlegenheit und zuvorkommender Höflichkeit hervor. Ich sagte ihm: Der gegenwärtige Augenblick müßte jeden Preußen und jeden Deutschen ergreifen, den Schaden wieder gut zu machen, den man dem Lande zugefügt; wenn die Regierung sich jetzt würdig betrage, werde alles Vergangene vergessen sein.«

Es ist Marwitz zuzutrauen, dass er tatsächlich so geredet hat, und eigentlich war das die blanke Unverschämtheit: Ein Privatmann – denn nichts sonst war doch der Gutsherr auf Friedersdorf in diesem Augenblick – kündigt der Regierung großzügig seine

Amnestie an, falls sie sich so verhält, wie er es wünscht. Gottlob war Hardenberg ein wirklicher Diplomat. Die persönliche Begegnung mochte ihm peinlich sein, aber im Wirbel der Ereignisse bewahrte er einen kühlen Kopf und steuerte Preußen in das Bündnis mit Russland und mit Österreich, das Napoleon zu Fall brachte.

Um nochmals auf Marwitz' militärische Laufbahn zurückzukommen: Im Krieg von 1813 führte er eine, die kurmärkische Landwehrbrigade und machte sie kampftüchtig. Sie überfiel Braunschweig, focht bei Hagelsberg und nahm, eher ereignislos, an der Einschließung von Magdeburg, später von Wesel teil. Im Feldzug von 1815 gehörte er als Kommandeur einer Kavalleriebrigade zu Blüchers Armee, die dem korsischen Kaiser in der Schlacht bei Waterloo den Todestoß versetzte. 1817 wurde er zum General befördert.

Dass er auch im Frieden im Dienst blieb, statt sich in Friedersdorf zur Ruhe zu setzen, hatte, wie er selbst einräumt, mit »dem schlechtesten aller Motive, dem Geld« zu tun. Die Besatzungs- und Kriegsjahre mit all ihren Kosten hatten dem Land und der Landwirtschaft schwer geschadet; danach herrschten allgemeine Armut und gedrückte Preise. Nach 1807 konnte man sie noch der französischen Ausplünderung zuschreiben; nach dem Sieg von 1815 schmeckten sie umso bitterer. Schulden türmten sie zu Bergen, mussten bedient und getilgt werden. Dafür war das Generalsgehalt hochwillkommen. Im Übrigen fügte es sich glücklich, dass die von Marwitz befehligten Truppen in der östlichen Mark Brandenburg nahe bei Friedersdorf standen. Im Sattel, mit kurzen Ritten, ließen sich die Dienste des Generals und die Aufgaben des Gutsherrn verbinden. Als er 1827 ein höheres Kommando übernehmen, doch dafür nach Schlesien gehen sollte – und die Hauptlast der Schulden abgetragen war –, reichte er seinen Abschied ein.

»Mir sehr leid getan, einen so ausgezeichneten General zu verlieren«, sagte der König. Marwitz vergaß nicht, seine früheren Differenzen mit der Regierungspolitik zu erwähnen. »Mir sehr wohl bekannt, immer nach Grundsätzen gehandelt«, hieß die Antwort im seltsam abgehackten Deutsch Friedrich Wilhelms III., das in einer unüberwindbaren Scheu die persönliche Anrede mied wie der Teufel das Weihwasser.

Bei allmählich abnehmender Gesundheit lebte Marwitz noch bis 1837. »Er war«, hieß es in einem Nachruf, »ein Mann von altrömischem Charakter, eine kräftige, gediegene Natur, ein Edelmann im besten Sinne des Wortes, der in seiner Nähe nichts Unwürdiges duldete, allem Schlechten entschieden in den Weg trat, Recht und Wahrheit verteidigte gegen jedermann, der die Furcht nicht kannte und immer in den Reihen der Edelsten und Besten zu finden war. Alles Versteckte, Unklare und Geheuchelte war ihm im Herzen zuwider. Wie er streng war gegen sich selbst, war er es auch gegen andere.«

In seinem Testament hat Marwitz geschrieben: »Ich hoffe, daß alle meine Kinder sich beständig des Geschlechtes erinnern werden, aus dem sie entsprossen sind – eines Geschlechtes, welches niemals sein Trachten gesetzt hat auf irdisches Gut, sondern immer nur auf die Ehre, das Wahre und Rechte, von welcher Richtung des Sinnes es mehrere glänzende Beispiele gegeben hat.«

Heute kann man in Friedersdorf wieder einem Marwitz begegnen. Er heißt Hans Georg wie der Vorfahr, der hier einst einen Anfang machte.

Heinrich von Treitschke

Heinrich Gotthard von Treitschke wird am 15. September 1834 in Dresden geboren. Sein Vater, Eduard Heinrich von Treitschke, ist königlich-sächsischer Offizier und bringt es schließlich bis zum General. Ebenso stammt die Mutter Marie, geborene von Oppen, aus einer Offiziersfamilie. Heinrich hat drei Geschwister: die um ein Jahr ältere Schwester Johanna und die um zwei Jahre jüngere Josepha, schließlich den Nachzügler Rainer, geboren 1845.

Sachsen ist nicht Preußen und Dresden nicht Potsdam. Neben dem Hof bestimmen weniger Soldaten als Künstler, Beamte und Bürger das Bild der Stadt, wie der Gewerbefleiß und der Handelsgeist den Alltag des Landes. Die Offiziere bilden keine stolz verriegelte Kaste, sondern leben eher als Bürger unter Bürgern. Hierzu passt das Herrscherhaus der Wettiner, das seit August dem Starken (1694–1733) sich durch seinen Kunstsinn statt durch militärische Leistungen auszeichnet und der Residenz den Glanz eines »Elbflorenz« verleiht. Das »von« im Familiennamen der Treitschkes täuscht ohnehin; es geht nicht, wie bei den brandenburgischen Marwitz, um unvordenklich alten und grundbesitzenden, sondern um brandneuen Adel; erst 1821 wird er dem Vater verliehen. Solch eine Klarstellung des Hintergrundes ist wichtig; wir reden in diesem Kapitel von einem Repräsentanten des deutschen Bürgertums, das im Laufe des 19. Jahrhunderts zur bestimmenden Schicht aufrückt.

Wie damals üblich, besucht der Junge nach anfänglichem Hausunterricht seit Ostern 1842 eine private Knabenschule, die ihn auf das Gymnasium vorbereitet. Ein halbes Jahr später erkrankt er an Masern, einer eigentlich harmlosen Infektion, von der im Gegensatz zum Scharlach und zur Diphtherie in der Regel wenig zu fürchten ist. Ein paar Tage Bettruhe im etwas abgedunkelten Zimmer genügen zur Heilung. Aber in diesem Falle tritt eine Drüsenschwellung hinzu, die sich nicht mehr zurückbildet und zu einer dauernden Verengung des eustachischen Gehörganges, der Verbindung zwischen Mittelohr und Rachenraum, führt. Daraus ergibt sich eine frühe, im Lauf der Jahre und Jahrzehnte zunehmende Schwerhörigkeit.

Diese Behinderung wird für Treitschke schicksalsbestimmend. Denn zunächst einmal schließt sie ihn von der Offizierslaufbahn aus. Er muss sich einen anderen Beruf suchen. Vielleicht sollte man sogar von einer Charakterprägung sprechen. Der Schwerhörige versteht oft nicht, was andere Leute sagen und worüber sie lachen. Etwa über ihn? Im Gegensatz zum Blinden, der zum Leisesein neigt und seine anderen Sinne sensibel öffnet, liegt ein misstrauischer Rückzug in sich selbst zum mindesten nahe, aus dem dann wie aus einer Festung das eigene Sprechen oder das Schreiben hervorbricht, das eher verkünden, überwältigen, beherrschen als hinnehmen will. Falls das zutrifft, handelt es sich bei Treitschke um einen geradezu klassischen Fall der Schwerhörigkeit, und manches wird verständlich, was sonst abstoßend wirkt.

1846 tritt der Junge in die berühmte Dresdner Kreuzschule ein. Zu deren Absolventen gehörte der Dichter der Freiheitskriege Theodor Körner, der, kaum 22 Jahre alt, 1813 als Angehöriger eines Freikorps fiel und »Lützows wilde Jagd« besang, mit den einprägsamen Schlusszeilen:

»Die wilde Jagd, und die deutsche Jagd
auf Henkersblut und Tyrannen!
Drum, die ihr uns liebt, nicht geweint und geklagt;
das Land ist ja frei und der Morgen tagt,
auch wenn wir's nur sterbend gewannen!
Und von Enkeln zu Enkeln sei's nachgesagt:
Das war Lützows wilde verwegene Jagd.«

In Körners Gefolge reimt auch der junge Treitschke und veröffentlicht 1856 die Sammlung seiner »Vaterländischen Gedichte«, die freilich bestätigen, dass mit Kunst das Gegenteil von gut gemeint ist. Aber schon im Frühjahr 1851, nach glänzend bestandenem Abitur, trägt er zum Abschied von der Kreuzschule sein Heldenepos »Die Dithmarschen« vor, dessen Ende wie ein Programm der deutschen Freiheit und Einheit klingt.

»Wohl ist's an uns zu ringen nach starker Rüstigkeit,
Daß wir nicht schwach versinken im feigen Weh der Zeit:
Daß einst die große Stunde uns finde recht bewehrt,
Die wilde Schmach zu tilgen mit wildem Räuberschwert!
Ja, tobt nur, tobt, ihr Wogen, schlagt wild an unsern Kiel –
Wir bringen's doch zu Ende, wir kommen doch ans Ziel!«

Zwischen Anfang und Ende der Schulzeit liegt die deutsche Revolution von 1848. Treitschke interessiert sich brennend für das Verfassungswerk der Paulskirche, er schwärmt für Führer der liberalen Bewegung wie Friedrich Christoph Dahlmann (1785–1860) oder Heinrich von Gagern (1799–1880) und für ein neues, »kleindeutsches« Erbkaisertum unter Ausschluss Österreichs. Aus der Nähe, obwohl natürlich nicht auf den Barrikaden – denn der Vater steht ja auf der anderen Seite –, erlebt er den Aufstand in Dresden vom Mai 1849, an dem ein gewisser Hofkapellmeister Richard Wagner – auch er ein ehemaliger Kreuzschüler – teilnimmt. Was sich abspielte, erzählt ein zeitgenössischer Bericht:

»Die sächsische Regierung, außer Stande, mit eigenen Kräften den Aufstand zu unterdrücken, wendete sich nach Berlin um Hülfe, und schon am 6. Mai eröffneten preußische Truppen einen lebhaften Kampf gegen die Dresdener Barrikadenmänner. Aber der Sieg wurde ihnen sehr erschwert. Drei Tage verteidigten sich die Aufständischen hinter ihren festen Stellungen; das alte Opernhaus und ein Teil des Zwingers mit wertvollen Sammlungen gingen in Flammen auf; Wut und Leidenschaft führten die Waffen. Schrittweise mußten die Truppen die Stadt erobern; von den Dächern und aus den Fenstern unterhielten die Scharfschützen der Aufständischen ein ununterbrochenes Gewehrfeuer, und die Barrikaden boten durch ihre wunderbare Festigkeit einen sichern Schutz und Hinterhalt. Endlich siegte die Tapferkeit und überlegene Kriegskunst des preußischen Militärs über die ungeordneten, schlecht geleiteten Freischaren; als die Truppen, vom

Dunkel der Nacht begünstigt, am 9. Mai den Postplatz und die große Barrikade am Eingang des Altmarktes erstürmt hatten, minderte sich allmählich der Widerstand. Gegen vier Uhr morgens begann die Flucht der Freischaren; dreimal drei Schläge von der Kreuzkirche gaben das Signal zum Abzug. In Kurzem waren die Straßen geöffnet und die Stadt in der Hand des Militärs. Ein über Dresden und die Umgegend verhängter Ausnahmezustand mit Kriegsgerichten und Ausnahmegesetzen erleichterte der Regierung die Wiederherstellung der Ruhe und die Unterdrückung des Demokratismus. Die Kerker füllten sich mit Verhafteten ...«

Der Bericht bringt zur Anschauung, was der Spruch meinte, der 1848/49 aufkam: »Gegen Demokraten helfen nur Soldaten.« Und wie in Dresden waren es auch beim Aufstand in Baden weniger die einheimischen Truppen als die Preußen, die halfen: ein Tatbestand, der sich dem jungen Treitschke unauslöschbar einprägte. Übrigens wurde der Vater im Sommer 1849, also bald nach dem Dresdner Aufstand, zum General befördert.

Um eine Übersicht zu gewinnen, lassen wir zunächst eine Lebenschronik in Stichworten folgen.

1851 beginnt der siebzehnjährige Treitschke sein Studium der Geschichte und der Staatswissenschaften in Bonn. Hier hört er Vorlesungen bei dem bewunderten Dahlmann, unter anderem über »Politik« und »Deutsche Geschichte von Karl V. bis auf die neueste Zeit«.

1852 wechselt er nach Leipzig; hier wird besonders der Nationalökonom Wilhelm Roscher sein Lehrer. Wegen seiner Schwerhörigkeit kann er den Vorlesungen kaum noch folgen und ist vor allem aufs Lesen angewiesen. Nach Zwischenstationen wieder in Bonn, in Tübingen und in Freiburg schließt er 1854 sein Studium mit der Promotion ab.

In dieser Zeit setzt er sich mit August Ludwig von Rochaus Schrift »Grundsätze der Realpolitik« von 1853 auseinander; in ihr spiegelt sich die Enttäuschung über die verlorenen Hoffnungen von 1848. Im Grunde nimmt sie schon vorweg, was Bismarck 1862 gesagt hat: »Nicht durch Reden und Majoritätsbeschlüsse werden die großen Fragen der Zeit entschieden – das ist der Fehler von 1848 und 1849 gewesen –, sondern durch Eisen und Blut.«

1855/56 lebt Treitschke in Göttingen und bereitet sich auf die Habilitation vor, die es ihm ermöglichen soll, zunächst als Privatdozent eigene Vorlesungen zu halten. Die väterlichen Zuschüsse sind und bleiben sehr knapp; auch ein General, wenn er vier Kinder, aber kein Vermögen hat, muss auf den Pfennig sehen. Der Sohn spart am Geld fürs Heizen, und eine Ohrenentzündung verschlimmert seine Schwerhörigkeit.

1858 veröffentlicht er einen Aufsatz über »Die Grundlagen der englischen Freiheit«. Er erscheint in den gerade gegründeten und bald einflussreichen »Preußischen Jahrbüchern«, einer politisch-historischen Monatszeitschrift. Sie wird zu seiner publizistischen Heimstatt; in und mit ihr macht er sich einen Namen und leitet sie von 1866 bis 1889 selbst. (Sie wird dann von Hans Delbrück weitergeführt, der 1896 auch seine Berliner Professur übernimmt; 1935 erlischt sie unter nationalsozialistischem Druck.)

1858, am 8. September, reicht er der philosophischen Fakultät in Leipzig seine Habilitationsschrift ein. Sie trägt den Titel: »Die Gesellschaftswissenschaft. Ein kritischer Versuch«. Man könnte auch sagen: eine schmale Schrift ohne den heute üblichen Anmerkungsapparat; den Prüfern unserer Tage würde sie schwerlich genügen. Das Habilitationskolloquium wird Treitschke auf Antrag Roschers wegen seiner Schwerhörigkeit erlassen. Am 10. Dezember hält er seine Probevorlesung: »Über den Charakter der Hauptvölker Europas in Bezug auf ihr Verhältnis zum Staate«.

1859 beginnt der Privatdozent mit seinen Vorlesungen. Was er zu sagen hat, trägt er so anschaulich wie leidenschaftlich vor und sichert sich damit eine rasch wachsende Hörerschaft.

1860 entwirft er den Plan zu einer Geschichte des Deutschen Bundes von 1815 bis 1848. Die Veröffentlichung soll sehr bald erfolgen, und entsprechend wird schon ein Verlagsvertrag abgeschlossen. Aber die Stoffmassen überwältigen Treitschke; Jahr um Jahr kämpft er damit. Außerdem lässt er sich durch die Tagesereignisse ablenken, die er schreibend begleitet. Das wissenschaftliche Hauptwerk verzögert sich darum weiter und weiter; »Die deutsche Geschichte im 19. Jahrhundert« – richtiger: der ersten Hälfte des 19. Jahrhunderts – erscheint in fünf Bänden erst zwischen 1879 und 1894.

1861 stirbt die Mutter; nach Auseinandersetzungen mit dem Vater zieht Treitschke nach München.

1862 nimmt er seine Vorlesungen in Leipzig wieder auf. Er schließt Freundschaft mit Gustav Freytag (1816–1895), dem mit Romanen wie »Soll und Haben« und »Die Ahnen« erfolgreichen Romanautor, der zugleich mit der Wochenschrift »Die Grenzboten« ein vielgelesenes Blatt für das liberale Bürgertum entwickelt. Es erscheint der Aufsatz »Das deutsche Ordensland Preußen« – wie so vieles bei Treitschke im Grunde eine Streitschrift, die das deutsche Polenbild langfristig beeinflusst und verdüstert hat.

1863 übernimmt Treitschke in Freiburg eine außerordentliche Professur für Staatswissenschaften mit dem Schwerpunkt »Deutsche Geschichte«.

1864 erscheint der erste Band der »Historischen und Politischen Aufsätze«.

1865 entdeckt Bismarck, wie vortrefflich der wortmächtige Treitschke zum politischen Sprachrohr taugt und versucht, ihn für sich zu gewinnen. Aber Treitschke verweigert sich; noch überwiegt die Ablehnung, die ihn 1862 an einen Freund schreiben ließ: »Du weißt, wie leidenschaftlich ich Preußen liebe. Höre ich aber einen so flachen Junker wie diesen Bismarck von dem ›Eisen und Blut‹ prahlen, womit er Deutschland unterjochen will, so scheint mir die Gemeinheit nur noch durch die Lächerlichkeit unterboten.« Erst das deutsche Schicksalsjahr 1866 bringt die Wende; seitdem entwickelt sich Treitschke zum »Herold der Reichsgründung«.

1866, am 25. Mai, tritt er mit seinem Aufsatz »Der Krieg und die Bundesreform« im krassen Gegensatz zur herrschenden Meinung für den Entscheidungskampf zwischen Preußen und Österreich um die Vorherrschaft in Deutschland ein. Am 3. Juli – dem Tag des preußischen Sieges bei Königgrätz – folgt der Fanfarenruf: »Die Zukunft der norddeutschen Mittelstaaten«. Er besagt, dass sie keine Zukunft mehr haben dürfen und dass mit ihnen aufgeräumt werden müsse. Preußen soll nicht nur Hannover, Kurhessen und Nassau, sondern auch Sachsen annektieren. Die Gelegenheit scheint günstig; das kleine Königreich steht im Bündnis mit Österreich wieder einmal auf der falschen Seite und verliert den Krieg gegen den übermächtigen Nachbarn im Norden.

Es liegt nahe, vom Renegaten Treitschke zu sprechen, denn er stammt ja aus Sachsen. Es kommt zum Bruch mit der Familie. Der Vater, der sächsische General, sagt sich von dem abtrünnigen Sohn los, mit Zeitungsanzeigen, in denen es heißt: »Obgleich fest überzeugt, gegenüber allen denjenigen, von welchen ich persönlich gekannt bin, einer Darlegung meiner eigenen Gesinnungen gegen Seine Majestät den König Johann und dessen hohes königliches Haus nicht zu bedürfen, welchem länger als 52 Jahre nach Kräften treu gedient zu haben ich mir zur Ehre rechne und für dessen Rechte mein jüngerer Sohn geblutet – fühle ich mich dennoch bewogen zu öffentlicher Aussprache: samt allen den Meinigen nur mit Entrüstung und tiefem Schmerze die Äußerungen gelesen zu haben, welche mein älterer Sohn in der Schrift ›Die deutschen Mittelstaaten‹ gegen dieses teure Könighaus sich gestattet hat.« Natürlich ist das eine Sensation und das Dresdner Tagesgespräch. Der Vater stirbt 1867, und vor seinem Tod wird der Bruch nur oberflächlich in der Form eines Briefwechsels behoben.

Unterdessen hat Treitschke seine Freiburger Professur im Protest gegen Badens antipreußische Politik aufgegeben. Doch die Belohnung bleibt nicht aus. Am 5. Oktober 1866 wird er auf einen Lehrstuhl an der neupreußischen Universität in Kiel berufen. Im Alter von 32 Jahren erreicht er das Ziel jeder akademischen Karriere. Knapp ein Jahr später verlässt er Kiel schon wieder und folgt einem Ruf nach Heidelberg.

1867 heiratet er Emma von Bodmann; ein Jahr später wird die Tochter Clara geboren. Es folgen 1870 der Sohn Otto und 1873 die zweite Tochter Maria. Der geliebte Sohn stirbt 1881, kaum elf Jahre alt, an der Diphtherie. Darüber gerät die Mutter in Schwermut und versinkt schließlich in Depressionen, aus denen es keine Rückkehr mehr gibt.

Im Sommer 1870 erscheint ein Aufsatz unter dem Titel »Was fordern wir von Frankreich?«. Während man überall sonst noch von einem Verteidigungskrieg spricht, tritt Treitschke für die Annexion von Elsass-Lothringen ein. Der Bruder Rainer wird als sächsischer Offizier bei Sedan schwer verwundet, erkrankt außerdem an Typhus und stirbt.

1871 wird Treitschke im Wahlkreis von Kreuznach-Simmern –

als einziger Protestant im linksrheinischen Preußen – in den Reichstag gewählt und vertritt den Wahlkreis bis 1884. Bis 1879 schließt er sich den Nationalliberalen an; später bleibt er parteilos, doch ohnehin als ein Abgeordneter von ganz eigener Art: Jetzt vollkommen taub, kann er zwar Reden halten, aber nicht verstehen, was andere sagen. Immerhin ist er auf diese Weise gegen Zwischenrufe gefeit.

1873 wird Treitschkes Karriere durch den Ruf auf einen Lehrstuhl in Berlin gekrönt. Im Sommersemester 1874 beginnt er hier seine Vorlesungen, die eine große und begeisterte Hörerschaft anziehen. In den nächsten beiden Jahrzehnten wird er zum überragenden historisch-politischen Lehrer einer ganzen akademischen Generation.

1874 erscheint die Aufsatzsammlung »Zehn Jahre deutscher Kämpfe«; sie stellt die wichtigsten tagespolitischen Aufsätze einem weiteren Publikum vor.

1879 entfesselt Treitschke durch seine Angriffe auf das Judentum den »Berliner Antisemitismusstreit«. Unter anderen tritt ihm sein Fakultätskollege Theodor Mommsen entgegen.

1883 veröffentlicht der Straßburger Historiker Hermann Baumgarten eine scharfe Kritik an der einseitigen Verherrlichung Preußens in der »Deutschen Geschichte im 19. Jahrhundert«.

1885 verleiht Kaiser Wilhelm I. als König von Preußen Treitschke den Titel eines Geheimen Regierungsrates.

1886 folgt, nachdem Leopold von Ranke gestorben ist, die Ernennung zum »Historiographen des preußischen Staates« und ein Jahr später die Aufnahme in die Friedensklasse des Ordens Pour le Mérite, der übrigens bis heute an eine begrenzte Anzahl von Gelehrten und Künstlern des In- oder Auslandes verliehen wird.

1893 zieht sich Treitschke ein Augenleiden zu, wie es heißt als Folge einer Nikotinvergiftung. Die befürchtete Erblindung kann aber abgewendet werden.

1895 wird er auf Fürsprache Heinrich von Sybels, gegen Mommsens Widerstand, zum Mitglied der Preußischen Akademie der Wissenschaften gewählt.

Im Februar 1896 erkrankt er an einem Nierenleiden und an der Wassersucht. Er stirbt am 28. April 1896.

Zu Lebzeiten muss man sich Heinrich von Treitschke als einen massigen Mann mit mächtigem Kopf vorstellen, mit tief liegenden Augen, deutlichen Backenknochen und einer eher knolligen Nase. Der üppig wuchernde, nur über der Brust gestutzte Vollbart verstärkt noch den Eindruck slawischer Prägung; ohne aufzufallen könnte sich dieser deutsche Gelehrte im entsprechenden Gewand unter russische Popen mischen oder als ein Kollege von Fjodor Dostojewskij, Leo Tolstoi, Aleksander Solschenizyn, Lew Kopelew erscheinen.

Wir stellen uns Preußen unter seinen Königen als einen Beamten- und Militärstaat vor, in dem Junker wie Marwitz den Ton angeben und für selbstbewusste Bürger wenig Raum bleibt. Aber inmitten allen Waffenklirrens erhebt sich als bürgerliche Trutzburg die Universität. Sie hat Treitschke zum exemplarischen Bildungsbürger geprägt. Man erkennt das auch an seinen Anklagen, etwa dieser: »Der preußische Adel als Stand hat seit drei Jahrhunderten nur Unheil gewirkt; er widersetzte sich den erleuchteten Zentralisiationsplänen der Monarchen; er störte die notwendigsten Reformen, indem er für sich Exemptionen von dem Rechte und den Pflichten aller Staatsbürger festhielt oder erlangte.« Im Rückblick auf die sächsische Herkunft schrieb schon der junge Mann in einem Brief: »Eine gewisse Beschränkung haftet jedem Sohne unseres unglücklichen Zwitteradels an; er wird schon als Kind gewohnt, als Maßstab an seinen Umgang nicht das Kriterium ›gut oder böse‹ sondern das ›anständig oder nicht‹ anzulegen; und dies vergiftet jede nicht ganz gesunde Natur von Grund aus, während es kaum einem unter Hunderten gelingt, sich ganz von dieser eingeimpftem Anschauungsweise frei zu machen. Ich sage das offen, weil ich, obgleich bei meinem Verwandten als Demokrat verrufen, oft genug noch heimliche Regungen in mir fühle, die mit diesem Gedankengange zusammenhängen.« Aber je älter er wurde, desto weiter lag das zurück, und ganz bewusst hat er sich für die bürgerliche Moral statt für die adligen Ehrbegriffe entschieden. Je nach dem Standpunkt könnte man von Befreiung oder eben von Renegatentum sprechen.

Wenn man von den persönlichen Schicksalsschlägen absieht, dann stellt sich Treitschkes Lebensweg als glänzender Aufstieg in einer glanzvollen Zeit dar. Denn seit Wilhelm von Humboldts Gründung der Friedrich-Wilhelm- (heute Humboldt-)Universität zu Berlin gelten die deutschen Hochschulen als die führenden der Welt. Noch im 18. Jahrhundert handelte es sich um Lehranstalten, in denen die Professoren den Studenten trockenen Stoff zum Mitschreiben vorlasen; noch Kant hat seinen Hörern ja nicht die Kantische Philosophie, sondern das zuvor Anerkannte vermittelt. Humboldts bahnbrechende Idee war die Verbindung oder mehr noch: die Einheit von Forschung und Lehre; in den Vorlesungen sollte der Professor den eigenen Denk- und Entdeckungsprozess entwickeln und so seine Studenten zu Teilhabern der Forschung machen – ein Ziel, das sich gewiss nur in Annäherung erreichen ließ, doch eben als das bestimmende, anspornende Prinzip sich als fruchtbar erwies. Was es bedeutete, hat im Jahre 1875 Lorenz von Stein aus der Wiener Perspektive anschaulich gemacht:

»Österreich verstand es zu begreifen, daß seine Ebenbürtigkeit mit Deutschland *nicht* bloß auf seiner Industrie, seinen Schulen, auf seiner Presse, auf seiner Armee, auf seiner ganzen großen Geschichte, sondern auch auf der *Ebenbürtigkeit seiner Universitäten mit den deutschen beruhe*, und daß ein Zurückbleiben auf diesem Punkte ein Zurückbleiben auf allen anderen bedinge. Da war es, wo Österreich mit seiner ganzen vollen Kraft das deutsche Universitätswesen bei sich aufnahm; und diese deutsche Ordnung unserer Universitäten ist wahrlich nicht das letzte Blatt in dem großen Buche voll Achtung und Furcht, voll Neid und Liebe gewesen, das von der Geschichte Österreichs und Deutschlands redet! Denn so groß war die Kraft dieser Errungenschaft, daß nicht ein Jahrzehnt vorüberging, und die Universitäten Österreichs standen mit ihrem vollen Kraftbewußtsein *neben* jenen deutschen, auf die das deutsche Volk so stolz war, als eine glänzendste Zierde seiner Geltung in Europa.«

In den Naturwissenschaften und der Medizin kündeten Namen wie Liebig, Gauss, Helmholtz, Koch, Virchow vom Rang der Forschung. Die modernen Sprach- und Geschichtswissenschaften stellten geradezu eine deutsche Erfindung dar; zu den großen, um nicht zu sagen grundlegenden Historikern gehörten Leopold von Ranke, Theodor Mommsen, Heinrich von Sybel, Johann

Gustav Droysen. Dabei handelte es sich um ein besonders fruchtbares Anfangs- oder Übergangsstadium. Einerseits entdeckte man die Bedeutung des Quellen- und Aktenstudiums, andererseits wusste man, dass es auf die Kunst, um mit Mommsen zu reden, die Poesie der Darstellung ankommt, die Anschauung vermittelt; man verlor sich noch nicht im Wust der Begriffe und im Imponiergehabe der Anmerkungen – und auch nicht in der Verengung; man griff in Bereiche wie die Nationalökonomie, die Philosophie und das Staatsrecht hinüber; man beherbergte das, was sich inzwischen als Politikwissenschaft und Soziologie verselbständigt hat. Treitschke verkörperte dies alles, und so gesehen gehörte er zu den Großen seiner Zunft.

Weiter muss man bedenken, dass die Universitäten ein Ausbildungsmonopol für die höhere Beamtenschaft besaßen – und dass die deutschen Teilstaaten des 19. Jahrhunderts ebenso wie später der Nationalstaat von Beamten nicht nur verwaltet, sondern praktisch auch regiert wurden. Diese Beamtenherrschaft füllte die historische Lücke zwischen dem persönlichen Regiment von Fürsten oder ihren Günstlingen, das den komplizierter werdenden Verhältnissen nicht mehr genügte, und der Parteien- und Parlamentsherrschaft, die sich bis weit ins 20. Jahrhundert verzögerte. Die Überlegenheit Preußens beruhte nicht zuletzt darauf, dass dort diese Beamtenherrschaft bereits mit dem Tode Friedrichs des Großen begann und sich im Reformzeitalter nach 1807 beispielhaft durchsetzte. Dagegen hatte das Verzopfte und manchmal auch Abenteuerliche vieler Kleinstaaten, das Treitschke in seiner »Deutschen Geschichte« mit Entrüstung schildert, damit zu tun, dass hier oft noch die Launen der jeweiligen Regenten oder Despoten durchschlugen. Wie nachhaltig die Wirkung eines akademischen Lehrers für die Bildung der Beamten schon in der Frühphase sein konnte, haben wir am Beispiel Kants gezeigt. Er steht am Anfang, Treitschke am Ende einer deutschen Entwicklung.

Schließlich und ganz besonders ist zu bedenken, dass die Universitäten in der ersten Hälfte des 19. Jahrhunderts bei der politischen Meinungsbildung eine Schlüsselrolle, eine Form von Führerschaft übernahmen. Dies gilt für die Studenten etwa in der Form der Burschenschaften – und erst recht für die Professoren:

In einer Zeit, in der es noch keine Parteien und im Schatten der Zensur kaum eine freie Presse gab, konnten politische Auffassungen im Schutzmantel der Gelehrsamkeit entwickelt und verbreitet werden. Nicht zufällig waren es Professoren, die politische Bewegungen vorbereiteten. Das gilt für den Liberalismus, dem Karl Theodor Welcker und Karl von Rotteck in ihrem »Staatslexikon« (fünfzehn Bände, 1834 bis 1843) gewissermaßen den Leitfaden schufen, während Dahlmann durch die vergleichende Darstellung der französischen und der englischen Revolutionen Anregungen gab. Sogar die Entwicklung des konservativen Denkens und der konservativen Partei ist ohne das geistige Rüstzeug schwerlich zu denken, das Friedrich Julius Stahl entwarf. (Und wie stünde es um den »wissenschaftlichen Sozialismus« ohne den Hegel-Schüler und exemplarischen deutschen Privatgelehrten Karl Marx?) Am Ende hat man die Nationalversammlung in der Frankfurter Paulskirche halb im Spott und halb bewundernd ein Professorenparlament genannt. Mehr noch handelte es sich um – durchweg hoch gebildete – Beamte. Aber auch die waren ja einmal Schüler von Professoren gewesen.

Zum politischen Ansehen deutscher Hochschullehrer hat entscheidend das mannhafte Auftreten der »Göttinger Sieben« im Jahre 1837 beigetragen: der Professoren Albrecht, Dahlmann, Ewald, Gervinius, Weber, Jacob und Wilhelm Grimm. Der König von Hannover verfügte einseitig die Aufhebung des Staatsgrundgesetzes aus dem Jahre 1833. Gegen diesen Gewaltakt protestierten die Sieben und wurden dafür aus ihren Lehrämtern verstoßen. Es ging ausdrücklich nicht um Parteinahme im üblichen Sinne, sondern um Gewissen und Verantwortung, wie Jacob Grimm schrieb: »Der Grund [des Protests] ist, weil ich eine vom Land, in das ich aufgenommen war, ohne all mein Zutun mir auferlegte Pflicht nicht brechen wollte, und als die drohende Anforderung an mich trat, das zu tun, was ich ohne Meineid nicht tun konnte, nicht zauderte, der Stimme meines Gewissens zu folgen.« Noch deutlicher heißt es bei Wilhelm Grimm: »Bei unserem Schritt lag bloß die religiöse Überzeugung zu Grunde, daß wir so handeln müßten, wenn wir unser Gewissen rein erhalten wollten ... Mit dem Parteiwesen hat die Sache nichts zu schaffen, und wir müssen die albernen Lobeserhebungen der Liberalen ebenso ertragen wie die hoffärtigen Verhöhnungen von der andern Seite.«

Zur Verantwortung sagt Jacob Grimm: »Die deutschen hohen Schulen, solange ihre bewährte und treffliche Einrichtung bestehen bleiben wird, sind nicht bloß der zu- und abströmenden Menge der Jünglinge, sondern auch der genau darauf berechneten Eigenheiten der Lehrer wegen, höchst reizbar und empfindlich für alles, was im Lande Gutes und Böses geschieht. Wäre dem anders, sie würden aufhören, ihren Zweck, so wie bisher, zu erfüllen. Der offene, unverdorbene Sinn der Jugend fordert, daß auch die Lehrenden, bei aller Gelegenheit, jede Frage über wichtige Lebens- und Staatsverhältnisse auf ihren reinsten und sittlichsten Gehalt zurückführen und mit redlicher Wahrheit beantworten.« Genau das versuchte nach eigenem Bekunden auch Heinrich von Treitschke zu tun.

Wir mögen uns an einer Sprache und Einstellung stoßen, die so sehr ins Überpolitische erhebt, was doch von handfesten Interessen, persönlichen Anschauungen und den entsprechenden politischen Konflikten kaum jemals geschieden werden kann. Aber man bedenke die Zeitumstände: Im Jahre 1837 gab es eben noch keine demokratische Öffentlichkeit, keine Parteien und Parlamente im modernen Sinne und allenfalls eine geknebelte Presse; außer im Mantel gelehrter Verantwortung ließ sich kaum darstellen, worum es ging.

Das ändert sich seit der Mitte des 19. Jahrhunderts, und entsprechend ändern sich die Vorzeichen. Der Grimm'sche Anspruch bleibt, aber seine Einlösung verzerrt sich. Es entsteht der Typus des politisierenden, um nicht zu sagen politisch schwadronierenden Professors. Treitschke, allen Nachahmern vorweg, bildet dafür das bedeutendste Beispiel und macht sichtbar, was nicht mehr stimmt. Er wird Abgeordneter und damit Parteigänger. Dagegen ist nichts zu sagen, aber *gleichzeitig* verkündet er seine Parteinahme vom Katheder herab, mit dem Pathos der Überparteilichkeit, der wissenschaftlichen Erkenntnis und mit dem höchsten moralischen Anspruch; damit stempelt er den politisch Andersdenkenden zum Feind.

Obwohl Treitschke also der Erbe der Grimm'schen Überzeugung sein will, schafft er in Wahrheit etwas Neues und ein höchst problematisches Vorbild. Zugleich kündigt sich bei ihm schon an, wohin dieses gelehrte Politisieren drängt: ins Reaktionäre, das allem demokratischen Fortschritt feindlich ist. Denn in dem Maße, in dem das Parteiwesen und eine kritische Öffentlichkeit sich entwickeln, wird dem alten Obrigkeitsstaat mit seinem Anspruch auf Überparteilichkeit die Grundlage entzogen. Um so verbissener verteidigen ihn die akademischen Politisierer, weil mit ihm ihr eigener Anspruch steht und fällt.

Das setzt sich fort und fort. In der Saatzeit des Kaiserreiches predigen Professoren landauf und landab den Traum von der Weltmacht, der im Schlachtflottenbau seinen Ausdruck findet. Im Ersten Weltkrieg heißt es triumphal, dass die Ideale der Französischen Revolution nichts mehr taugen: »Die Ideen der Freiheit, Gleichheit, Brüderlichkeit sind durch die deutschen Ideen von 1914, Pflicht, Ordnung, Gerechtigkeit überwunden.« Im Jahre 1917 treten 1100 Professoren gegen die Friedensresolution des Reichstags auf; zur Begründung heißt es: »Die unterzeichneten Lehrer deutscher Hochschulen, unbeeinflußt von Ansichten irgendeiner Partei, frei von Sonderinteressen jeder Art, einzig und allein erfüllt von schwerer Sorge um die Zukunft unseres Vaterlandes, erklären hiermit: daß nach ihrer Überzeugung die jetzige Mehrheit des vor fast sechs Jahren gewählten Reichstages es nicht für sich in Anspruch nehmen kann, gegenüber den heute zur Entscheidung stehenden Lebensfragen den Volkswillen in unzweifelhafter Weise zum Ausdruck zu bringen.« Professoren aber sind dazu offenbar imstande, obwohl sie überhaupt keinen Wählerauftrag besitzen.

Nach 1918 bildeten die verfassungstreuen Hochschullehrer des »Weimarer Kreises« eine fast verlorene Minderheit gegenüber den geschworenen Feinden der Republik. Als Ausnahme von der trüben Regel nannte 1927 der Rektor der Universität München, der Romanist Karl Voßler, die Dinge beim Namen: »Immer in neuen Verpuppungen die alte Unvernunft: ein metaphysisches, spekulatives, romantisches, fanatisches, abstraktes und mystisches Politisieren ... An zahlosen Bier- und Kaffeetischen« – lies: von zahllosen Kathedern – »kann man seufzen hören, wie schmutzig, wie unheilbar unsauber doch alle politischen Geschäfte seien, wie unwahr die Presse, wie falsch die Kabinette, wie gemein die Parlamente und so weiter. Man dünkt sich, indem man also jammert, zu hoch, zu geistig für die Politik. In Wahrheit ist man kleinmütig, bequem, unlustig und unfähig zum Helfen und Dienen am eigenen Volk. Wenn man noch nicht einmal zum Mitläufer taugt, dann freilich ist es schön, sich einzubilden, daß man über den Parteien steht.« Die Überparteilichkeit, so hat einer der großen demokratischen Juristen der Republik, Gustav Radbruch, gesagt, ist die Lebenslüge des Obrigkeitstaates. Nicht von ungefähr mündet 1933 diese Lebenslüge in den Jubel über die nationalsozialistische Machtergreifung.

Wir kehren schleunigst zurück und blättern zunächst in Treitschkes wissenschaftlichem Hauptwerk, der »Deutschen Geschichte im 19. Jahrhundert«. Unwillkürlich liest man sich fest. Keine Fußnoten oder Begriffsklaubereien stören, und die Sprache wirkt niemals fade, sondern strömt daher wie glühende Lava aus einem Feuer speienden Vulkan. Man spürt, aus welcher Fülle von Kenntnissen die Erzählung stammt, ohne dass das Herzeigen vieljähriger Arbeit verstimmt. Man erfährt etwas von den Anfängen der Industrialisierung, von der Bedeutung des Zollvereins oder des Eisenbahnbaus und von den Mühen seiner Finanzierung. Und erst die knappen, stets eindringlichen Skizzen! Bloß als Beispiel, um der Anschauung aufzuhelfen, ein paar Sätze über die Anfänge Preußens:

»Erst Friedrich Wilhelm I. stellte die Grundgedanken der inneren Ordnung des preußischen Staates so unverrückbar fest, daß selbst die Gesetze Steins und Scharnhorsts und die Reformen unserer Tage das Werk des harten Mannes nur fortbilden, nicht zerstören konnten. Er ist der Schöpfer der neuen deutschen Verwaltung, unseres Beamtentums und Offiziersstandes; sein glanzlos arbeitsames Wirken ward nicht minder fruchtbar für das deutsche Leben als die Waffentaten seines Großvaters, denn er führte eine neue Staatsform, die geschlossene Staatseinheit der modernen Monarchie, in unsere Geschichte ein. Er gab dem neuen Namen Preußen Sinn und Inhalt, vereinte sein Volk zur Gemeinschaft politischer Pflichterfüllung, prägte den Gedanken der Pflicht für alle Zeiten diesem Staate ein. Nur wer den knorrigen Wuchs, die harten Ecken und Kanten des niederdeutschen Volkscharakters kennt, wird diesen gewaltigen Zuchtmeister verstehen, wie er so atemlos durchs Leben stürmte, der Spott und der Schrecken seiner Zeitgenossen, rauh und roh, scheltend und fuchtelnd, immer im Dienst, sein Volk und sich selber zu heißer Arbeit zwingend, ein Mann von altem deutschen Schrot und Korn, kerndeutsch in seiner kindlichen Offenheit, seiner Herzensgüte, seinem tiefen Pflichtgefühl, wie in seinem furchtbaren Jähzorn und seiner formlos ungeschlachten Derbheit. Fest und folgerecht richtete Friedrich Wilhelm I. den Bau des Einheitsstaates über der Trümmerwelt seiner Territorien auf. Sein Leben lang ward er hin und her gestoßen zwischen Gegnern und falschen Freunden. An den fremden Höfen aber ging die Rede, der König stehe ständig mit gespanntem Hahn auf der Wacht, ohne jemals abzudrücken; und wenn den deutschen Mann im Reiche zuweilen eine stille Angst vor der Potsdamer Wachparade überkam, dann tröstete ihn das Spottwort: So schnell schießen die Preußen nicht!«

Eine solche Rhapsodie ersetzt dickleibige Bücher, und die »Deutsche Geschichte« ist voll von Rhapsodien. Freilich kommt kein Absatz, kaum ein Satz ohne Werturteile aus, vor allem nicht ohne den lodernden Zorn. Gleich am Anfang verstört, was Treitschke höchst pauschal über den Kampf Kaiser Karls V. gegen die Reformation sagt: »Es ward entscheidend für alle Zukunft der deutschen Monarchie, daß ein Fremdling unsere Krone trug während jener hoffnungsfrohen Tage, da die Nation frohlockend den Wittenberger Mönch begrüßte. Die kaiserliche Macht, dermaleinst Führer der Deutschen im Kampf wider das Papsttum, versagte sich der kaiserlichen, wie politischen Reform. Das Kaisertum der Habsburger ward römisch, führte die Völker des romanischen Südeuropas ins Feld wider die deutschen Ketzer und ist fortan bis zu seinem ruhmlosen Untergange der Feind alles deutschen Wesens geblieben.« Daran ist beinahe alles unhistorisch schief, aber der Zorn überträgt sich auf Österreich; nichts taugt, alles ist Verrat am deutschen Wesen, was aus Wien kommt, bis hin zum Friedensschluss von 1815 und dem Deutschen Bund, der unter Metternichs Leitung daher stammt. Schwarz oder weiß, Freund oder Feind und kaum Zwischentöne; im Kontrast zur österreichischen und katholischen Finsternis leuchtet alles Norddeutsche, Protestantische, Preußische nur umso heller. Wie schon angeführt, hat bereits 1883 Hermann Baumgarten, Treitschkes Straßburger Kollege, die »Deutsche Geschichte« wegen ihrer einseitigen Verherrlichung Preußens einer scharfen Kritik unterzogen.

Gibt es überhaupt etwas, das neben dem preußisch-deutschen Wesen eine Würdigung verdient? Es scheint nicht so. Mit den Engländern ist wenig anzufangen, mit den Franzosen noch weniger und mit den Polen, wie überhaupt den Slawen, schon gar nichts. Neider, Feinde ringsum! Auf unheimliche Weise wird im Geist vorweggenommen, was Jahrzehnte später, am Vorabend des Ersten Weltkriegs, zur bedrückenden Realität gerät: die »Einkreisung« Deutschlands, die nicht ohne deutsche Schuld sich vollzieht.

Alles Übernationale ist ohnehin des Teufels: »Man bemerkte auch bereits die ersten Anfänge einer internationalen Verbindung zwischen den großen Geldmächten. Im Mittelalter hatten zuweilen deutsche und französische Ritter gemeinsam gegen das Bürgertum gefochten, im sechzehnten Jahrhundert die Religionsparteien aller Länder unbedenklich die Hilfe der fremden Glaubensgenossen angerufen wider die andersgläubigen Landsleute. Es war der Ruhm der neuesten Geschichte, daß die Eigenart des Volkstums sich überall stark und bewußt ausbildete, daß die nationalen Gegensätze allmählich gewichtiger wurden als die Gegensätze der politischen, der ständischen, der kirchlichen Parteiungen; die eigentümliche Größe der modernen Kultur lag in der Mannigfaltigkeit ihrer nationalen Gebilde. In dieser gesunden, natürlichen Entwicklung trat nun plötzlich ein unheilvoller Rückschlag ein. Die Börsenmächte aller Kulturländer begannen sich in der Stille über das gemeinsame Geldinteresse zu verständigen, und die neue internationale Partei des Großkapitals fand« – mit den Rothschilds vorweg – »ihre natürliche Stütze an dem vaterlandslosen Judentum.«

Was eigentlich soll an den übernationalen Verbindungen so schlecht und offenbar unnatürlich, was an den nationalen Gegensätzen so gut und natürlich sein? Doch das fragen wir – ganz natürlich – als die gebrannten Kinder des Nationalismus; Treitschke dagegen war der Repräsentant einer anderen, seiner eigenen Zeit.

Als sei es ihm abgelesen, hat Heinrich Heine geschrieben: »Der

Patriotismus des Deutschen besteht darin, daß sein Herz enger wird, daß es sich zusammenzieht wie Leder in der Kälte, daß er das Fremdländische haßt, daß er nicht mehr Weltbürger, nicht mehr Europäer, sondern nur ein enger Deutscher sein will. Da sahen wir nun das idealische Flegeltum, das Herr Jahn [der ›Turnvater‹] ins System gebracht; es begann die schäbige, plumpe, ungewaschene Opposition gegen eine Gesinnung, die eben das Herrlichste und Heiligste ist, was Deutschland hervorgebracht hat, nämlich gegen jene Humanität, gegen jene allgemeine Menschenverbrüderung, gegen jenen Kosmopolitismus, dem unsere großen Geister, Lessing, Herder, Schiller, Goethe, Jean Paul, dem alle Gebildeten in Deutschland immer gehuldigt haben.«

Treitschke aber gibt die Antwort, wenn er über die Literaten des »Jungen Deutschland« herzieht und zunächst zu Ludwig Borne vermerkt: »Er tränkte die Jugend mit Galle; einen neuen Gedanken wußte er ihr nicht zu bieten. – Nicht weniger verheerend wirkte Heinrich Heine, der Düsseldorfer Jude. Von der menschlichen Größe unserer klassischen Dichter besaß er nichts. Geistreich ohne Tiefe, witzig ohne Überzeugung, selbstisch, lüstern, verlogen und doch zuweilen unwiderstehlich liebenswürdig, war er auch als Dichter charakterlos und darum merkwürdig ungleich in seinem Schaffen. Oft mißbrauchte er sein Formtalent, um seelenlos das Anempfundene nachzudichten. Noch öfter überwältigte ihn der Drang der Selbstverhöhnung also, daß er sich von der Höhe des idealen Gefühles plötzlich mit einem Bocksprunge in die Plattheit der Zote oder des schlechten Witzes hinabstürzte und den Lesern grinsend die Unwahrheit seiner eigenen Empfindung eingestand.«

Man mag natürlich sagen, dass die Endfassung der »Deutschen Geschichte« aus einer späten Periode stammt, in der bei Treitschke die aggressiven Ausfälle immer häufiger werden und die ursprüngliche, freiheitliche Einstellung zunehmend überlagern. Aber ist es so? Wir prüfen eine frühe, wirkungsmächtige Abhandlung, »Das deutsche Ordensland Preußen« aus dem Jahre 1862, und stoßen auf den gleichen verengten Patriotismus, der das Fremdländische hasst. Der Mann, dessen Aussehen und dessen Name – wie beim halben Deutschland – auf die slawische Abkunft hindeuten, wütet gegen das Slawentum.

Ein Grundfehler besteht zunächst darin, dass die nationalen Gegensätze vollkommen unhistorisch in eine Zeit zurückverlegt werden, in denen es sie noch gar nicht gab. Beim Streit und in den Kriegen des 15. Jahrhunderts zwischen dem Deutschen Orden und dem polnischen Königtum ging es um Machtkämpfe, wie sie überall in Europa zwischen Fürsten, Ständen und Städten ausgefochten wurden, und der »Preußische Bund«, der im Zusammenwirken mit der polnischen Krone dem Orden die entscheidende Niederlage beibrachte, bestand überwiegend aus deutsch geprägten Städten und Ständen, die sich vom polnischen Königtum – mit Recht – mehr Eigenständigkeit erhofften als unter der straffen Ordensherrschaft. Der moderne Nationalismus kommt viel später. Er wird mit der französischen Revolution von 1789 geboren und erst im 19. Jahrhundert geschichtsmächtig.

In Treitschkes Abhandlung findet man erschreckend viele Züge, die weit voraus ins Unheil des 20. Jahrhunderts weisen, auf Herrenmenschen, die sich zur Herrschaft über die Minderwertigen berufen fühlen: »Die massiven Gaben deutscher Gesittung, das Schwert, der schwere Pflug, der Steinbau ... verbreiteten sich über die leichtlebigen Völker des Ostens.« In einem Brief, der die Abhandlung begleitet, heißt es: Im Deutschen Orden seien »einige Züge des deutschen Wesens verkörpert ... die man selten beachtet – die aggressive Kraft und die herrische gemütlose Härte«. Die preußischen Ureinwohner wussten nur nicht zu schätzen, was ihnen geschah. Ihre Unfähigkeit zu nationalem Staatsleben lag »klar am Tage. Ein menschliches Geschenk daher, daß nach der Unterjochung der Herr dem Diener seine Sprache gab, ihm so den Weg eröffnend zu höherer Gesittung.« Um Johann Gottfried Herder zu zitieren, den Sohn Ostpreußens aus Mohrungen: »Die Menschheit schauert vor dem Blut, das hier vergossen ward in langen wilden Kriegen.«

Natürlich beklagt der Autor auch, dass dann im »Preußen königlich polnischen Anteils« – dem späteren Westpreußen – die urdeutsche Marienburg verunstaltet wurde: »Zwischen den Pfeilern des Remter zog der Pole dünne Wände, weil er der Kühnheit der deutschen Gewölbe nicht traute, und die ernste Wahrhaftigkeit des Ziegelrohbaus ward bedeckt mit der lügenhaften Hülle des Gipses.« Doch die Lüge war auf Treitschkes Seite: Der Gips, den er beklagte, stammte aus Baumaßnahmen der preußischen Verwaltung nach der ersten polnischen Teilung.

Ein Fachkenner von Rang, Hartmut Boockmann, hat zu Treitschkes Abhandlung gesagt: »Ginge es um den sachlichen Ertrag dessen, was man hier lesen kann, so brauchte von diesem Text nicht die Rede zu sein. Er ist nicht erst aus heutiger Sicht außerordentlich fehlerhaft. Schon aus der Perspektive des Jahres 1862 findet man in ihm nicht selten Unsinniges ... Man hat in dem Essay Treitschkes ein drastisches Beispiel dafür, daß zwischen Qualität und der Wirksamkeit eines Historikertextes eine beträchtliche Diskrepanz bestehen kann. Kein anderer Text hat die Vorstellungen von der mittelalterlichen Geschichte Preußens ein Jahrhundert lang so geprägt wie diese Arbeit.«

Das gilt nicht nur für den Aufsatz über den Ordensstaat. Mit der Lavaglut seiner Sprache, in die immerfort Wertungen einfließen, war Heinrich von Treitschke ein Überredungskünstler von Rang. Doch umso mehr drängt sich die Frage auf, warum wir uns mit diesem gelehrten Demagogen überhaupt noch befassen. Dazu gibt es eine doppelte Antwort. Erstens verkörpert Treitschke, vielleicht ins Extrem getrieben, aber umso plastischer, die Bewegung und den Wandel des Bürgergeistes in Deutschland. Zweitens war er der überragende Lehrer einer ganzen, der wilhelminischen Generation; niemand sonst kann mit seinem Einfluss auch nur von ferne sich messen. Von ihm her erschließt sich der Weg in die Zukunft, ins Unheil des 20. Jahrhunderts.

Wenn man die politische Entwicklung des 19. Jahrhunderts betrachtet, fällt das Stichwort Liberalismus. Viel Forscherfleiß und viel Scharfsinn ist darauf verwendet worden, ihn zu analysieren und zu bewerten. Darf man ihn mit westlichen Maßstäben messen oder handelt es sich um einen deutschen »Sonderweg«? Orientierte er sich an den französischen Idealen von 1789, an republikanischer Freiheit und Gleichheit? Oder am englischen Verfassungsmodell eines monarchisch gekrönten Parlamentarismus? Wollte man politisch mündig werden, oder begnügte man sich mit einer Teilhabe an der Macht des alten Staates? Welche Rolle spielten wirtschaftliche Fragen, welche die Verteidigung alter gesellschaftlicher Formationen oder die Durchsetzung neuer? Stand die Sehnsucht nach Freiheit im Vordergrund oder der Traum von der Einheit? Gab es »den« Liberalismus überhaupt oder eine Vielzahl von Strömungen, die sich ebenso mischten wie bekämpften? Fragen, die sich beliebig fortsetzen ließen und zeigen, dass die akademische Debatte noch längst nicht am Ende ist.

Für unsere Zwecke genügt die Feststellung, dass sich tatsächlich vieles durchkreuzte und nur schwer vertrug. Davon zeugen die Konflikte von 1848 und 1849, die ja nicht nur gegen die Reaktion, sondern auch innerhalb der revolutionären Bewegung ausgefochten wurden, ebenso die Flügelbildungen und Verfassungsdebatten des Paulskirchenparlaments, später die Spaltungen zwischen Links- und Nationalliberalen. Es gab unterschiedliche Träger; neben Gelehrten und einer Honoratiorengesellschaft von Besitz und Bildung standen kleine Leute, bis hin zu Handwerkern und Arbeitern, die sich in Vereinen für die Volksbildung, aber auch zu Turnern oder Sängern organisierten. Der norddeutsche Liberalismus sah anders aus als der in Württemberg oder in Baden; dagegen gingen in Preußen rheinische Unternehmer mit ostpreußischen Großgrundbesitzern Hand in Hand. Keine Neben-, sondern eine Hauptrolle spielten Beamte: Nicht nur die Abgeordneten der Frankfurter Nationalversammlung, sondern auch die preußischen Landtage, mit denen Bismarck in den Jahren seit 1862 seinen Verfassungskonflikt ausfocht, bestanden zum erheblichen Teil aus Staatsdienern. (Bekanntlich setzt sich das bis heute fort: Durchweg bilden nicht die so genannten Volksparteien, sondern Angehörige des öffentliches Dienstes in unseren Stadt- und Landesparlamenten wie im Bundestag die stärkste Fraktion.)

Für Treitschke gilt zunächst einmal, dass er konkret sein wollte: Man muss von den realen geschichtlichen Umständen ausgehen und von nichts außerdem. Abstrakte Prinzipien, wie die Aufklärung sie entwarf, galten ihm wenig. Im Sinne Kants hatte Wilhelm von Humboldt in seinen »Ideen zu einem Versuch, die Grenzen der Wirksamkeit des Staates zu bestimmen« (1792 verfasst, aber erst 1851 vollständig erschienen) gesagt: »Überhaupt wird der Verstand des Menschen doch, wie jede andre seiner Kräfte, nur durch eigne Tätigkeit, eigne Empfindsamkeit oder eigne Benutzung fremder Erfindungen gebildet. Anordnungen des Staates aber führen immer mehr oder minder Zwang mit sich, und selbst wenn dies nicht der Fall ist, so gewöhnen sich die Menschen zu sehr, mehr fremde Belehrung, fremde Leitung, fremde Hilfe zu erwarten, als selbst auf Auswege zu denken ... Noch mehr aber leidet durch eine zu ausgedehnte Sorgfalt des Staats die Energie des Handelns überhaupt und der moralische Charakter.«

Nein, von solchen »Ideen« hielt Treitschke gar nichts; sie gingen ihm sozusagen gegen seinen neupreußischen Strich. Hatten Friedrich Wilhelm I. und Friedrich der Große etwa nicht bewiesen, dass die Pflichterfüllung im Dienste des Staates die Energien des Handelns weckt und den moralischen Charakter formt? Eher noch war den großen Königen vorzuwerfen, dass ihre absolutistische Herrschaft große Teile des Volkes von der Mitwirkung ausschloss; dies bewirkte den Zusammenbruch des friderizianischen Staates im napoleonischen Sturm. Die Reformen des Freiherrn vom Stein und Scharnhorsts nach 1807 hatten das geändert, und darauf beruhte die opferbereite Leistung der Freiheitskriege. Solch eine Teilhabe musste weiter ausgebaut werden, als Selbstverwaltung, wo immer sie möglich war, und als parlamentarische Repräsentation, die den Staat kräftigte und nicht etwa ihn schwächte.

In diesem Sinne verstand sich Treitschke durchaus als ein Liberaler. In seiner »Deutschen Geschichte« geißelte er den Stillstand, die Unterdrückung, die Zensur, die Stickluft des Deutschen Bundes unter Metternichs österreichischer Leitung; daher erschien ihm die Bundesakte als »die elendeste Verfassung, die je einem großen Volke auferlegt ward«. In der Stickluft brüteten beinahe zwangsläufig der Radikalismus und die Schwarmgeisterei, wie in der studentischen Bewegung der Burschenschaften. Es erfolgte »ein ungeheurer Rückschritt; die alte Aufklärung, die seit Herders Zeiten überwunden schien, kam wieder empor, und sie trug französische Gewänder. Jene tiefsinnige historische Anschauung vom Staate, die sich in der deutschen Wissenschaft still vorbereitet, aber noch nicht durchgebildet hatte, trat in den Hintergrund. Die alte Naturrechtslehre von dem vernunftgemäßen Staate der Gleichheit, von der Unfehlbarkeit der öffentlichen Meinung, von der Staatsgewalt, die nicht regieren, sondern der Mehrheit dienen sollte, führte das große Wort und verfiel bald in Phrasen, da sie nichts Neues mehr zu sagen wußte. Die vaterländische Begeisterung des Befreiungskrieges ward verdrängt durch einen liberalen Weltbürgersinn, der im Namen der Freiheit die Feinde Deutschlands im Osten wie im Westen [die Polen und die Franzosen] verherrlichte und das eigene Volk mit Schimpf überhäufte.«

Ein Liberalismus der staatsbürgerlichen Teilhabe: Folgerichtig verurteilte Treitschke auch die Privilegienverteidigung des ostelbischen Junkertums, das im »Sträuben gegen die allgemeine Rechtsordnung« und im »Abwälzen der Steuern von den Rittern auf Bürger und Hintersassen« seinen Ausdruck fand und mit seiner Machtstellung im preußischen Herrenhaus noch immer den Fortschritt zur Freiheit blockierte. Entsprechend der preußische Verfassungskonflikt, als seit 1862 Bismarck die preußische Heeresreform durchkämpfte, obwohl der Landtag, der für den Haushalt zuständig war, die Geldmittel verweigerte. Treitschke bezog ohne Wenn und Aber Position: »Das Recht des Landes ist verletzt, und wer ein guter Bürger ist, der wirke, daß es wiederhergestellt werde.« Jetzt komme es darauf an, »den Wahnwitz des Königs« – und natürlich Bismarcks – »zu brechen«.

Noch etwas war wichtig, vielmehr entscheidend: Nur ein geschichtsmächtiger Staat formte den politischen Charakter und weckte die Energien des Handelns. Von daher stammte Treitschkes Liebe zu Preußen und seine Verachtung der Mittel- und Kleinstaaten, die in der Untätigkeit, der Krähwinkelei versumpften und sich, um zu überleben, nichts sehnlicher wünschten als den Stillstand der Geschichte, den ihnen mit all seiner Jämmerlichkeit der »Deutsche Bund« seit 1815 unter der Schirmherrschaft des selber stagnierenden Österreich garantierte. Ganz natürlich fürchteten diese Staaten, Sachsen voran, sich vor dem dynamischen Preußen. In Treitschkes Worten: »Hier noch ein gemütliches, bequemes Philistertum, dort das bei den Nachbarn übel berufene, stramme ›preußische Wesen‹, eine kurz angebundene, dreiste Entschlossenheit, die zuweilen sehr unliebenswürdig werden konnte, aber dem Charakter eines edlen Volkes besser anstand als die gedrückte Schüchternheit der alten Zeit des ungestörten häuslichen Leben.«

Wo sonst, wenn nicht in Preußen, bereitete sich die deutsche Einigung vor? Und wenn zunächst auch noch nicht politisch, dann doch wirtschaftlich. Dieser Einigung diente der Deutsche

Zollverein: eine geduldige und sachkundige Meisterleistung, vielleicht die größte des preußischen Beamtentums. Am 1. Januar 1834 erreichte er seinen vorläufigen Abschluss – ohne Österreich. Man wird an die Europäische Union unserer Tage erinnert, auch an die Sogwirkung, die von ihr ausgeht. Der Beitritt der noch nicht teilnehmenden Staaten folgte beinahe zwangsläufig: 1835/36 schlossen sich Baden, Nassau und Frankfurt an. 1842 Luxemburg, Braunschweig und Lippe, in den fünfziger Jahren Hannover und Oldenburg. Der Zollverein verhinderte allerdings nicht, dass im Krieg von 1866 die meisten deutschen Staaten auf der Seite Österreichs gegen Preußen standen: ein letztes und wie sich zeigte vergebliches Aufbegehren. Mit Treitschke zu reden: »Kleine Staaten erscheinen leicht lächerlich; denn der Staat ist Macht, und die Ohnmacht widerspricht sich selber, sobald sie als Macht auftreten will.«

Im Rückblick auf die Vollendung des Zollvereins hat der Preuße aus Sachsen in seiner »Deutschen Geschichte« anschaulich erzählt: »Also war des großen Werkes schwerster Teil gelungen. Ein unerhörter Ordenssegen belohnte die treue Arbeit des Beamtentums; die Jahrgänge der deutschen Gesetzessammlungen schwollen zu unförmigen Bänden an, von all den neuen Verträgen und Gesetzen. Dann kam jene folgenschwere Neujahrsnacht des Jahres 1834, die auch den Massen das Nahen einer besseren Zeit verkündete. Auf allen Landstraßen Mitteldeutschlands harrten die Frachtwagen hochbeladen in langen Zügen vor den Mauthäusern, umringt von fröhlich lärmenden Volkshaufen. Mit dem letzten Glockenschlage des alten Jahres hoben sich die Schlagbäume; die Rosse zogen an, unter Jubelruf und Peitschenknall ging es vorwärts durch das befreite Land. Ein neues Glied, fest und unscheinbar, war eingefügt in die lange Kette der Zeiten, die den Markgrafenstaat der Hohenzollern hinaufgeführt hat zur kaiserlichen Krone. Das Adlerauge des großen Königs [Friedrich] blickte aus den Wolken, und aus weiter Ferne erklang schon der Schlachtendonner von Königgrätz.«

Uns mag solch ein Pathos befremden. Aber wollen, können wir uns ein Europa überhaupt noch vorstellen, an dessen inneren Grenzen sich die Lastwagenkolonnen vor den Zollämtern stauen und an denen man umständlich Pässe abstempeln lassen muss?

Wenn man sich in die Zeit des Biedermeier zurückversetzt und Ludwig Richters Bilder der Windstille anschaut, dann wird einem vor Augen geführt, dass zur Kehrseite der Idylle die Armseligkeit, wenn nicht gar die blanke Not gehörte. Richters Holzschnitt »Das Schlachtfest« zum Beispiel demonstriert hinterrücks, dass bei der Mehrheit der Menschen nur sehr selten ein Stück Fleisch auf den Tisch kam. Dass sie sich aus ihrer sei es noch so malerischen Armut fortsehnten in eine bessere Zukunft, darf ihnen niemand verübeln.

Was Treitschkes preußische Perspektive betrifft, so sprengte sie jedenfalls den Rahmen der liberalen Einheitsbewegung nicht, die im 1859 gegründeten Deutschen Nationalverein ihren Ausdruck fand; ihn repräsentierten Rechts- wie Linksliberale, Rudolf von Bennigsen und Johannes Miquel ebenso wie der Sozialreformer und Gründer des Genossenschaftswesens Hermann Schulze-Delitzsch. Schließlich hatte sich auch schon die Frankfurter Nationalversammlung für die »kleindeutsche« Lösung unter Ausschluss Österreichs entschieden, als sie im Frühjahr 1849 dem preußischen König Friedrich Wilhelm IV. die deutsche Kaiserkrone antrug.

Das Pathos, das uns leider oder gottlob abhanden gekommen ist, gehörte ohnehin zu den Merkmalen der Epoche. Manchmal klingt es wirklich überdreht; vom »Turnvater« Friedrich Ludwig Jahn hat Treitschke mit Recht gesagt, dass er »auch das Vernünftige nur auf närrische Weise betreiben« konnte. Aber man findet den hochgestimmten Ton überall, bei Ernst Moritz Arndt wie bei den Rednern des Hambacher Fests von 1832. Ähnlich hymnisch und unter dem brausendem Beifall von 20 000 Zuhörern sprach Treitschke 1863 auf dem deutschen Turnfest in Leipzig zum Gedenken an die Völkerschlacht von 1813. Im Jahre 1858 dichtete Emanuel Geibel sein Lied »Wann, o wann?«, in dessen Anfang und Ende es heißt:

»Wann doch, wann erscheint der Meister,
der, o Deutschland, dich erbaut,
wie die Sehnsucht edler Geister
ahnungsvoll dich längst geschaut:

Eins nach außen, schwertgewaltig
um ein hoch Panier geschart!
Innen reich und vielgestaltig,
jeder Stamm nach seiner Art! ...

O wann rauschen, so verschlungen
eure Farben, Süd und Nord!
Harfenspiel der deutschen Zungen,
wann erklingst du im Akkord!

Laß mich's einmal noch vernehmen,
laß mich's einmal, Herr, noch sehn!
Und dann will ich's ohne Grämen
unsern Vätern melden gehn.«

Der Dichter, 1815 geboren, lebte trotz der Reichsgründung noch bis 1884; sozusagen als offizieller Hofbarde der deutschen Einigung erhielt er vom preußischen König ein jährliches Handgeld. Aber je weiter die Verwirklichung des deutschen Traums noch entfernt schien, desto inbrünstiger gerieten seine Beschwörungen. Weithin ersetzte ein zur Weltfrömmigkeit entlaufenes Luthertum die Erlöserrolle Christi durch den Nationalismus. Das gilt auch für Treitschke, sodass der besorgte sächsische Vater seinen Sohn examinierte: »Wie hältst Du es mit der Religion? Betest Du? Fühlst Du niemals das Bedürfnis einer religiösen Ansprache? Nimmst Du Dir jemals die Zeit, nur eine Viertelstunde des Tages, Deine Gedanken hinauf zu richten oder etwas Bezügliches zu lesen? Du wirst in allen diesen Fragen nur den liebenden Vater erkennen, dem auch das Seelenheil des selbständigen, seiner Leitung entwachsenen Sohnes noch am Herzen liegt.«

Vieles, beinahe alles änderte sich 1866 nach dem Schlachtensieg bei Königgrätz und vor allem seit der Reichsgründung von 1871. Heinrich von Treitschke fand seine Lebensrolle als »Herold der Reichsgründung«, noch ohne sich damit vom Hauptstrom der liberalen Bewegung zu entfernen. Denn schon 1867 kam es zur Spaltung der Fortschrittspartei, die Bismarck bekämpft hatte. Unter Bennigsens Führung formierten sich die Nationalliberalen, die den Kanzler des Norddeutschen Bundes unterstützten und zur wichtigsten Partei der Reichsgründungszeit heranwuchsen. Treitschke schloss sich den Nationalliberalen an und gehörte für ein Jahrzehnt zu ihren Abgeordneten.

Freilich folgt der Erfüllung von Wunschträumen meist die Ernüchterung, ein unerwartetes Gefühl der Leere, wenn nicht gar der Katzenjammer; wir kennen ihn inzwischen aus eigener Erfahrung. Heinrich von Sybel (1817–1895), wie Treitschke in den Jahren des preußischen Verfassungskonflikts ein Kritiker Bismarcks, hat diese Erfahrung vorweggenommen, als er nach der Meldung der Kapitulation von Paris am 28. Januar 1871 schrieb: »Meine Augen gehen immer hinüber zu dem Extrablatt, und die Tränen fließen mir über die Backen. Wodurch hat man die Gnade Gottes verdient, so große und so mächtige Dinge erleben zu dürfen? Und wie wird man nachher leben? Was zwanzig Jahre der Inhalt alles Wünschens und Strebens gewesen, das ist nun in so unendlich herrlicher Weise erfüllt! Woher soll man in meinen Lebensjahren noch einen neuen Inhalt für das weitere Leben nehmen?«

Sybel half sich, indem er ein Denkmal der preußisch-deutschen Selbstbewunderung schuf: »Die Begründung des Deutschen Reiches durch Wilhelm I.« – in sieben Bänden. Dieses Werk wurde noch erfolgreicher als Treitschkes »Deutsche Geschichte«, die ja nur bis 1848 führte. Es erschien zwischen 1889 und 1894 und schon wenig später in der fünften Auflage, 1901 in einer Volksausgabe. Man versteht die sarkastische Notiz des Baseler Beobachters Jacob Burckhardt, es würden künftig wohl alle Darstellungen der neueren Geschichte »auf 1870/71 orientiert« werden, und man werde nicht ruhen und nicht rasten, bis am Ende »die ganze Weltgeschichte von Adam an siegesdeutsch angestrichen« sei.

Ungefähr so ist es dann ja auch gekommen. Jedenfalls haben Männer wie Sybel und Treitschke an der borussischen Legende mitgewirkt, dass das Haus Hohenzollern sozusagen von der Vorsehung dazu bestimmt gewesen sei, aus unscheinbaren brandenburgischen Anfängen schließlich das glorreiche neudeutsche Reich zu schaffen. (Die großen Könige des 18. Jahrhunderts, denen es um nichts als ihr Preußen ging, wären höchst erstaunt gewesen, wenn sie das gehört hätten, und noch in den ersten Jahrzehnten des 19. Jahrhunderts hat dieser Staat sich mit all seiner Kraft gegen die nationale Bewegung gestemmt.)

Parteien können sich nicht so helfen, wie Sybel es tat. Sie geraten in Schwierigkeiten, wenn ein Hauptteil ihres Programms erfüllt ist, ohne dass sich dafür ein überzeugender Ersatz bietet. So ist es auch den Liberalen ergangen. Zwar gab es in den ersten Jahren nach 1871 noch viel zu tun, um das Reich zusammenzufügen. Doch wie dann weiter? Widrige Umstände kamen hinzu. Dem »Gründerkrach« von 1873 folgte eine langfristige Wirtschaftskrise, die gegen Ende der siebziger Jahre entgegen allen liberalen Prinzipien zur Ablösung des Freihandels durch Schutzzölle führte. Man hat sogar von einer konservativen »Umgründung« des Reiches gesprochen. Außerdem entwuchs die sozialdemokratisch geführte Arbeiterbewegung ihren bürgerlichen Schirmherren und erschien zunehmend nicht bloß als Konkurrenz, sondern als elementare Gefahr.

Der schleichende Verfall des Liberalismus lässt sich sogar an Zahlen ablesen. Bei den Reichtagswahlen von 1871 erreichten die liberalen Parteien 46,1 der Stimmen und eine absolute Mehrheit der Mandate. Aber schon 1877 ging diese Mehrheit verloren, und seit 1893 pendelte sich der Stimmenanteil bei einem Viertel, der Anteil an Mandaten noch darunter ein. Übrigens hat Treitschke schon 1871 den Abschied kühl vorweggenommen: »Die Partei, die wir heute die liberale nennen«, wird »unfehlbar verschwinden, wenn einst unsere sozialen Verhältnisse sich verschieben und der Ausbau des deutschen konstitutionellen Staats einen gewissen Abschluss erreicht hat.«

Noch etwas ist wichtig: Auch der Beamtenliberalismus verliert sich seit der Reichsgründung ins Konservative – und durchaus verständlich. Lange genug hatte die Staatsbürokratie darum gekämpft, sich gegen Eingriffe »von oben« abzuriegeln, zuletzt in den Jahren des preußischen Verfassungskonflikts, um – natürlich »im Namen des Königs« – selbst zu regieren. Liberale Ideen boten sich in diesem Kampf als Mittel zum Zweck ganz natürlich an. Aber mit dem Aufkommen der Parteien und der Einrichtung des Reichstags dämmerte eine Zukunft herauf, in der die Staatsgewalt »von unten«, vom Volk ausgehen sollte. Die Beamtenherrschaft geriet in Gefahr und, wiederum verständlich, in eine

Gegenposition zum weiteren Fortschritt, der womöglich auf die Demokratie zutrieb; als Mittel zum Zweck diente die Lebenslüge von der Überparteilichkeit.

Mit anderen Worten: In dem Epochenduell, das zwischen Fürstengewalt und Volksherrschaft seit 1789 in Europa ausgefochten wurde, beruhte die Beamtenherrschaft auf einer prekären und spezifisch deutschen Balance, wie Dahlmann gesagt hat: »Der ganze Weltteil droht sich jetzt in Gebiete der Volksherrschaft und der absoluten Fürstengewalt zu spalten. Ich lebe nun des Glaubens, daß das deutsche Volk vor allen anderen Völkern dazu berufen ist, diese verderblichen Extreme durch Gewissenhaftigkeit und Tiefsinn zu versöhnen.« Der eigentümliche Kompromisscharakter, der den deutschen Liberalismus in seiner Hauptströmung kennzeichnet, findet hier eine Erklärung. Und für den Tiefsinn bot sich zwischen Fürsten- und Volkssouveräntität der Begriff der Staatssouveränität an; er taucht zuerst in der Rechtsphilosophie Hegels (§ 278) auf und gelangt in der späteren Staatsrechtslehre zu beinahe unumschränkter Anerkennung. Wenn man aber fragt, was eigentlich hinter dieser Staatssouveränität steckt, dann heißt die Antwort: die Herrschaft der Beamten.

Die Krise des Liberalismus brachte Treitschke keineswegs in Verlegenheit. Im Gegenteil: Mit seiner Leidenschaft, seinem Gespür für das Kommende und seinem demagogischen Talent verkündete er als unumstößliche Wahrheit, was sich abzeichnete. So ist er im Grunde weniger zum Herold der Reichsgründung als vielmehr des Wandels geworden, der ihr folgte. Unvermeidbar allerdings schlug er damit Wege ein, die man beim besten Willen nicht mehr liberal nennen kann.

Zunächst besaß Treitschke, ähnlich wie Bismarck, eine Witterung dafür, dass die Einheit der Deutschen keineswegs garantiert war und dadurch gestützt werden musste, dass man ihre Bedrohung demonstrierte – etwa so, wie es im »Lied der Deutschen« von Hoffmann von Fallersleben aus dem Jahre 1841 heißt: dass das Land stets – oder vielleicht nur – »zum Schutz und Trutze brüderlich zusammenhält«. In den zwanziger Jahren des 20. Jahrhunderts hat der Staatsrechtslehrer Carl Schmitt seinen »Begriff des Politischen« entwickelt: »Die eigentliche politische Unterscheidung ist die Unterscheidung von Freund und Feind. Sie gibt menschlichen Handlungen ihren politischen Sinn; auf sie führen schließlich alle politischen Handlungen und Motive zurück ... Die Höhepunkte der großen Politik sind zugleich die Augenblicke, in denen der Feind in konkreter Deutlichkeit als Feind erblickt wird.« Denn damit wird zugleich sichtbar, wer der Freund ist und dass man im Kampf gegen den Feind auf Gedeih und Verderb sich verbinden muss. Dafür hat Kaiser Wilhelm II. beim Kriegsbeginn 1914 die unübertroffene Parole gefunden: »Ich kenne keine Parteien mehr. Ich kenne nur Deutsche.« Aber die Praxis zu diesem Freund-Feind-Begriff des Politischen hat schon Bismarck geschaffen – und Treitschke dazu die Lehre geliefert.

Das beginnt bereits 1870, als er zu den Ersten gehört, die die Annexion Elsass-Lothringens fordern. Wenn dadurch ein dauerhaftes Feindverhältnis zu Frankreich entsteht: Wen beschwert es? Und umso besser, wenn es sichtbar wird. Sicherheit ist ohnehin nur dann gegeben, »wenn von den befestigten Pässen der Vogesen deutsche Feuerschlünde in das welsche Land herniederschauen und unsere Heere in wenigen Märschen in die Ebene der Champagne herabsteigen können, wenn dem Raubtier die Zähne ausgebrochen sind und das geschwächte Frankreich nicht mehr wagen darf uns anzugreifen«.

Auf das angebliche Selbstbestimmungsrecht der Betroffenen – kürzlich noch im Kampf mit Dänemark um Schleswig-Holstein beschworen – darf man keine Rücksicht nehmen. Die Deutschen wissen besser, was »den Elsässern frommt, als jene Unglücklichen selber, die in der Verbildung ihres französischen Lebens von dem neuen Deutschland ohne treue Kunde blieben«; man muss ihnen »wider ihren Willen ihr eigenes Selbst zurückgeben«. Und: »Nicht zum ersten Male geschieht es in unserer Geschichte, daß ein heilsamer Gedanke politischer Freiheit sich verwirklicht durch den Zwang von oben.«

In späteren Jahren ist dann statt Frankreich mehr und mehr das seebeherrschende und mit seinem Kolonialbesitz die Welt umspannende England ins Feindvisier geraten, weil es dem deutschen Traum von der Weltmacht im Weg war, und Treitschke ist auch damit zu einem Künder des Kommenden geworden. Schon in seinem frühen Aufsatz »Die Freiheit« aus dem Jahre 1861 klingt das Bedauern über historisch Versäumtes an: »Denn so schnell nicht verharschen die Wunden, welche die Sünden und das Unglück von Jahrhunderten geschlagen. Der überseeische Besitz, die maritime Größe, ohne welche heutzutage eine wahrhafte Großmacht nicht besteht, wird auch dem einigen Deutschland für lange Zeit noch versagt bleiben.«

Wirklich für lange Zeit? Sollte man sich mit der von Bismarck errungenen Macht des Reiches begnügen? Die Antwort des wilhelminischen Deutschland hieß: Nein. Aber schon Treitschke erwies sich als eifriger Anwalt des Kolonialerwerbs, und hätte er länger gelebt, so wäre er gewiss zum begeisterten Fürsprecher des Schlachtflottenbaus geworden, der seine Speerspitze gegen England richtete. Er schrieb: »Mit Österreich, mit Frankreich, mit Rußland haben wir bereits abgerechnet, die letzte Abrechnung mit England wird voraussichtlich die langwierigste und die schwierigste sein; denn hier tritt uns eine Politik entgegen, die seit hundert Jahren, fast unbelästigt von den anderen Mächten, geradewegs auf das Ziel der maritimen Weltherrschaft lossteuert.«

Die schon vollzogene Abrechnung mit Russland bleibt das Geheimnis des Autors; die Kriege gegen Napoleon wurden im Bündnis mit dem Zarenreich geführt, und Bismarcks Bemühen richtete sich darauf, den »Draht nach Petersburg« nur ja nicht abreißen zu lassen. Wahrscheinlich führt Treitschke diese Abrechnung nur rhetorisch ein, um die Aufmerksamkeit nicht zu zersplittern und den Blick auf England zu konzentrieren. An anderer Stelle ist von der »gräßlichen Aussicht« die Rede, »daß England und Rußland sich die Welt teilen, und da weiß man wirklich nicht, was unsittlicher und entsetzlicher wäre, die russische Knute oder der englische Geldbeutel«. Stellt man neben England noch die Vereinigten Staaten, so ergibt das einen Ausblick auf die große Koalition, an der der deutsche »Griff nach der Weltmacht« schließlich zerbrach. Der Schmiedemeister des wilhelminischen Wahns von der maritimen Weltmacht, Alfred Tirpitz, gehörte übrigens zu den begeisterten Hörern von Treitschkes Vorlesungen.

Wenn Geschichtsmächtigkeit den wahren Staat auszeichnet und ihn über die Dumpfheit der Kleinstaaten erhebt, wenn Charakterbildung und Leistungsbereitschaft sich als Pflichterfüllung im Dienste des Staates entwickeln und bewähren und wenn zum Wesensmerkmal des Politischen das Freund-Feind-Verhältnis zählt, dann versteht sich die Rechtfertigung, um nicht zu sagen die Heiligung des Krieges von selbst. Es gab Vorläufer, etwa Adolf Lasson mit seinem Buch »Das Kulturideal und der Krieg«, das 1868 erschien. Aber erst Treitschke hat die Heiligung durchgesetzt. Was er meinte, mögen die folgenden, beinahe beliebig vermehrbaren Zitate demonstrieren:

»Was für ein herrliches Volk waren die Holländer in den Tagen des Kampfes gegen die spanische Weltmacht! Kaum aber war ihre Unabhängigkeit gesichert, so beginnt auch der ganze Unsegen des Friedens auf das Volk einzuwirken.«

Umgekehrt erging es den Preußen in der napoleonischen Zeit: »Die schonungslose Wahrheit des Krieges vernichtete die Phrasen der aufgeklärten Eitelkeit, zerstörte jene Traumwelt des Verstandes, worin die großstädtische Überbildung sich zu verlieren pflegt, und zwang die erschlafften Gemüter, wieder aus Herzensgrunde zu hassen.«

»Wir Deutschen können es gar nicht genug als Glück preisen, daß unsere Revolution von 1866 nicht durch Volksbewegung und Volksabstimmung sich vollzogen hat, wie in Italien, sondern durch einen Krieg.« Erst recht gilt das natürlich für die Reichsgründung von 1871, und im Rückblick wird damit noch einmal ein Urteil über den Versuch von 1848 gesprochen, Reden und Majoritätsbeschlüsse an die Stelle von Blut und Eisen zu setzen. »Ist aber diese Zeit von Eisen, so bleibt es auch eine Notwendigkeit für die Gesittung der Welt, daß eine Nation bestehe, die neben dem Idealismus der Wissenschaft zugleich den Idealismus des Krieges behüte. Und dies ist Deutschlands herrlicher Beruf.«

Eben darum sind die Deutschen eine Nation, womöglich die Einzige, die die wahren Kulturwerte hütet. Denn »es ist gerade der politische Idealismus, der die Kriege fordert, während der Materialismus sie verwirft. Was ist das für eine Verkehrung der Sittlichkeit, wenn man aus der Menschheit streichen will das Heldentum.«

Oder die Todesstrafe: Als im Blick auf das neue Strafgesetzbuch, das 1871 in Kraft trat, ihre Abschaffung diskutiert wurde, setzte Treitschke sich für die Beibehaltung mit dem Argument ein, dass ein Staat, der im Krieg das Leben seiner Bürger fordere, den Verbrecher nicht schonen dürfe. Er warnte davor, »sich einem einseitigen Individualismus hinzugeben, die Achtung vor dem Menschenleben bis zu weichlicher Ängstlichkeit zu steigern, Leben und Wohlfahrt des einzelnen höher zu stellen als Recht und Macht der Volksgemeinschaft, dem Staate nicht mehr zu geben, was des Staates ist«. (Über den Zusammenhang von Bellizismus und Todesstrafe ließe sich eine eigene Abhandlung schreiben.)

Alles in allem: In einer erschlafften Welt ist es den Deutschen auferlegt, das heilige Feuer das Krieges zu hüten, und tatsächlich erwies es sich als schicksalsbestimmend, dass unser erster Nationalstaat nicht durch eine Volksbewegung und Volksabstimmung, sondern im Schlachtendonner entstand. Kaum zufällig war dann der »Sedantag« der einzig populäre Nationalfeiertag, den wir jemals hatten. Zu den Folgen gehörte, dass wir uns nicht in die Zivilgesellschaft hineinfinden wollten und bis 1945 im Banne der Uniformgläubigkeit blieben.

Es ist also kaum übertrieben, wenn man sagt, dass in der Begeisterung des Kriegsbeginns vom August 1914 sich Treitschkes Vermächtnis an die Nation offenbart. Am Vorabend des Krieges, 1911, hat sozusagen als sein Testamentsvollstrecker der Staatsrechtslehrer Erich Kaufmann geschrieben: »Machtentfaltung ist nur möglich durch die Belebung sämtlicher physischer und moralischer Energien. Von der Machtentfaltung aus wird der Staat zum Wohlfahrtsstaat und zum höchsten sittlichen Institut. Weil seine Organisation und seine Ordnung Machtorganisation und Machtordnung sein will, kann er zur obersten Gemeinschaft, zur Gemeinschaft schlechthin werden: denn nur weil er zu seinem Wesen und Bestand die höchste Kraftentfaltung braucht ..., weil eine eigentümliche, sozusagen prästabilierte Harmonie besteht zwischen Machtstreben und sittlicher Kraftanstrengung, kann er das eigentümliche Wesen werden, das überall die Macht will und eben darum das Höchste will.«

Hinter dieser Behauptung einer Harmonie, die die Macht zum Maßstab der Sittlichkeit erhebt, steht Treitschkes berühmte Formel, »daß das Wesen des Staates zum Ersten Macht, zum Zweiten Macht und zum Dritten nochmals Macht« ist. Weil aber erst die Probe des Krieges den wirklichen Beweis der Macht liefert, wird – so Kaufmann – »der siegreiche Krieg« zum »sozialen Ideal«. »Im Kriege offenbart sich der Staat in seinem wahren Wesen, er ist seine höchste Leistung, in dem seine Eigenart zur vollsten Entfaltung kommt. Hier hat er zu beweisen, daß ihm die Weckung und Zusammenfassung aller Kräfte gelungen ist, daß die höchsten Forderungen, die er stellt, auch wirklich erfüllt werden, und daß das Letzte seinem Bestehen in der Weltgeschichte geopfert wird ... Je stärker diese Anforderungen und Leistungen werden, und je weiter und komplizierter sie sich bis in alle Verästelungen des Lebens hinein erstrecken, um so mehr wird der Krieg zu einer wirklichen Berechtigungs- und Leistungsprobe des ganzen Staates.«

Nachdem der große Krieg dann mit der Niederlage statt mit dem Sieg endete, hatte die Ironie mit solchen Formulierungen leichtes Spiel. Doch nicht darauf kommt es hier an, sondern auf Treitschkes Vermächtnis. Solange es hintergründig wirksam blieb, konnte aus der Niederlage nur die Folgerung gezogen werden, dass die Machtentfaltung nicht, noch nicht voll gelungen war und es nun darauf ankam, sie *total* werden zu lassen.

Neben oder noch vor dem äußeren stand der innere Feind. Gleich nach der Reichsgründung von 1871 inszenierte Bismarck den »Kulturkampf« wider die »Reichsfeinde« – ein bezeichnender Begriff: gegen den politisch organisierten Katholizismus, und Treitschke blies zu diesem Kampf die Trompete. Es entsprach seiner schon früh verfestigten und niemals aufgegebenen Überzeugung, dass die deutsche Kulturnation protestantisch-preußischen Ursprungs und dass die übernationale Macht der römischen Kirche ihr Erbfeind sei, von den Tagen Kaiser Karls V. über den von Österreich geschaffenen und beherrschten »Deutschen Bund« bis zur glorreichen Gegenwart. Bei Königgrätz und Sedan hatte sozusagen auch Martin Luther gesiegt, und die Früchte des Sieges sollten nun geerntet werden.

Der Kulturkampf endete freilich mit einem Misserfolg; er mobilisierte die Katholiken. Der Stimmenanteil ihrer Zentrumspartei (mit Welfen, Polen und Elsass-Lothringern, die sich anschlossen) hatte bei der ersten Reichstagswahl von 1871 noch bei 24,7

Prozent gelegen. 1874 sprang er auf 38,1 Prozent und beharrte bis zum Abflauen des Kampfes über der 30-Prozent-Marke.

Statt aus dem Schaden klug zu werden, schloss sich eine zweite Verfolgung nahtlos an die erste an: Nach den »Reichsfeinden« entdeckte man die »rote Gefahr«, die von »vaterlandslosen Gesellen« der Arbeiterbewegung drohte. Und wieder gehörte Treitschke zu den Scharfmachern. 1878 schrieb er nach den beiden Attentaten auf Kaiser Wilhelm I. einen flammenden Aufsatz unter dem Titel »Der Sozialismus und der Meuchelmord«, obwohl die Anschläge mit den Sozialdemokraten überhaupt nichts zu tun hatten. Außerdem ärgerte er sich über seine nationalliberalen Fraktionskollegen, weil sie Bismarcks »Gesetz gegen die gemeingefährlichen Bestrebungen der Sozialdemokratie« aus rechtsstaatlichen Bedenken erst im zweiten Anlauf zustimmten – und dann auch nur, nachdem sie, freilich halbherzig, die Vorlage in einigen Punkten entschärft hatten.

Im kleinen Kreis erklärte gleichwohl der Frankfurter Oberbürgermeister und spätere preußische Justizminister Johannes Miquel, dies sei »das infamste Gesetz, ein Gesetz, das uns um dreißig Jahre zurückgeworfen hat«. Allerdings fügte er schnell hinzu: »Wenn sich aber einer der Anwesenden darauf beruft, daß ich das gesagt habe, leugne ich es.« Die Korrespondenz der Nationalliberalen Partei kommentierte: »Niemand täuscht sich darüber, daß die Zurückdämmung der revolutionären Bestrebungen nicht ohne Rückwirkung bleiben kann auf den Zustand der bürgerlichen Freiheit überhaupt. Solange wir im Kampfe gegen den sozialistischen Todfeind stehen, wird zum mindesten nicht auf den weiteren Ausbau des Rechtstaates zu rechnen sein.« An solchen Äußerungen wird die Halbherzigkeit, um nicht zu sagen die innere Gebrochenheit des deutschen Liberalismus schlagend sichtbar. Immerhin zeigen die Äußerungen, dass im Jahre 1878 zu ihm noch ein schlechtes Gewissen gehörte.

Heinrich von Treitschke kann man Vieles vorwerfen, aber kaum solche Halbherzigkeit oder Skrupel. Was er tat, tat er ganz. Nicht bloß nebenher legte er sich mit den so genannten Kathedersozialisten an, Gelehrten wie Adolph Wagner, Gustav Schmoller oder Lujo Brentano, die sich 1872 im »Verein für Socialpolitik« zusammenschlossen. Im Grunde waren sie gar keine

Sozialisten, sondern Sozialreformer, besorgte, gemäßigte und vernünftige Leute, die Staatseingriffe forderten, um die Klassengegensätze zu mildern und den gesellschaftlichen Frieden zu fördern. Wie im Kontrast dazu Treitschkes Vorstellungen aussahen, mag ein längeres Zitat anschaulich demonstrieren:

»Betrachtet man nun näher dieses ganze Geflecht gegenseitiger Abhängigkeiten, das man als bürgerliche Gesellschaft bezeichnet, so ist deutlich, daß alle Gesellschaft von Natur eine Aristokratie bildet. Die Sozialdemokratie kennzeichnet den Unsinn ihrer Bestrebungen schon durch den Namen. Wie mit dem Staat gegeben ist ein Unterschied von Obrigkeit und Untertan, der niemals aufgehoben werden kann, so ist mit dem Wesen der Gesellschaft ein für allemal gegeben die Verschiedenheit der Lebenslagen und Lebensbedingungen ihrer Glieder. Um es kurz zu sagen: Alle bürgerliche Gesellschaft ist Klassenordnung. Es kann durch eine weise Gesetzgebung dafür gesorgt werden, daß diese Klassenordnung nicht eine drückende wird, daß der Übergang von unten nach oben und umgekehrt möglichst erleichtert wird; aber keine Macht der Welt wird je bewirken können, daß eine neue künstliche Klassenordnung die natürliche Verschiedenheit der sozialen Klassen aufhebt.

Sieht man genauer hin, so liegt es ebenfalls in der menschlichen Natur selber begründet, daß die ungeheure Mehrheit der Kräfte unseres Geschlechts aufgehen muß in der Befriedigung der gröbsten Lebensbedürfnisse. Das bloße Dasein zu fristen ist für den Barbaren der Hauptinhalt des Daseins. Und so gebrechlich und bedürftig ist von Natur unser Geschlecht, daß auch auf höheren Kulturstufen die ungeheure Mehrheit der Menschen immer und überall der Sorge um das Leben, der materiellen Arbeit ihr Dasein widmen muß, oder um es trivial auszudrücken: Die Masse wird immer die Masse bleiben müssen. Keine Kultur ohne Dienstboten. Es versteht sich doch von selbst, wenn nicht Menschen da wären, welche die niedrigen Arbeiten verrichten, könnte die höhere Kultur nicht gedeihen. Wir kommen zu der Erkenntnis, daß die Millionen ackern, schmieden und hobeln müssen, damit einige Tausende forschen, malen und dichten können.

Das klingt hart, aber es ist wahr und wird in alle Zukunft wahr bleiben. Mit Jammern und Klagen ist hiergegen gar nichts auszurichten. Der Jammer entspringt auch nicht der Menschenliebe, sondern dem Materialismus und dem Bildungsdünkel unserer Zeit.«

Man könnte noch manches anfügen, etwa zur Frauenfrage, die ähnlich schroff abgetan wird: »Frauen drängten mit dilettierender Geschäftigkeit in männliche Berufe, und ganz wie einst in den Zeiten der Sittenverderbnis des klassischen Altertums stiegen aus dem Schlamme der Überbildung die Lehren der Weiber-Emanzipation empor.«

Aber nicht auf die abstoßenden Ausfälle und die Einzelheiten kommt es an, sondern auf das höchst merkwürdige Prinzip: Eine Erstarrung oder Versteinerung setzt ein; ausgerechnet dem Historiker gerinnt die Geschichte zur unwandelbaren Natur. Vielleicht lässt sich das dadurch erklären, dass Treitschke im Grunde seines Wesens ein Ideologe und Heilsverkünder war, der sich den Mantel des Historikers nur umhing.

Bedeutsamer dürfte etwas anderes sein. Unversehens wird hinter der Schroffheit, als deren Kehrseite, die *Angst* spürbar: Angst vor dem Wandel, der die alten Herrschaftsverhältnisse bedroht. Wer unsicher ist und sich fürchtet, pfeift umso lauter oder prügelt auf andere ein, so wie Treitschke es tut. Einzig aus der Panik lässt sich der Rundumschlag erklären, der alles trifft, was dem Wandel nicht widersteht: »... die selbstsüchtige Interessenpolitik der Agrarier und der Schutzzöllner, der frivole Dilettantismus der Christlich-Sozialen, die Systemsucht der Nationalökonomen, die sinnliche Weltanschauung der Modephilosophen, das Mammonpriestertum der Börsenwelt, das Hetzen und Wühlen der Ultramontanen, die manische Tadelsucht der Fortschrittspartei, der verbissene Haß der Partikularisten, endlich jener liberale Leichtsinn, der es nur für ein harmloses Überschäumen der Freiheit hielt, wenn die sozialdemokratischen Massen das neue Kanibalenlied sangen: ›hier Petroleum, da Petroleum! Petroleum um und um!‹« (Offenbar handelte es sich um die Aufforderung zum Abfackeln der »Paläste« und Bürgerhäuser, um ein Lied, das vielleicht irgendwo einmal übermütige Gassenbuben oder finstere Anarchisten sangen und das dann Zeitungen meldeten, wenn nicht zur Panikmache erfanden – aber ganz gewiss nicht um eines, das der ordnungsliebende Arbeiterführer August Bebel jemals geduldet hätte.)

Treitschke sah das Kommende ohne Illusionen. Er wusste etwas von der unerbittlich vorwärts treibenden Kraft der industriellen Revolution, und er erkannte, dass die Gründung des Kaiserreiches den wirtschaftlichen und gesellschaftlichen Wandel nicht etwa aufhielt, sondern beschleunigte. Uralte Lebensverhältnisse lösten sich auf, angefangen bei den Zunft- und Gesindeordnungen; die Arbeiterbewegung begann ihren Kampf um die Teilhabe an Kulturgütern oder so handfest wie naheliegend für höhere Löhne und eine schrittweise Verkürzung der Arbeitszeit, sodass es den Massen eben nicht mehr als »natürlich« und unabwendbar auferlegt sein sollte, nur im Ackern, Schmieden und Hobeln für die Wenigen das Dasein zu fristen.

Wer sich etwas zutraut und über ein festes Selbstbewusstsein verfügt, fürchtet den Wandel nicht, sondern begreift ihn als Chance. Anders das unsichere Bewusstsein. Es klammert sich ans Bestehende, wittert Verrat und erfindet die Sündenböcke, denen es schon vorweg die Schuld am drohenden Unheil aufladen kann. Genau das war Treitschkes Sache, und wenn man seinen Erfolg verstehen will, muss man darum vom gebrochenen Bürgerbewusstsein reden.

Das 19. Jahrhundert ist das Zeitalter des Bürgertums, aber für Deutschland gilt das nur unter Vorbehalten. Die frühen Jahrzehnte, die Treitschke in seiner »Deutschen Geschichte« schildert, stehen im Zeichen des Obrigkeitsstaates, der aus den napoleonischen Stürmen siegreich hervorgeht und Windstille befiehlt. Die Bürgerrevolution von 1848 scheitert. Der Traum von der Reichsgründung geht in Erfüllung, aber seine Verwirklichung gelingt nicht aus eigener Kraft, sondern mit der Leistungstüchtigkeit und militärischen Stärke des alten Staates, der damit eine nachhaltige Wiederaufwertung erfährt; mit Recht hat Bismarck seine »Revolution von oben« als eine konservative Tat bezeichnet. Mit dem Geschenk des lange ersehnten Nationalstaates und mit dem wirtschaftlichen Aufstieg, der mit der preußisch-deutschen Entwicklung verbunden ist, erobert der große Staatsmann das Bürgertum gleichsam von innen her. Aber kaum ist das Ziel erreicht, sieht man sich mit der unaufhaltsam wachsenden Arbeiterbewegung konfrontiert, deren Sprecher verkünden, dass sie der Totengräber der bestehenden Ordnung sein wird. Was liegt da im Bewusstsein der eigenen Schwäche näher als die Flucht zum Machtstaat, selbst um den Preis, die eigenen Freiheits- und Fortschrittsideale zu verraten?

Wieder einmal mögen wir uns zurücklehnen und stolz verkünden, dass uns das nicht passiert wäre. Aber man versuche, sich in den Bürger der Kaiserzeit hineinzuversetzen. Es geht ihm gut, jedenfalls viel besser als noch seinen Eltern oder den Großeltern; er hat etwas zu verlieren. Zumindest von ferne kennt er die unheimlich wuchernden Arbeiterviertel, die Mietskasernen mit ihren Hinterhöfen, in denen es von Menschen wimmelt, und die grauen Massen, die früh am Morgen durch die Fabriktore strömen. In seiner Zeitung liest er, dass August Bebel wieder einmal den »großen Kladderadatsch«, eine Art von Weltuntergang angekündigt hat. Und zur Erfahrung, die ihm eingebrannt ist, gehört, dass man auf sich gestellt den Kürzeren zieht, wenn es hart auf hart geht. Dürfen wir also sicher sein, dass wir uns anders entschieden hätten als unsere Vorfahren?

Das Brechen des Bürgerstolzes, die Verzerrung seiner Prinzipien, den Selbstverrat, der mit der Reichsgründung einsetzt, hat Bernhard Guttmann in seinen Erinnerungen beschrieben: »Verglichen mit dem Reichtum und der realen Macht der rheinisch-westfälischen Industrieherren nahm sich jetzt der Adel in Brandenburg und Pommern kümmerlich aus. Aber Kohle und Stahl bezogen von Roggen und Zuckerrübe die Maßstäbe der Vornehmheit und politischen Korrektheit. Sich dem freiheitlichen Gedanken zuliebe Richtungen anzuschließen, die ihren Söhnen den Eintritt in das Offizierkorps der Reserve und ihren Töchtern das Tanzen mit Leutnants verwehrt hätte, waren die großen Bürgerlichen nicht geneigt.«

Man traute sich wirtschaftlich etwas zu, nicht aber politisch. Doch man darf dabei nicht nur die Oberfläche sehen. In der Tiefe ging es um das gebrochene Selbstbewusstsein, um eine Zukunftsangst, aus der einzig der starke Mann, ein Genie wie Bismarck, und der starke Staat in seiner schimmernden Wehr die Rettung versprachen. Man wollte nicht mehr träumen, sondern realistisch sein; man verinnerlichte das konservative Glaubensbekenntnis, dass gegen (Sozial-)Demokraten nur Soldaten helfen – notfalls mit der Ableitung der inneren Probleme nach außen, im Krieg.

Treitschke war erfolgreich, weil er die Gebrochenheit des Selbstbewusstseins gleich doppelt verkörperte, zunächst mit seiner Abwendung vom »Zwitteradel« der sächsischen Offiziersfamilie zugunsten Preußens und der bürgerlichen Forschrittsbewegung, dann mit seiner Absage an die Ideen von Freiheit und Gleichheit zugunsten von Herrschaft und Hierarchie im Machtstaat, die er im gelehrten Gewand als unumstößliche Wahrheit, als das Naturgegebene diesseits aller Geschichte verkündete. Er schürte – wie auf seine Weise Bismarck – die untergründigen Ängste, um sie dann in der Tonlage wie mit dem Inhalt seiner Schriften und Vorlesungen triumphal zu überspielen. Worin er im Grunde konsequent war, ist die Charakterlosigkeit, das Desertieren aus ehrenhaften Verliererpositionen ins Siegeslager. So gesehen war seine Preisgabe liberaler Prinzipien folgerichtig, als sich ankündigte, dass sie auf längere Sicht zu den Verlierern der Reichsgründung gehörten.

In der Tiefe des Selbstverrats lauert die Anklage, eine Form von Selbsthass. Man kann ihn nur beschwichtigen, wenn man die Anklage nach außen wendet, gegen eine Person oder eine gesellschaftliche Gruppe, die als hassenswert erscheint, weil sie den Verrat nicht mitvollzieht und damit dem Verräter einen Spiegel vorhält. Genau darin gründete der neuere Antisemitismus. Die Juden gehörten offensichtlich zu denen, die der Durchsetzung von Freiheit und Gleichheit ihren Aufstieg verdankten; also waren *sie* die Verräter.

Im Jahre 1879 erschien in den »Preußischen Jahrbüchern« ein Aufsatz mit dem harmlosen Titel: »Unsere Aussichten«. Doch damit löste Treitschke einen Sturm, den »Berliner Antisemitismusstreit« aus. Es heißt in dem Aufsatz: »Die Zahl der Juden in Westeuropa ist so gering, daß sie einen fühlbaren Einfluß auf die nationale Gesittung nicht ausüben können; über unsere Ostgrenze aber dringt Jahr um Jahr aus der unerschöpflichen Wiege eine Schar strebsamer hosenverkaufender Jünglinge herein, deren Kinder und Kindeskinder dereinst Deutschlands Börsen und Zeitungen beherrschen sollen; die Einwanderung wächst zusehens, und immer ernster wird die Frage, wie wir das fremde Volkstum mit dem unseren verschmelzen können.«

Die Konsequenz liegt für den Autor auf der Hand: »Bis in die Kreise der höchsten Bildung hinauf, die jeden Gedanken kirchlicher Unduldsamkeit oder nationalen Hochmuts mit Abscheu von sich weisen würden, ertönt es heute wie aus einem Munde: die Juden sind unser Unglück!« Daraus folgt neben der Abriegelung gegen die Zuwanderer aus dem Osten: »Was wir von unseren israelitischen Mitbürgern zu fordern haben, ist einfach – sie sollen Deutsche werden, sich schlicht und recht als Deutsche fühlen – unbeschadet ihres Glaubens und ihrer alten heiligen Erinnerungen, die uns allen ehrwürdig sind; denn wir wollen nicht, daß auf die Jahrtausende germanischer Gesittung ein Zeitalter deutsch-jüdischer Mischkultur folge.«

Das ist gewiss (noch) kein Vernichtungs-Antisemitismus im Sinne Hitlers. Es ist auch noch kein Rassismus. Der allerdings liegt zumindest schon auf der Lauer und tritt an anderer Stelle zutage: »Für den Historiker kommen nur die weiße, rote und gelbe Rasse in Betracht. Die gelbe Rasse hat es nie zu einer freien Staatsbildung gebracht, alle waren unfrei und despotisch. Desgleichen ist die Kunstbildung den Mongolen immer versagt gewesen trotz jenes Komforts, den wir, wenn wir bequem und weichlich genug sind, an den Chinesen noch heute bewundern können. Die schwarze Rasse war von jeher eine dienende; sie ist immer von allen anderen Rassen als eine niedere angesehen worden, und die Negerstaaten haben sich nie zu irgend etwas von wirklicher Kultur erhoben. Durch seine physische Kraft, seine körperliche Ausdauer ist der Neger so deutlich charakterisiert, daß ihn zu benutzen für einen höheren Willen und eine höhere Intelligenz zur Notwendigkeit wird.« Im Rückblick liest sich das wie ein Freibrief für den kommenden Herrenmenschen.

Und was sagen »Unsere Aussichten« über die Juden? Je mehr man sich in den Text vertieft, desto abstoßender wirkt er. Zunächst operiert der Autor mit vollkommen falschen Angaben: Kritiker wiesen ihm nach, dass von einer Masseneinwanderung »hosenverkaufender Jünglinge« überhaupt nicht die Rede sein konnte, sodass es sich um einen schäbigen Vorwand handelte, um

Ängste und Aggressionen aufzurühren. Erst recht konnte von keiner Verschwörung zur künftigen Beherrschung der Börsen oder der Zeitungen die Rede sein; übrigens zeigt sich an diesem Punkt nur die heuchlerische Doppelmoral, die den Juden den Zutritt zu alten Berufen verweigert, um sie dann anzuklagen, wenn sie in die neuen drängen.

Weiter ist infam, dass Treitschke seine eigenen Ängste und Vorurteile nicht eingesteht, sondern sie unter der Maske wohlwollender Besorgnis, ja der Ehrerbietung irgendwelchen nicht genau benannten »Kreisen« zuschiebt. Und schließlich lässt sich nur in der verqueren Logik des Antisemiten nachvollziehen, dass die Juden einerseits – unter Bewahrung ihrer eigenen Traditionen – schlicht Deutsche werden sollen, während gleichzeitig vor einer deutsch-jüdischen Mischkultur gewarnt wird. Dabei bietet die seit Anbeginn der Geschichte angeblich rein bewahrte »germanische Gesittung« ohnehin ein Zerrbild – als ob es seit den Zeiten der Römer, der slawischen Siedlungen bis zur Mitte Deutschlands, der Zuwanderung von Hugenotten, Niederländern und anderen, der Christianisierung, der Mönchsorden, der Kirche, der Antike und durch die Einflüsse Italiens, Frankreichs, ganz Europas in Baukunst und Malerei, in der Theologie und Philosophie der Literatur je etwas anderes als eine Mischkultur gegeben hätte. Als ob nicht das Besondere der europäischen Entwicklung mit der Vielfalt statt mit der Einfalt zu tun hätte, als ob die Alternative zur Mischkultur nicht die Barbarei wäre!

Genau genommen handelte es sich, darauf wies der jüdische Gelehrte Moritz Lazarus hin, gar nicht um ein jüdisches Problem, sondern um das der *deutschen* Humanität oder Inhumanität. Denn »die Frage der Humanität ist in diesem Falle, da wir das Objekt derselben sind, da wir die Humanität zu erwarten und zu fordern haben, nicht die unsrige, sondern die der ganzen deutschen Nation. Immer und überall ist die Frage der Humanität und der Gerechtigkeit wichtiger für den, der sie zu gewähren, als für den, der sie zu empfangen hat. Aber wir sind Deutsche, als Deutsche müssen wir reden.«

Nicht nur bei jüdischen Gelehrten stieß der Antisemitismus auf Widerspruch. Im November 1880 veröffentlichen 75 Berliner »Honoratioren aus Stadtverwaltung, Handel und Wissenschaft«

einen Aufruf, in Sorge und Empörung darüber, dass »der Rassenhaß und der Fanatismus des Mittelalters« sich wieder erhob und »gegen unsere jüdischen Mitbürger« richtete. Zu den Unterzeichnern gehörten der Oberbürgermeister Forckenbeck und der Bürgermeister Dunker, Werner von Siemens, der Rektor der Universität, Hofmann, die Historiker Mommsen und Droysen, der Pathologe Rudolf Virchow, die Verleger Parey und Reimer. Man hätte sich auch ein Kaiserwort gewünscht, von Bismarck verfasst; das blieb aus. Immerhin las sich der Aufruf eindrucksvoll und blieb nicht ohne Wirkung; als Hitler den Hass predigte und vor den Toren der Macht stand, hat es etwas Vergleichbares nicht mehr gegeben.

Treitschke war nicht der Alleinerfinder des neueren Antisemitismus; neben ihm stand zum Beispiel der Hof- und Domprediger Adolf Stoecker, der Gründer der Christlichsozialen Arbeiterpartei und der »Berliner Bewegung«. Aber mit seinem Ansehen machte Treitschke die Judenfeindschaft salonfähig; wie Theodor Mommsen in seiner Streitschrift »Auch ein Wort über unser Judentum« sagte, senkte er die Schamgrenze: »Der Kappzaum der Scham war dieser tiefen und starken Bewegung [der Antisemiten] abgenommen; und jetzt schlagen die Wogen und spritzt der Schaum.«

»Sowohl seine Reden als seine Schriften zeichnen sich durch Lebendigkeit und Frische, durch klares und offenes Erfassen des Ziels, durch vollständige Beherrschung des ganzen historischen Apparats aus«, rühmte das Brockhaus Conversationslexikon (13. Auflage, Leipzig 1886) schon zu Lebzeiten an Heinrich von Treitschke. Doch er begründete seinen überragenden Einfluss vor allem als akademischer Lehrer. Er füllte oder überfüllte den größten Hörsaal, der zur Verfügung stand, und aus der jungen Generation, die zu seinen Füßen saß, wuchs die Elite des wilhelminischen Deutschland. Sie lernte von ihm, was sie lernen wollte: den Traum oder den Wahn von der deutschen Kulturberufung zur Weltmacht, der als »Realpolitik« dargeboten wurde, die Verachtung altbürgerlicher Ideale von Freiheit und Gleichheit, das schneidige Schwadronieren, das die Unsicherheit, den Mangel an wirklichem Selbstbewusstsein, den lauernden Selbsthass überspielte.

Treitschkes Vortrag und seine Wirkung hat der Historiker Johannes Haller (1865–1947) beschrieben: »Er war ja ganz taub, hörte sich selbst nicht und sprach darum ganz tonlos, ohne Satztrennung, dagegen laut atmend, daß es wie ein Schluchzen klang. Man mußte angestrengt aufmerken, um ihm zu folgen, und hatte ein Gefühl wie beim Entziffern einer schwierigen alten Handschrift. Um so stärker war aber auch der Eindruck des Gehörten, man war wie hypnotisiert. Überlegte ich mir auf dem Heimweg, was er eigentlich so Ungewöhnliches, Ergreifendes gesagt habe, so fand ich keine Antwort: man war im Banne einer außergewöhnlichen Persönlichkeit gewesen.« Außergewöhnlich war auch der Beifall. Weil der taube Treitschke das übliche Trampeln und Klopfen aufs Pult nicht hörte, behalf man sich mit dem Schwenken von Taschentüchern. Manchmal, in überschäumender Begeisterung, sprangen die Studenten auch auf die Stühle oder Bänke und schwenkten die Arme.

Für das, was die Hörer auf Treitschkes Vorlesungen mitnahmen, liefert Heinrich Claß (1868–1953) ein sprechendes Beispiel. Er war seit 1908 der Vorsitzende des 1891 gegründeten Alldeutschen Verbandes, einer weit rechts stehenden, um nicht zu sagen rechtsradikalen Propagandaorganisation, die für den Kolonialerwerb, den Schlachtflottenbau und insgesamt für eine aggressive Weltmachtpolitik eintrat. In den Erinnerungen von Claß heißt es: »Ein Schatten fiel für beide Eltern auf mein Berliner Erlebnis: meine Ablehnung des Judentums. Man muß bedenken, daß drei Worte über dem Denken und Trachten von Häusern wie dem unsrigen standen – drei Fremdworte: Patriotismus, Toleranz, Humanität. Das waren die politischen und menschlichen Ideale jener beiden Geschlechterfolgen, die ganz unter liberalen Einflüssen standen und auf die Gleichberechtigung aller Staatsangehörigen schwuren. Wir Jungen waren fortgeschritten: wir waren national schlechthin; wir wollten von Toleranz nichts wissen, wenn sie Volks- und Staatsfeinde schont ... Das trug ich den Eltern vor, und meinem gütigen Vater sagte ich: Er habe mich zu Treitschke geschickt und nun habe ich von dem großen Mann gelernt, was dieser sich erst unter schweren Kämpfen habe erarbeiten müssen. Da sei nichts zu machen, er müsse sich damit abfinden, daß ich auf Treitschkes Erkenntnisse schwöre.«

Exemplarisch lässt sich an diesem Text die Abwendung des deutschen Bürgertums von den eigenen Idealen erkennen – und der Einfluss, den Treitschke dabei ausübte. In die gleiche Richtung weist, allerdings kritisch, der Theologe und Philosoph Ernst Troeltsch (1865–1923):

»Die Auffassung von Staat und Gesellschaft steht heute im Zeichen des Realismus. Ethische und kulturelle Ziele des Staates, wie sie die von Kant, Fichte, Hegel erzogene Generation verehrte, gelten als doktrinäre Kunstwerke der Studierstube oder als abstrakte Prinzipienreiterei ... Die Geheimnisse der Politik sind die Geheimnisse der Kunst, Macht zu bilden, zu befestigen, auszubreiten, gegen drohende Veränderungen zu schützen, aber nicht die Geheimnisse einer Staatstheorie oder politischen Ethik ... Wie hat uns als jungen Studenten das Herz geklopft, wenn uns Heinrich von Treitschke mit seiner glühenden Rhetorik so den Staat beschrieb und die ethischen und juristischen Doktrinäre des Staatsbegriffs mit wenig wählerischem Spotte übergoß. Mit einer Art Wollust der Entsagung haben wir auf die dem jugendlichen Sinn so nahe liegenden theoretischen und ethischen Ideale verzichtet, und mit dem nicht minder jugendlichen Bedürfnis, irgend etwas gründlich zu verachten, haben wir in unseren Gesprächen seinen Spott noch zu überbieten gesucht.« Damit aber, so Troeltsch, ist »die Prinzipienlosigkeit unter uns selbst zur Theorie geworden, die wir wohl auch mit etwas Nietzschescher Herrenmoral oder Darwinistischen Kampf ums Dasein versetzen, und die sich nur allzu leicht mit den Idealen der kurzangebunden Schneidigkeit und der bürokratischen Amtshoheit verbinden, von denen der Nachwuchs der regierenden Klassen weithin erfüllt ist.«

Als letzter Zeuge sei ein Brite aufgeboten: Austen Chamberlain, (1863–1937), der Bruder des bekannten Premierministers Neville Chamberlain, der selbst vom Schatzkanzler bis zum Außenminister in vielen Staatsämtern gedient hat und im Jahre 1926 zusammen mit Gustav Stresemann und Aristide Briand den Friedensnobelpreis erhielt. Er besuchte Treitschkes Vorlesungen in den Jahren 1886 und 1887 und notierte, sie hätten ihm »eine neue Seite der deutschen Seele eröffnet – einen stolzen, engstirnigen, unduldsamen preußischen Chauvinismus. Wenn man der

Jugend eines Landes unentwegt predigt, sie stehe auf einer höheren Stufe der Schöpfung als alle anderen Völker, ist sie nur zu geneigt, es zu glauben, und der Redner, der sich dazu herabläßt, wird volkstümlich werden und große Zuhörermengen anziehen. Aber es ist sehr gefährlich.«

Hier irrt der Brite: Es war nicht nur gefährlich; es war *das Verhängnis.* Heinrich von Treitschke verkörperte den gebrochenen Bürgergeist und verwandelte ihn in das Rauschgift, das er seinen Hörern verabreichte.

Der alte Theodor Mommsen hat testamentarisch und resigniert gesagt, er wünschte, ein Bürger zu sein. »Das ist nicht möglich in unserer Nation, in der der Einzelne, auch der Beste, über den Dienst im Gliede und den politischen Fetischismus nicht hinauskommt.«

August Bebel

Der Mensch ist irgendwo geboren. Mir wurde dieses Glück zuteil am 22. Februar 1840, an welchem Tage ich in der Kasematte zu Köln-Deutz das Licht der Welt erblickte. Mein Vater war der Unteroffizier Johann Gottlob Bebel in der 3. Kompanie des 25. Infanterieregiments, meine Mutter Wilhelmine Johanna geborene Simon ... Das ›Licht der Welt‹, in das ich nach meiner Geburt blickte, war das trübe Licht einer zinnernen Öllampe, das notdürftig die grauen Wände einer großen Kasemattenstube beleuchtete, die zugleich Schlaf- und Wohnzimmer, Salon, Küche und Wirtschaftsraum war ...

Eine preußische Unteroffiziersfamilie der damaligen Zeit lebte in erbärmlichen Verhältnissen. Das Gehalt war mehr als knapp, wie denn zu jener Zeit überhaupt in der Militär- und Beamtenwelt Preußens Schmalhans Küchenmeister war und so ziemlich jeder für Gott, König und Vaterland den Schmachtriemen anziehen und hungern mußte. Spricht man davon, daß Preußen sich großgehungert habe, so ist an dieser Angabe etwas Wahres. Daher wohl auch der Appetit, den es allezeit nach fremdem, besserem Land betätigt hat. Meine Mutter erhielt die Erlaubnis, eine Art Kantine führen zu dürfen, das heißt, sie hatte das Recht, allerlei kleine Bedarfsartikel an die Mannschaften der Kasematten zu verkaufen, was in der einzigen Stube geschah, die wir innehatten. So sehe ich im Geiste noch heute vor mir, wie sie abends bei der mit Rübenöl gespeisten Lampe den Soldaten die steinernen Näpfe mit dampfenden Pellkartoffeln füllte, à Portion 6 Pfennig preußisch.«

Als August Bebel das in seinen Erinnerungen »Aus meinen Leben« schrieb, war er ein wohlhabender Mann, der nicht unter Proletariern, sondern in Schöneberg wohnte, damals einem gutbürgerlichen Viertel des Berliner Westens. Und er war stolz darauf, sich aus eigener Kraft emporgearbeitet zu haben. Doch in der dumpfen und feuchten Luft der Kölner Kasematte regierte nicht nur die Armut, sondern der Tod; zum Gelenkrheumatismus gesellte sich die Schwindsucht, die Lungentuberkulose. Daran starb 1844 der Vater, nur 35 Jahre alt. Die Mutter heiratete dessen Zwillingsbruder, und der starb zwei Jahre später. Früh starben auch Augusts Geschwister. Die Mutter folgte 1853; sie hatte, wie Bebel sagt, »wenig gute Tage in ihrem Ehe- und Witwenleben gesehen«. Er selbst, mit dreizehn Jahren zum Waisen geworden, war der Einzige, der die biblische Altersgrenze von 70 Jahren erreichte und sogar überschritt. Dabei kann man von einem beinahe gewöhnlichen Schicksal sprechen. Die Schwindsucht ging als Volksseuche um, wenn nicht in Kasematten, dann in den Mietskasernen, die sich in rapide wachsenden Städten samt finsteren Hinterhöfen auftürmten; eng zusammengepfercht, steckten sich die Menschen aneinander an. Und für die Armen gab es keine Sanatorien, weder im Schwarzwald noch gar im Engadin oder in Davos, keinen »Zauberberg«, auf dem man die Genesung zumindest erhoffen durfte.

Die Witwe Bebel, ohne Pensionsanspruch, zog zu ihrer Familie nach Wetzlar. Doch es handelte sich um verarmte Kleinbürger, die sie kaum zu unterstützen vermochten. Über das Schlimmste half dann eine wohltätige Stiftung hinweg, sodass August Bebel die Volksschule besuchen konnte. Er war ein guter Schüler und las, was ihm unter die Hände kam, zum Beispiel »Robinson Crusoe«; etwas später begeisterte er sich mit »Onkel Toms Hütte« von Harriet Beecher Stowe für die Befreiung der amerikanischen Negersklaven. Gern wäre er weiter zur Schule gegangen, doch daran ließ sich nicht einmal denken. Umso stärker blieb immer sein Bedürfnis nach Bildung und nie genug Zeit dafür – ausgenommen die Monate und insgesamt Jahre, die er hinter Gefängnis- oder Festungsmauern verbrachte. Es ist kein Zufall, dass sein politischer Weg in einem Bildungsverein seinen Anfang nahm und dass er seiner Partei den Grundsatz einimpfte: Bildung macht frei. Wie Eduard Bernstein berichtet, war der Autodidakt stets »ein ebenso fleißiger wie sorgfältiger Leser wissenschaftlicher Werke und erwartete das gleiche von seinen Mitkämpfern. Lebhaft ist mir noch in der Erinnerung, wie er mir eines Tages von einem hochangesehenen Parteigenossen, mit dem ihn engste Freundschaft verband, vorklagte: ›Er liest zu wenig ernste Sachen.‹«

Doch vorerst begann für den Vierzehnjährigen eine Drechslerlehre. »Meister und Meisterin waren sehr ordentliche und angesehene Leute. Ich hatte ganze Verpflegung im Hause, das Essen war auch gut, nur nicht allzu reichlich. Meine Lehre war eine strenge und die Arbeit lang. Morgens 5 Uhr begann dieselbe und währte bis abends 7 ohne Pause. Aus der Drehbank ging es zum Essen und vom Essen in die Bank ... Ausgehen durfte ich selten in der Woche, abends fast gar nicht und nicht ohne besondere Erlaubnis. Ebenso wurde es am Sonntag gehalten, an dem unser Hauptverkaufstag war, weil dann die Landleute zur Stadt kamen ... Gegen Abend oder am Abend durfte ich dann zwei oder drei Stunden ausgehen. Ich war in dieser Beziehung wohl der am strengsten gehaltene Lehrling in ganz Wetzlar, und oftmals weinte ich vor Zorn.«

So etwas kann man sich heute kaum noch vorstellen. Aber sofern zum deutschen Wesen einst das Pflichtbewusstsein und der Fleiß gehörten, war August Bebel ein Bilderbuchdeutscher. Jahre hindurch hat er zwei Berufe nebeneinander ausgeübt, von denen jeder den ganzen Mann forderte: als aufstrebender Kleinunternehmer und als Parteiarbeiter, der eine eben erst im Entstehen begriffene politische Bewegung formte und führte. Nie gab es Ruhe; nach 1878, in der Zeit der Verfolgung, hat er 16 Stunden pro Tag gearbeitet, um die Partei zu retten und den Verfolgten zu helfen.

Bei alledem war der Junge »ungemein schwächlich«. Darum wies das Militärwaisenhaus, für das er ursprünglich vorgesehen war, ihn ebenso ab, wie dann die Musterungskommission für den Dienst in der Armee. Später war Bebel zwar öfter, aber bis ins Alter kaum ernsthaft krank. Im Übrigen war der junge Mann gut zu Fuß. Kaum dass seine Lehrzeit beendet war, begab sich der Achtzehnjährige nach altem Handwerksbrauch auf die Wanderschaft. Noch einmal sprang die wohltätige Stiftung ein und verhalf ihm zur notwendigen Ausrüstung: Rock, Hose, Weste, Kappe, ein Paar Halbstiefel, zwei Paar Strümpfe und zwei Hemden, Halstuch und Sacktuch, ein Felleisen, ein Taler Reisegeld und siebeneinhalb Silbergroschen fürs Wanderbuch.

Nicht einmal ein nasskalter Winter tat der Wanderfreude und der Gesundheit Abbruch. In Bebels eigenen Worten: »Was mir im späteren Leben als ein Rätsel erschien, war, daß ich von all den Märschen, bei denen ich oft bis auf die Haut durchnäßt wurde, nie eine ernsthafte Krankheit davontrug. Meine Kleidung war keineswegs solchen Strapazen angepaßt, wollene Unterwäsche oder ein Überrock waren ein unbekannter Luxus, und ein Regenschirm wäre für einen wandernden Handwerksburschen ein Gegenstand des Spottes und Hohnes geworden. Oft bin ich morgens in die noch feuchten Kleider geschlüpft, die am Tage vorher durchnäßt worden waren und am nächsten Tage das gleiche Schicksal erfuhren. Jugend überwindet viel.« Und statt Wehleidigkeit ein fester Wille, sollte man wohl hinzufügen.

Der Weg des Handwerksburschen führte über Frankfurt zur ersten Zwischenstation nach Speyer, dann nach Freiburg. »In Freiburg (Breisgau) verlebte ich einen sehr angenehmen Sommer. Freiburg ist seiner Lage nach eine der schönsten Städte Deutschlands; seine Wälder sind bezaubernd, der Schloßberg ist ein herrliches Stückchen Erde, und zu Ausflügen in die Umgebung locken Dutzende prächtig gelegener Orte.« Bebel, obwohl kirchenferner Protestant, fand Anschluss bei einem der katholischen Gesellenvereine, die Adolf Kolping (1813–1865), ursprünglich Schuhmachergeselle, dann Priester, gegründet hatte. Vorurteile gab es offenbar nicht: »Ein eigenartiges Element im Verein waren die Kapläne, die, jung und lebenslustig, froh waren, daß sie gleichaltrigen Elementen sich anschließen konnten. Ich habe einige Male mit solchen jungen Kaplänen die vergnügtesten Abende verlebt.«

Ähnlich ging es 1859 in Salzburg zu, wohin Bebel, stets zu Fuß, über München gelangte. Da bestand »ein katholischer Gesellenverein mit über 200 Mitgliedern, unter denen sich nicht weniger als 33 Protestanten, fast alles Norddeutsche, befanden ... Präses des Vereins war ein Dr. Schöpf, Professor am dortigen Priesterseminar. Schöpf war ein junger, bildschöner Mann mit einem äußerst liebenswürdigen jovialen Wesen ... Jeden Sonntagabend hielt er einen stets stark besuchten Moralvortrag, den jeder, wes Glaubens er immer war, ohne Bedenken besuchen konnte. Ich wurde mit Dr. Schöpf bekannt, und auf seine Einladung besuchte ich ihn öfter sonntagnachmittags in seiner Wohnung, wo wir uns namentlich über die Zustände in Deutschland und Österreich unterhielten und er überraschend freie Anschauungen äußerte.«

Hat Schöpf den Drechslergesellen etwa absichtsvoll eingeladen? Wer weiß, was unter dem Einfluss des verführerischen Professors aus Bebel geworden wäre, falls es bei ihm ein katholisches Wurzelwerk gegeben hätte. Vielleicht wäre er als Schüler ins Priesterseminar eingetreten, und wahrscheinlich hätte er es mit seinem Eifer und seiner Zielstrebigkeit zum Kardinal gebracht. Zum Prediger, Missionar und Organisator einer Heilsbewegung taugte er ohnehin und ist in ihr wenn nicht zum Papst – diesen Rang besetzte Karl Marx in London –, dann doch zum Erzbischof aufgestiegen. So aber kehrte er zunächst nach Wetzlar zurück, bis Schulfreunde ihn mit sich fort zogen – nach Leipzig. »Ich versprach meinen Freunden, ihnen binnen drei Tagen zu folgen, und hoffte sie einzuholen, falls sie nicht zu große Märsche machten. Ich konnte dieses Angebot riskieren, denn im Marschieren war mir zu jener Zeit keiner voraus.« Jedenfalls diese Freunde nicht: Auf ihrem Weg von Wetzlar nach Weimar hatten sie sich die Füße wund gelaufen, und darum fuhr man von dort aus mit der Bahn. Am Abend des 7. Mai 1860 kam Bebel in der Stadt an, die ihn prägen sollte. Im Rückblick hat er gesagt:

»Ich selbst hatte bisher nicht die geringste Sehnsucht gehabt, Leipzig und Sachsen kennenzulernen, und wäre es auf mich angekommen, ich hätte damals beides nicht gesehen. Und doch war diese Reise in mehr als einer Richtung entscheidend für meine ganze Zukunft. So entscheidet sehr oft der Zufall über das Schicksal des Menschen. – Ich möchte hier einschalten, daß ich von dem Satze: Der Mensch ist seines Glückes Schmied, blutwenig halte. Der Mensch folgt stets nur den Umständen, die ihn umgeben und ihn zu seinem Handeln nötigen. Es ist deshalb auch mit der so genannten Freiheit seines Handelns sehr windig bestellt. In den meisten Fällen kann der Mensch die Konsequenzen seines momentanen Handelns nicht übersehen; er erkennt erst später, zu was es ihn geführt hat. Ein Schritt nach rechts statt nach links oder umgekehrt würde ihn in ganz andere Verhältnisse gebracht haben, die wiederum bessere oder schlechtere sein konnten als jene, in die er auf dem eingeschlagenen Weg gekommen ist.«

»Du glaubst zu schieben, und du wirst geschoben«: Das war für Bebels persönliche und politische Philosophie eine Art von Leitsatz. Dem allerdings möchte man mit allem Respekt widersprechen: Es gehörte ein August Bebel dazu, um aus der Ankunft des namenlosen Wandergesellen in Leipzig die Figur entstehen zu lassen, die aus der deutschen Geschichte nicht mehr wegzudenken ist.

Leipzig war zwar, statistisch gesehen, erst unterwegs zu einer Großstadt, die – 1869/70 – die Grenzlinie von 100 000 Einwohnern überschritt. Aber von alters her kreuzten sich hier die Handelswege und neuerdings die Eisenbahnlinien. Seit dem 17. Jahrhundert behauptete die Stadt unumstritten den ersten Rang unter den mitteleuopäischen Messeplätzen; der Pelzhandel und das Kürschnerhandwerk waren hier ebenso zu Hause wie Buchdruck und Buchhandel. Auch große Verleger siedelten sich an, zum Beispiel Friedrich Arnold Brockhaus, der dem modernen Konversationslexikon zu seinem Ruhm verhalf. Die Universität, bereits 1409 gegründet, gehörte nach Berlin mit Göttingen, Heidelberg und Breslau zu den führenden Deutschlands; ebenso glänzten das Theater und mit dem Gewandhausorchester, dem Thomanerchor und dem Konservatorium das Musikleben. Als praktische Grundlage des Wohlstands fand der sächsische Gewerbefleiß in Leipzig sein Zentrum, und mit ihm erblühte ein freiheitlicher Bürgergeist.

Wo, wenn nicht in diesem Leipzig, sollte ein aufstrebender junger Mann sein Zuhause finden? Zunächst arbeitete Bebel mit fünf anderen Gesellen und einem Lehrling beim Drechslermeister Hahn. Doch nach einiger Zeit ging er mit Plänen um, sich selbständig zu machen. Als Meister Hahn davon erfuhr, entließ er zum Jahresende 1863 den drohenden Konkurrenten. Der machte die Ackerfetzen zu Geld, die ihm aus dem Erbe der Mutter und des Bruders in Wetzlar zugefallen waren und gründete sein eigenes Unternehmen, zunächst unter dem Deckmantel eines Freundes, weil er noch kein sächsischer Staatsbürger war und nicht ohne weiteres einen Betrieb eröffnen durfte. Er drehte jeden Pfennig um und schlug sein Bett neben der Drehbank auf, in einem ehemaligen Pferdestall, wo er »in den kalten Winternächten jämmerlich fror«. Franz Mehring hat geschrieben: »Wir wissen nicht, ob der Genosse Bebel jemals zehn Mark Schulden gehabt hat, aber wir fürchten, daß, wenn er sie gehabt haben sollte, ihm dadurch die Ruhe seiner Nächte wesentlich beeinträchtigt worden wäre.«

Schulden oder nicht: Bebel verstand die Zeichen der Zeit und verlegte sich auf eine modische Spezialität: Fenster- und Türgriffe aus Büffelhorn. Nicht nur als Handelsreisender in eigener Sache, sondern noch in seinen Erinnerungen hat er sie angepriesen. Heute fällt es nicht leicht, sich solche Griffe als formschön oder hygienisch vorzustellen, aber sie fanden Kunden, die sich das Besondere wünschten. Später, als mit der Hilfe eines Kompagnons aus der Werkstatt eine kleine Fabrik mit Dampfbetrieb und 35 Arbeitskräften geworden war, verlegte man sich auf Bronze, ebenfalls mit Erfolg. Schließlich, im Jahre 1884, verkaufte Bebel seinen Geschäftsanteil und »trat in die Stellung eines Reisenden für das Geschäft«. In seinen Erinnerungen heißt es dazu: »Ich glaubte es meinem stets opferbereiten Associé nicht weiter verantworten zu können, an dem mäßigen Nutzen eines Unternehmens teilzunehmen, für das er die Sorge und die Hauptarbeit zu tragen hatte. Außerdem wurde ich durch meine dauernde Entfernung von Leipzig dem inneren Gange der Geschäfte immer mehr entfremdet. So legte ich 1889 auch die Stelle des Reisenden nieder und widmete mich von jetzt an ganz der Schriftstellerei, durch die ich in dauernde geschäftliche Beziehungen zu meinem Freunde Heinrich Dietz in Stuttgart kam.«

Zu dieser Darstellung ist zu sagen, dass vom »mäßigen Nutzen« des Geschäfts nur mit Vorbehalt gesprochen werden kann. Es warf immerhin genug ab, um mit dem Verkauf ein solides Vermögen zu schaffen. Heinrich Dietz aber war der Verleger Bebels, das heißt eines Bestseller-Autors, dessen Einnahmequellen über seinen Tod hinaus zuverlässig sprudelten und damit das Vermögen weiter vermehrten. (Der Verlag J. H. W. Dietz Nachf. hütet noch heute das Erbe August Bebels.)

Noch eine Passage aus den Lebenserinnerungen sei hier eingefügt: »Ich habe weiter oben bemerkt, daß man sich öfter ein ganz anderes Bild von meiner Persönlichkeit machte. Darüber amüsierten wir – mein Associé und ich – uns wiederholt. Jener entsprach im äußeren ganz der Vorstellung, die man sich von mir machte. Er war ein großer, starker Mann, der rotes Haar und einen roten Bart hatte, der bis auf die Brust wallte. Da kam es denn vor, daß, wenn jemand aufs Kontor kam, um mich zu sprechen, mich aber nicht persönlich kannte, er sich an meinen Associé wandte. Diese Verwechslung machte uns stets großes Vergnügen. Sehr heiter stimmte mich auch, als ich eines Tages auf einer Geschäftsreise in Tübingen war und mich in einer Weinwirtschaft von einigen Bekannten verabschiedete, hinter mir ein Tübinger Bürger im reinsten Schwäbisch verwundert äußerte: ›Was? Der kloine Ma ischt d'r Bebel?‹ – Ähnliches erlebte ich öfter. Auch kam es in früheren Jahren nicht selten vor, daß auf der Eisenbahn Reisegefährten sich über mich unterhielten, ohne zu ahnen, daß ich mitten unter ihnen saß und still zuhörte. Es waren manchmal rechte Räubergeschichten, die ich zu hören bekam. – Und nicht nur erzählte man sich ›Räubergeschichten‹ von mir, man sah mich in weiteren Kreisen auch für eine Art von ›Räuberhauptmann‹ an, für einen Menschen, der alles ruinieren wolle, eine Vorstellung, zu der die Schilderungen der gegnerischen Presse nicht wenig beitrugen. Wie oft mußte ich nach einer Gesellschaft, die ich besucht hatte, hören, daß man sich verwundert geäußert habe: ›Der Bebel ist ja ein ganz anständiger Mensch.‹ Das mußte ich als ein Kompliment ansehen.«

Zurück zu den Anfängen: Sie waren schwer genug. »Ich begann mein Geschäft im kleinsten Maßstab, mit Hilfe eines Lehrlings. Anfangs arbeitete ich wiederholt Tag und Nacht durch, daß heißt sechsunddreißig Stunden hintereinander, um die bestellte Arbeit liefern zu können. Nach einiger Zeit vermochte ich einen Gehilfen einzustellen ... Im übrigen lernte ich das Elend eines Kleinmeisters gründlich kennen. Die gelieferten Waren mußten auf längeren Kredit gegeben werden, Lohn für Gehilfe und Lehrling, Spesen und der eigene Lebensunterhalt erforderten aber täglich und wöchentlich Ausgaben. Woher das Geld nehmen? Ich lieferte also einem Kaufmann meine Ware gegen Barzahlung zu einem Preis, der nur wenig höher als die Selbstkosten war.«

Noch für einen anderen Anfang kam Bebel genau rechtzeitig nach Leipzig. Nach einer turbulenten Massenversammlung vom 19. Februar 1861 entstand der Gewerbliche Bildungsverein, ein

Vorläufer heutiger Volkshochschulen. Während diese sich allerdings klassenlos darstellen, handelte es sich hier gezielt um die Arbeiterbildung, an der liberale Bürger sich beteiligten, sei es aus Menschenfreundlichkeit oder aus heimlichen Ängsten, um abzuwenden, was Wilhelm Liebknecht im Jahre 1872 so formuliert hat: »Alle Greuel der Geschichte, soweit sie nicht direkt von oben verübt werden, erklären sich aus dem niedrigen Bildungsstand des Volkes, für den die herrschenden Klassen die Verantwortlichkeit tragen und der in Zeiten der Revolution sich furchtbar an ihnen rächt.«

Bebel hielt sich nicht lange beim schöngeistigen Angebot auf, sondern wählte, was ihm fürs eigene Weiterkommen als nützlich erschien: Kurzschrift und Buchführung. Doch er tat mehr: Mit Eifer stürzte er sich in die Konflikte und Debatten, die die Gründung begleiteten. »Wer ist denn der, der so auftritt?«, fragte man – und wählte den jungen Mann bereits beim ersten Stiftungsfest zum Leiter der Bibliotheks- und der Vergnügungsabteilung, außerdem in den Ausschuss, der den Verein leitete. Es entstand ein Streit, der sich um zwei Grundentscheidungen drehte: Sollte die Bildung im Vordergrund stehen oder die Politik? Und, damit verbunden: Sollte man den liberalen Wohltätern aus dem Bürgertum folgen oder eigene Wege gehen? Die Zeit war reif für solche Fragen. Nicht nur in Leipzig, sondern überall in Deutschland entstanden Bildungsvereine, Arbeiterbildungsvereine oder Arbeitervereine, und sie alle gerieten in einen ähnlichen Zwiespalt.

Bebel war mit ganzer Seele bei der Sache, und sein Einsatz zahlte sich aus: »Da ich Abend für Abend, falls nicht eine Arbeiterversammlung oder eine Komiteesitzung mich abhielt, im Verein zubrachte, lernte ich die Wünsche und Bedürfnisse der Mitglieder besser kennen als die Vorsitzenden des Vereins. So wurde ich zum fleißigsten Antragsteller in den Ausschußsitzungen und Monatsversammlungen. Meine Anträge konnten fast regelmäßig auf Annahme rechnen. Dadurch wurde mein Einfluß ein großer.«

Noch etwas kam hinzu: Bebel entdeckte, dass er zum Reden begabt war. Außerdem verfügte er über eine schöne, »bronzene« Stimme. Er berichtet, wie er einmal in der Sache auf heftige Ablehnung stieß. »Ausnehmend gut gefiel dagegen die Rede meiner späteren Braut und Frau, die mit ihrem Bruder das Fest besuchte. Ich habe aber die begründete Vermutung, daß es mehr die Person des Redners war, die ihr gefiel, als der Inhalt seiner Rede, der ihr damals ziemlich gleichgültig gewesen sein dürfte.« Aber zunächst einmal *hörte* Julie Otto, Arbeiterin in einem Leipziger Putzwarengeschäft, diesen Herrn Bebel. Und nicht nur bei ihr, sondern zu allen Zeiten trägt der Klang der Stimme wesentlich zum Erfolg oder Misserfolg eines Redners bei. Über das, was der Abgeordnete Bebel später im Reichstag sagte, hat sich die Mehrheit des Hohen Hauses in der Regel empört. Doch stets hörte man ihm gebannt zu.

Dass kein Meister vom Himmel fällt, musste freilich auch Bebel erleben. Im Jahre 1864 kam Hermann Schulze-Delitzsch, der Sozialreformer und Begründer des Genossenschaftswesens, zu einem Vortrag nach Leipzig, und Bebel berichtet: »Es war vereinbart worden, daß ich die Versammlung eröffnen und alsdann zum Vorsitzenden gewählt werden sollte. Aber ich hatte Pech. Ich eröffnete die Versammlung, die von 4000 bis 5000 Personen besucht war, blieb aber mitten in der Eröffnungsrede – die ich einstudiert hatte – elend stecken. Mein Temperament war mit meinen Gedanken durchgegangen. Ich hätte vor Scham in den Boden versinken mögen ... Ich gelobte mir jetzt, nie mehr eine Rede einzustudieren und bin damit gut gefahren.«

Der Vorfall erinnert daran, wie es am Beginn seiner Laufbahn einem anderen großen Redner, Winston Churchill, im britischen Unterhaus erging. Auch er blieb hoffnungslos stecken und begrub vor Scham das Gesicht in den Händen. Churchill zog daraus den entgegengesetzten Schluss: Fortan studierte er sorgfältig ein, was er sagen wollte. Aber jeder muss eben erst finden, was zu ihm passt, und es verbindet den britischen Staatsmann mit dem deutschen Parteiführer, dass beide sich ihre Karrieren buchstäblich erredeten.

Für Bebel war nicht zuletzt wichtig, dass seine Stimme durchdrang; er konnte sich auch in riesigen Räumen oder unter freiem Himmel vor Tausenden von Menschen verständlich machen. Man bedenke, was das in einer Zeit bedeutete, in der es noch keine Mikrofone und Lautsprecher als technische Hilfsmittel gab. Im Kontrast zu Bebel fällt einem unwillkürlich Bismarck ein:

Trotz seines weitaus mächtigeren Brustkastens verfügte er nur über eine hohe und leise, beinahe fistelige Stimme. Mit diesem Instrument wäre ihm wenig gelungen, wenn er als Kanzler, wie heute, in Wahlfeldzügen Mehrheiten hätte gewinnen müssen.

Vom Bildungsverein spaltete sich der »Vorwärts« ab, der für den Vorrang der Politik und für eine Trennung der Arbeiterbewegung von bürgerlich-liberalen Vormündern kämpfte. Wie ein Katalysator wirkte dann Ferdinand Lassalle, der mit seinen Reden und Schriften diesem Vorrang und dieser Trennung ein glanzvolles Programm verschaffte und den Liberalen vorhielt, dass es sich bei den Verfassungsfragen, die ihnen so wichtig waren, in Wahrheit um Machtfragen handelte. Lassalle trat auch in Leipzig auf und gründete am 23. Mai 1863 den »Allgemeinen Deutschen Arbeiterverein«, abgekürzt ADAV. Allerdings starb er schon ein Jahr später, am 31. August 1864, bei einem Duell. Doch sein früher Tod machte ihn erst recht zum Mythos.

Aus nahe liegenden Gründen blieb Bebel im Gegenlager. Zwar lernte er von Lassalle. Aber erst später, als die Spaltung der Arbeiterbewegung überwunden war, hat er das zugegeben. Zunächst erbat und erhielt sein Verein von der Stadt Leipzig Zuschüsse, auf die man bei der Durchführung der Bildungsarbeit dringend angewiesen war. Außerdem besaß Bebel bereits Einfluss im Netzwerk der Bildungsvereine, die jetzt, wie er sagte, wie Pilze nach einem warmen Sommerregen aus dem Boden schossen. Im Umfeld von Lassalle besaß er diesen Einfluss nicht, und es war fraglich, ob er ihn jemals würde gewinnen können.

Ein altes, immer neues Lied: Wo es nicht nur um Ideale, sondern auch um Ansehen, Einfluss, Macht oder die künftige Karriere geht, kann man solche allzu menschlichen Beweggründe durchaus verstehen und in ihrer Bedeutung kaum hoch genug einschätzen. In London wütete der Jude Marx gegen den Juden Lassalle, der sich erfrechte, eigene Anschauungen zu entwickeln und ein »ehernes Lohngesetz« zu erfinden, mit immer neuen Schimpfworten: »das Jüdel«, »Itzig (oder Ephraim) Gescheit«, »Baron Itzig«, »jüdischer Nigger«. Oder auch: »das Vieh«, ein »ganz kommuner Schuft« und »gespreizter Affe«. Bebel bekam es nicht mehr mit Lassalle tun, aber mit dessen Nachfolger Jean Baptist von Schweitzer (1833–1875) – und widmete diesem

Mann in seinen Erinnerungen ein Kapitel, das von finsteren Verdächtigungen nur so trieft. Die doppelte Rivalität hatte dann immerhin den Vorteil, dass Bebel, dem sich jedenfalls kein theoretischer Ehrgeiz nachsagen ließ, in London nicht als Ketzer galt oder dort zumindest als das kleinere Übel willkommen war.

Als Antwort auf Lassalles Gründung des ADAV tagte am 7. und 8. Juni 1863 in Frankfurt am Main ein Kongress der Bildungsvereine, der den VDAV – Verband deutscher Arbeitervereine – aus der Taufe hob. 110 Delegierte vertraten die Vereine aus 48 Städten, und Bebel repräsentierte den Gewerblichen Bildungsverein. In einer Entschließung, die fast einstimmig verabschiedet wurde, hieß es hochgemut, obschon schwerfällig verschraubt: »Der erste Vereinstag deutscher Arbeiter- und Bildungsvereine stellt an die Spitze seiner Beratungen und Beschlüsse den Anspruch, daß er es für erste Pflicht der ihn ihm vertretenen und aller Arbeitervereine sowohl als überhaupt des gesamten Arbeiterstandes hält, bei der Verfolgung seines Strebens nach geistiger, politischer, bürgerlicher und wirtschaftlicher Hebung des Arbeiterstandes einig unter sich, einig mit allen nach des deutschen Vaterlandes Freiheit und Größe Strebenden, einig und mithelfend zu sein mit allen, welche an der Veredlung der Menschheit arbeiten.« Aber nicht bloß auf solche Veredlung zielte die Resolution, sondern auch auf den Deutschen Nationalverein, eine bürgerlich-liberale Gründung aus dem Jahre 1859, der tatsächlich einige Zuschüsse gewährte. Mit dieser Hilfe fand im Oktober 1864 eine zweite Zusammenkunft in Leipzig statt, und August Bebel übernahm die Vorbereitung und den Vorsitz.

Es war jetzt an der Zeit, die persönlichen Verhältnisse zu ordnen. Im Herbst 1864 verlobte sich Bebel mit der um drei Jahre jüngeren, in Leipzig geborenen Putzmacherin Julie Otto. Ein Jahr später reichte er mit allen notwendigen Unterlagen an den »hochgeehrten Stadtrat« das Gesuch ein, ihm das Bürgerrecht zu verleihen und das Staatsuntertanenrecht des Königreichs Sachsen zu erwirken. Mit der gebührenden bürokratischen Verzögerung wurde dem Gesuch stattgegeben und im Alten Rathaus am 13. März 1866 die Stadtbürgerurkunde in einer feierlichen Zeremonie überreicht. Der Hochzeit stand nichts mehr im Wege, und sie wurde am 9. April im Lesezimmer des Bildungsvereins gefeiert. In den Erinnerungen heißt es:

»Für einen Mann, der im öffentlichen Leben mit einer Welt von Feinden im Kampfe liegt, ist es nicht gleichgültig, wes Geistes Kind die Frau ist, die an seiner Seite steht. Je nachdem kann sie eine Stütze und Förderin seiner Bestrebungen oder ein Bleigewicht und ein Hemmnis ... sein. Ich bin glücklich, sagen zu können, die meine gehörte zu der ersten Klasse ... Eine liebevollere, hingebendere, allezeit opferbereite Frau hätte ich nicht finden können. Leistete ich, was ich geleistet habe, so war dieses in erster Linie nur durch ihre unermüdliche Pflege und Hilfsbereitschaft möglich. Und sie hat viele schwere Tage, Monate und Jahre durchzukosten gehabt, bis ihr endlich die Sonne ruhigerer Zeiten schien. Eine Quelle des Glücks und ein Trost in ihren schweren Stunden wurde ihr unsere im Januar 1869 geborene Tochter.«

Julie Bebel war wirklich eine Frau von Herz, Verstand und Courage, berühmt für ihren Kuchen, ihren auch in Berlin unbeirrt beibehaltenen sächsischen Dialekt und ihren Mutterwitz. In den langen Zeiten, in denen ihr Mann abwesend war – darunter 31 ununterbrochene Monate seiner Haft –, nahm sie selbst die Geschäftsführung in die Hand, sei es fürs Büffelhorn oder für die Sozialdemokraten. Und sie neigte nicht zur Wehleidigkeit. Das Äußerste, was sie sich leistete, stand in einem Brief an Natalie Liebknecht. Nachdem vom Glück der Gesundheit die Rede war, schrieb sie:

»Was dann noch beizu abfällt, das nehmen wir als Extrageschenk, nicht wahr? So ist's wenigstens meine Resignation, da wir nunmehr alle Versuche, unsere Männer zurückzuhalten, aufgeben müssen; sie gehen ihrer Wege und halten Schritt mit dem Gang der Ereignisse, und müssen wir ihrer Klugheit und Erfahrung vertrauen, was sie müssen und sich suchen, der Gefahr möglichst fernzuhalten; alle unsere Ermahnungen und Reden sind vergebens, und tun sie doch was sie wollen. Daß Ihnen Herr Liebknecht so wenig anvertraut, finde ich auch nicht in der Ordnung, das habe ich ihm selbst gesagt, als er mir mein vielleicht zuviel Wissen in Parteiangelegenheiten zum Vorwurf machte. Das ist eine falsche Ansicht Herrn Liebknechts, daß damit die Frauen beruhigt würden, das kann doch nur bei denen sein, die absolut nichts davon wissen wollen und kein Verständnis für die Sache sich aneignen. Wenn man aber die Hälfte seines Lebens an dieser Tätigkeit direkt oder indirekt teilgenommen hat, verdient man auch das volle Vertrauen der Männer, und damit ist das Schreckhafte ihrer Tätigkeit von vornherein ausgeschlossen, und schließlich ist das Leben, wenn es mitunter auch sehr aufregend ist, doch auch interessant und abwechselnd, und die Verehrung für unsere Männer fällt ja auch auf uns.«

Nebenher wirft der Brief ein Licht auf die Tatsache, dass Julie und August Bebel wirkliche Partner waren, im Gegensatz zu den Anschauungen und Gepflogenheiten der Zeit, die bloß »drinnen« die züchtige Hausfrau walten lassen wollten, die es nichts anging, was »draußen« der Mann tat. Dies schließt nicht aus, sondern ein, dass Julie Bebel den Aufstieg zum Wohlstand und zu bürgerlichen Lebensformen genoss, den man sich miteinander erarbeitete.

Fürs Verweilen im Glück und für die Idylle blieb vorerst keine Zeit. Der politische Horizont verfinsterte sich, und Gewitterwolken zogen drohend herauf. Nachdem Bismarck Österreich dazu verleitet hatte, im Jahre 1864 im Bündnis mit Preußen den Krieg gegen Dänemark um Schleswig-Holstein zu führen, steuerte er nur zu sichtbar auf den Entscheidungskampf gegen die Donaumonarchie um die Vorherrschaft in Deutschland los. Auch dies verschärfte den Konflikt zwischen dem ADAV und dem VDAV. Denn die Hochburgen der Lassalleaner lagen in Preußen, die der Bildungsvereine aber in Sachsen, Thüringen und Süddeutschland.

Im Krieg von 1866 stellte sich Sachsen ganz natürlich auf die Seite Österreichs, denn mit dem Nachbarn im Norden hatte es immer nur schlechte Erfahrungen gemacht. Beim Beginn des Siebenjährigen Kriegs, 1756, überfiel Friedrich der Große das Land und plünderte es danach rücksichtslos aus. Mit dem Wiener Kongress, 1815, verlor Sachsen sein halbes Gebiet an Preußen. Jetzt gehörte es wieder einmal zu den Verlierern. Als im schnellen Feldzug Preußens Armeen die österreichische bei Königgrätz zertrümmerten – nur die Sachsen marschierten danach noch in guter Ordnung –, wurden Stimmen laut, die den Anschluss des kleinen Königreichs an die Siegermacht forderten; am lautesten tönte Heinrich von Treitschke, den Bebel mit Abscheu zitiert.

(Übrigens ist es Bismarck gewesen, der im Konflikt mit seinem König und den siegestrunkenen Generalen auf die Annexion Sachsens verzichtete, um sich anderswo schadlos zu halten.)

Aus dem Sohn eines preußischen Unteroffiziers war inzwischen der sächsische Patriot geworden; die Umbürgerung, die er 1865 beantragte, hatte viel mit praktischen Dingen, aber auch etwas mit einer Herzensentscheidung zu tun. Viel später noch, im Jahre 1903, als er längst in Berlin wohnte, hat er bei der Eröffnung eines Parteitags in Dresden gesagt, man möge das sächsische Volk beurteilen, wie man wolle. Aber »das eine muß man ihm zugeben, es marschiert bereits seit Jahrhunderten in kultureller Beziehung an der Spitze Deutschlands«. Und das hieß unausgesprochen natürlich: Die Preußen waren und sind dort nicht zu finden.

In seinen Erinnerungen ist Bebel auf die »Katastrophe« von 1866 zurückgekommen und hat gesagt: »Einmal angenommen, Preußen wäre 1866 unterlegen, so wäre das Ministerium Bismarck und die Junkerherrschaft, die noch bis heute wie ein Alp auf Deutschland haftet, fortgefegt worden. Das wußte niemand besser als Bismarck. Die österreichische Regierung wäre nach einem Siege nie so stark geworden, wie das bei der preußischen der Fall war. Österreich war und ist nach seiner ganzen Struktur ein schwacher Staat, ganz anders Preußen. Aber die Regierung eines starken Staates ist für dessen demokratische Entwicklung gefährlicher. In keinem demokratischen Staat gibt es eine so genannte starke Regierung. Dem Volke gegenüber ist sie ohnmächtig. Höchstwahrscheinlich hätte die österreichische Regierung nach einem Siege versucht, in Deutschland reaktionär zu regieren. Aber sie hätte alsdann nicht nur das gesamte preußische Volk, sondern auch den größten Teil der übrigen Nation, einschließlich eines guten Teils der österreichischen Bevölkerung, gegen sich gehabt. Die demokratische Einigung des Reiches wäre die Folge gewesen. Der Sieg Preußens schloß das aus.«

Man muss diesen Spekulationen nicht folgen, aber sie zeigen Bebels Ansichten über das Geschehen von 1866. Ohnehin hatte er keinen Einfluss auf den Gang der Ereignisse und stellte sich dann schnell auf den Boden der vollendeten Tatsachen. In seiner Jungfernrede als Abgeordneter im Norddeutschen Reichstag warf er Bismarck vor, mit der Gründung des Norddeutschen

Bundes nicht genug getan und 18 Millionen Menschen preisgegeben zu haben, darunter die Süddeutschen, die Deutsch-Österreicher und die Luxemburger.

Sachsen hatte sich dem Norddeutschen Bund anschließen müssen. Zu seinem Reichstag gehörte das gleiche und allgemeine Wahlrecht, das sich im Vergleich mit den preußischen Verhältnissen revolutionär ausnahm; allerdings waren die Frauen noch ausgeschlossen. Bebel traute sich den Sprung ins Parlament zu und verlor keine Zeit: Mit einigen Mitstreitern gründete er schon am 19. August 1866 – sechs Wochen nach Königgrätz – auf dem Fundament der Arbeiter- und Bildungsvereine beinahe im Handstreich eine Sächsische Volkspartei. Wie von selbst folgte daraus 1867 der Vorsitz des Verbands deutscher Arbeitervereine, an die sich zwei Jahre später, im Zusammenwirken mit Wilhelm Liebknecht, die Gründung der Sozialdemokratischen Arbeiterpartei anschloss. Jetzt, 1866, bewies der junge Mann von gerade einmal 26 Jahren, dass er ein Stratege von Rang war und ebenso schnell und entschlossen zu handeln verstand wie der preußische Schlachtenlenker Helmuth von Moltke – dem er übrigens stets mit Ehrfurcht begegnete, seit er mit ihm, obwohl in krass gegensätzlichen Parteilagern, von 1867 bis 1891 gemeinsam im Reichstag saß.

Bebel kandidierte nicht in Leipzig, sondern weiter südlich in einem Wahlkreis, dessen Hauptorte Glauchau und Meerane waren. In diesen Orten und in den Dörfern um sie herum gab es keinen Wohlstand, sondern bittere Armut, denn hier lebten oder vielmehr darbten die Weber. Was der Kandidat zu sehen bekam, hat Brigitte Seebacher-Brandt geschildert: »Die Weber waren, als Bebel in ihr Elend eintauchte, einem Manufakturkapitalismus unterworfen, die Meister von einst herabgesunken zu hausindustriellen Lohnarbeitern, die die Weberei in ihrer Wohnung besorgten. Nur durch die Wohlfeilheit der Arbeitskräfte und weil verfeinerte Gewebe handwerkliches Können verlangten, konnten sich Unternehmer auch ohne teure Maschinen behaupten. Die Weber hatten, infolge Einseitigkeit der Produktion, keine Wahl, als sich immer härterem Druck zu beugen. Der Lohn sank, die Arbeitszeit stieg, die Ernährung war miserabel, die Wohnung finster, es verdingten sich die Frauen, auch die Kinder. Arbeits-

und damit Brotlosigkeit häuften sich dennoch. Der gesamte Weberstand sei zu einem ›allgemeinen Bettelhaufen‹ geworden, meldete im Dezember 1867 die Glauchauer Weberinnung ... Zu Beginn der sechziger Jahre waren in Bebels Wahlkreis sechzig Prozent der Bevölkerung von der Weberei abhängig. Sie erweckten den Eindruck einer einförmig elenden Masse.«

Es handelte sich um einen unerbittlich ablaufenden Vorgang, der sich ähnlich schon vor Jahrzehnten in England, dann in Schlesien abgespielt hatte: Der technische Fortschritt – vorab der mechanische Webstuhl – und eine kapitalistische Konzentration der Textilindustrie vernichteten ein vorher blühendes Handwerk. Der Hungerrevolte, die daraus folgte, hat Gerhart Hauptmann in seinem Drama »Die Weber« (1892) ein Denkmal gesetzt. Und Heinrich Heine hat das Gedicht »Die schlesischen Weber« geschrieben:

»Im düstern Auge keine Träne,
Sie sitzen am Webstuhl und fletschen die Zähne:
›Deutschland, wir weben dein Leichentuch,
wir weben hinein den dreifachen Fluch –
Wir weben, wir weben!

Ein Fluch dem Götzen, zu dem wir gebeten
In Winterskälte und Hungersnöten;
Wir haben vergebens gehofft und geharrt,
Er hat uns geäfft und gefoppt und genarrt –
Wir weben, wir weben!

Ein Fluch dem König, dem König der Reichen
Den unser Elend nicht konnte erweichen,
Der den letzten Groschen von uns erpreßt
Und uns wie Hunde erschießen läßt –
Wir weben, wir weben!

Ein Fluch dem falschen Vaterlande,
Wo nur gedeihen Schmach und Schande,
Wo jede Blume früh geknickt
Wo Fäulnis und Moder den Wurm erquickt –
Wir weben, wir weben!

Das Schiffchen fliegt, der Webstuhl kracht,
wir weben emsig Tag und Nacht –
Alldeutschland, wir weben dein Leichentuch,
Wir weben hinein den dreifachen Fluch,
Wir weben und weben!‹«

Aus dem Elend gab es kein Entrinnen, es sei denn die Flucht, die Auswanderung nach Amerika in der Hoffnung auf ein besseres Leben wenigstens für die Kinder oder die Enkel. Was aber August Bebel in Glauchau und Meerane zu sehen bekam, wurde für ihn zum einschneidenden Erlebnis. Man kann sogar sagen: Hier wurde er zum Marxisten. Das heißt: Er wusste noch wenig von den Gelehrten in London. Allenfalls kannte er »Die Lage der arbeitenden Klassen in England« von Friedrich Engels aus dem Jahre 1845 und das hinreißend geschriebene »Kommunistische Manifest« von Marx und Engels aus dem Jahre 1848. Er war überhaupt ein Mann der Praxis statt der Theorie; Marx' »Kritik der politischen Ökonomie« (1859) und den ersten Band des »Kapital« (1867; die übrigen Teile gab Engels nach dem Tod von Karl Marx 1885 und 1894 heraus) hat er wohl erst »durchaus studiert, mit heißem Bemühn«, doch kaum mit tief dringendem Erfolg, als er in seiner Haftzeit seit 1872 dafür die Muße fand. Aber in Glauchau und Meerane begegnete ihm die Theorie in der Praxis, sozusagen leibhaftig zum Anfassen und Begreifen, und es schien nicht schwer, daraus die Folgerungen abzuleiten:

Was in der Texilbranche ablief, hatte exemplarischen Charakter für die gesamte Wirtschaftsentwicklung. Früher oder später wurde mit dem technischen Fortschritt und dem kapitalistischen Konkurrenzkampf der einst blühende Handwerkerstand vernichtet. Für Kleinunternehmer blieb bloß noch der Todeskampf, aber keine Chance zum Überleben. Es vollzog sich ein Konzentrationsprozess; immer weniger, stets größere Unternehmen behaupteten das Feld. Zugleich gab es einen allgemeinen Enteignungsprozess; das Kapital ballte sich in wenigen, immer weniger Händen zusammen. Die Gesellschaft durchlitt eine Zweiteilung; der schrumpfenden Zahl von Kapitalisten trat die rapide wachsende Zahl der Besitzlosen, der Proletarier gegenüber, die nichts mehr zu verlieren hatten als ihre Ketten. Mit Notwendigkeit trieb die Entwicklung auf den »großen Kladderadatsch«, die Revolution zu, die bloß noch den letzten Schritt zur Enteignung vollzog, um das Kapital und die Wirtschaft in Gemeineigentum zu überführen, den ruinösen Konkurrenzkampf stillzulegen und fortan nicht mehr zum Vorteil weniger, sondern zum Nutzen aller zu produzieren. Ein neues Zeitalter der Gleichheit und Gerechtigkeit würde dann beginnen. Reformen am Bestehenden konnten dafür nichts bewirken, nur die Entwicklung verzögern und das Elend verlängern; es war daher ein Verrat an den elementaren Interessen der Arbeiterklasse, wenn man sich auf Kompromisse mit den herrschenden Mächten einließ.

Dies ungefähr verkündeten auch Marx und Engels, und genau dies, bisher nur unklar gefühlt, trat dem Wahlkämpfer Bebel in Glauchau und Meerane wie eine Offenbarung entgegen. Die marxistische Lehre diente dann bloß noch als Bestätigung – und umso gläubiger nahm Bebel sie auf. Der Ökonom Joseph Schumpeter hat über die Zauberkraft der Marx'schen Lehre gesagt: »Einfach das Ziel zu predigen, wäre wirkungslos geblieben; eine Analyse des sozialen Prozesses hätte nur ein paar hundert Spezialisten interessiert. Aber im Kleid des Analytikers zu predigen und mit einem Blick auf die Bedürfnisse zu analysieren, dies schuf eine leidenschaftliche Anhängerschaft und gab dem Marxisten jenes größte Geschenk, das in der Überzeugung besteht, daß das, was man ist und wofür man einsteht, niemals unterliegen, sondern am Ende siegreich sein wird.«

Bebel liefert das Musterbeispiel für solch eine Anhängerschaft und für diesen Glauben, an den er niemals mehr rührte und von niemandem rühren ließ. Dabei sorgte er sich wenig um theoretische Spitzfindigkeiten; um die mochte dann ein Schriftgelehrter und Büroverwalter der Heilslehre wie Karl Kautsky (1851–1938) sich kümmern.

Man hat oft gesagt, dass Bebel von Wilhelm Liebknecht zum Marxismus geführt worden sei, und in mancher Hinsicht mag das sogar zutreffen. Liebknecht, 1826 geboren, hatte in den Jahren 1848 und 1849 an revolutionären Erhebungen teilgenommen. Nach dem Sieg der Restauration flüchtete er ins Ausland, lebte seit 1850 in London und trat dort in engen Kontakt mit Marx. 1862 kehrte er nach Deutschland zurück, wurde aber 1865 aus Berlin ausgewiesen und fand seinen Platz im liberalen Leipzig. Er entfaltete seine Wirkung vor allem als Journalist, und seit 1867 war er neben Bebel der erste sozialdemokratische Abgeordnete im Reichstag.

Beide kamen sich noch näher, als sie miteinander von 1872 bis 1874 eine Festungshaft verbüßten. Dabei war Liebknecht ein hoch gebildeter Mann, er entstammte einer Beamten- und Gelehrtenfamilie, und der Autodidakt Bebel verdankte ihm viel. Doch vor allem war Liebknecht ein Trommler oder Trompeter der Revolution, von dem zum Beispiel streikende Buchdrucker zu hören bekamen: »Marschieren Sie geradeaus in dem stolzen Bewußtsein, daß die Arbeiterklasse die Hüterin der heiligen Flamme der Freiheit, daß sie die wahre Fortschrittspartei ist; marschieren Sie vorwärts, weder nach links blickend noch nach rechts, und der Sieg ist ihnen gewiß.«

Der Streik endete mit einer Niederlage, aber der »Vorwärts« war dann die Parteizeitung, die Liebknecht viele Jahre lang leitete. Dabei traf er genau den Ton, mit dem er den Weggefährten in seinem Glauben, seiner Heilserwartung *bestärkte.* Doch wirklich führen ließ Bebel sich nicht; er selbst bestimmte den Weg, auch den zum Marxismus. Und er selbst findet den richtigen Begriff, wenn er sagt, dass Liebknecht seine Mauserung zum Sozialisten *beschleunigt* habe. Im Übrigen war dieser Feuer- und manchmal Wirbelkopf durchaus kein tief dringender Denker; im Bemühen, niemanden neben sich gelten zu lassen, haben Marx und Engels ihn abschätzig als »das Wilhelmchen« verspottet, das von nichts etwas verstand. Marx hat ihn gar als »das Biederrindvieh« beschimpft – von seinem philosophischen Standpunkt aus womöglich zu Recht, doch als notorischer Einflussneider mit umso größerem Unrecht. Übrigens gehörte Liebknecht zu den wenigen, die dem toten Karl Marx auf seinem Weg zum Friedhof das letzte Geleit gaben.

Wenn man Bebels Glauchauer Glaubensbekenntnis im Rückblick betrachtet, der das Klügersein preiswert macht, dann stimmen seine Voraussetzungen hinten wie vorne nicht. Zwar zerstört die industrielle Revolution immer wieder alte Berufe, und zu ihren Opfern gehören die Weber. Doch dafür entstehen im 19. Jahrhundert ganz neue Wirtschaftszweige, erst die Schwerindustrie mit ihren Ballungsräumen im Ruhrgebiet, an der Saar, in Oberschlesien, dann der Maschinenbau, das moderne Verkehrswesen, die chemische, optische, feinmechanische, elektrotechnische Industrie, dazu eine Vielzahl von Dienstleistungen. Ebenso polarisiert die Gesellschaft sich nicht zu den wenigen »oben« und der Masse der Proletarier »unten«. Im Gegenteil zeichnet sich die Entwicklung zu einer Mittelstandsgesellschaft ab, die von leitenden Angestellten bis zu den Facharbeitern reicht, die – gerade in Deutschland – mit einer qualifizierten Ausbildung ihren eigenen Berufsstolz entwickeln und weit mehr zu verlieren haben als ihre Ketten.

Auch die Bauern verschwinden nicht, und für das sozialistische Zukunftsgemälde einer Vergesellschaftung von Grund und Boden lassen sie sich nicht begeistern. Dabei waren im Jahre 1875 die Hälfte und 1913 noch immer ein Drittel aller Beschäftigten in der Landwirtschaft tätig; erst seit 1950 geht der Anteil der Landwirte nicht nur relativ, sondern auch absolut zurück. Das Handwerk durchleidet schmerzhafte Wandlungen, aber es überlebt, und wo es floriert, bleibt man taub gegenüber allen Revolutionsgesängen. 1881 verlor Bebel seinen Dresdener Wahlkreis, weil er den Forderungen der Handwerker nicht nachgeben wollte, die zu seinen eigenen Vorstellungen nicht passten.

Erst recht gehen die kleinen und mittleren Betriebe nicht unter, sondern behaupten und vermehren sich neben den Konzernen. Inzwischen gelten sie als Hoffnungsträger des technischen Fortschritts und der Beschäftigung, weil sie schnell und einfallsreich auf neue Herausforderungen reagieren; eindrucksvoll genug hat schon Bebels eigener Betrieb dafür ein Beispiel geliefert. Die Borsig, Krupp oder Thyssen mit ihrer Konzentration von Arbeitermassen faszinieren oder erschrecken die Zeitgenossen bloß darum, weil es solche Großunternehmen bisher noch nicht gab. Die modernen Dienstleistungsberufe kommen hinzu, die rapide wachsen und mehr Aufstieg als Abstieg verheißen. So wird insgesamt das Zeitalter eher vom Fortschrittsglauben und von den Erwartungen der »herrlichen Tage« geprägt, von denen Kaiser Wilhelm II. schwärmt, als von den Untergangs- und Auferstehungsvisionen des Gegenkaisers Bebel; der war in Glauchau und Meerane auf eine Ausnahmesituation statt auf die Regel der Epoche gestoßen. Wie man im Übrigen eine ständig komplexer werdende Wirtschaft zentral und nach Plan statt durch die Konkurrenz und den Markt steuern soll, bleibt ein Rätsel. Alle sozialistischen Versuche, es zu lösen, sind schmählich gescheitert.

Auch die soziale Entwicklung entspricht nicht den Unheilserwartungen; von unaufhaltsam fortschreitender Verelendung kann keine Rede sein. Im Kaiserreich, also zu Bebels Zeiten, steigt das durchschnittliche Jahreseinkommen in Industrie, Handel und Verkehr von 493 Mark im Jahre 1871 auf 1083 Mark 1913. Real – in Preisen von 1895 berechnet – handelt es sich immer noch um einen Anstieg von 466 auf 834 Mark. Erste Industriegüter einer gehobenen Kategorie finden ihren Weg in die Arbeiterhaushalte, zum Beispiel die Nähmaschine und das Fahrrad. Die in der Frühzeit der Industrialisierung unmäßig langen Arbeitszeiten von zwölf bis vierzehn Stunden täglich gehören der Vergangenheit an; am Vorabend des Ersten Weltkriegs bilden 56 bis 60 Arbeitsstunden in der Sechstagewoche die Regel, und die 48-Stunden-Woche rückt aus dem Reich der Träume allmählich in den Horizont des Realisierbaren hinein; sie wird nach dem Ersten Weltkrieg verwirklicht und wäre auch ohne ihn gekommen.

Relativ früh, jedenfalls in Deutschland früher als anderswo, beginnt die Entwicklung des Sozialstaats. 1839 erlässt Preußen Verordnungen zum Schutz von Kindern und jugendlichen Arbeitern; Bayern und Baden folgen 1840, Württemberg und Sachsen 1861. 1869 verschärft der Norddeutsche Bund, 1871 das Reich die Bestimmungen, 1878 die Fabrikinspektionen. Bismarck führt 1883 die Krankenversicherung für Arbeiter, 1884 die Unfallversicherung, 1889 die Invaliditäts- und Altersversicherung ein. 1891 wird ein Arbeitsschutzgesetz erlassen, dem 1903 Verbesserungen besonders des Mutter- und Kinderschutzes folgen. Die Reichsversicherungsordnung von 1911 und im gleichen Jahr die Versicherung für Angestellte, die 1913 in Kraft tritt, bilden weitere Meilensteine.

Von der wachsenden Kluft zwischen Bebels marxistisch eingekleidetem Glauben und der wirklichen Entwicklung wird zu reden sein. Wenn man aber den Versuch macht, diese Kluft zu erklären, dann bietet sich eine technische Erklärung an. Marx entwirft seine Theorie und Bebel seinen Glauben in der Epoche der Dampfmaschine; die Zunahme der Dampf-Pferdestärken bildet den gültigen

Maßstab der industriellen Revolution. Die Dampfmaschine begünstigt den Großbetrieb und drängt zur Zentralisation, besonders drastisch im Verkehrswesen mit dem Bau der Eisenbahnen. Doch das folgende Zeitalter steht mit der Entwicklung des Otto- und des Dieselmotors unter entgegengesetzten Vorzeichen. Erst recht gilt das für die Elektrotechnik, an die sich inzwischen die Mikroelektronik anschließt; mit ihr wächst der Dezentralisierung und damit dem Handwerk, dem Mittelstand, den Selbständigen aller Art eine neue Chance zu. Wenn wir also Ideen und Vorstellungen von der Zukunft nicht abstrakt betrachten, sondern sie konkret, aus ihren praktischen Zeitumständen erklären – wie Marx es fordert –, dann erübrigen sich der Hochmut und der Hohn. Wahrscheinlich wird man über uns einmal ebenso den Kopf schütteln, wie wir es tun, wenn wir ins 19. Jahrhundert zurückblicken.

Noch heute liest man das »Kommunistische Manifest« aus dem Jahre 1848 mit Genuss und Gewinn; in eindringlicher Sprache zeichnen Marx und Engels ein genaues Bild der industriellen Revolution. Der Fehler beginnt mit einer Projektion in die Zukunft, die sich zum Dogma verfestigt und zum Wahn, den Gang der Geschichte »wissenschaftlich« vorausentwerfen zu können. Ein Realitätsverlust zeichnet sich damit ab, nach dem Prinzip: »Um so schlimmer für die Wirklichkeit, wenn sie der Theorie nicht entspricht« – und am Ende womöglich die terroristische Konsequenz, zu vernichten, was den Vorstellungen widerstreitet.

Die Wahl zum Reichstag des Norddeutschen Bundes fand am 12. Februar 1867 statt. Im ersten Wahlgang scheiterte Bebel knapp an der geforderten absoluten Mehrheit. Zehn Tage später feierte er seinen 27. Geburtstag. Vor der Stichwahl vom 26. Februar verkündete eine Zeitungsanzeige: »Wer Revolution und Republik will, der wähle Herrn August Bebel in Leipzig, wer Ordnung und Freiheit will, der wähle Herrn Carl Wilhelm Stauß in Glauchau.« Die armen Leute in Glauchau entschieden sich für Bebel, und er nahm ihren Auftrag ernst. Er entschwand nicht auf Nimmerwiedersehen, sondern kehrte so oft wie möglich zu seinen Wählern zurück, um zu hören, was sie bedrückte, und um ihnen Hoffnung zu geben. Heute mag es selbstverständlich sein, dass ein Abgeordneter sich um seinen Wahlkreis kümmert und ihn nicht nur als Sprungbrett benutzt; damals war es das keineswegs. Der Wahlkreis Kreuznach-Simmern zum Beispiel bekam seinen Abgeordneten Heinrich von Treitschke kaum jemals zu sehen.

Friedrich Naumann (1860–1919), der in Sachsen geborene Führer der christlich-sozialen Bewegung, die sich von den Konservativen ablöste, schrieb 1908 in seiner Zeitschrift »Die Hilfe«: »Wenn Bebel in den Jahren 1867 und 1868 in seinen Wahlkreis kam, da standen die Menschen um ihn und sahen ihn mit einem Hunger nach der Erfüllung ihrer Hoffnungen an, der sich tief in die Erinnerung derer eingegraben hat, die das damals erlebt haben. Es gibt noch Leute, die davon erzählen, und man mag stehen wie man will, ohne Ergriffenheit kann sich davon nicht berichten lassen.«

Das in der Tat war Bebels stärkste und beste Antriebskraft: der Wille, Gerechtigkeit zu schaffen für die Mühseligen und Beladenen – nur nicht erst im Himmelreich, sondern in dieser Welt und so bald wie möglich. Davon sprach sein Glaube; in der Tiefe seines Wesens war er mehr ein religiöser als ein politischer Mensch.

Von 1867 bis zu seinem Tod im Jahre 1913 ist er Reichstagsabgeordneter gewesen, bis 1877 für Glauchau und Meerane, dann in Dresden, schließlich in Hamburg, zwischendurch einmal in Straßburg: eine lange Zeit. Unterbrechungen gab es nur von 1881 bis 1883, als er seinen Dresdner Wahlkreis verlor, und durch die Haftzeiten. Von 1881 bis 1890 war er außerdem Mitglied des sächsischen Landtags.

Der Erfolg eines Parteiführers lässt sich an Zahlen ablesen. Bei den Reichstagswahlen von 1871 bis 1912 stieg der Stimmenanteil der Sozialdemokraten von 3,2 auf 34,8 Prozent. Es gab einige Rückschläge, so 1878, 1881 und 1907, aber insgesamt handelte es sich um den triumphalen Aufstieg von einer Splittergruppe zur unumstritten stärksten Partei. Im selben Zeitraum wurden aus anfangs zwei Abgeordneten schließlich 110, bei 397 Mandaten, die insgesamt zu vergeben waren. Der Unterschied zwischen dem Stimmenanteil und den errungenen Mandaten erklärt sich aus der rasanten Bevölkerungsverschiebung, die im Kaiserreich stattfand: fort von abgelegenen Agrargebieten, hin zu den städtisch-industriellen Ballungsräumen. Aber die Wahlkreise blieben, wie sie waren, mit dem Ergebnis, dass Konservative für ihren Erfolg etwa in Ostpreußen, Pommern oder Niederschlesien weit weniger Stimmen brauchten als Sozialdemokraten in Berlin, Hamburg, Leipzig oder Dortmund – ein Skandal ganz eigener Art. Außerdem bildeten sich bei Stichwahlen, wenn keiner der Kandidaten im ersten Wahlgang die absolute Mehrheit erreichte, weit eher Koalitionen gegen die Sozialdemokraten als mit ihnen. So fielen sie zum Beispiel von 1884 auf 1887 von 24 auf 11 Mandate zurück, obwohl ihr Stimmenanteil sogar von 9,7 auf 10,1 Prozent stieg und ihnen bei gerechter Verteilung 40 Sitze zugestanden hätten. Doch insgesamt ergibt sich für Bebels Parteiführerschaft im Kaiserreich eine strahlende Bilanz; nichts und niemand schien den Siegeszug der Sozialdemokraten aufhalten zu können.

Der Erfolg eines Parlamentariers lässt sich weniger leicht messen und schon gar nicht in Zahlen. Was tut er eigentlich? Um das halbwegs zu verdeutlichen, muss man zunächst auf die Unterschiede zwischen der Gegenwart und dem 19. Jahrhundert hinweisen. Einst ging man nicht nur mit dem Geld der Bürger, sondern auch mit Paragraphen sparsam um; die Gesetzesflut und Verordnungswut unserer Tage gab es noch nicht (obwohl schon Bismarck über einen »Verordnungsdurchfall« spottete). Folgerichtig waren die Sitzungsperioden oder »Sessionen« der Parlamente kurz; sie umfassten in der Regel nur wenige Wochen und allenfalls drei oder vier Monate im Jahr. Anreize, sie auszudehnen, entfielen ohnehin. Mit Arglist hatte Bismarck den Abgeordneten in der Verfassung des Norddeutschen Bundes und des Reiches Diäten verweigert, um die Habenichtse abzuschrecken. Erst im Jahre 1906 wurde ein bescheidenes Tagegeld eingeführt. Der Aufenthalt in Berlin musste also aus der eigenen Tasche bezahlt werden. Bebel seufzte darüber, obwohl er so schlecht gar nicht mehr gestellt war. Später, als das möglich wurde, übernahm die Partei die Kosten.

Trotz aller Widrigkeiten und der anfangs hoffnungslosen Minderheit, in der die Sozialdemokraten sich befanden, hat Bebel die Volksvertretung als etwas Großes, um nicht zu sagen Heiliges empfunden. Daher betrat er den Reichstag nie anders als in festlicher Kleidung, das heißt im Gehrock. (Ein Lexikon sagt dazu: »Knielanger Männerrock, im 19. Jahrhundert getragen, aus schwarzem, seltener grauem Tuch, mit Kragen und Revers, geraden Schößen und doppelter Knopfreihe. Er war der verkürzte Leibrock vom Anfang des 19. Jahrhunderts und blieb, seitdem in der 2. Hälfte das Jackett für den Tagesanzug überwog, offiziellen und festlichen Gelegenheiten vorbehalten. Der Gehrock wurde im 2. Viertel des 20. Jahrhunderts durch den Cutaway oder den kleinen Gesellschaftsanzug ersetzt.« Gustav Stresemann brachte damals den »Stresemann« mit seiner gestreiften Hose in Mode.) Was wir in den letzten Jahrzehnten etwa bei inzwischen namhaften »Grünen« zu sehen bekamen, hätte Bebel empört. Er hielt auch darauf, dass seine Genossen sich angemessen kleideten; schlimmstenfalls wurde neuen Abgeordneten aus der Parteikasse bezahlt, was sie selbst sich nicht leisten konnten.

Ebenso legte er Wert auf das gehörige Betragen. Philipp Scheidemann hat berichtet: »Ich kann mich nicht erinnern, Bebel im Reichstag jemals anders als im schwarzen Gehrock gesehen zu haben. Dagegen erinnere ich mich sehr wohl, daß er einmal einen sozialdemokratischen Abgeordneten, der sich in der kleinen Wandelhalle auf der linken Seite des Hauses eine kurze Pfeife angebrannt hatte, in schärfster Weise zur Rede stellte. Der Reichstag sei kein Dorfwirtshaus ...« Einem Genossen, der sich im Plenarsaal als pöbelnder Zwischenrufer betätigte, zischte oder donnerte er zu: »Wir sind hier in keiner Kaschemme! Schweigen Sie!«

Wie schon bei seinen Anfängen im Gewerblichen Bildungsverein von Leipzig zeichnete sich Bebel durch seinen Fleiß aus. Er redete oft und bewusst auch »zum Fenster hinaus« zu seinen Anhängern oder zu denen, die es werden sollten. Er kämpfte gegen die Todesstrafe, die Kinder- und Sonntagsarbeit, die indirekten Steuern, kümmerte sich um Missstände, zum Beispiel um Soldaten, die von ihren Vorgesetzten misshandelt worden waren; zu zahllosen Gesetzesvorhaben oder Resolutionsentwürfen brachte er mit präzisen Begründungen Änderungsanträge ein – um dann in aller Regel das Fertiggestellte rundweg zu verurteilen, weil es doch zu nichts oder nur zum Bewahren des Bestehenden taugte.

Mit anderen Worten: In der Praxis widmete Bebel sich mit Leidenschaft der parlamentarischen Arbeit, die er gleichzeitig und im Prinzip für sinnlos erklärte. Denn »die Revolution ist das einzige, was kommen muß und kommen wird, wenn die Verhältnisse sich in der jetzigen Form weiterentwickeln«. Das stammte aus einer Reichstagsrede im Frühjahr 1869. Ein paar Wochen danach hieß es – und ähnlich auch später immer wieder: »Ich bin, meine Herren, das wissen Sie alle, ein entschiedener Gegner dieses Systems, ich bekämpfe es mit allen mir zu Gebote stehenden Mitteln und kann nicht anders ein Heil für das Volk selbst erblicken, als bis dieses System in Grund und Boden zerschlagen und zertrümmert ist.«

Also »kein Friede mit dem heutigen Staat«? Bebel zitiert damit seinen Kampfgefährten und fügt hinzu: »Diese reine negierende Stellung Liebknechts ist für die Partei niemals maßgebend geworden.« Doch was dann? Wiederum Bebel: »Liebknecht sah in dem Norddeutschen Bunde ein Gebilde, das mit allen Mitteln bis zur Vernichtung bekämpft werden müsse. An dessen Parlament sich anders als negierend und protestierend zu beteiligen war nach seiner Meinung eine Preisgabe des revolutionären Standpunktes. Daher kein Paktieren, kein Kompromisseln, das heißt kein Versuch, die Gesetzgebung in unserem Sinne zu beeinflussen. Zu dieser Auffassung unseres revolutionären Standpunktes konnte ich mich nicht bekennen. Protestieren und negieren, wo es am Platze war, also vor allen Dingen gegen alles Schlechte und Verderbliche, aber zugleich auch agitieren im positiven Sinne, indem wir überall unsere Anträge zu den einzelnen Gesetzesentwürfen stellten und damit zeigten, wie wir uns die Gestaltung der Dinge dachten. Indem wir diese Anträge stellten und Reden zu ihren Gunsten hielten, die, wenn auch noch so verstümmelt, in den Berichten der Zeitungen von Millionen gelesen wurden, würden wir im höchsten Grade agitatorisch und propagandistisch wirken.«

In der Tat: Bebel wusste besser als jeder andere, was die Leute hören wollten. Doch davon abgesehen wirkt eher schwach und widersprüchlich, was er vorbringt. Denn wozu taugten die Mitarbeit im Parlament und die Mühe, das Bestehende zu verbessern, wenn dessen Zusammenbruch, der »große Kladderadatsch« bevorstand – und zwar »sehr bald«, »spätestens in zwanzig Jahren« oder »zu unseren Lebzeiten« – und sich darauf die Heilserwartungen richteten? Auf vertrackte Weise übte Bebel den Spagat; mit einem Bein stand er im Parlament und damit im »System«, mit dem anderen draußen und dagegen. Es gehört zu seinen staunenswerten Leistungen, dass er und mit ihm die Partei, die er führte, diesen Widerspruch oder wenn man so will diese Bewusstseinsspaltung aushielt.

Man kann es auch so ausdrücken: Bebel war ein großer Parlamentarier und doch wieder keiner: Er blieb sozusagen halbseitig gelähmt. Zum Wesen des Parlamentarismus gehört der Kompromiss *als Prinzip* und nicht als Laster, sondern als Tugend. Denn wer etwas erreichen und bewegen will, muss nach der Macht und der Mehrheit streben, das heißt im wechelseitigen Geben und Nehmen handlungsfähige Koalitionen bilden. Das wäre durchaus denkbar gewesen. Es gab die katholische Zentrumspartei, gegen die Bismarck gleich nach der Reichsgründung den »Kulturkampf«, einen freilich gründlich misslungenen Feldzug eröffnete, nicht nur in Bebels Urteil einer der schlimmsten Fehler, die der Kanzler beging. Und es gab die Linksliberalen, die Fortschrittspartei oder den Freisinn. Zusammen hätte man schon 1890 eine Koalition bilden können, die über die Mehrheit verfügte.

Gewiss, die Verfassung sah das nicht vor; der Kanzler brauchte das Vertrauen des Kaisers, aber nicht des Reichstags. Aber niemand hätte verhindern können, dass man gleichsam unter der Hand eine Regierung bildete und das entsprechende Gesetzgebungsprogramm entwarf. Ein entscheidender Schritt zu Demokratisierung wäre damit vollzogen worden. Warum also nicht? Genau dies hat es schließlich gegeben – 1917, in der Spätphase des Ersten Weltkriegs, mit der Bildung des »Interfraktionellen Ausschusses«, also viel zu spät, um das Unheil noch abwenden zu können.

Die Voraussetzung wäre allerdings gewesen, dass Bebel seinen Kladderadatsch-Glauben und die dazu gehörende Revolutionsrhetorik aufgegeben und die Sozialdemokratie *innerhalb* des »Systems« als Reformpartei eingerichtet hätte. Doch das kam nicht in Frage; es wäre ihm als Verrat und als Selbstzerstörung erschienen. Ohnehin gab es in seinen Augen keine wirklichen Partner außerhalb der Arbeiterbewegung. Auch Linksliberale waren Angehörige der zum Untergang verurteilten Bourgeoisie und vielleicht die gefährlichsten von allen, weil sie nicht offen reaktionär auftraten, sondern ihre Wolfsnatur im Schafspelz des »Fortschritts« versteckten. Die Katholiken aber mochten lesen, was in Bebels berühmtem Buch »Die Frau und der Sozialismus« geschrieben stand:

Der Staat wird absterben, und »so geht's mit der Religion. Diese wird nicht ›abgeschafft‹, man wird ›Gott nicht absetzen‹, nicht ›den Leuten die Religion aus dem Herzen reißen‹, und wie sonst die albernen Reden lauten, womit man atheistisch gesinnte Sozialdemokraten anklagt. Solche Verkehrtheit überläßt die Sozialdemokratie den bürgerlichen Ideologen, die in der Französischen Revolution solche Mittel versuchten und elend Schiffbruch litten. Ohne gewaltsamen Angriff und ohne Unterdrückung der Meinungen, welcher Art immer sie sind, werden die religiösen Organisationen und mit ihnen die Kirchen allmählich verschwinden.« Denn niemand braucht mehr den Glauben an Christus, die Auferstehung und ein ewiges Leben, wenn er bereits im sozialistischen Paradiesgarten lebt.

Nein, damit war kein Staat und erst recht keine Politik mit dem Ziel von handlungsfähigen Koalitionen zu machen. So blieb der Parlamentarismus des großen Parlamentariers August Bebel tatsächlich gelähmt. Sein politisches Prinzip war der Kampf, das Freund-Feind-Verhältnis, das Entweder-Oder und eben nicht im immer währenden Streit der Interessen das mühsame Aushandeln von Kompromissen, wie es zum Wesen eines parlamentarischen Systems gehört. Dies hinderte nicht, sondern hatte zur Konsequenz, dass ihm in dramatisch zugespitzen Situationen Sternstunden zuteil wurden. Um nur eine zu erwähnen:

Als es im Krieg von 1870 um eine Kriegsanleihe ging, gab Bebel am 21. Juli, zwei Tage nach der französischen Kriegserklärung, im Reichstag zu Protokoll: »Als prinzipielle Gegner jedes dynastischen Krieges, als Sozialrepublikaner und Mitglieder der Internationalen Arbeiterassoziation, die ohne Unterschied der Nationalität alle Unterdrücker bekämpft, alle Unterdrückten in einem großen Bruderbund zu vereinigen sucht, können wir uns weder direkt noch indirekt für den gegenwärtigen Krieg erklären und enthalten uns daher der Abstimmung, indem wir die zuverlässige Hoffnung aussprechen, daß die Völker Europas, durch die jetzigen unheilvollen Ereignisse belehrt, alles aufbieten werden, um sich ihr Selbstbestimmungsrecht zu erobern und die heutige Säbel- und Klassenherrschaft als die Ursache aller staatlichen und gesellschaftlichen Übel zu beseitigen.«

Wie der Feldzug gegen Österreich im Jahre 1866 endete der

Krieg schon nach wenigen Wochen mit dem preußisch-deutschen Triumph vom 2. September bei Sedan. Vielmehr: Er hätte zu Ende sein können – wenn nicht die Annexion von Elsass-Lothringen zum Kriegsziel erklärt worden wäre. Bismarck widersetzte sich diesmal der siegesberauschten Forderung nicht, anders als 1866, als er im dramatischen Konflikt mit seinem König und den Generalen den schnellen Friedensschluss durchsetzte, der Österreich jede unnötige Demütigung ersparte. Es entbrannte also ein zweiter Krieg, ungleich länger und blutiger als der am 2. September abgeschlossene. Und jetzt gab es für Bebel und seinen Mitstreiter Liebknecht keine Enthaltung mehr, sondern einzig noch das entschlossene »Nein«. Bebels Biographin Seebacher-Brandt hat dazu gesagt:

»Und wenn es die einzige Leistung ihres Lebens gewesen wäre – sich gegen die Annexion erhoben zu haben, hätte sie ihnen allein unsterbliche Ehre gemacht ... Schon zu Lebzeiten gründete Bebels außerdeutscher Ruhm in eben jenem Akt der Verweigerung. Noch an seinem 70. Geburtstag 1910 grüßten die französischen Sozialisten, namentlich Jean Jaurès und Paul Lafargue, ›vor allem den Mann, der seinen mutigen Protest gegen die Annexion von Elsaß-Lothringen mit der Freiheit bezahlt‹ hat. Bebels Reichstagsrede vom 26. November 1870 ist ein Dokument der Standfestigkeit und der Überzeugungstreue, des Scharfsinns und rhetorischen Geschicks. Brachte er es doch fertig, sich in dieser Stunde, begleitet von Gelächter und Gejohle, von Schimpfkanonaden und Ansätzen zur Tätlichkeit, auf den preußischen König zu berufen, der einen Krieg gegen den Kaiser und die Armee Frankreichs angekündigt habe, nicht aber gegen das Volk. Bebel war nicht einzuschüchtern, weder vom parlamentarischen Tumult noch von der heimischen Hetzjagd.«

Er selbst hat über seinen denkwürdigen Auftritt im Reichstag berichtet: »Ein großer Teil des Hauses hatte einen förmlichen Tobsuchtsanfall; man überschüttete uns mit Schimpfworten der gröbsten Art, Dutzende von Mitgliedern drangen mit erhobenen Fäusten auf uns ein und drohten, uns hinauszuwerfen. Viele Minuten lang konnte ich nicht zum Worte kommen; zum Schlusse empfahl ich die Annahme des Antrags, den Liebknecht und ich gestellt hatten. Dieser Antrag lautete:

Der Reichstag möge beschließen:

den ›Gesetzentwurf, betreffend *den ferneren Geldbedarf für die Kriegführung*‹, *abzulehnen* und folgendem Antrag seine Zustimmung zu geben:

In Erwägung, daß der am 19. Juli von Louis Bonaparte, damals Kaiser der Franzosen, erklärte Krieg durch die Gefangennahme Louis Bonapartes und die Niederwerfung des französischen Kaiserreichs tatsächlich sein Ende erreicht hat;

in Erwägung, daß nach den eignen Erklärungen des Königs von Preußen in der Thronrede vom 19. Juli und der Proklamation an das französische Volk vom 11. August der Krieg deutscherseits nur ein Verteidigungskrieg und kein Krieg gegen das französische Volk sei;

in Erwägung, daß der Krieg, welcher trotzdem seit dem 4. September geführt wird, in schroffstem Widerspruch mit dem königlichen Wort nicht ein Krieg gegen die kaiserliche Regierung und die kaiserliche Armee, welche nicht mehr existieren, sondern ein Krieg gegen das französische Volk ist, nicht ein Verteidigungskrieg, sondern ein Eroberungskrieg, nicht ein Krieg für die Unabhängigkeit Deutschlands, sondern ein Krieg für die Unterdrückung der edlen französischen Nation ...,

beschließt der Reichstag, die verlangte Geldbewilligung für die Kriegführung *abzulehnen*, und fordert den Bundeskanzler auf, dahin zu wirken, *daß unter Verzichtleistung auf jede Annexion französischen Gebietes mit der französischen Republik schleunigst Frieden geschlossen werde.*«

Zur Sache ist noch zu sagen: Die Annexion Elsass-Lothringens hat Franzosen und Deutsche auf die Revanche und den Hass, auf ihre »Erbfeindschaft« eingeschworen; sie hat damit den ersten deutschen Nationalstaat mit einem Geburtsfehler, einem Fluch belastet. Die Drachensaat seines künftigen Unheils wurde ausgestreut.

Die Rache für die angeblich undeutsche Ketzerei ließ auf sich warten, aber sie kam: Im Hochverratsprozess, der vom 11. bis 27. März 1872 vor einem Leipziger Schwurgericht stattfand, wurden Bebel und Liebknecht zu zwei Jahren Festungshaft verurteilt; davon wurden zwei Monate als Anrechnung der Untersuchungshaft abgezogen. Wenig später folgte für Bebel auch noch eine neunmonatige Gefängnisstrafe wegen Majestätsbeleidigung. Insgesamt also 33 Monate hinter Gittern: Es hatte schon vorher Haftperioden gegeben, und weitere sind gefolgt, aber niemals so lange. Die Festungszeit verbrachte Bebel zunächst im ehemaligen Schloss Hubertusburg, dann auf dem Königstein, die Gefängniszeit in Zwickau. Als er in Dahlen den Zug verließ, um mit der Pferdedroschke nach Hubertusburg weiterzufahren, salutierte das Bahnpersonal.

Bebel erzählt: »Kaum hatte ich mich in meiner Zelle häuslich eingerichtet, als ich wie ein Taschenmesser zusammenklappte. Die großen Anstrengungen und Aufregungen der letzten Jahre hatten mir nicht zum Bewußtsein kommen lassen, wie sehr meine Kräfte heruntergekommen waren. Jetzt, wo ich gewaltsam zur Ruhe verwiesen worden war und die Spannung nachließ, brach ich zusammen. Die Erschöpfung war so groß, daß ich wochenlang keine ernsthafte Arbeit vornehmen konnte. Aber absolute Ruhe und frische Luft brachten mich allmählich wieder auf die Füße. Mein Hausarzt hatte recht, als er meine Frau tröstete, ein Jahr Festung werde meiner Gesundheit nützlich sein. Später stellte sich bei einer genauen ärztlichen Untersuchung auch heraus, daß mein linker Lungenflügel stark tuberkulös angegriffen war und eine Kaverne aufwies, die auf der Festung ausheilte. Freunde, die das erfuhren, meinten lachend, da sei ich ja dem Staate Dank schuldig, daß er mich auf die Festung geschickt.« Beinahe wie bei einem normalen Kuraufenthalt waren für die Reinigung und »Miete« der Zellen monatlich fünf Taler zu bezahlen: »Der Staat gibt auch den Gefängnisraum nicht umsonst.« Das Essen wurde privat aus einer nahe gelegenen Gaststätte bezogen.

Nach der Genesung gab es kein Stillhalten mehr: »Ich war von einer wahren Lern- und Arbeitsgier befallen.« Bebel las unter anderem Werke von Marx, Engels, Lassalle, John Stuart Mill, Darwin, Machiavelli, Platon, Aristoteles. Und Liebknecht erteilte ihm Französischunterricht. Während dieser Zeit schrieb Bebel eine Abhandlung unter dem Titel »Der deutsche Bauernkrieg mit Berücksichtigung der hauptsächlichsten sozialen Bewegungen des Mittelalters«. Sie wurde veröffentlicht, aber der Autor sah wohl ein, dass es sich um kein Meisterwerk handelte: »Eine zweite

Auflage, die eine Neubearbeitung erforderte, gab ich wegen Zeitmangels nicht mehr heraus.«

Dabei handelte es sich nicht um ein Erstlingswerk. Schon 1869 erschien die Broschüre »Unsere Ziele«, von der Eduard Bernstein gesagt hat: »In einer sehr verständlichen Sprache und scharf polemisch geschrieben, wurde sie sehr bald die populärste Aufklärungsschrift der Sozialdemokratischen Arbeiterpartei ... Als ich im Jahre 1872 dieser Partei beitrat, wurde sie mir von deren Berliner Vertrauensmann August Heinsch mit der Bemerkung zum Ankauf angeboten: ›Hier haben Sie unsere beste Propagandaschrift‹, und ich habe denn auch so großen Gefallen an ihr gefunden, daß ich es bei dem einen Exemplar, das ich damals erwarb, nicht habe bewenden lassen. Welche Person aus meinem Bekanntenkreis immer ich für die Partei gewinnen zu können glaubte, bekam Bebels ›Unsere Ziele‹ von mir geschenkt. Und ähnlich werden es noch gar manche Genossen gehalten haben, denn ... dieses Buch hat viele Auflagen erlebt.« – Vierzehn waren es zu Lebzeiten des Autors.

Aber was war das schon gegen »Die Frau und der Sozialismus«? Auch dafür hätte Bebel dem fürsorglichen Vater Staat eigentlich danken müssen, denn während der Haftzeit entstanden wesentliche Vorarbeiten, für die später in der Freiheit kaum Zeit blieb. Das Buch erschien dann im Jahre 1879, zunächst unter dem Titel »Die Frau in Vergangenheit, Gegenwart und Zukunft«. Mehrfache Überarbeitungen folgten – und immer neue Auflagen, die 50. im Jahre 1909. Außerdem gab es bis zu diesem Zeitpunkt fünfzehn Übersetzungen in andere Sprachen.

Es handelt sich um einen Bestseller der Kaiserzeit und um ein erstaunliches, übrigens auch umfangreiches Buch; in einer Neuausgabe des Jahres 1994 (noch immer vom selben Verlag wie 1879) umfasst es 456 eng bedruckte Seiten. Es bricht mit der in der bürgerlichen Gesellschaft des 19. Jahrhunderts wie selbstverständlich herrschenden und von anderen Schichten nur zu gern übernommenen Lehre von der natürlichen Unterlegenheit der Frau und der entsprechend naturgegebenen Herrschaft des Mannes. Das historische und völkerkundliche Material, das Bebel zur Verfügung stand, mag inzwischen überholt sein, aber nicht seine Beweisführung. Sie läuft darauf hinaus, dass die unterlegene Stellung der Frau eben nicht auf die gottgewollte Natur der Geschlechter zurückzuführen ist, sondern auf eine gesellschaftliche Deformation. Wo immer Herrschaft und Unterwerfung sich verfestigten, gehört die Frau zu den Opfern: »Sie ist das erste menschliche Wesen, das in Knechtschaft kam. Die Frau wurde Sklavin, ehe der Sklave existierte.« Und daraus folgt: »Es gibt keine Befreiung der Menschheit ohne die soziale Unabhängigkeit und Gleichheit der Geschlechter.« Das gilt ebenso oder erst recht für die moderne Klassengesellschaft, und Bebel wird nicht müde, die Übel zu schildern, die vom Mädchenhandel und der Prostitution bis zu den Geschlechtskrankheiten sie begleiten.

Die Deformation erstreckt sich auch auf die scheinbar gehobene Lebenslage, die den Mann stolz verkünden lässt: »Meine Frau hat das Arbeiten nicht nötig!« Um zu zeigen, was der Frau am heimischen Herd geschieht, zitiert Bebel mit dem Sinn für bittere Poesie einen anderen Autor: »Nicht die erschütternden Ereignisse, die für keinen ausbleiben und hier den Tod des Gatten, dort den moralischen Untergang eines geliebten Kindes bringen, hier in langer schwerer Krankheit, dort in dem Scheitern eines warm gehegten Planes bestehen, untergraben ihre [der Hausfrau] Frische und Kraft, sondern die kleinen, täglich wiederkehrenden, Mark und Knochen auffressenden Sorgen ... Wie viele Millionen braver Hausmütterchen verkochen und verscheuern ihren Lebensmut, ihre Rosenwangen und Schelmengrübchen im Dienst der häuslichen Sorge, bis sie runzlige, vertrocknete, gebrochene Mumien geworden sind. Die ewig neue Frage: ›Was soll heute gekocht werden‹, die immer wiederkehrende Notwendigkeit des Fegens und Klopfens und Abstäubens ist der stetig fallende Tropfen, der langsam aber sicher Geist und Körper verzehrt ... Auf dem flammenden Altar, wo der Suppentopf brodelt, wird Jugend und Unbefangenheit, Schönheit und frohe Laune geopfert, und wer erkennt in der alten, kummergebeugten, triefäugigen Köchin die einst blühende, übermütige, züchtigkokette Braut in dem Schmuck ihrer Myrtenkrone?«

Die öffentliche, »kommunistische« Küche gehört denn auch zu den Bildern vom künftigen Paradiesgarten, die August Bebel malt. Doch nicht auf solche Einzelheiten kommt es an, über die man heute schmunzeln oder den Kopf schütteln mag, mit McDonald's kapitalistischer Spielart vor Augen, sondern auf das Prinzip: Erst aus der radikalen Umwälzung, der Vernichtung des Bestehenden entsteht die wahre Gesellschaft, die von der Gleichheit bestimmt wird und aus der die Konflikte verschwinden, weil es nicht mehr um den Vorteil weniger, sondern um die Interessen aller geht. »Dem Sozialismus gehört die Zukunft, das heißt in erster Linie dem Arbeiter und der Frau«, heißt der letzte Satz in Bebels Buch. Und das ist die Vision: »Die Klassengesellschaft hat für immer ihr Ende gefunden, aber mit ihr auch die Herrschaft des Mannes über die Frau.«

Ein Millionenpublikum wurde erreicht, denn jedes Exemplar des Buches ging durch viele Hände. Die durchschlagende Wirkung hatte gewiss auch damit zu tun, dass Bebel eine Vision der kommenden, guten Gesellschaft entwarf, während Marx außer in einem einzigen romantischen Satz einer noch gar nicht bekannten Frühschrift dazu schwieg. Doch vor allem brachte der Autor ein Kernübel der bürgerlichen Gesellschaft zur Sprache, das wirklich nach der Revolution, nach radikaler Veränderung rief, sei es nun mit oder ohne Sozialismus. Dass die Arbeiterbewegung dennoch weithin ein Monopol der Männer war und blieb, steht auf einem anderen Blatt.

Im Mai 1875 kamen die Sozialdemokraten und die Lassalleaner in Gotha zu einem Kongress zusammen und vereinigten sich nach vielen Jahren des Streits zur Sozialistischen Arbeiterpartei Deutschlands. Bei der Neugründung der Partei nach der Zeit der Verfolgung wurde daraus 1890 die Sozialdemokratische Partei Deutschlands, kurz SPD. Zur Sache gehörte natürlich ein Programm, ein ziemlich verwaschener Text. Marx hat ihn in seiner »Kritik des Gothaer Programms« in Grund und Boden gestampft. Allerdings wurde diese Kritik erst nach seinem Tod veröffentlicht. Immerhin schickte er über Wilhelm Bracke, ein frühes und führendes Mitglied der Arbeiterbewerbung, »Randglossen zum Programm der deutschen Arbeiterpartei« nach Gotha, die an Bebel, Liebknecht und andere weitergegeben werden sollten. Bebel hat später behauptet, dass er sie nie zu sehen bekam. Wozu auch? Wenn es um den praktischen Erfolg ging, nahm er notfalls sogar die Prinzipienlosigkeit zur Richtschnur. Jetzt handelte es sich um einen Zusammenschluss nach dem

Motto: Zusammen marschieren, um vereint zu schlagen. Und weil die Lassalleaner über keinen Lassalle mehr verfügten, fiel ihm wie von selbst die Spitzenposition zu.

Bei aller Verehrung für die Kirchenväter in London konnte Bebel überhaupt recht schwerhörig sein, wenn ihm etwas nicht passte. Als ihm Engels am 27. März 1880 einen dringenden Brief schrieb, antwortete er erst ein halbes Jahr später, am 22. September, und begann mit der halb flauen, halb trotzigen Ausrede: »Ich kann diese lange Pause damit entschuldigen, daß ich von jener Zeit bis Anfang September mit sehr kurzen Unterbrechungen fast stets auf Reisen war. Die kurzen Unterbrechungen waren aber wieder so mit anderen Arbeiten in Anspruch genommen, daß ich nicht die Zeit zu einer Antwort fand. Nach dieser langen Pause will ich auch auf verschiedene persönliche Angelegenheiten, die in Ihrem Briefe erwähnt werden, nicht weiter zurückkommen.« Im Zeitalter Helmut Kohls hat man so etwas »Aussitzen« genannt. In solchem Sinne wird auch die Aufforderung behandelt, sich zu einer Aussprache – oder Kopfwäsche – in London einzufinden: »Ich wäre verwünscht gerne einmal nach dort gekommen, um Euch persönlich kennen zu lernen, aber es paßte diesmal wieder nicht ... Die übrige Jahreszeit, die Reichstagssession inbegriffen, bin ich mit dem Geschäft und geschäftlichen Reisen so im Gedränge, daß ich sehr schwer abkommen kann. Indes es muß doch einmal werden. Herzliche Grüße an Sie und Marx von Ihrem August Bebel.«

Es schien dann doch geraten, die Reise anzutreten; sie fand im Dezember 1880 statt. In seinen Erinnerungen hat Bebel von einem »Kanossagang« gesprochen, also von einem Auftritt im Büßergewand. Wenn man das historische Vorbild zum Vergleich heranzieht, den Auftritt König Heinrichs IV. vor Papst Gregor VII. im Jahre 1077, dann handelte es sich um einen taktischen Schachzug, um den Freispruch vom Kirchenbann zu erwirken und damit die politische Handlungsfreiheit zurückzugewinnen. Doch beinahe unerwartet entwickelte sich zwischen Bebel und Engels eine deutsche Männerfreundschaft, die noch intensiver geriet, als Marx im Jahre 1883 starb. Im Allgemeinen neigte Bebel eher zu Distanz als zu Nähe, aber in diesem besonderen Falle hat er dem Freund einen herzlichen und sehr privaten Nachruf gewidmet:

»Persönlich war Engels ein reizender, liebenswürdiger Mensch, der es mit Martin Luthers Parole hielt, daß Wein, Weib und Gesang des Lebens Würze seien, wobei er aber auch den Ernst des Lebens nicht vergaß. Er war bis an sein Lebensende einer der fleißigsten Menschen, der noch, nachdem er schon das siebzigste Lebensjahr zurückgelegt hatte, Rumänisch erlernte und mit lebhaftestem Interesse allen Ereignissen folgte. Immer heiter und guter Dinge, besaß er ein erstaunliches Gedächtnis für allerlei kleine Ereignisse und komische Situationen in seinem bewegten Leben, die er in heiterer Gesellschaft zum besten gab und damit die Unterhaltung würzte ... Auch war Engels ein robuster Zecher, der über einen respektablen Weinkeller kommandierte und sich freute, erwiesen seine Gäste seinem Weine die Ehre. Am puritanischen Sonntag, dem Tage, an dem der Aufenthalt in London für jeden lebensfrohen Menschen ein Greuel ist, führte Engels ein offenes Haus. Wer kam, war willkommen, und vor morgens zwei, drei Uhr verließ keiner seiner Gäste sein Haus ... Als er 1895 starb, war mir's, als starb ein Stück von mir.«

Im Jahre 1878 zeichnete sich der Misserfolg und Abbruch des »Kulturkampfes« gegen die Katholiken ab. Bismarck brauchte einen neuen Feind und bereitete seinen Vernichtungsfeldzug gegen die Sozialdemokraten vor. Die Gelegenheit schien sich zu bieten, als am 11. Mai der Klempnergeselle Max Hödel zwei Schüsse auf den greisen Kaiser Wilhelm I. abgab. Hödel war einige Wochen zuvor in Leipzig aus der Sozialdemokratischen Partei ausgeschlossen worden. Sein Revolver war schadhaft, und niemand wurde ernsthaft verletzt. Darum scheiterte auch Bismarcks Versuch, im Reichstag ein Kampfgesetz durchzubringen. Doch am 2. Juni folgte ein zweites Attentat; mit zwei Schrotschüssen brachte Dr. Karl Nobiling dem Kaiser schwere Verletzungen bei. Jetzt sah sich Bismarck am Ziel und löste den Reichstag auf, um den Wahlkampf unter den Vorzeichen der allgemeinen Erregung zu führen. Am 18. Oktober 1878 beschloss der neue Reichstag mit 221 gegen 149 Stimmen das Gesetz gegen »die gemeingefährlichen Bestrebungen« der Sozialdemokratie, das später mehrfach verlängert wurde und bis 1890 in Kraft blieb. Am Vorabend sagte der Kanzler in seinem Appell an die Abgeordneten, man sei nun gewarnt:

»Wovor denn gewarnt? Doch vor nichts anderem als dem nihilistischen Messer und der Nobilingschen Schrotflinte. Ja, meine Herren, wenn wir in solcher Weise unter der Tyrannei einer Gesellschaft von Banditen leben sollen, dann verliert jede Existenz ihren Wert, *(Bravo! Bravo!)* und ich hoffe, daß der Reichstag den Regierungen, dem Kaiser, der den Schutz für seine Person, für seine preußischen Untertanen und seine deutschen Landsleute verlangt – daß wir ihm zur Seite stehen werden! Daß bei der Gelegenheit vielleicht einige Opfer des Meuchelmordes unter uns vielleicht noch fallen werden, das ist ja sehr möglich, aber jeder, dem das geschehen könnte, mag eingedenk sein, daß er zum Nutzen, zum großen Nutzen seines Vaterlandes auf dem Schlachtfeld der Ehre bleibt! (*Lebhaftes Bravo! von Rechts*)«

Unter solchen Vorzeichen begann die Verfolgung. Etwas später wurde zunächst über Berlin, dann über andere Städte der »Kleine Ausnahmezustand« verhängt, der die Vollmachten der Polizei noch vergrößerte, sie zum Beispiel dazu ermächtigte, Personen ohne weitere Begründung und ohne Gerichtsbeschluss auszuweisen. Die Partei kam ihrer Vernichtung durch die Selbstauflösung zuvor, doch das half ihr wenig. Zeitungen und Zeitschriften wurden verboten, Kassen- und Tagebücher, Mitgliederlisten, Korrespondenzen und überhaupt alles nur von ferne Verdächtige bei zahllosen Hausdurchsuchungen beschlagnahmt. Viele Parteiaktivisten verloren durch die Ausweisungen über Nacht ihre Existenz, und ihre Familien gerieten in bittere Not. Noch mehr Menschen glaubten nicht mehr an eine Zukunft in Deutschland und verließen ihre Heimat; die Auswanderungszahlen schossen empor: von 51 763 im Jahre 1879 auf 149 769 im Jahre 1880 und 247 332 im Jahre 1881; auf dieser Höhe von über 200 000 beharrten sie für längere Zeit.

Bebel erzählt kuriose Geschichten vom Katz-und-Maus-Spiel, bei dem wie in der Bilderserie von Tom und Jerry durchweg die sozialdemokratische Maus über die Polizeikatze siegt. Aber komisch waren die Schikanen nicht: »Während der zwölfjährigen Dauer des Sozialistengesetzes war ich – ich darf das ohne Übertreibung sagen – der in Deutschland polizeilich am meisten verfolgte Mensch. Die Polizei hatte die vorgefaßte Meinung, ich sei ein gefährlicher Mensch, den man nicht aus den Augen lassen dürfe ... Daß ich mich unter dieser polizeilichen Schutzwache wohl gefühlt hätte, wird man nicht annehmen. Im Gegenteil, mein Haß gegen diese Staatsretterei steigerte sich von Jahr zu Jahr, und da die zahllosen Gemeinheiten und Gewissenlosigkeiten, die die Polizei an zahlreichen Parteigenossen und auch an mir verübte, sich berghoch anhäuften, wuchs auch meine Verachtung gegen sie. Ich kam allmählich in eine Stimmung hinein, wonach es mein sehnlichster Wunsch war, es möchte zu einer inneren Katastrophe kommen, die uns in die Lage setzte, Vergeltung zu üben für all die Frevel, die man von jener Seite sich gegen uns hatte zuschulden kommen lassen. Noch heute steigt mir das Blut zu Kopfe, gedenke ich jener Zeiten.«

Dennoch: Bebel beherrschte seine Gefühle und zwang auch die Genossen zu eiserner Disziplin. Nur zu gut wusste er, dass der Feind bloß auf einen Vorwand wartete; aus Offizierkreisen wurde der Satz überliefert: »Hätten die Kerls den Mut zum Losschlagen, wir wateten bis an die Knöchel in ihrem Blut.« Die Parole hieß darum: »An unserer Gesetzlichkeit müssen unsere Feinde zugrunde gehen!«

Ordnung, Disziplin: Das entsprach ohnehin Bebels Natur, und man könnte ans Erbe des preußischen Unteroffiziers denken, dem nichts so zuwider ist wie ein Durcheinander oder das Handeln nach persönlichem Belieben. Mit seiner immer wachsenden Autorität prägte er diese Haltung der deutschen Sozialdemokratie ein. So bewies er, dass blanker Unfug war, was Bismarck über nihilistische Messer, Schrotflinten und Meuchelmörder gesagt hatte. Wo immer es einmal Neigungen zur anarchistischen Gewalt gegeben hatte, wurden sie ausgetrocknet; in späteren Jahren war von Attentaten nicht mehr die Rede. Wenn Kaiser Wilhelm II. sich unter den Deutschen mit minimalem Polizeischutz so sicher bewegen konnte wie kaum ein anderer europäischer Regent in seinem Land, dann hatte er das nicht zuletzt der Erziehungsleistung des »Gegenkaisers« Bebel zu verdanken.

Einstweilen arbeitete der zierliche Mann Tag und Nacht. Die ganze Last des Kampfes lag auf seinen schmalen Schultern. Er sprach den Verzagten Mut zu: »Die Sozialdemokratie hat einen Bundesgenossen, der sie unüberwindlich macht und ihr den endlichen Sieg verheißt, dieser Bundesgenosse ist die rasch fortschreitende Entwicklung unserer ökonomischen Zustände ...« Er hütete die Kasse, verschickte Bittbriefe und sammelte Geld, um den Verfolgten zu helfen. Übrigens stammten nicht geringe Beträge aus Amerika, wo die neu eintreffenden Flüchtlinge die alten aus der Generation von 1848 alarmierten, die es schon zu etwas gebracht hatten. In Zürich entstand eine Exilzentrale; hier wurde mit steigender Auflage »Der Sozialdemokrat« gedruckt und unter der Regie des »Roten Feldpostmeisters« Julius Motteler nach Deutschland geschmuggelt. Im Rückblick hat Bebel von den sorgenvollsten Jahren seines Lebens gesprochen, doch womöglich hätte er auch sagen können, dass es die erfülltesten waren. Und bewies der Klassenfeind mit seinem Polizeiaufgebot nicht, dass er sonst nichts mehr hatte und sein Zusammenbruch bevorstand?

Natürlich darf man die Zeit seit 1878 nicht mit der Verfolgung vergleichen, die 1933 im »Dritten Reich« losbrach. Es gab keine Konzentrationslager, keine Folterungen und Morde; bei aller Verfinsterung blieb das Kaiserreich dennoch ein Rechtsstaat. Zu seinen Paradoxien gehört außerdem, dass zwar die Partei aufgelöst und jede Werbung für sie verboten war, aber nicht die Aufstellung und die Wahl von Kandidaten. So verfügte die Arbeiterbewegung weiterhin über Stimmen im Reichstag – und zwar mit wachsendem Erfolg: 1878 wurde sie von neun, 1890 von 35 Abgeordneten vertreten. Am Ende stürzte Bismarck, und Bebel triumphierte.

Am 20. Januar 1890, als das Sozialistengesetz noch in Kraft war, aber sich schon abzeichnete, dass es nicht mehr verlängert werden würde, fand eine Kundgebung in Hamburg statt. 50 000 Menschen strömten herbei, von denen dicht gedrängt nur 12 000 in einem riesigen Raum Platz fanden, und Bebel berichtete seiner Frau: »Als ich die Tribüne betrat, gab es einen Beifallssturm, daß die Wände bebten, und dasselbe war der Fall, als ich nach anderthalbstündiger Rede – ich war gut disponiert und meine Stimme drang durch – die Tribüne verließ. Als dann nach angenommener Resolution, für die sich ein Wald von Händen erhob, der Vorsitzende ein dreifaches Hoch auf mich ausbrachte, kannte der Enthusiasmus keine Grenze mehr. Die Tausende von Hüten, die geschwenkt wurden, mit dem Donner der Kehlen dazwischen, das war ein Schauspiel, das einzig war. Am großartigsten aber war, daß, als nach Schluß der Versammlung die Massen den Saal verließen und an der Tribüne vorbeizogen, diese immer und immer wieder in neue Hochs mit Hüteschwenken ausbrachen, so daß mir schließlich vor lauter Kopfnicken das Genick wehe tat.« Ähnlich war es in zahlreichen anderen Städten, in Berlin, in Leipzig, auf einem Siegesparteitag in Halle. »Der Mythos Bebel ist 1890 geboren worden«, sagt die Biographin Seebacher-Brandt.

Der Sieger trägt seine eigene Last. Die Sozialdemokratie zeigte sich seit 1890 gut organisiert, wohlhabend und selbstbewusst. Nur der »große Kladderadatsch« wollte sich noch immer nicht einstellen. Im Gegenteil: Nach vielen Jahren der Depression begann jetzt eine lange Periode des wirtschaftlichen Aufschwungs; Deutschland verwandelte sich vom Agrarland zum Industriestaat und trat mit den Vereinigten Staaten oder noch vor ihnen erfolgreich in den Wettbewerb mit Großbritannien ein. Es zeichnete sich ab, was Theologen als »Parusieverzug« bezeichnen: das Problem, das die frühen Christen plagte. Sie erwarteten – wie Bebel »sehr bald« und »noch zu Lebzeiten« – das Weltgericht und die Wiederkehr Christi, aber beides blieb aus, und sie mussten sich unabsehbar in einer sündhaften Welt einrichten.

Sollten die Sozialdemokraten das auch tun oder weiterhin auf die Erlösung hoffen? In immer neuen Schüben drängte die Frage herbei, schon seit Bismarcks Sozialgesetzgebung in den achtziger Jahren. Da wurde der Widerspruch, erst mitzuarbeiten, dann abzulehnen und in der Ausführung wiederum mitzuarbeiten, noch durch die Verfolgung überdeckt. Aber im Jahre 1890 inszenierte Wilhelm II. den Sturz Bismarcks als einen Kampf um Sozialreformen. Zwei Erlasse ergingen; der eine kündigte eine internationale Konferenz zum Arbeiterschutz an, der andere verhieß eine umfangreiche Gesetzgebung: Beschränkung der Frauenarbeit in den Fabriken und Verbot der Kinderarbeit, Beschränkung der Höchstarbeitszeit pro Tag und pro Woche, Regelungen für die Arbeit an Sonntagen und anderen Feiertagen, Arbeitsschutzbestimmungen und verschärfte Fabrikinspektionen. Allerdings war der Kaiser kein Mann einer stetigen Politik mit langem Atem, und nur zu bald besann er sich eines Schlechteren. Doch zunächst war der Widerhall groß; Ludwig Windhorst, der Führer der Zentrumspartei, erklärte: »Sozialreform ist die wichtigste Frage am

Ende unseres Jahrhunderts, wie die Frage der bürgerlichen Rechte es war am Ausgang des vorigen Jahrhunderts ... Der Kaiser trägt das Banner. Wir marschieren hinter ihm.«

Am 1. Juni 1891 hielt der Führer der bayerischen Sozialdemokraten, Georg von Vollmar, eine Aufsehen erregende Rede, in der er sagte: »Das hauptsächliche Merkmal der Bismarckschen Herrschaft war die völlige Erstarrung, die eiserne Unbeweglichkeit unserer öffentlichen Verhältnisse. Die Reichspolitik blieb auch dem geringsten modernen Gedanken grundsätzlich und hartnäckig verschlossen, namentlich auf dem Gebiete der Arbeiterbewegung. Die Verhältnisse wurden eigensinnig, ja mit Absicht auf die Spitze getrieben, erklärte doch Bismarck nach seinem Fall offenherzig, daß er gewünscht habe, den Kampf mit der Sozialdemokratie baldmöglich ›militärisch zu lösen‹, solange diese nicht die Übermacht habe. Diese gefahrdrohende Lage besteht heute nicht mehr. Das Unbewegliche ist in Bewegung gekommen ... Die frühere Erstarrung ist gewichen, das alte Eis ist aufgetaut, eine Menge von Kräften, die bis dahin gefangen waren, beginnen zu keimen, sich zu regen.«

Galt das etwa auch für die SPD, sollte sie unter dem Kaiserbanner von Reformen zur Reformpartei werden? Nein, nicht mit Bebel. Jetzt und in den folgenden Jahren setzte er seine ganze Autorität dafür ein, die Partei in der »Fluchtburg Marxismus« zu verschanzen. Dazu diente das Erfurter Programm von 1891.

Der Entwurf stammte von Karl Kautsky, der, von Bebel gefördert, jetzt und besonders nach dem Tod von Friedrich Engels im Jahre 1895 zum Gralshüter, um nicht zu sagen zum Großinquisitor der reinen Lehre aufrückte. Er war 1881 nach London gekommen und fand als Sekretär zu Engels, der Bebel berichtete, dieser Kautsky sei »ein geborener Pedant und Haarspalter, unter dessen Händen nicht die verwickelten Fragen einfach, sondern die einfachen verwickelt werden«. Ähnlich urteilte Marx: »Er ist eine Mittelmäßigkeit, von kleinen Gesichtspunkten, überweis (erst 26 Jahre alt), Besserwisser, in einer gewissen Art fleißig, macht sich viel mit Statistik zu schaffen, liest aber wenig Gescheites heraus, gehört von Natur zum Stamm der Philister.« Aber als ein »äußerst braver Kerl« – so wiederum Engels – machte er sich unentbehrlich. Dieser Mann schwang nun die geistige Zuchtrute, sozusagen als Erbstatthalter der Propheten.

Ruhe trat dennoch nicht ein, konnte nicht eintreten, weil die Verhältnisse nicht so waren, wie sie sein sollten. Unter der Führung von Karl Legien – 1861 geboren und wie Bebel von Hause aus Drechsler – entstand parallel zur Partei eine mächtige Gewerkschaftsbewegung, die 1890 schon 300 000, zehn Jahre später 850 000 und 1905 anderthalb Millionen Mitglieder zählte. Als Sozialdemokrat war Legien von 1893 bis 1898 und wieder seit 1903 Mitglied des Reichstages, und viele, die meisten Parteigenossen waren Gewerkschaftsmitglieder. Damit trat aber die Bewusstseinsspaltung der Arbeiterbewegung handgreiflich zutage: hier Bebel und die Endzeitvision, dort Legien und der Kampf um den Fortschritt im bestehenden System, um Lohnsteigerung, Verkürzung der Arbeitszeit und den Ausbau des Sozialstaates.

Und dann kam Eduard Bernstein. 1850 in Berlin geboren, arbeitete er seit 1879 als Redakteur der Züricher Exilzeitung »Sozialdemokrat«, wurde dafür in Deutschland steckbrieflich gesucht, siedelte 1887 nach London über und kehrte erst 1901 zurück, weil der Haftbefehl gegen ihn nicht mit dem Sozialistengesetz aufgehoben wurde. Natürlich geriet er zunächst einmal unter den Einfluss von Engels und lieferte Beiträge für Kautskys Zeitschrift »Die neue Zeit«. Doch wichtiger wurde für ihn die Begegnung mit der Fabian Society, von Sidney und Beatrice Webb, George Bernard Shaw und anderen sozusagen als ein geistiger Generalstab für die Entwicklung eines nicht marxistischen, an praktischen Reformen orientierten Sozialismus gegründet. Aus der Arbeit dieses Generalstabs ging schließlich die Labour Party hervor.

Im Jahre 1898 mit einer Artikelserie, 1899 mit seinem Buch »Die Voraussetzungen des Sozialismus und die Aufgaben der Sozialdemokratie« wurde Bernstein zum »Vater des Revisionismus«, das heißt des Versuchs, die Marx'sche Lehre kritisch zu überprüfen und sie an eine veränderte Wirklichkeit anzupassen. Er schrieb an Bebel: »Der klaffende Unterschied zwischen der Theorie und der Wirklichkeit würde in seiner vollen Größe hervortreten, wenn irgend ein Ereignis der Sozialdemokratie in nächster Zeit die Herrschaft in die Hand spielte.« Denn dann würde sich zeigen, dass die »Besitzergreifung der Produktionsmittel durch die Gesellschaft« nur eine Phrase blieb, mit der sich in der politischen und wirtschaftlichen Praxis wenig ausrichten oder bessern ließ. Es sei höchste Zeit, sich mit positiven Reformvorschlägen auf eine Veränderung des Bestehenden in Teilschritten einzustellen und auf jeder Stufe neu zu prüfen, wohin der weitere Weg führen solle. Um Missverständnisse gar nicht aufkommen zu lassen, sagte Bernstein: »Ich gestehe es offen, ich habe für das, was man gemeinhin unter ›Endziel des Sozialismus‹ versteht, außerordentlich wenig Sinn und Interesse. Dieses Ziel, was immer es sei, ist mir gar nichts, die Bewegung alles.«

Die Ketzerei aus London schlug unter den deutschen Genossen ein wie Luthers Thesenanschag an der Schlosskirche zu Wittenberg in der römischen Kirche. Die Revisionismusdebatte hielt die Partei für Jahre in Atem, und Bebel warf seine ganze Autorität in den Kampf, um sie zu ersticken. Niemand hat diesen Kampf so eindringlich geschildert wie Lily Braun (1865–1916), Generalstochter und – dank ihrer Bekehrung durch Bebel – führend in der sozialistischen Frauenbewegung; sie berichtet vom Parteitag, der 1899 in Hannover stattfand:

»Bebels Stimme allein beherrschte den Raum. Im Gesprächston begann er, ruhig, fast gemütlich. Jeder Zuhörer fühlte sich unwillkürlich persönlich angeredet ... Eine Fülle statistischer Berechnungen schüttete er vor uns aus, um Bernsteins Ansichten zu entkräften, um festzustellen, daß das marxistische Dogma von der Zuspitzung der wirtschaftlichen Gegensätze, von der relativen Verelendung des Proletariats noch unerschüttert ist ... – Bebels Stimme schwoll an, seine Bewegungen wurden lebhafter, seine kleine Gestalt reckte sich. Er malte die Not des Proletariats; die grollende Leidenschaft dessen, dem das Elend Auge in Auge gegenübertritt, zitterte in seinen Worten, und klein und jämmerlich erschien dagegen, was Bernsteins nüchterne Schreibstubenweisheit von der gebesserten Lage des Arbeiters zu berichten gewußt hatte ... Wie der peitschende Ostwind über die Baumwipfel, so wehte seine Rede über die Köpfe ... Auf einmal war es der Wind nicht mehr, der in den Ästen rauschte, – es war der Sturm. Die jugendstarke Kraft des Revolutionärs, die begeisterte Schwärmerei des Glaubenshelden donnerte und brauste in den Worten des Agitators. All der zaghafte Pessimismus, all der unschlüssige Zweifel, all die resignierte Bedenklichkeit, mit denen Bernstein die Seelen belastet hatte, flog vor ihnen davon wie Spreu und Staub ... Fünf Stunden (!) sprach er schon. Nun wich der Sturm seiner Rede wieder dem ruhigen Gesprächston; sich selbst zurückgegeben, atmete die Menge tief und gesättigt auf. Noch einmal, wie der letzte ferne Donner des Gewitters, hob sich seine Stimme in ungeschwächter Kraft: ›Unsere Grundanschauungen sind nicht erschüttert, – wir bleiben, was wir waren.‹ Tobender Beifall verschlang den Schluß.«

Es versteht sich, dass Bernsteins Ketzerei auf diesem Parteitag, wie auf den folgenden, mit überwältigender Mehrheit niedergestimmt wurde. Ein Motiv dafür legte der Parteisekretär Ignaz Auer bloß, als er an Bernstein schrieb: »Speziell seitens der maßgebenden Parteikreise so zu handeln, wie Du es verlangst, hieße einfach die Partei sprengen, jahrzehntelange Arbeit in den Wind streuen. Mein lieber Ede, das, was Du verlangst, so etwas *beschließt* man nicht, so etwas *sagt* man nicht, so etwas *tut* man. Unsere ganze Tätigkeit – sogar auch unter dem Schandgesetz – war die Tätigkeit einer sozialdemokratischen Reformpartei. Eine Partei, die mit den Massen rechnet, kann auch gar nicht anders sein.«

Schneidender kann man den inneren Widerspruch, die heimliche oder sogar unheimliche Bewusstseinsspaltung von Bebels Sozialdemokratie kaum bezeichnen. Georg von Vollmar dagegen, der Mann der Praxis, der sich um theoretische Begründungen nicht weiter kümmerte, hielt Bernstein vor: »Seit Erfurt rede ich weniger und handle mehr. Und wo ich reden muß, überlege ich mehr, was die Partei im Augenblick vertragen kann.« Aber: »Du leidest an einer Hypertrophie des Gewissens, an einem Drang des Bekennens und Auftischens ohne Rücksicht auf den Magen Deiner Gäste. Und das muß dann zu Beschwerden führen.« Hier spricht, scheint es, der lebenserfahrene Bayer zum Preußen.

Wenn August Bebel der Arbeiter- oder Gegenkaiser genannt worden ist, dann sollte man das beim Wort nehmen. Er regierte sein eigenes Reich; eine abgründige Spaltung bestimmte nicht nur das Bewusstsein, sondern den Alltag. In der Oberwelt Wilhelms II. hatten bekennende Sozialdemokraten nichts zu suchen, weder im Offizierkorps noch in der Ministerialbürokratie oder der Justiz. Sogar als Abgeordnete hielten sie sich fern, wenn Seine Majestät im Weißen Saal des Berliner Schlosses einen neuen Reichstag eröffnete. Außer von der Tribüne der Volksvertretung herab haben Bismarck und Bebel nie miteinander geredet, und erst der Kanzler Bethmann-Hollweg hat Bebel einmal persönlich angesprochen. Charakteristisch ist, was der weit rechts angesiedelte altpreußische Gutsherr Oldenburg-Januschau erzählt, der mit seinem politischen Widersacher zehn Jahre lang gemeinsam im Reichstag saß:

»Im allgemeinen verhielten wir Konservativen uns gegenüber den Abgeordneten der Linken auch im persönlichen Verkehr stark zurückhaltend. Nur mit Bebel wechselte ich einen Gruß, da wir einander genau kannten. Gerieten wir uns doch jedesmal beim Militäretat heftig in die Haare. Aber persönlich sprach ich nur ein einziges Mal mit ihm. Ich sah ihn in der Wandelhalle des Reichstages sitzen. Sein Gesicht verriet deutlich, daß sein Gesundheitszustand höchst unerfreulich war. Ich trat an ihn heran und fragte: ›Wie geht es Ihnen?‹ Darauf antwortete er: ›Schlecht, das Herz will nicht mehr.‹ Ich erwiderte ihm: ›Ich wünsche Ihnen gute Besserung.‹ Bebel: ›Das ist sehr liebenswürdig von Ihnen, Herr von Oldenburg.‹ Auf diese einmalige kurze Begegnung beschränkte sich mein persönlicher Verkehr mit dem damaligen Vorsitzenden der Sozialdemokratischen Partei.«

So war es überall, und wie die Führung, so die Gefolgschaft. Schon um 1888 schrieb der Buchdrucker und Arbeiterschriftsteller Ernst Preczang: »Die rein politische oder wirtschaftliche Bedeutung der Arbeiterbewegung reicht nicht aus, um ihre Bedeutung zu erklären. Für Zehntausende ist sie auch eine neue seelische Heimat geworden, wurde sie rein menschlich zu lebendig-freudevollem Daseinsinhalt. Das wird oft übersehen.« In der Tat: Klassenbewusste Arbeiter lebten und heirateten unter sich. Ihre Kinder besuchten in aller Regel nur die Volksschule und kein Gymnasium. Man trank sein Bier in der Kneipe, die einem Genossen gehörte. Man fuhr nicht in die Sommerfrische, sondern allenfalls »ins Grüne« und besuchte dort Lokale, in denen man seine eigenen Butterbrote mitbringen durfte. Man sang, wanderte, radelte, spielte Fußball oder turnte nicht bürgerlich, sondern im Arbeiterverein. Es gab eigene Sterbekassen und Begräbnisredner, und Totenzüge für prominente Genossen ersetzten die Militärparaden. Bloß als Beispiel: Die Beerdigung Wilhelm Liebknechts an einem Augustsonntag des Jahres 1900 brachte eine halbe Million Menschen auf die Beine, und die sonst sommerlich überfüllten Ausflugslokale blieben an diesem Tag leer. Ein Augenzeuge hat berichtet:

»Ich drängte mich durch die vordersten Reihen, und bald darauf erschien dann auch, unter Vorantritt einer Musikkapelle, eine unendlich lange Marschsäule. Es waren die Genossen des VI. Berliner Wahlkreises, deren Abgeordneter im Reichstag Wilhelm Liebknecht gewesen war. Dann folgte ein einfacher Leichenwagen, der Sarg mit Blumenkränzen bedeckt. Hinter dem Sarge nur wenige Kutschen mit den nächsten Angehörigen und die Reichstagsabgeordneten, an ihrer Spitze die beiden Vorsitzenden der Partei, August Bebel und Paul Singer ... Ich hatte bis dahin als Berliner Junge mich an Kaiserparaden, an Umzügen des Strelauer Fischzuges und so weiter begeistert. Aber der Eindruck, wie diese vielhunderttausendköpfige Masse ihrem verstorbenen Führer das letzte Geleit gab, war nach meiner damaligen Vorstellung etwas so Unerhörtes, daß ich darüber nachzudenken begann, was wohl die Menge bewogen haben mochte, an diesem schönen Augustsonntag die Strapazen eines fünfeinhalbstündigen Marsches durch die Straßen Berlins auf sich zu nehmen. Gerade diese Schlichtheit, das Weglassen allen Pomps und aller agitatorischen Effekte, daß ganz allein die Menschenmasse durch ihre stumme Teilnahme die Straßen schmückte, machte auf mich den stärksten Eindruck.«

Der alte Bebel bestellte sein Haus. Wie schon von Oldenburg-Januschau erwähnt, war er nicht mehr gesund. Als der wohlhabende Mann, der er inzwischen geworden war – nach heutigem Maßstab ein sechsfacher Millionär –, zog er sich vom Drang der Geschäfte immer häufiger in die Schweiz zurück, wo seine Tochter Frieda sich verheiratet hatte. Schicksalsschläge blieben ihm nicht erspart. Nach 44 Jahren einer glücklichen Ehe starb seine Frau am 22. November 1910 in Zürich. »Was hilfts's: Wir müssen zu ertragen versuchen«, schrieb er. Sein Schwiegersohn, der Arzt Ferdinand Simon, auf den er stolz war, folgte zwei Jahre später, und die Tochter Frieda unternahm einen Selbstmordversuch.

Bebel suchte Zuflucht in seinen Erinnerungen und widmete sich dem testamentarischen Bericht »Aus meinem Leben«. Der erste Teil erschien im Jahre 1910, der zweite, nicht mehr so sorgfältig gearbeitet, folgte 1911. Der dritte blieb Fragment und wurde 1914 von Kautsky herausgegeben.

Manchmal gewinnt man den Eindruck, dass den alten Mann die Sorge um Deutschland mehr beschäftigte als die Zukunft der Partei. Trotz allen Streits um den Militäretat und aller Proklamationen der internationalen Arbeitersolidarität war Bebel ein Patriot, der keinen Zweifel daran ließ, dass die Sozialdemokratie das Vaterland verteidigen werde, wenn es angegriffen würde, sei es von Frankreich, von Russland oder von beiden Nachbarn zugleich. Zunehmend zum Alptraum geriet ihm das große Machtprojekt der wilhelminischen Epoche, der Schlachtflottenbau, für den – mit dem Kaiser vorweg – das Bürgertum sich begeisterte. Ganz ohne Not forderte dieses Projekt die Feindschaft Englands heraus, und fast möchte man annehmen, dass in seiner Ablehnung die alten Erzfeinde Bismarck und Bebel vollkommen einig gewesen wären. »Wir haben«, sagte der Arbeiterführer, »so sehr wir sonst in den inneren und auswärtigen Fragen mit dem Fürsten Bismarck nicht einverstanden, allezeit den Standpunkt von ihm geteilt, den er in den achtziger Jahren dahin formuliert hat: Es gibt keine ernsthaften Gründe, die uns mit England auseinanderbringen könnten, wir hätten im Gegenteil das größte Interesse, und da stehe kein Hindernis im Wege, gemeinsam Hand in Hand miteinander zu gehen.«

Doch mit dem Schlachtflottenbau schuf das Kaiserreich mutwillig das Hindernis. Über den britischen Generalkonsul in Zürich, Heinrich Angst, nahm Bebel Kontakt mit dem Außenminister Edward Grey auf. Im Oktober 1910 meldete »Sir Henry« nach London, Bebel »könne nicht verstehen, was sich die Britische Regierung und das Volk dabei denken, Deutschland so nah mit seiner Flottenrüstung an sich heranschleichen zu lassen«. Und ein Jahr später hieß es: »Herr Bebel ist der Meinung, daß es einen Weg gibt, aber nur einen, den ruinösen Flottenwettlauf zu beenden, nämlich die Aufnahme einer überwältigenden Sonderanleihe für die Flotte durch die Regierung Seiner Majestät.« Mit anderen Worten: Durch die Demonstration von Entschlossenheit und Stärke sollte dem Kaiser, Tirpitz und allen ihren Mitläufern vor Augen geführt werden, dass das Wettrüsten zur See sinnlos war, weil Deutschland es niemals gewinnen konnte.

Eine Art von Landesverrat? Ja, aber vom Patriotismus, von brennender Sorge um die deutsche Zukunft bestimmt. Unwillkürlich erinnert man sich daran, dass im Jahre 1938 Männer des deutschen Widerstandes – vergeblich – versuchten, die britische Regierung dazu zu bewegen, eine feste Haltung einzunehmen und Hitler nicht nachzugeben.

August Bebel starb am Morgen des 13. August 1913 bei einem Kuraufenthalt im Kanton Graubünden an Herzversagen.

Versucht man eine Bilanz seines Lebens, so fällt sie zwiespältig aus. Mit all seiner Leidenschaft, seiner Energie, seinem Rede- und Organisationstalent diente er der Gerechtigkeit. Seine Vision war, dass es keine Gewalt, keine Unterwerfung, keine Ausbeutung mehr geben sollte und alle Menschen miteinander ein gutes Leben führten. Dabei besaß er Führungsqualitäten, die der konservativen Machtelite längst abhanden gekommen waren – wie Theodor Mommsen sarkastisch gesagt hat: »Jedermann in Deutschland weiß, daß mit einem Kopf wie Bebel ein Dutzend ostelbischer Junker so ausgestattet werden könnten, daß sie unter ihresgleichen glänzen würden.«

Doch im Grunde seines Wesens war er eher ein religiöser als ein politischer Mensch. Er scheute keinen Kampf, aber es fehlte ihm das Verständnis dafür, dass demokratische Politik auf dem Kompromiss beruht und dass man in dieser Welt das Vollkommene nicht erreichen kann, sondern sich damit abfinden muss, im Unvollkommenen das Schlechtere abzuwehren und dem Besseren um ein paar bescheidene Schritte voranzuhelfen.

Auch den Sozialdemokraten hat er ein höchst problematisches Erbe hinterlassen. Mit seiner Autorität überdeckte er den Zwiespalt der Partei, ohne ihn zu beseitigen. »Ist er nicht mehr da, hilft uns sein Prestige nicht mehr, nimmt die Krisis viel schwerere Formen an, dann kommt's zur Spaltung«, erklärte Kautsky ungewohnt ahnungsvoll schon im Jahre 1901. Diese Spaltung erfolgte im Ersten Weltkrieg, als die »Unabhängigen«, die USDP, sich von der Mehrheit der SPD trennte, später und weitaus folgenreicher mit der radikalen Feindschaft zwischen Sozialdemokraten und Kommunisten. Im Übrigen war die Partei auf die Ausübung der Macht nicht vorbereitet, als sie ihr plötzlich zufiel; der Zusammenbruch des Kaiserreiches im November 1918 sah vollkommen anders aus als der große Kladderadatsch, den Bebel sich vorgestellt hatte.

Aber es gab nun einmal den Mythos Bebel. Vor allem gab es den großen Erzieher zum disziplinierten Stillhalten statt zum eigenen Handeln. Aus diesem Schattenreich hat sich die deutsche Sozialdemokratie eigentlich erst mit dem Godesberger Grundsatzprogramm des Jahres 1959 gelöst; erst damit ist aus ihr die zukunftsoffene Volks- und Reformpartei geworden, die einst Eduard Bernstein sich vorgestellt hatte. Aber der lange Weg nach Godesberg führte durch die Tiefen, schließlich die Abgründe des 20. Jahrhunderts: das Unheil des Ersten Weltkriegs, die Misere der Weimarer Republik, die Schrecken der nationalsozialistischen Gewaltherrschaft.

Womöglich muss man Bebel noch mehr vorhalten. Seine unpolitische Politik des Wartens auf die wundersame Heilswendung der Geschichte, die niemals kam, war verbunden mit der Vorhersage des Gerichts, das über die bestehende Ordnung hereinbrechen sollte. Mit dieser Beschwörung des »großen Kladderadatsch« hat er ohne Not, ohne jede reale Bedrohung – und in einer ungewollten, höchst paradoxen Kooperation mit Bismarck – das deutsche Bürgertum in Panik, in eine Untergangsangst versetzt. Aus ihr wuchs die Gier nach Gewalt, die am Ende jenen zur Macht verhalf, die sie predigten. So gesehen trägt er Mitschuld an dem Unheil, das nach ihm kam. Oder um es mit einem Rückblick aufs vorige Kapitel zu sagen: Die revolutionäre und die reaktionäre Rhetorik Bebels und Treitschkes ergänzten einander nur zu gut; in ihrer Wechselwirkung war das deutsche Verhängnis angelegt.

Das ist ein hartes Urteil. Soll man darum dem Vater der Arbeiterbewegung den Respekt versagen? Nein, keineswegs. Bei allen Irrtümern und Schwächen, die zu August Bebel gehören, verkörperte er dennoch als Gegenkaiser des Kaiserreichs ein besseres Deutschland als das, das dem Wahn von der Weltmacht, von Eroberung und Unterwerfung verfiel. Und es bleibt sein lebenslanger Kampf für die Armen und Ausgebeuteten. Er gehörte zu den Menschen, von denen die Bergpredigt sagt: »Selig sind, die da hungert und dürstet nach Gerechtigkeit; denn sie sollen satt werden.«

WALTHER RATHENAU

Vielleicht niemals sonst ist eine Minderheit so schnell und so erfolgreich aufgestiegen wie im 19. Jahrhundert die deutschen Juden, hat Fritz Stern gesagt. Wahrscheinlich auch nirgendwo sonst haben sich Juden so zu Hause gefühlt wie in Deutschland. Und ganz gewiss in keinem anderen Land haben sie solch einen überragenden Beitrag zur Entwicklung der Wirtschaft und der Kultur geleistet. Sie führten Banken, Industriebetriebe, Reedereien, Handelshäuser, gründeten Zeitungen und Verlage, sie waren Ärzte, Rechtsanwälte, Journalisten, Gelehrte und Entdecker, Maler und Musiker, Regisseure, Schauspieler, Schriftsteller und Kritiker. Und überall gehörten sie zu den Besten und zu den Schrittmachern der Zukunft.

Warum gerade in Deutschland? Gab es hier etwa keinen Antisemitismus? Doch, natürlich. Es gab den alten, von Generation zu Generation überlieferten, der aus religiösen Wurzeln stammte, und einen neuen, dem wir bei Heinrich von Treitschke bereits begegnet sind und der schon darum noch bösartiger war, weil man sich ihm nicht mehr durch die Taufe entziehen konnte; je mehr die Glaubensgrundsätze im Fortschritt der Verweltlichung ihre Bedeutung verloren, desto dringender brauchte man dafür einen Ersatz. Dass allerdings der deutsche Antisemitismus eine einzigartig mörderische, »eliminatorische« Qualität besaß, wie Daniel Goldhagen behauptet, ist nicht nur unbewiesen, sondern abwegig. Von Auschwitz herrührend, ist es eine nachträgliche Erfindung. Um Eberhard Jäckel zu zitieren:

»Nichts schien nach 1945 selbstverständlicher, als die nationalsozialistische Judenverfolgung auf einen besonders ausgeprägten Antisemitismus zurückzuführen. Die Historiker suchten nach

Belegen und fanden sie. Inzwischen haben neuere und vergleichende Forschungen das Bild relativiert. Gewiß gab es in der wirtschaftlichen Depression nach der Reichsgründung, besonders zwischen 1878 und 1887, antisemitische Bewegungen und Parteien. Doch erfuhren sie zwischen 1903 und 1914 einen Niedergang und waren am Vorabend des Ersten Weltkrieges fast verschwunden. Der Grundsatz der gesetzlichen Gleichberechtigung der Juden war trotz mancher gesellschaftlicher Diskriminierungen zu keiner Zeit ernsthaft gefährdet worden. In Deutschland gab es keine Pogrome wie in Rußland, keine Affäre wie die um Dreyfus in Frankreich, und auch der österreichische Antisemitismus schien ausgeprägter als der deutsche. Der amerikanische Historiker George L. Mosse hat 1975 diesen Befund einmal mit einer zugespitzten Hypothese zu verdeutlichen versucht. Wenn man, so sagt er, Leuten im Jahre 1914 erzählt hätte, daß innerhalb einer Generation die meisten europäischen Juden ermordet sein würden, wäre ihre Antwort wahrscheinlich gewesen: Die Franzosen sind zu jedem Verbrechen fähig. Man könnte sich auch vorstellen, daß die Leute die Russen, die Polen oder die Österreicher verdächtigt hätten. Die Deutschen wären ihnen wohl zuletzt eingefallen.«

Doch noch einmal stellen sich Fragen: Woher stammt dieses Zuhausesein der Juden in Deutschland? Und warum gerade hier der überragende Kulturbeitrag? Eine der Antworten und die wahrscheinlich wichtigste heißt Preußen. Auf diesen Staat konzentrierten sich die deutschen Juden, und mehr als ein Drittel von ihnen lebte schließlich in Berlin: im Jahre 1910 etwa 250 000 von insgesamt 615 000. Und eher typisch als untypisch war ihr Preußenpatriotismus. 1837, auf der Höhe der Restauration, schrieb Ludwig Philippson in der von ihm herausgegebenen »Allgemeinen Zeitung des Judentums«: »Ich bin ein Preuße. Darum ist mir der dritte August ein heiliger gesegneter Tag. Mein König ward an ihm geboren.« Friedrich Julius Stahl, getaufter Jude, zimmerte den preußischen Konservativen ein geistiges Gerüst für ihre Partei. Siegfried Isaacsohn arbeitete bis zu seinem Tode an einer Geschichte des preußischen Beamtentums, die fast nur Licht und kaum Schatten kennt. Theodor Fontane stellte an seinem 75. Geburtstag fest, dass ihn, den Erzähler von der Mark Brandenburg, vom preußischen Adel und der preußischen Geschichte vor allem

Juden lasen und liebten. Walther Rathenau klagte nach 1918: »Vergessen ist das Maß organisatorischer Kraft, das Preußen dem Reich zugeführt hat, vergessen die außerordentliche Willensstärke und Willensklarheit, die Fähigkeit des Erledigens und Fertigmachens, die unerhörte Wirtschaftskraft und verzehrende Sachlichkeit. Vergleicht das Heilige Römische Reich und das Deutsche Reich: Was bleibt? Preußen. Vergleicht Österreich und Deutschland: Was bleibt? Preußen. Zieht Preußen von Deutschland ab: Was bleibt? Der Rheinbund. Ein verlängertes Österreich. Eine klerikale Republik.« Die Reihe der Beispiele ließe sich beliebig fortsetzen, bis zu Hans Joachim Schoeps, der sogar nach 1945, nach dem Untergang Preußens und seiner Juden, verehrte und verteidigte, was einmal war.

Auf den ersten Blick mutet diese Begeisterung höchst seltsam an, denn Preußen hat seine Juden nie sehr rücksichtsvoll behandelt und schon gar nicht bevorzugt. Sogar die immer gerühmte friderizianische Toleranz schloss sie nicht ein, sondern aus. Mit Schoeps zu reden: »Text und Geist des Generaljudenreglements von 1750 – Mirabeau nannte es ›würdig eines Kannibalen‹ – war noch ganz mittelalterlich orientiert. Die Toleranz war nur innerchristlich gemeint.« Erst Hardenbergs Reformedikt vom 11. März 1812 brachte eine Besserung. Aber es wies noch manche Mängel auf, und auch nach der Reichsgründung blieb in der Praxis den Juden der in Preußen so wichtige Staatsdienst weitgehend, die noch wichtigere Offizierslaufbahn völlig verschlossen. Warum also die Hinwendung zu Preußen?

Zunächst muss man daran erinnern, dass Preußen weder ein Nationalstaat wie Frankreich war noch ein Stammesland wie Sachsen, Hannover oder Bayern. Es besaß keine »natürlich« vorgegebenen Grenzen oder Volksgrundlagen und altehrwürdige Traditionsbestände erst recht nicht. Es wuchs empor aus der Willensanspannung seiner Könige zur Macht; es war Staat und nichts außerdem. Nicht das Richtmaß des Vergangenen bestimmte seinen Weg, sondern einzig die Gegenwart und die Anspannung zur Zukunft. Von daher stammt das preußische Tugendprofil: Für Leistungsbereitschaft und Pflichterfüllung zählt nicht, was einmal war, kein vergangenes Verdienst, sondern einzig die Bewährung im Augenblick und das, was mit ihr erreicht werden soll. Menschen aus der Fremde, die ihre Vergangenheit hinter sich ließen, wie die Hugenotten, oder bisher Fremdgehaltene, wie in ihrem Getto die Juden, konnten daher gewissermaßen zu Modellpreußen werden. Denn der einzige Ankergrund, den sie fanden, waren der Staat und der Rechtsschutz, den er gewährte. In dem Freiraum, den er eröffnete, wandten sie sich wie selbstverständlich allem Neuen zu, den Zukunfts- statt den Traditionsberufen, die ohnehin noch verriegelt waren. Und als verspätete Bürger strengten sie sich doppelt an, um voranzukommen und diesem Staat durch Treue zu vergelten, dass er ihnen eine Chance bot.

Die besondere Bedeutung der Bildung kam hinzu, die im armen Preußen, in dem es kein wohlhabendes und selbstbewusstes Bürgerpatriziat gab, Generationen hindurch das beinahe einzige Mittel darstellte, um sich einen Aufstieg zu erkämpfen. Die Juden passten zu Preußen als die geborenen und zu besonderen Leistungen befähigten Bildungsbürger, deren Geschichte Rathenau einmal so erzählt hat:

»Der liebe Gott hat es bei der Erschaffung der Welt gemacht wie ein guter französischer Koch, der eine Zutat, die er am Abend zum Diner gebrauchen will, schon am Morgen zubereitet. Er hat sich gestattet, eine Portion reinen Geistes, eine bestimmte Masse Hirnsubstanz in einen Topf zu tun, zu versiegeln und zwei Jahrtausende sozusagen in die Tiefe des Meeres zu versenken. In ihrem wasserdichten Topf hat er nur ein Buch, ein einziges Buch mitgegeben und sie im übrigen hermetisch abgeschlossen gegen die übrige Welt und in sich fermentieren lassen. Was ist die Folge gewesen? Zweitausend Jahre hat diese Masse Geist immer wieder dieselben Gedanken bis zur äußersten Verfeinerung und Kompliziertheit durchdacht. Man hat über jeden Satz der Bibel Kommentare geschrieben und Kommentare zu den Kommentaren, und Kommentare zu den Kommentaren der Kommentare. Eine riesige Wissensmenge häufte sich um das eine Buch ... Die Macht und das Ansehen des Geistes, dieses ganz unpraktischen, aber aufs Höchste verfeinerten und komplizierten talmudischen Geistes, wuchs aufs Höchste. So bildete sich eine intellektuelle Form, die dann, am späten Abend der Zivilisation, für unsere heutige Welt, unser heutiges internationales Wirtschaftsleben unentbehrlich geworden ist.«

Aber natürlich nicht nur fürs Wirtschaftsleben, sondern ebenso oder noch mehr die für Kulturleistungen. Und wie oft bei Walther Rathenau enthält der nach außen gewendete, hier beinahe spielerische Text eine verschlüsselte Form der Selbstdarstellung. Um so bitterer gerät dann die Erfahrung, dass Geist und Leistung nicht ausreichen, um die Traditionsmauern zu durchbrechen, die auch oder gerade im bewunderten Preußen noch bestehen. Wiederum Rathenau:

»In den Jugendjahren eines jeden deutschen Juden gibt es einen schmerzlichen Augenblick, an den er sich zeitlebens erinnert: wenn ihm zum ersten Male voll bewußt wird, daß er als Bürger zweiter Klasse in die Welt getreten ist, und daß keine Tüchtigkeit und kein Verdienst ihn aus dieser Lage befreien kann.« Für Rathenau kam dieser Augenblick, als er als »Einjährigen-Freiwilliger« – eine Einrichtung für die höheren Stände, die das Abitur und womöglich auch ein Studium vorweisen konnten – seine Wehrpflicht bei den Garde-Kürassieren ableistete und, obwohl er mindestens ebenso tüchtig war wie die Söhne des Adels, nicht zum Reserveoffizier vorgeschlagen und befördert wurde.

Theoretisch hätte diese schmerzliche Erfahrung zu einer Hinwendung zum Zionismus und zum »Judenstaat« führen können. (1896 veröffentlichte Theodor Herzl sein Buch unter diesem Titel, und ein Jahr später fand in Basel der erste zionistische Weltkongress statt.) Praktisch war das kaum der Fall. Im Gegenteil: Die bereits arrivierten Juden drängten nur noch mehr dazu, ihren preußisch-deutschen Patriotismus zu beweisen, um aus der zweiten Klasse in die erste aufzurücken. Zur Sache gehörte dann eine Ablehnung von Juden durch Juden, besonders die Angst vor einer Zuwanderung so genannter »Kaftanjuden« aus dem Osten, von denen man befürchtete, dass sie dem eigenen Ansehen schaden würden. Die Millionen von Glaubensgenossen, die in Polen und Russland lebten, erschienen als rückständig, ungebildet und eher als »asiatisch« denn europäisch. »Höre, Israel!«, hieß einer von Rathenaus ersten Aufsätzen, den er vielleicht als Gegenwehr gegen den aufkommenden Zionismus schrieb.

»Von vornherein will ich bekennen, daß ich Jude bin«, hieß es zum Auftakt. Doch dann folgten Passagen wie diese: »Seltsame Vision! Inmitten deutschen Lebens ein abgesonderter, fremdartiger Menschenstamm, glänzend und auffällig staffiert, von heißblütig beweglichem Gebaren. Auf märkischem Sand eine asiatische Horde ... In engem Zusammenhang unter sich, in strenger Abgeschlossenheit nach außen –: so leben sie in einem halb freiwilligen, unsichtbaren Ghetto, kein lebendiges Glied des Volkes, sondern ein fremder Organismus in seinem Leibe.« Das klang beinahe wie bei Treitschke abgelesen.

Anders die schon unvordenklich in Deutschland Ansässigen. Für sie galt: »Die Juden sind für mich ein deutscher Stamm, wie Sachsen, Bayern oder Wenden ... Für mich entscheidet für die Zugehörigkeit zu Volk und Nation nichts anderes als Herz, Geist, Gesinnung und Seele. In diesem Empfinden stelle ich die Juden etwa zwischen die Sachsen und Schwaben; sie sind mir weniger nah als Märker und Holsteiner, sie sind mir vielleicht etwas näher als Schlesier oder Lothringer. Ich rede natürlich nur von deutschen Juden«: von denen, »die es schmerzt und beschämt, Fremde und Halbbürger im Lande zu sein, und die sich aus der Ghettoschwüle in deutsche Waldes- und Höhenluft sehnen.«

Bei der Schroffheit und Ahnungslosigkeit gegenüber der »asiatischen Horde« ist es allerdings nicht geblieben. Martin Buber (1878–1965), der die im Osten beheimatete Frömmigkeit des Chassidismus erforschte und von ihr erzählte, schrieb 1928 an den Grafen Harry Kessler: »Ich war mit Rathenau gut bekannt. Wir kamen zwar ... selten zusammen, aber dann war es jedesmal ein großes Gespräch. Meinen ersten chassidischen Büchern und den sechs ersten meiner ›Reden über das Judentum‹ war er ein aufmerksamer Leser, wie ich aus allerlei Bemerkungen und Hinweisen erkannt habe. Über den Chassidismus haben wir wiederholt miteinander gesprochen; ich hatte den Eindruck, daß er für ihn eine Erweiterung seiner Selbstwahrnehmung bedeutete und daß, was er hier und aus den ›Reden‹ vom Judentum erfuhr, auf eine Wandlung in seiner Anschauung vom Wesen und Schicksal des jüdischen Volkes nicht ohne Einfluß geblieben ist. Er hatte den Wunsch, in eigener Arbeit zu den Quellen vorzudringen, und hat eine Zeitlang, wie sie ja wohl wissen, eifrig Hebräisch gelernt; sein Lehrer von damals, den ich nach vielen Jahren in Palästina wiedergesehen habe, erzählte mir bei dieser Gelegenheit, wie ernst und gründlich Rathenau dieses Studium betrieben hat.«

Aber das bedeutete am Ende wohl nur, dass er weder hier noch dort ganz zu Hause sein konnte und dass in der Tiefe seines leidenschaftlichen Preußentums und seiner Hingabe an Deutschland eine Unsicherheit blieb und bohrte, die sich vielleicht übertäuben, aber niemals ganz auslöschen ließ. Eben darin war er ein exemplarischer deutscher Jude. Oder wie Kessler gesagt hat, ist er »Zeit seines Lebens in Neigungen und Idealen ein Stockpreuße geblieben ..., – soweit er nicht ein alttestamentarischer Jude war«. Dessen Stolz trat hinzu: »Durch einen Glaubenswechsel hätte ich mich den Benachteiligungen entziehen können, doch hätte ich hierdurch nach meiner Überzeugung dem von den herrschenden Klassen begangenen Rechtsbruch Vorschub geleistet.«

Walther Rathenau wurde am 29. September 1867 in Berlin geboren. Sein Vater Emil Rathenau (1838–1915) gehörte zu den großen Gründerfiguren des Kaiserreichs. Mit unbändiger Energie kämpfte er um seinen Aufstieg. Zunächst betrieb er im Berliner Wedding eine Eisengießerei, und in der Chausseestraße wohnte man mitten unter Arbeitern; erst später zog die Familie in ein vornehmeres Viertel. Er war weder ein Erfindergenie wie Thomas Edison noch wissenschaftlich so gediegen gebildet wie Werner von Siemens, aber er erkannte die Zeichen des heraufziehenden Zeitalters der Elektrizität. Er erwarb Edisons europäische Patente und gründete 1883 die Deutsche Edison-Gesellschaft für angewandte Elektricität, aus der 1887 die Allgemeine Elektricitäts-Gesellschaft, kurz AEG, hervorging. Jemand, der ihn aus der Nähe kannte, hat erzählt:

»Mehr als ein Jahrzehnt reichte die Arbeitszeit Rathenaus und seiner Mitarbeiter von früh morgens bis spät in die Nacht, mit einer halbstündigen Unterbrechung für das Mittagbrot. Bei Tisch wurden die geschäftlichen Angelegenheiten weiter besprochen, abends Betriebe besichtigt; über Nacht wurde Arbeit mit nach Hause genommen und auch Sonntags gearbeitet, denn am Sonntag ist man ungestört ... Rathenau hat sich jahrzehntelang kaum einen freien Nachmittag gegönnt; seine Erholung lag eigentlich nur im Wechsel der Arbeit, Erholung und Zeitvertreib im gewöhnlichen Sinne waren ihm fremd, und nur dem Zwange gehorchend unterbrach er die Arbeit. Er konnte wie Napoleon von sich sagen: ›Ich bin geboren und gebaut für die Arbeit, ich kenne keine Grenzen für die Arbeit.‹«

Von diesem napoleonischen Unternehmer hat der Sohn gesagt: »Bei der Schaffung der angewandten Elektrotechnik handelte es sich um die Entstehung eines neues Wirtschaftsgebietes und um eine Umgestaltung eines großen Teils der modernen Lebensverhältnisse, die nicht von Konsumenten ausging, sondern vom Produzenten organisiert und gewissermaßen aufgezwungen werden mußte.« Und so schuf sich dieser Bonaparte sein eigenes Reich; in kurzer Zeit wuchs die AEG zu einem Großunternehmen empor, das zusammen mit dem Hause Siemens den Elektromarkt beherrschte. Dass aber der Sohn von solch einem Mann etwas anderes gewann als den Eindruck des Herrschers, blieb ausgeschlossen. Der Dreizehnjährige widmete dem Vater zu dessen Geburtstag die Zeichnung eines Geldsacks, mit den Zeilen versehen: »*Stirb Ungeheuer!* Du aller Sorgen, Du allen Kummers Drückende Last. *Stirb Ungeheuer!* Nur Freud' soll bestehen Im Künftigen Jahre, Nur Freude und Glück.«

Doch natürlich war das eine vergebliche Hoffnung. Zu allem Übel besaß Emil Rathenau ein höchst wetterwendisches Temperament, das den Sohn abwechselnd mit stürmischer Zuwendung und mit Vorwürfen überschüttete. Vor diesem Wechselbad zog sich der sensible Junge mehr und mehr in sich selbst zurück. Verzweifelt sehnte er sich nach Unabhängigkeit; er soll sogar einen Selbstmordversuch unternommen haben.

Es gab noch den jüngeren Bruder Erich (1871–1903) und die Schwester Edith (1883–1952). Erich erkrankte schon als Kind schwer an Gelenkrheumatismus, sodass die Ärzte vorhersagten, dass er nicht lange leben werde. Alle Liebe des Vaters wandte sich dem Gefährdeten zu. Tatsächlich starb er im Jahre 1903, nur 32 Jahre alt, bei einer Reise nach Ägypten. Emil Rathenau brach zusammen; er war zeitweilig nicht mehr in der Lage, die Geschäfte zu führen, und der Erbe trat an seine Seite. Erst von da an kamen Vater und Sohn sich näher.

Die Mutter Mathilde, geborene Nachmann, hat Kessler berichtet, war eine Frau »von unerschütterlicher Ruhe und Würde, eine Puritanerin, deren wie in Granit gemeißeltes Gesicht niemand vergessen wird, der sie bei der Beisetzungsfeier ihres ermordeten

Sohnes im Reichstag gesehen hat. Als junge Frau war sie sehr schön, ausgesprochen südländisch, mit dunklen Augen und Locken, die vielleicht von spanischen Vorfahren stammten. Sie kam aus einem reichen Frankfurter Hause mit zahlreicher Dienerschaft, Equipagen, allem Luxus in die knappen Verhältnisse der Chausseestraße und brauchte lange Zeit, um sich einzuleben. Sie tröstete sich mit ihrem Söhnchen, mit Musik, war schöngeistig, sentimental, romantisch, aber im Verkehr mit Männern herb, mit ihrem eigenen Manne und mit ihren Kindern leidenschaftlich eifersüchtig.« Entweder herb und puritanisch oder romantisch und leidenschaftlich, möchte man meinen: Wie passt das eine mit dem anderen zusammen? Doch jedenfalls gilt das Schlussurteil: »Eine Frau von großem Format und zielsicherer Klugheit, die es verstand, den Sohn an sich zu fesseln.« Lebenslang widmete Walther Rathenau dieser Mutter eine niemals nachlassende Aufmerksamkeit und frühstückte Tag um Tag mit ihr, mochte seine Zeit noch so knapp sein. Aber der Umgang wurde eher von vollendeten Formen als von herzensoffener Zärtlichkeit bestimmt.

Vielleicht sollte man hier eine Geschichte von Carl Fürstenberg einflechten, dem Hausbankier der AEG und der Rathenaus, der berühmt war für seine drastischen Sprüche, zum Beispiel diesen: Aktionäre seien dumm und frech – »dumm, weil sie uns ihr Geld geben, frech, weil sie dafür auch noch eine Dividende haben wollen«. Fürstenberg sah, wie Mathilde Rathenau unter der Knauserigkeit ihres Mannes litt, der seiner Familie nichts gönnte, weil er alles ins Geschäft stecken wollte, und darauf zielte seine Behauptung: »Rathenau begreift und billigt alles bis zum Betrage von dreihundert Mark, dann kommt eine große Lücke. Erst bei drei Millionen fängt das Verständnis wieder an.«

Walther Rathenau besuchte verschiedene Gymnasien und bestand mit 17 Jahren sein Abitur, ohne sich besonders anzustrengen oder auszuzeichnen. Bemerkenswert ist allenfalls, dass er schon früh dazu neigte, ein Einzelgänger zu sein; Schulfreundschaften, denen Dauer beschieden war, sind nicht überliefert. Es folgten das Studium der Physik, der Mathematik und der Chemie in Berlin und Straßburg; außerdem hörte der junge Mann noch philosophische Vorlesungen. Den Abschluss bildete die Promotion zum Dr. phil. mit einer Arbeit über »Die Lichtabsorption der

Metalle«. Dann wandte er sich der Elektrochemie zu, mit der bezeichnenden Begründung, dass dies der einzige Bereich der Elektrotechnik sei, in dem sein Vater noch nicht regierte. In München schloss sich nochmals ein Studium der Chemie sowie des Maschinenbaus an. Dann wurde er »Beamter«, das heißt Angestellter bei der Aluminium-Industrie AG im schweizerischen Neuhausen. Schließlich, 1893, übernahm er die Leitung der Elektrochemischen Werke GmbH in Bitterfeld und behielt sie für sieben Jahre.

Wahrscheinlich wusste der Vater, warum er von dieser Sache die Finger ließ: Obwohl Rathenau sehr hart arbeitete, neue Verfahren entwickelte und zahlreiche Patente erwarb, erwies sich das Bitterfelder Unternehmen als wenig ertragreich und stand zeitweilig am Rande des Untergangs. Und was denn hatte das gottverlassene Bitterfeld sonst noch zu bieten, außer negativ die Entfernung von allem geistigen Umgang? »Zehn Stunden unter Mördern und 14 Stunden allein«, so soll der gereifte Mann einmal seinen Tagesablauf beschrieben haben. In Abwandlung hätte das schon für die Zeit in Bitterfeld gelten können: Vierzehn Stunden bei der Arbeit und zehn allein. Doch um jeden Preis, selbst um diesen, wollte Rathenau auf eigenen Füßen stehen und sich selbst wie dem Vater beweisen, dass er allein seinen Weg machen konnte und auf keine Hilfe angewiesen war. Wie wir noch sehen werden, hat er später eine radikale Erbschaftssteuer vorgeschlagen; jeder sollte dank der eigenen Tüchtigkeit seinen Weg gehen und niemand bloß von den Leistungen früherer Generationen zehren dürfen. Das hatte mit Sachüberlegungen zu einer gerechten Gesellschaftsordnung zu tun, aber ein wenig steckte darin wohl auch die Erinnerung an das schwierige Verhältnis eines empfindsamen Sohnes zu seinem napoleonischen Vater. Ein Grundzug von Rathenaus Wesen, hat Kessler gesagt, »vielleicht der ausgeprägteste in ihm, war eine unbändige Abneigung gegen jede Form von Abhängigkeit. Jede Beschränkung seiner Unabhängigkeit empfand er als Schmerz, gegen den er sich mit allen Mitteln zur Wehr setzte. Wer anders fühlte, war ihm unverständlich und immer ein wenig verächtlich.«

Um den Menschen Rathenau zu verstehen, muss man beim Namen nennen, was die meisten Biographen peinlich verschweigen: seine homosexuelle Veranlagung. In der wilhelminischen Bürgergesellschaft handelte es sich allerdings um eine Schande oder sogar ein Verbrechen; der Eulenburg-Skandal, den Maximilian Harden sozusagen als postume Rache Bismarcks gegen den Freund Wilhelms II. entfesselte, erschütterte das Kaiserreich. Folgerichtig hat Rathenau gar nicht erst versucht, seine Neigungen auszuleben, auch nicht, wie ein Krupp, in Italien oder anderen Ländern. Doch ebenso wenig hat er, wie Thomas Mann, sich durchs Heiraten und Kinderzeugen getarnt. Lebenslang blieb er so stolz wie einsam für sich, und es ist zweifelhaft, ob er sich jemals einem Geschlechtsverkehr hingegeben hat. Einiges wurde ausgestreut oder ihm angedichtet, wohl um zu demonstrieren, dass er der Norm genügte.

Inzwischen ist das Kaiserreich samt seinen Verstellungen in der Geschichte versunken, und wir sind auf derlei Winkelzüge nicht mehr angewiesen. Wichtig bleibt am Ende doch nur, was jemand aus seiner Veranlagung macht. Der Glücksverzicht, den Walther Rathenau auf sich nahm, und die Lebensleistung, die er erbrachte, stehen in einem unauflösbaren Zusammenhang. Im Übrigen steckt in diesem Verhältnis oder Missverhältnis von Glück und Leistung auch etwas, das über Persönliches und Privates weit hinausführt und zurückverweist auf die friderizianischen Ursprünge preußisch-deutschen Wesens. Dies hilft dazu, das hartnäckige Preußentum des Juden Rathenau zu erklären.

Zeitgenossen haben von sonderbar kühler Distanz, von einer Glaswand gesprochen, die zwischen Rathenau und anderen Menschen stand. Kessler meint: »In den Briefen, deren Worte der Leidenschaft am nächsten kommen, verrät immer zum mindesten die Schrift, die stets geschäftsmäßige, gleiche, etwas floskelhafte, nie und nirgends erregte Schrift, eine Zurückhaltung, die nicht einen Augenblick den Schleier von der Seele ganz lüften kann und will. Nie geht die Leidenschaft mit Rathenau durch. Nie besiegt die Gier der erotischen Besitznahme die Angst vor dem Gefangenwerden im fremden Netz.« Aber das Briefeschreiben bleibt ohnehin ambivalent. Es stellt eine Form der Annäherung dar – und des Abstandhaltens zugleich. Ähnlich wirken die liebenswürdigen Umgangsformen eines »Kavaliers alter Schule«. Hinter alledem erkennt man ein Maß oder Unmaß der Selbstdisziplinierung, das diesem Mann schließlich zur zweiten Natur geworden ist.

Dabei suchte er Freundschaften. Sie gelang mit Frauen – solange sie ihm nicht zu nahe kamen und Ansprüche stellten, bei denen er zu versagen fürchtete. Bei Männern entstanden freundschaftliche Beziehungen aus dem beruflichen und besonders dem geistigen Gleichklang, da freilich ohne jede Beimischung von Erotik oder gar von Sexualität. Zu einem anders getönten Verhältnis wieder Kessler: »Er konnte manchmal sehr unbedeutende Menschen seines Umgangs für wert halten; dann allerdings mußten sie blond sein, mit einem Siegfried-Typus, der seiner romantischen Bewunderung für die nordische Rasse einen Gegenstand bot. Ja, wenn sie beschränkt waren, dann verstärkte das in seinen Augen ihre Ähnlichkeit mit dem nordischen Ideal-Typus. In solchen Freundschaften zeigte sich manchmal bis zur Karikatur, wie eigenartig aus Erotik und Theorie sein Gefühlsleben gemischt war.«

Siegfried-Typen, jung, kraftvoll, blond und blauäugig: Genau so sahen schließlich seine Mörder aus. Doch vorerst gelang ihm im raschen Wechsel immer wieder der Absprung aus der Gefahr; er erwies sich als »ein Don Juan der Freundschaft«. Rathenau entwarf einen Gegensatz von »Furchtmenschen« und »Mutmenschen« (oder den entsprechenden »Rassen«). Zu den Furchtmenschen gehören die Juden und damit er selbst. Furcht lässt die kommenden Dinge, das Unheil, die Gefahren voraussehen; sie macht hellsichtig und klug. Der Mut hingegen macht zwar tapfer, aber blöd – oder jedenfalls ungeistig, um es höflicher auszudrücken. Rathenaus Traum, der sehr persönliche und stets verschwiegene wie der veröffentlichte und politische, hatte etwas mit der Begegnung, Vereinigung, Befruchtung der beiden Pole zu tun.

Spinnt man den Faden noch etwas weiter, über Rathenau hinaus, so liegt es nahe zu sagen: Die blonde Tapferkeit und Borniertheit kehrte sich am Ende um in den Wahn, dass das Gegenüber keine befruchtende Ergänzung, sondern ein Unglück, der Todfeind sei, den man vernichten müsse, um sich selbst zu bewahren. Aber diese mit schrecklicher Konsequenz vollzogene Vernichtung mündete in die Selbstzerstörung.

Rathenau war vielseitig begabt, und lange hat er geschwankt, ob er nicht Naturwissenschaftler oder Schriftsteller und Künstler statt Unternehmer werden sollte. Schon als Student in Straßburg, 19 Jahre alt, schrieb er ein Schauspiel unter dem Titel »Blanche Trochard«, und sein Vetter, der berühmte Maler Max Liebermann

(1847–1935), wirkte als ein lockendes Vorbild. Am Ende siegte die Einsicht, dass man erst einmal Geld, viel Geld verdienen und haben müsse, um unabhängig zu sein und sich dann den Höhenflug des Geistes und der Kunst leisten zu können. Der Vorsatz, diesen Flug anzutreten, blieb jedoch, und die innere Distanz zur Umgebung, zu Menschen und Lebensverhältnissen, schärfte Rathenaus durchdringend kritischen Blick. Im Jahre 1901 veröffentlichte er eine »Physiologie der Geschäfte«, die man noch heute mit Vergnügen oder als eine Anweisung für Jungunternehmer lesen kann, zum Beispiel in Aphorismen wie diesen:

»Bedürfnisse erkennen und Bedürfnisse schaffen ist das Geheimnis alles wirtschaftlichen Handelns. – Geschäfte müssen monarchisch verwaltet werden. Kollegien arbeiten selten schlecht, aber im besten Fall mittelmäßig. – Kollegialität heißt Feindschaft. – Ich pfeife auf das, was man die großen Ideen nennt. Sie liegen auf der Straße. Sie kommen in Dutzenden, dieses Gesindel, wenn wir träumen, wenn wie verdauen oder wenn wir Erholung suchen. Und das ist ihre rechte Zeit und der rechte Ort. – Ich stelle mir vor: Ein Industriekönig liest in seiner Biographie, wie der ›große Gedanke‹ seines Lebens erklärt, erläutert und gefeiert wird. Wie muß der Ehrliche über die Gläubigkeit des Chronisten lachen! Denn die große Idee war, als er sie aufgriff, eine zehnmal breitgetretene Plattheit, ein Erbstück, ein Gemeingut aller Vernünftigen gewesen; was gefehlt hatte war der Mann, der Wille, der Fleiß, die Ausdauer. Und war Genialität nötig, so war es die Genialität der tausend Mittel, der tausend Auswege und Umwege, der Überzeugungskraft und der Halsstarrigkeit. – Ein junger Mann aus guter Familie lobte mir seine Begabung und fragte mich, was er im kaufmännischen Beruf verdienen könne unter der Bedingung, daß er täglich nur fünf Stunden arbeite. Ich antwortete ihm, daß in Geschäften die Arbeitszeit nur von der siebenten Stunde aufwärts bezahlt werde und veranlaßte ihn, in den Staatsdienst zu treten.«

Nicht auf die Zeit sehen, die man für die Arbeit braucht, sondern aufs Ziel: Darin war Rathenau ganz der Sohn seines Vaters, und damit begann eine große Karriere. In seinen eigenen Worten: »Nach siebenjährigem Aufenthalt in der kleinen Fabrikstadt Bitterfeld fingen die Unternehmungen an zu prosperieren. Ich beschloß, mich von der Industrie zurückzuziehen, um literarisch zu arbeiten, 1899.« Das geschah dann doch nicht, denn »die AEG schlug mir vor, in ihr Direktorium einzutreten und die Abteilung für den Bau von Zentralstationen [Elektrizitätswerken] zu übernehmen. Ich übernahm die Arbeit drei Jahre und baute viele Zentralstationen, unter anderem in Manchester, Amsterdam, Buenos Aires und Baku. Die Leitung der elektrochemischen Werke behielt ich bei und wurde zugleich Delegierter eines großen ausländischen Elektrizitätstrusts ... 1902 verließ ich die AEG, um in der Finanz zu arbeiten. Ich trat in das Direktorium einer unserer Großbanken, der ›Berliner Handelsgesellschaft‹, ein und reorganisierte einen großen Teil ihrer Industrieunternehmungen. Ich bekam Einblick in die deutsche und ausländische Industrie und gehörte damals nahezu hundert Unternehmungen an.«

»Dreihundert Männer, von denen jeder jeden kennt, leiten die Geschicke des Kontinents«, schrieb er einmal, und zu diesen Auserwählten gehörte er nun selbst. Die Liste der Firmen, in deren Aufsichtsräten er saß und für deren Reorganisation oder Verflechtung mit anderen Unternehmen er sorgte, ist so lang wie eindrucksvoll und enthält viele noch heute bekannte Namen. Aber je tieferen Einblick er bekam, desto mehr verschärfte sich seine Kritik am kapitalistischen System, schließlich bis hin zum Entwurf einer radikal veränderten Wirtschaft und Gesellschaft unter sozialistischen Vorzeichen.

Hiervon wird gleich zu sprechen sein. Vorweg ist aber schon zu sagen: Damit begannen das Kopfschütteln und Raunen, der Hohn und der Hass. Ein Geschäftsmann, der nicht bloß Geschäftsbücher liest, sondern in seinen Schriften von der verlorenen »Seele« des Menschen träumt, die wieder gewonnen werden soll? Was ist das, etwa ein Salon-Jesus? Oder eine Luxusausgabe von Karl Marx: der Multimillionär, der wahlweise in seiner Villa am Grunewald oder in einem märkischen Schloss residiert und dabei von Enteignungen, einer klassenlosen Gesellschaft, der Befreiung des Proletariats schwadroniert? Das kann nicht mit rechten Dingen zugehen. (Nur die Nationalsozialisten haben es später fertig gebracht, das Unvereinbare auf einen Nenner zu bringen, indem sie den »jüdisch-plutokratisch-bolschewistischen Weltfeind« erfanden.)

Das eine *oder* das andere lässt sich begreifen, sogar in der Zuspitzung zu unerhörtem Reichtum oder völliger Armut, zu Macht oder Ohnmacht, doch nicht die Verbindung von beidem, aus der etwas vollkommen Neues hervorgehen soll. Menschen müssen sich gefälligst unterscheiden und einordnen, in ein Schubfach einfügen lassen, aber dieser Rathenau fügte sich nicht. Von daher stammte die Faszination, aber auch die Irritation, die schon früh von ihm ausging, sogar bei denen, die sich nicht mit dem Hinweis auf einen irrlichternden »Juden« behalfen und alles andere als Antisemiten waren. Der Kritiker Alfred Kerr sprach von einem offenbar »sehr eitlen und sehr innerlichen Menschen«, Alfons Goldschmidt von Büchern, »parfümiert voller Bonmots und der Melancholie des Satten«. Robert Musil erfand boshaft »die Vereinigung von Kohlepreis und Seele« und bot später im »Mann ohne Eigenschaften« einen nie vollendeten Riesenapparat auf, um das Unfassbare fassbar zu machen.

Womöglich handelte es sich auch, weil es hierzulande ordentlich zugehen soll, um eine spezifisch deutsche Irritation, wie Georg Bernhard gesagt hat: »In Deutschland liebt man nicht die Männer zwischen den Lagern, die in England und Frankreich von jeher besondere Bedeutung hatten.« Am tiefsten ist wohl Stefan Zweig eingedrungen, der zeitweise mit dem Gedanken umging, eine Biographie zu schreiben: »Rathenaus Persönlichkeit ist als Begriff nur schwer zu umgrenzen, weil sie sich in alle Formen kultureller Betätigung verästelt. Er ist ein amphibisches Wesen zwischen Kaufmann und Künstler, Tatmenschen und Denker. Sein Lebenswerk hat eine breite äußere Fläche und eine unterirdische unsichtbare innere Kraft, viele Emanationen im Realen und eine, vielleicht noch stärkere, aber kaum faßbare in der geistigen deutschen Welt.«

Im Jahre 1906 unternahm Rathenau eine Reise nach Griechentand, von der er im Brief an eine Freundin berichtete: »Auch hier in Griechenland habe ich meine Ketzerei: Ich meide die leichenschänderischen Ruinenfelder, die man in der krassen Sonne dörrt, und halte mich ans jugendlich Unvergängliche von Wasser, Luft und Erde ... Gewaltig war der schneegekrönte Parnassos, von zwei Seiten dem Meer zugekehrt, kahl, starr. Er ruht, unsichtbar gegenwärtig über der Delphischen Landschaft, und sein tiefer Schatten fällt über das bewegte Tal. Von dieser Reinheit und Größe ist die Campagna nur ein trüber Spiegel; hier wirken die

Grundelemente in unvergänglicher Ruhe; Vegetation und Menschheit sind nur ein kleiner Hauch, der das Bild kaum färbt.« Wer sich dem hingibt, ist nicht verloren, sondern wieder geboren: »Eine Natur umgibt ihn: nicht mehr Stein, Pflanze, Luft und Wasser, sondern ein geheimnisvoller Kosmos voller Leben, Geist, Blut, Licht und Liebe. Die Dinge reden nicht mehr die Sprache des Tags; es rauscht aus ihnen Ungesprochenes, Unauflösliches. Eine zweite Natur verbirgt sich hinter der sichtbaren und will hervorbrechen; es bedarf eines Wortes, und alle Wirklichkeit ist aufgehoben. Der Welthauch atmet Majestät und Liebe, und die jugendliche Seele begehrt nichts anderes, als sich den Mächten hinzugeben und in ihren Werken aufzugehen.«

Das Schlüsselwort heißt *Seele.* »Das Land der Griechen mit der Seele suchend«, seufzt Goethes Iphigenie. Bei Rathenau ist es umgekehrt: An den griechischen Küsten des Lichts wird ihm als Erleuchtung zuteil, was fortan Seele heißt und nicht auf Begriffe gezogen, sondern geschaut sein will: Göttliches wie Natürliches zugleich, Leben statt Erstarrung oder bloßer Mechanik, Liebe statt Tod. Eine tiefere Wahrheit offenbart sich, übers bloße Berechnen unendlich hinaus: »Die Seele aber, die schaut, ist des Irrtums nicht fähig.«

Was soll man davon halten? Erholt sich so ein Großkapitalist von der Mühsal seiner Geschäfte? Sublimiert er, türmt er ins Mystische hoch, was ihm als handfest irdische Liebe versagt bleibt? Irrt er gefühlslüstern und wortreich ins Verquaste ab?

Wenn man die Sache so nüchtern wie möglich betrachtet, stellt man zunächst fest, dass es sich um eine Sonderform des Zeitgeistes handelt. Leben, Jugend, Natürlichkeit heißen ihre Stichworte, und hinter allem erkennt man den Protest, die Auflehnung gegen eine Entwicklung, die Deutschland und die Deutschen fast über Nacht fortreißt aus ihrem Traum von den Höhen einer besonderen Kultur in die Ebene der Zivilisation, aus der angestammten Kargheit zum Geld, von der Idylle zum Kampf um den Aufstieg, von der Agrargesellschaft zum Industriestaat, aus Dörfern und umhegten Kleinstädten ins Getriebe der Metropolen, die wie Krebsgeschwüre wuchern. Man spürt die Verluste, die der Fortschritt mit sich bringt, und weiß nicht, wohin der weitere Weg führen wird. Das betrifft nicht August Bebels Arbeiterbewegung, die ersehnt, was sie noch nicht erreicht hat, aber die Söhne und Töchter jener gesättigten Bürger, vielmehr Untertanen, die sich alljährlich bei ihren Sedan-Siegesfeiern dazu beglückwünschen, dass sie es so herrlich weit gebracht haben. Doch an den Wurzeln des Siegesbewusstseins nagt der Zweifel, die Zukunftsangst, eine Ahnung davon, bloß Erbe der Gründergeneration zu sein, die Bismarck symbolisiert. Man könnte von einem Epigonenkomplex der wilhelminischen Gesellschaft sprechen, der vom Kaiser über Gelehrte wie Max Weber bis zu den Leuten in kurzen Hosen und mit offenem Hemdkragen reicht, die es sich als Verdienst anrechnen, jung zu sein. (Ähnliches wiederholt sich, mit der Jahreszahl 1968 verbunden, bei den »Turnschuh«-Rebellen der Bundesrepublik, die etwas anderes sein wollen als die Erben des Wirtschaftswunders der Nachkriegszeit.)

»Aus grauer Städte Mauern« bricht die Jugendbewegung auf, um mit der blauen Blume der Romantik durch Wiesen und Wälder zu demonstrieren; im Jahre 1913 kommt sie auf einem Berg bei Kassel zusammen und schwört sich im Protest gegen den Pfeifenqualm und Bierdunst selbstzufriedener Philister auf die »Meißnerformel« ein: »Die Freideutsche Jugend will aus eigener Bestimmung, vor eigener Verantwortung, mit innerer Wahrhaftigkeit ihr Leben gestalten. Für diese innere Freiheit tritt sie unter allen Umständen geschlossen ein. Zur gegenseitigen Verständigung werden freideutsche Jugendtage abgehalten. Für deren Durchführung gilt: Alle gemeinsamen Veranstaltungen sind alkohol- und nikotinfrei.«

Doch die Jugendbewegung ist nur ein Zufluss zum Strom der Epoche. Der Jugendstil entfaltet sein zierliches Rankenwerk, »Frühlings Erwachen« heißt ein Jugenddrama von Frank Wedekind, das schon 1891 erscheint, »Jugend« seit 1896 die Kulturzeitschrift, deren Titel das Programm bedeutet. Lebensreform ist eine der Parolen; Reformkleidung soll die Leiber entschnüren, Reformkost sie besser ernähren, Reformpädagogik vom bloßen Wissensdrill fort ins Freie geleiten. Landschulheime und die ersten Landkommunen entstehen. Nur fort vom verspannt Künstlichen, hin zu uralter, funkelnd neuer Natürlichkeit!

Angeregt von Friedrich Nietzsche und Henri Bergson, entwickelt sich die Lebensphilosophie. Zu ihren Vertretern zählt Wilhelm Dilthey, bei dem der Student Walther Rathenau Vorlesungen hörte. Max Scheler verkündet: Das Ziel, die »Umbildung der Weltanschauung, die wir im Auge haben«, wird sein »wie der erste Tritt eines jahrelang in einem dunklen Gefängnis Hausenden in einen blühenden Garten. Und dieses Gefängnis wird unser, durch einen auf das bloß Mechanische und Mechanisierbare gerichteten Verstand umgrenztes Menschenmilieu mit seiner ›Zivilisation‹ sein ... Und jener Gefangene wird sein – der europäische Mensch von gestern und heute, der seufzend und stöhnend unter den Lasten seiner Mechanismen einherschreitet und, nur die Erde im Blick und Schwere in den Gliedern, seines Gottes und seiner Welt vergaß.«

Rathenau setzt bald nach seiner griechischen Erweckung den Vorsatz in die Tat um, sich den Fragen des Geistes statt der Wirtschaft zu widmen – was ihn freilich nicht daran hindert, weiterhin in Aufsichtsräten zu sitzen. Neben zahlreichen Aufsätzen schreibt er die Bücher, die ihn zum erfolgreichen und bekannten Autor machen: »Zur Kritik der Zeit«, 1912, »Zur Mechanik des Geistes oder Vom Reich der Seele«, 1913, »Von kommenden Dingen«, 1917; man kann diese Trilogie sein literarisches Hauptwerk nennen. »Dieses Buch handelt von materiellen Dingen, jedoch um des Geistes willen.« So beginnt die dritte Schrift. Sie endet als ein Aufruf: »Wir streben zu Einheit und Solidarität menschlicher Gemeinschaft, zur Einheit seelischer Verantwortung und göttlicher Zuversicht. Wehe dem Geschlecht und seiner Zukunft, wenn es den Ruf seines Gewissens betäubt und beharrt in materieller Stumpfheit, in der Freude am Flitter, in den Banden der Eigensorge und des Hasses. Wir sind nicht da um des Besitzes willen, nicht um der Macht willen, auch nicht um des Glückes willen, sondern wir sind da zur Verklärung des Göttlichen aus menschlichem Geiste.«

Das hört sich anders an als »Der Wanderer zwischen beiden Welten« von Walter Flex, der beinahe gleichzeitig erscheint und im Grauen der Materialschlachten noch immer den Heldentod beim Sturmangriff verklärt. Aber es klingt ähnlich verschwärmt. Doch Rathenau unterscheidet sich von den Romantikern dadurch, dass er aus seiner Seelenvision sehr nüchterne und handfeste Forderungen für den Umbau von Wirtschaft und Gesellschaft ableitet.

Dazu gehört zuerst und vor allem die Einführung einer radikalen Erbschaftssteuer, die der nachkommenden Generation kaum mehr hinterlässt als persönliche Andenken. Jeder soll für sich selbst tüchtig sein und keiner mehr dadurch zu Einfluss gelangen, dass er der Sohn eines wohlhabenden Vaters ist; der Gleichheitsgrundsatz, dass niemand benachteiligt oder bevorzugt werden soll, wird materiell beim Wort genommen. Dabei steckt, wie Rathenau es ankündigt, hinter dem Materiellen das Seelische: Nur wer aus eigener Kraft etwas leistet, festigt sein Selbstbewusstsein. Und zugleich verbirgt sich, vielleicht vorbewusst, hinter dem Sachlichen das Persönliche: Auch oder gerade Rathenau ist ja ein Erbe, der Sohn seines titanischen Vaters.

Zur Sache gehört weiter die Chancengleichheit im Bildungswesen und eine korporative, demokratisch gelenkte Wirtschaftsverfassung, die darauf zielt, dass nicht für den Luxus der wenigen, sondern für die Bedürfnisse der vielen produziert wird. Dass das möglich ist, glaubte Rathenau bewiesen zu haben, seit er im Jahre 1914 die deutsche Wirtschaft für den Krieg organisierte. Warum also sollte das nicht auch im Frieden und für den Frieden möglich sein?

Natürlich kennen wir die Einwände, zum Beispiel den, dass eine moderne Wirtschaft nur über die Konkurrenz und den Markt gesteuert werden kann und dass dazu das Gewinnstreben gehört, wenn die Produktivität nicht unter bürokratischer Lenkungstyrannei ersticken soll. Doch es geht hier nicht darum, über die Realisierbarkeit zu streiten, sondern anzudeuten, was den Denker und Visionär Rathenau beschäftigte. »Mit dem Riesenscheinwerfer des egozentrischen Geistes warf er das Bild seines inneren Schicksals auf sein Jahrhundert«, hat Emil Ludwig von ihm gesagt – übrigens ein Satz, der sich auch auf Karl Marx anwenden ließe. Sehr wohl aber könnte man darüber streiten, ob unser ernüchtertes Besserwissen nicht eine Form der Resignation darstellt. Rathenau wagte noch das Träumen, das wir uns nicht mehr erlauben, weil bittere Erfahrung uns lehrt, dass daraus nur zu leicht Alpträume werden.

Wir kehren noch einmal in die Vorkriegszeit zurück. In Kesslers Biographie heißt es: »Wer Walther Rathenau in diesen Jahren gekannt hat, wird sich eines sehr schlanken, sehr großen jungen Mannes erinnern, der durch seine anomale Kopfform, die mehr negerhaft als europäisch aussah, auffiel: tiefliegende, rehbraune Augen, gemessene Bewegungen, eine tiefe Stimme, eine pastorale Sprechweise bildeten die etwas unerwartete, künstlich wirkende Fassung für seine blitzende Gedankenfülle. Man stieß auf ihn in der Hofgesellschaft, wo jeder jeden kannte, zunächst als Fremden; aber wenn man ihn einmal bemerkt hatte, vergaß man nicht sein Aussehen und auch nicht den eigenartigen Eindruck, der von ihm ausging: den einer massiven Kraft und zugleich irgendeiner Schwäche, vielleicht, man wußte nicht, einer überzarten Haut. Er war interessant und etwas geheimnisvoll.«

Dazu trug bei, dass er sich nicht mit der einen Welt begnügte, in die die meisten Menschen hineingeboren werden oder hineinwachsen und in der sie sich einrichten, so gut es eben geht. Zunächst zählte er nach Herkunft und eigener Leistung zu den dreihundert Männern, die die Wirtschaft beherrschen. Er drang aber auch in die kaiserliche Gesellschaft vor; wie schon seinen Vater empfing Wilhelm II. ihn ab und an zu Gesprächen. Ebenso verkehrte er mit Kanzlern wie Bülow und Bethmann Hollweg.

Daneben oder dagegen stand die Welt des Geistes, der Gelehrsamkeit und der Kunst; Rathenau knüpfte Verbindungen, manchmal sogar Freundschaften mit Hochschullehrern wie dem Theologen und Philosophen Ernst Troeltsch, mit Schauspielerinnen wie Tilla Durieux, Theatermagiern wie Max Reinhardt, Publizisten wie Maximilian Harden, Schriftstellern wie Gerhart Hauptmann, Verlegern wie Samuel Fischer. Berlin war ja in der späteren Kaiserzeit und der Weimarer Republik eine wahre Weltmetropole, nicht nur die Hauptstadt des Reiches und seiner Wirtschaft, sondern ein Zentrum wissenschaftlicher Forschung; hier entstand neben der ruhmreichen Universität im Jahre 1911 die Kaiser-Wilhelm-Gesellschaft zur Förderung der Wissenschaften, zu der Männer wie Max Planck und Albert Einstein gehörten. Ebenso war Berlin eine Werkstatt, ein Experimentierfeld der Künste. Walther Rathenau schien für die vibrierend vieldeutige Atmosphäre dieser Stadt wie geschaffen zu sein, und es gab nur wenige, die sich in ihren unterschiedlichen Welten so gut auskannten wie er – die proletarische allerdings ausgenommen; er war und blieb trotz seiner sozialistischen Neigungen ein Mann der Eliten.

Der Schicksalsfigur an der Spitze, dem Kaiser, hat er übrigens im Jahre 1919 ein Buch gewidmet, und es lohnt sich, die Porträtskizze anzuschauen, die da entsteht: »Das erste Mal sollte ich vor ihm einen wissenschaftlichen Vortrag wiederholen, den ich zuvor in einem größeren Kreise gehalten hatte ... Der Kaiser saß dicht vor mir, ich konnte ihn genau beobachten. – Wie anders, als ich ihn erwartet hatte. Ich kannte die schneidigen Jugendbilder mit breiten Backen, gesträubtem Schnurrbart, drohenden Augen; die gefährlichen Telegramme, die kraftstrotzenden Reden und Denksprüche. – Da saß ein jugendlicher Mann in bunter Uniform, mit seltsamen Würdenzeichen, die weißen Hände voll farbiger Ringe, Armbänder an den Handgelenken; zarte Haut, weiches Haar, kleine weiße Zähne. Ein rechter Prinz; auf den Eindruck bedacht, dauernd mit sich selbst kämpfend, seine Natur bezwingend, um ihr Haltung, Kraft, Beherrschung abzugewinnen. Kaum ein unbewußter Moment; unbewußt nur – und hier beginnt das menschlich Rührende – der Kampf mit sich selbst; eine ahnungslos gegen sich selbst gerichtete Natur. – Viele haben es mir seither gestanden: Hilfsbedürftige Weichheit, Menschensehnsucht, vergewaltigte Kindheit, die hinter physischer Kraftleistung, Hochspannung, schallender Aktivität fühlbar wurde, hat sie ergriffen und empfinden lassen: diesen Menschen muß man schützen und mit starkem Arm behüten, vor dem, was er fühlt und nicht weiß, was ihn zum Abgrund zieht. Ein Freund fragte nach dem Eindruck der Erscheinung und des Gesprächs. Ich sagte: ein Bezauberer und ein Gezeichneter. Eine zerrissene Natur, die den Riß nicht spürt; er geht dem Verhängnis entgegen.«

Die meisten Leser – wohlgemerkt einer Schrift aus dem Jahre 1919 – hatten etwas anderes, eine Abrechnung erwartet. Doch es handelt sich weder um die damals (und zum Teil noch heute) übliche bösartige Darstellung Wilhelms II. noch um eine Karikatur, sondern um eine behutsam andeutende Skizze, vielleicht sogar um das Gefühl für die untergründige Verwandtschaft mit einem »Furchtmenschen«, der, durch die Geburt auf den schicksalsschwer falschen Platz gestellt, seine Versagensängste durch das forsche Auftreten überspielt.

Allerdings war Rathenau bewusst, dass die autokratische Herrschaft das Verhängnis in sich barg und um jeden Preis beendet werden musste. Wie ein roter Faden zieht sich durch seine Aufsätze und Bücher die Feststellung, dass Deutschland zwar im Bereich der Bildung und Forschung ebenso wie als Wirtschaftsmacht eine führende Stellung errungen hatte, aber politisch zurückgeblieben war: Der kaiserliche Glanz überdeckte nur die erstarrte Herrschaft des ostelbischen Adels, der Bürokratie und des Militärs, mit unkontrollierten Einflüssen der schlagkräftig organisierten Interessen von Landwirtschaft und Schwerindustrie vermischt. Wenn das Land eine Zukunft haben sollte, musste dieses System durch eine demokratische Ordnung abgelöst werden.

Für den Wirtschaftsfachmann gehörte dazu ausdrücklich auch eine Mitbestimmung der Angestellten und Arbeiter in den Betrieben. Denn was den Großkapitalisten und Multimillionär auszeichnete und ihm eher Misstrauen als Bewunderung eintrug, war seine Fähigkeit, den eigenen Standort aus kritischer Distanz, sozusagen mit einem umgedrehten Fernglas zu betrachten. Diese Distanz machte sichtbar, dass die Selbstbestimmung und Mitverantwortung des Menschen nicht nur in die Freizeit abgedrängt werden darf, sondern schon am Arbeitsplatz beginnen muss.

Rathenau gewann seine politischen Einsichten nicht erst im Krieg oder nach dem deutschen Zusammenbruch von 1918. Kessler berichtet von einem Gespräch im Herbst 1906, in dem er zu Rathenau sagte, »die Mißwirtschaft dauere schon so lange, daß man anfangen könne zu hoffen, sie werde ohne Katastrophe ablaufen«. Die Antwort hieß: »Sie irren sich, eine Bank wie die Deutsche Bank kann fünf Jahre von gänzlich unfähigen Direktoren geleitet werden, ohne daß draußen jemand etwas merkt; aber dann wird allmählich der Abstieg beginnen. Bei einem Staat wie Deutschland kann ein Mißregiment vielleicht zwanzig Jahre ohne großen Schaden überdauern; dann melden sich aber plötzlich überall der Folgen.« In einem Aufsatz aus dem Jahre 1913 brandmarkt Rathenau als Unrecht, »daß das fähigste Wirtschaftsvolk der Erde, das Volk der stärksten Gedanken und der gewaltigsten Organisationskraft, nicht zugelassen wird zur Regelung und Verantwortung seiner Geschicke«.

Die Reihe solcher Zitate ließe sich beinahe beliebig fortsetzen. Aber unversehens erkennt man, dass es sich um kein neues, sondern um ein altes deutsches Klagelied handelt: Man blättere zurück ins Kantkapitel und lese dort noch einmal, was – im Jahre 1840 – Johann Jacoby in seinen »Vier Fragen, beantwortet von einem Ostpreußen« über eine Nation gesagt hat, der die politische

Mündigkeit vorenthalten bleibt, obwohl sie zur Bildung gereift ist wie kaum eine andere.

In seinem Kaiserbuch aus dem Jahre 1919 zieht Rathenau nur noch einmal die bittere Bilanz seiner früheren Einsichten. In diesem Zusammenhang steht der Satz, der dann – verfälschend in die Kriegsjahre rückdatiert – dazu diente, den Autor des Vaterlandsverrats anzuklagen: »Nie wird der Tag kommen, wo der Kaiser, als Sieger der Welt, mit seinen Paladinen auf weißen Rossen durchs Brandenburger Tor zieht. An diesem Tag hätte die Weltgeschichte ihren Sinn verloren.«

Wie wir sehen werden, setzte Rathenau seine ganze Kraft daran, die deutsche Niederlage abzuwenden. Was er aber fürchtete, war der waffenklirrende, uniformgläubige Größenwahn, der als Konsequenz eines vollkommenen Sieges die autokratische Herrschaft, den Militärstaat und den militaristischen Geist unabsehbar zementiert und die Entwicklung einer demokratischen Zivilgesellschaft ausgeschlossen hätte. Ein paar Jahre später schrieb Erich Kästner sein Gedicht »Die andere Möglichkeit«, das mit den Zeilen beginnt:

»Wenn wir den Krieg gewonnen hätten
mit Wogenprall und Sturmgebraus,
dann wäre Deutschland nicht zu retten
und gliche einem Irrenhaus.«

Es folgt die Auflistung des Irrsinns, und am Ende heißt es:

»Wenn wir den Krieg gewonnen hätten –
zum Glück gewannen wir ihn nicht!«

Nach 1945 hat Kästner dazu angemerkt: »Das ›zum Glück‹ der letzten Zeile wurde für eine Art Jubelruf gehalten und war doch eine sehr, sehr bittere Bemerkung. Nun haben wir schon wieder einen Krieg verloren, und das Gedicht wird noch immer mißverstanden werden.« Genau diese Bitterkeit gehörte zu Rathenaus Bemerkung über den Siegeskaiser, der durchs Brandenburger Tor reitet. Und natürlich folgte auch ihr, ihr erst recht, das fahrlässige oder vorsätzliche Missverstehen. Dabei zielte die eigentliche Abrechnung gar nicht auf die Person Wilhelms II., sondern in eine andere Richtung: auf die eigene, großbürgerliche Schicht, die längst die wirtschaftliche Macht in Händen hielt und umso mehr politisch versagte. Wieder eine Charakterskizze:

»Um 1909, auf einer Eisenbahnfahrt im Rheinland, saß ich im Abteil mit vier oder fünf Großindustriellen. Man sprach vom Kaiser, wie es damals üblich war: maßlos, verbittert. – Ich sagte: ›Ist es nicht unritterlich, den Menschen statt der Einrichtungen verantwortlich zu machen? Wann hat je der Kaiser die Grenzen seiner verfassungsmäßigen Rechte überschritten? Begrenzen Sie diese Rechte enger; mit ihrer Nationalliberalen Partei haben Sie die Macht; der Monarch fügt sich jeder vollzogenen Tatsache.‹ – ›Warum schreiben Sie das nicht? Sie schreiben ja Bücher‹, warf jemand ein. – ›Ich schreibe es jedes Jahr zweimal‹, sagte ich. ›Aber gestatten Sie eine Gegenfrage. Wenn ich das nächste Mal mir einfallen ließe, der Sache die Form einer Petition an den Kaiser und Reichstag zu geben: würden Sie unterscheiben?‹ – ›Warum nicht?‹ ›Gewiß‹, meinten mehrere. – ›Sie irren. Keiner würde unterschreiben. Die Aussicht auf das Herrenhaus und den Adel wäre zu Ende. Die Karriere des Sohnes erledigt, der Verkehr mit Hof und Würdenträgern abgeschnitten.‹ – Es widersprach niemand. Sie alle wußten es. Das Großbürgertum wußte und wollte es und behielt sich mündliche Kritik vor.«

Noch viel schärfer heißt es an anderer Stelle: »Schmachvoll war die Haltung des Großbürgertums, das, durch Beziehungen und Begünstigungen preiswert bestochen, seinen Vorteil im Ankriechen an die herrschende Schicht und in der Lobpreisung des Bestehenden suchte. Die geistige Verräterei des Großbürgertums, das seine Abkunft und Verantwortung verleugnete, das um den Preis des Reserveleutnants, des Korpsstudenten, des Regierungsassessors, des Adelsprädikats, des Herrenhaussitzes und des Kommerzienrates die Quellen der Demokratie nicht nur verstopfte, sondern vergiftete, das feil, feig und feist und durch sein Werkzeug, die nationalliberale Partei, das Schicksal Deutschlands zugunsten der Reaktion entscheiden ließ: diese Verräterei hat Deutschland zerstört, hat die Monarchie zerstört und uns vor allen Völkern verächtlich gemacht.«

Aber wenn das die Wahrheit erfasste, dann umso schlimmer

für den, der sie beim Namen nannte und kein Kind mehr war wie in der Geschichte von des Kaisers neuen Kleidern. Mit solch einem Ausplaudern schafft man sich statt Freunden die Todfeinde.

Um in aller Unrast halbwegs sesshaft zu werden, baute sich Rathenau seine Heimstatt, allerdings – bezeichnend – gleich doppelt. Am Rande des Grunewalds entstand eine Villa: weder mit Pomp und Plüsch noch mit pseudogotischem Zierrat, sondern nach seinen eigenen Vorstellungen in kühler Eleganz. Dieses Haus war ein sehr persönliches Werk: »Grundriß und alle Zeichnungen der Anlage sowie der Details habe ich selbst entworfen, die Herstellung aller Ornamente selbst angegeben und überwacht, und die ganze innere Ausschmückung mit Hilfe von einigen Malermeistern und Stukkateuren selbst besorgt.«

Das Ergebnis zeigte den Mann, der revolutionär von den kommenden Dingen sprach, als konservativen Preußen – wie der Kunstkenner Kessler von ihm gesagt hat: »Er liebte Gilly, Schadow, Schinkel, die anmutige, etwas provinziale, wie zu zarten Eisblumen erfrorene Antike des preußischen Klassizismus, die sich vom pathetischen Empire so rein abhebt. Er hatte Freude an hübschen, übersichtlichen, sauberen Kunstwerken, die nach einem historisch erprobten Stil und leicht durchschaubaren Regeln hergestellt waren. Darüber hinaus versagte sein Kunstgefühl. An seine Freundin schreibt er: ›So sehr ich das Gewaltsame in der Kunst oder vielmehr das Gewaltsame, durch die Kunst gebändigt, dankbar hinnehme: gewaltsame, aufgeregte, steile Kunst ist mir nicht gemäß.‹ Van Gogh war ihm ein Ärgernis.«

Man könnte auch sagen: Er wollte sich vom Unverhofften, von Eindrücken und Stimmungen des Augenblicks keinesfalls anstecken, überwältigen, forttragen lassen; die Helligkeit, die disziplinierte Klarheit des Klassizismus sollte vor dem Abgründigen schützen, das als nicht mehr beherrschbar erschien. Allen Besuchern der Grunewaldvilla fiel die betont schmale Eingangstür auf, und viele haben sie als das Symbol einer Lebensführung gedeutet, die sich im Zweifelsfall lieber an die Einsamkeit als an Leidenschaften verlor.

Weit mehr Aufsehen erregte indessen, dass der aufgestiegene Jude sich wie ein märkischer Edelmann einrichtete: Er kaufte von der Königlich Preußischen Hausverwaltung ein Hohenzollernschloss, das in Freienwalde, am Rande des Oderbruchs, fast vergessen vor sich hin dämmerte. Im Nordwesten lag fast in Sichtweite Hohenfinow, der Sitz Bethmann Hollwegs, im Süden Neuhardenberg, das Friedrich Wilhelm III. seinem Fürstkanzler Hardenberg schenkte. Dort war einst Schinkel am Werk, während das Schloss in Freienwalde um 1798 von David Gilly als Witwensitz für die vergessene Gemahlin Friedrich Wilhelms II. erbaut wurde.

Der preußische Jude als Nachfolger einer preußischen Königin: Wie soll man den Sachverhalt deuten? Hinter vorgehaltener Hand erzählte man sich, »ein sehr geschickter Beamter der Kronverwaltung hätte das alte, kostspielig zu unterhaltende Schloß höchst vorteilhaft losgeschlagen, indem er es dem Dr. Walther Rathenau anhängte – eine ihm wohlbekannte Schwäche des Mannes ausnutzend«. Aber war es nun Schwäche oder Stärke? Soll man vom Auftrumpfen des Neureichen reden oder sich anrühren lassen von dem Versuch, im preußischen Erbe heimisch zu werden? Viele Deutungen sind möglich, und alle haben etwas für sich.

Theodor Fontane hat in seinen »Wanderungen durch die Mark Brandenburg« das Schloss in Freienwalde besucht und von ihm gesagt, dass es mehr den Charakter eines stattlichen, geschmackvoll aufgeführten Privathauses habe. Vom Inneren heißt es: »Geräumige Zimmer sind da, aber weder breite Treppen noch lange Korridore, weder Hallen noch Säle. Ein Bau für eine Königinwitwe, die sich selber leben will, nicht für eine Königin, die anderen leben muß. Ausschmückung und Herrichtung erweisen sich als die üblichen; nur statt des etwas nüchternen Stils der Außenseite begegnen wir einzelnen Anklängen an die viel verurteilte und doch so behagliche Rokokozeit. Chinesische Zimmer und Paradiesvogelzimmer wechseln untereinander ab, dazwischen Rosenstrauchtapeten und buntbedruckte Kattune. In den Zimmern verstreut stehen alte Erinnerungsstücke, oft mehr absonderlich als schön und mehr bemerkenswert um der Personen willen, denen sie zugehörten, als um ihrer selbst willen.«

Natürlich gab es Umbauten und Instandsetzungen, bevor Rathenau einzog. Aber er legte wert darauf, dass der Charakter erhalten blieb und die Möbel zurückkehrten, die die preußische Schlösserverwaltung beim Verkauf zunächst einmal fortgeschafft hatte. Der Schriftsteller Fritz von Unruh hat erzählt, wie Rathenau ihm das Erworbene vorwies: »Sehen Sie nur, wie die Krone auf der Fahnenstange funkelt! Ja, ich sollte sie abschrauben. Das verlangte der Kaiser nach Abschluß des Kaufvertrages von mir. Aber ich antwortete dem Hausmarschall, Graf Eulenburg, ich hätte das Schloß mit allem Drum und Dran gekauft und dächte nicht dran, die Krone von der Fahnenstange runter zu nehmen.«

Freilich nicht alle zeigten sich begeistert. Carl Fürstenberg meinte: »Wir verlebten ... einige nette Stunden in Freienwalde, wenn ich auch gestehen muß, daß das Haus nach meinem Geschmack zum Teil zu museumsartig wirkte, um wohnlich sein zu können. Die gleichmäßige Aufstellung der Möbel entlang den Wänden mochte zwar dem Stil des Zeitalters, in dem das Haus gebaut wurde, vollständig entsprechen, lud aber den Besucher nicht gerade zum Verweilen ein.« Der Hausherr sei eben, »so große menschliche Eigenschaften er auch besaß, niemals besonders stark durch die Gabe ausgezeichnet gewesen, Gemütlichkeit auszustrahlen«.

Ein anderer Besucher notierte: »Jedesmal, wenn ich in Freienwalde zu Gast war, in einem der sehr einfachen Gastzimmer im Obergeschoß logierte, wo auch seine eigenen, fast puritanischen Schlaf- und Arbeitszimmer lagen, bewegte es mich, wie er seinen Wunschtraum mit dieser preußischen Vergangenheit möbliert hatte, ohne ihn doch selbst zu bewohnen. Wenn ich in den musterhaft assortierten Räumen des Erdgeschosses mit den handgemalten Tapeten und Landschaften, mit den bunten Gardinen vor den tiefreichenden Fenstern zwischen Kommoden und Spiegeln, Vasen und Bildern umherging, hatte ich plötzlich das Gefühl, ohne Filzpantoffeln nicht hinreichend ausgerüstet zu sein. Ich scheute mich, auf die sanft geschwungenen Möbel mich zu setzen und in dem ergötzlichen chinesischen Salon mit seinen zopfigen Zierlichkeiten auf einem der verschnörkelten Stühlchen Platz zu nehmen. Und in dem lichten Speisesaal mit seiner über Wand und Decke, Sesseln und Sofa fortblühenden Blattdekoration saßen wir mehr zum Beschauen und Bewundern als zum Essen.« Ähnlich Stefan Zweig: In diesem »feudalen Königin-Luise-Schloß in der Mark vermochte man nicht warm zu werden vor lauter Ordnung und Übersichtlichkeit und Sauberkeit.«

Wir mögen mit den zeitgenössischen Besuchern lächeln oder

den Kopf schütteln. Aber im Rückblick über den Abgrund des 20. Jahrhunderts hinweg überfällt uns vor allem ein Frösteln: Wie seltsam und kostbar, wie gebrechlich und doch hoffnungsvoll wirkt dieser Traum von der preußisch-jüdischen Vermählung, der dann so barbarisch zertreten wurde!

Im strahlenden Sommer des Jahres 1914 überschritt Europa die Schicksalslinie des 20. Jahrhunderts vom Frieden zum Krieg und vom Recht zur Gewalt. Als aber die Mobilmachung verkündet wurde und es Kriegserklärungen hagelte, gerieten die Völker – nicht nur die Deutschen, doch sie ganz besonders – in einen Taumel der Begeisterung. Und als der Kaiser vom Balkon des Stadtschlosses herab zur versammelten Menge vom Aufbruch in den Krieg sprach »schloß sich ein Jubel an, wie er wohl noch niemals in Berlin erklungen ist. Die Menge stimmte erneut patriotische Lieder an« – darunter den Choral »Nun danket alle Gott«. Gleich darauf eilte das Volk der Dichter und Denker herbei, um die Begeisterung in die angemessene Form von Reimen, Reden, Aufrufen und Büchern zu bringen.

Wir, die Nachgeborenen, sind natürlich klüger als unsere Vorfahren, weil wir wissen, was folgte. Umso weniger begreifen wir, was die Menschen im August 1914 in ihren Taumel versetzte. Wie soll man ihn erklären? Es gibt viele Deutungen. Eine, vielleicht die wichtigste, besagt, dass die Völker den Krieg des Industriezeitalters nicht kannten. Sie erinnerten sich an die kurzen und glorreichen Feldzüge von 1866 und 1870/71 oder lasen davon in ihren Geschichts- und Schulbüchern. Entsprechend planten die Generale. Man glaubte also, im Herbst oder jedenfalls zu Weihnachten wieder zu Hause zu sein, mit dem Siegeslorbeer geschmückt und erst recht vom Jubel umbrandet. Folgerichtig plagte die Hunderttausende, die sich als Kriegsfreiwillige vor den Kasernentoren drängten, nur die eine Sorge: dass alles schon vorüber sein könnte, bevor sie die Feuertaufe erlebten.

Rathenau gehörte zu den Außenseitern, die in den Jubel nicht einstimmten, und wohl nie in seinem Leben hat er sich so einsam gefühlt wie in diesem August 1914. Noch am 31. Juli, als ringsum schon Fanfaren schmetterten und die Trommeln dröhnten, warnte er in einem Zeitungsartikel davor, Österreich in seinem Vorgehen gegen Serbien wegen des Mordes am habsburgischen Thronfolger in Sarajewo bedingungslos den Rücken zu stärken: »Eine Frage, wie etwa die, ob österreichische Kommissare bei den serbischen Umtriebsermittlungen mitzuwirken haben, ist kein Anlaß für einen Völkerkrieg.«

Später, am 31. Juli 1916, notierte er: »Heute sind es zwei Jahre, daß ich von der Denkweise meines Volkes mich schmerzlich getrennt fühle, soweit sie den Krieg als ein erlösendes Ereignis wertet ... Im Sommerglück der Julisonne jubelte das reiche, lebensfrohe Volk von Berlin dem Kriegsruf entgegen. Lebende und Todgeweihte in hellen Kleidern, heitren Auges, fühlten sie sich auf dem Gipfel lebendiger Macht und politischen Daseins ... Den Stolz des Opfers und der Kraft durfte ich teilen; doch dieser Taumel erschien mir wie ein Fest des Todes, als die Eingangssymphonie eines Verhängnisses, das ich dunkel und furchtbar, doch niemals jauchzend und um so furchtbarer, geahnt hatte.«

Als der Krieg kam, war Rathenau – so Kessler – »wie vernichtet. Zeugnisse bestätigen, daß, während draußen ein noch nie dagewesener Taumel das Volk ergriff, er in Verzweiflung die Hände rang. Eine alte Freundin, Frau von Hindenburg, schildert, wie er zu ihr kam, stumm dasaß, während ihm Tränen über die Wangen rollten ... Im Herbst sagte er zum Reichstagsabgeordneten Conrad Haussmann: ›Wissen Sie, Herr Haussmann, warum wir diesen Krieg führen? Ich weiß es nicht. Sagen Sie es mir.‹ – Diese Stimmung blieb. Der Kriegsausbruch war ein Schlag, von dem Rathenau sich nie erholt hat. Er war die Krisis seines Lebens.«

Gleichwohl raffte er sich auf, um als Patriot seinen Beitrag zu leisten. Denn er jedenfalls kannte das Kommende besser als die Generale. Die hatten zwar für den schnellen Siegesfeldzug genau geplant, aber kaum einen Gedanken an den Krieg im Industriezeitalter verschwendet; sie wussten sehr wenig von den Rüstungs- und Rohstoffproblemen eines vom Welthandel abgeschnittenen Landes in der Mitte Europas. Ende 1915 hat Rathenau in einem Vortrag geschildert, was er tat:

»Am vierten August des letzten Jahres, als England den Krieg erklärte, geschah das Ungeheure, nie Dagewesene: unser Land wurde zur belagerten Festung. Geschlossen zu Lande und geschlossen zur See war es nun angewiesen auf sich selbst; und der Krieg lag vor uns, unübersehbar in Zeit und Aufwand, in Gefahr und Opfer. – Drei Tage nach der Kriegserklärung ertrug ich die Ungewißheit unserer Lage nicht länger, ich ließ mich melden bei dem Chef des Allgemeinen Kriegsdepartements, dem Oberst Scheuch, und wurde am 8. August abends freundlich von ihm aufgenommen. Ich legte ihm dar, daß unser Land vermutlich nur auf eine beschränkte Reihe von Monaten mit den unentbehrlichen Stoffen der Kriegswirtschaft versorgt sein könne. Die Kriegsdauer schätzte er nicht geringer ein als ich selbst, und so mußte ich an ihn die Frage richten: Was ist geschehen, was kann geschehen, um die Gefahr der Erwürgung von Deutschland abzuwenden? Es war sehr wenig geschehen ... Als ich bekümmert und sorgenvoll heimkehrte, fand ich ein Telegramm des Kriegsministers von Falkenhayn, der mich auf den nächsten Vormittag in sein Arbeitszimmer bestellte. – Es war Sonntag, der 9. August ... Die Unterhaltung währte einen Teil des Vormittags, und als sie endete, war der Beschluß des Kriegsministers gefaßt, eine Organisation zu schaffen, gleichviel wie groß, gleichviel mit welchen Mitteln; sie mußte wirksam sein und mußte die Aufgabe lösen, die uns auferlegt war.«

Diese Schilderung zeigt Rathenau als einen Strategen von Rang. Schneller und genauer als andere erfasste er die Lage und leitete aus der Analyse die Problemlösung ab. Bankiers wie Carl Fürstenberg wussten das natürlich und schickten ihn darum in so viele Aufsichtsräte wie möglich, aber die Militärs wussten es nicht. Doch die Eindringlichkeit seines Vortrags überzeugte und ließ sie begreifen, dass sofortiges Handeln geboten war, wenn die Katastrophe verhindert werden sollte.

Um nur eines zu nennen: Zur Herstellung von Schieß- und Sprengstoffen benötigte man Ammoniak und dafür als Rohstoff den Chile-Salpeter, dessen Zufuhr die britische Seeblockade unterband. Sobald die Vorräte der Munitionsfabriken aufgebraucht waren – spätestens in sechs Monaten –, besaß die Artillerie bloß noch Schrottwert, und die Festung Mitteleuropa musste kapitulieren. Es gab indessen noch Vorräte, allerdings dort, wo kein Kriegsminister sie vermutete: in Lagerhallen für die Landwirtschaft. Denn seit den Forschungen des Chemikers Justus Liebig (1803–1873) gehörte Ammoniak zu den Elementen künstlicher Düngung. Diese Vorräte mussten beschlagnahmt werden, bevor sie in den Äckern verschwanden. Inzwischen gewann man die Zeit, die nötig war, um die Ammoniakgewinnung aus Luftstickstoff nach dem Haber-Bosch-Verfahren produktionsreif zu machen. Die Voraussetzungen dafür hatte der Chemiker Fritz Haber geschaffen. Man kann also sagen, dass zwei deutsche Juden, Walther Rathenau und Fritz Haber, dem Reich das Durchhalten im Ersten Weltkrieg ermöglichten. Der eine wurde 1922 ermordet, der andere starb 1934 in seinem Baseler Exil.

Aber es handelt sich wirklich nur um ein Beispiel. Vom Kupfer über das Öl bis zur Baumwolle gab es viele knappe Rohstoffe, und sie alle mussten erfasst und dorthin gelenkt werden, wo sie am dringendsten gebraucht wurden. Ähnliches galt für die Arbeitskräfte; es kam darauf an, eine ganze Volkswirtschaft vom Frieden auf den Krieg unter Blockadebedingungen umzustellen. Rathenau bewältigte diese Aufgabe mit einem kleinen Stab von Mitarbeitern und ließ sich auch nicht durch bornierte Offiziere beirren, die ihn wie einen Einbrecher behandelten und seine Räume durch Bretterverschläge abriegelten. Nach sechs Monaten war die Kriegsbewirtschaftung bereits zur Routine geworden, sodass Rathenau sich zurückziehen konnte.

Dabei handelte es sich um etwas Neues. In der Vergangenheit hatte es nur die Belagerung von Burgen, Festungen oder Städten gegeben, die Vorräte an Wasser und Lebensmitteln brauchten und oft durch den Hunger zur Kapitulation gezwungen wurden, so Paris im deutsch-französischen Krieg am 28. Januar 1871. Aber die Belagerung einer Industriegesellschaft war ohne Beispiel. In der Vorbereitung des Zweiten Weltkriegs konnte Hitler dann auf das Vorbild zurückgreifen. Doch der »Vierjahresplan« von 1936, der dieser Vorbereitung diente, blieb eher dilettantisch und widersprüchlich; im Grunde hat erst Albert Speer seit 1942 die deutsche Rüstungswirtschaft auf ein Rathenau'sches Niveau gebracht.

Im weiteren Verlauf des Ersten Weltkriegs setzte sich Rathenau für Erich Ludendorff ein, weil er in ihm den einzigen Heerführer sah, der seiner Aufgabe gewachsen war. Der Militär- und der Wirtschaftsstratege führten mehrfach Gespräche. Die Übergabe der Obersten Heeresleitung an Hindenburg und Ludendorff erfolgte am 29. August 1916. Aber bald zerbrach die Verbindung. Denn Ludendorff drängte zum unbeschränkten U-Boot-Krieg, sogar um den Preis, dass die Vereinigten Staaten mit der Kriegserklärung antworteten. Rathenau dagegen kannte die amerikanische Leistungskraft und wusste, dass sie den Ausschlag zugunsten der Westmächte geben würde.

So geschah es, und der Krieg war nun trotz aller deutschen Anstrengungen verloren. Am 29. September 1918 forderte die Oberste Heeresleitung den sofortigen Waffenstillstand und die dafür notwendige Umbildung der Regierung. Zwei Tage später, am 1. Oktober, stellte Ludendorff vor seinen Offizieren die Motive klar: »Ich habe aber Seine Majestät gebeten, jetzt auch diejenigen Kreise an die Regierung zu bringen, denen wir es in der Hauptsache zu danken haben, daß wir so weit gekommen sind. Wir werden also diese Herren jetzt in die Ministerien einziehen sehen. Sie sollen nun den Frieden schließen, der jetzt geschlossen werden muß. Sie sollen die Suppe jetzt essen, die sie uns eingebrockt haben.«

Wie das? War Ludendorff selbst nicht der Mann gewesen, der alle Verantwortung an sich riss und, praktisch als Militärdiktator, die zivile Führung zur Ohnmacht verurteilte? Bald darauf desertierte der starke Mann aus seiner Verantwortung, indem er zurücktrat. Erst nach der Niederlage meldete er sich wieder zu Wort und gehörte dann zu denen, die die »Dolchstoß«-Legende verbreiteten – und natürlich zu denen, die Rathenau als Verräter anklagten.

Unterdessen veröffentlichte Rathenau als verzweifelter Patriot am 7. Oktober 1918 in der »Vossischen Zeitung« einen Aufsatz unter dem Titel »Ein dunkler Tag«. Er erklärte, dass die »übereilte« Forderung des Waffenstillstandes nur den Siegeswillen der Alliierten stärken und eine unbefriedigende Antwort finden werde. Daraus leitete er Forderungen ab:

»Kommt die unbefriedigende Antwort, die Antwort, die den Lebensraum uns verkürzt, so müssen wir vorbereitet sein. Die nationale Verteidigung, die Erhebung des Volkes muß eingeleitet, ein Verteidigungsamt eingerichtet werden. Beides tritt nur dann in Kraft, wenn die Not es fordert, wenn man uns zurückstößt; doch darf kein Tag verloren gehen.« Auch ältere Männer müssten nun zu den Waffen greifen, die Städte, Bahnhöfe, Eisenbahnen, die Etappen, die Kanzleien, Wachstuben, Truppenplätze nach kampffähigen Soldaten durchkämmt und die Divisionen zurückbeordert werden, die sich noch in Russland oder sonst irgendwo aufhielten:

»Schwerlich ist in diesem Augenblick mehr als die Hälfte unserer Truppen an der Westfront.« Letztlich müsse es zur »levée en masse«, einer Massenerhebung, einer Art von Volkssturm kommen. Das Fazit hieß: Einer erneuerten Front würden andere Bedingungen geboten als der ermüdeten. »Wir wollen nicht Krieg, sondern Frieden. Doch nicht den Frieden der Unterwerfung.«

Der Aufsatz erregte ungeheures Aufsehen; fast über Nacht machte der Berliner Volksmund aus Rathenau den »Massen-Levi«. Ludendorff lehnte ab, vom Standpunkt des militärischen Fachmannes wohl zu Recht: »Levée en masse würde mehr zerstören als man ertragen kann.« Im Gegenlager empörte sich die »Weltbühne« darüber, »daß aus einer Grunewald-Villa heraus einem Volk, das fünfzig Monate lang diese ungeheuren Opfer gebracht hat, mit künstlich hären gemachter Stimme die billige Mahnung zugeschleudert wird, zum Schutz der Kriegsgewinnler immer weiter sein Blut zu vergießen.«

So war es wirklich nicht gemeint gewesen, aber wer achtet schon auf die Zwischentöne, wenn es um alles oder nichts geht? Knapp und ungut: Der Mann hinter dem schmalen Zugang zu seiner Grunewald-Villa hatte die Stimmungslage vollkommen verkannt. Er setzte sich in krassen Gegensatz zu ihr, wie schon am Anfang des Krieges, doch diesmal unter den entgegengesetzten Vorzeichen. Darum geriet er ins Kreuzfeuer der Kritik und für längere Zeit ins politische Abseits; die Menschen waren müde und wollten den Frieden um jeden Preis. Um die Jahreswende 1918/19 verspottete die republikanische Presse den »Jesus im Frack«. Er erschien als »Inhaber von 39 bis 43 Aufsichtsratsstellen und Philosoph von Kommenden Dingen, Schloßbesitzer und Mehrheitssozialist«, als ein Rufer »für die nationale Verteidigung und beinahiges Mitglied der revolutionären Sozialisierungskommission, Großkapitalist und Verehrer romantischer Poesie, kurz – der moderne Franziskus von Assisi, das paradoxeste aller paradoxen Lebewesen des alten Deutschlands«. Etwas später schlug jemand der in Weimar tagenden Nationalversammlung vor, Rathenau zum Reichspräsidenten zu wählen. Das Ergebnis war ein Lacherfolg – oder, wie der Verlachte mit Bitterkeit notierte, »daß Männlein und Weiblein zum Gruß an einen Deutschen, dessen geistige Arbeit sie kannten oder nicht kannten, sich beseligt auf ihren Sitzen kugelten.«

Wohl für jeden anderen hätte es nahe gelegen, sich verbittert zurückzuziehen, weiterhin seine Funktionen in Aufsichtsräten wahrzunehmen und im Übrigen, womöglich sogar erleichtert, im märkischen Exil von Freienwalde sich teils dem geschichtlichen Rückblick, teils den Fragen der Zukunft zuzuwenden, die ihm am Herzen lagen. Tatsächlich verdanken wir dem zeitweilig erzwungenen Rückzug eine Schrift wie »Der Kaiser«, die uns das wilhelminische Deutschland erschließt. Aber Rathenau blieb der pflichtbewusste Preuße und deutsche Patriot, der er immer gewesen war. Er stand zur Verfügung, als der Wandel der Umstände ihn rief.

Für einen kurzen Augenblick sah es so aus, als würden die Deutschen sich nach dem Zusammenbruch des Kaiserreiches ins parlamentarische System, in die politische Ordnung der Freiheit und Gleichheit hineinfinden, die ihnen 70 Jahre zuvor, in der Revolution von 1848, misslungen war. In den unruhigen Wochen nach dem 9. November 1918 hielten die Sozialdemokraten wenn schon nicht die Macht, dann doch zwischen Konservativen und Radikalen, zwischen Heeresleitung und Spartakusbund die Balance der Macht in ihren Händen. Es gelang ihnen weithin, die Arbeiter- und Soldatenräte mit ihren eigenen Vertrauensleuten zu besetzen und den Rätekongress, der am 16. Dezember zusammentrat, mit überwältigender Mehrheit auf das Ziel festzulegen, das die Partei unbeirrt ansteuerte: die Wahl einer verfassunggebenden Nationalversammlung.

Diese Wahl fand am 19. Januar 1919 statt, und ihr Ergebnis war eindeutig: Die SPD erhielt 37,9 Prozent der Stimmen – ein Rekord trotz der Absplitterung ihres linken Flügels, der sich zur unabhängigen Sozialdemokratie, kurz USPD, formiert hatte. Die CVP (Christliche Volkspartei – Zentrum) brachte es auf 19,7 Prozent, die DDP (linksliberale Deutsche Demokratische Partei) auf 18,5 Prozent. Zusammen waren das 76,1 Prozent und 329 von 421 Mandaten, eine Dreiviertelmehrheit für die »Weimarer Koalition«, wie sie bald genannt wurde, das heißt für die Verfassungsparteien der Republik. Die Nationalversammlung, die in Weimar zusammentrat, weil Berlin noch unsicher schien – und die damit dem neuen Staat seinen Namen gab –, erarbeitete eine mustergültig liberale Verfassung. Und der erste Reichspräsident, dem diese Verfassung wichtige Vollmachten anvertraute, hieß Friedrich Ebert: gewiss kein Mann des Glanzes, aber ein zuverlässiger Demokrat.

Doch der schöne Schein trog. Schon bei der Reichstagswahl vom 6. Juni 1920 verlor die Weimarer Koalition über ein Drittel ihres Stimmenanteils und die Mehrheit der Mandate, die sie auch später niemals mehr zurückgewann. Entsprechend wuchs das Gewicht der Republikfeinde von rechts und von links. Die Zerrüttung des Geldwertes zeichnete sich ab. (Der Krieg war vor allem durch Anleihen finanziert worden, die jetzt nicht mehr bedient werden konnten. Am Ende der Inflation stand die Währungsreform vom November 1923 mit einer Abwertung im Verhältnis von einer Billion zu einer neuen Mark; die Kriegsverschuldung verwandelte sich von 154 Milliarden Mark zu 15,4 Pfennigen, sodass jemand sarkastisch gesagt hat: Fiskalisch gesehen sei der Erste Weltkrieg der billigste Krieg gewesen, der jemals geführt wurde. Aber Hunderttausende oder Millionen von Menschen, die dem Staat ihr Geld anvertraut hatten, waren ruiniert.)

Zudem gab es Unruhen und Aufstände von links, Putschversuche von rechts. Das Gift der Lüge begann zu wirken, dass die Niederlage von 1918 einem »Dolchstoß« in den Rücken der Front und damit den »Novemberverbrechern« zuzuschreiben sei, die jetzt regierten und gegen die daher jedes Mittel – auch der Mord – gerechtfertigt sei.

Vieles mehr kam dann hinzu, zum Beispiel eine aus dem Kaiserreich übernommene, überwiegend konservativ eingestellte politische Justiz, die der Republik mit notorischen Fehlurteilen in den Rücken fiel. Emil Julius Gumbel hat errechnet, dass von 1918 bis 1922 für 22 Morde von »links« 17 Täter verurteilt wurden, zehn zum Tode. Bei 354 Morden von »rechts« gab es dagegen kein einziges Todesurteil. Die durchschnittliche Freiheitsstrafe betrug fünfzehn Jahre für die »linken«, vier Monate für die »rechten« Täter.

Eine kaum tragbare Belastung brachte das Versailler Friedensdiktat vom 28. Juni 1919, und im rechten Lager wurde der jungen Republik als Schwäche oder Schuld zugerechnet, was eigentlich doch die herrschenden Kräfte des Kaiserreichs zu verantworten hatten. Deutschland verlor Gebiete, seine Kolonien und seine Wehrhaftigkeit. Mit der Begründung, dass es die Alleinschuld am Krieg trage, wurden dem Reich Reparationsforderungen auferlegt, die zunächst noch gar nicht beziffert, dann auf 132 Milliarden Goldmark festgesetzt wurden – ein Betrag, der unmöglich zu erbringen war. Auch Sachleistungen konnten schwerlich Abhilfe schaffen. Den »komplizierten Schwachsinn«, um den es sich handelte, hat Winston Churchill anschaulich dargestellt: »Zum Beispiel hätten sich die Deutschen darangemacht, alle Schiffe wieder zu bauen, die ihre U-Boote versenkt hatten. Aber was würde mit dem britischen Schiffbau geschehen, wenn sie es taten? Ohne Zweifel konnten sie alle Arten von Fabrikerzeugnissen liefern, aber wir hatten den Krieg doch nicht durchkämpft, um unsere einheimischen Industrien durch ein vom Staat in riesigem Ausmaß gefördertes Dumping zu ruinieren!«

Es war dieses Knäuel aus kompliziertem Schwachsinn, das Walther Rathenau wieder ins Spiel brachte. Sein Sachverstand sollte helfen, es zu entwirren. Nachdem er schon einzelne Verhandlungen mit Vertretern der Siegermächte geführt hatte – teils privat, teils im amtlichen Auftrag –, berief der Reichskanzler Joseph Wirth (1879–1956), ein Mann der Zentrumspartei, der 1921 eine Regierung der Weimarer Koalition gebildet hatte, ihn zunächst als Wiederaufbauminister, dann in seinem zweiten Kabinett am 1. Februar 1922 als Reichsaußenminister. Der Kanzler und sein Minister waren sich darin einig, den Siegermächten entgegenzukommen und das Mögliche zu leisten, um damit Vertrauen zu schaffen und deutlich zu machen, was unmöglich war. Das missverständliche Stichwort hieß »Erfüllungspolitik«.

Zu seinem Eintritt in die politischen Ämter hat Rathenau sich in Briefen geäußert. In einem heißt es: »Es war der schwerste Entschluß meines Lebens ... Nun stehe ich vor über- und unübersehbaren Problemen und Fragen. Der einzelne vermag in diesem großen Getriebe so gut wie nichts. Es werden Mann für Mann in den Graben springen müssen, bis er überstiegen werden kann. Gleichviel: er wird nicht überstiegen werden, wenn nicht einer beginnt.« Ähnlich in einem anderen Brief: »Ich fasse meine Aufgabe dahin auf, den Weg für die Nachfolgenden zu ebnen. Die ersten zwei drei Leute können nur den Weg weisen, der vierte wird es schaffen. Aber ein Anfang muß gemacht werden.«

Man könnte von einer Vaterlandsliebe ohne Illusionen sprechen – oder in patriotischen Büchern lesen, was einst, 1864, beim

Sturm auf die Düppeler Schanzen geschah: »Als die Pallisaden den Anstürmenden eine unüberwindliche Schranke entgegenstellten, wobei jede Minute Aufenthalt bedenkliche Opfer forderte, da bahnte der westfälische Landwehrmann Klinke, ein zweiter Winkelried, seinen Kameraden eine Gasse, indem er mittels einer Pulverexplosion ein Teil der Schanzpfähle einriß, aber dabei auch das Leben einbüßte.« Jetzt allerdings war dem, der voranging, eher der Undank als der Dank des Vaterlandes gewiss.

Immerhin: Die Erfüllungspolitik ist von Gustav Stresemann bis Heinrich Brüning stetig fortgesetzt und gegen alle Anfeindungen zum Erfolg geführt worden. Nach dem Vertrag von Locarno vom Herbst 1925 wird Deutschland im März 1926 in den Völkerbund aufgenommen und erhält einen ständigen Ratssitz, 1930 räumen die Franzosen das Rheinland, und am Ende der Weimarer Republik haben sich auch die Reparationsforderungen erledigt. Die Früchte eines Jahrzehnts geduldiger Arbeit hat schließlich Hitler geerntet – und sie im Frevel wieder vertan.

Ob Rathenau, wenn er länger gelebt hätte, ein großer Außenminister geworden wäre, lässt sich nicht sagen. Vielleicht fehlte ihm die Geduld mit Leuten, die weniger klug und weitsichtig waren als er, und dazu gehörten nun einmal die meisten. Mit Sicherheit besaß er nicht die parlamentarische Erfahrung, über die Gustav Stresemann verfügte. Der sensationelle Vertrag von Rapallo vom 16. April 1922, den er am Rande der Konferenz von Genua mit der Sowjetunion abschloss, schuf zwar freie Hand nach Osten und beendete in dieser Richtung alle Schuldforderungen. Aber die kaum begonnene Beziehung mit Frankreich vereiste wieder, und eine der Folgen war die französische Besetzung des Ruhrgebiets, die Anfang 1923 begann. Damit wurde der »Ruhrkampf« eröffnet, der mit der Bezahlung eines langfristigen Streiks durch die Reichsregierung die deutsche Währung endgültig ruinierte.

Doch wie immer man urteilen mag: Es bleibt die Tatsache, dass Rathenau ohne Aussicht auf Dank Verantwortung übernahm, als es ihm notwendig schien, das zu tun.

Feinde ringsum: Für den Hass und das Hetzen gegen die Republik eignete sich das Schlagwort »Erfüllungspolitik« nur zu gut. Wer sie vertrat, war offenbar ein Vaterlandsverräter, der im Dienst der

Franzosen, der westlichen Mächte oder einer unheimlichen, ungreifbaren Weltverschwörung – etwa der »Weisen von Zion«, also der Juden – gegen Deutschland stand oder jedenfalls in ihrem Sinne handelte. Und nun gar ein Jude als Reichsaußenminister! Zu den Hetzparolen, die umliefen, gehörte: »Schlagt tot [oder: Knallt ab] den Walther Rathenau, die gottverdammte Judensau!«

Es gab aber auch prominente Gegner, die auf ihre Weise über Rang und Einfluss verfügten. Einer von ihnen war Hugo Stinnes (1870–1924), nach Kesslers Zeugnis damals »der mächtigste Mann Deutschlands, eine Art von heimlichem Wirtschaftskaiser, ... für den allein auf dem steinigen Boden der deutschen Wirtschaftstrümmer Zaubergärten wuchsen, ein Cagliostro, ein Alchemist, der aus Papier für sich Gold machte, – aus der Nähe betrachtet großen Formats, halb gerissener Geschäftsmann, halb Prophet, laut seine Meinung sagend, doch undurchsichtig für Freund und Feind und daher unheimlich, – wie ein Fremdling unter seinen Kollegen vom Kohlenhandel und der Schwerindustrie umhergehend, südländisch, schwarzbärtig, mit Augen, die auf eine innere Vision zu blicken schienen, in Bauernstiefeln, in Kleidern, die um ihn hingen, als ob er sie von der Stange gekauft hätte, immer umringt von einer zahlreichen Familie, die er überall hinter sich herzog, eine Kreuzung zwischen Patriarch, Commis voyageur und Fliegendem Holländer.«

Stinnes verzieh es Rathenau nicht, dass er ihm bei einer Konferenz über die Frage, wie man den alliierten Reparationsforderungen begegnen sollte, unterlegen war. Und von Stinnes stammte das böse Wort von Rathenaus »fremdrassiger Seele«, obwohl er selbst »mindestens südfranzösisches Blut hatte und aussah wie ein phönizischer Schiffskapitän«.

Ein anderer prominenter Gegner war der eher verkniffen und asketisch wirkende Finanzfachmann Karl Helfferich, seit 1908 Vorstandsmitglied der Deutschen Bank, der im Krieg Karriere machte als Leiter der deutschen Finanzpolitik, zeitweilig auch als Staatssekretär im Reichsamt des Inneren und stellvertretender Reichskanzler. Nach 1918 führendes Mitglied der konservativen und republikfeindlichen Deutschnationalen Volkspartei und Abgeordneter im Reichstag, zwang er den Reichsfinanzminister Matthias Erzberger durch schwere persönliche Beschuldigungen zum Rücktritt und griff Rathenau mit beispielloser Schärfe an. Als Erzberger am 26. August 1921 ermordet wurde, beschuldigte man Helfferich, ein Drahtzieher des Attentats zu sein. Das war mit Sicherheit falsch, aber er hatte dazu beigetragen, dass eine Atmosphäre entstand, in der der Mord möglich wurde. Am Vorabend des Mordes an Rathenau, am 23. Juni 1922, hielt er im Reichstag eine Rede, in der er sagte:

»Die Politik der Erfüllung hat uns – das will ich einmal kurz zusammenfassen – die furchtbare Entwertung des deutschen Geldes gebracht, hat unsern Mittelstand zermalmt, hat zahllose Menschen und Familien in Not und Elend gebracht, hat zahllose Menschen in Verzweiflung und Selbstmord getrieben, sie hat große, wertvolle Teile unseres nationalen Produktionskapitals dem Auslande ausgeliefert, sie hat unsere wirtschaftliche und soziale Ordnung in den Grundfesten erschüttert!«

Heute ist es selbstverständlich, dass wichtigen Politikern oder Wirtschaftsführern Leibwächter zugeteilt werden. Natürlich klagen sie über die lästigen Begleiter, aber mehr noch fühlen sie sich beleidigt, wenn die Schutzwache ausbleibt: Sind sie etwa keine Männer von Bedeutung? Bei Rathenau war es anders; wirklich zu seinem Unwillen wurde ihm ein Polizeischutz aufgedrängt. Natürlich kannte er seine Gefährdung; das Beispiel Erzbergers stand vor aller Augen. Am 4. Juni 1922 folgte ein Anschlag auf Philipp Scheidemann, der als eine Symbolfigur der »Novemberverbrecher« galt, weil er am 9. November 1918 die Republik ausgerufen hatte. Doch es schien fast, als wollte der »Furchtmensch« Rathenau seinen Mut beweisen und das Schicksal herausfordern. Oder lag dem Vereinsamten nichts mehr am Leben? Eine stoische Einstellung findet man schon in seinen Vorkriegsschriften; in der »Mechanik des Geistes« von 1913 heißt es:

»Der Tod erscheint uns nur dann, wenn wir das Auge irrtümlich auf das Glied, nicht auf das Geschöpf richten. Die Alten haben das Absinken des Menschenlebens mit dem Fall des Laubes verglichen; das Blatt stirbt, aber der Baum lebt. Fällt der Baum, so lebt der Wald, und stirbt der Wald, so grünt das Erdenkleid, das alle seine Schützlinge nährt, wärmt und verzehrt. Erstarrt der Planet, so blühen tausend Bruderzweige unter den Strahlen neuer Sonnen. Nicht Organisches stirbt, alles erneuert sich, und der

Gott, der aus der Ferne betrachtet, findet in Jahrtausenden das gleiche Bild und das gleiche Leben. In der gesamten sichtbaren Welt kennen wir nichts Sterbliches. Etwas, das sterblich ist, könnte nicht geboren werden.«

Doch die Nähe des eigenen Todes ist etwas anderes als die göttliche oder philosophische Betrachtung weit aus der Ferne – zumal wenn man noch eine Aufgabe vor sich sieht. Wir wissen nicht, was Rathenau tief in seinem Inneren fühlte oder dachte; wir können nur feststellen, daß er die Gefahr missachtete und den Polizeischutz so oft wie möglich fortschickte.

In seinem Bericht »Walther Rathenau vor seinem Tode« (in: Deutsche Republik, 13.7.1928) hat Josef Wirth geschrieben: »Es ist richtig, daß in jenen düstern Tagen der Geschichte Deutschlands, wo wir um die Erhaltung der Einheit unseres Vaterlandes aufs tiefste besorgt waren und wo innerlicher Zerfall und Bürgerkrieg sich drohend auf uns herabzusenken schienen, ein katholischer Priester in die Reichskanzlei kam und mir einfach und schlicht in wenigen Worten und zugleich in ernster Form eröffnete, daß das Leben des Reichsministers Rathenau bedroht sei. Von mir selbst wurden Gegenfragen begreiflicherweise nicht gestellt. Der ganze Vorgang vollzog sich nur zwischen dem katholischen Geistlichen und mir. Ich war mir des Ernstes dieser Mitteilung wohl bewußt und machte darüber auch an die zuständige Stelle der Reichskanzlei selbst die entsprechende Mitteilung. Dann wurde Rathenau selbst gerufen. In eindringlichen Worten beschwor ich ihn, doch endlich seinen Widerstand gegen einen starken Sicherheitsdienst aufzugeben. In seiner bekannten und vielen seiner Freunde wohl vertrauten Art lehnte er diesen entschieden ab. Ich eröffnete ihm darauf den eben geschilderten Vorgang und frug ihn, ob er einsähe, daß der Schritt des katholischen Priesters eine hochernste Sache sei. Meine Mitteilung machte auf Minister Rathenau einen tiefen Eindruck. Bleich und regungslos stand er wohl zwei Minuten vor mir. Keiner von uns wagte auch nur mit einem Wort die Stille zu unterbrechen. Rathenaus Augen waren wie auf ein fernes Land gerichtet. Er kämpfte sichtlich lange mit sich. Plötzlich nahmen sein Gesicht und seine Augen den Ausdruck unendlicher Güte und Milde an. Mit einer Seelenruhe, wie ich sie nie an ihm gesehen hatte, näherte er sich mir, legte beide Hände auf meine Schultern und sagte: ›Lieber Freund, es ist nichts. Wer sollte denn mir etwas tun?‹«

Am Vormittag des 24. Juni 1922 verließ Rathenau sein Haus, um einen Termin im Auswärtigen Amt wahrzunehmen. Wie immer fuhr er durch die Koenigsallee, die dort, wo nach links die Erdener Straße und die Wallotstraße abzweigen, eine S-Kurve beschreibt. Die Polizeibegleiter hatte er fortgeschickt. Was weiter geschah, haben Augenzeugen berichtet.

Gegen 10 Uhr 50 sah Walter Krischbin, als Arbeiter auf einer Baustelle am Eingang zur Erdener Straße beschäftigt, zwei Autos: »In dem vorderen, langsamer fahrenden Wagen, der etwa die Mitte der Straße hielt, saß auf dem linken Rücksitz ein Herr, man konnte ihn genau erkennen, da der Wagen ganz offen, auch ohne Sommerverdeck war. In dem hinteren, ebenfalls ganz offenen Wagen, einem großen sechssitzigen, dunkelgrau gestrichenen starkmotorigen Tourenwagen, saßen zwei Herren in langen nagelneuen Ledermänteln mit ebensolchen Lederkappen, die nur noch das Gesichtsoval freiließen.«

Am Eingang zur S-Kurve, wo der erste Wagen abbremste, setzte der zweite zum Überholen an. Weiter Krischbin: »Als der große Wagen etwa um eine halbe Wagenlänge voraus war ..., bückte sich der eine Herr in dem feinen Ledermantel nach vorn, ergriff eine lange Pistole, deren Kolben er in die Achselhöhle einzog, und legte auf den Herrn in dem anderen Wagen an. Er brauchte gar nicht zu zielen, so nahe war es. Ich sah ihm sozusagen direkt ins Auge, es war ein gesundes offenes Gesicht, wie man so bei uns sagt, so'n Offiziersgesicht ... Da krachten auch schon die Schüsse, ganz schnell, so schnell wie bei einem Maschinengewehr. Als der eine Mann mit dem Schießen fertig war, stand der andere auf, zog ab – es war eine Eierhandgranate – und warf sie in den anderen Wagen, neben dem er dicht herfuhr. Vorher war der Herr schon auf seinem Sitz zusammengesunken, ganz zusammengesunken, und lag auf der Seite. Jetzt hielt der Chauffeur an, ganz an der Erdener Straße, wo ein Schutthaufen war, und schrie ›Hilfe – Hilfe‹. Der fremde große Wagen sprang plötzlich mit Vollgas an und brauste durch die Wallotstraße ab. Das Auto mit dem Erschossenen stand inzwischen an der Bordschwelle. In dem gleichen Augenblick gab's einen Krach, und die Eierhandgranate explodierte. Der Herr im Fond wurde von dem Druck ordentlich hochgehoben ...«

Bei dem Chauffeur Josef Prozeller heißt es: »Ich hielt mich vorschriftsmäßig auf der rechten Seite der Straße. Plötzlich hörte ich hinter mir mehrere Schüsse, ich drehte mich um, sah den Minister zusammensinken, wobei er mich groß ansah, bemerkte im selben Augenblick einen links vorbeifahrenden Wagen ... und hörte im selben Moment eine Detonation. Inzwischen war mein Wagen vollends zum Stehen gekommen, weil ich auf die Schüsse hin die Bremse scharf angezogen hatte.«

Jetzt griff eine junge Frau in das Geschehen ein, die Krankenschwester Helene Kaiser, die auf die Straßenbahn gewartet und auf einer Bank gesessen hatte: »Infolge des Knalles fuhr ich erschreckt zusammen, sprang hoch und sah in dem stehengebliebenen Auto den Insassen sich schräg nach der Seite hinüberlehnen und nahm an, daß er durch die Explosion verletzt sei. Ich eilte herüber, um ihm als Schwester Hilfe zu leisten. Als ich näher kam, sah ich, daß der Herr stark blutete am Gesicht und auch an den unteren Gliedmaßen und in dem Auto eine große Blutlache stand. Außerdem brannte der Mattenbelag des Autos. Ich trat das Feuer aus und stieg hinein ... Der Chauffeur wendete den Wagen, und ich sagte, als ich die schwere Verwundung sah, ›Schnell, schnell, zum Arzt‹. Hierauf erwiderte der Chauffeur, daß er in fünf Minuten zu Hause sei. Ich stützte den Herrn, und auf der Fahrt zur Hundekehle merkte ich, daß er in meinen Armen verschied.«

Der Schriftsteller Hermann Sudermann, der in der Nähe wohnte und mit Rathenau befreundet war, erfuhr gerüchteweise von dem Mord: »Ich eiskalt vor Entsetzen und hoffend, es sei nicht wahr, renne die paar Schritte zu Rathenaus Haus, sehe Autos zu Hauf und flüsternde Gruppen – frage – ja, es sei wahr ... Der Diener packt losweinend meine Hand. Und dann gehen wir ins Arbeitszimmer. Da liegt vorm Schreibtisch auf der Erde, mit weißem Laken bedeckt, ein längliches Etwas. Schlage das Laken zurück: Sein Gesicht, der rechte Unterkiefer durch eine drei Finger breit klaffende Wunde gespaltet, der weißgewordene Spitzbart durch darüber geronnenes Blut wieder braun.«

Eine beispiellose Großfahndung begann, doch zunächst tappte die Polizei im Dunklen. Für »sachdienliche Hinweise« wurde eine

Million Mark ausgelobt, später die Summe noch erhöht. Tatsächlich kam man so ans Ziel, fand den Wagen der Attentäter in einer Berliner Garage und verhaftete am 27. Juni den Fahrer, Ernst Werner Techow. Die Namen der Mörder wurden bekannt: Hermann Fischer, Ingenieur, 26 Jahre alt, und Erwin Kern, Marineoffizier a. D., 24 Jahre alt. Nach einer langen Verfolgungsjagd stellte man beide am 17. Juli in der thüringischen Burg Saaleck; im Kugelwechsel mit der Polizei wurde Kern erschossen, und Fischer erschoss sich selbst. Die Suche nach den Hintermännern führte, wie schon beim Mord an Matthias Erzberger, zur »Organisation Consul« des ehemaligen Korvettenkapitäns Hermann Ehrhardt; sie war entstanden, als die in der ersten Nachkriegszeit gebildeten Freikorps, darunter die »Brigade Ehrhardt«, aufgelöst wurden. Zu denen, die als Mitwisser und Helfershelfer gefasst und zu Zuchthausstrafen verurteilt wurden, gehörte Ernst von Salomon (1902–1970), der dann Bücher wie »Die Geächteten« (1930) und nach dem Zweiten Weltkrieg den Bestseller »Der Fragebogen« (1951) schrieb.

Schon am 25. Juni war eine Notverordnung zum Schutz der Republik ergangen, etwas später als Reichsgesetz verabschiedet. Noch am selben Tag, einem Sonntag, trat der Reichstag zu einer Sondersitzung zusammen. Als Karl Helfferich erschien und jemand ihm auch noch – wohl eher zufällig – einen Blumenstrauß überreichte, entstand ein ungeheurer Tumult. Republikanische Abgeordnete drangen mit den Fäusten und mit dem Ruf »Mörder, Mörder!« auf ihn ein, bis er kreidebleich den Raum verließ. Reichskanzler Wirth hielt eine große und leidenschaftliche Rede. Sie endete, indem er zur rechten Seite des Plenarsaales wies, mit den Worten: »Da steht der Feind, der sein Gift in die Wunden eines Volkes träufelt. Da steht der Feind – und darüber kann kein Zweifel sein: dieser Feind steht rechts.«

Der Historiker Hagen Schulze hat dazu gesagt: »Es war eine begeisternde Rede, ein Höhepunkt parlamentarischer Rhetorik, ein Fanal republikanischen Geistes, nur eines war sie nicht: sie war nicht klug. Denn solchermaßen mit den Deutschnationalen auf die Anklagebank verwiesen, fühlte sich [die rechtsliberale] DVP-Führung gekränkt.« Aber gibt es nicht Augenblicke, an denen das Fanal wichtiger wird als taktisches Geschick? Krankte die Republik nicht allzuoft daran, dass sie bloß klug war und die Rhetorik, die begeisternden Reden, die Wirkung der Fanale ihren Feinden überließ?

Was sonst noch geschah, hatte wohl niemand erwartet. Harry Graf Kessler berichtet als Augenzeuge: »Draußen marschierte an diesem Sonntag die Arbeiterschaft. Hunderttausende zogen vom frühen Morgen bis zum späten Nachmittag unter schwarz-rot-goldenen und roten Fahnen in vier Kolonnen nebeneinander schweigend in Trauer durch die Straßen des [Berliner] Westens ... Rathenaus Beisetzung fand am Dienstag, den 27. Juni, statt. Der Sarg wurde im Sitzungssaal des Reichstages aufgebahrt. Unter der großen schwarz-rot-goldenen Fahne stand er dort, wo sonst der Präsidentenstuhl steht. Attachés des Auswärtigen Amtes bildeten die Totenwache. In der Kaiserloge saß wachsbleich und wie zu Stein geworden Rathenaus Mutter und blickte immer nur starr hinunter auf den Sarg. Ebert hielt die Totenrede: ›Die verruchte Tat traf nicht den Menschen Rathenau allein, sie traf Deutschland in seiner Gesamtheit.‹ Die Gewerkschaft hatte eine allgemeine Arbeitsruhe im ganzen Reich von Dienstag 12 Uhr bis Mittwoch früh beschlossen. Ungeheure Demonstrationszüge, wie sie Deutschland noch nicht gesehen hatte, durchzogen geordnet unter republikanischen Fahnen alle deutschen Städte, über eine Million Menschen in Berlin, hundertfünfzigtausend in München, in Chemnitz, hunderttausend in Hamburg, Breslau, Elberfeld, Essen. Nie hatte Deutschland einen seiner Bürger so geehrt. Den Widerhall, den Rathenaus Leben und Denken nicht gefunden, fand jetzt sein Tod.«

Ein erstaunliches Ereignis in der Tat, bis hin zur Paradoxie, die ein Journalist beschrieb: »Der Leiter eines der größten kapitalistischen Betriebe der Welt war getötet worden – kommunistische Arbeiter weinten an seinem Grab und fluchten den Mördern.«

Massenkundgebungen bleiben freilich abstrakt: bloße Bilder, die nur selten bewegen, wenn man sie aus der Ferne betrachtet. Darum seien noch drei persönliche Zeugnisse angeführt. Thomas Mann, der noch gegen Ende des Ersten Weltkriegs den alten Obrigkeitsstaat verteidigt hatte, bekannte sich unter dem Eindruck des Mordes zum neuen Staat und beendete seine Aufsehen erregende Rede vor unwillig scharrenden Studenten mit dem Ruf: »Es lebe die Republik!« Und einer der damaligen Studenten, der spätere Bundespräsident Gustav Heinemann, notierte in seinem Tagebuch:

»Reichsminister Dr. Rathenau erschossen! Ich kann es nicht begreifen. Wut und Empörung, Ekel wechseln ab mit einem schaudernden Entsetzen, daß ein Mensch wie Rathenau auf solch eine Weise von Mitmenschen aus allem Schaffen und Streben herausgerissen wird ... dieser umfassende, edle, schlechthin große Geist.«

Als naher Freund hat Ernst Troeltsch Rathenau gewürdigt: »Er war ein glänzend begabter Mensch, ein feuriger und entschlossener Patriot und vermochte als anerkannter Schriftsteller und als Jude in diesem Moment Eigenschaften für die deutsche Sache einzusetzen, die ihr so nützlich waren, als in dem furchtbaren Zustande überhaupt etwas nützlich sein kann ... Seine eigentliche Lebensidee war die einer geistigen Führung der Nation.« Er hielt »das vergröberte Nietzschetum, den brutalen Zynismus einer scheinbar heroischen Schneidigkeit, den überheblichen und kurzsichtigen Kastengeist und Egoismus der zu keiner Konzession zu bewegenden Herrenschicht ..., die Verantwortungslosigkeit unserer in schwieriger Situation alle Welt aufreizenden Intellektuellen, die einseitig geschäftliche, politisch und geistig gleichgültige Haltung unserer Großindustriellen für unser schwerstes Unglück ... Er ist völlig logisch gerade dem Geiste erlegen, den zu bekämpfen er für seine Hauptaufgabe gehalten hat und den er in seiner praktischen Gefährlichkeit erkannt, aber nie gefürchtet hat. – Rathenau ist auf der Schanze und im Bewußtsein der Gefahr, in der er schwebte, gefallen, allen Freunden ein grauenvoller Schmerz, für das Vaterland eine Katastrophe, für das Ausland eine Unbegreiflichkeit.«

Es bleibt die Frage nach den Motiven der Mörder. Galt der Anschlag dem Juden? Wurde als Fanal vorweggenommen, was nach Auschwitz führte? Im Rückblick spricht vieles dafür; man denke nur an die Hetzparole, die wir zitiert haben. Der Historiker Felix Gilbert – 1905 in eine der führenden jüdischen Familien Berlins hineingeboren, 1933 erst nach England, dann in die Vereinigten Staaten emigriert, also gewiss kein Kronzeuge der Beschwichtigung – hat allerdings gesagt: »Für den Mord an Rathenau hat man in erster Linie den Antisemitismus verantwortlich gemacht; meiner Ansicht nach ist diese Interpretation von dem geprägt, was zehn Jahre später in Deutschland geschah. Zur Zeit des Mordes sahen wir im Antisemitismus nicht das entscheidende Motiv.«

Doch was dann? Die Antwort liegt auf der Hand: Der Anschlag galt einer Symbolfigur der Republik. Dafür spricht schon, dass im Hintergrund der Täter die gleiche Geheimorganisation stand wie bei der Ermordung des katholischen Matthias Erzberger. Die Schüsse zielten auf den Geist der Aufklärung im Sinne Immanuel Kants, auf den Geist der Freiheit im Sinne der deutschen Revolution von 1848, auf die demokratische Ordnung und den Rechtsstaat im Sinne der Weimarer Reichsverfassung. Eben dies muss man als ein Zeichen für das Kommende deuten, und hierzu war alles nützlich, was zum Ziel führte, natürlich auch der Hass auf die Juden. Ihre Vernichtung signalisierte und vollzog die Vernichtung von Freiheit und Gleichheit, den Triumph von Herrschaft und Unterwerfung. Dass dabei der persönliche Traum Walther Rathenaus von der preußisch-jüdischen oder deutsch-jüdischen Vereinigung zerstört wurde, versteht sich und gehört zur Sache.

Wenn wir aber die Geschichte nicht nur aus dem Rückblick erfassen, sondern sie als eine vergangene Gegenwart rekonstruieren, dann erkennen wir, dass es der Weimarer Republik nicht vorbestimmt war, so zu sterben, wie Rathenau starb. Das zeigt der Widerhall seines Todes. Von dieser wie von jeder Gegenwart aus erscheint die Zukunft als ein offenes Feld, und was auf ihm geschieht, hängt von der Verantwortung ab, die wir übernehmen oder versäumen. Und weil die Geschichte von Menschen gemacht wird statt vom blinden Geschick, wird manchmal sogar die Vergebung möglich. Kessler berichtet von Rathenaus Mutter:

»Zuerst war sie ganz Rache, wollte nur noch Helfferich schreiben, er sei der Mörder ihres Sohnes, dann sterben. Nachher aber überwand sie sich, wie ihr Sohn sich überwunden hätte, und schrieb an die Mutter des einen überlebenden Täters, Techow, den folgenden Brief: ›In namenlosem Schmerz reiche ich Ihnen, Sie ärmste aller Frauen, die Hand. Sagen Sie Ihrem Sohn, daß ich ihm im Namen und Geist des Verstorbenen verzeihe, wie Gott ihm verzeihen möge, wenn er vor der irdischen Gerechtigkeit ein volles offenes Geständnis ablegt und vor der göttlichen bereut. Hätte er meinen Sohn gekannt, den edelsten Menschen, den die Erde trug, so hätte er die Mordwaffe eher auf sich selbst gerichtet, als auf ihn. Mögen diese Worte Ihrer Seele Frieden geben. Mathilde Rathenau.‹«

Georg Elser

Jedermann sei Untertan der Obrigkeit, die Gewalt über ihn hat«: Jahrhunderte hindurch ist das den Deutschen als Gebot Gottes verkündet worden. Eine massenwirksame Predigt zum Aufruhr hat es nicht gegeben, zumindest seit den Tagen Thomas Münzers nicht mehr. Das war im 16. Jahrhundert und lag weit zurück. Immer blieb seither die Geschichte des Widerstandes die seiner Niederlagen; Siegesbeispiele zum Mutmachen ließen sich nirgendwo finden.

Noch im 19. Jahrhundert war es nicht anders. Georg Büchner hat mit dem »Hessischen Landboten« und seiner Parole »Friede den Hütten, Krieg den Palästen« wenig erreicht; er starb 1837 im Exil, noch nicht einmal 24 Jahre alt. Die Revolution von 1848 scheiterte, und ein Aderlass schloss sich an: Viele tausend Menschen, deren Herz für die Freiheit schlug, verließen ihre Heimat und zogen nach Amerika. Überhaupt kann man die Auswanderung als ein Ventil für die Unzufriedenheit kaum wichtig genug nehmen.

Bismarck, dem konservativen Revolutionär, gelang ein doppelter Geniestreich: Er erfüllte die Jahrhundertsehnsucht der Deutschen nach nationaler Einheit und Größe und gewann – eben damit – das oppositionelle Bürgertum für einen Staat, der in seinen wesentlichen Machtstrukturen und Verhaltensmustern kein neuer, sondern der alte war. Die Erziehungsarbeit der Sozialdemokraten trat dann hinzu. Sie disziplinierte die Arbeiterschaft zu Ordnung und Geduld; der Anarchismus hatte hierzulande nie eine Chance.

Unsere klassische Literatur siedelt Helden des Widerstandes wie Wilhelm Tell oder den eher halbherzigen Egmont in einer unanstößigen Ferne an. Als »typisch« deutsch kann allenfalls Michael Kohlhaas gelten: ein Mann, der für sein Recht mit dem Kopf durch die Wand geht und ihn dabei verliert. Vielleicht ist noch der Wilddieb, der »Freischütz« populär, als Ärgernis für die Obrigkeit oder für die Barone, Grafen und Fürsten, die über das Jagdmonopol verfügen.

Die »Revolution« vom November 1918 ist eher als Hunger- und Verzweiflungsrevolte zu kennzeichnen; sie traf ein Herrschaftssystem, dessen Zusammenbruch sich bereits abzeichnete. Und die Matrosen der kaiserlichen Schlachtflotte taten nur, was sie mussten, um der Bestrafung zu entgehen, nachdem sie den vollkommen sinnlosen Einsatz kurz vor Kriegsende verweigert hatten. In der Wiederherstellung von Ruhe und Ordnung als vordringlicher Aufgabe war man sich von den Sozialdemokraten bis zu den Konservativen über alle sonstigen Gegensätze hinweg einig; die spartakistischen, dann kommunistischen Aufstandsversuche wurden von der Armee und den Freikorps so entschlossen wie blutig niedergeworfen. Die Masse der politischen Anschläge und Morde wurde ohnehin nicht von »links«, sondern von »rechts« verübt.

Die nationalsozialistische »Machtergreifung« erschien dann sehr bald einer wachsenden Mehrheit der Deutschen wiederum als Wiederherstellung der ersehnten Ruhe und Ordnung; wer jetzt noch oder nun erst recht Gewalt üben wollte, konnte es im Namen der Ordnung, im traditionsreichen Gefüge von Befehl und Gehorsam tun, zunächst in den Reihen der SA. Aber weil die sich als undiszipliniert erwies, wurde sie im mörderischen Handstreich entmachtet; an ihre Stelle trat die SS.

Kurzum: Auf einen Widerstand gegen die Gewaltherrschaft oder gar darauf, sie mit Gewalt zu beseitigen, waren die Deutschen nicht vorbereitet. Wer immer sie wegen ihres Versagens anklagt – mit einer moralischen Empörung im Nachhinein, die preiswert und risikolos das Versäumte nachholt –, sollte jedenfalls die historischen Umstände in Rechnung stellen, von denen eben die Rede war. Ein Beispiel für viele: Generaloberst Ludwig Beck hat sich spät, zu spät, zum Widerstand entschlossen und dafür mit seinem Leben bezahlt. Im Jahre 1938 nahm er die Stellung eines Chefs des Generalstabs ein. Aber als man ihn zum Vorgehen gegen die SS und gegen Hitler drängte, sprach er empört von »Meuterei«, von »Revolution« und erklärte: »Diese Worte gibt es nicht im Lexikon eines deutschen Offiziers.« Man ist versucht, die Einschränkung auf den Offizier wegzulassen und von einem deutschen Lexikon zu sprechen. Statt zu handeln, reichte Beck dann seinen Rücktritt ein.

Der Widerstand, der sich tatsächlich entwickelte, ist um so höher einzuschätzen. Ganz überwiegend stammte er aus traditionellen Milieus, sei es aus dem proletarischen, dem kirchlichen oder dem preußischen und militärischen. Er ist opferreich geleistet worden, im Einzelnen nicht ohne Erfolg, doch ganz überwiegend als Verteidigung dieser Milieus gegen ihre Einebnung, das heißt ohne Absicht und Aussicht, die Gewaltherrschaft insgesamt zum Einsturz zu bringen. Wieder im Beispiel: Die evangelische »Bekennende Kirche« verteidigte den Glauben gegen die »Deutschen Christen«, die eher Hitler als Jesus zu ihrem Heiland erkoren. Doch wie gewohnt wurde in den Kirchen für die Obrigkeit gebetet; nur wenige, wie der Pfarrer Dietrich Bonhoeffer, rangen sich zu einem weitergehenden Widerstand durch. Es war, wie Joachim Fest gesagt hat, ein langer Weg zum Staatsstreich des 20. Juli 1944.

Für die gewöhnlichen Bürger, sofern sie nicht, wie die meisten, Hitler von Herzen zujubelten, blieb offenbar nur, sich abseits zu halten, soweit das möglich war, weiterhin »Guten Tag« oder »Grüß Gott« statt »Heil Hitler« zu sagen, heimlich zu murren, unbotmäßige Nachrichten oder Witze zu verbreiten und vor allem: anständig zu bleiben in dem Sinne, dass man niemanden denunzierte und manchmal sogar den Verfolgten half. Angesichts der Umstände war das nicht wenig und sollte nicht im rückblickenden Hochmut abgeurteilt werden. Natürlich wusste man, je mehr man das Regime verabscheute desto deutlicher, dass sich damit das Unheil nicht aufhalten ließ. Doch man resignierte oder beruhigte sich mit der Feststellung: Was denn mehr sollte man tun, als sich heimlich zu distanzieren und damit ein halbwegs gutes Gewissen zu bewahren?

Vor dem Hintergrund des Gesagten nimmt sich Georg Elser umso erstaunlicher aus – nicht als exemplarischer Deutscher, sondern als ein denkwürdiger Außenseiter. Er war ein einfacher

Mann ohne höhere Bildung. Kein fest begründetes Milieu, keine Organisation, Partei oder Weltanschauung stand hinter ihm. Er verfügte über keine Helfer und von Hause aus über keinerlei Machtmittel. Aber er glaubte und bewies, dass man etwas tun konnte. Er wollte den Tyrannen töten und kam mit seinem Attentat auf Adolf Hitler näher ans Ziel als jeder andere, der es versuchte. Ohne Anleitung baute er die perfekte Höllenmaschine und berechnete ihre Wirkung weitaus exakter als fronterfahrene Offiziere Stauffenbergs Bombe. Zudem unternahm er sein Attentat schon am Anfang und nicht erst in der Spätphase des Zweiten Weltkriegs. Er wollte das Unheil aufhalten, und mit hoher Wahrscheinlichkeit hätte sein Erfolg die deutsche und europäische Katastrophe abgewendet, Auschwitz und die Judenvernichtung eingeschlossen. Nur der Zufall, ein lächerlich wirkender Umstand, verhinderte dies. Um es mit dem gebührenden Respekt zu sagen: Unter all denen, die mit dem Einsatz des eigenen Lebens jemals versucht haben, Menschenleben zu retten, gehört dieser unscheinbare Mann zu den größten Gestalten.

Georg Elser wurde am 4. Januar 1903 in einem kleinen Dorf, dem württembergischen Hermaringen, geboren. Bald darauf zogen die Eltern in das etwas größere Königsbronn, ungefähr in der Mitte zwischen Aalen und Heidenheim. Kriminalistischer Wahn hat die Ahnentafel nach Verbrechern durchsucht. Doch es gab sie nicht, nur eine auffällige Häufung von unehelichen Geburten, wie sie typisch sind für karge Verhältnisse, in denen man nur spät, falls überhaupt, zu dem Auskommen gelangt, das eine Familie trägt. In diesem Falle handelte es sich um die notorische Armut der schwäbischen Alb; Ähnliches findet man überall, wo es zwar malerisch aussieht, aber der Boden und die Verkehrslage im Abseits wenig hergeben und erst der motorisierte Tourismus einige Abhilfe geschaffen hat, zum Beispiel im Hunsrück, in der Rhön, im Bayerischen Wald oder im österreichischen Waldviertel, aus dem Hitlers Vorfahren stammen.

Der Vater, Ludwig Elser, wuchs im Gewimmel von 18 Geschwistern auf einem Bauernhof in Ochsenberg heran. Die Großeltern der Mutter, Maria Müller, betrieben neben etwas Landwirtschaft eine Wagnerei. Ludwig Elser, anfangs ein tüchtiger und sparsamer Mann, arbeitete zunächst als Mühlenfuhrmann, kaufte dann mithilfe einer kleinen Erbschaft sein eigenes Anwesen und eröffnete einen Holzhandel. Die Last der zugehörigen Landwirtschaft fiel auf Frau und Kinder; schon sehr früh musste der zuerst geborene Georg Elser entweder auf dem Acker mithelfen oder die Geschwister hüten. Nach und nach wurden vier Schwestern und zwei Brüder geboren, von denen einer noch vor seinem sechsten Geburtstag starb. Aber nicht dieser Kindstod, in der damaligen Zeit beinahe alltäglich, warf finstere Schatten auf das Familienleben, sondern die zunehmende Trunksucht des Vaters; man könnte vom Ruch der Armseligkeit sprechen, den viele Chroniken überliefern. (Auch heute gibt es ein Trinkerelend, aber man kann ihm, wie dem Anblick des Siechtums und des Todes, leichter ausweichen als früher.) Was diese Trunksucht bedeutete, wird in dem Lebens- und Tatbericht sichtbar, den nach dem Attentat Beamte der Geheimen Staatspolizei zu Protokoll nahmen. In der späteren Veröffentlichung umfasst der Bericht 130 Druckseiten; es heißt darin:

»Nicht jeden Tag, aber oft kam mein Vater sehr spät nach Hause. Soviel ich weiß, war er sehr oft im Wirtshaus. Meine Mutter hat uns Kindern erzählt, daß sie oft vom Vater geschlagen werde ... Es kam vor, daß wir vom Vater, wenn er nachts nach Hause kam, noch zu irgend etwas, zum Beispiel zum Stiefelausziehen, aus dem Bett geholt wurden ... Von meinem Vater habe ich überhaupt nur Schläge bekommen und dies oft, wenn ich etwas angestellt hatte. Auch von meiner Mutter habe ich gelegentlich, nicht oft, Schläge bekommen. Aufgewacht sind wir nachts immer, wenn mein Vater im Rausch nach Hause kam. Beim Betreten des Hauses hat er immer schon geschimpft. Es war nicht nur so, daß mein Vater etwa nur samstags betrunken war, es kam auch wochentags, ganz unterschiedlich vor.«

Einmal, im Jahre 1910, als ihr Mann sie wieder einmal geschlagen hatte, flüchtete die Mutter: »Sie hat sich während dieser Woche mit uns Kindern in Hermaringen bei ihren Eltern aufgehalten. Eine Schwester meines Vaters veranlaßte meine Mutter wieder zur Rückkehr nach Königsbronn.« Nichts besserte sich, im Gegenteil, über eine spätere Zeit heißt es: »Ich bin seinerzeit mit der Bahn nach Königsbronn zu meinen Eltern gefahren. Dort hatte ich mit meinem Bruder ein Zimmer inne. Über die Rückkehr waren meine Mutter und mein Bruder sehr erfreut. Mein Vater hat diese Rückkehr mit Gleichgültigkeit hingenommen. Ich mußte feststellen, daß meine Eltern durch den Holzhandel meines Vaters stark verschuldet waren. Die Höhe der Schulden kann ich nicht angeben. Die Schulden sind insbesondere darauf zurückzuführen, daß mein Vater Holz zu hoch eingesteigert hat und dieses nur mit Verlust wieder weiterverkaufen konnte. Durch meinen Onkel E. E. in Königsbronn habe ich erfahren, daß mein Vater bei den Holzversteigerungen stets unter Alkoholeinfluß gestanden und nur deshalb hohe Preise geboten hat ... Einen Einfluß konnten weder meine Mutter noch mein Bruder auf ihn ausüben.«

Ein Stück Acker nach dem anderen wurde zwangsweise verkauft. Und schließlich, Ende 1935, »waren die Schulden bereits so groß, daß mein Vater das [ganze] Anwesen verkaufen mußte. Er hat das Anwesen, daß meiner Schätzung nach 10 000 bis 11 000 RM wert war, mit 6500 RM an den Viehhändler M. in Königsbronn veräußert. M. war stets mit meinem Vater in Wirtschaften, wo sie zusammen getrunken haben. Von dem Erlös des Anwesens erhielt meine Mutter 2000 RM. Den Restbetrag verwandte mein Vater zum Bezahlen seiner Schulden und zum weiteren Trinken. Das Anwesen wurde dann auch verkauft und von dem Viehhändler M. bezogen. Bei dem Verkauf war vereinbart worden, daß ein kleines Zimmer meinem Vater weiterhin zur Verfügung steht. Er hat dies weiterhin bewohnt.« Die Mutter dagegen zog zu einer inzwischen verheirateten Tochter nach Schnaitheim.

So zerfiel die Familie, die bereits seit langem bloß noch durch den Druck der Verhältnisse zusammengehalten worden war; nur noch einmal, zwangsweise und kurzfristig, sah man sich wieder – bei der Verhaftung nach Georgs Attentat. Von Geborgenheit und von Glück, das auch in der ärmsten Hütte zu Hause sein soll, darf man wahrlich nicht sprechen. Falls man aus den Umständen dieser Kindheit überhaupt eine Folgerung ziehen kann; dann wohl die, dass in ihr und besonders im Verhältnis zum Vater Elsers Empfindsamkeit gegenüber autoritärer Gewalt angelegt war.

1910, mit sieben Jahren, bezog der Junge die Schule und verließ sie 1917. Geprügelt wurde auch hier, aber mit Maßen.

»Schläge bekam ich immer nur dann, wenn ich meine Hausaufgaben nicht richtig gemacht hatte.« Dieser Fall trat allerdings häufig ein, weil am Nachmittag die Mithilfe in der Landwirtschaft oder die Betreuung der Geschwister gefordert wurde und wichtiger war als die Schularbeiten. Elser blieb ein mittelmäßiger Schüler, abgesehen vom Rechnen, Zeichnen und Schönschreiben; seine Begabung richtete sich aufs Handwerkliche, Praktische, auf das, was sich im Wortsinne begreifen, anfassen, formen und herstellen ließ. Wenn man den Schwaben nachsagt, dass sie zu den Tüftlern gehören, die sich im Grübeln und in ihrer zielstrebigen Genauigkeit von niemandem übertreffen lassen, dann war Elser ein bodenständiges Produkt seiner Heimat.

Gleich nach der Volksschule begann Georg Elsers Lehre als Eisendreher, wahrscheinlich darum, weil der Schulfreund Eugen Rau damit anfing. Allerdings vertrug er den Eisenstaub nicht; er bekam Fieber und Kopfschmerzen und brach schließlich die Lehre ab. Ohnehin fühlte er sich eher zum Holz hingezogen. So trat er am 15. März 1919 eine zweite Lehre beim Königsbronner Schreinermeister Sapper an. Als Wochenlohn erhielt er im ersten Lehrjahr eine Mark, im zweiten zwei, im dritten drei oder vier Mark. Die neue Arbeit gefiel ihm, und die Gewerbeschule in Heidenheim beendete er als Bester seines Jahrgangs.

Der Schreinermeister Sapper wollte seinen tüchtigen Gesellen behalten, aber 1923 wechselte Elser, um in einer Möbelfabrik in Aalen zu arbeiten. Doch nur für ein paar Monate; als die Inflation ihren bizarren Höhepunkt erreichte und den Wochenlohn schon entwertete, bevor er ausgezahlt war, kündigte er und half für einige Zeit – nur gegen freie Unterkunft und Verpflegung – dem Vater auf seinem Holzplatz und der Mutter in der Landwirtschaft. 1924 folgte die Arbeit in einer Möbelschreinerei in Heidenheim.

Auch hier blieb er nicht lange. Angesichts der bedrückenden Verhältnisse im Elternhaus strebte er fort »in die Fremde«, verständlich genug, und zur Fremde gehörten nach den Maßstäben der Schwäbischen Alb schon Gebiete am Bodensee. Ein Zufall verhalf Elser zu einer Stelle in der Schreinerei Wachter in Bernried bei Tettnang. Als einziger Angestellter wohnte er bei seinem Meister und wurde am Familientisch auch beköstigt; der Wochenlohn von acht bis zwölf Mark kam noch hinzu. Aber nach sechs Wochen wanderte der Geselle weiter; Bernried war ein winziges Dorf mit wenigen, weit verstreuten Häusern – zu einsam für einen jungen Mann.

Das Arbeitsamt Friedrichshafen vermittelte eine Stellung bei der Firma »Dornier-Metallbauten« in Manzell. Das war nun kein Kleinbetrieb mehr, sondern ein aufstrebendes und hoch modernes Unternehmen, das Flugboote baute; das neueste Produkt, der »Wal«, errang eine ganze Serie von Weltrekorden. Man schrieb das Jahr 1925; vier Jahre später entstand die berühmte »DO-X«: riesig für die damaligen Verhältnisse, freilich auch so schwerfällig, dass sie sich nur mit Mühe aus dem Wasser erhob. Dorniers Flugboote waren Metallkonstruktionen, aber die Propeller wurden nach wie vor aus Holz gefertigt, in unterschiedlichen Größen und Formen, und eine Präzisionsarbeit war gefragt, für die der Schreinergeselle sich ohnehin begeisterte.

Sogar ohne Ausblick auf die Rüstungskonjunktur der dreißiger Jahre gehörte einem Unternehmen wie Dornier die Zukunft. Und eigentlich hätte auch Elser hier eine gesicherte Zukunft finden können, vielleicht – angesichts seiner handwerklichen Fähigkeit und Phantasie – mit einem Aufstieg zum Werkmeister verbunden, zum guten Ende mit Frau und Familie; vermutlich hätte dann die Welt nie etwas von ihm erfahren. Dennoch kündigte er wieder; eine seltsame Rastlosigkeit zog ihn fort und einmal mehr der Mangel an geselligem Umgang. War nicht Konstanz ein ganz anderer Ort, nach den Maßstäben von Königsbronn beinahe schon eine Groß- und Weltstadt, in der man sich Musik-, Trachten- oder Wandervereinen anschließen konnte?

Arbeit fand sich bei einem Uhrenhersteller, der die Uhrwerke aus dem Schwarzwald bezog und selbst die Gehäuse für Tisch-, Wand- und Standuhren erbaute. Es handelte sich freilich um ein chronisch krankes Gewerbe. Aus der Hausuhren-Fabrik Winterhalder wurde die »Constantia« von Rudolf Metzner und Georg Fuchs, daraus dann die Uhrenfabrik Schuckmann & Co. Zu den Übergängen gehörten für Elser Perioden der Arbeitslosigkeit, und 1929 kam mit der einsetzenden Wirtschaftskrise das Ende: Der Inhaber der Firma wusste sich nur noch durch Brandstiftung zu helfen, um die Versicherungssumme zu kassieren. Aber die Polizei erwies sich als tüchtiger und deckte den Betrug auf.

Elser klammerte sich an Konstanz und kam zunächst bei der Schreinerei Schönholzer im eidgenössischen Bottighofen unter. Das lag nur wenige Kilometer von Konstanz entfernt; mit einem Fahrrad und einer Karte für den kleinen Grenzverkehr gerüstet, fuhr er täglich dorthin. Der Stundenlohn betrug einen Franken und 30 Rappen, umgerechnet etwas mehr als eine Mark. Aber die Wirtschaftskrise traf auch die Schweiz; nach einem halben Jahr stand Elser wieder beim Arbeitsamt an – und noch einmal mit Erfolg: Diesmal, 1930, handelte es sich um eine Uhrenfabrik in Meersburg, mit der Fährverbindung über den Bodensee leicht zu erreichen. Hier wurde das Vergleichsverfahren der Firma erst im Frühjahr 1932 eröffnet. Weil es nun keinen anderen Ausweg mehr gab, kehrte Elser nach Königsbronn zurück, wie Millionen von Menschen ein Opfer von undurchsichtigen Weltereignissen, die an der Börse von New York begannen und in Deutschland die Massenbewegung in Gang setzte, die Hitler an die Macht trug.

Im Elternhaus richtete Elser sich eine eigene kleine Werkstatt ein und fertigte an oder reparierte, was Bekannte ihm zutrugen. Bei Lichte betrachtet, handelte es sich um Schwarzarbeit. Zwischendurch, vom Juli bis zum November 1934 und vom Juni bis zum September 1935, war er für den Königsbronner Schreinermeister Eugen Grupp tätig, jetzt für einen Stundenlohn von 55 Pfennigen. Grupp hat seinem Gesellen ein glänzendes Zeugnis ausgestellt:

»Wenn er seine Arbeit fertig hatte, stellte er sich davor und schaute sie lange nachdenklich an. Dann ging er zwei- bis dreimal um den Werktisch, betrachtete das Stück von allen Seiten, klopfte daran, rüttelte, prüfte alles. Ging noch einmal zurück in langem Abstand. Prüfte nochmals eingehend – erst dann wurde das Stück abgeliefert. Dann konnte man sich darauf verlassen, daß Georg am nächsten Tag bei den Leuten auftauchte und sagte, er möchte gern nochmals das Stück sehen, schauen, ob alles in Ordnung sei. Dann prüfte er es noch einmal. Er war wirklich geradezu von einer peniblen Art. Er arbeitete äußerst korrekt ... Er war ein guter Handwerker, grundanständig und ehrlich. Und Überstunden machte er, daß es eine Lust war. Wenn etwas fertig zu machen war, dann machte er es. Es war nur nötig, daß meine Frau ihm ein Stück Kuchen auf die Werkbank stellte, dann war er zufrieden. Er hat immer für sich alleine geschafft. Er war ein richtiger Einzelgänger.«

Und an anderer Stelle: »Einmal habe ich mir überlegt, ob wir nicht mal ein komplettes Schlafzimmer herstellen sollten. Das war damals für einen kleinen Betrieb etwas Außergewöhnliches.« Grupp zeigte seinem Gesellen Bilder aus dem Katalog einer großen Möbelfabrik, doch Elser bestand darauf, es anders und besser zu machen. Er fertigte seine eigenen Zeichnungen an und ging ans Werk. Nach zwei Wochen war das Schlafzimmer fertig und so gelungen, dass Grupps Frau es behalten wollte und sich nur mit Mühe zum Verkauf überreden ließ.

Bei Elser klingt es etwas anders: »Im Herbst 1936 habe ich bei Grupp selbst gekündigt, nachdem mir einesteils die Entlohnung zu gering war, andernteils er mich immer belehren wollte, obwohl er nicht die Fähigkeiten wie ich besaß.« Doch immerhin: »Ich bin im Guten von Grupp geschieden.«

»Er war ein richtiger Einzelgänger«: Das passt nur zu gut ins Bild von dem einsamen Attentäter, der niemanden ins Vertrauen zieht. Oder war er gar ein verschrobener, menschenscheuer Sonderling? Nein, keineswegs; man darf den Mann, der penibel auf das Gelingen seiner Arbeit bedacht ist, nicht mit dem alltäglichen Georg Elser verwechseln. Der war ein Mensch, der Musik, Gesang und die Geselligkeit liebte; nichts anderes hatte ihn mit solcher Macht nach Konstanz gezogen. Hier trat er dem Trachtenverein »Oberrheintaler« bei, kaufte eine Konzertzither und gab sogar Geld für Lehrstunden aus. Bald wurde er zum wichtigen, beinahe unentbehrlichen Mitglied des Vereinsorchesters. Ebenso schloss er sich den Konstanzer »Naturfreunden« an und wanderte mit ihnen. Als er, von der Weltwirtschaftskrise vertrieben, nach Königsbronn zurückkehrte, trat er dem dortigen Musikverein bei.

Gewiss, Georg Elser war ein eher stiller Mensch. Er beobachtete lieber und hörte zu, als dass er, wie so viele andere, laut dröhnend daherschwadronierte. Dennoch mochte er das Beisammensein mit Gleichgesinnten und taugte zur Freundschaft; mit seinem Schulgefährten Eugen Rau ist er immer verbunden geblieben.

Übrigens mochten ihn die Frauen, gerade weil er im Gegensatz zu den meisten jungen Männern eher still als laut, eher zärtlich als derb auftrat und nur sehr mäßig trank. »Ich hatte dort [in Konstanz] die Bekanntschaft von mehreren jungen Mädchen gemacht, so daß meine Zeit ausgefüllt war«, heißt es im Verhörprotokoll. »Auch einige, mit denen ich länger gegangen bin.«

Das Verhältnis zur Kellnerin Mathilde Niedermann geriet stürmisch und sozusagen naturwüchsig außer Kontrolle: Mathilde wurde schwanger. Das Paar, dessen Zuneigung bereits erkaltete, dachte an Abtreibung statt an Heirat: »Es wurde uns seinerzeit, als sie glaubte, daß sie im zweiten Schwangerschaftsmonat sei, eine Adresse in Genf genannt, wo dies beseitigt werden würde. Wir fuhren gemeinsam, das heißt Mathilde und ich, nach Genf. Mathilde wurde untersucht, und es wurde festgestellt, daß sie bereits im vierten Monat war und ein Eingriff nicht mehr gemacht werden könne. Diese Untersuchung hat damals eine Frau vorgenommen. Wir mußten dafür nicht bezahlen. Eine Nacht blieben wir in Genf und fuhren am nächsten Tag nach Konstanz zurück. Die Reisekosten habe ich getragen.« Der Sohn Manfred wurde am 13. September 1930 geboren. Fortan musste Georg Elser Alimente zahlen und tat es so ungern wie unregelmäßig. Aber das Jugendamt von Konstanz blieb ihm hartnäckig auf den Fersen. Wenn sein Wochenlohn 24 Reichsmark überstieg, wurde der Überschuss beschlagnahmt.

Einem wichtigeren Platz als Mathilde Niedermann nahm für Elser die Zuschneiderin Hilda Lang ein. Als 1939 auch die eidgenössische Polizei gegen den Attentäter ermittelte, stellte sie fest, dass Georg und Hilda für anderthalb Jahre Mitglieder im Kreuzlinger Abstinentenverein gewesen waren und dort als Paar auftraten. Zusätzlich hieß es: »Elser galt als flotter Bursche und war beliebt.« Aber auch diese Beziehung dauerte nicht.

Am tiefsten reichte die zu Elsa Härlen, einer unglücklich verheirateten Frau: Der Mann war wie Georgs Vater ein Trinker. Zeitweilig wohnte Elser sogar bei ihr, bis der Ehemann ihn hinauswarf. Im Rückblick hat Elsa von dem Geliebten gesagt: »Er war ja nicht groß, nur mittelgroß, aber er hatte schönes schwarzes Haar und kunstfertige Hände, die kleiner als meine eigenen waren. Er hat mich mit beiden Händen gefaßt, und dann hat er mich gedrückt und gesagt: ›Else, wart auf mich, bleib mir treu! Ich habe etwas vor, ich kann es dir nicht sagen, aber es wird gut gehen und es ist notwendig. Ich will dich heiraten, wenn alles vorbei ist, und dann wollen wir fortgehen, in die Schweiz!‹ Dann hat er hemmungslos geschluchzt und mich an den Händen gefaßt und kein Wort mehr sagen können.« Noch im Konzentrationslager hatte Elser ein Foto von Elsa Härlen bei sich.

Als er in München mit den Vorbereitungen des Attentats beschäftigt war, beantwortete er ihre Briefe nicht mehr, aus welchen Gründen auch immer. Sie heiratete dann nach der Scheidung von dem Trinker im Dezember 1939 einen anderen Mann, der im Krieg fiel.

Bürgerlich wohl geordnet wird man Elsers Liebesbeziehungen so wenig nennen können wie seine Arbeitsverhältnisse; im Rückblick ist es nicht einfach, diesem Mann mit Zutrauen oder gar mit Zuneigung zu begegnen. Doch ehe man den Stab bricht, sollte man bedenken, dass er nicht der Sohn eines Justizrats oder eines Gymnasialprofessors war, sondern ein Kind armseliger Herkunft und das Opfer widriger Umstände, aus denen es seit dem Beginn der Weltwirtschaftskrise kaum noch ein Entrinnen gab.

Wie wird jemand zum Bombenleger? In gewöhnlichen Kriminalgeschichten ist die wichtigste Frage gelöst, wenn man das Motiv entdeckt, das eine, alles andere überragende, das den Täter zum Handeln treibt. Im wirklichen Leben geht es komplizierter zu; ein kaum zu entwirrendes Bündel von Motiven schiebt sich ineinander.

Bei Georg Elser kommt zunächst in Betracht, was man altmodisch das Klassenbewusstsein nennen würde. Er erkennt, dass er Arbeiter ist, und fragt nach den Lohnverhältnissen: »Nach meiner Ansicht haben sich die Verhältnisse nach der nationalen Revolution [das heißt der nationalsozialistischen Machtergreifung von 1933] in verschiedener Hinsicht verschlechtert. So habe ich zum Beispiel festgestellt, daß die Löhne niedriger und die Abzüge höher wurden.« Als die verhörenden Gestapobeamten das nicht glauben wollen, rechnet er präzise vor: »Während ich im Jahre

1929 in der Uhrenfabrik in Konstanz durchschnittlich 50,– RM wöchentlich verdient habe, haben die Abzüge zu dieser Zeit für Steuer, Krankenkasse, Arbeitslosenunterstützung und Invalidenmarken nur ungefähr 5,– RM betragen. Heute sind die Abzüge bereits bei einem Wochenverdienst von 25,– RM so hoch.« Außerdem seien die Löhne gesunken: Im Jahre 1929 bekam ein Schreiner einen reichlichen Stundenlohn von einer Mark; jetzt, zehn Jahre später, solle man mit 68 Pfennigen zufrieden sein. Elser ist sich seiner Sache sicher; er betont, dass er auch mit Arbeitern anderer Berufszweige gesprochen und überall eine ähnliche Verschlechterung festgestellt habe.

An zweiter Stelle geht es um die verlorene Freiheit: »Die Arbeiterschaft steht nach meiner Ansicht seit der nationalen Revolution unter einem gewissen Zwang. Der Arbeiter kann zum Beispiel seinen Arbeitsplatz nicht mehr frei wechseln, wie er will, er ist heute auch durch die Hitlerjugend nicht mehr Herr seiner Kinder, und auch in religiöser Hinsicht kann er sich nicht mehr so frei betätigen.«

Ob und wie weit Glaubensfragen bei Elser eine Rolle spielten, lässt sich nur schwer entscheiden. Er stammte aus einem protestantischen Gebiet, in dem die pietistische Frömmigkeit zu Hause war. Davon hat sich zumindest hintergründig etwas erhalten; Elser wusste, was Sünde, Gnade und Vergebung bedeuten, und er hat sich gefragt, ob sein Tun vor Gott zu rechtfertigen sei; davon wird noch zu reden sein. In den Münchener Wochen vor dem Anschlag hat er oft in Kirchen gebetet, gleich ob es sich um katholische oder evangelische Gotteshäuser handelte. Aber im landläufigen Sinne war er nicht fromm und ein regelmäßiger Kirchenbesucher schon gar nicht. Entscheidend an seinem Glaubenserbe war wohl der Gewissensanruf, der einem Menschen, wie einst dem Reformator Martin Luther, sagt: Ich kann nicht anders.

Eher vordergründig blieben dagegen politische Einflüsse. Im Elternhaus gab es sie nicht: »Meine Eltern waren und sind vollkommen unpolitisch.« Im Grunde gehörten sie noch einer vorpolitischen Schicht an und hatten genug mit sich selbst zu tun. Etwas anders sah es erst in Konstanz aus; da trat Elser dem kommunistischen »Rotefrontkämpferbund« bei. Aber: »Ich war nur zahlendes Mitglied, denn eine Uniform oder irgendeinen Funktionärsposten habe ich nie innegehabt. Insgesamt war ich auch nur dreimal während meiner ganzen RFB-Mitgliedschaft in einer politischen Versammlung, natürlich der KPD. In den RFB bin ich durch häufiges Zureden eines Arbeitskameraden namens F., der damals, ebenso wie ich, in der Uhrenfabrik in Konstanz arbeitete, eingetreten.«

Weiter heißt es: »Ich war Mitglied der Gewerkschaft des Holzarbeiterverbandes, weil dies der Verband der Arbeiter meines Berufes war und man Mitglied dieses Verbandes sein sollte ... Persönlich bin ich nie politisch hervorgetreten. Nach Erreichung des wahlberechtigten Alters habe ich immer die Liste der KPD gewählt, weil ich dachte, das ist eine Arbeiterpartei, die sich sicher für die Arbeiter einsetzt. Mitglied dieser Partei bin ich jedoch nie gewesen, weil ich dachte, es genüge, wenn ich meine Stimme abgebe.«

Offenbar auf Vorhaltungen der Gestapo erklärt Elser: »Wenn ich gefragt werde, ob ich gewußt habe, daß die KPD die Absicht und das Ziel hatte, in Deutschland eine Rätediktatur oder eine Diktatur des Proletariats aufzustellen, so muß ich sagen, daß es nicht ausgeschlossen ist, daß ich so etwas mal gehört habe. Aber irgend etwas gedacht habe ich mir dabei bestimmt nicht. Ich dachte nicht anders, als daß man durch eine Stimmabgabe die Mandate der Kommunisten verstärken müsse und daß so die Partei mehr für die Arbeiter tun könne. Von einem gewaltsamen Umsturz habe ich nie etwas gehört. – Für das Programm der KPD habe ich mich nie interessiert. Ich kann daher auch nicht angeben, wie sich im Fall des Sieges der KPD die wirtschaftliche Lage umgestellt hätte. In den Versammlungen ist lediglich davon gesprochen worden, daß mehr Lohn gezahlt werden soll, bessere Wohnungen geschafft werden sollen und solche und ähnliche Dinge. Die Aufstellung dieser Forderungen hat für mich genügt, um mich kommunistisch zu orientieren.« Von den Sozialdemokraten ist übrigens nicht die Rede, ebenso wenig von Juden. Die einen waren für Elser wohl nicht entschieden genug, die anderen kamen in seinem Erfahrungshorizont gar nicht erst vor.

Natürlich wollte der Attentäter im Verhör sein Parteiengagement eher verkleinern als vergrößern. Aber alle Umstände sprechen dafür, dass er die Wahrheit sagte. Es gehörte sich für einen Arbeiter, der Gewerkschaft beizutreten und die Partei zu wählen, die Arbeiterinteressen vertrat. Die KPD tat das offenbar und die Nationalsozialistische Deutsche Arbeiterpartei trotz ihres Namens offenbar nicht, wie die Entwicklung der Löhne und Abgaben seit 1933 zeigte; mehr brauchte man nicht zu wissen. Darum bemühte sich Elser auch nicht um politische Weiterbildung; er abonnierte kein Parteiblatt, hörte kaum Radio, las nur unregelmäßig Zeitungen und Bücher fast gar nicht. Fast möchte man glauben, dass Elser sich bloß im Abseits aufhielt, so wie Georg Vollmer, bis 1938 der Ortsgruppenleiter der NSDAP in Königsbronn, das bezeugt hat: »Er war neutral, war auch in keiner Partei, ließ sich auch in keine Diskussion ein. Solange ich Ortsgruppenleiter war, habe ich einmal beobachtet, daß Elser sich beim Vorbeimarsch herumgedreht hat und weggegangen ist. Das war keine große Sache, aber mir fiel eben auf, daß er kein Mann des ›Dritten Reiches‹ war.« Es hätte auch heißen können: In einem kleinen Ort fallen sogar die Kleinigkeiten auf; da gedeiht der Klatsch, und jeder weiß, was er vom anderen zu halten hat.

Dass Elser nicht zu den linientreuen und blind gehorsamen Kommunisten gehörte, geht übrigens daraus hervor, dass er sich von dem Pakt nicht beeindrucken ließ, den das Deutsche Reich und die Sowjetunion am 23. August 1939 schlossen; unbeirrt trieb er seine Attentatspläne voran. Der kommunistische Widerstand dagegen verfiel überall in Europa der Lähmung; plötzlich war keine Rede mehr vom Kampf gegen den Faschismus. Diese Lähmung löste sich erst wieder, als am 22. Juni 1941 das »Unternehmen Barbarossa«, der deutsche Überfall auf die Sowjetunion, begann.

Was immer sich in Georg Elser über die Jahre vorbereitet haben mag, den entscheidenden Anstoß zum Handeln lieferte die »Sudetenkrise« vom Sommer und Herbst 1938. Der kommende Krieg zeichnete sich ab; tatsächlich hat Hitler ihn schon zu diesem Zeitpunkt gewollt und sich darüber geärgert, dass das Nachgeben der Westmächte ihm den Anlass aus der Hand schlug. Nach dem Münchener Abkommen vom 29. September 1938 wurde der britische Premierminister Neville Chamberlain wie ein Retter umjubelt, als er ein Blatt Papier schwenkte und den

»Frieden für unsere Zeit« verkündete. Elser wusste es besser und gab zu Protokoll:

»Ich war bereits voriges Jahr um diese Zeit der Überzeugung, daß es bei dem Münchener Abkommen nicht bleibt, daß Deutschland anderen Ländern gegenüber noch weitere Forderungen stellen und sich andere Länder einverleiben wird und daß deshalb ein Krieg unvermeidlich ist.«

Offenbar reicht schlichte Beobachtung und Einsicht manchmal weiter als alle Klugheit von Staatsmännern. Zu seinem Jugendfreund Eugen Rau soll Elser im Vertrauen gesagt haben: »Miar kriegad in Deutschland koi bessere Zeit mehr, hend koi bessere Zukunft, bevor dui Regierung net end Luft gschprengt ischd. Ond i sag dirs, i mach des no, i du's.«

Der erfahrene Reichskriminaldirektor Arthur Nebe hat lange nach dem Abschluss aller Vernehmungen das bündige Schlusswort zu Elsers Motiven formuliert, als er vertraulich erklärte: »Aber weißt du, was mit ihm wirklich los war? Dieser Mann aus dem Volke liebte das einfache Volk; er legte mir leidenschaftlich und in simplen Sätzen dar, Krieg bedeute für die Massen aller Länder Hunger, Elend und millionenfachen Tod. Kein ›Pazifist‹ im üblichen Sinne, dachte er ganz primitiv: Hitler ist der Krieg, und wenn dieser Mann weg ist, dann gibt es Frieden.« Vielleicht sollte man statt »primitiv« besser sagen: Georg Elser dachte einfach und geradlinig.

Die forcierte Aufrüstung, die Deutschland auf den Krieg vorbereitete, ließ sich sogar im abgelegenen Königsbronn erkennen. Der Schreinermeister Grupp verfertigte Schreibtische für die Wehrmacht, und im nahen Heidenheim expandierte die Armaturenfabrik Waldenmaier dank ihrer Rüstungsaufträge; bald beschäftigte sie an die tausend Leute. In diese Fabrik trat Elser Ende Dezember 1936 ein. Im Protokoll seines Verhörs heißt es dazu:

»Dorthin kam ich durch Vermittlung des ebenfalls dort tätigen Vorarbeiters Wilhelm H., der damals in Itzelberg bei Königsbronn wohnhaft war und den ich Mitte Dezember 1936 in der Gastwirtschaft ›Rößl‹ in Königsbronn getroffen hatte. H. war mir durch seinen öfteren Aufenthalt in Königsbronn persönlich bekannt. Ich habe ihm während der Unterhaltung meine persönlichen Verhältnisse mitgeteilt, und er machte mir seinerzeit den Vorschlag, in dem Armaturenwerk in Heidenheim als Hilfsarbeiter einzutreten. Ob ich mich seinerzeit vorher schon nach einer Arbeitsstelle als gelernter Schreiner umgesehen habe, weiß ich nicht mehr genau. Ich glaube aber, ich hatte nichts derartiges gefunden, und so habe ich die Hilfsarbeiterstelle angenommen. Soviel ich mich erinnere, hatte mir H. angeboten, sich bei seiner Firma, bei der er Vorarbeiter war, zu erkundigen, ob etwas frei sei. Nach einigen Tagen gab er mir zusagenden Bescheid, ich solle mich vorstellen. Ich bin entweder mit dem Zug oder mit dem Rad nach Heidenheim gefahren, habe mich vorgestellt und konnte ein oder zwei Tage später als Hilfsarbeiter dort in der Gußputzerei, in welcher H. auch tätig war, anfangen. Ich sollte, wie mir gesagt worden war, nicht lange die schmutzige Arbeit eines Gußputzers versehen, sondern bald eine andere schönere Arbeit verrichten dürfen. Tatsächlich mußte ich auch nur ungefähr ein halbes Jahr, also bis Sommer 1937, diese Arbeit tun. Dann kam ich in die Versandabteilung, wo ich besonders mit dem Prüfen der Materialeingänge auf ihre Vollständigkeit usw. beschäftigt war. In der Gußputzerei erhielt ich 0,58 RM, später auch 0,62 stündlich Lohn. Ich gebe zu, daß ich als gelernter Schreiner irgendwo anders mehr bekommen hätte. Ich hatte aber kein Interesse daran, mehr zu verdienen, sondern nur daran, daß mir die Arbeit gefiel. Wenn ich mehr verdient hätte, hätte ich ja doch keinen Nutzen davon gehabt; denn jeder Betrag bei 24,00 RM Wochenlohn wird mir ja doch zur Bezahlung der Alimente gepfändet.«

Das ist eine erstaunliche Geschichte, und noch erstaunlicher wirkt, dass die Kriminalisten sie Elser abnahmen. Etwas früher hatte er gesagt, dass ihm der Stundenlohn von 55 Pfennigen beim Schreinermeister Grupp zu gering, also keineswegs gleichgültig war. Er kann sich nicht mehr erinnern, ob er nach einer Stelle im erlernten Beruf gesucht hat und gibt gleich darauf zu, als Schreiner mehr verdienen zu können. Und was soll man davon halten, dass ihm die Schmutzarbeit gefiel, bei der es um Metall statt um Holz ging, ohne jede Möglichkeit, etwas Eigenes zu entwerfen? Nein, hier reimt sich nichts zueinander, es sei denn, dass man etwas ganz anderes unterstellt: dass nämlich Elser vom Hörensagen gewusst hat, dass zur Armaturenfabrik eine Sonderabteilung gehörte, in der Sprengplättchen aus Pulver gepresst und Geschosszünder hergestellt wurden – und dass er sich an den Vorarbeiter H. herangemacht hat, um sich einen Zugang zu verschaffen. Dies allerdings setzt voraus, dass er nicht erst im Herbst 1938, sondern schon 1936, also viel früher als gemeinhin angenommen, an ein Sprengstoffattentat gedacht hat, auch ohne schon genau zu wissen, wie es ausgeführt werden könnte. Wäre das abwegig? Nein, keineswegs; es entspricht dem gewöhnlichen Gang der Dinge: Aus ersten, noch undeutlichen Einfällen formen sich Gedanken, aus den Gedanken entsteht ein Plan, aus dem Plan schließlich die Tat. (So ungefähr ergeht es jedenfalls Autoren, wenn sie ein Buch schreiben.) Die allmähliche Entwicklung klingt bei Elser zumindest an, wenn er sagt:

»Die seit 1933 in der Arbeiterschaft von mir beobachtete Unzufriedenheit und der von mir seit Herbst 1938 vermutete unvermeidliche Krieg beschäftigten stets meine Gedankengänge. Ob dies vor oder nach der Septemberkrise 1938 war, kann ich heute nicht mehr angeben. Ich stellte allein Betrachtungen an, wie man die Verhältnisse der Arbeiterschaft bessern und einen Krieg vermeiden könnte. Hierzu wurde ich von niemandem angeregt, auch wurde ich von niemandem in diesem Sinne beeinflußt.« Im Gang der Gedanken bildet die Lage der Arbeiter einen Anfang, der drohende Krieg den Endpunkt; vielleicht nicht scharf umrissen, aber insgesamt zwingend hängt für Elser das eine mit dem anderen zusammen: Aus den niedrig gehaltenen Löhnen und erhöhten Abgaben stammen die Mittel zur Kriegsvorbereitung.

Es gelang Elser, sich aus der Putzgießerei in die Versandabteilung versetzen zu lassen, in der, unter anderem, die Vollständigkeit der Eingänge überprüft wurde. Sonst geschah offenbar nur wenig: »Das ganze Jahr 1937 und ein großer Teil des Jahres 1938 verlief ohne Ereignisse und Veränderungen.« Aber es gelang ihm, sich Pulverplättchen anzueignen, und Anfang September 1938 meldete er, dass in einer Sendung von 20 Zünderrohlingen der Firma Rheinmetall Borsig, Werk Düsseldorf, ein Stück fehlte. Auf Rückfrage hieß es aus Düsseldorf, dass die Sendung vollständig sein müsse, wenn sie unterwegs nicht beschädigt oder geöffnet worden sei. Wie aber sollte man dann den Verlust erklären? Es gab keine Antwort, und die Untersuchung verlief im Sande.

Niemand kam auf den Gedanken, dass der Mann, der das Fehlen des einen Stücks bemerkt und gemeldet hatte, sich den Zünderrohling selbst angeeignet haben könnte.

Am 8. November 1938 fuhr Elser nach München, um sich den alljährlichen »Marsch auf die Feldherrnhalle« anzusehen. Zur Erläuterung: Sozusagen als Konkurrenz zu den Festtagen des Kirchenjahres hatten die Nationalsozialisten ihren eigenen rituellen Kalender entwickelt. Zu ihm gehörten unter anderem: ein Heldengedenktag im März, der »Tag der Arbeit« am 1. Mai, die Nürnberger Reichsparteitage im September, der Erntedanktag bei Bückeburg und eben der Münchener Marsch am 9. November. Diesem Datum kam eine besondere, symbolbefrachtete Bedeutung zu: Am 9. November 1918 wurde die Abdankung des Kaisers verkündet und die Republik ausgerufen; in Hitlers Darstellung handelte es sich um den Tag des Novemberverbrechens, an dem er beschloss, Politiker zu werden, um die deutsche Schmach zu tilgen. Kaum zufällig fand zwanzig Jahre später, am 9. November 1938, das Judenpogrom, die »Reichskristallnacht« statt, in der die Häuser Gottes, die Synagogen, brannten, als Feuerzeichen der Rache an den angeblich Schuldigen.

Am Abend des 8. November 1923 hatte Hitler seinen Münchener Putsch inszeniert. Er begann mit einem Überfall auf den Bürgerbräukeller, in dem sich – genauer: im zugehörigen Festsaal – die Spitzen von Politik und Wirtschaft versammelt hatten, um eine programmatische Rede des bayerischen Generalstaatskommissars Ritter von Kahr zu hören. Vom Anfang bis zum Ende kennzeichnete ein Dilettantismus den Putsch, der ans Lächerliche grenzte. Kahr, dem Hitler seine Pistole vorhielt und mit Erschießung drohte, ging zum Schein aufs erpresste Mitmachen ein, entzog sich dann und leitete noch in der Nacht mit der Hilfe von Polizei und Reichswehr die Gegenmaßnahmen ein. Am folgenden Tag wurde dem eher ziellosen »Marsch auf die Feldherrnhalle« vom Feuer der Polizei ein blutiges Ende bereitet. Alles stob auseinander, Hitler floh, versteckte sich und wurde wenig später verhaftet.

Aber er verstand es, die Niederlage in ein Opfer-Vorspiel des Sieges umzudeuten. Die 16 Toten, die zu beklagen waren, rückten zu Märtyrern auf, und durch die Berührung mit der »Blutfahne«

wurden andere Fahnen geweiht. Seit der »Machtergreifung« von 1933 wurde dann der Marsch des 9. November alljährlich in düsterem Pomp nachvollzogen, als nationalsozialistisches Karfreitags- und Osterwahrzeichen des Todes und der Auferstehung. Und am Vorabend – gewissermaßen als Abendmahlinszenierung – sprach Hitler im Festsaal des Bürgerbräukellers zu seinen Jüngern, vielmehr den »alten Kämpfern« der ersten Stunde.

Am Abend des 8. November 1938 mischte Georg Elser sich ins Zuschauergedränge der Münchener Straßen; nur undeutlich und aus der Ferne sah er Hitler vorüberfahren. Anschließend besuchte er den Bürgerbräu. Das war ohne Schwierigkeiten möglich; es handelte sich um eine ganz gewöhnliche Gastwirtschaft, die nur am 8. November abgesperrt war, solange die Zeremonie dauerte. Sonst konnte hier essen und sein Bier trinken, wer wollte; im Festsaal fanden das Jahr über Tanzfeste, Faschingsbälle, Vereinsversammlungen oder andere Veranstaltungen statt. Elser bestellte ein Bier und besichtigte dann den Festsaal; da stand noch das Pult, vom dem aus Hitler gesprochen hatte – unmittelbar vor einer Säule, die ihren Teil der Dachkonstruktion trug und jetzt mit lang herabhängender Hakenkreuzfahne geschmückt war. Wenn eine in diese Säule eingebaute Bombe mit genügender Sprengkraft explodierte, musste sie jeden zerreißen und unter den herabstürzenden Trümmern begraben, der sich in der Nähe befand. Elser nahm an, dass da gleich neben Hitler »die Höchsten« saßen, etwa Hermann Göring und Heinrich Himmler.

Rückkehr ins stille Königsbronn: Dem Anschein nach geschah in den folgenden Monaten bis zum Frühjahr 1939 sehr wenig oder überhaupt nichts, was Erwähnung verdient. Aber was besagt das schon – außer, dass das Protokoll des Verhörs über diese Zeit sich ausschweigt, weil sie für die Kriminalisten nichts hergab? Doch wer einmal den verwegenen Plan gefasst hat, einen Tyrannen zu töten, in diesem Fall den allmächtigen Führer des mächtigen Großdeutschen Reiches, dessen Gedanken kreisen bei Tag und bei Nacht um solch ein Vorhaben. In seinem Kopf entwirft er die Höllenmaschine, die er bauen muss, auf dem Papier entstehen erste, schnell wieder zerrissene Konstruktionszeichnungen. Es fällt jedenfalls schwer, sich etwas anderes vorzustellen.

Schwierig genug war das Vorhaben ohnehin; es gab keine Vorbilder oder Modelle, nach denen der Schreinergeselle Georg Elser sich richten konnte. Wenn später, in München, seine Wirtsleute ihn fragten, was er eigentlich tue, erklärte er, dass er an einer Erfindung arbeite, und in einem abgründigen Sinne traf das ja zu. Im Übrigen musste die Bombe mit einem Zeitzünder, einem Uhrwerk versehen werden. Elser hatte sich erkundigt und wusste: Die Veranstaltung des 8. November im Bürgerbräukeller begann um 18 Uhr mit dem – natürlich kontrollierten – Einlass der Teilnehmer, die es sich gemütlich machten und ihr Bier bestellten. Zwei Stunden später war der Saal bis zum Bersten gefüllt. (Auf Fotos sieht man, dass die Leute durchaus nicht nur in Reihe und Glied an ihren Tischen, sondern auch dicht gedrängt um das Rednerpult herum auf dem Fußboden sitzen. Bewusst ging es hier nicht um eine lineare, militärähnliche Ausrichtung und den weiten Abstand von Führer und Masse, sondern um die demonstrative Nähe des Ursprungs, die verschwitzte Gemütlichkeit unter Kameraden.) Um 20 Uhr erfolgte der Einzug der Blutfahne und des Führers. Ein Repräsentant der »alten Kämpfer« begrüßte Hitler, der dann ans Pult trat und für etwa anderthalb Stunden sprach. Es folgte noch ein »zwangloses Beisammensein«, als Zeichen dafür, dass »ich (Adolf Hitler) einer von euch« bin, der Mann aus dem Volk und unbekannte Soldat des Ersten Weltkriegs, den die Vorsehung an die Spitze der Bewegung und des Reiches geführt hatte. Insgesamt dauerte die Gedenkfeier bis mindestens 22 Uhr. Wenn also – eine mögliche Verspätung des Beginns der Veranstaltung eingerechnet, wie sie bei Auftritten vielbeschäftigter hoher Herren immer vorkommen kann – die Bombe bald nach 21 Uhr explodierte, würde sie ihre Wirkung tun. Aber dafür musste der Zeitmechanismus genau sein und schon Tage vorher in Gang gesetzt werden.

Im März 1939 kündigte Elser bei der Armaturenfabrik in Heidenheim. »Der Grund dieser Kündigung lag in einem Streit, den ich mit einem Meister hatte. Es war dies der Meister der Lehrlingsabteilung namens K., der mir verschiedentlich Grobheiten gesagt hatte, die ich mir nicht gefallen ließ, weil ich ihm nicht unterstellt war ... Die Kündigung wurde von dem Betriebsleiter nicht angenommen. Er wurde um diese Zeit krank, und ich wandte mich daraufhin an seinen Stellvertreter, der mir nach wiederholten Vorsprachen nach einigen Tagen meine Papiere ausgehändigt hat.« Man darf die Begründung bezweifeln; wie gleich zu zeigen sein wird, hatte Elser schon einen anderen, für sein Vorhaben weitaus wichtigeren Arbeitsplatz im Auge.

Am 4. April fuhr er nach München, blieb dort für mehrere Tage und mietete sich in einer Gastwirtschaft ein. Denn »als ich mir die ungefähre Konstruktion des Apparates im Kopf zurechtgelegt hatte, stellte ich fest, daß es notwendig sei, die genauen Maße der Säule, in der ich den Apparat anbringen wollte, zu haben.« Der Festsaal erstreckte sich über zwei Stockwerke. In der oberen Etage befand sich eine Galerie, und Elser wurde sich schnell drüber klar, dass er die Bombe dicht über dem Galerieboden anbringen musste. Einmal konnte er hier ungestörter arbeiten als im Parterre, zum anderen ließ sich mit dem Einsturz der Galerie die größte Wirkung erzielen. »Ich begab mich deshalb damals sofort auf die Galerie, und zwar, soweit ich mich erinnern kann, auf dem kürzesten Weg über die Treppe links des Einganges. Auf der Galerie habe ich dann die Maße der in Frage kommenden Säule mit einem mitgebrachten zusammenklappbaren Metermaß abgemessen und die Umrißmaße in meinem Notizbuch eingetragen, das heißt, ich habe eine kleine Handskizze in meinem Notizbuch gemacht und an dieser Skizze die Maße vermerkt.« Mit einem einfachen Fotoapparat fotografierte er außerdem die Räumlichkeiten.

Dann ging er ins »Braustüberl« und bestellte eine Tasse Kaffee. Zufällig lernte er den Hausburschen kennen, der ihm von seiner bevorstehenden Einberufung zur Wehrmacht erzählte. Das brachte Elser auf den Gedanken, die Stelle zu übernehmen. Obwohl er schließlich sogar Geld bot und den Chef des Hausburschen ansprach, wurde nichts daraus. Im Übrigen nutzte Elser die Besuche im Bürgerbräu, um festzustellen, ob sich Menschen im Festsaal aufhielten und wann der Raum abgeschlossen wurde. Am 12. April fuhr er nach Königsbronn zurück.

Noch im gleichen Monat nahm er eine neue Arbeit im Steinbruchbetrieb von Georg Vollmer an, wieder als Hilfsarbeiter und jetzt für einen Stundenlohn von 70 Pfennigen. Die Zeiten hatten sich geändert; im Vorfeld des Krieges herrschte Vollbeschäftigung und oft schon ein Mangel an Arbeitskräften. Darum hat Vollmer – der auch Ortsgruppenleiter von Königsbronn war – später erklärt: »Im April 1939 stellte ich Elser auf sein Ansuchen hin ein. Elser war seinerzeit arbeitslos, und ich benötigte dringend Leute in meinem Steinbruch. Elser interessierte sich ungewöhnlich für die Sprengtechnik. Bei einem Gespräch mit ihm erfuhr ich, dass er Aussicht habe, in München in absehbarer Zeit eine Stellung in seinem Beruf zu bekommen.«

Ja, natürlich ging es für Elser um die Sprengtechnik und nicht um das Verladen der aus der Felswand gesprengten Gesteinsbrocken auf Loren, was seine Aufgabe war. Darum hielt er sich wissbegierig an den Sprengmeister Kolb und ließ sich von ihm erklären, worauf es ankam. Schnell stellte sich heraus, dass entgegen den Vorschriften sehr schlampig gearbeitet wurde. Der Buchhalter führte nicht Buch über das Sprengmaterial, wie er sollte, Meister Kolb legte seine Sprengpatronen irgendwo im Steinbruch ab, ohne sich zu merken, wie viele es waren, und der Herr Ortsgruppenleiter konnte sich um solche Kleinigkeiten wirklich nicht kümmern. Als nach dem Münchener Attentat und Elsers Verhaftung peinlich genaue Untersuchungen begannen, kam diese Schlamperei zutage und brachte die drei Schuldigen für anderthalb Jahre ins Konzentrationslager.

Auch die Aufbewahrung der Sprengstangen und Sprengkapseln erfolgte höchst leichtfertig in einer Bude, deren Schloss sich ganz einfach öffnen ließ. Ohne dass jemand den Diebstahl bemerkte, entwendete Elser darum beinahe nach Belieben, was er brauchte – und noch viel mehr: Insgesamt 60 Stangen des Industriesprengstoffs Donarit 3 und gleich eine ganze Dose mit 125 Sprengkapseln ließ er mitgehen. »Ein Schwabe kann furchtbar sparsam sein, wenn er aber eine Sache als unerläßlich empfindet, kann er für kurze Zeit verschwenderisch werden«, hat Hellmut Haasis dazu gesagt.

Nur für wenige Wochen blieb Elser im hilfreichen Unternehmen des Georg Vollmer. Am 19. Mai fiel ihm ein Stein auf den Fuß und brach den Fußknochen; für ungefähr zwei Monate wurde er krank geschrieben. Umso mehr Zeit blieb ihm nun für seine eigentliche Arbeit. Wir übergehen technische Einzelheiten; Elser selbst hat anschaulich geschildert, wie zielstrebig er vorging:

»Während der Tätigkeit im Steinbruch und auch schon etwas vorher waren meine Vorbereitungen für den Anschlag auch sonst weiter gediehen. Nachdem ich mir durch meine Osterreise nach München die Maße der Säule verschafft hatte, konnte ich mir zuerst rein zeichnerisch über die Konstruktion meines Apparates klarwerden. Stundenlang bin ich an einzelnen Tagen über Skizzen, die ich immer selbst fertigte, gesessen und habe mir die Möglichkeit einer Sprengwirkung überlegt, das heißt wie der Apparat aussehen könnte.

Schon vorher wußte ich natürlich, daß man mit Pulver sprengen könne. Im Steinbruch hatte ich dies genau gesehen und hatte auch beobachtet, daß man den Sprengstoff möglichst tief anbringen mußte. Außerdem hatte ich gesehen, daß man zur Entzündung des Sprengstoffes Sprengkapseln braucht. Da ich bei meinem Anschlag keine Zündschnur verwenden konnte, weil ich ja nicht nebenhin stehen konnte, um diese anzuzünden, mußte ich eine andere Möglichkeit finden, die Sprengkapseln zur Entzündung zu bringen. Obwohl ich ein Gewehr innen noch nie gesehen hatte, konnte ich mir doch vorstellen, daß beim Abschuß eines Gewehres eine Feder entspannt und ein Schlag gegen den Patronenboden bewirkt werde.

Mein nächster Gedanke war also, mit Hilfe von Gewehrmunition die Zündung der Sprengkapseln zu bewirken. Ich ging deshalb mal wieder ... nach Heidenheim in ein Geschäft, in dem Fahrräder repariert und verkauft, Nähmaschinen, Gewehre, Fahrradzubehörteile und Munition verkauft werden ... Der Mann, der mich bediente, vermutlich der Inhaber (ca. 45 Jahre alt, klein, untersetzt), fragte mich nach dem Kaliber. Ich ließ mir daraufhin sagen, was er denn alles habe. Er nannte einige Kaliber von 6 mm bis 9 mm. Daraufhin ließ ich mir, weil mir die größten am besten erschienen, eine volle Blechschachtel mit 25 oder 50 Stück 9-mm-Patronen geben. Welchen Preis ich bezahlt habe, weiß ich nicht mehr. Der Verkäufer fragte mich weder nach einem Jagd- noch einem Waffenschein, noch zu welchem Zweck ich die Munition haben wollte.« Offenbar ging es nicht nur im Steinbruchbetrieb von Georg Vollmer schlampig oder sehr großzügig zu. »Dieser Kauf der Munition fiel in den Monat Juni oder Juli. Genauer kann ich den Zeitpunkt nicht mehr angeben.«

Praktische Versuche folgten. In der Umgebung von Königsbronn entstand eine gehörige Knallerei, aber kaum jemand wollte wissen, was sie bedeutete. Ein neugieriger Onkel gab sich mit der Antwort zufrieden: »Ich probier was aus. Wenn's fertig ist, wirst du es schon noch erfahren.«

Wenn's fertig ist: Am 5. August packte Georg Elser seine spärliche Habe zusammen und fuhr nach München. Durch sparsames Wirtschaften und den Verkauf entbehrlicher Dinge, zum Beispiel der Zither, hatte er genug Geld beieinander, um für einige Zeit ehrbar und unauffällig leben zu können. Zum Gepäck gehörte ein sehr großer, wohl verschlossener Holzkoffer mit Geheimfächern im doppelten Boden. Er enthielt unter anderem: Presseblättchen aus Schwarzpulver, Sprengpatronen, Sprengkapseln und Uhrwerke, alles in überreichlichem Maß.

In München bezieht Elser zunächst in der Blumenstraße 19 bei der Familie Baumann Quartier; an die Adresse ist er vorweg durch ein Zeitungsinserat gekommen. Da ihm der Preis von 35 Mark im Monat und 20 Mark für das Frühstück zu hoch ist, wechselt er am 1. September 1939, dem Tag des Kriegsbeginns, zur Familie Lehmann in die Türkenstraße 94. Hier beträgt der Mietpreis nur vier Mark pro Woche oder 17,50 Mark im Monat. Wie es sich gehört, meldet er sich polizeilich an. Wie schon angedeutet, erzählt er seinen Wirtsleuten, dass er an einer Erfindung arbeitet. Ähnliches bekommen die Handwerker zu hören, bei denen er Einzelteile anfertigt oder anfertigen lässt, die er für diese Erfindung benötigt. Und die Tatsache, dass er die meisten Nächte nicht in seinem Bett verbringt, sondern sich irgendwo herumtreibt? Nein, durchaus kein Lotterleben, sondern eine Notwendigkeit im Zusammenhang mit der Erfindung; Elser besitzt ein Talent dafür, Zutrauen zu wecken.

Der Abend gehört dem Besuch im Bürgerbräukeller; immer wählt er das einfachste Essen für 60 Pfennige und trinkt ein einziges Bier. Man gewöhnt sich an ihn als einen Stammkunden, sogar der Hund des Nachtwächters, dem er stets ein Stück Fleisch zusteckt. Wenn er im Festsaal arbeitet – zuerst am 8. oder 9. August, insgesamt in etwa 30 bis 35 Nächten –, lässt er sich dort einschließen und versteckt sich zunächst in einer Abstellkammer, die sich im ersten Stock hinter der Galerie befindet. In Elsers eigenen Worten:

»An den Tagen, an denen ich nachts im Bürgerbräukeller gearbeitet habe, begab ich mich jedesmal zwischen 20 und 22 Uhr in den Wirtschaftsraum des Bürgerbräukellers, um dort mein Abendbrot einzunehmen. Ich nahm dort regelmäßig an dem mittleren Tisch des Wirtschaftsraumes Platz, aß nach der Karte und habe jedesmal ein Glas Bier getrunken. Gegen 22 Uhr habe ich dort durchwegs bezahlt. Ich verließ anschließend den Wirtschaftsraum, begab mich von da aus durch den Garderobenraum in den nicht verschlossenen Saal. Im Saal brannte anfangs die Notbeleuchtung, später, das heißt nach Kriegsbeginn, war dort keine Beleuchtung mehr eingeschaltet. Um diese Zeit fiel dorthin lediglich der Lichtschein, der aus der Küche und aus dem Garderoberaum kam. In dem erwähnten Versteck hielt ich mich so lange auf, bis der Saal abgesperrt war.«

Das war gegen 23 Uhr der Fall, manchmal etwas früher oder später. Zwischen 7 und 8 Uhr morgens wurde wieder aufgeschlossen, und der nächtliche Gast entfernte sich so unauffällig, wie er gekommen war. Zu seiner Arbeit benutzte er eine Taschenlampe. Am Anfang ging es um die Verschalung der Säule:

»Zuerst löste ich vorsichtig den Holzstab an der Sockelleiste der Holzverkleidung an der Säule, dann den oberen Profilstab an der Holzverkleidung ab, das heißt, ich mußte von dem Sockelbrett den am oberen Teil dieses Brettes angefrästen Profilstab, der also mit dem übrigen Brett aus einem Stück bestanden hatte, abstechen. Der obere Profilstab war nur eine Leiste, die ich ohne weiteres lösen konnte. Dadurch konnte ich ein Teilbrett der Säulenverkleidung so aussägen, daß nach Wiederanbringung der Leisten keine Sägeschnittstellen zu sehen waren. Dieses zugeschnittene Brett richtete ich zu einer Türe ein, daß ich es im Säulenwinkel durch ein je nach oben und unten angebrachtes Zapfenband drehbar machte. Die andere Längsseite des Türbrettes fiel dadurch nicht auf, weil sie sich mit einer natürlichen Fuge, an welche überall Profilstäbe angefräst waren, deckte. An dieser Türe brachte ich einen Riegel an. Diesen Riegel konnte ich, ohne daß ich irgendwelche Leisten oder Profilstäbe entfernte, jeweils mit einem flachen Messer ... öffnen ... Zur Anfertigung der Türe brauchte ich ungefähr drei Nächte. So konnte ich aber immer sofort mit meiner Arbeit beginnen, wenn ich nur die Türe geöffnet hatte, und brauchte nach Schluß einer Nachtarbeit nur die Türe zu verschließen, um eine Tätigkeit im Innern der Säule vollständig zu verbergen. Selbst wenn jemand die Säule tagsüber ganz genau betrachtet hätte, würde er an ihr keinerlei Veränderung bemerkt haben.«

Dieser Ausschnitt aus dem Protokoll des Verhörs liefert ein Beispiel für das überlegte Vorgehen des schwäbischen Tüftlers; der Schreinergeselle vollbrachte sein Meisterstück. Zwischenfälle und Schwierigkeiten gab es gleichwohl. Einmal wurde Elser in seinem Versteck entdeckt; es gelang ihm, sich als harmlos herauszureden. Beim Anlegen der Sprengkammer in der Säule entstand mit dem Einsatz von Hammer und Meißel unvermeidbarer Lärm; obwohl die notwendigen Unterbrechungen viel Zeit kosteten, half hier die geräuschvolle Toilettenspülung, die alle paar Minuten automatisch einsetzte. Die Position der Sprengkammer dicht über dem Fußboden erzwang eine Arbeit auf den Knien, die schließlich schmerzhaft anschwollen und vereiterten; für mehrere Tage oder vielmehr Nächte musste Elser das Bett hüten, statt vor Ort zu sein.

Anfang November erfolgte der Einbau des Sprengstoffes und des Zündapparates. Am 5. November fand im Festsaal eine Tanzveranstaltung statt; Elser löste eine Eintrittskarte, saß als Zuschauer auf der Galerie, versteckte sich, als die Veranstaltung beendet wurde, wie üblich in der Abstellkammer, setzte dann die Uhrwerke ein – nicht eines, sondern zwei, um sicherzugehen – und setzte sie in Gang, mit dem 8. November 21 Uhr 20 als dem Zeitpunkt der Zündung. Am 6. November gegen sechs Uhr morgens war alles getan.

Schon einige Zeit vorher hatte Elser an seine Schwester Maria geschrieben, die mit ihrem Mann und einem Sohn in Stuttgart lebte: »Liebe Schwester, Karl und Franzle! Wie geht es Euch. Ich werde Euch wahrscheinlich anfangs November einen Besuch abstatten. Bitte schreibe mir, ob Du folgende Gegenstände brauchen kannst: Anzüge, Hemden, Socken, Pullover, Photoapparat, 2 Paar Schuhe, mein Schreinerhandwerkszeug, Schirm, 3 Hüte. Bitte schreibe mir sofort, ob Du Verwendung dafür hast. Es grüßt Dich herzlichst Georg.« In der Antwort hieß es: »Über Deinen Brief bin ich erstaunt. Ich verstehe diesen Brief nicht ... Gehst Du zum Militär oder ins Ausland?« Aber auch: »Ich freue mich, wenn Du mich besuchst. Die Sachen kann man heutzutage notwendig brauchen.«

Elser fuhr also am 6. November nach Stuttgart, und der logisch nächste Schritt wäre gewesen, am nächsten Tag den beabsichtigten Übertritt in die Schweiz zu versuchen. Doch seine Gewissenhaftigkeit, der Perfektionsdrang kamen ihm in die Quere: War wirklich alles in Ordnung? Liefen die Uhrwerke so, wie sie sollten? Man fühlt sich daran erinnert, was der Schreinermeister Grupp über seinen Gesellen erzählt hat: dass er eine fertige Arbeit immer wieder überprüfte, sogar dann noch, wenn der Kunde sie bereits abgeholt hatte. Seiner ursprünglichen Absicht entgegen fuhr Georg Elser darum nicht zur Grenze, sondern wieder nach München. In der Nacht vom 7. zum 8. November öffnete er noch einmal seine Schatzkammer: Die Uhren tickten präzise. Übrigens waren Sprengraum und Tür, um das Geräusch zu dämpfen, mit Kork ausgekleidet. Erst am Morgen des 8. November kaufte er sich die Fahrkarte nach Konstanz.

Beinahe wäre Hitler im Bürgerbräukeller gar nicht aufgetreten. So schnell wie möglich wollte er auf den Feldzug in Polen den im Westen folgen lassen und stritt darüber mit seinen unwilligen, keineswegs siegessicheren Generalen, die stets neue Ausflüchte erfanden: Zunächst waren die Vorbereitungen noch nicht abgeschlossen, dann machte der Herbstregen das Gelände unpassierbar, schließlich setzte ein ungewöhnlich harter Winter ein. Immer wieder wurde der Angriffstermin befohlen und dann wieder verschoben, am Ende bis zum 10. Mai 1940. Von seinem Standpunkt aus zu Recht hat Hitler einmal geklagt: Früher habe er geglaubt, dass der Generalstab ein Fleischerhund sei, der jedermann anfallen wolle und fest am Halsband gehalten werden müsse; inzwischen wisse er, dass das Gegenteil zutreffe.

Zurück nach München: Am 6. November hatte die Gauleitung bekannt gegeben, dass der Führer unabkömmlich sei und sein Stellvertreter Rudolf Heß sprechen werde. Elser ist das offenbar entgangen. Erst im letzten Augenblick wurde anders entschieden, und wahrscheinlich hat der Attentäter mit Befriedigung das Plakat angeschaut, dessen Schlagzeile verkündete: »Der Führer spricht!« Darunter war zu lesen: »Treffen der alten Kämpfer am 8. November im Bürgerbräukeller, Einlaß 18 Uhr. Es spielt der Musik- und Spielmannszug der Standarte ›Adolf Hitler‹. Teilnahme: Die alten Kämpfer – Die Hinterbliebenen der 16 Gefallenen – Die Gäste des Führers – Die Reichs- und Gauleiter – Die Obergruppen- und Gruppenführer der SA, SS – Die Obergebiets- und Gebietsführer – Die Hauptdienstleiter der Reichsleitung – Die Arbeitsgauführer des Reichsarbeitsdienstes.«

Pünktlich um 20 Uhr wurde die Kundgebung eröffnet, selbstverständlich von allen deutschen Sendern übertragen. Die Blutfahne und der Führer hielten ihren Einzug. Im Gefolge fehlten zwar Göring und Himmler, entgegen Elsers Annahme, aber sonst war die Parteiprominenz, vorab mit dem Propagandaminister Dr. Joseph Goebbels, reichlich vertreten. Hitlers Rede begann mit den Worten:

»Parteigenossen und -genossinnen! Meine deutschen Volksgenossen! Für wenige Stunden bin ich zu Euch gekommen, um in Eurer Mitte wieder den Tag zu erleben, der für uns, für die Bewegung und damit für das ganze deutsche Volk von großer Bedeutung war.«

Was jetzt zu folgen pflegte, in Variationen ständig und höchst langatmig wiederholt, war der Rückblick auf die Parteigeschichte, so wie Hitler sie sah: das Novemberverbrechen von 1918, der Beschluss, Politiker zu werden, der eigene Aufstieg vom unbekannten Soldaten des Weltkriegs zum Führer und der Aufstieg der Partei aus kleinsten Anfängen zur mitreißenden Bewegung, die Saalschlachten und Straßenkämpfe der SA, die Welt von Feinden, die man dank der eigenen Opferbereitschaft besiegte, mit stahlhartem Willen und im unerschütterlichen Glauben an die deutsche Zukunft, der Triumph der »Machtergreifung« und der Aufbau seither ...

Aber diesmal wurde die Litanei radikal verkürzt. Im Mittelpunkt stand die Anklage Englands und der britischen »Regierungsmänner«:

»Im Grunde genommen hassen sie das soziale Deutschland! Denn was haben wir ihnen getan? Gar nichts! Was haben wir ihnen genommen? Gar nichts! Haben wir sie bedroht? Nicht einmal! Waren wir etwa nicht bereit, mit ihnen Abkommen zu treffen? Jawohl! Das taten wir auch. Haben wir uns nicht verpflichtet, selbst Begrenzungen unserer Rüstungen vorzunehmen? Wir haben das sogar vorgeschlagen. Nein, das alles hat sie nicht interessiert. – Was sie hassen, das ist das Deutschland, das ein ›schlechtes‹ Beispiel bietet, es ist in erster Linie das soziale Deutschland, das Deutschland unserer sozialen Arbeitsgesetzgebung, das sie schon vor dem Weltkrieg haßten und das sie auch heute hassen. Das Deutschland der Fürsorge, das hassen sie, das Deutschland des sozialen Ausgleichs, das Deutschland der Beseitigung der Klassenunterschiede, das hassen sie! Das Deutschland, das sich im Laufe von sieben Jahren jetzt bemüht hat, seinen Volksgenossen ein anständiges Leben zu ermöglichen, das hassen sie! Das Deutschland, das die Arbeitslosigkeit beseitigt hat, die sie nicht beseitigen konnten mit ihrem Reichtum, das hassen sie! Das Deutschland, das auf seinen Schiffen den Arbeitern, den Schiffsleuten anständige Quartiere gibt, das ist es, was sie hassen, weil sie das Gefühl haben, daß dadurch ihr eigenes Volk ›angesteckt‹ werden könnte! Und sie hassen daher auch das Deutschland der sozialen Gesetzgebung, das Deutschland, das den 1. Mai als Tag der nationalen Arbeit feiert, das hassen sie! Sie hassen das Deutschland, das den Kampf gegenüber den Klassen aufgenommen hat. Dieses Deutschland, das hassen sie in Wirklichkeit. Sie hassen daher auch das gesunde Deutschland in erster Linie, das volksgesunde Deutschland, das Deutschland, das sich um seine Volksgenossen kümmert, das die Kinder wäscht, bei dem die Kinder nicht verlaust sind, das nicht Zustände einreißen läßt, wie sie es in ihrer eigenen Presse jetzt zugeben. Dieses Deutschland hassen sie! – Es sind ihre Geldmagnaten, ihre jüdischen und nichtjüdischen internationalen Barone, Bankbarone undsoweiter, die sind es, die uns hassen, weil sie in diesem Deutschland ein schlechtes Vorbild sehen, das andere Völker – ihr eigenes – vielleicht aufreizen könnte. Sie hassen das Deutschtand unserer jungen, blühenden Generation, das Deutschland der Fürsorge für diese Generation. – Und sie hassen selbstverständlich damit auch das starke Deutschland, das Deutschland, das marschiert, das Deutschland, das freiwillig Opfer auf sich nimmt.«

Ein glänzendes Beispiel für Hitlers trommelnde Rhetorik; dazu muss man sich die Wirkung in einem überfüllten Saal vorstellen, hautnah unter glühenden Anhängern. Die Rede schloss mit den Worten: »Parteigenossen! Unsere nationalsozialistische Bewegung, unser deutsches Volk und über allem jetzt unsere siegreiche Wehrmacht – Sieg Heil!«

Der Zeiger der Uhr wies auf 21 Uhr und sieben Minuten. Es folgte mit emporgerecktem rechten Arm das Absingen der Doppelhymne, des Deutschland- und des Horst-Wessel-Liedes. Unmittelbar danach verließ Hitler eilig den Raum.

Warum diese rabiate Verkürzung der Rede um ihren rituellen Hauptteil, der doch gerade zum Bürgerbräukeller so traditionsmächtig gehörte wie das anschließende »gemütliche« Beisammensein mit den »alten Kämpfern«? Man hat manchmal von Hitlers unheimlicher Witterung für Gefahren gesprochen, aber der Anlass war so handfest wie banal: Der Chefpilot Hans Baur hatte gemeldet, daß er aller Voraussicht nach am nächsten Morgen nicht starten könne, weil mit Nebel zu rechnen sei. Hitler aber wollte unbedingt nach Berlin zurückkehren und bestellte daher seinen Sonderwaggon, der in den Fahrplan der Reichsbahn eingepasst werden musste: Abfahrt vom Münchener Hauptbahnhof um 21 Uhr 31.

Pünktlich um 21 Uhr 20 explodierte die Bombe und erzielte die von Elser vorausberechnete Wirkung. Die Galerie und die Saaldecke stürzten ein; dort, wo der Führer gestanden hatte, häuften sich die Trümmer meterhoch. Die Teilnehmer der Veranstaltung befanden sich im Aufbruch, und viele, wohl die meisten, hatten den Saal schon verlassen. Dennoch entstand ein Blutbad. Drei Menschen starben sofort, fünf später in den Krankenhäusern. 63 weitere Personen erlitten mehr oder weniger schwere Verletzungen.

Es gab noch kein Zugtelefon. Vom Attentat erfuhren daher Hitler und seine Begleiter erst bei einem Zwischenaufenthalt in Nürnberg. Goebbels fand sogleich die Parole, die der nachfolgenden Propaganda als Leitlinie diente: Die »Vorsehung« – nicht nur bei den Nationalsozialisten ein moderner Gottesersatz – hatte den Führer gerettet, weil er sein Werk vollenden und Deutschland zum Sieg führen sollte. In solcher Tonart berichteten dann die Zeitungen, und in diesem Sinne sagte Rudolf Heß am 11. November bei der Trauerfeier für die Toten: »Das deutsche Volk nimmt in dieser Stunde Abschied von den Opfern eines grauenhaften Verbrechens, des Verbrechens, das kaum seinesgleichen in der Geschichte hat.« Doch »durch das Wunder der Errettung wurde der Glaube unerschütterlich: Die Vorsehung hat uns den Führer erhalten, die Vorsehung wird uns den Führer erhalten, denn die Vorsehung hat ihn uns gesandt.«

Aber in der Nacht vom 8. auf den 9. November kreiste im Führerzug das Gespräch natürlich vor allem um die Frage: Wer stand hinter dem Anschlag? Niemand dachte an einen Einzeltäter; Hitler voran, setzte sich die Überzeugung durch, dass eine organisierte Verschwörung mit mächtigen Hintermännern am Werk gewesen sein müsse. Etwa der britische Geheimdienst? Oder die »Schwarze Front« Otto Strassers? (Gregor Strasser war ein wichtiger Mitarbeiter, dann ein Gegenspieler Hitlers gewesen; Ende 1932 hätte er die NSDAP beinahe gespalten. Im Zuge der »Rhöm-Affäre« wurde er 1934 ermordet. Sein Bruder Otto, der Begründer der »Schwarzen Front«, brach schon 1930 mit Hitler und ging nach der »Machtergreifung« in die Emigration.)

Während man noch spekulierte, war der wahre Täter schon gefasst; in Konstanz lief er einer Zollstreife in die Arme. Im Bericht des Zollassistenten Xaver Reiger heißt es dazu: »Zwischen 20.40 und 20.45 trat hinter dem Gebäude plötzlich eine Gestalt hervor, die nach kurzem Beobachten des Geländes schleichend und äußerst eilig der Grenze zustrebte ... Als ich diese Gestalt sah, bewegte ich mich sofort und vorsichtig und unter sofortiger Bereitmachung meines Karabiners in Eile auf den Mann zu. Als ich die Überzeugung hatte, daß mein Anruf gehört werden mußte, rief ich ihn mit den Worten ›Hallo, wo wollen Sie hin?‹ an ... Unter Beobachtung der in den Planspielen gegebenen Richtlinien hielt ich es für das Beste, den Mann nicht dadurch stutzig zu machen, daß ich etwa sofort seine Festnahme aussprach. Da der Mann auf meinen Anruf behauptete, einen Bekannten mit dem Namen Feuchtelhuber vom Trachtenverein Konstanz zu suchen, dem er in früheren Jahren angehört habe, ließ ich ihn bei der Meinung, ihm behilflich sein zu wollen ... Ich erreichte dadurch auch, daß er willig mitging ... Vor der Einlieferung in die GAST [Grenzaufsichtsstelle] blieb Elser vor der Tür noch einmal stehen und warf noch einen Blick nach der Schweiz. Es erweckte den Eindruck, als ob Elser im letzten Moment noch in die Schweiz flüchten wollte. Als Elser jedoch meinen schußbereiten Karabiner sah und ich ihm energisch zurief: ›hier ist die Tür‹, folgte er willig in den Durchsuchungsraum. Die hier vorgenommene gründliche körperliche Durchsuchung, die bis aufs Hemd durchgeführt wurde, hatte folgendes Ergebnis. In den Hosentaschen trug Elser eine Beißzange, einen verschlossenen Umschlag, in dem sich zahlreiche Zettel über Aufzeichnungen der Herstellung von Granaten und Zündern, Härte- und Hitzegraden, über Kennzeichnung der Munitionskisten, über Farbe, Inhalt der Kisten sowie deren Bestimmungsort befanden. Weiter hatte Elser Teile eines Zünders bei sich (Schlagbolzen, Feder usw.) und eine unbeschriebene Ansichtspostkarte, die in bunten Farben die Innenansicht des Bürgerbräukellers darstellte. Zollsekretär Traber, der sich an der Durchsuchung beteiligt hatte, fand am Schluß noch unter dem Rockaufschlag das frühere Rotfront-Abzeichen ... Elser wurde dann der Grenzpolizei übergeben.«

Als man ihn später fragte, was er bei seiner Verhaftung empfunden habe, hieß die Antwort: »Ärger über mich selbst und über meinen Leichtsinn.« Das lässt sich nachfühlen. Oder um mit Rolf Hochhuth zu reden: »Alle seine Kraft hatte er jetzt verbraucht, er machte nur noch Fahrlässig-Törichtes.« In der Tat: So sorgfältig Elser das Attentat vorbereitete, so wenig plante er für die Zeit danach. Er fuhr niemals nach Konstanz, um sich die Grenze anzusehen und zu prüfen, wo er sie mit dem geringsten Risiko überschreiten konnte. Seine Kenntnisse stammten aus der Zeit vor 1933; dass womöglich oder wahrscheinlich danach und erst recht seit dem Kriegsbeginn die Verhältnisse sich geändert hatten, kam ihm gar nicht erst in den Sinn. Höchst naiv wirkt auch die Vorstellung, sich zunächst den eidgenössischen Behörden zu offenbaren und danach, als sei er noch immer nichts als ein Schreinergeselle, irgendwo eine Arbeit anzunehmen. Mit Gewissheit wäre seine Auslieferung verlangt worden, und vieles, beinahe alles spricht dafür, dass die Schweiz dem deutschen Druck nachgegeben hätte. Bei einer schon vorbereiteten und unauffälligen Rückkehr nach Königsbronn wären die Chancen des unentdeckten Davonkommens ungleich größer gewesen.

Mittlerweile liefen die Untersuchung des Tatorts und die Fahndung nach den Tätern auf Hochtouren. Bereits am Morgen des 9. November flog – ohne Behinderung durch Nebel – der Reichskriminaldirektor Arthur Nebe mit einem Stab seiner Beamten von Berlin nach München. Neben ihn oder in Konkurenz zu ihm trat Franz-Josef Huber, seit einiger Zeit Leiter der Gestapozentrale in Wien, der sich im Münchener Milieu auskannte. Mehr und mehr konzentrierte sich der Verdacht auf Elser, den man nach München gebracht hatte. In der Nacht vom 13. auf den 14. November legte er ein Geständnis ab, und alle Nachprüfungen bestätigten seine Aussagen. Für die Kriminalisten wurde klar, dass er – und nur er allein – der Täter war.

Aber weder Hitler noch Himmler mochten das glauben. Elser wurde nach Berlin transportiert und dort immer weiter verhört, geschlagen und gefoltert, um etwas über seine Hintermänner zu erfahren. Vergeblich. Man konnte sie nur erfinden und ihn zum Nachreden zwingen. Inzwischen durchkämmte die Gestapo natürlich Königsbronn und alle anderen Orte, an denen er lebte und gearbeitet hatte. Verwandte, Freunde und Bekannte wurden verhaftet, einige, besonders die Verwandten oder eine Freundin wie Elsa Härlen, zur Gegenüberstellung nach Berlin gebracht, um auch dadurch Druck auszuüben. Elsa Härlen hat von einer solchen Gegenüberstellung mit Elser berichtet:

»Er saß in der Mitte des Zimmers auf einem Stuhl, und ich hätte ihn in seinem Zustand bestimmt nicht als meinen früheren Verlobten erkannt. Sein Gesicht war verschwollen und blau geschlagen. Die Augen traten aus den Höhlen, und er machte auf mich einen furchtbaren Eindruck. Auch seine Füße waren geschwollen und ich glaube, daß er nur deshalb auf dem Stuhl saß, weil er kaum mehr stehen konnte. In jeder Ecke des Zimmers stand ein Kriminalbeamter mit gezogener Pistole. Ein Beamter sagte zu Elser: ›Hier ist Ihre frühere Braut. Sie ist immer noch überzeugt, daß Sie das Attentat nicht begangen haben. Sagen Sie ihr nun selbst, daß Sie es begangen haben.‹ Ein Beamter stellte sich hinter Elser und hat ihm, damit er redet, immer wieder einen Stoß ins Genick oder in den Rücken versetzt. Ich bin überzeugt, daß er nur redete, weil er körperlich gebrochen war und sich vor den Schlägen fürchtete. Er sprach dann nur stoßweise und wurde immer wieder durch Schläge zum Weiterreden gezwungen. Er sagte ungefähr folgendes: Bei der Firma Vollmer habe er Schwarzpulver entwendet und mit diesem eine Höllenmaschine gebaut. Er sei dazu von ausländischen Agenten angestiftet worden und habe in deren Auftrag gehandelt. Die Verbindung mit den ausländischen Agenten hätte er während seiner Tätigkeit bei der Firma Waldenmaier aufgenommen, wo er als Angestellter in der Versandabteilung mit dem Ausland Verbindung bekommen hätte. Nähere Einzelheiten konnte ich natürlich nicht erfahren, denn Elser wurde teils durch Schläge am Weiterreden gehindert und andererseits wieder durch Schläge gezwungen zu reden.«

Man gewinnt den Eindruck, dass hier eine Art von Abrichtung stattfand, eine Dressur zur Marionette in einem späteren Schauprozess, bei dem dann die passenden »Hintermänner« vorgestellt werden sollten. Wie persönlich und wichtig man alles nahm, geht auch daraus hervor, dass Elsa Härlen sogar von Hitler, Himmler und Martin Bormann teils freundlich, teils drohend verhört wurde. Nochmals Frau Härlen zum Ende der Gegenüberstellung:

»Ein Kriminalbeamter sagte zu mir, ich könne nun Elser selbst etwas fragen. Ich konnte aber nur fragen: ›Georg, hast du das getan?‹ Zunächst hat Elser nicht geantwortet, sondern mich nur mit einem Blick angesehen, den ich nie vergessen werde. Ganz langsam öffnete er dann den Mund und sagte: ›Else.‹ In demselben Augenblick bekam er von dem hinter ihm stehenden Beamten einen Schlag ins Genick und durfte nicht mehr reden.«

Der Gedanke an einen Schauprozess: Passend dazu hatte man zwei britische Agenten, die Kontakt zum deutschen Widerstand suchten, am 9. November im niederländischen Venlo übertölpelt und nach Deutschland verschleppt; die Berichte darüber erschienen in großer Aufmachung und deuteten eine Verbindung mit dem Münchener Attentat an, die es nicht gab.

Elser wurde dann ins Konzentrationslager Sachsenhausen gebracht, und als ein »Sonderhäftling« zwar sorgfältig bewacht und gegen andere Gefangene streng abgeschirmt – übrigens ganz in der Nähe der beiden britischen Agenten –, aber gut ernährt und sogar mit den im Krieg rationierten Zigaretten besser versorgt als jeder Frontsoldat. (Er war inzwischen zum Kettenraucher geworden.) Man gestattete ihm auch, eine Zither zu bauen und darauf zu spielen. Ende 1944 verlegte man ihn nach Dachau, noch immer unter Sonderbehandlung. Hier wurde er am 9. April 1945 erschossen, wie in diesen Tagen so viele Widerstandskämpfer, nur wenige Wochen, bevor amerikanische Truppen das Lager befreiten. Kein Feind des Führers sollte überleben, und es erübrigte sich jetzt, noch an einen Schauprozess nach dem deutschen »Endsieg« zu denken.

Wie sollen wir uns zu Georg Elser und seiner Tat stellen? Noch im Jahre 1999 ist darüber gestritten worden, und man hat gesagt, dass sein Bombenanschlag im Bürgerbräukeller nicht zu rechtfertigen sei, weil er dabei den Tod Unschuldiger in Kauf nahm. Dann müsste man freilich auch das Attentat des Obersten Graf Schenk von Stauffenberg in der »Wolfsschanze« vom 20. Juli 1944 verurteilen.

Elser selbst hat ausgesagt: »Wenn ich gefragt werde, ob ich die von mir begangene Tat im Sinne der protestantischen Lehre als Sünde betrachte, so möchte ich sagen, ›im tieferen Sinne, nein!‹ ... Ich wollte ja auch durch meine Tat ein noch größeres Blutvergießen verhindern.« Hiergegen steht dem Anschein nach ein anderer Protokollabschnitt:

»Frage: Was haben Sie gedacht, als Sie in der Nacht vom 7. auf den 8. zum letzten Mal Ihr Werk in Augenschein genommen und die Türen verschlossen haben?

Antwort: Daran kann ich mich nicht mehr erinnern.

Frage: Wie hatten Sie sich damals die Auswirkungen des Anschlags vorgestellt?

Antwort: Das hatte ich mir schon vorher einige Male überlegt.

Frage: Dachten Sie daran, daß eine Reihe von Personen getötet werden könnte?

Antwort: Ja.

Frage: Wollten Sie das? Und wen wollten Sie treffen?

Antwort: Ja. Ich wollte die Führung treffen.

Frage: Blieb in Ihnen dieser Wille während der ganzen Ausführung beziehungsweise Vorbereitung der Tat bestehen oder kamen Ihnen zwischendurch auch Zweifel über Ihre Handlungsweise?

Antwort (nach langem Überlegen): Das weiß ich nicht mehr, ob mir Zweifel kamen oder nicht. Ich glaube aber, es kamen mir keine.

Frage: Wie stellen Sie sich heute zu dem, was Sie getan haben, nachdem Sie, obwohl der Plan fehlschlug, acht Menschen getötet haben?

Antwort: Ich würde das nie mehr tun.

Vorhalt: Das ist keine Antwort auf meine Frage.

Antwort: Der Zweck ist nicht erreicht.

Frage: Ist es Ihnen denn gleichgültig, daß Sie acht Menschen vom Leben zum Tode gebracht haben?

Antwort: Nein, das ist mir nicht gleichgültig.

Frage: Was würden Sie machen, wenn Sie heute aus irgendeinem Grunde freigelassen würden?

Antwort: Ich würde versuchen, wieder gut zu machen, das, was ich Schlechtes getan habe.

Frage: Wodurch und wie?

Antwort: Indem ich mich bemühen würde, mich in die Volksgemeinschaft zu finden und mitzuarbeiten.

Frage: Könnten Sie das?

Antwort: Ich habe meine Ansicht geändert.

Frage: Dadurch, daß sie festgenommen worden sind?

Antwort: Nein, ich glaube bestimmt, daß mein Plan gelungen wäre, wenn meine Auffassung richtig gewesen wäre. Nachdem er nicht gelungen ist, bin ich überzeugt, daß es nicht gelingen sollte und daß meine Ansicht falsch war.«

Ein Widerspruch zu der vorher zitierten Aussage? Im tieferen Sinne nein; was hier zutage tritt, obwohl nicht beim Namen genannt, ist das christliche Erbe, der Glaube nicht an eine Vorsehung, sondern an Gott. Immer wieder hat der Attentäter gebetet, aber er wurde nicht erhört. Nicht Elser und kein irdischer Richter, sondern Gott hatte entschieden. Er hatte nicht gewollt, dass die Tat gelang, und damit – erst und nur damit – war sie verworfen.

Eine weitere Frage drängt sich auf: Was wäre geschehen, wenn sie gelungen wäre? Jede Antwort bleibt natürlich spekulativ. Aber einiges zeichnet sich doch als wahrscheinlich ab, vor allem, dass ein Hauptteil der Schrecken und Verbrechen des Zweiten Weltkriegs, des Massensterbens und der Massenmorde verhindert worden wäre, ebenso wie die Barbarei des Bombenkriegs gegen die Zivilbevölkerung und der Massenvertreibung von Menschen aus ihrer angestammten Heimat.

Gewiss, der Polenfeldzug hatte schon stattgefunden, und im eroberten Land wütete der Terror, der deutsche und der sowjetische gleichermaßen. Doch im Übrigen war noch wenig geschehen und der Krieg beinahe eingeschlafen. »Keine besonderen Ereignisse«, hieß es immer wieder im täglichen Wehrmachtsbericht. In Frankreich war man ohnehin kriegsverdrossen und bloß auf die Verteidigung bedacht. In England hieß der Premierminister noch immer Neville Chamberlain und nicht Winston Churchill; sein Außenminister war Lord Halifax, der noch im Sommer 1940 auf einen Verständigungsfrieden drängte.

In Deutschland war es Adolf Hitler, der zum Krieg trieb und zu dessen Programm die Judenvernichtung ebenso gehörte wie der Eroberungsfeldzug im Osten, der die unterworfenen Völker wenn nicht ausrotten, dann versklaven sollte. Aber sonst? Das Volk wollte den Frieden, und die Generale scheuten das Abenteuer. Nachfolger Hitlers wäre gemäß seiner testamentarischen Erklärung vom 1. September 1939 Hermann Göring gewesen, der genießen und nicht aufs Spiel setzen wollte, was er erreicht hatte. Im September 1938 hatte er sich ebenso um die Abwendung des Krieges bemüht wie im August 1939 und nach Auswegen aus der Krise gesucht. Er mochte auf seine Weise ein brutaler Gewaltmensch sein, aber um alles oder nichts zu spielen, lag ihm so fern wie der weltanschauliche Fanatismus. »Wir wollen doch nicht Vabanque spielen«, mahnte er Hitler noch kurz vor dem Kriegsbeginn, worauf dieser heftig entgegnete, genau das habe er sein Leben lang immer getan. Im diesem knappen Wortwechsel blitzt ein Unterschied auf, der in gegensätzliche Richtungen weist. Außerdem kommt es immer auf den Zeitpunkt des Handelns an; das Attentat im Bürgerbräukeller konnte noch viel bewirken, Stauffenbergs Bombe fast fünf Jahre später weitaus weniger.

Kurzum: Es ist nicht abwegig, sich einen anderen Verlauf der Geschichte vorzustellen, wenn am Abend des 8. November 1939 Georg Elsers Höllenmaschine Hitler zerrissen oder unter Trümmern begraben hätte. Die deutsche, die jüdische und die europäische Katastrophe wäre abgewendet oder doch wesentlich abgemildert worden.

Elser war ein Einzelgänger, der in niemandes Dienst stand, und das gehört sich offenbar nicht. Widerstand muss organisiert sein. Nicht nur Hitler und Himmler glaubten darum hartnäckig an Verschwörungen und Hintermänner, sondern auch im Gegenlager war das der Fall. So hat zum Beispiel der unbeugsame Pfarrer Martin Niemöller – seit 1937 Häftling in Sachsenhausen und Dachau und wie Elser ein besonders behandelter »persönlicher Gefangener« Hitlers – hartnäckig geglaubt und noch nach 1945 verbreitet, dass sein Mithäftling ein gekauftes Subjekt und bloß vorgeschoben gewesen sei, um einen Anschlag der SS zu tarnen, der aus Propagandagründen unternommen wurde, um mit der wunderbaren Errettung des Führers die Macht der Vorsehung zu demonstrieren.

Folgerichtig ist Elser nach dem Zweiten Weltkrieg für viele Jahre in Vergessenheit geraten; in der 17. Auflage des Großen Brockhaus, der »Enzyklopädie«, die 1966 beginnt und mit ihren Ergänzungsbänden bis 1981 reicht, kommt sein Name gar nicht vor. Mit der Teilung Deutschlands wurde auch die deutsche Geschichte und die Geschichte des Widerstandes geteilt; hier, in der Bundesrepublik, würdigte man den bürgerlichen, den sozialdemokratischen, den christlichen und den soldatischen Widerstand, daneben etwa noch den studentischen Kreis der »Weißen Rose«. Dort, in der Deutschen Demokratischen Republik, feierte man die proletarischen und die kommunistischen Märtyrer. Doch der schlichte schwäbische Schreinergeselle fiel durch die Maschen, weil er nirgendwo zugehörig war. Wahrscheinlich kam untergründig noch hinzu, dass er die Rechtfertigung der Millionen beschädigte, die anderen und sich selbst erklärten, dass man ja doch nichts habe tun können.

In der Bibel, im 1. Buch Mose, wird erzählt, wie Abraham mit Gott um die Rettung Sodoms handelte. Abraham sprach zu Gott: »Es möchten vielleicht fünfzig Gerechte in der Stadt sein; wolltest du die umbringen und dem Ort nicht vergeben um der fünfzig Gerechten willen, die darin wären? Das sei ferne von dir, daß du das tust und tötest den Gerechten mit dem Gottlosen, daß der Gerechte sei gleich wie der Gottlose! Das sei ferne von dir, der du aller Welt Richter bist! Du wirst so nicht richten.«

»Der Herr sprach: Finde ich fünfzig Gerechte zu Sodom in der Stadt, so will ich um ihrer willen dem ganzen Ort vergeben.«

Die fünfzig Gerechten fanden sich nicht, und so handelte Abraham hartnäckig weiter bis auf zehn herunter. Aber auch die fanden sich nicht. Der Ausgang ist bekannt: »Da ließ der Herr Schwefel und Feuer regnen von dem Herrn vom Himmel herab auf Sodom und Gomorra und kehrte die Städte um und die ganze Gegend und alle Einwohner der Städte und was auf dem Lande gewachsen war.«

In Anspielung auf diese Geschichte hat der General Henning von Tresckow, der für Jahre die Mitte des militärischen Widerstandes bildete, nach dem Fehlschlag von Stauffenbergs Anschlag und kurz vor seinem Freitod zu einem Vertrauten gesagt: »Jetzt wird die ganze Welt über uns herfallen und uns beschimpfen. Aber ich bin nach wie vor der felsenfesten Überzeugung, daß wir recht gehandelt haben. Ich halte Hitler nicht nur für den Erzfeind Deutschlands, sondern auch für den Erzfeind der Welt. Wenn ich in wenigen Stunden vor den Richterstuhl Gottes trete, um Rechenschaft abzulegen über mein Tun und Unterlassen, so glaube ich mit gutem Gewissen vertreten zu können, was ich im Kampf gegen Hitler getan habe. Wenn einst Gott Abraham verheißen hat, daß er Sodom nicht verderben werde, wenn auch nur zehn Gerechte darin seien, so hoffe ich, daß Gott auch Deutschland um unsertwillen nicht vernichten wird.«

Georg Elser hatte keinen Vertrauten, und ein eigenes Schlusswort war ihm nicht vergönnt. Vielleicht wäre er auch gar nicht in der Lage gewesen, es angemessen zu formulieren. Aber er gehörte zu den Gerechten, auf denen unsere Hoffnung ruht.

Reinhard Heydrich

Was wäre gewesen, wenn Hitler im Zweiten Weltkrieg den »Endsieg« errungen oder zumindest einen Remis-Frieden erreicht hätte? Es fällt schwer, sich die zweite Hälfte des 20. Jahrhunderts unter solchen Vorzeichen auszumalen, denn überall gerät man in Finsternisse hinein. Aber im Grunde ist es auch überflüssig, sich in Alpträumen zu verlieren, weil es unter Hitlers Führung nie eine Chance auch nur zum Teilsieg im Osten gegeben hat. Der vom Rassenwahn bestimmte Eroberungs- und Vernichtungskrieg, als der das »Unternehmen Barbarossa« von Beginn an angelegt war, musste den zunächst eher brüchigen Widerstandswillen der Menschen und Völker in der Sowjetunion bis zum Äußersten steigern und die kurzatmige Kraft der Wehrmacht an den Zeit- und Raumreserven Russlands scheitern lassen.

Doch vielleicht lässt sich, nur versuchsweise, ein Szenarium entwickeln, das ganz anders aussieht. Man stelle sich Folgendes vor:

Ende Mai 1941, wenige Wochen vor Beginn des Feldzugs gegen die Sowjetunion, fliegt Hitler von Berlin nach Bayern, um sich in der Abgeschiedenheit seiner Residenz auf dem Obersalzberg auf den Schicksalskampf vorzubereiten. Mit an Bord sind die dafür wichtigsten Männer, zum Beispiel der Oberbefehlshaber des Heeres, Feldmarschall Walther von Brauchitsch und sein Generalstabschef Franz Halder, Reichsmarschall Hermann Göring und der Reichsführer SS Heinrich Himmler, Propagandaminister Joseph Goebbels, Rüstungsminister Fritz Todt und Parteisekretär Martin Bormann, der den kurz zuvor nach England geflogenen Rudolf Heß ersetzt. Irgendwo über Thüringen stürzt die Maschine ab. Ein technischer Defekt, Sabotage, die eingeschmuggelte Bombe? Gleichviel: Es gibt keine Überlebenden.

In Berlin wird als Erster Reinhard Heydrich benachrichtigt, der gefürchtete Chef des Reichssicherheitshauptamtes und damit aller Polizei- und Sicherheitsdienste. Kurz entschlossen, als habe er auf diesen Augenblick nur gewartet, verabredet er sich mit dem »Architekten des Führers«, Albert Speer, und dem als energisch, tüchtig und bedenkenlos geltenden Feldmarschall Walter von Reichenau. Das Gespräch, stark abgekürzt, sieht etwa so aus:

Heydrich: »Meine Herren, es gibt keinen Nachfolger des Führers. Göring ist tot und Rudolf Heß in England. *Wir* müssen die Dinge in die Hand nehmen.«

Speer: »Als ein Triumvirat?«

Heydrich: »Herr von Reichenau wird Oberbefehlshaber nicht nur des Heeres, sondern der Wehrmacht, ich garantiere für Ruhe und Ordnung im Reich, und Sie mobilisieren die Arbeitsreserven und die Rüstungswirtschaft. Schluss damit, dass Millionen von Frauen am heimischen Herd statt am Fließband stehen und dass jedes Unternehmen vor sich hin werkelt! Standardisierung, Großserien, Verdoppelung, Verdreifachung der Produktion von Panzern, Geschützen und Flugzeugen! Trauen Sie sich das zu?«

Speer: »Ja.«

Reichenau: »Und der Russlandfeldzug?«

Heydrich: »Den führen wir wie vorgesehen. Das heißt: Wir wollen ihn auch gewinnen. Dazu müssen wir als Befreier von Stalins Gewaltherrschaft statt als Eroberer und Vernichter auftreten. Keine Willkür, keine Erschießungen, korrekte Behandlung der Gefangenen und jedes nur denkbare Freundschaftszeichen für die Bevölkerung. Einsetzung einer Selbstverwaltung, Aufstellung von einheimischen Verbänden, sobald und wo immer das möglich ist, Freiheit für die unterdrückten Völker, Verbündete statt Partisanen!«

Reichenau: »Einverstanden. Aber soll das auch für die Juden gelten?«

Heydrich: »Warum nicht? Das Motto heißt: Wer nicht gegen uns ist, der ist für uns. Sollen wir uns denn in Ideologien verfangen, statt erfolgreich zu sein? Was nachher kommt ... – nun, das werden wir sehen.«

So redet man noch eine Weile, wird sich einig, entwirft die notwendigen Aufrufe und Befehle – und nebenher noch das Trauergepränge für den unerwartet verblichenen Adolf Hitler.

Ein abwegiges Szenarium? Vielleicht. Aber bevor wir urteilen, sollten wir prüfen, was davon in dem Mann als Möglichkeit angelegt war, dem nicht wenige zugetraut haben, der Nachfolger Hitlers zu werden.

Reinhard Tristan Eugen Heydrich wurde am 7. März 1904 in Halle an der Saale geboren. Sein Vater, Richard Bruno Heydrich, war ein vielseitig begabter Musiker und Komponist; er gründete das Konservatorium von Halle. Freilich blieb er immer ein Mann des zweiten Ranges; die Stationen seiner Karriere als Opernsänger hießen Weimar, Stettin, Aachen, Köln, Magdeburg und Braunschweig, nicht München, Bayreuth, Dresden oder Berlin. Auch sein Konservatorium war mit dem königlichen in Dresden kaum zu vergleichen. Elisabeth Krantz, die er 1897 heiratete, stammte von dort, sie war die Tochter des Professors und Hofrats Eugen Krantz, der diese Institution leitete. Immerhin lebte man in gutbürgerlichen Verhältnissen.

Über Heydrichs frühe Jahre ist wenig bekannt. Da die Eltern zu tun hatten, betreute ihn ein schlesisches Kindermädchen. 1914 bezog er das Realgymnasium und erwies sich als guter, doch offenbar auch schwieriger, einzelgängerischer Schüler, unter seinen Klassenkameraden wenig beliebt. Der blonde, lang aufgeschossene Junge wurde manchmal verprügelt und oft wegen seiner Fistelstimme gehänselt. Außerdem rief man ihm »Isi, Isi« hinterher – eine Anspielung auf »Isidor«, auf die wir zurückkommen.

Zur Enttäuschung seiner Eltern wies er deren Erbe zurück, obwohl er hoch musikalisch war und vorzüglich Geige spielte. Gleich nach seinem Abitur trat er am 30. März 1922 als Seekadett in die Marine ein. Wahrscheinlich hat der als »Seeteufel« berühmte Graf Luckner, der mit der Familie befreundet war, ihn von Abenteuern in der Weite der Weltmeere träumen lassen. Oder er besaß eine Witterung dafür, dass die Zukunft Härteres als die Musik erforderte – so wie Oswald Spengler es 1918 im Vorwort zu seinem »Untergang des Abendlandes« verkündet hatte: »Wenn ... sich Menschen der neuen Generation der Technik statt der Lyrik, der Marine statt der Malerei, der Politik statt der Erkenntniskritik zuwenden, so tun sie, was ich wünsche, und man kann ihnen nichts Besseres wünschen.«

Von der stolzen kaiserlichen Schlachtflotte war freilich nach 1918 nicht mehr viel geblieben. Die Auslese von Offiziersbewerbern war entsprechend scharf und die Ausbildung hart. Aber Reinhard Heydrich suchte die Bewährung durch Härte. Verbissen trainierte er seinen Körper und wurde zum Leistungssportler, besonders zu einem herausragenden Fechter. Dieser Ehrgeiz machte ihn bei seinen Kameraden so wenig beliebt wie vorher den Gymnasiasten unter den Mitschülern; er blieb ein Einzelgänger ohne Rückhalt bei anderen. Der Sachverhalt änderte sich erst, als er im Sommer 1923 auf den bejahrten Kreuzer »Berlin«, Baujahr 1903, kommandiert wurde. Erster Offizier war der Korvettenkapitän Wilhelm Canaris, ein ebenso hintergründiger wie musischer Mann. Dem fiel die Violine auf, die der Seekadett trotz allen Spotts mit sich trug; da er selbst in Kiel ein Streichquartett unterhielt und die Zweite Geige gerade nicht besetzt war, verbrachte der junge Heydrich von nun an viele Wochenenden im Hause des Vorgesetzten. Besonders Frau Canaris war von seinem Spiel begeistert.

Auf andere Weise begeisterten sich jüngere Frauen für den schlanken, sportlichen Mann in der schmucken Marineuniform, der am 1. Oktober 1926 zum Leutnant befördert worden war. Er wurde zum Herzensbrecher, und diese Tatsache geriet ihm ein paar Jahre später zum Verhängnis. Ende 1930, inzwischen Oberleutnant und Nachrichtenoffizier, lernte er die achtzehnjährige Lina von Osten kennen, die Tochter eines Dorfschulmeisters auf der Ostseeinsel Fehmarn. Man verliebte sich ineinander und gab die Verlobung bekannt. Dies brachte eine andere Dame in Rage, die ältere Anrechte zu haben glaubte, die Tochter eines Marine-Oberbaurats. Der wandte sich mit der Behauptung, dass der Oberleutnant ehrlos gehandelt habe, an die Marineleitung, und die setzte zur Prüfung des Sachverhalts einen Ehrenrat unter Vorsitz des Admirals Gottfried Hansen ein.

Der später verbreitete Vorwurf, dass Heydrich die Oberbauratstochter geschwängert habe und sie dann sitzen ließ, statt sein Eheversprechen einzulösen, dürfte unzutreffend sein. Umso mehr ärgerte er sich über die nach seiner Meinung spießige Einmischung in persönliche Angelegenheiten, und statt Reue zu zeigen, ließ er die Mitglieder des Ehrenrats wissen, dass er die Sache nicht ernst nahm. Dies wiederum erzürnte sie, weit mehr wohl als das Vorgefallene oder nicht Vorgefallene, und ein Schmetterschlag folgte: Sie verurteilten ihn. Im April 1931 erhielt er den »schlichten Abschied wegen Unwürdigkeit« und stand unversehens auf der Straße, mit keiner anderen Aussicht als einer Abfindung von monatlich 200 Mark auf zwei Jahre – und das in einer Zeit, da die Wirtschaftskrise und die Massenarbeitslosigkeit ihrem Höhepunkt zustrebten. Ohne diese ehrenrührige Entlassung hätte er wahrscheinlich, intelligent und zielstrebig wie er war, Karriere gemacht und seine Laufbahn als Admiral beendet. Im Zweiten Weltkrieg hätte er das Ritterkreuz erhalten, oder er wäre gefallen. Aber sonst würden wir nichts von ihm wissen.

Bevor wir fortfahren, müssen wir eine hartnäckig verbreitete Legende beiseite räumen. Reinhard Heydrich war groß, schlank, schmalschädelig und schmallippig, blond und blauäugig, das Ebenbild des Germanen, wie die nationalsozialistische Rassenlehre ihn malte – und sehr im Kontrast zu Führergestalten wie Hitler, Himmler oder Goebbels. (»Blond wie Hitler, groß wie Goebbels, schlank wie Göring, trinkfest wie Ley«, hieß es im geflüsterten Volkswitz. Robert Ley, Führer der »Arbeitsfront«, die die zerschlagenen Gewerkschaften beerbte, wurde der »Reichstrunkenbold« genannt.)

Aber ausgerechnet das Ebenbild des Germanen sollte »unreines Blut«, das heißt jüdische Ahnen haben! In Halle hielt sich hartnäckig das Gerücht, dass der Vater Heydrich »eigentlich Süß« heiße, womit offenbar nur ein Jude gemeint sein konnte; hierauf ging das hänselnde »Isi, Isi« von Reinhards Schulgenossen zurück. Jeder kannte die Geschichte vom »Jud Süß«, die schon Wilhelm Hauff und dann Lion Feuchtwanger in einem Schauspiel (1918) und einem Roman (1925) erzählt hatten. Auf den Vorlagen von Hauff und Feuchtwanger wiederum beruhte, ins Antisemitische gewendet, der Film »Jud Süß« von Veit Harlan aus dem Jahre 1940. Joseph Süß-Oppenheimer, 1698 oder

1699 bis 1738, war seiner Zeit um ein Jahrhundert voraus; als Bankier, Firmengründer und Finanzberater am württembergischen Hof machte er Karriere, und mit seinem Erfolg weckte er den Neid, die Vorurteile, den Hass; nach dem Tod des Herzogs Karl Alexander wurde er verhaftet, verurteilt und hingerichtet.

Der SS-Führer und Organisator der Judenvernichtung selber ein Jude! Was liegt näher, was drängt sich zwingender auf, als daraus einen Zwangscharakter abzuleiten: Die Bewusstseinsspaltung, ein abgründiger Selbsthass schlug in den Hass um; mit der Ausrottung der Juden wollte Heydrich den Juden in sich vertilgen und beweisen, dass er auf die gute Seite gehörte. Ähnliches hat der britische Historiker Hugh Trevor-Roper unterstellt, wenn er schrieb: »Die Furcht vor Erpressung war es, die Heydrich zum Erfolg trieb.« Hitler und Himmler, so Trevor-Roper, kannten die jüdische Abstammung und nutzen sie. Als Erpresser soll sich auch Wilhelm Canaris betätigt haben, als er zum Chef der militärischen »Abwehr« und damit im Intrigenspiel der Geheimdienste zum Konkurrenten Heydrichs geworden war; er hielt sich, so heißt es, den »Oberverdachtsschöpfer« des Reichssicherheitshauptamtes mit dem Hinweis vom Halse, dass er in der Schweiz Urkunden deponiert habe, die jederzeit veröffentlicht werden könnten, um das »unreine Blut« zu beweisen.

Der Schweizer Carl Jacob Burckhardt, von 1937 bis 1939 Hoher Kommissar des Völkerbundes für Danzig, will gesehen haben, dass Heydrichs Gesicht aus gegensätzlichen Hälften zusammengesetzt war. »Es schauen mich zwei Personen gleichzeitig an, sagte ich mir.« Dazu passte genau, was man Burckhardt zutrug: Heydrich torkelte einmal angetrunken in seine Wohnung, sah sich im Spiegel, zog die Pistole und feuerte auf sein Ebenbild mit dem Ruf: »Hab' ich dich endlich, Canaille!« Burckhardt weiß den angeblichen Vorfall einfühlend zu deuten: »Er hatte auf den anderen geschossen, er, der Gespaltene, den Mann seiner anderen Gesichtshälfte hatte er getroffen, aber nur in dem splitternden Spiegelglas; er wurde ihn dadurch nicht los und sollte bis zum Schluß mit ihm zusammenleben.« Was hat man in solchem Sinne nicht alles zusammengetragen, zum Beispiel aus Heydrichs »mächtig gebogener Nase« auf die »typisch jüdische« Hakennase geschlossen! In Wahrheit war diese besondere Form höchst banal darauf zurückzuführen, dass der sportliche junge Mann sich zweimal bei Reitunfällen das Nasenbein brach.

Was der Reichsführer der SS von seinem engsten Mitarbeiter wusste und hielt, hat der finnische Medizinalrat Felix Kersten, Himmlers Leibarzt und Masseur, uns zugeraunt. Himmler, so hören wir, sagt ihm, »dieser Heydrich sei ein hochbegabter, auch sehr gefährlicher Mann, dessen Begabung man der Bewegung erhalten müsse. Solche Leute könne man jedoch nur arbeiten lassen, wenn man sie fest in der Hand behielte, und dazu eigne sich seine nichtarische Abstammung ausgezeichnet. Er werde uns ewig dankbar sein, daß wir ihn behalten und nicht ausgestoßen hätten, und werde blindlings gehorchen.« Heydrich, so Himmler weiter, »habe unendlich unter diesem Wissen von seiner unreinen Abstammung gelitten«. Er »kam eigentlich nie zur Ruhe und Entspannung, immer zerrte es in ihm irgendwie von neuem. Ich habe mich oft mit ihm unterhalten und versucht, ihm zu helfen, sogar gegen meine Überzeugung ihm gegenüber die Möglichkeit der Überwindung des jüdischen Blutanteils durch das bessere germanische Blut zugegeben und ihn selbst als Beispiel dafür bezeichnet«. Tatsächlich habe Heydrich »in sich den Juden rein intellektuell« – doch eben nur intellektuell – »überwunden und sei auf die andere Seite übergeschwenkt. Er war davon überzeugt, daß der jüdische Anteil an seinem Blut verdammenswert war, er haßte dieses Blut, das ihm so übel mitspielte. Der Führer konnte sich im Kampf gegen die Juden wirklich keinen besseren Mann aussuchen als gerade Heydrich. Dem Juden gegenüber kannte der keine Gnade.«

Und so immer weiter in immer neuen Spielarten, als offenbar kaum ausrottbare Legende in den Darstellungen auch oder gerade nach 1945. Zum Beispiel wird erzählt, dass Heydrich selbst seit 1933, als er die Macht dazu besaß, nach belastenden Urkunden fahndete und sie vernichten ließ. Oder dass auf dem Grabstein seiner »jüdischen« Großmutter das belastende »Sarah Heydrich« entfernt und durch ein unanstößiges »S. Heydrich« ersetzt wurde.

Aber einmal davon abgesehen, dass wir uns unversehens aufs finstere Gebräu des Rassenwahns einlassen, wenn wir solche Fundamente benutzen, um darauf psychologische Deutungen zu türmen: Alles fällt in sich zusammen, weil nichts daran ist. Es gab keine jüdischen Vorfahren, nur das in Halle umgehende Gerede. Als bekannt wurde, dass Heydrich in die SS eingetreten war, meldete es der Eifer des zuständigen Gauleiters der Parteizentrale in München, und der Ahnenforscher der NSDAP, Dr. Achim Gercke – der keinerlei Anlass hatte, den noch unbedeutenden Neuling zu schonen –, wurde mit einer Untersuchung beauftragt. Er stellte fest, dass »Heydrich deutscher Herkunft ist und frei von farbigem und jüdischem Bluteinschlag«.

Das Gerücht war dadurch zustande gekommen, dass die Großmutter Ernestine Wilhelmine Heydrich, geborene Lindner, sich in *zweiter* Ehe mit dem Schlossergehilfen Gustav Robert Süß verheiratete und dann Süß-Heydrich nannte. Die Kinder jedoch stammten aus der *ersten* Ehe mit Reinhold Heydrich. Zum einen war also der Enkel mit dem Herrn Süß gar nicht blutsverwandt, und zum anderen war nicht einmal der ein Jude. Es handelte sich keineswegs um einen »typisch jüdischen« Namen, sondern es gab ihn in Spielarten von Süß bis Suess ebenso bei so genannten Ariern, zum Beispiel unter Gelehrten, die im »Dritten Reich« unbehelligt Karriere machten, wie jeder Blick ins Konversationslexikon beweist. Einzig aus der Erinnerung an den legendären »Jud Süß« wuchs das Hallesche Getuschel. Freilich ließ es sich mit Gerckes Gutachten nicht aus der Welt schaffen, und mehr als einmal hat Heydrich sich später dagegen zur Wehr gesetzt. Aber er wusste – und Himmler wusste –, dass es haltlos war.

Wie sollte es nach der unehrenhaften Entlassung aus der Marine weitergehen? Der junge Offizier hatte sich mit seinem Vorwärtskommen im gewählten Beruf beschäftigt, doch kaum für Politik und schon gar nicht für den Parteienstreit der Weimarer Republik interessiert. Zu dem, was im bürgerlichen Elternhaus und in der Reichswehr üblich war, gehörten nur der Abscheu vor diesem »deutschen Hader«, eine Verachtung der schwachen Republik, vage Hoffnungen auf die Wiederherstellung eines starken Obrigkeitsstaates und abgründige Ängste vor der »roten Gefahr« – seit der Flottenmeuterei und Revolution von 1918 ein Trauma zumal in der Marine.

Eine Entscheidung für Hitler war damit nicht zwingend vorgezeichnet, aber erst recht nicht verriegelt. Drei Umstände halfen dazu, dass Reinhard Heydrich sie traf. Erstens ging für alle Verzweifelten ein mächtiger Sog von den nationalsozialistischen Verheißungen aus; seit Beginn der Wirtschaftskrise entwickelte sich die Splitterpartei fast über Nacht zur reißenden Massenbewegung. Und Heydrich gehörte jetzt zu den Verzweifelten; als er aus Kiel nach Halle zurückkehrte, soll er tagelang geweint haben. Zweitens gehörte die Familie von Osten, vorab seine Verlobte Lina von Osten, zu den frühen Bannerträgern der NSDAP in Schleswig-Holstein. Lina drängte ihn dazu, in die Partei einzutreten – und in die SS, die vornehmer und tüchtiger zu sein schien als die rüpelhafte SA. Drittens ergab sich über Heydrichs Patentante, Frau von Eberstein, eine Verbindung zu deren Sohn, dem Freiherrn Karl von Eberstein, später SS-Obergruppenführer, jetzt Führer der SA in München und Oberbayern. Das Zusammenwirken dieser Umstände führte dazu, dass Heydrich sich um eine Anstellung bei der Parteileitung in München bewarb.

Diese Bewerbung landete auf dem Schreibtisch Heinrich Himmlers, der seit 1929 der »Reichsführer« der SS war. Es handelte sich um eine Elite- und Untereinheit der SA, deren besondere Aufgabe der Führerschutz sein sollte. Hitler geizte nicht mit klingenden Titeln, wenn sie nichts kosteten, aber unscheinbar genug nahmen sich die Anfänge zunächst einmal aus; in diesem Jahr 1929 gehörten – reichsweit – zur SS kaum 300 Mann. Doch ehrgeizig und tüchtig betrieb der Reichsführer den Ausbau; jetzt, im Sommer 1931, zählte man schon mehr als 10 000 SS-Leute. Himmler dachte nun daran, in Konkurrenz zu entsprechenden Einrichtungen der Partei und der SA einen eigenen Nachrichtendienst aufzubauen und suchte nach einem fähigen Leiter. Missverständnisse halfen: In Heydrichs Bewerbung war von der nachrichtendienstlichen Ausbildung des Marineoffiziers die Rede. Also genau der richtige Mann? Nein, überhaupt nicht: Mit dem Nachrichtendienst meinte die Marine Funktechnik oder Ähnliches. Hier dagegen ging es ums Ausspähen feindlicher Organisationen und Personen. Oder um die Entlarvung feindlicher Späher in den eigenen Reihen: daher der Name Sicherheitsdienst, kurz SD. Indessen verlief die Vorstellung zur beiderseitigen Zufriedenheit, und Heydrich erhielt den Posten.

Der Aufbau aus dem Nichts begann höchst bescheiden. Das Anfangsgehalt betrug 180 Mark im Monat; im »Braunen Haus« teilte sich der Dienstleiter des SD den Raum und die Schreibmaschine mit einem anderen Angestellten, und Vorarbeiten gab es so wenig wie eine Sekretärin. Aber mit umso größerem Eifer ging Heydrich ans Werk, legte Karteien und Akten an, hielt nach – natürlich unbezahlten – Mitarbeitern Ausschau, war tätig für zehn oder auch vierzehn, sechzehn Stunden pro Tag und sieben Tage pro Woche. Er hatte seinen Beruf, um nicht zu sagen seine Berufung gefunden; es lag ihm, als Einzelgänger, der er von Jugend auf war, und als ein von seinem Karrierebruch Gezeichneter nach Schwachstellen bei anderen zu suchen. Man musste sie nur finden, um den Hebel für eigene Zwecke ansetzen zu können: hier die Korruption, die Spielleidenschaft und die Verschuldung, die Trunksucht, die verheimlichte Vorstrafe wegen Unterschlagung, Steuerhinterziehung. Meineid, dort den falschen Verkehr, sei es den homosexuellen oder den mit einer Jüdin.

Eine heimliche, unheimliche Macht wuchs Schritt um Schritt aus den Kenntnissen, wie überhaupt aus einer Tätigkeit, die die Menschenverachtung ebenso voraussetzte wie förderte und verfestigte. Das »Dritte Reich« sprach von Reinheit, Opferbereitschaft und Heldentum, aber zu den Fundamenten seiner Macht gehörte stets auch das Gegenteil. Wenn Heydrich später zu den am meisten gefürchteten Männern der Macht gehörte, dann darum, weil man ahnte und wusste – oder vorauseilend unterstellte –, dass das Verdachtschöpfen sein Beruf, seine Leidenschaft war und dass er, wo immer sich ein Ansatz dazu bot, Akten anlegte, am Ende sogar über Himmler und Hitler.

Zu den frühen Erfolgen gehörte, dass Heydrich einen »alten Kämpfer« in der Parteileitung als Polizeispitzel entlarvte. Nach dem klassischen Muster aller Geheimdienste wurde dieser Spitzel nicht etwa entlassen, sondern dazu erpresst, die Seite zu wechseln; fortan erhielten die Politische Polizei und die Bayerische Staatsregierung bloß noch »Spielmaterial«, während umgekehrt Heydrich erfuhr, was das Polizeipräsidium plante.

Der Erfolg nährte den Erfolg. Dem bisherigen Ein-Mann-Betrieb wurden drei Hilfskräfte bewilligt; man bezog ein eigenes Büro bei »Mutter Edrich«, einer treuen Parteigenossin in der

Türkenstraße 23. Die Witwe Edrich erlebte ihre große Zeit; sie kochte nahrhafte Eintopfsuppen und bewahrte in ihrem Kleiderschrank die geheiligte »Blutfahne« auf, die am 9. November 1923 dem »Marsch auf die Feldherrnhalle« vorangetragen worden war. In einem kleinen Zimmer wohnten Lina und Reinhard Heydrich, nachdem sie Ende 1931 geheiratet hatten; der zweite, etwas größere Raum, gehörte der Dienststelle des SD. Als preiswertes Hochzeitsgeschenk überreichte der Reichsführer SS seinem Mitarbeiter die Ernennung zum Sturmbannführer, militärisch umgerechnet zum Korvettenkapitän oder Major, also zwei Ränge über dem Oberleutnant zur See. Im Sommer 1932 folgten die Beförderung zum Standartenführer – Kapitän zur See oder Oberst – und der Umzug in eine angemietete Villa, Zuccalistraße 3; die Zahl der Mitarbeiter stieg auf sieben. Freilich, am Späteren gemessen nahm sich das alles noch immer sehr bescheiden und beinahe idyllisch aus. Im Übrigen flossen Gehälter und sonstige Gelder nur spärlich und unregelmäßig; es kam vor, dass die Post das Telefon sperrte, weil die Rechnung nicht bezahlt worden war. Lina Heydrich hat aus dieser Zeit berichtet:

»Ich war damals das Mädchen für alles in der etwas großspurig Zentrale Dienststelle des SD bezeichneten Villa. Von der Küche aus konnte ich die Straße gut überblicken. Das war mein Beobachtungsposten. Der SD mußte damals ständig mit einer Hausdurchsuchung rechnen. Für die ganze Hausbesatzung habe ich Gemeinschaftsverpflegung gekocht. Jeden Mittwoch spielte die Kernmannschaft des SD ›Aschinger‹, nach dem Berliner Eintopflokal benannt. Fleisch und Fisch konnten selten gekauft werden. Aber jeden Mittwoch gab es einen ›Aschinger-Salat‹. Er bestand nur aus Gemüse, Kartoffeln und Gewürzen. Der Sekretär des SD, der SS-Mann Strohmeyer, holte für jeden eine Maß Bier. Das war dann der Höhepunkt unseres damaligen gesellschaftlichen Lebens.«

Einen anderen Höhepunkt bildete die Besichtigung der SD-Zentrale durch den Stabschef der SA, Ernst Röhm. Es kam darauf an, einen guten Eindruck zu machen, denn diesem mächtigen Mann war die SS noch immer unterstellt, und von seinem Wohlwollen hing die Geldbewilligung ab. Die Besichtigung fiel zu Röhms Zufriedenheit aus, und er erklärte sich zu einem Zuschuss von 1000 Mark bereit. Tatsächlich traf nur die Hälfte ein, aber auch dieser Betrag bildete eine spürbare Hilfe. Zudem gefiel der ehemalige Marineoffizier dem ehemaligen Hauptmann und Haudegen des Ersten Weltkriegs mit dem zerschossenen Gesicht. Als 1933 Heydrichs Sohn Klaus geboren wurde, übernahm er die Patenschaft, und man ging zum »Du« über.

Viel komplizierter stellte sich das Verhältnis zu Heinrich Himmler dar – und niemals in der Kumpanei des »Du«. Er war und er blieb der Vorgesetzte: kein Aufstieg und keine Machtentfaltung konnten ohne ihn gelingen. Tag um Tag, Jahr für Jahr kam es darauf an, Gehorsam zu demonstrieren: »Jawohl, Reichsführer!« Denn Heydrich wusste, so seine Witwe, »daß er ohne Himmler im Kreise der alten Kämpfer völlig abgeschrieben gewesen wär«. Es half ihm wenig, wenn er sich hinterrücks Luft machte: »Der Himmler hätte mal lieber Professor werden sollen. Aber wenn man schon deutsche Professoren als Führer einsetzt ...« Oder, im Wüten über »kleinkarierte Schulmeister«, zu denen in Heydrichs Augen der Reichsführer SS ebenso gehörte wie der Chef der Marineleitung, Admiral Raeder, der ihm durch die Einsetzung des Ehrenrates die Offizierslaufbahn verdorben hatte: »Da sind dem deutschen Volk zwei ausgezeichnete Schulmeister verlorengegangen.«

Andererseits war wiederum Himmler auf Heydrich angewiesen, den weit überlegenen Strategen im Kampf um die Macht, der auch oder gerade nach 1933 gegen Konkurrenten wie Hermann Göring oder den Reichsinnenminister Wilhelm Frick intrigenreich geführt wurde. Wieder die Witwe: »Mein Mann setzte den Gedanken an die Reichspolizei bei Himmler durch. Er hat immer den Himmler vor sich her geschubst. Das ging ja nun mal nicht anders. Denn bei den alten Parteigenossen und auch bei Hitler hatte ja Himmler das Renommee! ... Deswegen mußte er den Himmler wie einen Schild vor sich her tragen. Ob er ihn leiden konnte oder nicht, ob er ihn für intelligent hielt oder nicht.«

Himmler, so darf man annehmen, hat unter Heydrichs geistiger Überlegenheit schwer gelitten. Nochmals Lina Heydrich: »Wann immer Himmler mit einer Maßnahme meines Mannes nicht zufrieden war, dann wurde er zitiert. Aber jedesmal wurde er durch die Argumente meines Mannes zerpflückt und in die Enge getrieben, bis er nicht mehr ausweichen konnte und nachgeben mußte.« Manchmal machte er sich im hilflosen Ausbruch Luft: »Sie, Sie ... und Ihre Logik! Immer kommen Sie mir mit Ihrer Logik. Alles, was ich vorschlage, machen Sie mir mit Ihrer Logik herunter. Ich habe genug von Ihnen und Ihrer kalten rationalen Kritiksucht.«

Dabei sollte man den höchst komplizierten Heinrich Himmler nicht unterschätzen. Er war nicht nur ein Kleinbürger und Bürokrat, sondern auch ein zielstrebiger und kaltblütiger Organisator. Es gab den Kontrast zwischen seinem bescheidenen und liebenswürdigen Auftreten im privaten Kreis – und den Ticks, die unversehens ins Mörderische umschlugen: dem Germanenkult und dem Drang, in einem Orden der Auserlesenen nächtliche Weihestunden zu feiern. In seinen »Erinnerungen eines alten Ostpreußen« schildert Fürst Alexander zu Dohna-Schlobitten den zwiespältigen Eindruck:

»Im Gegensatz zu zahlreichen wichtigtuerischen Emporkömmlingen in Hitlers Begleitung wirkte Himmler auf mich zurückhaltend, ja bescheiden ... Auch zeigte er sich recht belesen und war alles in allem ein angenehmer Gesprächspartner. – Als ich ihm von der Holzburg der alten Prußen auf dem sogenannten Schloßberg im Prökelwitzer Wald erzählte, geriet er augenblicklich in Begeisterung, und sein dabei zutage tretender Germanenfimmel machte mich doch ein wenig stutzig.« Ausgrabungen wurden verabredet, und »im Herbst 1935 besichtigte ich die Ausgrabungen zusammen mit Himmler. Dabei hob er einen ganz ordinären, faustgroßen Feldstein auf und rief begeistert: ›Das ist ein altgermanischer Hammer!‹ Mich durchzuckte es wie ein Blitz: Der Mann mußte verrückt oder schizophren sein. Im Prökelwitzer Wald hatte es nur heidnische Prußen, die Bronzewaffen führten und die überhaupt nichts mit den Germanen gemeinsam hatten, oder deutsche Ordensritter gegeben, die längst eiserne Waffen besaßen. Es war jedoch völlig zwecklos, auf solche Ungereimtheiten hinzuweisen.«

Die Bekanntschaft mit Himmler verhalf dem Fürsten zu Dohna noch zu einer anderen Begegnung: »Ich geriet an einen Kartentisch mit Heydrich und zwei anderen Gästen. Man spielte

Bridge. Heydrich konnte sich nicht zusammennehmen; bei dem geringsten Fehler, der ihm oder einem anderen in diesem harmlosen Spiel unterlief, bekam er Wutausbrüche.« Vielleicht sollte man sagen: Als ein Leistungsathlet forderte er von sich wie von anderen die Perfektion; darum konnte er nicht wirklich spielen und erst recht nicht verlieren. Ähnliches wird von dem Sportler, dem Degenfechter berichtet; mehr als einmal gab es Ärger, wenn er nicht gewann.

Kurzum: Das Verhältnis zwischen Himmler und Heydrich muss man sich so schwierig wie möglich vorstellen. Am Ende möchte man sogar nicht mehr ausschließen, dass der Medizinalrat Felix Kersten nicht nur geflunkert hat, sondern halbwegs bei der Wahrheit geblieben ist, wenn er berichtete, was Himmler ihm als das Hallesche Gerede über Heydrichs »unreines Blut« anvertraute. Womöglich *wollte* der Reichsführer wider besseres Wissen an die jüdischen Ahnen glauben, um sich selbst in ein Gefühl der Überlegenheit gegenüber seinem unheimlichen Gehilfen zu retten.

Doch um den Missverständnissen vorzubeugen: Zu Schwierigkeiten und Spannungen kam es, weil andererseits die Zusammenarbeit so eng, so andauernd und wechselseitig schicksalsbestimmend war. Himmler brauchte Heydrich, und der blieb stets an den Reichsführer gekettet, sofern man von den letzten Lebensmonaten absieht. Sogar mit seinem »Germanenfimmel«, für den der Untergebene nicht die Spur einer Leidenschaft zeigte, blieb der Vorgesetzte unentbehrlich. Denn der Rassenwahn gehörte zu Hitlers Reich, und der Aufstieg der SS zum Staat im Staate, vielmehr zur Kernorganisation der Macht über dem Staat, setzte die *Darstellung* der Ordensorganisation, die beispielhafte Elitezüchtung voraus, die Himmler so sehr am Herzen lag. Im Übrigen war es Heydrich nur recht, wenn er sich in den Kulissen aufhalten konnte, statt selber hervorzutreten. Es lag ihm nicht, auf Empfängen und bei Festen zu glänzen. Die Diskretion gehört zu den Wesenszügen, die den Leitern von Geheimdiensten von ihrem Beruf her antrainiert werden; ähnlich oder noch strenger hat es zum Beispiel Markus Wolf gehalten, der Chef der Feindaufklärung im Ministerium für Staatssicherheit der DDR. Das Dabeisein bei Führermonologen, Aufmärschen, Paraden, Parteitagen, den Kundgebungen und endlosen Reden kostet ohnehin nur Zeit, die man nützlicher für die Arbeit am Schreibtisch verwendet. Obwohl Reinhard Heydrich einer der mächtigsten Männer des Reiches war, haben darum die meisten Deutschen von ihm erst gehört, als er im Sterben lag oder bereits tot war.

Keineswegs über Nacht, sondern nur mit Verzögerung gewannen Himmler und Heydrich nach dem 30. Januar 1933 eine alles durchdringende Macht. Zunächst einmal saßen sie in München, und die »Machtergreifung« fand in Berlin statt. Göring wurde zum Reichsminister ohne Geschäftsbereich und – weitaus wichtiger – zum preußischen Ministerpräsidenten ernannt. Damit war er der Herr der preußischen Polizei, und als Hilfspolizei nutzte er nicht die SS, sondern die SA; sie war es, die die ersten, »wilden« Konzentrationslager einrichtete. Göring genoss das Chaos der Gewalt, die ihm zufiel und scheute sich nicht, sie öffentlich anzukündigen: »Volksgenossen, meine Maßnahmen werden nicht angekränkelt sein durch irgendwelche juristischen Bedenken. Meine Maßnahmen werden nicht angekränkelt sein durch irgendwelche Bürokratie. Hier habe ich keine Gerechtigkeit zu üben, hier habe ich nur zu vernichten und auszurotten, weiter nichts ... Solch einen Kampf führe ich nicht mit polizeilichen Mitteln. Das mag ein bürgerlicher Staat getan haben. Gewiß, ich werde die staatlichen und polizeilichen Machtmittel bis zum äußersten auch dazu benutzen, meine Herren Kommunisten, damit Sie hier nicht falsche Schlüsse ziehen, aber den Todeskampf, mit dem ich Euch die Faust in den Nacken setze, führe ich mit denen da unten, mit den Braunhemden.«

Inzwischen regierte in München noch immer der Ministerpräsident Heinrich Held von der Bayerischen Volkspartei. Erst im März 1933 wurde die Machtergreifung nachgeholt, und von da an bestimmte hier die SS. Himmler, zum Polizeipräsidenten ernannt, berief Heydrich zum Leiter der Politischen Abteilung. Am 1. April übernahm die SS das Konzentrationslager Dachau, aber nicht, wie immer wieder behauptet worden ist, unter Heydrichs Regie, sondern mit einer eigenen, von ihm unabhängigen Verwaltung. Dachau ist damit zum Modell für alle anderen Lager geworden, mit denen die SS später das Reich überzog.

Natürlich nutzte Heydrich nach Kräften die Möglichkeiten, die sich jetzt boten. Im Jahre 1933 wurden in Bayern 16 409 Personen in die so genannte Schutzhaft genommen – auf die Bevölkerung umgerechnet weit mehr als in Preußen und im übrigen Reich – und 12 554 Häftlinge wieder entlassen. Der hohe »Umsatz« war gewollt; wenn viele Leute verhaftet wurden und nach ihrer Entlassung verstört und verängstigt schwiegen, wirkte die Einschüchterung im Sinne des Spruchs, der damals in Bayern umging: »Lieber Gott, mach mich stumm, dass ich nicht nach Dachau kumm.«

Wahrscheinlich noch wichtiger war für Heydrich der Umbau und Ausbau seiner Behörde zu einem schlagkräftigen Apparat. Viele Beamte wurden entlassen, noch mehr neu eingestellt – aber nicht die »alten Kämpfer«, die nun herbeidrängten und sich hauptsächlich durch ihren Bierkonsum auszeichneten, sondern intelligente und tüchtige junge Leute, wenn möglich mit akademischer Ausbildung. Ein Muster zeichnete sich hier schon ab, das später das Reichssicherheitshauptamt charakterisierte: Erstens waren die leitenden Mitarbeiter durchweg so jung wie ihr Chef, der mit 27 Jahren den SD übernahm und schon vier Jahre später die Geheime Staatspolizei und die Reichskrimininalpolizei leitete. Manche waren sogar noch jünger; der Benjamin hieß Walter Schellenberg und begann seine steile Karriere zum jüngsten SS-General mit 24 Jahren. Zweitens wimmelte es von akademischen Titeln: Dr. Werner Best, Dr. Wilhelm Spengler, Professor Dr. Franz Six ... Zu den Professoren gehörte auch Dr. Reinhard Höhn; aus dem berühmten Kieler Institut für Weltwirtschaft stammte der Jurist und Volkswirt Otto Ohlendorf. Es wird erzählt, dass man – statt »Heil Hitler!« – auf den Amtsfluren immerfort hören konnte: »Guten Morgen, Herr Doktor«, »Guten Tag, Herr Professor.« Wohl selten hat es eine Behörde gegeben, bei der Jugend, Bildung und Macht sich derart konzentrierten; von der brisanten Mischung, die sich daraus ergab, wird noch zu reden sein.

Zu den Mustern, die sich bereits in München abzeichneten, gehörte das »Umdrehen« politischer Gegner, hier von Beamten, die bereits im Dienst der Regierung, das heißt der Bayerischen Volkspartei gestanden hatten, so der Kriminalinspektoren Heinrich Müller und Franz Josef Huber. Beiden drohte die Entlassung. Aber Heydrich erkannte, dass es sich um tüchtige Fachleute handelte. Darum wurden beide übernommen, vergalten dies mit doppeltem Diensteifer und machten Karriere.

Im Münchener Milieu, in dem jeder jeden kannte und alle wussten, was sie voneinander zu halten hatten, führte dies natürlich zu Protesten aus den Reihen der Partei, doch Heydrich kümmerte sich nicht darum. Was ihm vorschwebte, war eine makellose Leistungselite. Umso mehr ärgerte er sich über die stiernackigen »alten Kämpfer«, zu denen er selbst weder nach Herkunft, Haltung und Aussehen noch nach dem Datum seines Parteieintritts gehörte. Wozu taugten denn diese Leute, die nichts weiter im Kopf hatten, als es sich in den glücklich eroberten Dienstsesseln gemütlich zu machen? Den Gauleiter nannte er »des Deutschen Reiches Bierbauchzähler«. Lina Heydrich hat überliefert: »Mein Mann konnte sich echt empören, wenn er mit einem Gast oder mit mir eines der Münchener Brauhäuser aufsuchte und mit schöner Regelmäßigheit dort den Gauleiter Wagner sitzen und protzig und aufgeblasen hofhalten sah.« Ähnlich nannte er Hermann Göring den »Reichspompführer« und wütete: »Den Weimarer Bonzen haben wir immer zu Recht vorgeworfen, daß sie mit der Not des Volkes ihren Profit machten. Und jetzt der Göring!« Unverständlich blieb ihm, dass Hitler »aus einer Art nibelungenhafter Treue heraus auch die zahlreichen Nichtskönner trotz bösester Erfahrungen und vieler Vorstellungen immer weiter gehalten hat«. Im geschlossenen Kreis seiner Mitarbeiter hat er sogar von der Auflösung der Partei und der SA gesprochen: »Jetzt kommt es doch auf die Sicherung der Macht an und nicht auf dieses ewige Weitermarschieren.« Von der Ausschaltung der SA wird bald zu sprechen sein, doch damit war es schwerlich getan. Im Grunde träumte Heydrich von einem anderen Nationalsozialismus, als es ihn tatsächlich gab.

Aber wie erobert man von München aus die Polizeigewalt im Reich, gegen das Bollwerk Preußen, das Göring beanspruchte? Stets von Heydrich beraten, angetrieben, gelenkt, trat Himmler zunächst einen Umgehungsmarsch an. Im Oktober 1933 wurde er zum Chef der Politischen Polizei in Lübeck und Mecklenburg-Schwerin ernannt. Noch vor dem Jahresende folgten Hamburg und Bremen, Württemberg und Baden, Hessen, Thüringen und Anhalt, Anfang 1934 Braunschweig, Oldenburg und Sachsen. Mit dieser Umzingelung wuchs der Druck auch auf die preußische Festung. Als Verbündeter wurde der Reichsinnenminister Wilhelm Frick gewonnen, denn der betrieb mit Hitlers Billigung den Prozess der »Gleichschaltung«: Keine Ländergrenzen und Provinzfürsten sollten mehr aufhalten oder auch nur verzögern können, was von Berlin aus befohlen wurde. So sah sich Göring schließlich zum Einlenken gezwungen. Himmler wurde zum »Inspekteur« der Geheimen Staatspolizei ernannt – und Heydrich am 22. April 1934 zum Leiter des Geheimen Staatspolizeiamtes.

Bald darauf sah sich der Verbündete Frick in die Gegnerschaft verstoßen, weil ihm als Innenminister noch immer ein Weisungsrecht über die Polizei zustand. Heydrich erreichte, dass Himmler zu seinem Staatssekretär berufen wurde – und zwar ausdrücklich in seiner Eigenschaft als der Reichsführer der SS, der wiederum Hitler und niemandem sonst unterstellt war. Außerdem sollte der Reichsführer ständiger Vertreter des Ministers mit ministerieller Weisungsbefugnis sein. Eigentlich war das eine unmögliche Konstruktion, die im heillosen Kompetenzstreit auf eine wechselseitige Blockade hinauslief. Aber in der Praxis tat der Staatssekretär – in seiner Eigenschaft als Reichsführer der SS – was er und nicht, was sein Minister wollte. Oder wie im Rückblick Hans Buchheim gesagt hat: »Die Stellung des Chefs der Polizei wurde also nicht so sehr dahingehend ausgelegt, daß sie dem Minister Verfügungsrechte über die Polizei zuerkannte, sondern vielmehr dahin, daß dem Polizeichef Rechte des Ministers zustanden.« Diese Stufe wurde 1936 erreicht und Heydrich am 17. Juni zum »Chef der Sicherheitspolizei« ernannt; fortan führte er den Titel »Chef der Sicherheitspolizei und des SD«. Aus der damit ohnehin schon eroberten Macht organisierte er dann gleich nach Kriegsbeginn, im September 1939, sein erst recht allmächtiges »Reichssicherheitshauptamt« (abgekürzt RSHA).

Wir kehren um und ins Jahr 1934 zurück. Damals fiel die Entscheidung, die die SS ins Machtzentrum des Reiches rückte; alles, was danach noch kam, war nur eine konsequente und zielstrebige Weiterentwicklung. Bis dahin aber stellte die SA Ernst Röhms ihre Ansprüche, sie beherrschte das Straßenbild, und von ihr kündete symbolträchtig das Horst-Wessel-Lied, das dem Deutschland-Lied als zweiter Teil der Nationalhymne angefügt worden war. »SA marschiert«, hieß es darin. Und: »Die Straße frei den braunen Bataillonen.« Wohlgemerkt: den braunen; von den schwarzen der SS war nicht die Rede. Ohnehin fielen sie unter den Millionen der SA kaum auf.

Aber wohin marschieren? Aller Widerstand war gebrochen. Es lohnte sich nicht mehr, Kommunisten zu verprügeln; ihre Führer und Funktionäre, soweit sie nicht ins Ausland geflohen waren, saßen in den Gefängnissen oder Konzentrationslagern. Die Masse der SA-Leute bestand aus jungen Arbeitslosen – einschließlich vieler Kommunisten, die zu den Siegern überliefen –, und sie schimpften auf die Parteibonzen, die seit der »Machtergreifung« Pfründe eroberten, während für sie wenig oder nichts blieb. Immer mehr wuchs daher die Unruhe; düster und drohend sprach Ernst Röhm von der zweiten und eigentlichen Revolution, die der »nationalen Erhebung« von 1933 erst noch folgen müsse; manchmal war von einer »Nacht der langen Messer« die Rede. Röhm forderte auch, aus der SA ein Volksheer aufzubauen, in dem der »graue Felsen« der Reichswehr verschwinden sollte.

Dies alarmierte natürlich die Generale, und es alarmierte Hitler, der sich vor ein Entweder-Oder gedrängt sah. Lange zögerte er, doch dann entschied er sich für die sichere Seite. Im so genannten »Röhm-Putsch« vom 30. Juni 1934 und den folgenden Tagen, der ein Putsch nicht einmal von ferne war, vielmehr eine gegen die SA inszenierte Mordserie, starben Ernst Röhm und mit ihm weit über hundert Menschen, nicht nur SA-Führer, sondern auch andere, dem Regime missliebige Personen. Die SS führte die Verhaftungen und Erschießungen durch; die Reichswehr lieh ihr Waffen und stand Gewehr bei Fuß, um einzugreifen, falls es nötig war. Aber es war nicht nötig; die SS erwies sich als die disziplinierte Truppe, die die SA eben nicht gewesen war. Ruchlos und höchst töricht triumphierten die Generale; sie sahen nicht, dass sie mit der Erledigung eines plumpen Gegners dem viel gefährlicheren Feind freie Bahn verschafften.

Heydrich trat während der Mordaktion nicht hervor; er füllte nur Listen aus und gab Befehle an die Todeskommandos weiter. Aktenkundig ist allerdings, dass er den Ministerialrat Dr. Erich Klausener, den Leiter der »Katholischen Aktion«, eigenmächtig auf die Todesliste setzte, weil er ihn für einen besonders gefährlichen Gegner hielt. Doch wirklich wichtig war für ihn, dass nun der SS im Inneren des Reiches das Monopol der Gewalt zufiel – und dass er selbst einem Monopol der Macht, der Herrschaft über die Politische Polizei, um den entscheidenden Schritt näher kam.

Aber durfte man sich darum zufrieden zurücklehnen? Es kennzeichnet Heydrich, dass er immerfort vorwärts strebte, einem noch unbekannten, vielleicht nie zu erreichenden Ziel entgegen, und dass ihm jeder Stillstand schon wie Niedergang, Korruption, Verrat erschien; genau das unterschied ihn von all den verfetteten Funktionären, die bloß noch genießen wollten, was sie erreicht hatten, und die er darum verachtete wie »den Göring« oder den Münchener Gauleiter Adolf Wagner. In unserem Anschauungshorizont müssen wir diese Haltung nur aufs Feld der Wirtschaft übertragen, um ein Grundprinzip der Modernität zu erkennen: Der Unternehmer, der sich nicht auf die Zukunft ausrichtet und den reißenden Wandel als das einzig Beständige begreift, der sich auf seine heute noch erfolgreichen Produkte und Absatzstrategien verlässt, befindet sich bereits auf der abschüssigen Straße, an deren Ende der Konkursrichter wartet.

Oder man könnte vom Sport sprechen, der nicht von ungefähr ein Hauptfeld für die Selbstbestätigung des Leistungsathleten Heydrich bildet. Wer rastet, der rostet, heißt da die Parole, oder: Höher, weiter, schneller! Der Wettstreit, der Konkurrenzkampf mit ungewissem Ausgang prägt das Prinzip, und gewiss scheint nur, dass alle Siege der Gegenwart morgen schon vergessen, die Rekorde überboten sein werden.

Doch was soll man auf dem politischen Felde tun, wenn einem die Feinde ausgehen? Im Rückblick auf den Prozess der »Machtergreifung« hat Heydrich 1935 kritisch erklärt: »Als nun plötzlich das Nahziel erreicht war, da erschien den meisten Mitkämpfern mit einem Male mit der Zerschlagung der gegnerischen Organisationen der Gegner überhaupt verschwunden zu sein. Sie suchten nach ihm und fanden ihn nicht mehr, da er sich meist gleichgeschaltet hatte: Nicht fähig, den Gegner in seinen neuen

Positionen zu finden, verzettelten sie ihre Kräfte in sinnlosen, linienlosen persönlichen Illegalitäten.«

Galt das nicht auch für die SS und die Politische Polizei? Die Festigung des Regimes ließ viele seiner Gegner resignieren. Rudolf Höß, später der Kommandant von Auschwitz, damals in Dachau tätig, hat wohl zu Recht gesagt, dass die meisten, »nachdem sie eingesehen hatten, daß ihre Welt zertrümmert war, nur noch den Willen hatten, friedlich einer auskömmlichen Arbeit nachzugehen und zu ihrer Familie zurückkehren zu können. Nach meiner Überzeugung hätte man 1935/36 ruhig drei Viertel aller politischen Häftlinge in Dachau entlassen können, ohne daß dem Dritten Reich auch nur der geringste Schaden entstanden wäre.« Tatsächlich sank die Gesamtzahl der Häftlinge von etwa 27 000 im Sommer 1933 auf 7500 Anfang 1937, und das, obwohl die Reihen der »Politischen« – am Anfang vor allem Kommunisten, Sozialdemokraten und Gewerkschaftsführer – durch immer neue Kategorien ergänzt wurden: Kriminelle, Asoziale, Bibelforscher, Homosexuelle.

Was also tun? Bei Heydrich fällt auf, dass der politische Katholizismus als gefährlichster Feind erscheint. In seiner Schrift »Wandlungen unseres Kampfes« aus dem Jahre 1936 steht er an erster Stelle, noch vor den eher pflichtgemäß erwähnten Juden; nur hier spürt man einen Eifer, ein persönliches Engagement, das über die kalte Professionalität des Spähers und Polizisten hinausgeht. In den Worten der Witwe: Von allen Feindgruppen »hielt er die Kirche für die gefährlichste. Der politische Katholizismus galt ihm als der Hauptfeind. Weil man ihn nicht fassen konnte!« Darum kam die Ermordung Klauseners, des Leiters der »Katholischen Aktion«, am Rande der Röhmaffäre nicht von ungefähr, und 1936 fand, von der Gestapo vorbereitet, vor dem Landgericht in Koblenz der größte politische Prozess statt, der in Deutschland jemals inszeniert worden ist: 276 Ordensbrüder aus dem Rheinland und Westfalen sahen sich teils wegen »Unzucht«, teils wegen Devisenvergehen angeklagt.

Verschiedenes traf bei Heydrich wohl zusammen, zunächst die verspätete Auflehnung gegen das Elternhaus, besonders gegen die Mutter, die eine bigott eifernde, um nicht zu sagen fanatische Katholikin war. Sodann eine Spielart von Neid, die Bewunderung für eine durch Jahrhunderte bewiesene Behauptungskraft und Organisationsmacht; vor allem die Jesuiten erschienen sozusagen als die SS, als das »Schwarze Korps« oder das Reichssicherheitshauptamt der Kirche. Und schließlich, noch weitaus tiefer angelegt, gab es einen Hass auf die unangreifbare Macht des Glaubens, die dem puren, im Grunde nihilistischen Technokraten niemals zur Verfügung stand und die er nur als Heuchelei deuten und hinwegerklären konnte. Dieser vielschichtig angelegte Hass auf die Kirche ist durch das spätere Geschehen, besonders durch die Judenvernichtung, überlagert, gleichsam erstickt und darum kaum beachtet worden, doch umso mehr hilft er dazu, das Wesen Reinhard Heydrichs zu entschlüsseln.

Zu den eher »linienlosen persönlichen Illegalitäten« der dreißiger Jahre gehörte eine Serie von Aktionen, besonders Versuche, die Aktivitäten aufs Ausland auszudehnen, übrigens mit wechselndem Erfolg, nicht selten auch mit handfesten Blamagen. Eine fast jungenhafte Lust am Abenteuer, am Indianerspiel wurde sichtbar – nur dass hier um Menschen, um Leben und Tod gespielt wurde, wenn nicht gar um Krieg und Frieden und damit um das Schicksal von Abermillionen, wie 1939, am Vorabend des Polenfeldzugs, mit dem inszenierten »polnischen« Überfall auf den Sender Gleiwitz. Wenn aber wieder einmal etwas schief gelaufen war, hieß es entschuldigend: Man brauche eben Zeit, nicht Monate oder ein paar Jahre, sondern eine ganze Generation, um das Niveau des britischen Secret Service zu erreichen.

Bei den Auslandsaktivitäten blieben Konflikte mit dem Auswärtigen Amt nicht aus, das den Ärger zu spüren bekam, wo es die deutsche Friedfertigkeit demonstrieren und für gute Beziehungen sorgen sollte. Einmal, bald nach der »Machtergreifung« von 1933, also noch fast am Anfang seiner Karriere, sorgte Heydrich mit seinem rüpelhaften Auftreten in Genf höchstpersönlich für den Ärger und wurde vom Botschafter Nadolny kurzerhand nach Hause geschickt. Auslandserfahrungen von Belang hat er ohnehin nie gesammelt, wie auch die meisten anderen Führungsfiguren des »Dritten Reiches« nicht, angefangen bei Hitler – es sei denn in der Position des Eroberers, der Unterwerfung fordert.

Beinahe zum Alltag gehörten Konflikte mit dem militärischen Abwehrdienst, den der Kapitän zur See, seit 1940 Admiral Wilhelm Canaris leitete. Zum Beispiel inszenierte Heydrich den »Fall Tuchatschewskij«: Dem sowjetischen Geheimdienst wurden gefälschte Briefe zugespielt, die beweisen sollten, dass der Marschall, der Kopf der Roten Armee, verräterische Beziehungen zum Ausland unterhielt und einen Putsch gegen Stalin plante. Michail Tuchatschewskij wurde im Jahre 1937 verhaftet und hingerichtet; der nachfolgenden Säuberung fiel die Hälfte des Offizierskorps zum Opfer – eine nachhaltige Schwächung des sowjetischen Heeres, die sich bis in die Anfänge des »Großen Vaterländischen Krieges« auswirkte. Da Belege fehlen, bleibt offen, welchen Einfluss die Fälschung tatsächlich gehabt hat. Als Canaris von der Sache erfuhr, war er entsetzt, denn, so ein Biograph, »vor seinen Augen enthüllte sich ein Abenteurertum, das eines Tages das ganze Reich in den Abgrund schleudern konnte«.

Dabei standen Canaris und Heydrich in einem besonderen Verhältnis. Die Zeit der Streichquartette in Kiel war unvergessen, in Berlin wohnten die Familien in naher Nachbarschaft, man besuchte einander und nahm die Gewohnheit des gemeinsamen Musizierens wieder auf. Doch es handelte sich um eine Freundschaft über Abgründen. Die versuchte Abgrenzung der Amtsaktivitäten musste misslingen, weil Heydrichs Ehrgeiz sie nicht respektierte, und der »Oberverdachtsschöpfer« ahnte – ohne vorerst den Beweis erbringen zu können –, dass sich hinter Canaris Kräfte des Widerstandes gegen die Gewaltherrschaft und die Kriegstreiberei sammelten. 1944, zwei Jahre nach Heydrichs Tod, wurde der Admiral entlassen, dann verhaftet und am 9. April 1945 im Konzentrationslager Flossenbürg gehängt.

Vieles ließe sich noch anführen. Ein Edelbordell, der »Salon Kitty«, wurde samt Abhöranlagen eingerichtet, um dort Staatsgäste und Parteifunktionäre bei der Preisgabe ihres Wissens zu belauschen und sie gegebenenfalls zu erpressen. Freilich blieb der Erfolg gering; der Pressechef des Auswärtigen Amtes bekam schließlich von Heydrich zu hören, »er sei erstaunt, wie wenig dabei herauskomme. Ob es nicht bloß eine beliebte Legende sei, daß im Bett Geheimnisse ausgeplaudert würden?«

Zu den Hintertreppengeschichten gehörten Anschläge nicht nur gegen fremde Heerführer, sondern gegen die eigene Wehrmacht. Im Januar 1938 heiratete der Reichskriegsminister und

Feldmarschall Werner von Blomberg, und Hitler und Göring waren die Trauzeugen. Erst danach enthüllte die Gestapo, was sie längst wusste: dass es sich um eine sittenpolizeilich bekannte Dame mit zweifelhaftem, vielmehr eindeutigem Vorleben handelte, und Blomberg sah sich zum Rücktritt gezwungen. Noch schlimmer erging es dem Oberbefehlshaber des Heeres, Freiherrn Werner von Fritsch. Er wurde der Homosexualität beschuldigt und ebenfalls zum Rücktritt genötigt. Wieder handelte es sich um ein Ränkespiel der Gestapo; die nachfolgende Untersuchung der Wehrmacht erwies, dass der Generaloberst fälschlich beschuldigt worden war. Nebenher wurde auch noch Göring blamiert, der in der Hoffnung, selbst Oberbefehlshaber zu werden, die Anklage mit besonderem Eifer betrieben hatte. Im Gefolge beider Affären konnte Hitler in den Spitzenpositionen des Heeres weitreichende Umbesetzungen vornehmen. Wenn man von all diesen Intrigen aus den Blick auf Heydrich richtet, spürt man eine verzehrende Unrast. Wohin mit seinen Energien, wenn es im Ernst und mit Anstand so wenig zu tun gab? Unermüdlich war er tätig; seine Witwe hat im Rückblick geklagt: »Das war für mich furchtbar. Er war ja nie, nie zu Hause oder besser immer nur zu Besuch zu Hause. Ich bin zehn Jahre mit Reinhard Heydrich verheiratet gewesen, aber ich glaube, davon war er sieben Jahre nicht daheim.« Doch wie konnte es anders sein bei einem Mann, dem seine Leistung alles und das persönliche Glück beinahe nichts bedeutete? »Was spielt es dereinst für eine Rolle, ob zu einem x-beliebigen Zeitpunkt ein x-beliebiges Fräulein Meier glücklich gewesen ist?«, hat er einmal sarkastisch gefragt. »Nicht auf unser eigenes Glück kommt es an, sondern darauf, ob wir unser Ziel erreichen oder nicht.«

Doch welches Ziel, wenn nicht die zum Selbstzweck gewordene Höchstleistung? »Wir müssen die Besten sein«, hieß die Losung. In seinem Amt war Heydrich ein anspruchsvoller Chef – und keiner, der sich unnütz verzettelte. »Er brauchte keine Anlaufzeit, gleich, was er machte.« Oft wurden Mitarbeiter, die ihm vortrugen, nach kurzer Zeit unterbrochen: »Schon klar, ich sehe schon, worum es geht.« Und er wusste dann tatsächlich, worauf es ankam. Aber wehe dem, der auf bohrende Nachfragen nicht genau zu antworten wusste! Ein überragendes Gedächtnis trat hinzu; immer wieder verblüffte dieser Chef durch seine präzise Erinnerung an Vorgänge, die weit zurücklagen, einschließlich der Aktennummer, unter der der Vorgang registriert und abgelegt worden war.

Neben dem Amt forderte der Sport ihn zu immer neuen Leistungen heraus. Heydrich war nicht nur ein passionierter, sondern auch ein vielseitiger Athlet. Zur Leidenschaft fürs Fechten gesellten sich das Reiten, das Schwimmen, Tennis und Skilaufen, das Sportschießen und das Segeln, der moderne Fünfkampf. Diese Sportaktivität setzte sich noch im Krieg fort, als Heydrich genug zu tun hatte, ja sogar, nachdem er als der »Reichsprotektor von Böhmen und Mähren« zu den höchsten Würdenträgern des Reiches gehörte, längst im Generalsrang stand und eigentlich über das Turnieralter hinaus war. Im Dezember 1941 sprang er beim Fechtländerkampf gegen die überlegenen Ungarn kurzfristig für ein ausgefallenes Mannschaftsmitglied ein – und ging als Bester unter den deutschen Fechtern, als Zweitbester überhaupt, aus dem Turnier hervor. »Ein fast unvorstellbares Ergebnis, wenn man bedenkt, welche Arbeit dieser Mann sonst noch bewältigte«, hieß es im Kommentar eines Sportjournalisten. Oder später in einem Nachruf: »Mit seiner Leistung im Sport wollte er in erster Linie beispielgebend sein für die ihm unterstellten Männer, wollte er ihnen durch sein Beispiel beweisen, daß selbst stärkste Inanspruchnahme durch dienstliche Aufgaben nicht zugleich eine zielbewußte und systematische sportliche Tätigkeit unterbindet.« Ob es wirklich in erster Linie um ein Beispiel für andere ging, lässt sich freilich bezweifeln; vor allem anderen handelte es sich um die immer neue Selbstbestätigung.

In diesen Zusammenhang gehört auch die Lust am Abenteuer des Fliegens, die Heydrich über das Steuern von Sport- und Kuriermaschinen hinaus unwiderstehlich in den Krieg zog. So nahm er an Luftwaffeneinsätzen über Polen, Norwegen, Holland und Belgien, sogar über England und Schottland teil: Welch ein Risiko für den Chef des Reichssicherheitshauptamtes – und welch ein Triumph für den Feind, falls man ihn abgeschossen hätte, um ihn dann womöglich für den Rest des Krieges als Zellennachbarn von Rudolf Heß in den Londoner Tower zu sperren! Doch alle Mahnungen und Verbote Himmlers und Hitlers nützen nichts; beim Beginn des Russlandfeldzuges stahl er sich wieder davon, diesmal als Jagdflieger – um dann tatsächlich hinter den feindlichen Linien abgeschossen zu werden. Zu seinem Glück befanden sich die Fronten in Bewegung, und ein Stoßtrupp befreite ihn aus seiner misslichen Lage, noch bevor die Russen erfassten, was für ein Fang ihnen entging. Von da an trug er das Eiserne Kreuz Erster Klasse mit ähnlichem Stolz wie Hitler seine Auszeichnung aus dem Ersten Weltkrieg.

Noch vor dem Krieg begann ein anderes, beinahe subversives Unternehmen; seit 1938 ließ Heydrich durch seinen Sicherheitsdienst systematisch »Meldungen aus dem Reich«, das heißt Berichte über die Stimmungslage der Bevölkerung sammeln; man kann das als einen Vorläufer der heutigen Meinungsforschung ansehen, die den Politikern und Parteien den Spiegel ihrer Beliebtheit oder Unbeliebtheit bei den Wählern vorhält. Regelmäßig wurde ein ungeschminkter Extrakt dieser Berichte den höchsten Amtsträgern vorgelegt. Subversiv war das Unternehmen insofern, als zu den ständig wiederkehrenden Themen Klagen über die Willkür und die Korruption von Parteibonzen gehörte, unter dem unausgesprochenen Motto: »Wenn das der Führer wüsste!« Hinter den Stimmungsberichten verbarg sich Heydrichs Kritik an den herrschenden Missständen; indirekt ließ er den Führer wissen, was geändert werden musste. Bewirkt hat das wenig oder nichts; Hitler tauschte zwar in immer schnellerer Folge Generale aus, aber fast niemals einen Reichs- oder Gauleiter der Partei. Beinahe folgerichtig war es, dass die Berichte in der Spätphase des Krieges verboten wurden, weil man den Blick in den Spiegel nicht mehr ertrug.

Der Krieg brachte eine unerhörte Ausweitung der Aufgaben und damit der Gewalt. Bereits im Polenfeldzug folgten Einsatzgruppen des SD und der Polizei den vorrückenden Armeen und entfalteten eine Schreckensherrschaft. Erst recht geschah das seit Beginn des »Unternehmens Barbarossa« in Russland. Die Intellektuellen des SD sträubten sich zunächst gegen den blutigen Auftrag – und führten ihn dann umso vorbildlicher aus. In den Worten des Heydrich-Biographen Günther Deschner:

»Erst unter Heydrichs Druck, zum Teil auch, um sich – wie

Ohlendorf – nicht weiter dem Vorwurf der Feigheit auszusetzen, kam das Führerkorps des Osteinsatzes zusammen. Nicht weniger schwierig war es, Mannschaften für Heydrichs Todesbrigaden zu werben. Als schließlich im Mai 1941 an die 3000 Mann zusammengetrommelt waren, war es ein buntscheckiger Haufen: Aus Beamten der Geheimen Staatspolizei, Fahndern der Kripo, Männern des SD und von Dalueges Ordnungspolizei, aus Soldaten der Waffen-SS und ausländischen Hilfspolizisten formierte Heydrich vier Einsatzgruppen: Die Einsatzgruppe A unter Führung Dr. Stahleckers (nach dessen Tod bei einem Partisanenunternehmen folgte ihm Heinz Jost) sollte der Heeresgruppe Nord dichtauf bis nach Leningrad folgen; die Einsatzgruppe B unter Kripo-Chef Nebe (später SS-Brigadeführer Werner Naumann) rückte mit der Heeresgruppe Mitte bis kurz vor Moskau, die Gruppen C und D unter dem Kommando von SS-Brigadeführer Dr. Dr. Rasch (später Dr. Thomas) und von Standartenführer Ohlendorf (später SS-Obergruppenführer Dr. Bierkamp) schwärmten durch das riesige Gebiet der Heeresgruppe Mitte [richtig: der Heeresgruppe Süd] von Kursk und Kiew bis zum Schwarzen Meer.«

Fast alle diese Einsatzleiter waren jung, fast alle Akademiker, oft auch promoviert: eine ebenso makabre wie bezeichnende Aufzählung. Und alle waren sie mächtig ohne Moral; sie bewiesen sich ihre Macht durch den Tabubruch, das Niederreißen der Schranken jeder Zivilisation, durch das Töten der Wehrlosen. Wieder Günther Deschner: »Erbarmungslos dezimierte das Feuer der Einsatzgruppen das russische Judentum. Bis zum Jahreswechsel 1941/42 meldeten die Einsatzgruppe A 249 290 getötete Juden, die Einsatzgruppe B 45 467 liquidierte Juden, die Gruppen C und D schließlich 95 000 bzw. 92 000 Opfer – unter ihnen Partisanen und friedliche Krämer. Kriegsgefangene und Zivilisten, Schlächter der stalinistischen Geheimpolizei und gläubige Orthodoxe, Fügsame und Widerspenstige.« Und alte Leute, Frauen und Kinder ebenso wie Männer im wehrfähigen Alter.

In einem Brief vom 31. Juli 1941 wies Göring Heydrich an, »alle erforderlichen Vorbereitungen in organisatorischer, sachlicher und materieller Hinsicht zu treffen für eine Gesamtlösung der Judenfrage im deutschen Einflußgebiet in Europa. Sofern hierbei die Zuständigkeiten anderer Zentralinstanzen berührt werden, sind diese zu beteiligen. Ich beauftrage Sie weiter, mir in Bälde einen Gesamtentwurf über die organisatorischen, sachlichen und materiellen Voraussetzungen zur Durchführung der angestrebten Endlösung der Judenfrage vorzulegen.«

Hier taucht der finstere Begriff der »Endlösung« auf, noch ohne zu entschleiern, dass damit die Vernichtung gemeint ist. Der Entschluss dazu dürfte spätestens im November 1941 getroffen worden sein. Jedenfalls lud Heydrich die »anderen Zentralinstanzen« für den 9. Dezember zu einer Besprechung »mit anschließendem Frühstück« ein. Sie wurde noch einmal verschoben und fand dann am 20. Januar in einer Villa am Berliner Großen Wannsee statt: die berüchtigte Wannsee-Konferenz, die in die Geschichte eingegangen ist. Heydrich führte den Vorsitz und Adolf Eichmann das Protokoll. Teilnehmer waren neben hohen SS- und Polizeiführern Vertreter der Ministerien, des Generalgouverneurs von Polen, der Partei- und der Reichskanzlei. Im Protokoll heißt es:

»Unter entsprechender Leitung sollen im Zuge der Endlösung die Juden im Osten zum Arbeitseinsatz kommen. In großen Arbeitskolonnen, unter Trennung der Geschlechter, werden die arbeitsfähigen Juden straßenbauend in diese Gebiete geführt, wobei zweifellos ein großer Teil durch natürliche Verminderung ausfallen wird ... Der allfällig endlich verbleibende Restbestand wird, da es sich bei diesem zweifellos um den widerstandsfähigsten Teil handelt, entsprechend behandelt werden müssen, da dieser, eine natürliche Auslese darstellend, bei Freilassung als Keimzelle eines neuen jüdischen Aufbaus anzusprechen ist.«

Vernichtung durch Arbeit war bereits in den Konzentrationslagern ein erprobtes Prinzip. Dass sie dann dort und nicht beim Straßenbau stattfand, hatte praktische Gründe: Für die in offenem Gelände vorrückenden Baukolonnen wäre ein viel zu großer und doch niemals genügender Bewachungsaufwand erforderlich gewesen. Was mit den *Arbeitsunfähigen* geschehen sollte, steht nicht im Protokoll. Doch allen Konferenzteilnehmern dürfte klar gewesen sein, dass auch sie, vielmehr sie vorweg, als »unnütze Esser«, vernichtet werden sollten. Jedenfalls setzte sich mit der Wannseekonferenz das todbringende Räderwerk der »Endlösung« in Bewegung, und Adolf Eichmann, bisher ein unbedeutender Referent in einer eher untergeordneten Abteilung des Reichssicherheitshauptamtes, wurde zum Bürovorsteher des Todes.

Reinhard Heydrich hat an dem weiteren Geschehen kaum noch Anteil genommen; als »Reichsprotektor von Böhmen und Mähren« war er jetzt mit anderem beschäftigt. Aber als der Chef Eichmanns und als Vorsitzender der Wannsee-Konferenz ist er nicht nur in englische Darstellungen, sondern in die Weltmeinung und in die Geschichte als »der Schlächter« oder als »Hitlers übelster Gefolgsmann« eingegangen.

War er das wirklich? Die Wahrheit sieht komplizierter aus. Zunächst ist daran zu erinnern, dass man bei ihm nur in der Feindschaft gegenüber dem politischen Katholizismus, der Kirche und dem Glauben eine Gefühlsbeteiligung spürt, die über die sachliche Erledigung eines Auftrags hinausgeht. In der Judenfrage ist das geradezu auffällig nicht der Fall. Hitlers Hass war ihm fremd, und für die üblichen Hetzparolen, erst recht für den pornographischen Antisemitismus eines Julius Streicher, wie er überall im Reich in den Schaukästen des »Stürmer« zu sehen war, hatte er nur Verachtung übrig. Nach der »Reichskristallnacht«, dem Judenpogrom vom 9. November 1938, sprach er intern von einer »Riesenschweinerei«. In einem öffentlichen Auftritt vor Angehörigen der Wehrmacht schob er die Schuld dem Propagandaministerium – also Goebbels – zu und distanzierte sich von der Judenhetze. Das notierte ein unverdächtiger Zeuge, Helmuth Großcurth, der in der militärischen »Abwehr« unter Canaris zu den Männern des Widerstandes gehörte, und fügte in seinem Tagebuch hinzu: »Privat hat er geäußert, daß die Judenhetze der schwerste Schlag für Partei und Staat seit 1934 gewesen sei.«

Natürlich konnte Heydrich am Rassenwahn Hitlers und Himmlers nichts ändern, und es war nicht seine Sache, sich mit dem Aussichtslosen abzumühen. Stattdessen hat er versucht, aus dem Bösen das Beste zu machen, das heißt, die Juden zur Auswanderung nach Palästina zu bewegen, um dort den Judenstaat entstehen zu lassen, der dem Begründer der zionistischen Bewegung, Theodor Herzl, vorschwebte, und nur halb im Scherz hat er sich selbst einen Zionisten genannt. Zu dem Zionistenführer Feifel Polkes der »Haganah«-Organisation wurden Kontakte geknüpft. 1937 wurde Polkes in Berlin empfangen, umgekehrt der damalige Judenreferent Herbert Hagen in Palästina – von Adolf Eichmann begleitet. Bei allen sonstigen Gegensätzen erkannte man nüchtern das beiderseitige Interesse an der Auswanderung der Juden und setzte die Zusammenarbeit trotz der Proteste des Auswärtigen Amtes fort, das eine Trübung der Beziehungen zu Großbritannien befürchtete, der Mandatsmacht des Völkerbundes in Palästina, die arabischen Unruhen vorbeugen wollte.

Unausweichlich ergab sich ein zweideutiges, um nicht zu sagen zwielichtiges Verhalten. Einerseits stimmte Heydrich einer zunehmenden Diskriminierung der Juden und auch ihrer Verdrängung aus dem Wirtschaftsleben zu, um damit – andererseits – den Auswanderungsdruck zu erhöhen, der zur Rettung beitrug. Das Ergebnis ließ sich besonders nach dem Anschluss Österreichs im März 1938 erkennen. Denn dort, vor allem in Wien, nahm die Verfolgung sofort viel schärfere Formen an als im Altreich. Darum konnte der nach Wien entsandte Eichmann melden: »Wir haben in Wien auf Weisung des Reichskommissars eine Judenauswanderungsstelle eingerichtet, durch die wir in Österreich immerhin 50 000 Juden herausgebracht haben, während im Altreich in der gleichen Zeit nur 19 000 Juden herausgebracht werden konnten.«

Heydrich schlug vor, nach dem Wiener Vorbild nun auch in Berlin eine Zentralstelle für jüdische Auswanderung zu schaffen. Sie wurde genehmigt, und es hieß dazu: »Die Reichszentrale hat die Aufgabe, für das gesamte Reichsgebiet einheitlich 1. alle Maßnahmen zur Vorbereitung einer verstärkten Auswanderung der Juden zu treffen, unter anderem eine zur einheitlichen Vorbereitung von Auswanderungsgesuchen geeignete jüdische Organisation ins Leben zu rufen, alle Schritte zu tun, um die Bereitstellung und zweckentsprechende Verwertung in- und ausländischer Geldmittel zu erwirken und in Zusammenarbeit mit der Reichsstelle für das Auswanderungswesen geeignete Zielländer für die Auswanderung festzustellen, 2. die Auswanderung zu lenken, unter anderem für eine Auswanderung der ärmeren Juden zu sorgen, 3. die Durchführung der Auswanderung im Einzelfall zu beschleunigen, indem sie durch zentrale Bearbeitung der Auswanderungsanträge die für den einzelnen Auswanderer erforderlichen staatlichen Ausweise und Bescheinigungen schnell und reibungslos beschafft und den Vollzug der Auswanderung überwacht.«

Heydrich selbst ließ sich zum Chef der neuen Zentralstelle berufen. Viel kostbare Zeit wurde allerdings mit Organisationsfragen vertan, doch immerhin die Auswanderungszahl für das Altreich von 40 000 im Jahre 1938 auf 78 000 im Jahre 1939 fast verdoppelt. Man scheute keine noch so verschlungenen Wege; im Versuch, die britische Abriegelung Palästinas zu unterlaufen, arbeiteten der jüdische Geheimdienst »Mossad« und der deutsche SD einträchtig zusammen. Etwa 70 000 mitteleuropäische Juden sind tatsächlich nach Palästina gelangt. 1933, zum Zeitpunkt der »Machtergreifung«, lebten in Deutschland knapp 500 000 Juden, ein Anteil von 0,76 Prozent an der Bevölkerung. (1820 waren es noch 1,9 und 1910 0,95 Prozent gewesen. Der relative Rückgang beruhte vor allem auf der starken Verstädterung, der Konzentration auf moderne Berufe und einem gehobenen Bildungsniveau; alle diese Faktoren bewirkten eine Geburtenbeschränkung, die der übrigen Bevölkerung weit voraus lief.) 300 000 von einer halben Million, also 60 Prozent der deutschen Juden sind durch die Auswanderung gerettet worden, aus Österreich 130 000 und aus Böhmen und Mähren 30 000. Die Zahlen hätten noch größer sein können, wenn nur irgendwo auf der Welt ein Staat sich zur vorbehaltlosen Aufnahme der Bedrohten bereit erklärt hätte – ohne Heydrichs niemals nachlassender Energie wären sie deutlich kleiner geraten.

Der Nothelfer statt der Organisator der Endlösung? Nein, es gibt das reinlich scheidende Entweder-Oder nicht; beides trifft zu. Ohnehin muss man daran erinnern, dass die Masse der Juden in Ost- statt in Mittel- oder Westeuropa zu Hause war. Da ging es dann längst nicht mehr um die Hunderttausende, sondern um Millionen. Hier sollte zunächst nur gezeigt werden, dass die Dinge bei der näheren Betrachtung sich tatsächlich komplizierter, widersprüchlicher darstellen als auf den ersten Blick hin. Das Urteil über Reinhard Heydrich soll darum bis zum Ende dieses Kapitels verzögert werden.

Der Krieg verriegelte dann die Tore des Lebens. Indessen tauchte noch der »Madagaskarplan« auf, der schon seit einiger

Zeit in antisemitischen Köpfen gespukt hatte: Die abgelegene Insel im Indischen Ozean sollte den Juden als »Heimstatt« zugewiesen werden. Madagaskar gehörte zum Kolonialbesitz Frankreichs, und nach der französischen Kapitulation vom 22. Juni 1940 schien sich unerwartet eine Möglichkeit zu bieten, den Plan zu verwirklichen, zumindest nach dem erwarteten »Endsieg« und dem Friedensschluss. In diesem Sinne schrieb Heydrich schon zwei Tage später an den Reichsaußenminister Joachim von Ribbentrop und wies darauf hin, dass mit den bisherigen Mitteln der Auswanderungspolitik das Judenproblem nicht gelöst werden könne, das mit der Besetzung Polens entstanden war. Eine »territoriale Endlösung« sei nötig. Im August 1940 folgte der näher ausgearbeitete Plan. Im Rückblick nimmt er sich freilich bizarr aus, und gangbare Wege zu seiner Durchführung hat es niemals gegeben. Es fällt schwer, sich vorzustellen, dass ein nüchterner Mann wie Heydrich etwas so Abwegiges ernsthaft erwogen oder gar – wie es in Zeitzeugnissen heißt – »nachhaltig« gefördert haben soll. Oder handelte es sich um den Versuch, mit dem Hinweis auf die Möglichkeit einer späteren, doch absehbaren »territorialen« Endlösung die sonst drohende Vernichtung abzuwenden? Die Frage muss ohne Antwort bleiben.

Am 15. März 1939 marschierten deutsche Truppen in Prag ein, nachdem zuvor die Slowakei vom tschechischen Staat abgesprengt und Staatspräsident Emil Hácha durch massive Drohungen zur Kapitulation gezwungen worden war. Hitler überschritt die Schicksalslinie vom Frieden zum Krieg. Indem er das nur ein halbes Jahr alte Münchener Abkommen zerriss, erbachte er den Beweis dafür, dass er ein skrupelloser Eroberer und kein Staatsmann war, mit dem man Verträge schließen konnte. Außerdem trat er das Selbstbestimmungsrecht der Völker mit Füßen, auf das er sich beim Anschluss Österreichs und des Sudentenlandes stets berufen hatte.

Kurzfristig allerdings handelte es sich um einen bedeutenden Gewinn. Der Fremdkörper, der sich zwischen Niederösterreich und Schlesien oder auch Sachsen ins Reich schob, wurde beseitigt. Die tschechischen Goldbestände und Devisenreserven halfen – wie zuvor schon die österreichischen – über das Versiegen der deutschen Bestände hinweg. Und die Industrien von den Skodawerken bei Pilsen bis zu den Waffenfabriken in Brünn leisteten der Rüstungswirtschaft unschätzbare Dienste, zumal im Krieg, als das Ruhrgebiet für britische Bombenangriffe nahe, Böhmen dagegen sehr fern lag. Ein Drittel der deutschen Panzer und 40 Prozent der leichten Maschinenwaffen wurden schließlich hier gebaut.

Es entstand also das »Reichsprotektorat Böhmen und Mähren«, und der konservative Diplomat Konstantin Freiherr von Neurath, Reichsaußenminister von 1932 bis Februar 1938, wurde zum »Reichsprotektor« ernannt. Seine Tatkraft und sein Einfluss blieben freilich begrenzt; er repräsentierte mehr, als dass er wirklich regierte. Der SD und die Gestapo, die das Land mit ihren Netzen überzogen, gehorchten nicht ihm, sondern Heydrich beziehungsweise seinem Statthalter in Prag, dem Staatssekretär und SS-Führer Karl Hermann Frank.

Im Sommer 1941 häuften sich die Alarmmeldungen. Weil die Versorgungslage sich verschlechterte, wuchs die Missstimmung in der Bevölkerung. Die Produktion ging zurück, und die Sabotageakte nahmen zu. Als ein neuer Faktor entwickelte sich der kommunistische Widerstand, der vom Abschluss des deutsch-sowjetischen Paktes im August 1939 bis zum Beginn des Russlandfeldzuges geruht hatte und sich daher weitaus schwerer bekämpfen ließ als der nationalistische der Ober- und Bildungsschichten, den man kannte. Was war zu tun? Vom 21. bis zum 23. September fanden Besprechungen im Führerhauptquartier statt. Zunächst hielt Frank einen Vortrag, dann folgte Heydrich und beeindruckte Hitler mit der Präzision seiner Ausführungen. Als schließlich Neurath am dritten Tag eintraf, war die Entscheidung bereits gefallen. Der »Reichsprotektor« konnte nur noch entgegennehmen, dass er »krankheitshalber« einen Urlaub antreten sollte und dass Heydrich ihn vertreten würde. Neuraths formeller Rücktritt folgte erst 1943, aber es war klar, dass es sich bereits jetzt um einen endgültigen Amtswechsel handelte.

Über die Gründe von Heydrichs Ernennung ist viel spekuliert worden. Es heißt, dass Martin Bormann seine Hände im Spiel hatte, der unsichtbar mächtige Parteisekretär, der Hitler nicht von der Seite wich. Er war Heydrich in Feindschaft verbunden, wollte ihn fortloben und von Himmler trennen, um auch dessen Einfluss zu mindern. Aber man kann die Deutung auch vereinfachen: Hitler war alles andere als eine Marionette und wusste sich sein eigenes Urteil zu bilden. Wie immer es gewesen sein mag: Am 28. September 1941 hielt Heydrich seinen Einzug in der Prager Burg, übrigens ohne die Chefstellung im Reichssicherheitshauptamt aufzugeben.

In Prag und im ganzen Protektorat verbreitete die Nachricht vom Amtswechsel Schrecken, und der neue Mann enttäuschte die Erwartungen nicht. Mit harter Hand griff er durch. Er verhängte den Ausnahmezustand, in den folgenden Tagen und Wochen gab es zwischen 4000 und 5000 Verhaftungen, 404 Personen wurden zum Tode verurteilt und hingerichtet. Besonders der nationalistische Widerstand wurde entscheidend getroffen und nahezu ausgelöscht.

Doch das war nur die eine Seite. »Endlich einmal eine positive Aufgabe. Endlich einmal etwas anderes als der Mülleimer des Reiches!«, hat Heydrich nach seiner Ernennung selbst gesagt, und man spürt die Erleichterung. Es hätte auch heißen können: »Endlich bin ich mein eigener Herr und nicht mehr nur der Gefolgsmann Himmlers, der ständig ›Jawohl, Reichsführer‹ sagen muss. Endlich kann ich beweisen, wozu ich fähig bin.«

Gleich nach der Peitsche das Zuckerbrot: Er versuchte, die einfachen Leute, die Arbeiter und Bauern für sich zu gewinnen; eine Serie von verblüffenden Maßnahmen begann. In den Rüstungsbetrieben stiegen die Lebensmittel- und Zigarettenzuteilungen. Es wurde bekannt gegeben, dass sich unter den Verhafteten und Hingerichteten zu einem erheblichen Teil Schieber und Schleichhändler – auch deutsche – befanden. Denen dagegen, die bisher verheimlichte Viehbestände und Getreidevorräte nachmeldeten, wurde Straffreiheit zugesichert. Daraufhin tauchten sozusagen aus dem Nichts mehr als eine halbe Million Schweine zusätzlich auf. Und statt dass, wie bisher, ständig Speckseiten und Gänseherden ins Reich wanderten, setzte jetzt ein Zustrom in der Gegenrichtung ein; dafür sorgte die Zusammenarbeit zwischen Heydrich und dem im Berliner Landwirtschaftsministerium zuständigen Staatssekretär Herbert Backe. Die tschechischen Versorgungsnormen und die Zulagen für Schwer- und Schwerstarbeiter wurden den deutschen angeglichen. Wie denn sonst sollte man Leistungen erwarten? »Man kann sich doch vorstellen, wie begeistert die Tschechen nun ausgerechnet Panzer für Deutschland bauen, wenn sie selber überhaupt nichts davon haben.«

Der neue Herr auf der Prager Burg tat mehr. Er empfing eine Abordnung der Gewerkschaften, besuchte Fabriken und mischte sich – zum Schrecken seiner Begleiter – unter die Arbeiter, um zu erfahren, wo sie der Schuh drückte. Das galt sogar wörtlich: Durch das Zurückgreifen auf beschlagnahmte Bestände gelang es, 200 000 Paar Arbeitsschuhe zu verteilen. Betriebskantinen entstanden, die es vorher nicht gab. Nach deutschem Standard wurden die Invaliden- und Altersrenten erhöht, ebenso die Zahlungen an Witwen und Waisen. Die Steigerungen fielen drastisch aus; sie betrugen zwischen 20 und 75 Prozent. Die Arbeitslosenversicherung kam hinzu, die es bisher auch noch nicht gab. Eine Art von krönendem Abschluss bildete die Umwandlung von Luxushotels in Arbeitererholungsheime.

Mit alledem entfaltete sich, weithin erfolgreich, eine Verführung zum Unpolitischen. Alles, was, ohnehin schon gemildert, vom anfangs verhängten Ausnahmezustand noch übrig war, wurde am 19. Januar aufgehoben. Warum noch den Schrecken verbreiten, wenn er sich als überflüssig erwies? Mit der Aufhebung des Ausnahmezustandes verband sich eine Amnestie: Viele ins Konzentrationslager Mauthausen eingewiesene Studenten wurden entlassen. Weitere Entlassungen folgten im April, als der noch immer amtierende Staatspräsident Hácha »zum Geburtstag des Führers« einen Lazarettzug stiftete.

Entspannung, Entpolitisierung: Zumindest die Arbeiter und Bauern leisteten inzwischen ordentliche Arbeit, und wer das tat und sich sonst um nichts kümmerte, durfte zufrieden sein. Die Sabotageakte hörten auf, und die Produktion stieg. Mit ihr stieg das Prestige des Statthalters bei Hitler; nirgendwo sonst im besetzten Europa hatte jemand in so kurzer Zeit so viel erreicht. Oder noch mehr: überall sonst verschlechterten sich die Verhältnisse; einzig in Heydrichs Böhmen und Mähren trat der Wandel zum Besseren ein. Am Horizont tauchte bereits die Überlegung auf, ihm weitere Länder anzuvertrauen.

War auch Reinhard Heydrich jetzt zufrieden? Die Frage stellte sich schon einmal, als er zum Monopolherrn der politischen Polizei aufrückte. Doch nichts deutete damals darauf hin. Nun sah es anders aus. Zwar arbeitete er so unermüdlich wie immer; das entsprach seinem Wesen. Aber ein neuer Lebenszuschnitt zeichnete sich dennoch ab. Zum Beispiel las er viel, vielleicht zum ersten Mal überhaupt. Er beschäftigte sich mit der Geschichte »seines« böhmischen Herzogtums oder Königreichs, mit Wallenstein und dem Heiligen Wenzel; er besuchte, was von ihnen im Lande zu sehen war; besonders Wallensteins Stammsitz im nordböhmischen Friedland faszinierte ihn. Ebenso ließ er sich in der Sankt-Wenzels-Kapelle am Sankt-Veits-Dom die Wenzelskrone zeigen.

Oder dann erst »seine« Residenzstadt Prag, nach seiner Meinung die schönste im ganzen Großdeutschen Reich, »noch deutscher als Nürnberg«! Albert Speer wurde eingeladen, und Heydrich besprach mit ihm den künftigen Ausbau. »Es ging dabei«, so Speer, »auch um die übliche Erweiterung der Wohnviertel. Aber im Mittelpunkt stand der Plan für ein neues repräsentatives Regierungszentrum im Rückgelände der Prager Burg mit ihr als überragendem Höhepunkt. Ein Schnellstraßenring mit Autobahnanschluß sollte die Stadt umgeben.« Selbstverständlich wurde das Musikleben gefördert, und auch ein neu geschaffener Kunstpreis des Reichsprotektors verliehen. Besondere Fürsorge wurde der – inzwischen wieder deutschen – Universität zuteil, der ältesten des Reiches, die Kaiser Karl IV. im Jahre 1348 gestiftet hatte. Zahlreiche neue Lehrstühle entstanden, außerdem eine mit der Universität verbundene »Reichsstiftung für volks- und geisteswissenschaftliche Forschung«.

Der Reichsprotektor verfügte natürlich über eine Stadtwohnung auf dem Hradschin – und daneben oder vor allem über ein Schloss. Es lag zwischen Hügeln und Wäldern in Breschan, etwa 20 Kilometer außerhalb von Prag. Genauer gab es da zwei Schlösser. Das alte, »obere« Schloss samt Kapelle, wurde im 18. Jahrhundert von der Äbtissin eines adligen Damenstiftes erbaut; daher stammte der Beiname »Jungfern Breschan«. Hier residierte jetzt der Staatssekretär und SS-Befehlshaber Karl Hermann Frank. Das neue, »untere« Schloss stammte aus dem 19. Jahrhundert und wurde modernisiert, als im Jahre 1909 der Zuckermagnat Bloch-

Bauer es erwarb. Weitere Renovierungen folgten in den zwanziger Jahren und noch einmal 1939, nach der Vertreibung der jüdischen Besitzer und vor dem Einzug des Reichsprotektors. Hier fehlte es an nichts, weder an schönen Räumen und eleganten Bädern oder am gepflegten Garten und einem weitläufigen Park noch an einer zahlreichen und eingespielten Dienerschaft. Lina Heydrich hat sich später erinnert: »Das war alles hervorragend ausgestattet. Der Herr von Neurath hatte sich das schon richten lassen. So was konnten die ja vom Auswärtigen Amt.«

Auch Heydrich ließ sich verführen. So selten wie möglich blieb er in Prag und fuhr Abend für Abend nach Breschan hinaus. »Das hat ihm gefallen, endlich leger sein zu können. Er lag auf dem Diwan und las, manchmal bis in den Morgen.« Und keine Akten, sondern Bücher über Wallenstein, die Wenzelkönige und die böhmische Geschichte. Ein richtiges Familienleben entstand, wie es das in den zehn vorhergehenden Ehejahren kaum gegeben hatte. Wieder Frau Heydrich: »Es war wunderbar.« Mit den Söhnen Klaus und Heider konnte ihr Mann allerdings wenig anfangen. »Mit denen wollte er erst, wenn sie schon halbe Männer waren, etwas unternehmen. Sport treiben, fliegen, schießen.« Umso zärtlicher ging er mit der Tochter Silke um: »Er war ein richtiger Tochtervater.«

Hat der Reichsprotektor manchmal darüber nachgedacht, auf wessen Kosten er sein Herren- und Herrscherleben führte? Nein, wohl kaum. Er war in dem Sinne der vollkommene Nationalsozialist, dass er den »Kampf ums Dasein« für natürlich und die daraus hervorgehende Einteilung der Menschen in Mächtige und Ohnmächtige für selbstverständlich hielt. Und wie gut passten »seine« Tschechen in dieses Bild, die sich friedfertig verhielten und fleißig arbeiteten, wenn man sie nur »anständig« behandelte, das heißt ihnen zukommen ließ, was sie brauchten! Dann hatten sie nichts zu fürchten, und man musste sich vor ihnen nicht fürchten. Darum murrte er über die überflüssige Bewachung von Breschan, die der besorgte Himmler verordnet hatte.

Anderswo dachte man anders, zum Beispiel in Moskau. Im März 1942 wurde in Warschau ein Reisender nach Prag verhaftet, in dessen Gepäck man ein zerlegtes Präzisionsgewehr mit Zielfernrohr und Schalldämpfer fand. Es stellte sich heraus, dass er ein russischer Agent war. Lautete sein Auftrag etwa, Heydrich zu erschießen? Das gab der Mann nach tagelangem Verhör an, aber einer vollständigen Aufklärung der Hintergründe entzog er sich durch Selbstmord.

Erst recht dachte man in London anders. Dort hatte der frühere tschechische Staatspräsident Eduard Benesch eine Exilregierung gebildet, und man war höchst besorgt: Wenn die von Heydrich eingeleitete Entwicklung nicht aufgehalten wurde, musste man im Volk jeden Rückhalt und bei den Alliierten das noch kaum gesicherte Ansehen verlieren. Die Schlussfolgerung war zwingend: Um eine Änderung zu bewirken, musste der »Reichsprotektor« beseitigt werden.

In der Nacht vom 28. zum 29. Dezember 1941 setzte ein britischer Bomber mehrere Agentengruppen über böhmischem Gebiet ab, und noch weitere folgten. Aber beinahe nichts gelang: Einige der Agenten stellten sich der Polizei, andere wurden festgenommen oder getötet. Wieder andere tauchten bei Angehörigen unter und ließen ihren Auftrag auf sich beruhen. Eine Ausnahme bildete die Gruppe »Anthropoid«, die mit dem Attentat beauftragt war. Sie bestand aus Jan Kubis und Josef Gabcik, zwei ehemaligen Unteroffizieren der tschechoslowakischen Armee.

Zunächst lief vieles auch bei »Anthropoid« verquer. Statt bei Pilsen, wo es Kontaktadressen gab, landeten die beiden Fallschirmspringer östlich von Prag, und einer verstauchte sich den Knöchel, sodass er allenfalls noch humpeln konnte. Doch zum Glück im Unglück trafen die Attentäter auf Anhänger der Exilregierung. Sie fanden Unterschlupf, knüpften Kontakte, trafen ihre Vorbereitungen – eine Liebesaffäre eingeschlossen, wie kein Autor von Agentengeschichten sie melodramatischer ausmalen dürfte; im Unterschied zu James-Bond-Filmen zerschlug sie beinahe den Vorsatz zur Tat.

Der 27. Mai 1942 war ein strahlender Frühsommertag. Wie an jedem Morgen und stets auf dem gleichen Weg fuhr Heydrich im offenen Auto von Breschan nach Prag – und wie stets ohne Begleitschutz. Handelte es sich um bodenlosen Leichtsinn oder um eine Demonstration der Tatsache, dass der Herr Reichsprotektor sich unter »seinen« Tschechen vollkommen sicher fühlte? Wie auch immer: Er saß auf dem Beifahrerplatz neben seinem Fahrer, dem SS-Oberscharführer Klein. In einer Haarnadelkurve, in der der schwere Mercedes stark abbremsen musste, warteten Gabcik und Kubis. Als der Wagen auftauchte, warf Gabcik den Mantel fort, unter dem er seine Maschinenpistole versteckt hatte, und eröffnete das Feuer. Das heißt, er wollte es tun, aber es gelang ihm nicht; in seiner Aufregung hatte er vergessen, die Waffe zu entsichern. Selten hat ein als Soldat und als Agent ausgebildeter Attentäter derart dilettantisch gehandelt.

Heydrich riss seine Dienstpistole aus dem Halfter und schoss seinerseits. Klein, statt Gas zu geben und so schnell wie möglich davon zu fahren, stoppte das Auto, um sich am Schießen zu beteiligen. Schon wieder eine Stümperei, vielmehr ein fataler Fehler, denn jetzt bekam der zweite Attentäter seine Chance: Kubis warf eine Bombe. Sie explodierte neben dem rechten Hinterrad und verletzte Heydrich schwer. Er stieg noch aus dem Wagen und brach dann zusammen, während Klein vom Schauplatz verschwand, weil er – vergeblich – dem verhinderten Kunstschützen Gabcik hinterherrannte. Passanten leisteten erste Hilfe. Ein Lieferwagen hielt, und auf seiner Pritsche wurde der Verwundete ins tschechische Libovka-Krankenhaus gebracht. Deutsche Ärzte wurden etwas später zugezogen.

Die Verletzungen erschienen beim ersten Augenschein nicht als lebensgefährlich. Aber mit den Bombensplittern waren Partikel vom Stoff und Leder des Autositzes in den Körper eingedrungen; eine Infektion entwickelte sich, eine Blutvergiftung, und Penicillin oder ein anderes Antibiotikum, das man als Gegenmittel hätte einsetzen können, gab es in Deutschland noch nicht. Heydrich starb in den Morgenstunden des 4. Juni 1942.

In den Tagen vor seinem Tod war er meist bei Bewusstsein und zum Sprechen fähig. Aus dem, was er sagte, leitet Günther Deschner ab, dass er im Kern kein politischer Mensch gewesen sei. Er folgert das daraus, »daß seine letzten Worte auf dem Sterbebett, seiner Frau gegenüber, nichts mit seinen politischen Zielen zu tun hatten. Sie galten nicht dem Reich, nicht Deutschland, dem Führer, nicht den Feinden, den Attentätern. Sie entfernten sich weit von allem, was sein ganzes Leben ausgemacht hat und signalisieren eine tiefe Resignation, die diesen unruhigen, ehrgeizigen und ebenso scharfen wie grausamen Geist auf den Familienvater reduzierte. Sein letzter Auftrag, seine letzte Anteilnahme galt seiner Frau und Familie: ›Geh zurück nach Fehmarn‹, so lautete der letzte Befehl, den Reinhard Heydrich gab.«

Kann man diese letzten Worte nicht anders deuten, als Resignation zwar, aber – nur verhüllt – durchaus als politische Botschaft, nämlich als die Einsicht, dass der Krieg und damit die Sache, der Heydrich gedient hatte, unrettbar verloren waren? Nach dem Scheitern des »Unternehmens Barbarossa« im russischen Winter und dem amerikanischen Kriegseintritt ließ sich das deutlich genug erkennen, jedenfalls für einen scharf analysierenden Geist, der sich von keinem Wunderwahn umnebeln ließ. So verstanden nimmt sich die Anweisung nicht überraschend, sondern konsequent und klug aus; es ging dann bloß noch darum, das Überleben der Frau und der Kinder zu sichern. Und wo bestand dafür bessere Aussicht als am abgelegenen, unscheinbaren Ort der Herkunft, unter Verwandten und Freunden, in Bindungen, die dauerhafter angelegt waren als die politischen, deren Zerreißen abzusehen war?

Nach dem Attentat wurden der Ausnahmezustand und nächtliche Sperrstunden verhängt, der Bahnverkehr stillgelegt und die Ausfallstraßen blockiert, Häuser, Straßen, ganze Stadtviertel durchsucht, zahllose Verhaftungen vorgenommen und Verhöre durchgeführt. Jeder Polizist und jeder SS-Mann, den man nur auftreiben konnte, war bis zur Erschöpfung im Einsatz. Vergeblich: Die Kriminalisten tappten im Dunkeln; es gab keine heiße Spur, keine Namen, keine Hinweise auf Helfer und Hintermänner. Auch die Bekanntmachung, dass jeder, der nur von fern etwas wusste und schwieg, mit dem Tode zu rechnen hatte, und die Auslobung von einer Million Reichsmark oder zehn Millionen tschechischer Kronen für »sachdienliche Hinweise« halfen vorerst nicht weiter.

Hitler, vollkommen außer sich, befahl Massenerschießungen. Staatssekretär Frank, noch ganz auf Heydrichs Linie, versuchte ihm das auszureden. Alle bisherigen Erfolge würden damit zunichte gemacht. »Wir würden uns freiwillig sehr wertvoller politischer Kräfte berauben und deren Mitarbeit lahmlegen und unausgenützt lassen, die sich heute zu positiver Arbeit darbieten.«

Nach Heydrichs Tod gab es zunächst in Prag, dann am Nachmittag des 9. Juni in Berlin die aufwändigste Trauerfeier, die jemals für einen Gefolgsmann des »Dritten Reiches« veranstaltet worden ist. Hitler zeichnete seinen Statthalter mit der höchsten Stufe des Deutschen Ordens aus, die der bis dahin nur – ebenfalls postum – an Fritz Todt verliehen hatte, den Straßenbaumeister und Rüstungsminister, der am 8. April 1942, also wenige Wochen zuvor, bei einem Flugzeugabsturz ums Leben gekommen war. Sichtlich bewegt und mit leiser Stimme widmete der Führer dem Gefolgsmann nur wenige Worte: »Er war einer der besten Nationalsozialisten, einer der stärksten Verteidiger des deutschen Reichsgedankens und einer der größten Gegner aller Feinde dieses Reiches.« Etwas weniger bewegt sprach die britische Presse von einem »Verbrecherbegräbnis im pompösen Chicago-Stil«.

Heinrich Himmler hielt die Trauerrede. Er rühmte das »leuchtende Vorbild«, »ein Muster an Bescheidenheit« und »einen der fleißigsten Männer im Reich«, dessen »einmaliges Können« mit einem »Charakter von seltener Reinheit und einem Verstand von durchdringender Logik und Klarheit« verbunden war. Ja, wie oft hatte der Reichsführer der SS darunter gelitten! Die Rede endete mit den Worten: »Du, Reinhard Heydrich, bist wahrhaft ein guter SS-Mann gewesen! Persönlich aber darf ich Dir hier Dank sagen für Deine unwandelbare Treue und für die wunderbare Freundschaft, die uns in diesem Leben verband und die der Tod nicht trennen kann.«

Hitler wollte noch ein anderes Finale als Beethovens Trauermarsch. Die Bergarbeitersiedlung von Lidice war irgendwie genannt worden, obwohl ein zwingender Zusammenhang mit dem Attentat gar nicht bestand. Der Befehl lautete: »Alle männlichen Erwachsenen sind zu erschießen. – Alle Frauen sind in ein Konzentrationslager zu überstellen. – Die Kinder sind zu sammeln und, soweit eindeutschungsfähig, an SS-Familien im Reich zu geben. Der Rest wird einer anderen Erziehung zugeführt. – Die Ortschaft ist niederzubrennen und dem Erdboden gleichzumachen.« So geschah es: 199 Personen wurden getötet, 184 Frauen in das Konzentrationslager Ravensbrück deportiert. Von den 98 betroffenen Kindern wurden nach dem Krieg nur 16 wieder gefunden. Im Zuge der sonstigen »Maßnahmen« wurden vom 28. Mai bis zum 1. September 1942 insgesamt 3188 Tschechen verhaftet und 1357 durch Standgerichte zum Tode verurteilt. In London konnte man sich zufrieden zurücklehnen: Die Gefahr, die von Heydrich ausging, war gebannt.

Das Finale von Prag spielte bei alledem nur noch eine Nebenrolle. Nach den endlich eingegangenen »Hinweisen« wurde am 18. Juni das Versteck der Attentäter und ihrer Helfer in einer Kirche umstellt. Alle starben im Kampf oder töteten sich selbst, um der Folter zu entgehen.

Die Rache der Tschechen ließ auf sich warten, aber sie kam, im Mai 1945. Schuldige, doch weit mehr noch Unschuldige wurden von ihr betroffen, am Ende Millionen von Menschen, die wenn nicht ihr Leben, dann die Heimat verloren.

Reinhard Heydrich war ein Nationalsozialist der zweiten Generation. Das ist zunächst in dem Sinne gemeint, dass er niemals imstande gewesen wäre, Massen zu begeistern und aus ihnen die Millionenbewegung zu formen, die zur »Machtergreifung« führte. Seine Stunde schlug erst danach, als es auf die Festigung und Verwaltung der Macht ankam. Denn im Gegensatz zu Hitler war er kein Volkstribun, kein mitreißender Redner, der aus seinem Glauben, seiner Weltanschauung eine gläubige Gefolgschaft schuf. Im kleinen Kreis mochte er glänzen und mit Schärfe und Witz überzeugen, nicht von der Tribüne herab. Schon die Reden, die er als Reichsprotektor zu halten hatte, fielen ihm schwer. Aus seinen Marinejahren war ihm der abgehackte Offizierston geblieben. Vor seiner Frau probte er die Auftritte und bat um Kritik. »Und die war dann auch danach – 87 mal äh, äh.« Nein, für die Aufgabe der ersten Generation taugte er wirklich nicht.

Doch umgekehrt taugte der Mann der ersten Generation nicht zur Bewahrung der einmal errungenen Macht. Sein Wahn, sein grenzenloser Eroberungs- und Vernichtungswille riss Hitler fort, in die schließlich, unabwendbare Selbstvernichtung hinein. Hier wäre die nüchterne, kalt berechnende Präzision des Technokraten erforderlich gewesen, über die Heydrich verfügte. Übrigens war er fünfzehn Jahre jünger als Hitler, ein durchaus angemessener

Abstand für den politischen Generationswechsel. Allerdings hätte er *rechtzeitig* der Nachfolger sein müssen, spätestens zu dem Zeitpunkt im Frühjahr 1941, von dem am Anfang dieses Kapitels unsere Spekulation ausging. Dafür gab es nie eine Chance, es sei denn im Falle von Hitlers plötzlichem Tod (durch den Flugzeugabsturz oder ein Attentat); Heydrich blieb stets der Handlanger, der an seine Aufträge gebunden war – welche auch immer.

Es sei erlaubt, hier Begriffliches einzufügen. Max Weber hat drei Typen der Herrschaft unterschieden: die traditionale, die charismatische und die rationale. Gewöhnlich gibt es Mischungsverhältnisse, und darin gründet in einem tieferen Sinne als dem bloß technischen Sinne, was wir als Gewaltenteilung bezeichnen.

Traditionale Herrschaft beruht auf der Heiligung des Herkommens. Hiergegen richtet sich in all ihren Spielarten die Revolution der Moderne, von den gesellschaftlichen Strukturen bis zu den Wert- und Rechtsordnungen auch oder gerade und radikal die des Nationalsozialismus.

Hitlers Eroberung der Macht und seine Herrschaft stellen sich fast lupenrein charismatisch dar. Alles kommt auf den von Gott oder der Vorsehung gesandten Erlöser aus der Not, den Retter und Heilsbringer an; er wird sein Werk vollenden, wenn man ihm gläubig und im bedingungslosen Gehorsam folgt. Der aufbrandende Jubel, die vorgeschriebene Anrede »Mein Führer!« und der vorgeschriebene Gruß »Heil Hitler!« weisen symbolträchtig auf die charismatische Herrschaft hin.

Ihre Schwäche liegt darin, dass sie nicht von Dauer sein kann, weil sie das Einmalige, Unwiederholbare einer Person in den Mittelpunkt rückt. Der Untergang ist ihr daher vorbestimmt. Sofern sie nicht schon zu Lebzeiten von außen her zerstört wird, wie im Falle Hitlers, bieten sich nur zwei Auswege an: Entweder wird das Charisma in traditionale Herrschaft zurückverwandelt, wie in der Geschichte des Christentums: die Institutionen der Kirche und des Papsttums übernehmen die Erlöserbotschaft der Apostel. Oder es folgt, unter modernen Vorzeichen weitaus wahrscheinlicher, die rationale Herrschaft: eine bürokratisch banalisierte und technokratisch zweckdienliche Verwaltung der Macht, die sich dadurch rechtfertigt, dass sie erfolgreich ist. Zumindest diese Möglichkeit einer Verwandlung – und damit

Dauerhaftigkeit – des »Dritten Reiches« verkörpert Reinhard Heydrich.

Der Technokrat unterscheidet sich dadurch vom Ideologen, dass er sachgerecht entscheidet und, wenn nötig, seine Meinung ändert. Noch einmal Deschner: »Wenn der Zeitpunkt richtig gewählt, die sachliche Begründung hieb- und stichfest und das persönliche Auftreten mutig und unnachgiebig war, konnte Heydrich immer wieder – sichtlich beeindruckt – zur allgemeinen Überraschung einlenken und Entscheidungen treffen, die von seiner ursprünglichen erheblich abwichen.« Genau das unterscheidet den guten vom verbohrten Chef. Wie anders sehen viele Szenen aus, die aus dem Führerhauptquartier von Hitlers Streit mit den Generalen überliefert sind!

Entsprechend suchte Heydrich seine Mitarbeiter aus und schätzte in anderen Bereichen die Fachleute, zum Beispiel den Staatssekretär Herbert Backe, der den »Blut und Boden«-Ideologen Walter Darré als Leiter des Landwirtschaftsministeriums ablöste und im Krieg die deutsche Ernährung sicherte. Oder Albert Speer, der als Nachfolger von Fritz Todt die Rüstungsleistung zu immer neuen Rekorden trieb. Speer hat seinerseits über Heydrich gesagt: »Er war überhaupt nicht mit diesen Gauleitern oder anderen Potentaten zu vergleichen, die sich ... in fixe Ideen verrannten, in etwas architektonisch oder technisch Unmögliches, vielleicht in einen alten Jugendtraum oder ein Hirngespinst ihrer Frau, und die dann stur darauf beharrten ... Im Gegensatz dazu war Heydrich unkompliziert, er hatte nur wenig Einwände gegen meine Vorschläge, die aber sämtlich zeigten, daß er sich den Problemen mit dem Verstand widmete. Waren seine Einwände sachlich unbegründet, ließ er sich sofort überzeugen.« Außerdem bescheinigt Speer dem Partner, dass er »sehr höflich« war, »nicht arrogant im Auftreten und vor allem sehr sicher und sachlich«.

Vielleicht müsste man sagen: Reinhard Heydrich war, wie Speer (oder wie Feldmarschall Walter von Reichenau), ein radikal moderner Mensch. Die überkommenen Welten und Werte bedeuteten ihm nichts mehr. Er riss sich aus seiner bürgerlichen Verankerung los, scheiterte am altmodischen Ehrenkodex der Marine, wütete gegen die Traditionsmächte der Kirche und des Glaubens. Oder, positiv gewendet, falls man das positiv nennen kann: Was ihn an den Nationalsozialismus band, war dessen hinter allen Phrasen nur verborgener *Nihilismus*. Daher die Unfähigkeit, dem Bösen zu widerstehen. Wie sollte man das tun, wenn es das Gute nicht mehr gab und die »Ehre« sich einzig noch an der Funktionstüchtigkeit messen ließ, einen Auftrag – und sei es den zum Massenmord – so perfekt wie möglich auszuführen?

Wenn man den Typus der technokratischen Modernität verstehen will, den Heydrich verkörpert, sollte man Schriften von Ernst Jünger aus der Zeit der Weimarer Republik lesen, von »Der Kampf als inneres Erlebnis« (1922) bis zu »Der Arbeiter« (1932). Da finden sich Leitsätze wie diese: »Eines der besten Mittel zur Vorbereitung eines neuen und kühneren Lebens besteht in der Vernichtung der Wertungen des losgelösten und selbstherrlich gewordenen Geistes, in der Zerstörung der Erziehungsarbeit, die das bürgerliche Zeitalter am Menschen geleistet hat ... Die beste Antwort auf den Hochverrat des Geistes gegen das Leben ist der Hochverrat des Geistes gegen den Geist; und es gehört zu den hohen und grausamen Genüssen unserer Zeit, an dieser Sprengarbeit beteiligt zu sein.« – »Nicht wofür wir kämpfen ist das Wesentliche, sondern wie wir kämpfen.« – »Jede Haltung, der ein wirkliches Verhältnis zur Macht gegeben ist, läßt sich auch daran erkennen, daß sie den Menschen nicht als Ziel, sondern als Mittel ... begreift. Der Mensch entfaltet seine höchste Kraft, entfaltet Herrschaft überall dort, wo er im Dienste steht. Es ist das Geheimnis der echten Befehlssprache, daß sie nicht Versprechungen macht, sondern Forderungen stellt. Das tiefste Glück des Menschen besteht darin, daß er geopfert wird, und höchste Befehlskunst darin, Ziele zu zeigen, die des Opfers würdig sind.« Damit allerdings gerät dann der Nihilismus zur Tautologie: Das höchste Ziel des Opfers ist das Opfer.

Nur eines blieb bei Heydrich noch: sein Nationalismus. Und ausgerechnet der verwehrte es ihm, etwas Positives zu leisten, das Dauer versprach. Denn wie sollte es mehr als nur kurzfristig gelingen, das tschechische Volk unpolitisch zu machen und zu entnationalisieren, wenn er selbst den deutschen Herrschaftsanspruch vertrat? Unfehlbar weckt Nationalismus den Nationalismus. Dieser Widerspruch war nicht zu beheben, und der Versuch, ihm dennoch zu begegnen, glich der Aufgabe, ein hölzernes Eisen zu schmieden. Darum war auch ohne das Attentat, das seinem Leben ein Ende setzte, das Scheitern vorprogrammiert, so wie insgesamt das des »Dritten Reiches«. In seiner Todesstunde dürfte er das geahnt, gewusst haben – daher das Schlusswort: »Geh nach Fehmarn!«

Doch womöglich handelte es sich bloß noch um Schlacken, um Rückstände des geschichtlichen Mahlstroms, die sich in Heydrichs Gesinnung niederschlugen. Das Exemplarische und abgründig Erschreckende an ihm sind nicht seine Taten oder Untaten; man verharmlost sie eher, als dass man die Herausforderung begreift, wenn man auf das Einmalige verweist. Das wirklich *Beängstigende* ist eine *Modernität ohne Menschlichkeit,* die schon voraus in die Zukunft deutet, in eine Welt, in der man – zivilisiert, globalisiert und von den jeweils neuesten technischen Errungenschaften beflügelt – nur noch das Ziel kennt, koste es was es wolle, leistungstüchtig zu sein und konkurrenzfähig zu bleiben, so als sei das der Sinn allen Lebens.

Helmut Kohl

Zu den Kennzeichen unserer neueren Geschichte gehört der Vorrang des evangelischen gegenüber dem katholischen Deutschland. Das gilt für die Entwicklung der Sprache, der Literatur, der Aufklärung, der Philosophie und der Wissenschaften; einzig in der bildenden Kunst und in der Musik blieben die Gewichte ungefähr gleich verteilt. Aus dem protestantischen Preußen stammen der soldatische Geist, das am Staat orientierte Pflichtbewusstsein, die Entwicklung einer modernen Leistungselite und die bahnbrechenden Bildungsreformen. Schließlich entschied Preußen, gegen Österreich, auch den Kampf um die politische Vormacht für sich und begründete unter seinen eigenen Vorzeichen den deutschen Nationalstaat.

Es hat von dieser protestantischen Regel nur eine Ausnahme gegeben: die Bonner Republik, für die 1948/49 das Grundgesetz entworfen wurde und die im September 1949 ins Leben trat. Sie entstand in einer Ausnahmesituation, im Gefolge des Zweitens Weltkriegs durch den Verlust der Ostgebiete, die Teilung Deutschlands und die Abriegelung der DDR. Die politischen Gewichte verlagerten sich, wie zuvor schon die wirtschaftlichen, zum Rhein und seinen Einzugsgebieten. Die Millionen von Menschen, die als Vertriebene oder Flüchtlinge vom Osten in den Westen wanderten, oder zumindest ihre Nachkommen, fügten sich von den Dialekten bis zum Vereinswesen in die Milieus ein, in denen sie Fuß fassten. Natürlich hat die Bonner Republik vieles übernommen, was aus dem östlichen Erbe ihr zufiel, zum Beispiel wichtige Teile der preußisch-deutschen Beamtenschaft. Doch das geschah nicht in geschlossener, korporativer Form, sondern in einer Auswahl, die wie auch beim Militär einer Neuorientierung gleichkam.

Die überragenden Staatsmänner, die die Bonner Republik an ihrem Anfang und zum Ende hin geprägt haben, waren Konrad Adenauer und Helmut Kohl. Zusammen haben sie 30 von insgesamt 50 Jahren regiert. Beide, obwohl von unscheinbarer Herkunft, entstammen einem rheinisch-katholischen Bürgergeist, der sich ebenso traditionsgesättigt wie selbstbewusst darstellt. Man muss ihn ja nicht gleich übertreiben, sich an die Römer erinnern und, wie einst in den zwanziger Jahren der Kölner Oberbürgermeister Adenauer, etwas von »Asien« murmeln, wenn man über den Rhein oder gar über die Elbe nach Osten bis ins vorgestern erst zwischen Sumpf und Sand gegründete Berlin fährt. Näher als die Römer liegen ohnehin die »Krummstabslande«, die geistlichen Kurfürstentümer Köln, Mainz und Trier: Hier war man so gut katholisch, wie es sich gehörte, aber weniger auf eine rustikale Art wie in Irland oder asketisch verdüstert wie in Spanien, sondern eher nach dem Muster der italienischen Urbanität; längs des Rheins waren zugleich, wie der Handel und Wandel, eine heitere Lebensart und die Humanisten zu Hause.

Das Heilige Römische Reich besaß seinen Schwerpunkt am Rhein. Darum hat der französische Historiker Lucien Febvre gesagt: »Es ist kein Zufall, daß die Rheinstädte im Leben des Reiches eine solche Rolle spielten. Es ist kein Zufall, daß sie so viele Reichstage beherbergten und daß innerhalb ihrer Mauern, wie etwa in Worms, so viele feierliche Urkunden unterzeichnet wurden, daß in Frankfurt am Main die Kaiser gewählt wurden, noch bevor die Goldene Bulle dies zur Regel erhob; daß siebenunddreißig Caesaren deutscher Nation von Ludwig dem Frommen bis Ferdinand I. in Aachen gekrönt wurden; daß schließlich die Kaiser über fünfhundert Jahre in dem 1030 durch Konrad II. begründeten Dom zu Speyer beigesetzt wurden.«

Dem Heiligen Römischen Reich und seinen geistlichen Kurfürsten folgten seit 1792 die Revolutionsheere aus dem Westen, die in ihrem Marschgepäck erst die Parole von Freiheit und Gleichheit, dann als deren große Errungenschaft den Code civil oder Code Napoléon, das heißt ein modernes Bürgergesetzbuch mit sich trugen. (Das deutsche Bürgerliche Gesetzbuch ließ noch fast ein Jahrhundert, bis zum 1. Januar 1900, auf sich warten.) Es entstand eine eigentümliche Mischung: Das rheinische Bürgertum war und blieb seither so katholisch wie westlich und weltlich orientiert.

Den Franzosen schlossen sich nach dem Wiener Kongress von 1815 die Preußen an, und eigentlich niemand mochte das. Preußen selbst hätte viel lieber das Königreich Sachsen annektiert, aber weil das nicht zu haben war, wurde es mit dem Rheinland abgefunden. Die Rheinländer wiederum bekreuzigten sich, wie der Kölner Bankier Abraham Schaaffhausen: »Jesses, Maria und Josef! Do hirohde [heiraten] mer n'ärm Famillich!« Um den Abstand der westlichen Kultur und des Wohlstands zur östlichen Barbarei zu markieren, nannte man die preußischen Beamten, mit denen man fortan umgehen musste, »die Litauer«. Oder wie der Dichter aus Düsseldorf, Heinrch Heine, notierte, als er aus seinem Pariser Exil nach Hamburg reiste und unterwegs den preußischen Soldaten begegnete:

»Noch immer das hölzern pedantische Volk,
Noch immer ein rechter Winkel
In jeder Bewegung, und im Gesicht
Der eingefrorene Dünkel.

Sie stelzen noch immer so steif herum
So kerzengerade geschniegelt,
Als hätten sie verschluckt den Stock,
Womit man sie einst geprügelt.«

Der deutsche Nationalismus des 19. Jahrhunderts erkor dann Frankreich zum »Erbfeind«, und weil die Rheinländer das nicht so recht glauben mochten, erschienen sie als unzuverlässige Patrioten, wie Heinrich von Treitschke in seiner »Deutschen Geschichte im 19. Jahrhundert« schrieb: »Schon jetzt ließ sich erkennen, wie viel schwere Arbeit dereinst noch nötig sein würde, um die halbverwälschten Krummstabslande wieder einzufügen in das neue deutsche Leben.« Umso lauter erschallten die kampflustigen Rheinlieder von Nikolaus Becker oder Max Schneckenburger, dessen »Wacht am Rhein« in der Vertonung von Karl Wilhelm zu einer Art von Nationalhymne aufrückte.

Ein weit zurückgreifendes Geschichtsbewusstsein, rheinische

Katholizität und rheinischer Bürgergeist, selbstbewusst gemischt: Aus solchen Wurzeln stammt Konrad Adenauer, der die Bonner Republik als erster und für vierzehn Jahre regierender Bundeskanzler geprägt hat. Man hat ihm vorgeworfen, dass seine Regierungszeit eine restaurative Epoche gewesen sei. Aber in doppelter Hinsicht vollzog er den deutschen Neubeginn, eine Abkehr vom Vergangenen, wie sie einschneidender kaum zu denken ist.

Erstens verkörperte er, wie auf seine Weise der erste Bundespräsident, Theodor Heuss, eine zivile Bürgerrepublik, die sich aus dem Bann der Uniformgläubigkeit, des soldatischen Geistes oder Ungeistes löste – und zwar nicht erzwungen und halbherzig wie in der Zeit der Weimarer Republik, sondern ganz und gar selbstbewusst. Wenn man so will, wurde damit um hundert Jahre verspätet nachgeholt, was in der Revolution von 1848 misslang und nach einer im Schlachtendonner und Ruhmesglanz von Königgrätz und Sedan vollzogenen Reichsgründung keine Chance mehr hatte.

Zweitens widerrief Adenauer die Abwendung vom Westen, die seit dem 19. Jahrhundert zur Geschichte des deutschen Nationalismus und Nationalstaates gehörte. Das Bündnis mit den Vereinigten Staaten mochte noch durch die Furcht vor der Sowjetunion bedingt sein und mit einer Änderung der Situation als auflösbar erscheinen. Doch die Einigung Europas und besonders die Versöhnung mit Frankreich, die aus dem ehemaligen »Erbfeind« einen Schicksalspartner der Zukunft machen sollte, war für Adenauer eine Überzeugungs- oder mehr noch: eine Herzenssache. Da zeigte er nicht, wie sonst oft, sein »füchsisches« Verhalten oder manchmal haarsträubend doppelbödiges Taktieren, sondern eine Festigkeit, die keinen Kampf scheute und es in Kauf nahm, als »Kanzler der Alliierten« verleumdet zu werden.

Der letzte Kanzler der Bonner Republik stammt wie der erste aus dem rheinischen Milieu, nur nicht von der Kölner, sondern von der pfälzischen Spielart: Helmut Kohl wurde am 3. April 1930 in Friesenheim geboren, einem Vorort von Ludwigshafen. Er war das dritte Kind von Johann (abgekürzt Hans) Kaspar und Cäcilie Kohl, acht Jahre jünger als die Schwester Hildegard, vier

Jahre jünger als der Bruder Walter. Im Ersten Weltkrieg hatte es der Vater durch Tapferkeit zum Offizier gebracht, doch seine zivile Laufbahn als Finanzbeamter blieb auf den mittleren Dienst beschränkt. Da hieß es sparsam wirtschaften und auf den Pfennig sehen; ins Büro fuhr der Herr Obersekretär mit dem Fahrrad und nur im Winter bei Eis oder Schnee mit der Straßenbahn. In der Weltwirtschaftskrise war die Stellung des Beamten zwar sicher, aber Notverordnungen kürzten die Gehälter. Immerhin hatte Cäcilie Kohl, geborene Schnur, von ihrem Vater ein geräumiges Haus in der Hohenzollernstraße 89 geerbt. So brauchte man keine Miete zu zahlen, und das Grundstück um das Haus wurde mit Obstbäumen, Sträuchern und Gemüsebeeten, außerdem mit Hühnerhaltung und Kaninchenaufzucht praktisch genutzt.

Vom praktisch nüchteren Sinn das Vaters zeugt dessen Vorbereitung auf den Zweiten Weltkrieg. »Er tat daraufhin etwas«, so der Sohn, »was uns damals maßlos verblüffte.« Gegen alle Spargewohnheiten kaufte er für die ganze Familie nicht nur neue Fahrräder, sondern gleich dazu auch noch Ersatzschläuche und -reifen. Außerdem ließ er einen Brunnen graben. »Erst später sollte ich begreifen, wie klug und vorausschauend sein Handeln gewesen war ... Als es im Laufe des Krieges nach Bombenangriffen auf Ludwigshafen oft tagelang kein Wasser gab, wurde diese Pumpe zum begehrtesten Objekt in der ganzen Gegend.« Nicht viele Deutsche haben damals mit solcher Vor-Sicht gehandelt.

Skepsis gegenüber der Siegeszukunft, die Hitler verhieß, wird im Verhalten des Finanzbeamten und des am Anfang des Krieges noch einmal einberufenen Offiziers sichtbar. Ohne besonderes Engagement war das Elternhaus Helmut Kohl katholisch-konservativ und national geprägt, mit einer Beimischung von rheinisch-pfälzischer Liberalität. Vor den Zumutungen des Nationalsozialismus zog man sich so weit wie möglich ins Private zurück.

Helmut Kohl hat von der »Gnade der späten Geburt« gesprochen und wurde dafür mit Hohn überschüttet; man unterstellte, dass er sich aus der Verantwortung für die Geschichte, die auch den Nachgeborenen bleibt, preiswert davonstehlen wollte. Aber zunächst einmal handelt es sich um die schlichte Wahrheit. Niemand kann etwas für die Umstände, den Ort und den Zeitpunkt seiner Geburt, denen dennoch eine Schicksalbedeutung zukommt. Im 20. Jahrhundert machte es wahrlich etwas aus, ob man in Ostpreußen, in Thüringen oder am Rhein zu Hause war. Und wer etwa zwischen 1915 und 1925 das Licht oder die Finsternis der Welt erblickte, gehörte 1939 zu den jungen Soldaten, die der Krieg verschlang oder verkrüppelte. Auch Walter Kohl fiel im Krieg, nicht weil er den Heldentod suchte, sondern weil er um vier Jahre älter war als sein Bruder Helmut. Es folgte die »Flakhelfer«-Generation mit einer eigenen Prägung. Erst 1930 beginnen die »weißen« Jahrgänge, die das Unheil bloß noch am Rande berührte.

Natürlich geriet Kohl, wie jeder deutsche Junge, mit zehn Jahren unter die »Pimpfe« und mit vierzehn Jahren in die Hitlerjugend. Im Herbst 1944 erfolgte angesichts der ständig gesteigerten Luftangriffe eine Schulverlegung nach Erbach im Odenwald, und das »Wehrertüchtigungslager« bei Berchtesgaden schloss sich an. Nach Kriegsende kämpfte sich der Fünfzehnjährige nach Ludwigshafen durch, unter den abenteuerlichen Umständen, die damals alltäglich waren, und fand das Elternhaus unzerstört vor. Die Bombe, die in den Garten eingeschlagen war, hatte sich gottlob als ein Blindgänger erwiesen. Fortan handelte der Halbwüchsige mit Kaninchen.

Mit den Millionen von Menschen verglichen, die Haus und Heimat verloren und nichts mehr besaßen als das, was sie auf dem Leibe trugen, ist die Familie des pfälzischen Finanzbeamten glimpflich davongekommen. Aber hatte man darum die Schrecken des Krieges etwa nicht durchlebt? Dass sie ihm in einem prägsamen Alter lebenslang eingebrannt wurden, sollte man Helmut Kohl glauben.

Im Gegensatz zu seinem eher schweigsamen und in sich gekehrten Vater erwies sich der junge Kohl als redselig und – wenn nötig – als rauflustig; er löste seine Probleme nicht mit dem Rückzug ins Träumen, sondern mit umtriebiger Aktivität. Im Gymnasium rückte er zunächst zum Klassen-, dann zum Schulsprecher auf, obwohl er ein mittelmäßiger Schüler war. In seinem Abiturzeugnis vom Frühsommer 1950 gab es eine Sechs, ein verheerendes »Ungenügend« für Mathematik, das nur durch die guten Leistungen in Deutsch und Geschichte ausgeglichen wurde.

Wichtiger war indessen, dass die Tätigkeit als Schulsprecher eine Vorschule der Politik bildete. »Er machte Vorschläge, ließ diskutieren, bezog eigene Positionen, suchte den Konsens der Schüler«, heißt es in der Biographie von Patricia Clough. »In dieser Phase lernte Kohl den Umgang mit unterschiedlichen Haltungen und Interessen, lernte, zu überzeugen und Mehrheiten zu gewinnen. Er übte demokratische Spielregeln ein, entwickelte ein Gespür für Machtstrukturen, schärfte seine Instinkte für eigenes Machtstreben.« Das *Getriebe* der Politik zog ihn magisch an, weit mehr noch als die wechselnden Inhalte. Anfang 1946 gehörte Kohl zu den Mitgründern der Jungen Union in Ludwigshafen, und so früh wie möglich, im ersten Quartal 1948, trat er der CDU bei. Diese Entscheidung war keineswegs selbstverständlich, denn in der Industriestadt Ludwigshafen regierten die Sozialdemokraten. Hier schlug wohl die bürgerlich-katholische Herkunft durch – und vielleicht mehr noch die jugendliche Streitlust.

Dem Abitur folgte das Studium, das Helmut Kohl 1958 mit der Promotion zum Dr. phil. abschloss. Das Thema seiner Arbeit hieß: »Die politische Entwicklung in der Pfalz und das Wiedererstehen der Parteien nach 1945«. Acht Studienjahre oder 16 Semester: Daraus würde man heute auf einen Bummelanten schließen. Aber damals wie heute gehörte zum »Nebenher« des Studiums der Zwang zum Geldverdienen und in diesem Falle außerdem – oder vor allem – die politische Aktivität. Nein, der junge Mann faulenzte wahrlich nicht, sondern war unermüdlich, machte sich nützlich, betätigte sich als Wahlhelfer, knüpfte Verbindungen, drängte Ämtern zu, die den Aufstieg verhießen. Schon 1960, nur zwei Jahre nach dem Studienabschluss, häuften sie sich. Er war Mitglied des Stadtrats und Vorsitzender der Stadtratsfraktion in Ludwigshafen, Vorsitzender des Kreisverbandes der CDU und Vorstandsmitglied im Bezirksverband, Landtagsabgeordneter und Präsidiumsmitglied im rheinland-pfälzischen Landesverband. In beinahe jedem Amt war er jeweils der Jüngste, und sein Vorwärtskommen war geprägt von Hemdsärmeligkeit. »Wo ich damals auftauchte, gab es Krach«, sagte er in einem Interview und entschuldigte sich: »Es waren Jugendsünden.«

Nebenher – aber wirklich nur nebenher – übte er auch noch einen »ordentlichen« Beruf aus. Gleich nach dem Studium trat er mit einem Monatsgehalt von 800 Mark als Direktionsassistent in die Ludwigshafener Eisengießerei Willi Mock ein, weil, wie Frau Mock sich erinnerte, ihm »vorübergehend geholfen« werden sollte, das heißt offenbar: weil er zwar zu den Hoffnungsträgern der CDU gehörte, aber vom politischen Engagement vorerst nicht leben konnte. Ein Jahr später, am 1. April 1959, wechselte er – bei großzügiger Regelung der Arbeitszeit – als »Referent« zum rheinland-pfälzischen Landesverband der Chemischen Industrie, und sein Einkommen stieg auf stolze 1000 Mark, für einen Anfänger in der damaligen Zeit ein »recht ordentliches« Gehalt.

Jetzt, endlich, konnte er auch seine Tanzstundenliebe Hannelore Renner heiraten. Sie stammte aus der sowjetisch besetzten Zone und war, wie so viele Flüchtlinge, nahezu mittellos in den Westen geschwemmt worden. Ihr Dolmetscherstudium in Germersheim musste sie aus Geldmangel abbrechen und arbeitete dann als Auslandskorrespondentin bei der BASF. Die Trauung fand am 27. Juni 1960 statt. Etwas später zog das Paar in ein eigenes Haus im Ludwigshafener Stadtteil Gartenstadt. Die Voraussetzung dafür war, neben Bausparverträgen und Baukrediten, dass man eisern sparte und sich keinen Urlaub gönnte. 1969 folgte der Umzug ins größere und anspruchvollere Haus in Oggersheim, das später berühmt werden sollte, weil die Großen dieser Welt in ihm zu Gast waren.

Enttäuschungen blieben Hannelore Kohl im Laufe der Jahre und Jahrzehnte nicht erspart. Denn der Terminkalender eines ehrgeizig aufstrebenden Politikers ist durchweg bis zum Rande gefüllt, sehr oft auch am Wochenende. Ehefrauen und Kinder – hier die Söhne Walter und Peter – bekommen den Mann, den Vater nur selten zu sehen. Selbst wenn er einmal zu Hause und nicht so müde ist, dass er bloß noch seine Ruhe haben will, greift er zum Telefon. Zweimal, in den siebziger Jahren und 1992, hat Frau Kohl im Gespräch mit Journalistinnen ihr Leid geklagt. Man müsse, hieß es da, »vor allem warten können«, aber nach endlosen Stunden des Wartens könne eigentlich nur noch ein Hund sich freuen. »Ich habe von unserem Hund gelernt.« Und mehr als einmal habe sie ihre Enttäuschung »in sein Fell geweint, manchmal auch meine Wut«. Im Umgang mit den Söhnen habe ihr Mann »die psychologische Schwierigkeit eines Vaters gehabt, der allmählich den Zugang zu den Problemen seiner Familie verliert«.

Ungewöhnlich ist das gewiss nicht, und wenn man von Schuld sprechen will, ist sie eher in den Verhältnissen als in Personen angelegt. Im Grunde muss man sich nicht über die zerbrechenden Beziehungen wundern, sondern über die, die alle Belastungen überdauern. Immer dürfte dann vom betroffenen Partner nicht nur die Fähigkeit zum Warten, sondern eine Kraft der Entsagung gefordert sein, die das alltägliche Maß weit übersteigt.

Und noch etwas war erforderlich. Der Politiker braucht eine robuste Gesundheit, je höher er steigt, desto dringender. Er muss zum Beispiel mit wenig Schlaf auskommen oder, anders gewendet, die Fähigkeit besitzen, kurzfristig abschalten und schlafen zu können, sei es im Auto, im Flugzeug oder bei Gesprächspausen. Helmut Kohls Erfolg beruhte nicht zuletzt darauf, dass er über solch eine Konstitution verfügte. Nur einmal, während einer kritischen Situation vor dem Bremer Parteitag von 1989, drohte sie ihn im Stich zu lassen. Ein Prostataeingriff wurde notwendig, und nur unter Schmerzen und mit einigem Risiko ließ er sich verschieben.

Wir kehren in die Zeit des Aufstiegs zurück. Die christlich-demokratische oder (in Bayern) christlich-soziale Union war eine neue und junge Partei – wie man gesagt hat, die erste moderne Volkspartei, die es in Deutschland gegeben hat. Aber zugleich regierten, übrigens in allen Parteien, die alten Männer, die noch aus der Weimarer Republik stammten und das »Dritte Reich« mehr oder minder ehrenvoll überdauert hatten. Konrad Adenauer liefert dafür das markanteste Beispiel; doch bei den Ministerpräsidenten der Länder oder Bürgermeistern der Stadtstaaten sah es ähnlich aus. Bei den Sozialdemokraten gab es eine von der Gewaltherrschaft nur unterbrochene Kontinuität; bei der CDU und CSU stand im Hintergrund das Zentrum oder die Bayerische Volkspartei, jedenfalls im katholischen Milieu. Die mittlere Generation fiel dagegen weitgehend aus, sei es weil der Krieg sie verschlang, weil sie sich zu sehr auf den Nationalsozialismus eingelassen hatte oder weil sie damit beschäftigt war, im bürgerlichen Leben wieder Fuß zu fassen und unpolitisch einen sicheren Beruf zu finden.

Gute Bedingungen also für die nachrückenden Enkel? Nein, nur zum Teil. Die alten Herren regierten mit straffer Hand, sie erinnerten sich an 1933 und wollten die Zügel nicht noch einmal schleifen lassen. In Rheinland-Pfalz herrschte mit hohem Ansehen Peter Altmeier, Jahrgang 1899, der Besitzer eines Fischgeschäfts in Koblenz, und er zeigte sich durchaus nicht erbaut darüber, dass die jungen Leute nach vorne drängten. Zeitungsartikel erschienen, die vor einem »schlechten Stil« warnten: »Fast hat es den Anschein, als ob der bisherige Ministerpräsident Altmeier trotz seiner Verdienste im nächsten Landtagswahlkampf nicht nur vor einem Erfolg der Sozialdemokraten, sondern auch vor dem ›Stoßtrupp Dr. Kohl‹ um seine geliebte Landesvaterschaft zu bangen haben wird.«

Das traf ins Schwarze. 1963 eroberte Kohl den Vorsitz der Landtagsfraktion, drei Jahre später den Landesvorsitz der CDU, und wieder drei Jahre später, am 19. Mai 1969, wurde er zum Ministerpräsidenten gewählt. Diesen Erfolg verdankte Kohl vorab seinem Fleiß, besonders im Knüpfen eines Netzwerks der persönlichen Beziehungen, das aktueller und leistungsfähiger war als das allmählich absterbende der alten Generation, über das Altmeier verfügte. Die Kontakte führten in jeden Ortsverein, und gefördert wurde, von wem sich Förderung erwarten ließ.

Aber Kohl marschierte auch an der Spitze des Fortschritts und scheute die Zusammenarbeit mit den Sozialdemokraten nicht, um überfällige Reformen durchzusetzen, zum Beispiel – zur Empörung strenger Katholiken wie Altmeier – die Einführung von Gemeinschaftsschulen an Stelle der Konfessionsschulen. Die Durchmischung der Bekenntnisse im Zuge der Kriegsfolgen hatte dazu geführt, dass es in vielen Dörfern nebeneinander katholische und evangelische Zwergschulen gab. Das war wiedersinnig und teuer und eine Änderung unabweisbar. Ähnlich stand es mit der Gebietsreform, die Zwerggemeinden zu größeren Einheiten zusammenführte. Solche Reformen hat es früher oder später in allen Bundesländern gegeben, doch dank Helmut Kohl verwandelte sich das als rückständig geltende Rheinland-Pfalz in einen Schrittmacher der Zukunft. Und so rückte er unaufhaltsam, noch keine vierzig Jahre alt zum – natürlich jüngsten – Ministerpräsidenten der Bundesrepublik auf.

In diesem Amt hätte er sich bequem zurücklehnen und nach menschlichem Ermessen ebenso lange der Landesvater sein können wie Peter Altmeier, der es auf 22 Jahre brachte – oder noch länger, weil er früher begann als sein Vorgänger. Aber der Ehrgeiz trieb ihn aus der Provinz heraus in die Bundespolitik hinüber. Natürlich bekam er als erfolgreicher Ministerpräsident seinen Platz im Präsidium, als im November 1969 der Parteitag der CDU – passend genug – in Mainz abgehalten wurde. Nur was bedeutete es schon, einer von fünf Stellvertretern des Vorsitzenden zu sein? Kaum jemand nahm das zur Kenntnis, weil der Vorsitzende selbst sich davor hütete, vertreten zu werden.

Entscheidend war dann die Landtagswahl von 1971. Kohl triumphierte mit einem Stimmenanteil der Union von genau 50 Prozent und regierte fortan aus eigener Vollmacht statt als Erbe Altmeiers. Damit erschien er plötzlich auch der Bundespartei als einer der Hoffnungsträger, nach denen sie sehnsüchtig Ausschau hielt. Sie war sozusagen von Anbeginn *die* Volks- und Regierungspartei der Bundesrepublik Deutschland gewesen und hatte sich daran gewöhnt, es zu sein. Bei den Bundestagswahlen vom Herbst 1969 hatte sie mit einem Stimmenanteil von 46,1 Prozent ein achtbares Ergebnis erzielt, war stärkste Partei geblieben und doch um ihren Anspruch aufs Weiterregieren »betrogen« worden, weil SPD und FDP unter der Führung von Willy Brandt und Walter Scheel sich zur sozialliberalen Koalition zusammenfanden; ein halbes Jahr zuvor hatte die Wahl von Gustav Heinemann zum Bundespräsidenten dazu den Auftakt gebildet. Um aus dem »Tal der Tränen« wieder herauszukommen, war darum jeder willkommen, der Hilfe versprach.

Beherzt warf Helmut Kohl seinen Hut in den Ring und kandidierte im Oktober 1971 auf dem Parteitag von Saarbrücken gegen Rainer Barzel um den Vorsitz. Aber Barzel war auf der Bundesebene bekannt, Kohl noch kaum. Barzel hielt auch die weitaus bessere Rede und argumentierte: »Nur der Oppositionsführer im

Bundestag wird auch erfolgreich bleiben, der nicht nur seiner Fraktion, sondern auch seiner Partei Autorität und Durchschlagskraft gibt. Schafft man zwei Zentren, eins im Bundestag und eins außerhalb, so halbiert das die Kraft.« Das leuchtete den Delegierten ein, und Barzel wurde mit großer Mehrheit – 344 Stimmen gegen 147 für Kohl – gewählt.

Den Verlierer focht das kaum an. Er wusste schon aus Erfahrung, dass man oft erst im zweiten oder dritten Anlauf sein Ziel erreicht. Die Gelegenheit dazu bot sich früher als erwartet, obwohl zunächst nur indirekt. Im April 1972 versuchte Barzel, Brandt durch das konstruktive Misstrauensvotum zu stürzen, das die Verfassung vorschreibt, das heißt er wollte und musste dann im gleichen Zuge selbst Kanzler werden. Der Versuch schien aussichtsreich, denn durch Parteiübertritte – vor allem im Protest gegen Brandts neue Ostpolitik – war die ohnehin knappe Mehrheit der sozialliberalen Koalition auf Null geschrumpft. Nach längerer Abwesenheit erschien Kohl in Bonn, um Barzel in seinem Vorhaben zu stärken. Doch der verlor die Abstimmung unter Umständen, die bis heute nicht ganz geklärt sind, und bei der nachfolgenden Bundestagswahl errang die Koalition einen strahlenden Sieg. Erstmals wurde die SPD mit 45,8 Prozent zur stärksten Partei, während die Union auf 44,9 Prozent zurückfiel.

Bekanntlich ist nichts so erfolgreich wie der Erfolg. Doch ebenso oder erst recht gilt das Gegenteil: Die Niederlage gebiert Niederlagen. Ganz besonders gilt das für die Partei, die sich christlich nennt; sie verzeiht beinahe alles, nur nicht den Misserfolg. Rainer Barzels Demontage war eingeleitet; schließlich resignierte er. 1973 wurde Kohl ohne Gegenkandidaten zum Vorsitzenden der CDU gewählt. Er trat dann – inzwischen gegen Helmut Schmidt – bei der Bundestagswahl von 1976 als Kanzlerkandidat an. Während die SPD auf 42,2 Prozent zurückfiel, errang die CDU/CSU einen Stimmenanteil von 48,6 Prozent, das zweitbeste Ergebnis in ihrer Geschichte, nur übertroffen von Konrad Adenauers Sieg im Jahre 1957, als die Union mit 50,2 Prozent die absolute Mehrheit erreichte.

Dennoch überdauerte die sozialliberale Koalition. Helmut Kohl aber wagte einen mutigen Schritt: Er legte sein Amt als Ministerpräsident von Rheinland-Pfalz nieder, um die Partei von Bonn aus zu leiten und zugleich als Fraktionsvorsitzender die Rolle des Oppositionsführers im Bundestag zu übernehmen.

Wenn man im Rückblick betrachtet, was in den folgenden Jahren geschah, kann man nur staunen: Helmut Kohl vollbrachte eine seiner größten Leistungen – nicht zuletzt in dem, was er ertrug. Denn er wurde zur Witzfigur der Nation, übrigens über die Oppositionsjahre hinaus höchst beständig bis zur Halbzeit seiner Kanzlerschaft.

Zunächst einmal erschien er als hoffnungslos provinziell. In Mainz oder in Oggersheim mochte es kein Nachteil, sondern sogar ein Vorteil sein, wenn man in heimischer Mundart schwätzte, miteinander deftig aß und trank und leger, in Strickweste und auf Socken Pfeife rauchend durch die Staatskanzlei spazierte. Aber im »Raumschiff« Bonn? Indem er sich vom Provinziellen zu lösen versuchte, legte Kohl es umso peinlicher bloß. Er redete wolkig und gestelzt daher und sprach von »diesem unserem Land«, wenn er Deutschland oder die Bundesrepublik meinte. Welch ein Kontrast zum weltläufigen Hanseaten Helmut Schmidt, der auf Deutsch ebenso makellos formulierte wie auf Englisch! Gewiss, auch Konrad Adenauer bewegte sich in einem einfachen Sprachschatz und mit kölnischem Beiklang, aber schnörkellos und präzise.

Für die Intellektuellen Hamburger Zuschnitts war es ein Festschmaus, über den Provinzler herzufallen. In der ZEIT höhnte Fritz J. Raddatz über sein »Mutti-Deutsch«, über einen Mann, »der selbstgewiß ist, aber nicht reflektiert; der sich seiner sicher dünkt, aber unsicher denkt; der rational zu argumentieren scheint, sich aber in den Redefiguren der Irratio bewegt«. Seine »ganze Rede stolpert von einem stumpfen Fertigbauteil der Sprache zum nächsten Versatzstück«. Noch gröberes Geschütz fuhr im SPIEGEL Hellmuth Karasek auf. Er sprach vom »sprachlosen Schwätzer«, der zwar der »Enkel Adenauers« sein wolle, aber dessen »listige Schlichtheit« durch ein »aufgeblasenes Polit-Barock« ersetze, das »Sprachlosigkeit und Wortschwall« fatal vereine.

Der Vergleich mit dem amtierenden (oder dann von Kohl im

Frevel gestürzten) Kanzler fiel auch sonst verheerend aus. Helmut Schmidt ging mit dem frommen ägyptischen Staatspräsidenten Anwar as-Sadat, dem noblen französischen Präsidenten Valéry Giscard d'Estaing, dem weisen Henry Kissinger als Freund unter Freunden um. Und mit wem dieser Herr Kohl? Schmidt spielte Orgel, ließ eine Plastik von Henry Moore vor das Kanzleramt setzen und kannte sich bei Philosophen wie Immanuel Kant oder Karl Popper aus; dem Mann aus der Pfalz entlockte der Schriftsteller Walter Kempowski den Satz, der beinahe zur Redensart wurde: »Ich war in Hölderlin gut.«

Sogar Kohls Fähigkeit zum sachgerechten Handeln weckte Zweifel. Er nannte sich selbst einen Generalisten; das wurde mit »allgemeiner Unkenntnis« übersetzt. Wie anders der »Weltökonom« Schmidt, der seinen Ruf als zupackender Krisenbewältiger schon 1962 während der Hamburger Flutkatastrophe begründete und ihn beim Kampf gegen die Terroristen im »deutschen Herbst« 1977 bestätigte!

Denkwürdig genug spielte die Gewichtszunahme dagegen kaum eine Rolle. Denn zum einen sind inzwischen viele Deutsche dick, zum anderen fällt das übermäßige Wachstum des Leibesumfangs im Wesentlichen erst in eine spätere Periode, in der aus dem Spott schon der Respekt geworden war. Der Zuruf des amerikanischen Präsidenten Clinton: »Helmut, du siehst ja aus wie ein japanischer Sumo-Ringer!«, war daher freundschaftlich gemeint, und nur einem von der Völlerei zur Askese Bekehrten wie Joschka Fischer fielen noch die »drei Zentner Fleisch gewordene Geschichte« ein.

In der früheren Phase folgten den Intellektuellen die Kabarettisten und Karikaturisten. Die »Birne« entstand und in Konkurrenz zum Waschmittel »Weißer Riese« der »Schwarze Riese«. Dem Provinzler galt der Hohn, er sei der »Landsmann im Aspik der Progressivität«, der allenfalls in der »Regionalliga Südwest« spielen könne und dem beim Wort »Weltlage« nichts Außenpolitisches, sondern ein »Forster Jesuitengarten« oder »Kallstadter Saumagen« einfalle. Witzhefte und -bücher erschienen, unter Titeln wie: »Kohls Fettnäpfchen« – »Kohls Chronik, Flops und Fehlleistungen« – »Dieser unser Kanzler« – »Allerletzte Kohl-Witze und Sprüche«. In einem der Witze wird ein Mitarbeiter gefragt, ob der Chef sich nicht über die Kohl-Witze ärgere. Darauf der Mitarbeiter: »Nein – solange wir ihm nicht die Pointe erklären.«

Man könnte noch lange so fortfahren, aber die Frage drängt sich auf: Wie erträgt ein Mensch das alles, über viele Jahre hinweg? Man hat vom dickfelligen »Aussitzen« oder von einer »Elefantenhaut« gesprochen, doch das genügt schwerlich. Schon das Bild stimmt nicht: Die empfindliche Haut eines Elefanten will mit Sand- oder Schlammbädern gepflegt werden. Eher wäre vom sprichwörtlichen Elefantengedächtnis zu reden: Kohl vergisst nichts; und früher oder später zahlt er es denen heim, die auf ihn herabschauen, und sei es dadurch, dass er sie mit seinem Erfolg widerlegt. (So zum Beispiel ist es Helmut Schmidt ergangen.)

Die richtige Antwort stellt sich mehrteilig dar. Erstens verfügt Helmut Kohl, wie vor ihm Adenauer, über das beinahe unzerstörbare Selbstbewusstsein, das im rheinischen Traditionshumus wurzelt. Anderswo versteht man das nur nicht, weil zur deutschen Regel das immerfort unsichere, beschädigte, gekränkte Selbstbewusstsein gehört, das danach giert, durch Liebesbeweise übertäubt zu werden.

Zweitens bedeutet recht verstanden die Provinzialität hierzulande nicht Schwäche, sondern Stärke. Deutschlands Reichtum gründet nicht in der Einheit und Einfalt, sondern in der Vielfalt; er setzt sich aus der Summe regionaler Besonderheiten, aus den provinziellen Prägungen zusammen (darunter neben den pfälzischen übrigens auch den hanseatischen), in denen man zu Hause ist und sich wohl fühlt. Im wie auch immer eingefärbten »Mutti-Deutsch« schwätzen überall bei Kaffee und Kuchen die Frauen wie im »Vati-Deutsch« die Männer an ihren Stammtischen bei Wein oder Bier, und wenn sie jemanden in ihrer Spielart reden hören, dann wissen sie: Das ist einer von uns. Unter demokratischen Vorzeichen ist das wirklich kein Nachteil, sondern ein Vorteil. Nur den Intellektuellen fällt es schwer, ihn zu begreifen, und sie klagen dann über den notorischen deutschen Gegensatz von »Geist und Macht«.

Drittens konzentrierte Kohl sich unbeirrt auf die Vorbereitung seines Erfolges. Dazu gehörte, sich fähige und bedingungslos zuverlässige Mitarbeiter zu sichern. An erster Stelle ist hier nicht ein Mann, sondern eine Frau zu nennen: Juliane Weber. Der Abgeordnete Friedbert Pflüger hat sie beschrieben:

»Frau Weber stieß schon 1964 zu Helmut Kohl, dem damaligen Chef der CDU-Fraktion im Landtag von Rheinland-Pfalz. Tochter eines Werkdirektors im niedersächsischen Northeim und Verwaltungsangestellte im Mainzer Innenministerium, hatte sie gerade den Finanzchef des Zweiten Deutschen Fernsehens, Bernhard Weber, geheiratet. Sie begleitete von nun an Helmut Kohl auf allen Stationen seiner Karriere. Sie wurde, so der Kohl-Biograph Klaus Dreher, zur ›perfekten Vollstreckerin der ungeschriebenen Gesetze, die das Leben und Treiben in Kohls inneren Gemächern bestimmten, eine Hofdame neueren Zuschnitts, die nach Maßstäben funktionierte, die so altmodisch waren wie die ihres Chefs‹. – Man sagt ›Juliane‹, nicht etwa ›die Weber‹. Fast alle mögen sie. Sie ist ein Kommunikationsgenie, kennt unzählige CDU-Größen auf allen Ebenen, erhält Informationen von ihnen und gibt jedem das Gefühl, daß er oder sie einen direkten Draht zum Parteivorsitzenden und Kanzler haben kann. Frau Weber ist bei allen internen Runden dabei, weiß wie niemand sonst, was er denkt und will, wen er mag und wem er mißtraut. Keine Frage, daß sie auch erheblichen Einfluß auf die Einschätzung Kohls von Personen nimmt, was wiederum jeder weiß und weswegen sich jeder bei ihr besonders anstrengt. Seit ich sie kennengelernt habe, hat sie mich nicht einmal enttäuscht. Sie ist ungeheuer zuverlässig, ruft stets zurück und hat immer ein aufmunterndes Wort parat. Besonders gern habe ich sie vielleicht deshalb, weil sie auch in den Jahren, in denen ich beim Chef schlechte Karten hatte, immer zu mir gehalten hat, mir zumindest dieses Gefühl gab. Sie versuche immer wieder, so versicherte sie, dem Kanzler deutlich zu machen, daß ich gar kein so schlechter Kerl sei, wie er immer meine. Sollte das etwa nur dazu beitragen, meine Anstrengungen in diese Richtung zu ermutigen? – Wie dem auch sei: Juliane Weber halte ich für eine großartige Frau, eine Schlüsselfigur im ›System‹ Kohl.«

In diesem Kurzporträt der Mitarbeiterin steckt zugleich eine Beschreibung des Chefs. Er vor allem, mit seinem Elefantengedächtnis für Menschen gesegnet, ist das Kommunikationsgenie, dessen wichtigstes Arbeitsgerät das Telefon bildet. Als Bedingung seines Erfolges knüpfte er, wie zuvor schon in Rheinland-Pfalz, bundesweit ein dichtes Kontaktnetz; überall, in jedem nur halbwegs wichtigen Gremium, verfügte er über Vertrauensleute, die ihm zutrugen, was vorging. Dass seine Partei ihn im Stich ließ, wie es Helmut Schmidt mit der SPD erging, war darum ausgeschlossen, und Putschversuche, so drohend sie sich zeitweilig ausnahmen, hatten in Wahrheit nie eine Chance. Um es drastisch auszurücken: Er war sozusagen sein eigenes Ministerium für Staatssicherheit – und dabei weitaus preiswerter und effizienter als der riesige STASI-Apparat der DDR.

Als Helmut Kohl 1973 den Vorsitz der CDU übernahm, stellte er sich die Aufgabe, die Partei zu modernisieren. Das war dringend nötig. Zwar wollte sie eine Volkspartei sein, aber in der Praxis handelte es sich, wie einst bei der Altmeier-CDU in Rheinland-Pfalz, weithin noch um einen Honoratiorenverein zur Verteidigung der Macht statt zur Durchsetzung von Reformen und zur Werbung neuer Mitglieder. Kohl gewann Kurt Biedenkopf als Generalsekretär – eine glückliche Wahl, denn der Professor für Wirtschaftsrecht und Gründungsrektor der Universität Bochum besaß die Organisationserfahrung, auf die es jetzt ankam. Im Jahre 1977 folgte Heiner Geißler, vorher Sozialminister in Mainz. Auch Richard von Weizsäcker wurde gewonnen und leitete die Grundsatzkommission, die der CDU – im Grunde erstmals – ein programmatisches Profil schuf, das in die Zukunft wies.

Diese Männer waren unabhängige Charaktere mit eigenen, eigenwilligen Vorstellungen. Eben darum leisteten sie wertvolle Arbeit, und der Erfolg blieb nicht aus. »In Kohls Amtszeit fällt die stürmische Entwicklung der Partei zur größten, schlagkräftigsten Organisation der Bundesrepublik«, schrieb, nur ein wenig übertreibend, die Süddeutsche Zeitung. Der Honoratiorenverein mauserte sich zur wirklichen Volkspartei; die Zahl ihrer Mitglieder stieg von früher einmal 350 000 auf fast 750 000 und erreichte damit eine Größenordnung, die bisher nur die SPD gekannt hatte.

Aber das Verhältnis zwischen dem Vorsitzenden und seinen Mitarbeitern entwickelte sich nach einem wiederkehrenden Muster. In den Zusammenklang schlichen sich Misstöne ein.

Spannungen bauten sich auf, Misstrauen entstand, Vorwürfe wurden laut. Am Ende blieb nur die Trennung mit bitterem Beigeschmack. Biedenkopf sah sich nach Nordrhein-Westfalen fortgelobt und geriet ins Abseits; erst mit der Wiedervereinigung wuchs ihm sein zweites politisches Leben zu, die Rolle des »Königs Kurt«, des tüchtigen und volkstümlichen Ministerpräsidenten von Sachsen, der für die CDU absolute Mehrheiten errang. Geißler wurde 1989 zum Rücktritt gezwungen und durch Volker Rühe ersetzt. Weizsäcker, nach Berlin abgeschoben, sicherte sich dort durch seinen Erfolg als Regierender Bürgermeister die Anwartschaft auf das Amt des Bundespräsidenten, das er dann – im untergründig und manchmal auch sichtbar gespannten Verhältnis zum Kanzler – mit solch einem Glanz erfüllte, als sei es eigens für ihn erfunden worden.

Man könnte noch weitere Namen nennen, die das Muster bestätigen, von Rita Süssmuth bis Wolfgang Schäuble. Warum diese stets wiederkehrenden Abläufe? Weil, so muss die Antwort lauten, Kohl auf die Dauer keine unabhängigen Charaktere ertrug, je mehr seine eigene Machtfülle wuchs, desto weniger. Er schätzte das Tüchtigsein, aber in bedingungsloser Ergebenheit. Zu den Folgen gehörte, dass in den langen Jahren der Kanzlerschaft die Partei sich mehr und mehr zur bloßen Wahlmaschine und zum Zustimmungsverein für den großen Vorsitzenden zurückentwickelte.

Ein besonderes Problem bildete in der Bonner Anfangszeit die Schwesterpartei CSU mit ihrem Vorsitzenden Franz Josef Strauß. Wie Kohl den Rivalen ertrug und ihn am Ende ausmanövrierte, ist bewundernswert. Der bayerische Choleriker, dem es nur selten gelang, sein Temperament zu zügeln, verstand es, so brillant zu analysieren wie barock zu formulieren (und wäre es sogar Lateinisch). Darum sah er auf Kohl herab und ließ ihn das spüren. Nach der erfolgreichen Wahl von 1976, die doch nicht ans Ziel führte, donnerte er in einer Rede, die CDU bestehe »aus politischen Pygmäen, Zwergen im Westentaschenformat«. Damit war natürlich Kohl gemeint. Denn der »wird nie Kanzler werden. Er ist total unfähig, ihm fehlen die charakterlichen, die geistigen und die politischen Voraussetzungen. Ihm fehlt alles dafür.« Darum sei er selbst gezwungen, »wie ein Herkules beinahe den Weltball auf den Schultern« zu tragen. Ohne es auszusprechen, meldete Strauß hier seinen Anspruch auf die Kanzlerkandidatur an.

Es handelte sich um ein Nachspiel zur Tagung der CSU-Landesgruppe im Wildbad Kreuth vom 18. und 19. November 1976, bei dem die Mehrheit – 30 von 49 Abgeordneten – beschloss, sich von der CDU zu trennen und eine eigene Fraktion zu bilden. Es war sogar davon die Rede, dass sich die CSU über Bayern hinaus ausdehnen solle. Kohl bewahrte indessen einen kühlen Kopf, und sein Generalsekretär Biedenkopf erklärte, dass man für diesen Fall einen Gegeneinmarsch der CDU in Bayern vorbereite. In München zog man den Kopf ein und ruderte schleunigst ans rettende Ufer der Gemeinsamkeit zurück.

In späterer Zeit entwickelte sich, was man mit der gehörigen Zutat von Spott oder Zynismus eine »Männerfreundschaft« genannt hat. Unter vier Augen sprachen Kohl und Strauß lange und zwanglos miteinander, indem sie gemeinsame Wanderungen unternahmen. Das Ergebnis sah allerdings seltsam aus, wie Friedrich Zimmermann, der Chef der CSU-Landesgruppe in Bonn, notierte: »Richtig ist, daß Strauß sich mit enormem Aufwand auf die Männerfreundschaftsgespräche ... vorbereitete und nachher Memoranden verfaßte, und daß Kohl, wie Strauß zu klagen pflegte, ›gleich hinterher alles wieder vergaß‹. Nein, das ist natürlich falsch; Kohl wußte sehr genau, was Strauß von ihm wollte, aber er hat die Gabe, das an sich ablaufen zu lassen, was er nicht behalten will. Was hat Strauß sich über Kohl aufregen können, weil dieser seine strategischen Konzeptionen, seine ›grand designs‹ scheinbar nicht begriff. Wohl hat Kohl in Bonn vieles dazulernen müssen, aber Strauß irrte in seiner Grundannahme, daß Kohl der geringere Geist und daß es eine Ungerechtigkeit des Schicksals sei, ihn zum Kanzler zu machen und Strauß scheitern zu lassen ... Zum Kanzler gehört vor allem eins: die unbeirrbare Entschlossenheit, es zu werden und zu bleiben. Kohl besaß und besitzt sie.«

Ein gutes Doppelporträt. Strauß besaß die notwendige Entschlossenheit gerade nicht; er war zwar ein Mann der schnellen und starken Worte, aber ein Zauderer, wenn es ans Handeln ging. Zur Kanzlerkandidatur von 1980 mussten ihn seine Anhänger tragen wie den sprichwörtlichen Hund zum Jagen. Kohl stimmte dieser Kandidatur ohne nennenswerten Widerstand zu und setzte sich im Wahlkampf mit ganzer Kraft ein, um sich gegen den Vorwurf von Strauß abzusichern, keine genügende Unterstützung geleistet zu haben. Doch das Ergebnis war abzusehen. Nördlich der Mainlinie erregte der ungestüme Bayer eher Schrecken als Begeisterung; seine früheren Entgleisungen waren unvergessen. Durfte man solch einem Mann das höchste Regierungsamt anvertrauen? Nein, wohl kaum. Kurzum: Im Duell mit dem wenn nicht hanseatisch-kühlen, dann doch stets beherrschten Krisenmanager Helmut Schmidt, der auf der Höhe seines Ansehens stand, hatte der vulkanische Strauß keine Chance. Die SPD erreichte 42,9, die FDP 10,6 Prozent, die CDU/CSU fiel um vier Punkte auf 44,5 Prozent zurück. Fortan mochte Strauß noch manche Schwierigkeiten bereiten, aber sein Traum vom Herkules, der die Weltprobleme löst, war gescheitert, und die Zukunft gehörte Helmut Kohl.

Er ging also geduldig seinen Umweg zum Ziel, und zwei Jahre später erreichte er es. Im Streit um die »Nachrüstung«, das heißt um die Aufstellung amerikanischer, nuklear bestückter Raketen, ließ die SPD ihren eigenen Kanzler im Stich. Man sprach von einem »Doppelbeschluss«: Wenn die Sowjetunion dazu bewegt werden konnte, ihre neuen Raketen abzuziehen, sollte die Aufstellung unterbleiben beziehungsweise widerrufen werden. So ist es tatsächlich gekommen, und im Rückblick erkennt man einen historischen Wendepunkt, den Anfang vom Ende des Kalten Krieges. Aber im Sommer und Herbst 1982 war das noch nicht abzusehen; das Land hallte wider vom Protest gegen das atomare Teufelszeug.

Ebenso wichtig war, dass die Gemeinsamkeiten der sozialliberalen Koalition sich verbraucht hatten. Mit einem Katalog von kaum erfüllbaren Forderungen überreichte Graf Lambsdorff dem Kanzler sozusagen den Scheidungsbrief der FDP. Helmut Kohl und Hans-Dietrich Genscher, die ohnehin immer Kontakt gehalten hatten, schlossen ein Bündnis. Den erzwungenen Abschied vom Amt inszenierte Helmut Schmidt meisterlich; er schob dem »Verräter« Genscher alle Schuld zu und stürzte die FDP in eine schwere Krise. Doch die Mehrheit folgte ihrem Parteivorsitzenden. Am 1. Oktober 1982 wurde Kohl mithilfe des »konstruktiven Misstrauensvotums« zum neuen Kanzler der Bundesrepublik Deutschland gewählt. Zu seinem Amtseid gehörte, die Verfassung und die Gesetze zu achten.

Siegesgewiss scheute er kein Risiko und strebte trotz aller Warnungen vorgezogene Neuwahlen an, um aus eigener Vollmacht zu regieren. Nach manchem Hin und Her – auch den Verfassungsbedenken des Bundespräsidenten Karl Carstens – fanden sie am 6. März 1983 statt. Die CDU/CSU erreichte 48,8 Prozent; die SPD fiel ohne Schmidt auf 38,2, die FDP auf 6,9 Prozent zurück. Die Verluste der Liberalen nahmen sich dramatisch aus, gemessen an den 10,6 Prozent, die sie 1980 verzeichneten, und man hat von ihrer »Bestrafung« gesprochen. Tatsächlich handelte es sich eher um eine Rückkehr zur Normalität, denn im Jahre 1980 hatten sich viele Unionsanhänger für die FDP als das »kleinere Übel« entschieden, um Strauß zu verhindern. Am Standard von 1976 gemessen, verloren die Liberalen nur einen Prozentpunkt. Übrigens zogen die Grünen, vom pazifistischen Protest beflügelt, mit einem Stimmenanteil von 5,6 Prozent erstmals in den Bundestag ein.

Jeder Neuanfang nach einem demokratischen Machtwechsel bereitet Schwierigkeiten, zumal wenn er so selten erfolgt, wie das in der Bundesrepublik Deutschland der Fall zu sein pflegt. Hier lag der letzte schon um dreizehn Jahre zurück. Es fehlt an Regierungserfahrung, aber in den Ministerien nicht an Leuten mit dem falschen Parteibuch. Nur die in den Spitzenpositionen kann man in den einstweiligen Ruhestand schicken, aber nicht die in den Rängen darunter, von deren Arbeit so vieles abhängt. Da machen die Betriebsräte mobil, und man pocht auf die wohlerworbenen Beamtenrechte, die allenfalls eine Versetzung in gleichwertige Positionen erlauben.

Beinahe folgerichtig blieben die peinlichen Pannen nicht aus, und ganz besonders knirschte es im Bundeskanzleramt. Einige der leitenden Mitarbeiter, aus der Mainzer Idylle importiert, zeigten sich ihrer Aufgabe gewachsen, andere nicht; bei weitem nicht jeder besaß das Format einer Juliane Weber. Hinzu kam ein vorerst noch tolpatschiger Umgang des Chefs mit der Macht der Medien, sei es des Fernsehens oder einer überwiegend kritisch, oft sogar feindselig eingestellten Presse. Was sollte man aber auch davon halten, dass Kohl in seiner Regierungserklärung eine »geistige Erneuerung« versprach, von der dann weit und breit nichts zu spüren war? Die Schwierigkeiten im Kanzleramt wurden erst im Herbst 1984 behoben, als Wolfgang Schäuble den überforderten Professor Schreckenberger ablöste und die Regierungszentrale zu einer gut geölten, reibungslos arbeitenden Maschine machte.

Helmut Kohl gewann zuerst dort Statur, wo man es von dem Mann aus der Provinz eigentlich am wenigsten erwarten durfte: auf dem weiten Feld der internationalen Beziehungen. Von Anfang an erwies er sich als ein engagierter Europäer, und den Amerikanern imponierte, dass er den Nachrüstungsbeschluss gegen alle Widerstände ohne Wenn und Aber durchsetzte. Fürs diplomatisch eher Komplizierte und Undurchsichtige war dann Außenminister Genscher zuständig.

Kohl tat noch mehr: Er verwandelte seinen scheinbaren Nachteil in Stärke, indem er die Provinz nicht versteckte, sondern sie als eine Form der persönlichen Zuwendung einsetzte, um das Vertrauen zu schaffen, um das er sich bemühte. Die Staatsgäste, auf die es ankam, wurden in die Pfalz entführt, privat in Oggersheim und historisch im Dom zu Speyer empfangen, dann im Deidesheimer Hof mit einer rustikalen Speisenfolge (des Spitzenkochs Manfred Schwarz) versorgt und mit pfälzischen Weinen erfreut. Denn nicht nur die Liebe, sondern auch das Vertrauen geht durch den Gaumen und den Magen, und sei es durch den »Saumagen«, dem Kohl zu seinem Ruhm verholfen hat – gleichviel, ob man diesen Ruhm nun verdient oder unverdient nennen mag.

Margaret Thatcher hat in ihren Erinnerungen etwas spitz notiert: »Es war fröhlich, kurios, sentimental und etwas übertrieben – ›gemütlich‹ ist, glaube ich, das deutsche Wort dafür. Der Lunch bestand aus Kartoffelsuppe, Schweinemagen (den der deutsche Kanzler sichtbar genoß), Würsten, Leberklößen und Sauerkraut.« Bei einer anderen Gelegenheit soll Mrs. Thatcher, als sie wieder in ihrem Flugzeug nach London saß, die Schuhe von sich geschleudert und für »teutonisch« oder »barbarisch« erklärt haben, was ihr widerfuhr. Aber erstens war sie eine Britin und zweitens eine Frau; in beiden Eigenschaften wusste sie die deutsche Gemütlichkeit wohl nicht recht zu schätzen.

Nicht nur am Rande seien hier zwei Bemerkungen angefügt. Zunächst ist festzustellen, dass Kohls Verhältnis zu Frauen sich eigentümlich gespalten ausnimmt, wie eine Abgeordnete der CDU gesagt hat: »Vom Verstand her war er immer der Meinung, Frauen seien gleichberechtigt, sollten gefördert werden, es müßten mehr Frauen im Parlament sein. Aber vom Gefühl her ist es anders. Er ist Männern gegenüber viel toleranter. Sein Verstand und seine Gefühle widersprechen sich.« In dem Vierteljahrhundert, in dem er die Partei führte, stieg der Anteil der Frauen unter den Abgeordneten von 16 auf 36 oder von 6,4 auf 14,6 Prozent – keine sehr imponierende Bilanz. Dagegen ging der Anteil der Frauen, besonders der jüngeren Frauen, an der Wählerschaft der CDU stetig zurück.

Gemütlichkeit ist eben etwas anderes als etwa die französische Salonkultur, in der man sich anstrengen muss, um geistreich zu sein oder wenigstens so zu erscheinen und die ohne Frauen nicht zu denken ist. Denn auch das Erotische gehört da immer hinzu. Das deutsche Gefühl sagt, dass man viel zwangloser miteinander umgeht, wenn die Männer unter sich sind. Drastisch ausgedrückt: Man kann sich Kohl zusammen mit Boris Jelzin nackt in der Sauna sofort vorstellen, mit Frau Thatcher nicht; dass Russen von ihrer Entführung in die Pfalz besonders begeistert waren, versteht sich fast von selbst. Im Übrigen begleitet der Begriff der Männerfreundschaft Kohls politische Laufbahn und zumal seine Kanzlerschaft nicht von ungefähr; sie war sein Zaubermittel, um Konflikte zu entschärfen, Vertrautheit als Vorstufe zum Vertrauen zu schaffen und Brücken zu bauen. Man denke an den Umgang mit dem spanischen Ministerpräsidenten Felipe Gonzáles oder mit dem französichen Präsidenten François Mitterand, dessen Ausgangspunkt – als Intellektueller und Sozialist – von dem Helmut Kohls um Welten entfernt war.

Die zweite Bemerkung: »Gemütlichkeit« ist in viele Sprachen eingegangen; mit ihr steigt ein anderes und älteres, helleres Bild von den Deutschen aus der Erinnerung herauf als mit dem »Blitzkrieg« oder der »Endlösung«: ein Bild von Kerzenschimmer, Hausmusik und Frohsinn. Gemütlichkeit ist mit dem Provinziellen, mit der Mundart, den regionalen Sitten und Gebräuchen untrennbar verbunden, und Kohl wies das alles selbstbewusst vor, statt es schamhaft zu verstecken, unbekümmert um den Hohn der Intellektuellen oder jener »Toscana«-Emigranten, die bloß noch Weltbürger sein wollen (und es doch nur auf eine andere, exklusivere Art gemütlich haben möchten). Damit vermittelte er Millionen von Deutschen eine Form von Identität, eine Vorstellung von sich selbst, in der sie sich geborgen fühlten. Und nach außen wirkte diese Vorstellung eben als »vertrauensbildende Maßnahme«.

Der große französische Romancier Honoré de Balzac (1799 bis 1850) hat in seiner Erzählung »Das Rote Wirtshaus« das Bild eines »typischen« Deutschen entworfen, der seinen Pariser Geschäftsfreund besucht, und es sieht fast so aus wie ein Porträt von Helmut Kohl. Es heißt da: »Dieser Freund ... war ein biederer, dicker Deutscher. Er verfügte über Geschmack und Bildung und war ein leidenschaftlicher Pfeifenraucher ... Er war der echte Sohn des edlen und reinen Germanien, das so fruchtbar ist an ehrenwerten Charakteren, deren friedfertige Sitten sich selbst nach sieben Invasionen nicht verleugnen. Der Fremde hatte ein argloses Lachen, hörte aufmerksam zu und trank sein gehöriges Quantum; dem Champagner schien er ebensoviel Geschmack abzugewinnen wie dem Johannisberger ... Als ein Mann, der nichts leichtzunehmen weiß, saß er behäbig am Tisch des Bankiers und speiste mit dem in Europa so berühmten altdeutschen Appetit, mit Bewußtsein die Vorschriften der Fastenzeit mißachtend.«

Dieses Bild hat sich später verdunkelt; nicht viele Franzosen oder andere Europäer hätten es seit Bismarcks Reichsgründung oder im Zeitalter der Weltkriege noch als passend empfunden. Aber Kohl hat es aus dem Kellergewölbe der Vergangenheit hervorgeholt, von Spinnweben befreit und so ausgestellt, dass es fast wie neu wirkte. Dass er als Baumeister der Wiedervereinigung Erfolg hatte und die Ängste der Nachbarn ringsum bannte, hat auch hiermit zu tun; das auf ersten Blick vollkommen Unpolitische gewann politische Bedeutung.

Garantien für Stilsicherheit gab es freilich nicht. 1984 trafen sich zum Zeichen der Versöhnung Mitterand und Kohl auf einem Soldatenfriedhof bei Verdun, der blutigen Schlachtstätte des Ersten Weltkriegs, und fassten einander spontan bei den Händen. Das Foto ging um die Welt, wie das vom Kniefall Willy Brandts im Warschauer Getto. Ein Jahr später, zum Gedenken an das Ende des Zweiten Weltkriegs, wollte Kohl etwas Ähnliches mit dem amerikanischen Präsidenten Ronald Reagan auf einem Soldatenfriedhof bei Bitburg in der Eifel wiederholen. Aber es stellte sich heraus, dass auf diesem Friedhof auch Angehörige der Waffen-SS begraben lagen, und die Welt war entsetzt.

Die peinliche Zeremonie fand am 5. Mai 1985 statt. Drei Tage später hielt Richard von Weizsäcker im Bundestag eine wegweisende Rede, die als der wahre Ausdruck eines gewandelten Deutschland verstanden wurde. Mit diesem Auftritt des Bundespräsidenten sah sich der Bundeskanzler gleich doppelt beschämt. Von Weizsäckers im besten Sinne aristokratischer (und wahrlich nicht provinzieller) Aura ganz abgesehen, bot sich da keine Grundlage für eine Männerfreundschaft.

Indessen verliefen alles in allem Kohls Kanzlerjahre von 1982 bis 1989 eher solide. Die Aufgeregtheiten verschwanden, die pazifistischen Massenproteste hörten auf, die grüne Bewegung formierte sich zur Partei unter Parteien, fand Zugang zu den Parlamenten und trat ihren langen Marsch vom ideologischen Fundamentalismus zum politischen Realismus an. Die Inflationsrate verminderte sich wie der Zuwachs der Staatsverschuldung, die Industrie und die Touristik verzeichneten neue Export- und Reiserekorde. Der Sozialstaat funktionierte wie er sollte und wurde weiter ausgebaut. Bezeichnend ist, bloß als Momentaufnahme, was eine Chronik der Ereignisse für den 1. Januar 1985 notiert: »Erhöhung des Wohngeldes, Verbesserungen beim Arbeitslosengeld vor allem für ältere Arbeitnehmer, erstmals wird ein Kindererziehungsgeld gewährt.« Und erstmals gewann am 7. Juli 1985 ein Deutscher, ein Siebzehnjähriger namens Boris Becker, das berühmte Tennisturnier von Wimbledon. Kurzum: Den (West-) Deutschen ging es gut.

Freilich breitete sich auch Langweile aus, eine Art oder Unart von Wohlstandsverdrossenheit. Einsichtige oder Schwarzseher warnten, dass es so nicht weitergehen könne, weil man die Reformen versäumte, die auf künftige Herausforderungen vorbereiteten. Im politischen Spektrum kündigte sich ein Umschwung an:

Die Sozialdemokraten eroberten Städte und Länder zurück, die sie in der Zeit verloren hatten, als sie den Kanzler stellten – übrigens ein bezeichnender Vorgang: Die Regierungskoalition verfügt im Bundestag über die Mehrheit, aber die Opposition gewinnt sie im Bundesrat; je nach Geschmack mag man das eine Garantie für Stabilität oder für die Immobilität nennen.

Hing die wachsende Verdrossenheit womöglich auch mit dem Bild zusammen, das der Bundeskanzler bot? Es schien so zu sein, und eine englische Beobachterin, Patricia Clough, hat dazu gesagt: »Wo sich Helmut Schmidt mit seinem ›Krisenmanagement‹ gebrüstet hatte, weigerte sich Kohl, eine Krise überhaupt einzugestehen. Sein Instinkt riet ihm, und tut das noch heute, Konflikte zu entschärfen, Schwierigkeiten herunterzuspielen, Ruhe und Normalität auszustrahlen. Seine Reaktionen auf jedes Thema blieben sich in fast monotoner Weise stets gleich: ›Das ist für mich überhaupt kein Problem‹, ›Ich sehe keinen Grund, warum ...‹, ›Ich brauche keine Belehrung in ...‹, ›Ich bin gelassen ...‹ Was in der Politik dramatisch, kontrovers, erregend oder herausfordernd war, wurde in seinen Händen sicher, stumpf und langweilig. Das amerikanische Magazin ›Time‹ sah darin etwas äußerst Positives: ›Das vielleicht Beruhigendste an Kohl ist, daß durch ihn ... die Handhabung der Macht zu etwas Banalem wird.‹«

Aber ein wachsender Teil der Deutschen sah das offenbar nicht so; mit schöner oder unschöner Regelmäßigkeit erteilt die Meinungsforschung dem Kanzler schlechte Zensuren. Bei den Bundestagswahlen vom 25. Januar 1987 verloren die Unionsparteien; mit 44,3 Prozent fielen sie noch unter den Stand zurück, den Franz Josef Strauß 1980 erreicht hatte. Die FDP dagegen verzeichnete einen Zuwachs auf 9,1 Prozent. Darum konnte man beruhigt weiterregieren.

Nein, keineswegs beruhigt. Nicht nur in der CSU, sondern auch in der CDU wuchs der Unmut. Wie schon einmal gesagt wurde: Die Partei, die sich christlich nennt, verzeiht beinahe alles, nur nicht den Misserfolg. Die Frage entstand, ob man sich nicht nach einem neuen Kanzlerkandiaten umsehen sollte, um die nächste Wahl zu bestehen, und sie wurde dringend, als die CDU im Januar 1989 die Wahlen in Berlin verlor und bei den Europawahlen im Juni auf einen Stimmenanteil von 37,8 Prozent absank. Als ein möglicher Nachfolger Kohls kam Lothar Späth ins Gespräch, der umtriebige Ministerpräsident von Baden-Württemberg. Indessen setzte Kohl auf dem Bremer Parteitag vom September 1989 sich noch einmal durch; keiner wagte es, gegen ihn anzutreten. Aber er wurde mit nur 571 von 738 Stimmen als Parteivorsitzender wiedergewählt; das war das mit Abstand schlechteste Ergebnis seit 1973.

Niemand kann sagen, wie die Bundestagswahlen des Jahres 1990 ausgegangen wären, wenn nicht dramatische Ereignisse sich eingemischt hätten. Aber vieles spricht für eine Niederlage Helmut Kohls und für seine Vertreibung aus dem Amt. Dann würden die Historiker ihn als einen braven, aber kaum bemerkenswerten Kanzler beschreiben, und in einem Geschichtsbuch wie diesem käme er gar nicht erst vor.

Im Grundgesetz für die Bundesrepublik Deutschland vom 23. Mai 1949 heißt es in der Präambel: »Im Bewußtsein seiner Verantwortung vor Gott und den Menschen, von dem Willen beseelt, seine nationale und staatliche Einheit zu wahren und als gleichberechtigtes Glied in einem vereinten Europa dem Frieden der Welt zu dienen, hat das deutsche Volk ..., um dem staatlichen Leben für eine Übergangszeit eine neue Ordnung zu geben, kraft seiner verfassungssgebenden Gewalt dieses Grundgesetz der Bundesrepublik Deutschland beschlossen. Es hat auch für jene Deutsche gehandelt, denen mitzuwirken versagt war. Das gesamte deutsche Volk bleibt aufgefordert, in freier Selbstbestimmung die Einheit und Freiheit Deutschlands zu vollenden.«

Das deutsche Volk ist gar nicht erst gefragt worden, weder bei der Beratung noch bei der Verabschiedung des Grundgesetzes. Aber jedenfalls demonstriert der Text den Verfassungsauftrag zur Wiedervereinigung. Es sollte sich um ein »Provisorium« handeln, und darum sagt der Abschlussartikel 146 noch einmal bekräftigend: »Dieses Grundgesetz verliert seine Gültigkeit an dem Tage, an dem eine Verfassung in Kraft tritt, die von dem deutschen Volke in freier Entscheidung beschlossen worden ist.«

Doch nach 40 Jahren glaubten nicht mehr viele Deutsche an die Wiedervereinigung, und in keinem Bonner Panzerschrank lagen Pläne für ihren Ernstfall, nicht einmal unbrauchbare. Unter den wenigen, die den Glauben bewahrten, befand sich, jedenfalls nach seiner eigenen, allerdings nachträglichen Aussage, der Enkel Adenauers, Helmut Kohl. Indessen hatte die CDU sich in den Jahren nach 1969 zwar heftig gegen die neue Ostpolitik von Willy Brandt und Walter Scheel gewehrt, dann jedoch ihre Ergebnisse stillschweigend hingenommen. Dazu gehörte faktisch die deutsche Zweistaatlichkeit, mit einigen eher formellen Vorbehalten: Die Botschafter zum Beispiel, die man austauschte, hießen nicht so, sondern schamhaft »Ständige Vertreter«. Und vom 7. bis 11. September 1987 stattete der Staatsratsvorsitzende der DDR, Erich Honecker, der Bundesrepublik einen Besuch ab. Bundeskanzler Kohl empfing ihn mit all den protokollarischen Ehren, die einem Staatsgast gebühren. Schon vorher hatte Franz Josef Strauß, von einem gewissen Schalck-Golodkowski angesprochen, der DDR einen Milliardenkredit vermittelt.

Dass sich im Ostblock grundlegende Änderungen anbahnten, seit Michail Gorbatschow in Moskau regierte, hat Kohl zunächst offenbar kaum wahrgenommen oder es für pure Propaganda gehalten: daher sein Vergleich mit Goebbels, dem Propagandaminister des »Dritten Reiches« – kein guter Auftakt für gute Beziehungen. Immerhin hat er diese Entgleisung bald bereut, sie für töricht erklärt und sich nach Kräften bemüht, sie vergessen zu machen. Im Juni 1989 besuchte Gorbatschow Bonn, und zur Aufbesserung der Atmosphäre half, dass er überall, wo er auftauchte, von der Bevölkerung herzlich begrüßt wurde. Man sprach von der »Gorbimanie« oder gar von einem »Gorbasmus«.

Kohl und sein Gast tauschten persönliche Erinnerungen über die Schrecken des Krieges aus und wanderten einmal, bereits in der Nacht, vom Kanzlerbungalow zum Rhein hinunter, um sich dort auf eine Mauer zu setzen. Kohl hat berichtet: »Ich zeigte auf den Rhein und meinte: ›Schauen Sie sich den Fluß an, der an uns vorbeiströmt. Er symbolisiert die Geschichte; sie ist nichts Statisches. Sie können diesen Fluß stauen, technisch ist das möglich. Doch dann wird er über die Ufer treten und sich auf andere Weise den Weg zum Meer bahnen. So ist das auch mit der deutschen Einheit. Sie können ihr Zustandekommen zu verhindern suchen. Dann erleben wir beide sie vielleicht nicht mehr. Aber so sicher der Rhein zum Meer fließt, so sicher wird die deutsche Einheit kommen – und auch die europäische Einheit. Die Frage lautet nur: Machen wir es in unserer Generation oder warten wir weiter – mit all den Problemen, die damit verbunden sind?‹ Und ich bekräftigte noch einmal, daß sich die Deutschen nicht mit der Teilung abfinden werden. Michail Gorbatschow hat sich meine Überlegungen angehört und nun nicht mehr widersprochen.«

Vor allem sollte es zwischen Deutschen und Russen nie wieder einen Krieg geben. Nochmals Helmut Kohl: »Es war Gorbatschow anzumerken, daß auch er innerlich bewegt war. Friede war für uns beide nicht nur ein Wort, sondern ein existenzielles Grundbedürfnis. Als das Ehepaar Gorbatschow schließlich den Bungalow verließ, umarmten wir uns zum Abschied. Für mich war dieser Abend ein Schlüsselerlebnis. Ich denke, für Gorbatschow auch.«

Inzwischen trat im anderen Teil Deutschlands der lange aufgestaute Fluss der Geschichte über seine Ufer. Während am 7. Oktober 1989 in Ostberlin noch erstarrte alte Männer sich selbst und den 40. Geburtstag »ihrer« DDR feierten, wankte der Boden bereits unter ihren Füßen. Die Bürgerbewegung hatte begonnen und brachte von Mal zu Mal mehr Demonstranten auf die Straßen. Dabei konnte in den kritischen Oktobertagen niemand wissen, ob am Ausgang nicht eine »chinesische« Lösung, die blutige Unterdrückung stehen würde. Im Nachhinein hat man von einer »Heldenstadt« Leipzig gesprochen, abwegig genug. Etwas Wichtigeres als Heldentum, das in Deutschland Seltene war gefordert und wurde bewiesen: Zivilcourage. Zur Bürgerbewegung kam die Fluchtbewegung hinzu. Dann stürzte am 18. Oktober Erich Honecker und die Herrschaftspartei SED mit all ihren Machtapparaten sehr bald ihm nach. In der Nacht des 9. November öffnete sich die Berliner Mauer.

An diesem 9. November flogen zwei Maschinen der Bundesluftwaffe von Bonn nach Warschau: Der Bundeskanzler trat einen Staatsbesuch in Polen an. In seinem Gefolge befanden sich viele Repräsentanten der deutschen Wirtschaft und sehr wenige der Kultur (darunter der Verfasser). Beim abendlichen Festessen sprach Helmut Kohl lange und undeutlich, natürlich von Frieden, Versöhnung und guter Nachbarschaft, aber seine Gastgeber bekamen nicht zu hören, was sie zur Festschreibung der Grenze an der Oder und Neiße hören wollten. Das änderte sich etwas später, als der Kanzler begriff, dass man den Nachbarn im Osten, aber auch im Westen die Angst vor dem Unabsehbaren nehmen musste. Im Vollzug der Wiedervereinigung bildete daher die feierliche Beurkundung der bestehenden Grenze einen wichtigen Baustein, und nur wenige Monate nach dem Besuch in Warschau hat Helmut Kohl es nicht gescheut, sich dafür bei einer Vertriebenentagung ausbuhen zu lassen.

In der Nacht des 9. November änderte sich alles. Der Staatsbesuch wurde unterbrochen, und während die Mehrheit seines Gefolges nach Bonn zurückflog, eilte der Kanzler nach Berlin. Dort geriet er in eine vom »roten« Bürgermeister Walter Momper organisierte Kundgebung, und noch im Abstand des Erinnerns spürt man den Ärger: »Unten ... tobte ein linker Pöbel, der mich mit einem ohrenbetäubenden Pfeifkonzert empfing. Von Anhängern der CDU ... keine Spur.« Der Öffentlichkeit prägte sich Mompers Satz ein: »Gestern Nacht war Berlin die glücklichste Stadt der Welt.« Oder mehr noch die Formulierung von Willy Brandt: »Jetzt wächst zusammen, was zusammen gehört.« Was Kohl zu sagen versuchte, konnte kaum jemand verstehen.

In den folgenden Tagen bestand die erste Aufgabe des deutschen Bundeskanzlers darin, zu beruhigen und die Ängste zu mindern, die ringsum aufsprangen, vorab bei Gorbatschow, doch ebenso bei den Staatsmännern oder -frauen des Westens. Die britische Premierministerin war über die Aussicht auf die Wiedervereinigung ebenso entsetzt wie der französische Staatspräsident. Mitterand unternahm sogar Reisen zu Gorbatschow und in die DDR, mit der kaum verhohlenen Absicht, eine Stabilisierung des bisher Gewohnten zu bewirken. Um es zugespitzt auszudrücken: Bei allem, was Kohl fortan unternahm, um die Dinge voranzubringen, stand er beinahe allein gegen den Rest der Welt. Nur in der amerikanischen Perspektive nahmen sich die Vorgänge in Mitteleuropa weniger bedrohlich aus, und der Präsident der Vereinigten Staaten, George Bush, gab Rückendeckung.

Fast möchte man nun von einem Doppelspiel sprechen. Auf der einen Seite versicherte der Kanzler immer wieder, dass man nichts überstürzen werde und dass alles ruhig, geordnet, friedlich zugehen werde. Andererseits beschleunigte er selbst das Tempo und legte, ohne Absprache mit irgendwem, am 28. November im Bundestag einen Zehn-Punkte-Plan vor. Darin war gewohnt wolkig von einer »Vertragsgemeinschaft« oder »Konföderation« mit der DDR die Rede. Erst am Ende hieß es: »Wie ein wiedervereinigtes Deutschland schließlich aussehen wird, das weiß heute niemand. Daß aber die Einheit kommen wird, wenn die Menschen sie wollen, dessen bin ich sicher.«

Wenn die Menschen sie wollen: »*Wir* sind das Volk!«, hieß die Parole der Oktober-Demonstranten, die sich gegen die Herrschaft der Einheitspartei richtete. Doch mehr und mehr wurde daraus am Ende »Wir sind *ein* Volk!«. Es war daher klug, sich auf die Menschen zu berufen. Was sollten die Staatsmänner denn anderes tun, als zu folgen und zu kanalisieren, was sich kanalisieren ließ, wenn eine elementare Bewegung sie fortriss?

Zu einer Besprechung mit Hans Modrow, der inzwischen zum Ministerpräsidenten der DDR ernannt worden war, flog Kohl am 19. Dezember nach Dresden. Als die Maschine landete, bot sich ein unerwarteter Anblick. Die Ränder des Rollfeldes, die umliegenden Straßen, sogar die Dächer waren voll von Menschen. Sie jubelten, als er das Flugzeug verließ, sie schwenkten bundesdeutsche oder sächsische Fahnen. In Kohls Erinnerungen brandete um ihn ein »Meer von schwarzrotgoldenen Fahnen«. Verloren hingen an den offiziellen Masten die offiziellen Tücher mit dem Hammer-und-Sichel-Emblem des Arbeiter- und Bauern-Staates, und fast verloren, versteinert wirkte Hans Modrow, der den Gast aus Bonn empfing. »Rudi, die Sache ist gelaufen«, sagte Kohl zu seinem Kanzleramtsminister Rudolf Seiters, als beide noch auf der Bordtreppe standen.

Vor einer unabsehbaren Menge – und natürlich vor der Weltöffentlichkeit, denn Hunderte von Fernsehleuten und Journalisten waren nach Dresden gekommen – hielt Kohl nach dem Ende der Konferenz eine kurze Rede; sie dauerte knapp 16 Minuten. Er hatte nicht, wie im Bundestag, ein sorgfältig ausgearbeitetes Manuskript, sondern nur ein paar improvisierte Notizen vor sich. So begann er eher umständlich und tastend. Doch eben aus der Improvisation entstand eine unvergleichliche Wirkung: Die Gefühle der Menschen strömten ihm zu und trugen ihn vorwärts. Vom

Jubel umtost fiel der Satz »Mein Ziel bleibt, wenn die geschichtliche Stunde es zuläßt, die Einheit unserer Nation.« Am Ende hieß es: »Gott segne unser deutsches Vaterland.«

Bei diesen Worten, so die englische Journalistin Patricia Clough, »lief mir ein unwillkürlicher Angstschauer über meinen britischen Rücken«. Horst Teltschik, Kohls Begleiter und außenpolitischer Berater, sagte, dass es dem Kanzler die Kehle zugeschnürt habe. Kohl selbst meint, er sei so ergriffen gewesen, dass es ihm Mühe machte, seine Rede zu beenden; im Rückblick hat er diese deutsche Stunde in Dresden einen Wendepunkt, ein Schlüsselerlebnis genannt. Weit nach Mitternacht, beim Umtrunk mit den Mitarbeitern im Hotel Bellevue, sagte er erschöpft und glücklich: »Ich glaube, wir schaffen die Einheit. Das läuft. Ich glaube, das ist nicht mehr aufzuhalten, die Menschen wollen das. Dieses Regime ist definitiv am Ende.«

Was die Menschen vor allem wollten, war eine Teilhabe am Wohlstand des Westens, von dem sie sich nur undeutliche und darum traumhafte Vorstellungen machten. Der Ostberliner Schriftsteller Stefan Heym, der trotz seiner Konflikte mit der Obrigkeit der DDR stets ein aufrechter Sozialist gewesen war und es bleiben wollte, hat schon im Dezember 1989 bitter beklagt, was daraus zwangsläufig folgte:

»Aus dem Volk, das nach Jahrzehnten Unterwürfigkeit und Flucht sich aufgerafft und sein Schicksal in die eigenen Hände genommen hatte und das soeben noch, edlen Blicks, einer verheißungsvollen Zukunft zuzustreben schien, wurde eine Horde von Wütigen, die, Rücken an Bauch gedrängt, Hertie und Bilka zustrebten auf der Jagd nach dem glitzernden Tinnef. Welche Gesichter, da sie, mit kannibalischer Lust, in den Grabbeltischen, von den westlichen Krämern ihnen absichtsvoll in den Weg plaziert, wühlten; und welch geduldige Demut, da sie, ordentlich und folgsam, wie's ihnen beigebracht worden war zu Hause, Schlange standen um das Almosen, das mit List und psychologischer Tücke Begrüßungsgeld geheißen war von den Strategen des Kalten Krieges.«

Aber darf man die Menschen dafür tadeln, dass sie nach Jahrzehnten der niemals eingelösten Verheißungen sich nicht noch weiter auf eine unbestimmte Zukunft vertrösten lassen wollten und dem Handfesten zustrebten? Und dass sie sich nicht mit einem einmaligen Begrüßungsgeld von 100 D-Mark abspeisen lassen wollten, sondern ins Währungsgebiet entliefen, in dem das Geld etwas wert war? Die Fluchtbewegung von Bürgern der DDR war bei aller Dramatik der Ereignisse an der Grenze Ungarns zu Österreich oder in der deutschen Botschaft zu Prag vor dem 9. November 1989 doch nur ein Rinnsal gewesen, verglichen mit dem Zustrom von Übersiedlern, der seither einsetzte; allein in den ersten zehn Tagen des Januar 1990 waren es 20 000. Hochgerechnet aufs Jahr ergab das eine Zahl von über 700 000. Und zu den Abwanderern gehörten natürlich die Jungen, die Leistungsfähigen und Tüchtigen. Falls es so weiterging, würde die DDR bald nur noch ein Raum für die in jeder Hinsicht Zurückgebliebenen sein, ein Armenhaus und Rentnerheim.

Oder um es im geschichtlichen Rückblick zu sagen: Die Abriegelung der DDR durch den »antifaschistischen Schutzwall« im August 1961 war ja nicht nur politisch bedingt, sondern diente in erster Linie dazu, das Ausbluten zu verhindern; Jahr um Jahr leistete der Arbeiter- und Bauernstaat dem verhassten Kapitalismus Entwicklungshilfe, indem er junge Menschen zu Fachkräften ausbildete, die dann in den Westen desertierten. Seitdem hatte sich der Strom aufgestaut, und was seit dem 9. November 1989 geschah, war mit dem Bruch des Staudammes zu vergleichen.

Mit anderen Worten: Die Bundesrepublik und ihr Kanzler gerieten unter Zugzwang. Man hat Kohl die Eile vorgeworfen, mit der er die Wiedervereinigung betrieb. Aber was sonst sollte er tun? Von den internationalen Bedingungen einmal abgesehen, von denen gleich zu reden sein wird, stellen sich auf der Suche nach einem gerechten Urteil Grundsatzfragen des politischen Handelns. Darum lohnt sich ein Rückblick auf Bismarck. Als man ihn nach 1866 zur schnellen Reichsgründung drängen wollte, hat er geschrieben:

»Daß die deutsche Einheit durch gewaltsame Eingriffe gefördert werden würde, halte auch ich für wahrscheinlich. Aber eine ganz andere Frage ist der Beruf, eine gewaltsame Katastrophe herbeizuführen, und die Verantwortlichkeit für die Wahl des Zeitpunktes. Ein willkürliches, nur nach subjektiven Gründen bestimmtes Eingreifen in die Entwicklung der Geschichte hat immer nur das Abschlagen unreifer Früchte zur Folge gehabt; und daß die deutsche Einheit in diesem Augenblick keine reife Frucht ist, fällt meines Erachtens in die Augen ... Die Fähigkeit zu warten, während die Verhältnisse sich entwickeln, ist eine Vorbedingung praktischer Politik.«

Andererseits hat Bismarck gesagt: »Die Weltgeschichte mit ihren großen Ereignissen kommt nicht dahergefahren wie ein Eisenbahnzug in gleichmäßiger Geschwindigkeit, nein, es geht ruckweis voran, aber dann mit unwiderstehlicher Gewalt. Man kann nur immer darauf achten, ob man den Herrgott durch die Weltgeschichte schreiten sieht, dann zuspringen und sich an seines Mantels Zipfel klammern, daß man mit ihm fortgerissen wird, so weit es gehen soll. Es ist unredliche Torheit und abgelegte Staatsklugheit, als käme es darauf an, Gelegenheiten zu schürzen und Trübungen herbeizuführen, um dann darin zu fischen.«

Kohl verfügt nicht über die Sprachkunst Bismarcks, aber genau in seinem Doppelsinne hat er gehandelt. Er hat nicht gezerrt und gezetert und an Bäumen gerüttelt, deren Früchte noch unreif waren, sondern sich mit den bestehenden Verhältnissen abgefunden, solange es nötig war: siehe seinen Empfang des Staatsratsvorsitzenden der DDR im September 1987. Aber er hat auch nicht gezögert, sondern ist zugesprungen, als sich die Gelegenheit bot. Dies macht seinen historischen Rang aus und wird ihm als dem Kanzler der Wiedervereinigung bleiben, wie Bismarck seine Rolle als Reichsgründer.

Der Ablauf der Ereignisse des Jahres 1990 sei hier knapp skizziert. Als Hans Modrow mit 17 seiner Minister am 13. Februar nach Bonn kam und eine großzügige Hilfe für die DDR erbat – es war von zehn bis fünfzehn Milliarden die Rede –, holte er sich eine glatte Abfuhr. »Die Nettigkeiten waren schnell weg«, erinnerte sich Modrow später mit Bitterkeit. »Helmut Kohl sah sich in der Position eines Siegers und nahm die entsprechende Pose ein ... Für mich zeichnete sich bei diesem Treffen bereits die bedingungslose Übergabe der DDR an die Bundesrepublik ab.« Sogar in den Medien der Bundesrepublik wurde Kritik laut, weil der Kanzler den Ministerpräsidenten als »Unperson« behandelte und demütigte. Aber wozu noch stützen, was man zusammenbrechen lassen *wollte?* Umso bemerkenswerter war es, dass Kohl bereits im Januar eine Lebensmittelhilfe für die Sowjetunion in Gang setzte und auch den Vorsitzenden der EG-Kommission, Jacques Delors, dazu brachte, dass die Europäische Gemeinschaft sich beteiligte. Denn auf das Wohlwollen Moskaus war er angewiesen.

Nach dem Zusammenbruch der morschen Einheitsherrschaft und einem improvisierten Regieren mit Vertretern der Bürgerbewegung an »runden Tischen« waren in der DDR Wahlen zur Volkskammer überfällig. Sie sollten zunächst im Mai stattfinden und wurden dann auf den 18. März vorverlegt. Mit der CDU als dem Kern entstand dafür eine »Allianz für Deutschland«. Klaus Dreher hat anschaulich berichtet, was weiter geschah: »Im Wahlkampf erwachten in der Union die Tugenden, mit denen sie groß und mächtig geworden war. Ihre Redner strömten zu Hunderten ins andere Deutschland, wo die Partei, wie sich ihr Vorsitzender ausdrückte, ›ein Maß an Vitalität und Jugendfrische‹ zeigte, ›wie man es ihr schon gar nicht mehr zugetraut hätte‹. Er sei, sagt er, ›hochachtbaren Gestalten‹ aus den Parlamenten begegnet, ›die im Gespräch mit den Wählern regelrecht aufblühten‹. Wenn jemand aufblühte, war er es. Seine Wahlkampfmanager planten für ihn sechs Veranstaltungen unter freiem Himmel in den wichtigsten Städten der DDR. Die Tournee war zeitraubend und anstrengend, oft ermüdend und strapaziös, aber sie erfrischte und belebte ihn.«

Wie denn sonst? Es waren Triumphreisen. Beim ersten Auftritt in Erfurt erwartete man drei- bis viertausend Menschen; es kamen 150 000. So überall: 200 000 in Chemnitz, 130 000 in Magdeburg, je 120 000 in Rostock und Cottbus und sogar 320 000 vier Tage vor der Wahl bei der Abschlusskundgebung in Leipzig. Dabei versprach er freilich, was sich kaum halten ließ. In der Erfurter Auftaktrede vom 20. Februar hieß es: »Ich habe heute früh in einer über dreistündigen Konferenz mit mehr als 50 der wichtigsten Repräsentanten der deutschen Wirtschaft aus der Bundesrepublik gesprochen. Wir haben gemeinsam überlegt, was wir tun können. Was ich jetzt sage, ist nicht nur meine Botschaft: Wenn die Rahmenbedingungen gesetzt sind, wenn die notwendigen gesetzgeberischen Maßnahmen getroffen sind, dann werden nicht nur Hunderte, sondern Tausende von investitionsbereiten Unternehmen – von Großunternehmern bis zum

Handwerk – aus der Bundesrepublik hierher kommen, und gemeinsam mit Ihnen werden wir hier in kurzer Zeit ein blühendes Land schaffen.«

Blühendes Land oder blühende Landschaften: Die Wendung ist im Hohn über das ausgebliebene Wunder haften geblieben bis heute. Fühlte Kohl, dass er mehr versprach, als er halten konnte? Im intimen Kreis seiner Mitarbeiter wirkte er seltsam bedrückt. »Scheiß Geschichte«, knurrte er, als sie ihn damit trösten wollten, dass er doch Geschichte mache. Und Horst Teltschik notierte am 14. März: »In der Morgenlage wirkt der Kanzler fast depressiv. Am liebsten würde er nach Hause gehen. Das einzige, was ihn noch motiviere, seien die Menschen in der DDR.«

Oder fürchtete er eine Wahlniederlage? Diese Furcht verflog, als am Abend des 18. März die Ergebnisse bekannt wurden. Die Allianz brachte es auf 47,7 Prozent. Dagegen wurde die SPD bitter enttäuscht, die sich von ihren Traditionshochburgen in Thüringen, Sachsen und Ostberlin viel mehr versprochen hatte. Sie erreichte 21,7 Prozent, nur wenig über den 16,3 Prozent der PDS, der Nachfolgepartei der SED. Lothar de Maizière bildete eine von der CDU geführte Regierung.

Ein entscheidender Schritt zur Einheit und dazu, die Abwanderung aus der DDR zu stoppen, war die Wirtschafts- und Währungsunion. Denn wie Kohl erklärte: »Wenn die D-Mark nicht nach Leipzig kommt, werden die Leipziger zur D-Mark kommen.« Der Termin wurde auf den 1. Juli festgesetzt, und die Durchführung erfolgte »mit militärischer Präzision«. Fachleute allerdings warnten: Wenn der Geldumtausch im Wesentlichen im Verhältnis von 1:1 erfolgte – wie es geschah –, ließ sich ein Einsturz der DDR-Wirtschaft absehen. Der Konkurrenz aus dem Westen waren die veralteten Betriebe nicht gewachsen, und die Märkte im Osten brachen weg, weil dort niemand mit harter Währung bezahlen konnte.

Der Kanzler wischte die Bedenken beiseite, von seinem Standpunkt aus zu Recht: Erst einmal kam es darauf an, die Einheit zu erreichen. Danach würde man weitersehen. Tatsächlich sah der historische Fehler, den er beging, anders aus. Er erweckte den Eindruck, dass die Kosten der Einheit beinahe nebenher, sozusagen aus der Portokasse bezahlt werden könnten. Kohl versäumte es, die Westdeutschen auf die Opfer vorzubereiten, die sie erbringen mussten. Im Schwung der ersten Begeisterung wäre das möglich gewesen; später ließ sich kaum noch etwas anderes erwarten als Murrköpfigkeit. Ein wesentlicher Teil der Entfremdung zwischen Ost- und Westdeutschen, der dem Jubel und den Umarmungen folgte, hatte und hat noch immer mit diesem Versäumnis zu tun.

Was als große Aufgabe blieb, war ein Beitrittsvertrag. Denn darum handelte es sich inzwischen: nicht um die Vereinigung zweier gleichberechtigter Länder, sondern um den Beitritt der DDR beziehungsweise der in ihr neu gegründeten Länder zur Bundesrepublik – oder, in der Sicht nicht nur Hans Modrows, um die Bedingungen einer Kapitulation. Die Handhabe dafür lieferte Artikel 23 des Bonner Grundgesetzes: »Dieses Gesetz gilt zunächst im Gebiete der Länder Baden, Bayern, Bremen, Groß-Berlin, Hamburg, Hessen, Niedersachsen, Nordrhein-Westfalen, Rheinland-Pfalz, Schleswig-Holstein, Württemberg-Baden und Württemberg-Hohenzollern. In anderen Teilen Deutschlands ist es nach deren Beitritt in Kraft zu setzen.« Gemäß diesem Artikel war am 1. Januar 1957 der Beitritt des Saarlandes erfolgt. Der Weg über den Artikel 146 – die Ausarbeitung einer Verfassung für das vereinigte Deutschland – wurde nicht beschritten, weil man die Zeit dafür nicht hatte oder nicht haben wollte.

Die Arbeit der Fachleute leitete auf der Seite der Bundesrepublik Wolfgang Schäuble, inzwischen Innenminister, auf der Seite der DDR Günther Krause, Staatssekretär beim Ministerpräsidenten de Maizière. Was am Ende entstand, war ein sehr umfangreiches Vertragswerk; im eng gedruckten Bundesgesetzblatt nahm es 360 Seiten ein. Nachträgliches Besserwissen mag vieles kritisieren. Aber zunächst einmal handelte es sich um eine große, im Wortsinne beispiellose Leistung. Es gab ja keinerlei Vorbild für das Zusammenführen von Staaten mit vollkommen unterschiedlichen Rechts-, Wirtschafts- und Gesellschaftsordnungen. Um es keineswegs sarkastisch, sondern mit Bewunderung zu sagen: Beamte bewiesen, wozu sie fähig sind, wenn man sie fordert. Es gab allerdings eine Kehrseite der Gründlichkeit, um nicht zu sagen der Regulierungswut: Die Gelegenheit zum Entrümpeln des deutschen Hauses, der Kellergewölbe und des Dachbodens wurde versäumt. Und weil es im Regelfall um die Übertragung westdeutscher Gesetze, Verordnungen und Vorschriften auf das »Beitrittsgebiet« ging, sahen sich dessen Bürger in einen Urwald verstoßen, in dem sie nach Orientierung tappten und sich doch kaum zurechtfanden, weil sie in ihm nicht aufgewachsen waren wie Tarzan oder der Junge Mowgli in Kiplings Dschungelbuch.

Am 31. August wurde der Vertrag von Wolfgang Schäuble und Günther Krause unterzeichnet, am 20. September vom Bundestag (einen Tag später vom Bundesrat) und von der Volkskammer der DDR verabschiedet, am 29. September in Kraft gesetzt. Der Weg war frei für die Feier der Wiedervereinigung am 3. Oktober 1990.

Aber die Deutschen waren ja nicht allein auf der Welt. Seit dem Ende des Zweiten Weltkriegs gab es die Zuständigkeit der vier Siegermächte – der Vereinigten Staaten, der Sowjetunion, Großbritanniens und Frankreichs – für »Deutschland als Ganzes«; ihre Zustimmung war erforderlich. Vor allem verlief quer durch Deutschland die Grenze der Militärblöcke von Ost und West. Die Amerikaner beharrten darauf, dass die Bundesrepublik Mitglied der NATO blieb; das war ihre Vorbedingung für die Wiedervereinigung.

Und die Russen? Die Rote Armee hatte sich im »Großen Vaterländischen Krieg« ihren Weg nach Mitteleuropa mit schweren Opfern erkämpft. Sollte man das etwa widerrufen und auf den Siegespreis verzichten? Doch wenn die Neutralisierung nicht möglich war, dann die Beibehaltung des Bisherigen erst recht nicht. Denn wie sollte es denkbar sein, dass innerhalb eines Staates zwei Bündnissysteme gegeneinander standen? Oder gar: dass das vereinigte Deutschland zwei einander feindliche Armeen unterhielt?

Die Lösung, die schließlich gefunden wurde, war die beinahe Unwahrscheinlichste von allen. Denn die NATO errang mitten im Frieden einen beispiellosen militärischen Sieg. Man nannte ihn nur nicht so, weil kein Schuss abgefeuert wurde und kein Tropfen Blut floss – oder um Russland und seine Generale nicht noch weiter zu demütigen, als es ohnehin schon geschah. Um die Tatsachen nüchtern vorzurechnen: Eine ganze Armee – die Nationale Volksarmee der DDR – kapitulierte kampflos samt Waffen und Gerät; 2400 Panzer, 7600 gepanzerte Fahrzeuge, 446 Flugzeuge, 170 Schiffe und mehr als eine Million Handfeuerwaffen fielen in die Hände der Sieger. Die noch weitaus stärkere sowjetische Elitearmee trat einen viele hundert Kilometer weiten Rückmarsch nach Russland an, mit all den demoralisierenden Folgen, die Rückzüge begleiten. Dagegen rückte die Bundeswehr von der Elbe und Werra bis an die Oder und Neiße vor. Weitere, bisher mit der Sowjetunion verbündete Armeen, wie die polnische, die tschechische, die ungarische, wechselten die Front. Noch dazu ist dieser Sieg der NATO höchst preiswert errungen worden; das Geld, mit dem der Rückzug der Sowjetarmee aus Mitteleuropa erkauft wurde, machte nur einen Bruchteil der Kosten aus, die zum Beispiel der Golfkrieg verursachte – oder den Gegenwert des damaligen Bundeswehretats für kaum vier Monate. Hat es jemals in der neueren oder älteren Geschichte Vergleichbares gegeben?

Wie man auf verschlungenen Pfaden über alle Hindernisse hinweg zu kaum für möglich gehaltenen und für Deutschland glücklichen Lösung gelangte, kann man bei den Beteiligten lesen, so bei Helmut Kohl, Hans-Dietrich Genscher, Michail Gorbatschow, Horst Teltschik oder dem Pressesprecher Hans Klein. Oft weichen die Darstellungen voneinander ab, und manchmal widersprechen sie sich. Aber kein Zweifel ist daran erlaubt, dass der Kanzler einen entscheidenden Beitrag leistete. Natürlich spielte angesichts der bedrängten Lage, in der Präsident Gorbatschow und sein Land sich befanden, das Scheckbuch eine Rolle, samt dem Versprechen künftiger Hilfe. Doch ebenso wichtig war Kohls persönliche, beinahe private Diplomatie, die Brücken des Vertrauens baute.

Der Durchbruch wurde bei einem Besuch in Moskau erzielt, der am 14. Juli begann. Während des Hinflugs war Kohl »abgespannt und nervös«, denn, so Teltschik, er riss »gelegentlich zu laute Witze« und brach einen ganz unnötigen Streit mit dem Außenminister vom Zaun. Seine Laune besserte sich nach den ersten Gesprächen und besonders beim Abendessen im kleinen Kreis der Mitarbeiter, bei dem er »geräucherten Speck und Kaviar in großen Mengen vertilgte«.

Am dritten Tag folgte ein Ausflug in den Kaukasus, sozusagen

Gorbatschows Gegenstück zu den Abstechern, die sonst der Kanzler mit seinen Gästen in die Pfalz unternahm. In klarer, erfrischender Bergluft, nahe bei einem reißenden Wildbach sprach man in der russischen Idylle über »Gott und die Welt« fast noch mehr und noch lieber als über geschichtsträchtige Entscheidungen. Ohnehin war nur noch letzte Feinarbeit nötig. Dass Kohl den »Durchbruch« in seinen Erinnerungen hierher verlegte und manche seiner Begleiter gar »das Wunder von Stawropol« beschworen, mag verzeihlich sein; es hörte sich poetischer an, als wenn man von den Konferenzräumen im Kreml hätte reden sollen.

Aber wo auch immer: Es war erreicht, was vor kurzem noch als unerreichbar erschien, und die Menschen kamen aus dem Staunen nicht mehr heraus. Dieser nicht mehr nur wegen seiner Körpergröße überragende Staatsmann, der Kanzler der Einheit: Fast über Nacht verwandelte sich der Spott in Respekt, in die Bewunderung. »Ein Stern ist aufgegangen«, schrieb die New York Times, und Le Monde sprach vom »Triumph der Kühnheit«. In Deutschland schlossen sogar notorische Kritiker sich an. Über Kohls »Sternstunde« berichtete die ZEIT, und der Herausgeber des SPIEGEL, Rudolf Augstein, stellte fest: »Den Staatsmann Kohl wird man nicht mehr von der Landkarte tilgen können. – Glückwunsch, Kanzler!« Übrigens wurde er zwei Tage vor der Feier der Wiedervereinigung, am 1. Oktober 1990, auf dem Hamburger Parteitag der CDU wieder zum Vorsitzenden gewählt, diesmal, anders als ein Jahr zuvor in Bremen, mit der überwältigenden Mehrheit von 98,5 Prozent oder mit 943 Stimmen bei nur vierzehn Gegenstimmen und sieben Enthaltungen.

Man stelle sich vor, dass Helmut Kohl zur Verblüffung Deutschlands und der Welt am 4. Oktober 1990 seinen Rücktritt vom Amt des Bundeskanzlers bekannt gegeben und Wolfgang Schäuble als seinen Nachfolger vorgeschlagen hätte. Warum eigentlich nicht? Es wäre ein Akt der Weisheit gewesen. Das Wesentliche war getan und der bismarckähnliche Platz in der Geschichte gesichert. Von nun an konnte es bloß noch den Abstieg in die Niederungen des politischen Alltags geben.

Aber gerade erst die Halbzeit der Kanzlerschaft war tatsächlich erreicht, und in Wahrheit kam so etwas nie in Betracht, aus doppeltem Grund. Zunächst einmal gehört der Genuss der Macht zu den subtilsten oder den abgründigen Versuchungen, denen der Mensch ausgesetzt ist, wie schon die Bibel berichtet: »Wiederum führte ihn der Teufel mit sich auf einen sehr hohen Berg und zeigte ihm alle Reiche der Welt und ihre Herrlichkeit und sprach zu ihm: Das alles will ich dir geben, wenn du niederfällst und mich anbetest.« Wer einmal von der Versuchung gekostet hat, den lässt sie so wenig mehr los wie die Droge den Süchtigen. Nur der Tod, die Abwahl oder die Gewalt können ihn von seinem hohen Berg herabstürzen. Jedenfalls kommt es sehr selten vor, dass der Mächtige freiwillig auf seine Macht verzichtet, wenn es klug und an der Zeit wäre, das zu tun. Kaiser Karl V. und George Washington fallen einem als große Beispiele ein, aber man gerät schon in Verlegenheit, wenn man einen dritten oder vierten Namen nennen soll. Dass der Mächtige über die Bürde klagt, die er zu tragen hat, und davon spricht, wie sehr er sich nach Ruhe sehnt, sollte man nicht weiter ernst nehmen; es gehört zur Selbstdarstellung.

Wenn der Genuss der Macht ein eher verborgenes Motiv bildet, dann kam für Helmut Kohl ein zweites, durchaus bewusstes und sehr ehrenwertes noch hinzu. Er war nicht nur ein deutscher Patriot, sondern auch ein Herzenseuropäer – und darin der echte Enkel Konrad Adenauers. Wie der Gründungskanzler der Bundesrepublik war er davon überzeugt, dass die deutsche Einheit in die europäische eingebettet sein müsse; das Unheil, das den ersten deutschen Nationalstaat befallen hatte, weil er Europa beherrschen wollte statt sich einzufügen, sollte um jeden Preis vermieden werden. Gab es dafür Garantien, die über das Naheliegende hinaus in die Zukunft wiesen? Nein, wohl kaum. Zwar bildete für die alte Bundesrepublik die Einbindung in den Westen angesichts ihrer Frontlage im Kalten Krieg und der Furcht vor der sowjetischen Gefahr ein Gebot der Selbsterhaltung. Aber der Kalte Krieg war zu Ende, das sowjetische Imperium brach zusammen, und die Ängste verloren sich im Siegesgefühl.

»Wenn ich einmal nicht mehr da bin, weiß ich nicht, was aus Deutschland werden soll, wenn es uns nicht doch noch gelingen sollte, Europa rechzeitig zu vereinen.« Der Satz stammt von

Konrad Adenauer, doch unausgesprochen bildete er das Motto für die zweite Hälfte von Kohls Kanzlerschaft. Während er sich den innerdeutschen Problemen eher unlustig widmete und sehr vieles schleifen ließ, setzte er seine ganze Kraft und mit Vorbedacht auch das internationale Ansehen, das er gewonnen hatte, dafür ein, die Einigung Europas vorantreiben und sie unumkehrbar zu machen, zum Beispiel durch den Vertrag von Maastricht und die Einführung einer europäischen Währung. Falls es bei geschichtlichen Urteilen halbwegs gerecht zugeht und sie über den dramatischen Ereignissen nicht das mühselige Ringen um ein Vorwärtskommen Schritt für Schritt aus dem Auge verlieren, wird darum Helmut Kohl nicht nur als der Kanzler der Einheit, sondern auch als europäischer Staatsmann von Rang zu würdigen sein.

Übrigens ist es amüsant zu sehen, wie zielbewusst – oder wenn man so will, skrupellos – Kohl auf dem diplomatischen Parkett das Private und Persönliche, die »Männerfreundschaft«, weiterhin oder jetzt erst recht als ein Mittel zum Zweck einsetzte, sogar dann, wenn es Amtswechsel gab. Als der gute Freund George Bush im Präsidentschaftswahlkampf geschlagen wurde und Bill Clinton an seine Stelle trat, begann sogleich, was die amerikanische Presse als »Nudeldiplomatie« bezeichnete; besser als der Neuling im Weißen Haus wusste der Besucher aus Deutschland, wo es nebenan ein gutes italienisches Restaurant gab. Als Gorbatschow stürzte und sein Rivale Boris Jelzin ihn fortschob, wurde die Männerfreundschaft ohne weiteres auf den neuen Mann übertragen. Und so überall, wo immer es möglich war. Mit Treulosigkeit hat das wenig zu tun, doch umso mehr mit praktischer und erfolgreicher Politik. Nur Asketen oder Idealisten und Ideologen erweisen sich dann noch als Spielverderber.

Leider begegnet man denen in Deutschland. Der Abstieg in einen grauen Alltag begann gleich nach der Vereinigungsfeier des 3. Oktober 1990. Die Begeisterung verflog, und eine wachsende Verdrossenheit hielt ihren Einzug. Bei der Bundestagswahl vom 2. Dezember erreichte die Union nur noch 43,8 Prozent, weniger als 1987. »Im Herbst 1989 griff Kohl nach dem vorüberrauschenden Mantel der Geschichte, wurde hochgetragen und unsanft wieder auf den Boden gesetzt«, hieß es in einem Zeitungskommentar. Immerhin erzielte die FDP mit elf Prozent ein Rekordergebnis. So genannte Überhangmandate kamen hinzu, und darum konnte man mit bequemer Mehrheit weiterregieren. Vier Jahre später, bei der Wahl vom 16. Oktober 1994, sah es schlechter aus. Die Union fiel wiederum zurück und erreichte knapp über 41 Prozent. Auch die FDP verlor. Nur mit einigen Überhangmandaten blieb der Koalition im Bundestag eine dünne Mehrheit von zehn Sitzen. Das Ende das Jahres 1998 kam in Sicht.

Wie soll man den Abstieg erklären? Zunächst sollte man wohl von einer seelischen Verfinsterung sprechen, für die der Kanzler kaum verantwortlich war. Es scheint beinahe so, als könnten die Deutschen ohne Feindbilder nicht auskommen; in früheren Kapiteln haben wir davon schon gesprochen. Zur Geschichte des deutschen Nationalismus im 19. Jahrhundert gehörte der Franzosenhass, zur Reichsgründung der »Erbfeind«. Bismarck erfand dann die »rote Gefahr« und impfte sie dem Bürgertum ein. Am Beginn des Ersten Weltkrieges explodierte der Englandhass. Hitlers Erfolg gründete im wahnhaften Entwurf von Feindbildern: der Novemberverbrecher, der Demokraten und Marxisten, der Juden, der bolschewistischen Untermenschen. Aber auch die Bundesrepublik ist im Zeichen des Kalten Krieges mit ihrem Feindbild im Osten und den zugehörigen Ängsten entstanden und aufgewachsen; darauf beruhten Adenauers Erfolge. Die DDR besaß zu ihrer Rechtfertigung überhaupt nichts als den imperialistischen Klassenfeind; sie war verloren, als mit dem Ende des Kalten Krieges dieses Feindbild zerfiel.

Nun aber, seit 1990, sahen sich die Deutschen unversehens »von Freunden umzingelt«, und sie litten unter den Entzugserscheinungen. Die Linksintellektuellen grollten, weil ihnen mit der sozialistischen Utopie das zugehörige Bild des Bösen abhanden kam, andere und nicht zuletzt junge Menschen trieben nach rechts; es kam zu schlimmen Ausbrüchen des Fremdenhasses. Besonders pflegten »Ossis« und »Wessis« ihre wechselseitigen Vorurteile und fielen übereinander her.

Aber die wachsende Unzufriedenheit fand auch handfeste Gründe. Wegen der Kosten der deutschen Einheit schnellte die Staatsverschuldung in schwindelnde Höhen empor; gleichzeitig nahm die Last der Steuern und Abgaben zu. Die Arbeitslosigkeit wuchs, nicht nur, aber besonders in den neuen Bundesländern; dort erreichte sie eine Größenordnung wie zuletzt am Anfang der dreißiger Jahre im Zeichen der Weltwirtschaftskrise. Dass es diese allgemeine Krise jetzt nicht gab, machte den Tatbestand nur umso bitterer. Zwar erzielte die deutsche Industrie nach wie vor ihre Exporterfolge, doch überwiegend in »klassischen« Sektoren wie dem Automobil- und Maschinenbau, weit weniger in Zukunftsbereichen wie der Kommunikations- oder der Biotechnologie. Das erinnerte an die Zeit am Jahrhundertbeginn, als England über die klassischen, Deutschland indessen über die Zukunftsindustrien verfügte; was daraus wurde, ließ sich an der Jahrhundertgeschichte ablesen. Stand etwa der deutsche Niedergang bevor? Auch die Gipfeltreffen, zu denen sich die Staatsmänner der führenden Industriestaaten zusammenfanden, brachten keine Aussicht auf Besserung, sodass ein Kommentator mit Bitterkeit Goethe zitierte:

»Über allen Gipfeln
Ist Ruh,
In allen Wipfeln
Spürest du
Kaum einen Hauch;
Die Vöglein schweigen im Walde.
Warte nur, balde
Ruhest du auch.«

Was mit Sicherheit bevorstand, war die Entwicklung einer Altersgesellschaft, für die es in aller bisherigen Geschichte kein Beispiel gibt. Sie sprengt den Sozialstaat, der auf der stillschweigenden Voraussetzung beruht, dass viele junge Leute für wenige alte einstehen.

Doch was taten der Kanzler und seine Regierung? Stellten sie sich den Herausforderungen der Zukunft, etwa im Sinne einer »geistigen Erneuerung«? Begannen sie einen mutigen Schweiß-und-Tränen-Feldzug? Nahmen sie grundlegende Reformen in Angriff? Nein, sie beließen es beim Flickwerk und bei Versprechungen, die so uneingelöst blieben wie die, dass man die Arbeitslosigkeit halbieren werde und dass die Rente sicher sei.

Wenn man Kohls Spätzeit im Amt untersucht, erscheinen nur vier Sachverhalte als bemerkenswert, und sie alle erweisen sich als defensiv. Erstens kehrte der Kanzler zur bewährten Methode zurück, drängende Probleme zu leugnen oder jedenfalls zu entdramatisieren: »Das berührt mich überhaupt nicht. Die Hunde bellen, und die Karawane zieht weiter.« Zweitens wechselte er, als ließe sich damit etwas ausrichten, immer wieder, immer häufiger Mitarbeiter und Minister, sofern sie ihn nicht aus eigenem Antrieb verließen; am Ende blieben vom Anfang nur Juliane Weber und Norbert Blüm. Drittens duldete er als Parteivorsitzender immer weniger Unabhängigkeit; die Zeiten der Generalsekretäre Biedenkopf und Geißler lagen weit zurück. Er sog der Partei gewissermaßen das Blut aus den Adern; zwangsläufig erstarrte die CDU mehr und mehr zum bloßen Unterstützungs- und Wahlverein. Viertens versäumte es der Kanzler, seinem »Kronprinzen« Wolfgang Schäuble und damit auch der Partei und den Wählern Klarheit über den Zeitpunkt der Amtsübergabe zu verschaffen; halben Ankündigungen folgte bald wieder der Rückzug in die eigene Unentbehrlichkeit.

Alles in allem: Das Ende von Kohls »ewiger« Kanzlerschaft im Herbst 1998 war unabwendbar; übrigens wurde erstmals in der Geschichte der Bundesrepublik über den Machtwechsel demokratisch an der Wahlurne und nicht durch andere Umstände entschieden.

Helmut Kohl nahm den erzwungenen Abschied vom Amt erstaunlich gelassen hin; er legte auch den Parteivorsitz nieder und beschied sich mit dem Titel eines Ehrenvorsitzenden. Doch warum eigentlich nicht? Auf einmal erstrahlte sein verschlissenes Ansehen fast wieder wie neu; ein goldener »Herbst des Patriarchen« schien bevorzustehen. Die CDU vergaß ihn nicht und brauchte ihn; kaum jemals waren sein Zuspruch und seine Auftritte so gefragt wie jetzt.

Inzwischen stümperte die neue rot-grüne Regierungskoalition vor sich hin und beging hanebüchene handwerkliche Fehler. Statt, wie es sich gehört, zuerst die notwendigen Grausamkeiten zu begehen und danach Wohltaten zu verteilen, tat der dank seiner Stellung in der SPD mächtige Finanzminister Oskar Lafontaine das Gegenteil, um sich dann beleidigt zurückzuziehen, als es unabweisbar wurde, das Ruder herumzureißen. Wertvolle Zeit wurde vertan, und die Kanzlerschaft Gerhard Schröders begann eigentlich erst mit halbjähriger Verspätung im Frühjahr 1999, als Hans Eichel die Nachfolge Lafontaines antrat. »Die können es nicht«: Dieser Eindruck drängte sich auf. Eine Folge der Stümperei war, dass die CDU, ohne selber viel tun zu müssen, im Sommer und Herbst 1999 bei Europa-, Kommunal- und Landtagswahlen von Sieg zur Sieg schritt – mit ihrem Ehrenvorsitzenden vorweg.

Einen Gipfel erreichte er in den Tagen um den 9. November; der zehnte Jahrestag des Berliner Mauerfalls weckte gefühlsmächtige Erinnerungen. Aber nicht etwa die Frauen und Männer der einstigen Bürgerbewegung, die sich gegen das Herrschaftssystem der DDR erhoben und es zum Einsturz brachten, standen im Mittelpunkt der Aufmerksamkeit. Nein, die Scheinwerfer und Kameras richteten sich auf den Kanzler der Einheit. George Bush und Michail Gorbatschow eilten herbei, stolz darauf, ihrem alten Freund Helmut zur Seite zu sein.

Dann brach unversehens aus dem strahlenden Herbsthimmel das Unwetter los: der Parteispendenskandal der CDU, der mit jedem Tag größere Ausmaße erreichte. Kohl gestand ein, dass er selbst Spenden in Millionenhöhe entgegengenommen hatte, die nicht ordnungsgemäß verbucht wurden. Und, weitaus schlimmer: Er weigerte sich gegen das in seinem Amtseid Geschworene Recht und Gesetz, die Namen der Spender zu nennen, weil, so die Begründung, er ihnen sein Manneswort darauf gegeben habe, dass sie anonym bleiben würden. Die Spekulationen schossen ins Kraut, die Empörung schlug hohe Wellen, die CDU geriet jäh in eine Zerreißprobe, in die tiefste Krise ihrer Geschichte. Die Parteiführung legte Kohl nahe, seinen Ehrenvorsitz »einstweilen« ruhen zu lassen, woraufhin er selbst ihn niederlegte.

Ein Begriff kam plötzlich in aller Munde: das »System Kohl« – und zwar mit den Vorzeichen der Distanzierung, der Entrüstung, um nicht zu sagen des Ekels, als ob niemand dieses System gekannt hätte und keiner sein Teilhaber gewesen wäre. Das waren durchweg klägliche Aufführungen, wie bei jedem historischen Umbruch; wer alt genug war, um sich zu erinnern, dem gerieten die Nationalsozialisten vor Augen, die das nach 1945 niemals gewesen sein wollten, oder die »Wendehälse«, die sich aus dem Zusammenbruch der DDR zu retten versuchten.

Aber wie soll man sich das »System« eigentlich vorstellen? So, wie es unter der Hand in diesem Kapitel schon beschrieben worden ist: als ein dichtes Netz der persönlichen Beziehungen, Vertrauen gegen Vertrauen, das zum Zweck der Machteroberung und Machtbehauptung geknüpft wird. In der Lebensgeschichte Helmut Kohls zeigt es sich als ein durchgehendes Muster und Erfolgsprinzip, vom Gymnasiasten, der umtriebig zum Schulsprecher wird, oder vom Mitglied der Jungen Union, das in die Partei vordringt, sich unentbehrlich macht und erste Posten besetzt, über den Strategen, der erst Mainz und dann Bonn erobert, bis zum Kanzler, der in der Form der Männerfreundschaften seine Netze sogar international auswirft.

Friedbert Pflüger hat aus innerer Kenntnis das »System« beschrieben und seine Lehrsätze formuliert, unter anderem diese: »Erweise Politikern auf allen Ebenen kleine Gefallen, die wenig Zeit kosten, aber nachhaltig Freude bereiten. So schafft man sich Dankbarkeit und Loyalität. – Lade ab und zu politische Mitstreiter zu Essensrunden in den kleinen Kreis deiner Vertrauten ein. Damit bindest du sie in besonderer Weise an dich und schaffst eine Vertrautheit, die die anderen verpflichtet. – Schaffe dir in jeder Landesregierung, in jedem Landesvorstand, in jeder Parteivereinigung, in jedem Ministerium, in jeder Rundfunkanstalt usw. einen oder mehrere persönliche Vertraute neben den jeweiligen Chefs. Von diesen Vertrauten erfährt man von Zeit zu Zeit ungeschminkte Lagebilder, erfährt den Klatsch und Tratsch, wird über Spannungen informiert, die die jeweiligen Vorsitzenden aus Eigeninteresse verschweigen. – Wenn du jemandem aber ein attraktives Angebot machst und er es ablehnt, so streiche ihn fortan aus der Liste deiner Bekanntschaften.«

Zur Freundschaft gehört als konsequentes Gegenstück die Feindschaft. Es entsteht, so Pflüger, ein Innen-Außen-Schema der Zugehörigkeit und Nichtzugehörigkeit, das alles durchdringt. (In die Pfalz geladene Gäste wurden in Oggersheim empfangen und in Deidesheim beköstigt, aber niemals ins Rathaus von Ludwigshafen geführt, um sich ins »Goldene Buch« der Stadt einzutragen. Denn dort regierten leider Gottes »die Sozen«.) Nochmals Pflüger: »Bei einer Wahl ging es um das Ganze: Entweder wir gewinnen, oder es siegt das Böse. Und wie Trutz Graf Kerssenbrock sagt: ›Wenn Krieg ist, spielt es auch keine Rolle, woher das Geld für die Kriegskasse kommt.‹«

Je genauer man das »System« anschaut und seine Voraussetzungen überdenkt, desto mehr entsteht der Eindruck einer eigentlich *vorstaatlichen* Politik, in deren persönlich bestimmtem Freundschaftsgeflecht – beziehungsweise Feindverhältnis – die abstrakten Regelungen von Recht und Gesetz sich fast wie Fremdkörper ausnehmen. Und falls man den Spendenskandal für einen Augenblick beiseite lässt, entsteht das liebenswert altertümliche Bild vom Vieh- oder Pferdehandel, bei dem die Käufe und Verkäufe, weil man einander kennt, mit dem Handschlag und nicht etwa mit einer Unterschrift beim Notar besiegelt werden. (»Hier gilt noch ein Wort«, bekam der Verfasser einst zu hören, als er in Zürich über seine Berufung an die dortige Universität verhandelte und nach einem Stück Papier verlangte.) Die Umgangssprache redet verächtlich vom »Kuhhandel«, aber solange der mit dem Handschlag oder dem Manneswort funktioniert, als sei man unter Freunden, erweist er sich als höchst effektiv.

Persönliche Beziehungsgeflechte hat es immer gegeben, und sie werden wohl auch in der Zukunft ihre Rolle spielen. Sie entsprechen dem Wesen des Menschen, und eine Welt ganz ohne sie würde sehr kalt, beinahe unmenschlich sein. Es geht also kaum ums Entweder-Oder, sondern um Mischungsverhältnisse, um das normative Prinzip, dem der Vorrang gebührt. Zur modernen Entwicklung seit Beginn der Neuzeit gehört die Ablösung von Lehnsverhältnissen durch den Staat, der Gefolgschaftstreue durch den Beamteneid, der Ungleichheit durch die Gleichheit, der Blutrache und Feme durch das Recht, der Gunst oder Ungunst durch das Gesetz – kurzum: das Urteilen und Handeln *ohne Ansehen der Person*. Alles, was dahinter zurückfällt, erscheint als Verletzung der Norm, als Korruption, mit Hegel zu reden als »Gerüste des Unrechts«.

Die nachträgliche Entrüstung über das »System Kohl« offenbart die Entdeckung oder das Eingeständnis, dass eigentlich systemwidrig war, was alle Eingeweihten doch kannten. Die standhafte Weigerung des Altkanzlers, die Namen derer zu nennen, die ihm Geld gaben, weil er dafür bei ihnen im Handschlag und im Wort steht, offenbart diese Systemwidrigkeit nur besonders pointiert. In der Unvereinbarkeit der Welten kann man dann je nach dem Standpunkt die altmodische Ehrenhaftigkeit bewundern oder den Rechtsbruch beklagen.

Aber Kohl hat nicht erfunden, sondern bloß übernommen und zur Meisterschaft entwickelt, was er vorfand und worin er aufwuchs. Im Grunde handelt es sich um das System der rheinischen Republik, von Konrad Adenauer geprägt, der wiederum seine Lehrjahre im sprichwörtlichen »Kölschen Klüngel« verbrachte; also in einem für Außenstehende kaum durchschaubaren Miteinander, zu dem nicht die preußisch-protestantische Pingeligkeit, sondern das vertrauliche Geben und Nehmen gehört – und nicht Kants Kategorischer Imperativ, sondern die Feststellung, mit diesem Klüngeln immer »janz jut jefahren« zu sein. An vielen Beispielen von Adenauers »füchsischem« Verhalten ließe sich das nachweisen, zum Beispiel, um nur dies zu nennen, bei der Wahl Bonns zur Bundeshauptstadt.

Zur Sache gehört dann auch das Denken und Handeln in den Verhältnissen und Gegensätzen von Innen und Außen, von Zugehörigkeit und Nichtzugehörigkeit, von Freund und Feind. Adenauers Wahltriumphe beruhten darauf, dass er dem parteipolitischen Gegner, also vorab den Sozialdemokraten, unterstellte, alle seine Wege führten »nach Moskau«. (Auf einem Wahlplakat der CDU sah man am Ende dieses Weges die mongoloide Fratze eines Sowjetsoldaten.) Das Ergebnis war 1957 der Gewinn der absoluten Mehrheit, die niemals zuvor oder seither eine Partei bei freien Wahlen erreichte.

Kein Zweifel: Für die Zukunft Deutschlands und der Deutschen hängt beinahe alles davon ab, dass wir das rheinische System hinter uns lassen und aus dem Freund-Feind-Denken herausfinden. Es gehört zur Größe Helmut Kohls, die seinen staatsmännischen Rang begründet, dass ihm dies zumindest auf dem Felde der internationalen Beziehungen gelungen ist. Gewiss nicht allein, aber als wesentlich Mitwirkender hat er den Kalten Krieg aus der Welt geschafft, als sich die Möglichkeit dazu ergab. Es gehört weiter zu seiner Größe, dass er die Wiedervereinigung wollte, obwohl sich absehen oder erahnen ließ, dass er damit nicht nur das Herrschaftssystem der DDR, sondern auch sein eigenes zerstörte. Zu den symbolträchtigen Handlungen, die folgten, zählten der Regierungsumzug von Bonn nach Berlin, für den Kohl sich nach einigem Zögern einsetzte, und die Förderung »des Mädchens« Angela Merkel, der protestantischen Pastorentochter aus dem Osten, die dann in der Existenzkrise der Bonner Staatspartei zur neuen Vorsitzenden und mindestens zeitweilig zum Hoffnungsträger der CDU aufrückte. Aber vielleicht gehört es überhaupt zur geschichtlichen Größe, dass mit ihr die Tragik, ein Verhängnis, das Schuldigwerden verbunden ist und dass dem Triumph der Absturz folgt.

Im Rückblick auf die rheinische Republik, die Helmut Kohl verkörperte und die er abschaffte, wird man wahrscheinlich einmal sagen, dass sie nach allem vorangegangenen Unheil als eine der gelungenen oder sogar glücklichen Epochen der deutschen Geschichte anzusehen ist. Was nun folgt, wissen wir nicht. Das kann erst die Zukunft erweisen.

Hinweise zur Literatur

Allgemeines zur deutschen Geschichte

Aubin, Hermann/Zorn, Wolfgang (Herausgeber): Handbuch der deutschen Wirtschafts- und Sozialgeschichte, 2 Bände, Stuttgart 1971 und 1976.

Boockmann, Hartmut/Schulze, Hagen/Schilling, Heinz/Stürmer, Michael: Mitten in Europa. Deutsche Geschichte, Berlin 1984.

Borchardt, Knut: Grundriß der deutschen Wirtschaftsgeschichte, 2. Auflage Göttingen 1985.

Craig, Gordon A.: Über die Deutschen, München 1982. Deutschland. Porträt einer Nation, Band 1: Geschichte, Güterloh 1985.

Gebhardt, Bruno: Handbuch der deutschen Geschichte, herausgegeben von Herbert Grundmann, Bände I – IV, Stuttgart 1970 ff. (Nachfolgend auch Taschenbuchausgaben, München 1973 ff.)

Huber, Ernst Rudolf: Deutsche Verfassungsgeschichte seit 1789, Stuttgart 1963 ff.

Krockow, Christian Graf von: Die Deutschen in ihrem Jahrhundert 1890–1990, Reinbek bei Hamburg 1990.

Mann, Golo: Deutsche Geschichte des 19. und 20. Jahrhunderts, Frankfurt am Main 1960.

Militärgeschichtliches Forschungsamt (Herausgeber): Deutsche Militärgeschichte 1648–1939, 6 Bände, München 1979 ff.

Nipperdey, Thomas: Nachdenken über die deutsche Geschichte, Ausgabe München 1990.

Plessner, Helmuth: Die verspätete Nation. Über die politische Verführbarkeit bürgerlichen Geistes, Stuttgart 1959.

Ploetz: Deutsche Geschichte. Epochen und Daten, herausgegeben von Werner Conze und Volker Hentschel, 2. Auflage Freiburg und Würzburg 1980.

Rassow, Peter: Deutsche Geschichte, herausgegeben von Martin Vogt, Stuttgart 1987.

Wehler, Hans-Ulrich: Deutsche Gesellschaftsgeschichte, 4 Bände, München 1987 ff.

Martin Luther

Aland, Kurt: Hilfsbuch zum Lutherstudium, 3. Auflage Witten 1970.

Derselbe: Die 95 Thesen Martin Luthers und die Anfänge der Reformation, Gütersloh 1983.

Bainton, Roland H.: Martin Luther, 7. Auflage Göttingen 1980.

Bornkamm, Heinrich: Luthers Lehre von den zwei Reichen im Zusammenhang seiner Theologie, 3. Auflage Gütersloh 1969.

Derselbe: Luther im Spiegel der deutschen Geistesgeschichte, 2. Auflage Tübingen 1970.

Brecht, Martin: Martin Luther, 3 Bände, Stuttgart 1981–1987.

Derselbe: Luther als Schriftsteller. Zeugnisse seines literarischen Gestaltens, Stuttgart 1990.

Erikson, Erik H.: Der junge Mann Luther. Eine psychoanalytische und historische Studie, München 1964.

Febvre, Lucien: Martin Luther, Frankfurt am Main und New York, 2. Auflage 1996.

Friedenthal, Richard: Luther. Sein Leben und seine Zeit, Taschenbuchausgabe, 9. Auflage München 1997.

Hinrichs, Carl: Luther und Müntzer. Ihre Auseinandersetzung über Obrigkeit und Widerstandsrecht, 2. Auflage Berlin 1962.

Iwand, Hans Joachim: Luthers Theologie, München 1974.

Junghans, Helmar: Wittenberg als Lutherstadt, 2. Auflage München und Berlin 1996.

Kremers, Heinz: (Herausgeber): Die Juden und Martin Luther. Martin Luther und die Juden, Neukirchen 1985.

Kroker, Ernst: Katharina von Bora, Martin Luthers Frau. Ein Lebens- und Charakterbild, 12. Auflage Berlin 1972.

Lohse, Bernhard: Martin Luther. Eine Einführung in sein Leben und sein Werk, 3. Auflage München 1997.

Löwe, Hartmut/Roepke, Claus-Jürgen (Herausgeber): Luther und die Folgen, München 1983.

Obermann, Heiko A.: Wurzeln des Antisemitismus. Christenangst und Judenplage im Zeitalter von Humanismus und Reformation. Berlin 1981.

Derselbe: Luther. Mensch zwischen Gott und Teufel, Berlin 1982.

Rabe, Horst: Deutsche Geschichte 1500–1600. Das Jahrhundert der Glaubensspaltung, München 1991.

Reuter, Fritz (Herausgeber): Der Reichstag zu Worms von 1521. Reichspolitik und Luther-Sache, 2. Auflage Berlin 1981.
Rogge, Joachim (Herausgeber): Luther in Worms. Ein Quellenband, Witten 1971.
Simon-Netto, Uwe: Luther als Wegbereiter Hitlers? Zur Geschichte eines Vorurteils, Gütersloh 1993.
Stauffer, Richard: Die Entdeckung Luthers im Katholizismus. Die Entwicklung der katholischen Lutherforschung seit 1904 bis zu Vatikan II, Zürich 1968.
Veit, Patrice: Das Kirchenlied in der Reformation Martin Luthers, Stuttgart 1986.
Volz, Hans: Martin Luthers deutsche Bibel. Entstehung und Geschichte der Lutherbibel, herausgegeben von Henning Wendland, Hamburg und Berlin 1979.
Wolf, Gunther (Herausgeber): Luther und die Obrigkeit, Darmstadt 1972.
Wolf, Herbert (Herausgeber): Luthers Deutsch. Sprachliche Leistung und Wirkung, Frankfurt am Main 1996.

Friedrich Wilhelm I.

Blasius, Dirk (Herausgeber): Preußen in der deutschen Geschichte, Königstein/Taunus 1980.
Büsch, Otto: Militärsystem und Sozialleben im alten Preußen 1713–1807. Die Anfänge der sozialen Militarisierung der preußisch-deutschen Gesellschaft, Berlin 1963.
Craig, Gordon A.: Die preußisch-deutsche Armee 1640–1945, Staat im Staate, Düsseldorf 1960.
Droysen, Johann Gustav: Friedrich Wilhelm I., 2 Bände, Leipzig 1869.
Fassmann, David: Leben und Thaten des Allerdurchlauchtigsten und Großmächtigsten Königs von Preußen Friederici Wilhelmi, Hamburg, Breslau und Frankfurt 1735–1741.
Förster, Friedrich Chr.: Friedrich Wilhelm I., König in Preußen, 3 Bände, Potsdam 1834/35.
Derselbe: Urkundenbuch zur Lebensgeschichte Friedrich Wilhelm I., 2 Bände, Potsdam 1834/35.
Haffner, Sebastian: Preußen ohne Legende, Hamburg 1978.
Hinrichs, Carl: Preußentum und Pietismus. Der Pietismus in Brandenburg-Preußen als religiös-soziale Reformbewegung, Göttingen 1971.
Derselbe: Friedrich Wilhelm I., König in Preußen. Eine Biographie. Teil I: Jugend und Aufstieg. Ergänzter Neudruck Darmstadt 1974.
Derselbe: Der Kronprinzenprozeß, Hamburg 1936.

Hintze, Otto: Die Hohenzollern und ihr Werk. Fünfhundert Jahre vaterländische Geschichte, Berlin 1915, Neuausgabe Moers 1979.
Klepper, Jochen: Der Vater. Roman des Soldatenkönigs, zuerst 1937, Ausgabe Stuttgart 1991.
Derselbe: In tormentis pinxit, Stuttgart 1938.
Morgenstern, S. J.: Über Friedrich Wilhelm I., Osnabrück 1978.
Neumann, Hans-Joachim: Friedrich Wilhelm I. Leben und Leiden des Soldatenkönigs, Berlin 1993.
Oestreich, Gerhard: Friedrich Wilhelm I. Preußischer Absolutismus, Merkantilismus, Militarismus, Göttingen 1977.
Schlenke, Manfred (Herausgeber): Preußische Geschichte. Eine Bilanz in Daten und Deutungen, 2. Auflage Freiburg und Würzburg 1981.
Schmoller, Gustav: Preußische Verfassungs-, Verwaltungs- und Finanzgeschichte 1640–1888, Berlin 1921.
Stadelmann, Rudolph: Preußens Könige in ihrer Tätigkeit für die Landescultur. Band I: Friedrich Wilhelm I., Leipzig 1878.
Venohr, Wolfgang: Der Soldatenkönig. Revolutionär auf dem Thron, Taschenbuchausgabe Frankfurt am Main und Berlin 1990.
Wilhelmine, Markgräfin von Bayreuth: Memoiren, Ausgabe Leipzig 1920.

Immanuel Kant

Beck, Lewis W.: Kants »Kritik der praktischen Vernunft«. Ein Kommentar, München 1974.
Burg, Peter: Kant und die Französische Revolution, Berlin 1974.
Gause, Fritz: Kant und Königsberg. Ein Buch der Erinnerung zu Kants 250. Geburtstag am 22.4.1974, Leer 1974.
Heimsoeth, Heinz: Transzendentale Dialektik. Ein Kommentar zu Kants »Kritik der reinen Vernunft«, Teile 1–4, Berlin 1966–1971.
Hinske, Norbert: Kant als Herausforderung an die Gegenwart, Freiburg im Breisgau 1980.
Hoppe, Hans Georg: Kants Theorie der Physik. Eine Untersuchung über das »Opus postumum« von Kant, Frankfurt am Main 1965.
Kant, Immanuel: Gesammelte Schriften, herausgegeben von der Königlich Preußischen Akademie, weitergeführt von der Deutschen Akademie der Wissenschaften zu Berlin, 23 Bände, Berlin und Leipzig 1900–1955.
Derselbe: Werke in sechs Bänden, herausgegeben von Wilhelm Weischedel, Wiesbaden und Frankfurt am Main 1956–1964.
Derselbe: Vorlesungen, herausgegeben von der Akademie der Wissenschaften zu Berlin, Berlin 1961 ff.

Derselbe: Philosophische Einzelschriften, erschienen im Verlag Felix Meiner, Hamburg.
Derselbe: Politische Schriften, herausgegeben von Otto Heinrich von der Gablentz, Köln und Opladen 1965.
Immanuel Kant. Sein Leben in Darstellungen von Zeitgenossen. Die Biographien von L. E. Borowski, R. B. Jachmann und E. A. Ch. Wasianski, herausgegeben von Felix Gross, Neudruck Darmstadt 1993.
Kant-Lexikon: Nachschlagewerk zu Kants sämtlichen Schriften, Briefen und handschriftlichem Nachlaß, bearbeitet von Rudolf Eisler, Nachdruck Hildesheim 1964.
Kroner, Richard: Von Kant bis Hegel. Band 1: Von der Vernunftkritik zur Naturphilosophie, Tübingen 1921.
Luf, Gerhard: Freiheit und Gleichheit. Die Aktualität im politischen Denken Kants, Wien 1978.
Marquardt, Odo: Skeptische Methode im Blick auf Kant, Freiburg im Breisgau und München 1958.
Simmel, Georg: Kant. Sechzehn Vorlesungen, 4. Auflage München und Leipzig 1918.
Schultz, Uwe: Immanuel Kant mit Selbstzeugnissen und Bilddokumenten, 20. Auflage Reinbek bei Hamburg 1992.
Schweitzer, Albert: Die Religionsphilosophie Kant's von der Kritik der reinen Vernunft bis zur Religion innerhalb der Grenzen der bloßen Vernunft, Freiburg im Breisgau 1899.
Stavenhagen, Kurt: Kant und Königsberg, Göttingen 1949.
Topitsch, Ernst: Die Voraussetzungen der Transzendentalphilosophie: Kant in weltanschauungsanalytischer Beleuchtung, Hamburg 1975.
Vorländer, Karl: Immanuel Kant. Der Mann und das Werk, 2 Bände, Leipzig 1924.
Wellmer, Albrecht: Ethik und Dialog. Elemente des moralischen Urteils bei Kant und in der Diskursethik, Frankfurt am Main 1986.

Friedrich August Ludwig von der Marwitz

Arndt, Ernst Moritz: Geist der Zeit. Vier Teile, Berlin 1806–1818.
Arnim, H. Graf von: Märkischer Adel, 2. Auflage Berlin 1990.
Bailleu, Paul: Königin Luise. Ein Lebensbild, 2. Auflage Berlin 1923.
Bleberstein, Johannes Rogalla von: Adelsherrschaft und Adelskultur in Deutschland, Bern, Frankfurt am Main und andere 1989.
Blumenthal, Maximilian: Der preußische Landsturm von 1813, Berlin 1900.
Buttlar, Madelaine von: Die politischen Vorstellungen des Friedrich August

Ludwig von der Marwitz. Ein Beitrag zur Genesis und Gestalt konservativen Denkens in Preußen, Frankfurt am Main und andere 1980.
Fehrenbach, Elisabeth (Herausgeberin): Adel und Bürgertum in Deutschland 1740–1848, München 1994.
Fontane, Theodor: Vor dem Sturm (Roman), Ausgabe München 1957.
Derselbe: Schloß Friedersdorf. In: Wanderungen durch die Mark Brandenburg, zweiter Band: Das Oderland, Nymphenburger Ausgabe München 1977, S. 191–246.
Greiffenhagen, Martin: Das Dilemma des Konservatismus in Deutschland, München 1971.
Kayser, Walther: Marwitz, Hamburg 1936.
Koselleck, Reinhart: Preußen zwischen Reform und Restauration. Allgemeines Landrecht, Verwaltung und soziale Bewegung von 1791 bis 1848, 3. Auflage Stuttgart 1981.
Lehman, Max: Scharnhorst, 2 Bände, Leipzig 1887.
Lieven, Dominic: Abschied von Macht und Würden. Der europäische Adel 1815–1945, Frankfurt am Main 1995.
Maercker, August: Die von der Marwitz im brandenburg-preußischen Heere, Berlin 1891.
Meusel, Friedrich (Herausgeber): Friedrich August Ludwig von der Marwitz. Ein märkischer Edelmann im Zeitalter der Befreiungskriege. Band 1: Lebensbeschreibung, Berlin 1908. Band 2: Tagebücher, politische Schriften und Briefe, Berlin 1913
Ramlow, Gerhard: Ludwig von der Marwitz, Berlin 1930.
Ranke, Leopold von (Herausgeber): Denkwürdigkeiten des Staatskanzlers Fürsten von Hardenberg, 5 Bände, Leipzig 1877.
Reif, Heinz: Geschichte des deutschen Adels im 19. und 20. Jahrhundert, München 1999.
Stamm-Kuhlmann, Thomas: König in Preußens großer Zeit. Friedrich Wilhelm III. der Melancholiker auf dem Thron, Berlin 1992.
Stern, Alfred: Abhandlungen und Aktenstücke zur Geschichte der preußischen Reformzeit 1807 bis 1815, Berlin 1885.
Vetter, Klaus: Kurmärkischer Adel und preußische Reformen, Weimar 1979.
Wehler, Hans-Ulrich (Herausgeber): Europäischer Adel 1750–1950, Göttingen 1990.

Baumgarten, Hermann: Der deutsche Liberalismus. Eine Selbstkritik, herausgegeben von Adolf M. Birke, Frankfurt am Main, Berlin und Wien 1974.
Derselbe: Treitschke's Deutsche Geschichte, Straßburg 1883.
Berding, Helmut: Moderner Antisemitismus in Deutschland, Frankfurt am Main 1988.
Boehlich, Walter (Herausgeber): Der Berliner Antisemitismusstreit, Frankfurt am Main 1965.
Boockmann, Hartmut: Deutsche Geschichte im Osten Europas. Ostpreußen und Westpreußen, Berlin 1992.
Breßlau, Harry: Zur Judenfrage. Sendschreiben an Herrn Professor Dr. Heinrich von Treitschke, 2. Auflage Berlin 1880.
Bußmann, Walter: Treitschke. Sein Welt- und Geschichtsbild, 2. Auflage Göttingen und Zürich 1981.
Cassel, Paulus: Wider Heinrich von Treitschke. Für die Juden, 5. Auflage Berlin 1880.
Claß, Heinrich: Wider den Strom. Vom Werden und Wachsen der Opposition im alten Reich, Leipzig 1932.
Delbrück, Hans: Die Sprachregelung. Fürst Bismarck und Heinrich von Treitschke, Berlin 1915.
Dorpalen, Andreas: Heinrich von Treitschke, New Haven 1957.
Faber, Karl-Georg: Die nationalpolitische Publizistik Deutschlands von 1866–1871. Eine kritische Bibliographie, 2 Bände, Düsseldorf 1963.
Gall, Lothar (Herausgeber): Liberalismus, 2. Auflage Königstein/Ts. 1980.
Kaufmann, Erich: Das Wesen des Völkerrechts und die clausula rebus sic stantibus, Tübingen 1911.
Kohn, Hans: Wege und Irrwege. Vom Geist des deutschen Bürgertums, Düsseldorf 1962.
Derselbe: Propheten ihrer Völker. Mill, Michelet, Mazzini, Treitschke, Dostojewski. Studien zum Nationalismus des 19. Jahrhunderts, Bern 1948.
Langer, Ulrich: Heinrich von Treitschke. Politische Biographie eines deutschen Nationalisten, Düsseldorf 1998.
Langewiesche, Dieter: Liberalismus in Deutschland, Frankfurt am Main 1988.
Leipprand, Ernst: Heinrich Treitschke im Geistesleben des 19. Jahrhunderts, Stuttgart 1935.
Meinecke, Friedrich: Weltbürgertum und Nationalstaat, München 1908.
Mommsen, Theodor: Auch ein Wort über unser Judentum, 4. Auflage Berlin 1880.

Neumann, S.: Die Fabel von der jüdischen Masseneinwanderung, Berlin 1880.

Neumüller, Michael: Liberalismus und Revolution. Das Problem der Revolution in der deutschen liberalen Geschichtsschreibung des 19. Jahrhunderts, Düsseldorf 1973.

Nipperdey, Thomas: Deutsche Geschichte 1800–1866, Bürgerwelt und starker Staat, 4. Auflage München 1987.

Derselbe: Deutsche Geschichte 1866–1918, 2 Bände, München 1990 und 1992.

Rürup, Reinhard: Emanzipation und Antisemitismus. Studien zur »Judenfrage« der bürgerlichen Gesellschaft, Göttingen 1975.

Schiemann, Theodor: Heinrich von Treitschkes Lehr- und Wanderjahre 1834–1867, 2. Auflage München und Leipzig 1898.

Schmoller, Gustav: Charakterbilder, München 1913.

Schoenebaum, Herbert: Heinrich von Treitschke, ohne Ort 1959.

Sell, Friedrich C.: Die Tragödie des deutschen Liberalismus, Stuttgart 1953

Siemann, Wolfram: Gesellschaft im Aufbruch. Deutschland 1849–1871, Frankfurt am Main 1990.

Treitschke, Heinrich von: Deutsche Geschichte im Neunzehnten Jahrhundert, 5 Bände, Leipzig 1879–1894; Neuausgabe Essen ohne Jahr.

Derselbe: Vaterländische Gedichte, Göttingen 1956.

Derselbe: Historische und politische Aufsätze, 5. Auflage Leipzig 1886.

Derselbe: Briefe, herausgegeben von Max Cornicelius, 3 Bände, Leipzig 1912–1920.

Derselbe: Zehn Jahre deutscher Kämpfe 1865–1874. Schriften zur Tagespolitik, Berlin 1874

Derselbe: Deutsche Kämpfe. Schriften zur Tagespolitik. Neue Folge, Leipzig 1896.

Derselbe: Das deutsche Ordensland Preußen. Mit einer Einleitung von Walter Bußmann, Göttingen 1955.

Derselbe: Politik. Vorlesungen, gehalten an der Universität zu Berlin, herausgegeben von Max Cornicelius, 2 Bände, Leipzig 1897 f.

Derselbe: Reden im Deutschen Reichstage 1871–1884, Leipzig 1896.

Derselbe: Ein Wort über unser Judenthum. Separatabdruck aus den »Preußischen Jahrbüchern«, 4. vermehrte Auflage Berlin 1881.

Derselbe: Über die Zukunft der norddeutschen Mittelstaaten, Berlin 1866.

Westphal, Otto: Welt- und Staatsauffassung des deutschen Liberalismus. Eine Untersuchung über die Preußischen Jahrbücher und den konstitutionellen Liberalismus in Deutschland von 1858 bis 1863, München 1919.

Winkler, Heinrich August: Preußischer Liberalismus und deutscher Nationalstaat, Tübingen 1964.
Wucher, Albert: Theodor Mommsen, Göttingen 1956.

August Bebel

Adamy, Kurt: Wilhelm Liebknecht 1826–1900. Daten aus seinem Leben und seiner politischen Tätigkeit, Potsdam 1976.
Autorenkollektiv unter Leitung von Horst Bartel: August Bebel. Eine Biographie, Berlin 1963.
Bebel, August: Aus meinem Leben, Bonn 1997.
Derselbe: Die Frau und der Sozialismus, Bonn 1994.
Derselbe: Sein Leben in Dokumenten, Reden und Schriften, herausgegeben von Helmut Hirsch, Köln und Berlin 1968.
Bernstein, Eduard: Geschichte der Berliner Arbeiterbewegung. Ein Kapitel zur Geschichte der deutschen Arbeiterbewegung, 3 Bände, Glashütten 1972.
Derselbe: Die Voraussetzungen des Sozialismus und die Aufgaben der Sozialdemokratie, Stuttgart 1899, 7. Auflage Bonn-Bad Godesberg 1977.
Born, Karl Erich: Wirtschafts- und Sozialgeschichte des Deutschen Kaiserreiches 1867/71–1914, Stuttgart 1985.
Braun, Lily: Memoiren einer Sozialistin, Berlin und Bonn 1985.
Carstens, Francis Ludwig: Eduard Bernstein 1850–1932. Eine politische Biographie, München 1993.
Conze, Werner/Groh, Dieter: Die Arbeiterbewegung in der nationalen Bewegung. Die deutsche Sozialdemokratie vor, während und nach der Reichsgründung, Stuttgart 1966.
Eisner, Kurt: Wilhelm Liebknecht. Sein Leben und Wirken, Berlin 1900.
Engelberg, Ernst: Deutschland 1849–1871. Von der Niederlage der bürgerlich-demokratischen Revolution bis zur Reichsgründung, Berlin 1972.
Derselbe: Deutschland von 1871 bis 1897. Deutschland in der Übergangsphase zum Imperialimus, Berlin 1965.
Fricke, Dieter: Die deutsche Arbeiterbewegung 1869–1914. Ein Handbuch über ihre Organisation und Tätigkeit im Klassenkampf, 2 Bände, Berlin 1987.
Gerlach, Hellmut von: August Bebel. Ein biographischer Essay. München 1909.
Grebing, Helga: Der Revisionismus. Von Eduard Bernstein bis zum »Prager Frühling«, München 1977.
Heidegger, Martin: Die deutsche Sozialdemokratie und der nationale Staat 1870–1920, Göttingen 1956.

Hirsch, Helmut: August Bebel. Mit Selbstzeugnissen und Bilddokumenten, Reinbek bei Hamburg 1988.

Derselbe: Rosa Luxemburg. In Selbstzeugnissen und Bilddokumenten, Reinbek bei Hamburg 1969.

Jansen, Heinrich: Georg von Vollmar. Eine politische Biographie, Düsseldorf 1958.

Jung, Werner: August Bebel. Deutscher Patriot und internationaler Sozialist. Seine Stellung zu Patriotismus und Internationalismus, Pfaffenweiler 1986.

Kautsky, Karl: Erinnerungen und Erörterungen, herausgegeben von Benedikt Kautsky, Den Haag 1960.

Lange, Annemarie: Berlin zur Zeit Bebels und Bismarcks, Berlin 1972.

Leipart, Theodor: Carl Legien, Köln 1981.

Mayer, Gustav: Arbeiterbewegung und Obrigkeitsstaat, herausgegeben von Hans-Ulrich Wehler, Bonn-Bad Godesberg 1972.

Derselbe: Erinnerungen. Vom Journalisten zum Historiker der deutschen Arbeiterbewegung, Zürich 1949.

Mehring, Franz: Geschichte der deutschen Sozialdemokratie. Erster und zweiter Teil. In: Mehring: Gesammelte Schriften, Band 1 und 2, Berlin 1976.

Miller, Susanne: Das Problem der Freiheit im Sozialismus. Freiheit, Staat und Revolution in der Programmatik der Sozialdemokratie von Lasalle bis zum Revisionismusstreit, Frankfurt am Main 1964.

Na'aman, Shlomo: Lasalle, Hannover 1970.

Ritter, Gerhard A.: Die Arbeiterbewegung im Wilhelminischen Reich. Die Sozialdemokratische Partei und die Freien Gewerkschaften 1890–1900, Berlin 1963.

Derselbe (Herausgeber): Das deutsche Kaiserreich 1871–1914. Ein historisches Lesebuch, 4. Auflage Göttingen 1981.

Derselbe (Herausgeber): Arbeiterkultur, Königstein/Ts. 1979.

Russell, Bertrand: Die deutsche Sozialdemokratie, herausgegeben von Achim von Borries, Berlin und Bonn 1978.

Schraepler, Ernst: August Bebel. Sozialdemokrat im Kaiserreich, Göttingen 1966.

Derselbe: August-Bebel-Bibliographie, herausgegeben von der Kommission für Geschichte des Parlamentarismus und der politischen Parteien, Düsseldorf 1962.

Seebacher-Brandt, Brigitte: Bebel. Künder und Kärrner im Kaiserreich, 2. Auflage Bonn 1990.

Stürmer, Michael: Das ruhelose Reich. Deutschland 1866–1918, Berlin 1983.

Wehler, Hans-Ulrich: Das deutsche Kaiserreich 1871–1918, Göttingen 1975.

Wendel, Hermann: August Bebel. Ein Lebensbild für deutsche Arbeiter, Berlin 1913.

Walther Rathenau

AEG: 50 Jahre AEG, Berlin 1956.

Berglar, Peter: Walther Rathenau. Seine Zeit, sein Werk, seine Persönlichkeit, Bremen 1970.

Böttcher, Helmuth M.: Walther Rathenau. Persönlichkeit und Werk, Bonn 1958.

Buber, Martin: Der Jude und sein Judentum. Gesammelte Aufsätze und Reden, Köln 1963.

Buddensieg/Hughes/Kocka und andere: Ein Mann vieler Eigenschaften. Walther Rathenau und die Kultur der Moderne, Berlin 1990.

Delbrück, Clemens von: Die wirtschaftliche Mobilmachung in Deutschland 1914, München 1924.

Federn-Kohlhaas, Etta: Walther Rathenau. Sein Leben und Wirken, Dresden 1927.

Fürstenberg, Carl: Die Lebensgeschichte eines deutschen Bankiers, herausgegeben von seinem Sohn, Berlin 1931.

Gottlieb, Ernst: Walther-Rathenau-Bibliographie, Berlin 1929.

Gumbel, Emil Julius: Vier Jahre politischer Mord, Berlin 1922; Neuausgabe mit Denkschrift des Reichsjustizministers, Heidelberg 1980.

Derselbe: Verschwörer. Zur Geschichte und Soziologie der deutschen nationalistischen Geheimbünde 1918 bis 1924, Heidelberg 1979.

Hecker, Gerhard: Walther Rathenau und sein Verhältnis zu Militär und Krieg, Boppard am Rhein 1983.

Hörster-Philipps, Ulrike: Joseph Wirth 1879–1956. Eine politische Biographie, Paderborn 1998.

Kallner, Rudolf: Herzl und Rathenau. Wege jüdischer Existenz an der Wende des 20. Jahrhunderts, Stuttgart 1976.

Kessler, Harry Graf: Aus den Tagebüchern 1918–1937, München 1965.

Derselbe: Walther Rathenau. Sein Leben und sein Werk, Berlin 1928, Neuausgabe Frankfurt am Main 1988.

Krüger, Gabriele: Die Brigade Ehrhardt, Hamburg 1971.

Lepenies, Wolf (Herausgeber): Ein Mann vieler Eigenschaften. Walther Rathenau und die Kultur der Moderne, Berlin 1990.

Lessing, Theodor: Der jüdische Selbsthaß, Berlin 1930.

Loeffler, Hans F.: Walther Rathenau – ein Europäer im Kaiserreich, Berlin 1997.

Die Neue Rundschau, 33. Jahrgang 1922. Darin Gedenkaufsätze für Rathenau, unter anderem von Ernst Troeltsch, Fritz von Unruh, Jakob Wassermann.

Orth, Wilhelm: Walther Rathenau und der Geist von Rapallo. Größe und Grenzen eines deutschen Bürgers, Berlin 1992.

Derselbe: Gesammelte Schriften in sechs Bänden, Berlin 1929.
Derselbe: Gesammelte Reden, Berlin 1924.
Rathenau, Walther: Gesamtausgabe, herausgegeben von Ernst Schulin und Hans-Dieter Hellige. Bisher erschienen: Band II, Hauptwerke und Gespräche, München und Heidelberg 1977; Band VI: Walther Rathenau, Maximilian Harden: Briefwechsel, 1983.
Derselbe: Nachgelassene Schriften, zwei Bände, Berlin 1928.
Derselbe: Briefe, zwei Bände, Dresden 1926.
Derselbe: Briefe, Neue Folge, Dresden 1928.
Derselbe: Politische Briefe, Dresden 1929.
Derselbe: Tagebuch 1907–1922, herausgegeben von Hartmut Pogge von Strandmann, Düsseldorf 1967.
Rieder, Alois: Emil Rathenau und das Werden der Großwirtschaft, Berlin 1916.
Sabrow, Martin: Die Macht der Mythen. Walther Rathenau im öffentlichen Gedächtnis, Berlin 1988.
Derselbe: Die verdrängte Verschwörung. Der Rathenau-Mord und die deutsche Gegenrevolution, Frankfurt am Main 1998.
Schulin, Ernst: Walther Rathenau. Repräsentant, Kritiker und Opfer seiner Zeit, 2. Auflage Göttingen 1992.
Troeltsch, Ernst: Spektator-Briefe. Aufsätze über die deutsche Revolution und die Weltpolitik 1918/1922, herausgegeben von Hans Baron, Tübingen 1924.
Wilde, Harry: Rathenau, Reinbek bei Hamburg 1971.

Georg Elser

Ackermann, Volker: Nationale Totenfeiern in Deutschland, Stuttgart 1990.
Albrecht, Ulrike: Das Attentat. Über Georg Elser und das Attentat auf Hitler im Bürgerbräukeller am 8. November 1939, München 1987.
Forschungsgemeinschaft 20. Juli e.V.: Bibliographie »Widerstand«, bearbeitet von Ulrich Catarius, München, New York, London, Paris 1984.
Georg-Elser-Arbeitskreis (Herausgeber): Gegen Hitler – Gegen den Krieg! Georg Elser, Heidenheim 1989.
Goguel, Rudi: Antifaschistischer Widerstandskampf 1933–1945, herausgegeben vom Komitee der Antifaschistischen Widerstandskämpfer der DDR, Berlin 1975.
Graml, Hermann (Herausgeber): Widerstand im Dritten Reich. Probleme, Ereignisse, Gestalten, Frankfurt am Main 1984.
Gruchmann, Lothar (Herausgeber): Autobiographie eines Attentäters. Der

Anschlag auf Hitler im Bürgerbräukeller 1939, zuerst 1970, Neuausgabe Stuttgart 1989.
Hoch, Anton/Gruchmann, Lothar: Der Attentäter aus dem Volke. Der Anschlag auf Hitler im Münchner Bürgerbräu 1939, zuerst 1969, Frankfurt am Main 1980.
Haasis, Hellmut G.: »Den Hitler jag' ich in die Luft«. Der Attentäter Georg Elser. Eine Biographie, 2. Auflage Berlin 1999.
Hoffman, Peter: Die Sicherheit des Diktators. Hitlers Leibwachen, Schutzmaßnahmen, Residenzen, Hauptquartiere. München und Zürich 1975.
Derselbe: Widerstand gegen Hitler. Probleme des Umsturzes, München 1979.
Ortner, Helmut: Der Attentäter. Georg Elser – der Mann, der Hitler töten wollte, Tübingen 1999.
Roon, Ger van: Widerstand im Dritten Reich, überarbeitete Neuausgabe, München 1987.
Schmädeke, Jürgen/Steinbach, Peter (Herausgeber): Der Widerstand gegen den Nationalsozialismus. Die deutsche Gesellschaft und der Widerstand gegen Hitler, München 1985.
Schoebe, Gerhard: Die Hitlerrede vom 8. November 1939, Hamburg 1960. Siehe auch: Domarus, Max: Hitler, Reden und Proklamationen 1932–1945. Kommentiert von einem deutschen Zeitgenossen, 2 Bände in 4 Teilbänden, Würzburg 1973.
Sheppard, Stephen: Georg Elser (Roman), München 1989.
Steinbach, Peter/Tuchel, Johannes: »Ich habe den Krieg verhindern wollen«. Georg Elser und das Attentat vom 8. November 1939, München 1987.
Dieselben (Herausgeber): Lexikon des Widerstandes 1933–1945, München 1994.
Dieselben (Herausgeber): Widerstand in Deutschland 1933–1945. Ein historisches Lesebuch, München 1994.
Wunderlich, Rudolf: Konzentrationslager Sachsenhausen bei Oranienburg 1939–1944, Frankfurt am Main 1997.
Zahl, Peter-Paul: Johann Georg Elser: Ein deutsches Drama, Berlin 1982.

Reinhard Heydrich

Ackermann, Josef: Heinrich Himmer als Ideologe, Göttingen und andere 1970.
Aronson, Shlomo: Reinhard Heydrich und die Frühgeschichte von Gestapo und SD, Dissertation Stuttgart 1971.
Banach, Jens: Heydrichs politische Elite. Das Führerkorps der Sicherheitspolizei und des SD 1936–1945, Paderborn 1998.

Best, Werner: Die deutsche Polizei, Darmstadt 1942.

Boberach, Heinz (Herausgeber): Meldungen aus dem Reich 1938–1945. Die geheimen Lageberichte des Sicherheitsdienstes der SS, Herrsching 1984.

Brandes, Werner: Die Tschechen unter deutschem Protektorat. Teil 1: Besatzungspolitik, Kollaboration und Widerstand im Protektorat Böhmen und Mähren bis Heydrichs Tod, 1939–1942, Oldenburg 1969.

Brissaud, André: Canaris, Frankfurt am Main 1976.

Buchheim, Hans/Broszat, Martin/Jacobsen, Hans Adolf/Krausnick, Helmut: Anatomie des SS-Staates, 2 Bände, Olten und Freiburg 1965 und 1967.

Burckhardt, Carl J.: Meine Danziger Mission 1937–1939, Zürich und München 1960.

Deutsch, Harold C.: Das Komplott oder die Entmachtung der Generäle. Blomberg- und Fritsch-Krise. Hitlers Weg zum Krieg, München 1974.

Deschner, Günther: Reinhard Heydrich. Statthalter der totalen Macht, 4. Auflage Esslingen 1999.

Fraenkel, Heinrich/Manvell, Roger: Himmler. Kleinbürger und Massenmörder, Berlin und andere 1965.

Gerhard, Paul/Mallmann, Klaus-Michael (Herausgeber): Die Gestapo. Mythos und Realität, Darmstadt 1995.

Gisevius, Hans Bernd: Bis zum bitteren Ende, Zürich 1954.

Großcurth, Helmut: Tagebücher eines Abwehroffiziers, 1938–1940, Stuttgart 1970.

Hamsik, D./Prazak, J.: Eine Bombe für Heydrich, Berlin 1964.

Heydrich, Lina: Leben mit einem Kriegsverbrecher, Pfaffenhofen 1976.

Heydrich, Reinhard: Ein Leben der Tat, Prag 1944.

Derselbe: Wandlungen unseres Kampfes, Berlin 1936.

Hilberg, Raul: Die Vernichtung der europäischen Juden. Die Gesamtgeschichte des Holocaust, Berlin 1982.

Höhne, Heinz: Der Orden unter dem Totenkopf, Gütersloh 1967.

Derselbe: Canaris. Patriot im Zwielicht, München 1976.

Derselbe: Mordsache Röhm. Hitlers Durchbruch zur Alleinherrschaft 1933–1934, Reinbek bei Hamburg 1984.

Janßen, Karl-Heinz/Tobias, Fritz: Der Sturz der Generäle. Hitler und die Blomberg-Fritsch-Krise 1938, München 1994.

Kersten, Felix: Totenkopf und Treue, Hamburg 1952.

Krausnick, Helmut/Wilhelm, Hans Heinrich: Die Truppe des Weltanschauungskrieges. Die Einsatzgruppen der Sicherheitspolizei und des SD 1938–1942, Stuttgart 1981.

Lang, Jochen von: Die Gestapo. Instrument des Terrors, Hamburg 1990.

Longerich, Peter (Herausgeber): Die Ermordung der europäischen Juden. Eine umfassende Dokumentation des Holocaust 1941–1945, München und Zürich 1989.
Derselbe: Die braunen Bataillone. Geschichte der SA, München 1989.
Nikulin, Lew: Die Affäre Tuchatschewski. In: Geköpfte Armee, Berlin 1965.
Norden, Peter: Salon Kitty, München 1973.
Otto, Reinhard: Wehrmacht, Gestapo und sowjetische Kriegsgefangene im sowjetisch-deutschen Reichsgebiet, München 1998.
Schellenberg, Walter: Memoiren, Köln 1956.
Smith, Bradley F.: Heinrich Himmler 1900–1926. Sein Weg in den deutschen Faschismus, München 1979.
Derselbe/Peterson, Agnes F. (Herausgeber): Heinrich Himmler, Geheimreden 1939–1945 und andere Ansprachen, Frankfurt am Main und andere 1974.
Speer, Albert, Erinnerungen, Berlin 1969.
Spengler, Wilhelm: Reinhard Heydrich. Werk und Wesen. In: Böhmen und Mähren, 5/6, Prag 1943.
Ströbinger, Rudolf: Das Attentat von Prag, Landshut 1977.
Wilhelm, Friedrich: Die Polizei im NS-Staat. Die Geschichte ihrer Organisation im Überblick, Paderborn 1997.
Zipfel, Friedrich: Gestapo und Sicherheitsdienst, Berlin 1960.
Derselbe: Kirchenkampf in Deutschland 1933–1945, Berlin 1965.

Helmut Kohl

Ackermann, Eduard: Mit feinem Gehör. Vierzig Jahre in der Bonner Politik, Bergisch-Gladbach 1994.
Appel, Reinhard (Herausgeber): Helmut Kohl im Spiegel der Macht, Bonn 1990.
Amim, Hans H. v.: Die Partei, der Abgeordnete und das Geld. Parteienfinanzierung in Deutschland, München 1996.
Beyme, Klaus von: Das politische System der Bundesrepublik. Deutschland nach der Wiedervereinigung, 7. überarbeitete Neuausgabe München 1993.
Biedenkopf, Kurt: Einheit und Erneuerung. Deutschland nach dem Umbruch in Europa, Stuttgart 1994.
Clough, Patricia: Helmut Kohl. Ein Porträt der Macht, München 1998.
Dettling, Warnfried: Das Erbe Kohls. Bilanz einer Ära, Frankfurt am Main 1994.
Dönhoff, Marion Gräfin: Deutschland, Deine Kanzler. Die Geschichte der

Bundesrepublik vom Grundgesetz zum Einigungsvertrag, München 1991.
Dreher, Klaus: Helmut Kohl. Leben mit Macht, Stuttgart 1998; Sonderausgabe München 2000.
Filmer, Werner/Schwan, Heribert: Helmut Kohl, Düsseldorf 1995.
Heiner Geißler: im Gespräch mit Gunter Hofmann und Werner A. Perger, Frankfurt am Main 1993.
Genscher, Hans-Dietrich: Erinnerungen, Berlin 1995.
Geschichte der deutschen Einheit, 4 Bände, Stuttgart 1999. Band 1: Karl-Rudolf Korte, Deutschlandpolitik in Helmut Kohls Kanzlerschaft. Regierungsstil und Entscheidungen 1982 bis 1989. – Band 2: Dieter Grosser, Das Wagnis der Währungs-, Wirtschafts- und Sozialunion. Politische Zwänge im Konflikt mit ökonomischen Regeln. – Band 3: Wolfgang Jäger, Die Überwindung der Teilung. Der innerdeutsche Prozeß der Vereinigung 1989/90. – Band 4: Werner Weidenfeld, Außenpolitik für die deutsche Einheit. Die Entscheidungsjahre 1989/90.
Goetz, John/Neumann, Conny/Schröm, Oliver: Allein gegen Kohl, Kiep & Co. Die Geschichte einer unerwünschten Ermittlung, 2. Auflage Berlin 2000.
Gorbatschow, Michail: Erinnerungen, Berlin 1995.
Jäger, Thomas/Piepenschneider, Melanie (Herausgeber): Europa 2020. Szenarien politischer Entwicklung, Opladen 1997.
Jelzin, Boris: Auf des Messers Schneide. Tagebuch eines Präsidenten, Berlin 1994.
Jesse, Eckhard: Die Parteien in der Bundesrepublik Deutschland, Stuttgart 1990.
John, Antonius: Rudolf Seiters. Einsichten in Amt, Person und Ereignisse, Bonn 1991.
Klein, Hans: Es begann im Kaukasus, Berlin 1991.
Kohl, Helmut: Ich wollte die deutsche Einheit. Dargestellt von Kai Diekmann und Ralf Georg Reuth, Berlin 1996.
Derselbe: Mein Tagebuch 1998–2000, München 2000.
Kowalski, Wolfgang: Projekt Europa. Die Zukunft der europäischen Integration, Opladen 1997.
Krockow, Christan Graf von: Der deutsche Niedergang. Ein Ausblick ins 21. Jahrhundert, Stuttgart 1998.
Langguth, Gerd (Herausgeber): Die Intellektuellen und die nationale Frage, Frankfurt am Main 1997.
Leyendecker, Hans/Stiller, Michael/Prantl, Heribert: Helmut Kohl, die Macht und das Geld, Göttingen 2000.
Maser, Werner: Helmut Kohl. Der deutsche Kanzler. Berlin 1993.
Mitterand, François: De l'Allemagne, de la France, Paris 1996.

Modrow, Hans: Aufbruch und Ende, Berlin 1991.
Nonnenmacher, Günther (Herausgeber): Die gespendete Macht. Parteiendemokratie in der Krise, Berlin 2000.
Pflüger, Friedbert: Ehrenwort. Das System Kohl und der Neubeginn, Stuttgart und München 2000.
Poller, Horst: Rechts oder links? Niedergang und Erneuerung der CDU, München 1998.
Pruys, Karl Hugo: Helmut Kohl. Die Biographie. Berlin 1995.
Scharpf, Fritz W.: Regieren in Europa. Effektiv und demokratisch? Frankfurt am Main und New York 1999.
Schäuble, Wolfgang: Mitten im Leben, München 2000.
Derselbe: Der Vertrag. Wie ich über die deutsche Einheit verhandelte, Stuttgart 1991.
Schmid, Josef: Die CDU. Organisationsstrukturen, Politiken und Funktionsweisen einer Partei im Föderalismus, Leverkusen 1990.
Schmidt, Ute: Von der Blockpartei zur Volkspartei? Die Ost-CDU im Umbruch 1989–1994, Wiesbaden 1997.
Scholl-Latour, Peter/Müller, Konrad R.: Helmut Kohl, Bergisch-Gladbach 1990.
Schönbohm, Jörg: Zwei Armeen und ein Vaterland. Das Ende der nationalen Volksarmee, Berlin 1992.
Schönbohm, Wulf: Die CDU wird moderne Volkspartei. Selbstverständnis, Mitglieder, Organisationen und Apparat 1950–1980, Stuttgart 1985.
Sontheimer, Kurt: Grundzüge des politischen Systems der neuen Bundesrepublik Deutschland, 15. überarbeitete Neuausgabe München 1993.
Strauß, Franz Josef: Die Erinnerungen, Berlin 1989.
Teltschik, Horst: 329 Tage. Innenansichten der Einigung, Berlin 1991.
Thatcher, Margaret: The Downing Street Years, London und New York 1995.
Vogel, Bernhard (Herausgeber): Das Phänomen. Helmut Kohl im Urteil der Presse, Stuttgart 1990.
Weidenfeld, Werner (Herausgeber): Amsterdam in der Analyse. Strategien für Europa, Gütersloh 1998.
Weizsäcker, Richard von: Vier Zeiten. Erinnerungen, Berlin 1997.
Richard von Weizsäcker im Gespräch mit Gunter Hofmann und Werner A. Perger, Düsseldorf 1993.
Wiedemeyer, Wolfgang: Helmut Kohl. Porträt eines deutschen Politikers, Bonn 1975.
Zelnikow, Philip/Rice, Condoleezza: Germany United and Europe Transformed. A Study in Statecraft, Cambridge/Mass. 1995.
Zimmermann, Friedrich: Kabinettstücke. Politik mit Strauß und Kohl, Berlin 1994.

Urheberrechtliche Hinweise

Um den Charakter eines Lesebuches zur deutschen Geschichte zu erhalten und den erzählerischen Fluss nicht zu stören, hat der Autor auf einzelne Quellennachweise verzichtet. Aus folgender neuerer Literatur wurde zitiert:

Zu Martin Luther:

Lucien Febvre: *Martin Luther.* Campus Verlag, Frankfurt am Main und New York, 2. Auflage 1996.

Richard Friedenthal: Luther. *Sein Leben und seine Zeit.* Piper Verlag, München 1967; Taschenbuchausgabe 9. Auflage 1997.

Bernhard Lohse: *Martin Luther. Eine Einführung in sein Leben und sein Werk,* C. H. Beck Verlagsbuchhandlung, München 1981; 3. überarbeitete Auflage 1997.

Herbert Wolf (Herausgeber): *Luthers Deutsch. Sprachliche Leistung und Wirkung,* Verlag Peter Lang, Frankfurt am Main 1996.

Zu Friedrich Wilhelm I.:

Marion Gräfin Dönhoff: *Namen, die keiner mehr nennt. Ostpreußen – Menschen und Geschichte,* Eugen Diederichs Verlag, Düsseldorf und Köln 1962.

Sebastian Haffner: *Preußen ohne Legende,* Stern-Magazin im Verlag Gruner + Jahr, Hamburg 1978.

Hans-Joachim Neumann: *Friedrich Wilhelm I. Leben und Leiden des Soldatenkönigs,* Edition q Verlag, Berlin 1993.

Jochen Klepper: *Der Vater. Roman des Soldatenkönigs,* Deutsche Verlags-Anstalt Stuttgart 1937, Ausgabe 1991.

Venohr, Wolfgang: *Der Soldatenkönig. Revolutionär auf dem Thron,* Ullstein Buch Nr. 34672, Ullstein Verlag, Frankfurt a. M. und Berlin 1990.

Zu Immanuel Kant:

Uwe Schultz: *Immanuel Kant mit Selbstzeugnissen und Bilddokumenten,* rowohlts monographien, Rowohlt Taschenbuch Verlag, Reinbek bei Hamburg 1965; 20. Auflage 1992.

Zu Friedrich August Ludwig von der Marwitz:

Gerhard Ritter: *Stein. Eine politische Biographie,* Deutsche Verlags-Anstalt, Neuausgabe Stuttgart 1958.

Zu Heinrich von Treitschke:

Bernhard Guttmann: *Schattenriß einer Generation. 1888–1919,* Deutsche Verlags-Anstalt, Stuttgart 1950.

Ulrich Langer: *Heinrich von Treitschke. Politische Biographie eines deutschen Nationalisten,* Droste Verlag, Düsseldorf 1998.

Zu August Bebel:

Joseph A. Schumpeter: *Kapitalismus, Sozialismus und Demokratie,* Leo Lehnen Verlag, 2. Auflage München 1950.

Brigitte Seebacher-Brandt: *Bebel. Künder und Kärrner im Kaiserreich,* Verlag J. H. W. Dietz Nachf., 2. Auflage Bonn 1990.

Zu Walter Rathenau:

Eberhard Jäckel: *Hitlers Herrschaft. Vollzug einer Weltanschauung,* Deutsche Verlags-Anstalt, 2. Auflage Stuttgart 1988.

Harry Graf Kessler: *Walther Rathenau. Sein Leben und sein Werk,* Fischer Taschenbuch Verlag, Frankfurt am Main 1988.

Hans F. Löffler: *Walther Rathenau. Ein Europäer im Kaiserreich,* Berlin Verlag Arno Spitz, Berlin 1997.

Martin Sabrow: *Die verdrängte Verschwörung. Der Rathenau-Mord und die deutsche Gegenrevolution,* Fischer Taschenbuch Verlag 1998.
Derselbe: *Die Macht der Mythen. Walther Rathenau im öffentlichen Gedächtnis.* Sechs Essays, Verlag Das Arsenal, Berlin 1998.

Zu Georg Elser:

Hellmut G. Haasis: »*Den Hitler jag' ich in die Luft*«. *Der Attentäter Georg Elser.* Eine Biographie, Rowohlt Berlin Verlag, 2. Auflage Berlin 1999.
Helmut Ortner: *Der Attentäter. Georg Elser – der Mann, der Hitler töten wollte,* überarbeitete und erweiterte Neuauflage, Klöpfer, Meyer & Co. Verlagsgesellschaft,Tübingen 1999.

Zu Reinhard Heydrich:

Günther Deschner: *Reinhard Heydrich. Statthalter der totalen Macht,* Bechtle Verlag, Esslingen am Neckar 1977, 4. Auflage 1999.

Zu Helmut Kohl:

Patricia Clough: *Helmut Kohl. Ein Porträt der Macht.* Deutscher Taschenbuch Verlag, München 1998.
Klaus Dreher: *Helmut Kohl. Leben mit der Macht,* Deutsche Verlags-Anstalt, Stuttgart 1998.
Friedbert Pflüger: *Ehrenwort. Das System Kohl und der Neubeginn,* Deutsche Verlags-Anstalt, Stuttgart und München 2000.

Bildnachweise

Ullstein Bilderdienst: S. 337
AKG Berlin: S. 11, S. 101, S. 147, S. 189, S. 237, S. 289, S. 379
Bilderdienst Süddeutscher Verlag: S. 427
Stiftung Preußische Schlösser und Gärten Berlin-Brandenburg: S. 57

Über die Deutschen

Christian Graf von Krockow

Über die Deutschen

Was unterscheidet den Deutschen von seinen europäischen Nachbarn? Was bedeutet es heute überhaupt, ein Deutscher zu sein? Und wann werden Ost- und Westdeutsche zu einer gemeinsamen Identität finden? Christian Graf von Krockow beleuchtet diese hochaktuellen Fragen aus verschiedenen Perspektiven. Ein Buch, das mit alten Vorurteilen über das Deutschsein aufräumt und neue Wege zum deutschen Selbstverständnis zeigt.

»Ein Briefwechsel, der aufgrund persönlicher Beobachtungen und Begegnungen des Autors besonders lesbar geraten ist.«
Frankfurter Allgemeine Zeitung

List Taschenbuch

L 57